最亮的星空

——皖籍"两弹一星"科学家集录

主编◎白 云

时代出版传媒股份有限公司
安徽科学技术出版社

图书在版编目(CIP)数据

最亮的星空:皖籍"两弹一星"科学家集录 / 白云主编.--合肥:安徽科学技术出版社,2023.3
ISBN 978-7-5337-8666-3

Ⅰ.①最… Ⅱ.①白… Ⅲ.①科学家-生平事迹-中国-现代 Ⅳ.①K826.16

中国版本图书馆 CIP 数据核字(2022)第 253655 号

最亮的星空——皖籍"两弹一星"科学家集录
ZUILIANG DE XINGKONG　WANJI LIANGDANYIXING KEXUEJIA JILU
主编　白 云

出 版 人:丁凌云　选题策划:杨 洋　汪海燕　责任编辑:汪海燕　杨 洋
责任校对:胡 铭　责任印制:梁东兵　　　　装帧设计:武 迪
出版发行:安徽科学技术出版社　　　　http://www.ahstp.net
(合肥市政务文化新区翡翠路 1118 号出版传媒广场,邮编:230071)
电话:(0551)63533330
图片来源:本书封面部分图片由中新图片提供
印　　制:安徽新华印刷股份有限公司　　电话:(0551)65859178
(如发现印装质量问题,影响阅读,请与印刷厂商联系调换)

开本:710×1010　1/16　　印张:18　　　字数:260 千
版次:2023 年 3 月第 1 版　　2023 年 3 月第 1 次印刷

ISBN 978-7-5337-8666-3　　　　　　　定价:98.00 元

序　言

20世纪50年代中期，我国制定《1956—1967年科学技术发展远景规划纲要(修正草案)》，将研制导弹、原子弹等计划列入其中。当时，我国的工业和科技基础十分薄弱，面对技术难题和国际封锁，一大批优秀的科技工作者，响应党的号召，怀着对新中国的满腔热爱，义无反顾地投身到创建伟大工程的事业当中。在那时，乃至后来很长的一段时间里，"两弹一星"参研者的工作是绝密的，连对家人都不能透露，许多人甚至隐姓埋名20余载。

1960年11月5日，中国第一枚导弹发射成功。

1964年10月16日，中国第一颗原子弹爆炸成功。

1967年6月17日，中国第一颗氢弹空爆试验成功。

1970年4月24日，中国第一颗人造地球卫星发射成功，《东方红》的旋律响彻太空。

研制"两弹一星"是党中央的英明决策，在党的坚强领导下，一代中国科技工作者无私无畏，砥砺前行，他们与参加工程研制建设工作的广大干部、工人、解放军指战员一起，完全依靠自己的力量，取得了"两弹一星"工程建设的伟大胜利，同时也孕育形成了伟大的"两弹一星"精神——热爱祖国、无私奉献，自力更生、艰苦奋斗，大力协同，勇于登攀。这24个字，是新中国科技先行者精神世界的真实写照。

党的十八大以来，习近平总书记多次谈到"两弹一星"精神及其时代价值，他指出："'两弹一星'精神激励和鼓舞了几代人，是中华民族的宝贵精神财富。""一定要一代一代地传下去，使之转化为不可限量的物质创造力。"2018年7月，中共中央组织部、中共中央宣传部联合印发《关于在广大知识分子中深入开展"弘扬爱国奋斗精神、建功立业新时代"活动的通知》，提出"结合弘扬'两弹一星'精神、载人航天精神等，集中开展践行爱国奋斗精神模范人物先进事迹宣传。采取撰写理论文章、开发音视频资料、编辑出版图书、创作文艺作品等方式,对爱国奋斗精神和西安交通大学'西迁人'事迹进行挖掘整理、解读阐释和艺术呈现"。2021年是中国共产党成立100周年,在中华人民共和国成立72周年即将到来之际,党中央批准了第一批纳入中国共产党人精神谱系的伟大精神,"两弹一星"精神被纳入。

本书收集了20位参与创建"两弹一星"伟大工程的安徽籍科学家的生平资料,对他们可公开的,特别是为"两弹一星"的研制成功所做出的重要贡献进行整理、编撰。其中有邓稼先、任新民、黄纬禄等3位"两弹一星功勋奖章"获得者,还有十多位于同时期投身于"两弹一星"工程研制和建设,为造就"两弹一星"惊天伟业做出重要贡献的不同学科领域著名专家、学者,他们毫无保留地奉献着自己最美好的年华和超人的智慧,在祖国的国防科技史上留下了光辉的印迹,他们都是"两弹一星"伟大精神的缔造者和实践者。

书中展现了"两弹一星"工程研制和建设的光辉历史和伟大历程,讲述了老一辈科学家们艰苦创业的感人故事,宣讲了老一辈科技工作者爱国奉献、勇攀高峰的高尚品质和丰功伟绩,弘扬了伟大的爱国主义精神,激励着新时代的有志者、有为者,不忘初心、牢记使命,学习和传承"两弹一星"精神,积极投身祖国建设,为实现伟大的中国梦贡献力量。

伟大的事业孕育伟大的精神,伟大的精神推进伟大的事业。新时代传承和弘扬"两弹一星"精神,是赓续共产党人精神血脉的题中应有之义,是为实现中华民族伟大复兴奋进拼搏的力量之源。

谨此,向参与创建"两弹一星"伟大事业和伟大精神的老一辈科技工作者表达由衷的敬佩与爱戴。

白　云

2022年5月

目　录

中国知识分子的杰出代表

——核物理学家邓稼先

邓稼先		1924—1986

　　邓稼先(1924—1986)，安徽怀宁人，核物理学家，中国科学院院士(1980)，"两弹一星功勋奖章"获得者。领导完成了中国第一颗原子弹的理论方案，并参与指导核试验前的爆轰模拟试验。组织领导并参与了1966年氢弹原理性试验和1967年中国第一颗氢弹的研制与试验工作。在组织领导与规划中国核武器发展的工作中做出了突出贡献。

书墨传家　勤学报国

　　1924 年 6 月 25 日,邓稼先出生于安徽省怀宁县白麟坂,为清代篆刻、书法大家邓石如的六世孙。他的父亲邓以蛰早年留学海外,回国后在清华大学任教,是一位杰出的美学家。邓稼先在家中排行老三,出生 8 个月时便离开家乡老宅铁砚山房(两百多年前,邓石如所建宅第),由母亲将其带去了北平 (现北京市), 与早已在清华大学任教授的父亲及全家人生活在一起。书香世家的孩子,有着得天独厚的学习氛围,幼年时的邓稼先学习中国的四书五经,也读外国的文学名著,还曾专门跟随一位老先生学习国文,学贯中西的父亲则亲自为其英文启蒙。1935 年,11 岁的邓稼先升入初中,这时,他对数理学科产生了浓厚的兴趣,尤其喜欢数学。

　　1937 年,北平发生了震惊中外的"七七事变",那一年,邓稼先 13 岁,正是对社会和人生开始有了自我认知的年龄,看到贫弱的祖国被侵略,善良的中国老百姓被蹂躏,强烈的民族屈辱感刺痛了他年轻纯洁的心灵。面对此情此景,极具民族气节的父亲教导他:要学科学,学科学对国家有用。少年邓稼先下定决心,要加倍努力地学习,掌握先进的科学知识报效祖国,他希望祖国母亲走向强大,永远不受外强欺侮。

　　那时,日军每占领我国一个城市,总要逼着市民和学生开展游行庆祝他们的胜利,这是最激怒中国老百姓的时刻。1940 年的一天,就是在一次这样的集会中,邓稼先终于没有按捺住对侵略者的仇恨,将这种情绪在人群中直白地表露了出来,只见他将手中的纸旗三把两把扯碎扔到地上,接着又冲着地上的碎纸狠狠地踩了一脚。后来有人将此事向他所在学校的校长提起，为安全起见，家里人安排邓稼先辗转前往国统区继续求学，先后在四川江津国立第九中学读完高中，在西南联大物理系完成大学学业。

西南联大时期的邓稼先继续保持着优异的学习成绩，也更加关心国家的前途和命运，他努力汲取科学知识，也看进步杂志，与进步同学、地下党员往来，当大家热烈地讨论"救国的关键到底在哪里？"时，20 岁的邓稼先说："看来关键是政治。"

1947 年，大学毕业已受聘在北京大学担任助教的邓稼先顺利通过了赴美研究生考试。临行前，有革命队伍中的好友挽留他，希望他留在北平迎接解放，继续发挥骨干作用。事实上，对于中国共产党领导的新中国即将诞生，邓稼先是有预见的，并在心里热切盼望着那一天早日到来。然而，经历了生活和学习的双重历练，邓稼先清楚地认识到百废待兴的新中国要建设、要发展，需要科学、需要科学家，而自己的特长恰恰是在科学方面。他决定走这样一条更适合自己特点的路，为报效祖国积蓄更为出色的力量与才能。他真心感谢革命友人的关心与爱护，并明确而坚定地说："将来祖国建设需要人才，我学成一定回来。"

异国求学的邓稼先凭借良好的学习基础和一如既往的刻苦努力，用时不到两年，就拿到了普渡大学物理学博士学位。他归心似箭，也生怕夜长梦多，耽搁了回国的行程，在拿到学位后的第九天，即 1950 年 8 月 29 日就登上了归国的航船，他要马上回去投入新中国建设，去实现他那积蓄已久的报国之志。为此，他还婉言辞绝了导师德尔哈尔教授要带他去英国继续深入治学的机会。

大爱无私　以身许国

邓稼先回国后在中国科学院近代物理研究所(1958年改称为原子能研究所)从事原子核理论研究,并从1954年开始兼任中国科学院数理化学部副学术秘书,1956年4月,他光荣地加入了中国共产党。

1955年1月15日,毛泽东主席在中南海主持召开中共中央书记处扩大会议,会议听取了李四光、刘杰、钱三强的汇报,研究了我国发展原子能事业的问题。这是一次对中国核工业具有重大历史意义的会议,它做出了中国要发展核工业的战略决策,标志着中国核工业建设的开始。1956年4月25日,毛泽东主席在《论十大关系》讲话中进一步明确指出:"(我们)不但要有更多的飞机大炮,而且还要有原子弹。在今天的世界上,我们要不受人家欺负,就不能没有这个东西。"1958年,专门组织领导核工业建设的第二机械工业部成立,这一年,邓稼先34岁,国家形势的变化直接决定了他今后的人生道路。

国家需要选择优秀的科技人员来领导研制原子弹的工作,经时任二机部副部长和原子能研究所所长钱三强同志推荐并得到二机部、中科院主要领导同意,选择的第一个人就是原子能研究所的邓稼先。1958年夏季的一天,钱三强所长找来邓稼先,跟他谈话:"稼先同志,国家要放一个'大炮仗',调你去做这项工作,怎样?"因为要谈的问题事关重大,想到要给邓稼先在思想上留下一段缓冲的余地,钱三强所长谈话时故意装作漫不经心且在语气上很幽默。尽管如此,邓稼先还是马上意识到领导所说的"大炮仗"就是原子弹,而能被组织挑选去参加原子弹的制造,除了专业上的信任,更是在政治上被信得过。一时间,邓稼先还想不清楚加入这项神圣而神秘的事业中,将会给他今后的人生带来什么样的变化,尤其是自己从事原子核物理研究,在原理方面不是外行,但是原理和武器之间,还有很远的距离,这副担子是有些沉重的。然而,竭心尽力报效祖国是邓稼先矢志不渝的志向和追求,他接受了新的工作安排,他的表现合乎组织与领导的预期。

当晚,邓稼先按捺着难以平复的心绪,告诉妻子他要调动工作,要去做一件对民族很有意义的事,虽然并不能说明他到底要去做什么,但是他语气坚定地表示:"做好了这件事,我这一生就过得很有意义,就是为它死了也值得!"妻子许鹿希是"五四运动"中著名学生领袖许德珩教授的长女,邓、许两家原本就是世交,1950年,还在读大学的许鹿希就加入了中国共产党。夫妻俩志同道合,婚后的小家庭生活是幸福的。有了两个孩子以后,家里变得更加热闹,到了星期天,夫妻俩就时常带着孩子轮流到两家老人那里去玩,看看老人,也给老人们带去欢喜。此时,凭着夫妻之间特有的默契,许鹿希想到丈夫将要去从事的新工作,一定是一件有关国家利益的大事业,而他既已选定了目标,就一定会义无反顾地走下去。妻子支持邓稼先的选择,还想到自己不能分他的心,更不能去打扰他。

对于邓稼先的这一次工作调动可能带给家庭的困难,夫妻俩在当时已经想到了一些,后来的实际情况却大大超过了他们的预想。自此以后,一家人在一起有规律的生活节奏被打断了,年轻的妻子几乎要独自承担起照顾年迈父母和培育两个幼小孩子的重任,而她自己也同样有着专业上的追求。

朴实纯粹　实干担当

　　邓稼先赞赏别人常用"Pure",意为纯洁。其实这是他特别欣赏和终生追求的道德境界,在他的身上也总能让人感受到这个特点。朴实纯洁的性格特点和为人风格,使他在成为著名科学家和科研领导者之后,也能很自然地跟群众打成一片,并不需要刻意的做作。1958 年 8 月,他到二机部九局报到,九局后改称九院(中国核武器研究院)。那时的九局设在北京郊外(不久即迁往青海大草原上方圆几百里的荒漠之中),还只是一片高粱地,没有房子,一大块地方被划出来作为日后的院址,叫作三号院。一连数月,邓稼先和不久后从各名牌大学挑选来的毕业生一道,同建筑工人一起忙活在施工工地上,砍高粱、挖土、和泥、推车、盖房子,在那些大学生的眼中,这位副研究员、"洋博士"干得比谁都起劲,开始大家还称他"邓先生",几天后就成了"邓大哥""老邓"。

　　搞原子弹研制是国家机密,上不能言明父母、下不能告诉妻子儿女,更不能出国、不能发表学术论文、做公开的学术报告,等等,必须隐姓埋名,甚至不能和许多朋友随意交往,对于自己身处何地、在做什么,这些都是机密。从事拥有如此多严格禁忌的秘密工作,无论对于谁,一时都是难以适应的,更何况邓稼先始终保持着纯真朴实的天性,又十分重感情,在一段时间内他一定也有些许被束缚的不适应感。但是从事原子核理论研究的邓稼先,非常清楚原子弹之于新中国的重要价值,他明白被挑选参加原子弹研发,自己多年积蓄的报国之能与报国之志将在一个更大的平台上得以更为全面而畅快地发挥。

中国的"两弹一星"工程是中华儿女自力更生、创新创造的杰出成就，在其实际推进过程中所遇到的难解之题必然数不胜数，而作为科研组织者和领导者，有时还会遇到研制路径何去何从的艰难抉择，这样的时候，必须尽快做出更具合理性的决断，这是对其专业能力与领导素质的综合考验。一次重要的核武器试验出现了意见分歧，作为项目总负责，邓稼先要管大局、定方向。他后来曾回忆说："那时可真难呀，两种意见都是对的，一种是稳一点，另一种是好一点，差别是又给国家节省钱，又能获得高效能的核弹头。可是真难下决心呀！"最后邓稼先选择了"好一点"的方案，试验成功了，还给国家省下了巨额经费。然而，事前要做出这样的选择，无异于把千斤重担又往自己这一头多挪了几分。

多年以后，邓稼先的挚友杨振宁先生盛赞中国选择邓稼先去研制原子弹是一个英明的决策。他说："这个推荐是非常对的，与后来整个中国的原子弹、氢弹工作的成功有很密切的关系。邓稼先是一个很聪明的人。不过，我想他的最重要的特点是他的诚恳的态度，跟他的不懈的精神，以及他对中国的赤诚地要贡献他的一切的这个观念。我想，他受命于中国的政府要造原子弹、氢弹这件事情，根据我对邓稼先的认识，这个特点我想是很少人能够做到的，就是他能够使他手底下的人，百分之百地相信，邓稼先是为着公而不是为着他自己。"

20世纪70年代末的一次核试验中，出现了偶然的事故，飞机返岗时降落伞没有打开，核弹从高空直接摔到地上，倒计数之后，天空中却没有出现蘑菇云，核弹哪里去了？这次事故可能会引起严重的后果。指挥部派出一百多名防化兵去出事现场寻找，没有找到核弹的踪迹。焦急的邓稼先顾不上领导和同志们的劝阻，决定亲自去找，他一定要找到核弹，探明原因。到达发生事故地区的边缘，他让汽车停下来，自己勇敢地冲上前去，并坚决阻拦同车到达的二机部副部长赵敬璞和司机与他同行，他高声喊："你们站住！你们进去也没有用，没有必要！"显然，邓稼先明确地知道此时"进去"，个人要做出牺牲，而他只认为自己是有必要"进去"的。之后他终于找到了碎弹，高度的责任感竟驱使他用双手捧起了碎弹片,用肉眼仔细辨明,判定不会出现最让人担心的后果,他这才放下心来,向赵敬璞副部长说:"平安无事。"而他捧在手中的碎弹片可是含有剧毒的放射物,此次对其身体造成的伤害,是现代医学无法补救的。

自力更生 克难奋进

多年后,刘杰等同志在一篇回忆文章中谈道:"核武器和核工业是当代科学研究的成就和工业技术发展相结合的产物,它与科研、工程的生产活动,统一于一个过程。从基础理论研究开始,到科学实验、工程设计、加工制造,前者为后者在开辟道路,成为后者的依据和指导,而后者又不断反馈信息,给前者提出新的课题。相互衔接,相互渗透,相互促进,如同接力赛跑,一棒接过一棒向前跑⋯⋯克服了人为的分割与脱节,创造了一种科研、工程和生产一体化的新体制。"刘西尧同志在《我国"两弹"研制决策过程追记》一文中谈道:"二机部是核事业的龙头,搞核武器,核武器研究院是龙头,理论设计部又是核武器研究院的龙头。"刘杰同志、刘西尧同志是几十年前那段峥嵘岁月的亲历者,曾先后担任第二机械工业部部长。而邓稼先调到二机部九院,就担任理论部主任,透过老部长们的文字,我们完全可以了解到,落在他肩上的担子是多么重大而艰巨。

邓稼先在中国科学院曾兼任数理化学部的副学术秘书,协助学术秘书钱三强教授和副院长吴有训同志工作,那时的工作内容已经超出学术的范围而涉及人际关系领域。到九院工作后,我国核武器研发的新体制,又促使邓稼先工作内容的拓宽和工作方式的改变。他要从科研一直管到工艺,因此,他也总是尽力深入第一线考察了解情况,遇到重大问题,无不亲临现场指挥处理。在原子弹核心部位的重要零部件加工时,存在大剂量放射危险,他就站在工作师傅的身后,有一次竟整整站了一天一夜,直到第二天早上拿到合格产品。在原子弹爆炸试验中,他也站在最危险程序的操作者身后。久而久之，形成了一种特别的工作氛围，那就是：有他在，就能稳定住人心。

事实上，从到二机部报到开始，邓稼先就感到了沉重的压力，后来的事实证明，他的预感是准确的。当他关于主攻方向的思考有了相当积累的时候，1959年6月，中苏关系破裂，7月，周恩来总理向宋任穷转达中央决策："自己动手，从头摸起，准备用8年时间搞出原子弹。"在那个时候，王淦昌、彭桓武、郭永怀等一批高水平的科学家还没有调到九院来，第一颗原子弹理论设计的主攻方向基本上靠邓稼先来琢磨，从零开始，其艰难程度可想而知。他的工作节奏基本就是日夜连轴式的，有些问题白天解决不了，晚上回家接着想。经过艰苦的努力，邓稼先终于选定了中子物理、流体力学和高温高压下的物质性质这三个主攻方向，以此为我国原子弹理论设计工作做出了最重要的贡献。理论部的年轻科研人员按照三个方向编为三个组，邓稼先全面掌握着三个组的动向，随时参与小组讨论，还亲自领导高温高压下的物质性质组的工作。当时的科研工具非常落后，能够提供给邓稼先他们研究利用的工具一般只有手摇计算机，最高级的一台计算机是每秒一万次的104机，还需要在分配给他们的那一段时间里到计算所去使用，其他能用上的工具常常还有计算尺和算盘。就是在这样的工作条件下，不管再难、再枯燥，他们都必须把一个个数据搞清楚，确保科研工作不断推进。华罗庚教授曾把他们所计算的问题称作"集世界数学难题之大成"。时任二机部部长宋任穷鼓励他们说："你们干得好，没有被困难吓倒！"

1963年，邓稼先开始做关于第一颗原子弹蓝图的报告，其内容实际上就是关于原子弹理论设计的框架和构想，内行人仅从这个框架即可以明白，它和任何国家的第一颗原子弹都不一样，完全是中国人自己研究出来的成果。中国科学家自力更生，艰苦奋斗，终于叩开了原子弹理论设计的大门。

1964年10月16日下午3时，浩瀚的戈壁滩上升起烈焰翻滚的蘑菇状烟云，我国自行研究、设计、制造的第一颗原子弹爆炸成功。试验结果表明，我国第一颗原子弹的理论、结构设计，各种零部件、组件和引爆控制系统的设计和制造，以及各种测试方法和设备，都达到了相当高的水平。

砥砺深耕　笃行致远

　　首次核试验成功,标志着中国国防现代化进入了一个新阶段。为了彻底粉碎世界上少数核大国的核挑衅、核威胁,对于核武器发展问题,党中央高瞻远瞩,决定乘胜前进。毛泽东主席明确指出:原子弹要有,氢弹也要快。周恩来总理在我国首次核试验成功后,也提到氢弹研制能否加快一些,并要求二机部就核武器发展问题做出全面规划。

　　1963 年 9 月,聂荣臻元帅下令让邓稼先领导的九院理论部研制原子弹的原班人马,转去承担中国第一颗氢弹的理论设计任务。当时除原子能研究所 1960 年开始的热核聚变的理论研究积累了一些有关氢弹的数据外,其他资料一点也没有。二机部党组决定把原子能研究所研究热核聚变理论的黄祖洽、于敏等同志集中到核武器研究院的理论设计部,邓稼先领导着理论部又投入探索氢弹理论设计方案的工作当中。不久,诞生了被外国人称之为研制氢弹的"邓(邓稼先)-于(于敏)理论方案",其后,又在设计试验、生产试验领域与各地、各方面通力合作,以最快的速度完成了氢弹的核试验。1967 年 6 月 17 日,我国第一颗氢弹爆炸成功,试验证明了"邓-于理论方案"是正确的。从第一颗原子弹试验成功到第一颗氢弹试验成功,美国用时七年零四个月,苏联用时四年,英国用时四年零七个月,法国用时八年零六个月,而我国只用了两年零八个月,这是一个奇迹,显示出我国核技术发展的速度之快。我国的首次氢弹试验赶在了法国的前边,世界上公认中国已进入世界核先进国家的行列。

　　20 世纪 70 年代末和 20 世纪 80 年代初,美国恢复发展"中子弹",中子弹被科学家称为防御进犯敌人的最理想的武器。习惯上,人们常将其归于第二代核武器或新的核武器范畴。在邓稼先生命的最后几年,他又醉心于新一代核武器的研究,他深知一个国家的核武器研制如果不能站在世界的最前沿,便不能称之为有强大的国防威力。1984年,在位于西北的某试验基地再次传出喜讯:中子点火正常、燃烧正常,核试验成功!这是邓稼先事业上的又一座丰碑。关于这次试验,中国社会科学出版社1987年出版的《当代中国的核工业》一书中有记录:"1984年12月9日,中国进行了第三十二次核试验(地下试验)。"在邓稼先辞世三年之后,即1989年7月,我国政府仍然为这次核试验成功而授予他国家科学技术进步奖特等奖,奖项为"核武器的重大突破"。

　　在1986年之前我国进行的32次核试验中,邓稼先在现场主持过15次,每一次均获得了圆满成功。优异的成绩承载着邓稼先高超的专业水准和综合素质,也体现了他一丝不苟、认真负责的敬业精神。

家风美好　亲情隽永

自从加入核武器研制工作，加班加点便成了邓稼先和同事们的家常便饭，和家人在一起的时间越来越少，照顾家庭的重担越来越多地落在了妻子身上。有一次，妻子不在家，他答应在晚饭时给孩子们开门，但是由于工作太过投入，他又把家里的事给忘记了。深夜回家，看见5岁的女儿和3岁的儿子互相拥抱着坐在家门外的楼梯上睡着了，他的心中涌起深深的自责。

事实上，除去繁忙的工作，在他内心的一隅，始终饱藏着对生活的热爱和对家人的眷顾。1977年恢复高考，女儿想要报名参加考试。然而，由于在"文革"中中断了学校学习，被下放到内蒙古建设兵团，她当时所掌握的知识差不多只是小学毕业的程度，根本没有学过物理，也请不到合适的老师补课。碰巧这时邓稼先有工作计划在北京住三个月，他下定决心在繁忙的工作之余，挤出时间，自己给女儿补习，他晚上讲课常常讲到三四点钟，硬是帮着女儿一步跨过了中学要学五年的物理学门槛，女儿最终如愿拿到了1978年的大学录取通知书。回忆这段经历，邓稼先也曾说："够难的，教中学比教大学难。"遇到大院里放电影的晚上，女儿问爸爸："这么乱哄哄的，你如何能专心讲课？"邓稼先顺手写下陶渊明的名句"结庐在人境，而无车马喧，问君何能尔，心远地自偏"言传身教，女儿也由此领悟到一个人读书做事，该有什么样的修养和境界，否则哪里来的成功！

日复一日、年复一年的紧张工作，像磨石一样，一分一厘地损毁着邓稼先强壮的身体。常年身处特殊的工作环境中，身体免不了受到辐射，这被叫作"吃剂量",特别是他在 20 世纪 70 年代末的那次试验中吃了大剂量,身体有了明显的变化。1980 年以后,他衰老得很快,身体许多方面都显现出了疲态。这时候,邓稼先似乎对此有所察觉,他预感自己将要离开他所熟悉的一切,在繁忙工作的间隙,他想念亲人的时候比以前多了。一次,他利用在北京开会的一点空闲,打算和妻子到颐和园去看菊展,可是到的时候已经是傍晚,菊展已经关门,夫妻俩便漫步走到后山的小路上,此时的万寿山格外安静,他们在铺满秋叶的路边坐了下来,邓稼先吃着妻子递过来的橘子,浏览着眼前的湖光山色,忽然轻轻地叹了一口气,喃喃地说:"多恬淡、多悠闲,要是老是过这样的生活该多好啊!"

鞠躬尽瘁　初心不渝

多年身处核武器研制工作的最前沿,在相当长的一段时间里,邓稼先几乎天天接触放射性物质,作为科学家,他清楚地了解,长此以往自己的身体隐患可能会随时爆发。但是他的所有工作照常进行,给同志们的感觉好像是他对此总是不太在意。

1985年的夏天,邓稼先终于病倒了,不得不住院接受手术治疗。术后不久,他只能在病床上静卧,这是他生命中难得的空闲时光,他很想利用这段时间把搁置着的一部关于原子核理论工具的著作完成,但是这个念头还是被他割舍不下的工作挤到了一边。身体状况稍好一点,他就把几位老伙计找到医院来,商量解决工作上最令他放心不下的事。在病情稍有缓解后,他就干脆在医院里工作了,以至于后来每当看到那些像是有事要商量的同事来了,去探病的亲友们就会起身告辞,病房就成了办公室。

这一年的秋冬,单位组织落实党员登记,邓稼先刚做完手术,身体尚且虚弱,组织上提出可以让别的同志代笔填写登记表,邓稼先没有同意,入党近三十年,即使已当选为第十二届中央委员,他也从来都是以普通党员的身份认真参加党内各种活动。11月1日,他克服了身体上的不适,坚持亲笔填写完成党员登记表,以实际行动再一次宣示了共产党人矢志不渝的初心与信念。对于自己今后的努力方向,他是这样规划的:

(1)努力学习马克思主义理论,学习党的文件,学习《邓小平文选》,按照小平同志的要求,努力做到"根据党的基本原则和基本方法,不断结合变化着的实际,探索解决新问题的答案"。

（2）加强党性锻炼，在端正党风、遵守党纪方面，从现在做起，从自己做起，保持好革命晚节，为实现共产主义远大理想贡献自己的力量。

（3）支持年轻同志走上领导岗位，改革创造，开拓前进，自己虽身患癌症而矢志不渝，尽量做些力所能及的科研工作，为祖国的社会主义现代化事业而努力奋斗。

在邓稼先的心里始终惦记着我国核武器的发展问题。他认为，同别的尖端科学一样，对于核武器研究，世界各大国都在全力以赴地向前迅跑，我们必须眼睛盯着，心里想着，手上干着，不然就要挨打。1986年4月2日，重病中的邓稼先与于敏联合署名完成了一份给党中央的关于我国核武器发展的极为重要的建议书，这也成为党和国家领导人决策的重要参考。

1986年7月17日，这是邓稼先辞世前的第12天，当时医院已发出他随时有生命危险的病情报告。这天下午，时任国务院副总理李鹏来到解放军总医院邓稼先的住院病房，代表国务院向他颁授"全国劳动模范"奖章和证书，他成为"七五"计划期间的第一个"全国劳动模范"。邓稼先加倍服用了止痛药，站起身接受奖章和证书，并吃力地表达了对党和国家的谢意，他真诚地说："核武器事业是成千上万人的努力才能取得成功的，我只不过做了一部分应该做的工作，只能做一个代表而已。"

1986年7月29日，邓稼先同志终因病重医治无效而与世长辞，终年六十二岁。他生前提出，身后不开追悼会，把骨灰放在母亲的墓旁。但是组织上另有安排，追悼会还是开了。8月3日，张爱萍将军专程从外地赶回北京，在追悼会上致悼词："今天，我们怀着十分沉痛的心情，深切悼念这位为我国的核武器事业无私无畏地奉献了自己毕生精力的工人阶级优秀战士、中国知识分子的杰出代表……"8月4日，《人民日报》等各大报纸头版刊出邓稼先追悼会的消息及照片，香港及海外报纸也以醒目的标题向全世界介绍了这位28年来默默无闻的杰出科学家，人们感慨：他的名字像宝石一样埋藏在矿脉里这么多年。

党和人民将永远铭记邓稼先对中国核武器研制事业所做出的不可磨

灭的贡献。1996 年 7 月 22 日，在邓稼先同志逝世十周年纪念日即将到来之际，《光明日报》刊发了曾多年与他一起攻关克难、登高致远的老战友于敏、胡仁宇等撰写的纪念文章《十年，我们时刻怀念——纪念邓稼先院士逝世十周年》，文中深情地写道："每当我们在既定目标下，越过核大国布下的障碍，夺得一个又一个的胜利时，无不从心底钦佩稼先的卓越远见……"

1996 年 7 月 29 日，邓稼先逝世十年后的这一天，中国进行了核禁试前的最后一次核爆试验。试验成功的当天，中国政府发表声明：一九九六年七月二十九日，中国成功地进行了一次核试验。中华人民共和国政府郑重宣布：从一九九六年七月三十日起中国开始暂停核试验……

1999 年 9 月 18 日，中共中央、国务院、中央军委决定，对当年为研制"两弹一星"做出突出贡献的 23 位科技专家予以表彰，邓稼先被追授"两弹一星功勋奖章"。

参 考 文 献

[1] "当代中国"丛书编辑部.当代中国的核工业[M].北京：中国社会科学出版社，1987.

[2] 许鹿希，邓志典，邓志平，等.邓稼先传[M].北京：中国青年出版社，2014.

[3] 解放军总装备部政治部.两弹一星：共和国丰碑[M].北京：九州出版社，2000.

[4] 钱伟长陈佳洱.20 世纪中国知名科学家学术成就概览·物理学卷·第二分册[M].北京：科学出版社，2014.

[5] 中国科学技术协会.中国科学技术专家传略·理学编·物理学卷.2[M].北京：中国科学技术出版社，2001.

[6] 许鹿希，葛康同，邓志平，等.邓稼先传[M].合肥：安徽人民出版社，1998.

[7] 中国科学院学部联合办公室.中国科学院院士自述[M].上海：上海教育出版社，1996.

开辟天路的"总总师"

——航天技术与液体火箭发动机技术专家任新民

任新民		1915—2017	

　　任新民(1915—2017)，安徽宁国人。航天技术与液体火箭发动机技术专家，中国科学院院士(1980)，国际宇航科学院院士(1985)，"两弹一星功勋奖章"获得者。中国导弹与航天技术的重要开拓者之一，领导了中近程、中程、中远程、远程液体弹道导弹的研制与飞行试验，主持了"长征一号"运载火箭的研制，领导了"东方红一号"人造地球卫星的发射，领导了氢氧发动机、"长征三号"运载火箭、"东方红二号"卫星的研制，担任各类航天型号工程和专业技术的总设计师、副总设计师、技术总负责人等十多项，参加了我国载人飞船工程的研制。

初心如磐　矢志报国

　　1915 年 12 月 5 日,任新民出生于安徽省宁国县(现为宁国市)。他的祖父是一位勤劳朴实且不乏机敏的农民,于清光绪年间孤身一人逃荒到了宁国(祖籍为湖北省谷城县任家湾),在此定居下来、娶妻生子,家业日渐兴旺。任新民的父亲任海清是其父母唯一的儿子,自幼好学上进,高中毕业后,任职于本县宁阳小学,从普通的小学教师成长为校长,之后又担任县教育局局长、县银行行长等职,成为受人尊敬的社会贤达。任新民是家中的长子长孙,聪颖勤奋,好学静思。14 岁,当他还在宣城省立第四中学(现安徽省宣城中学)读初中时,就秘密加入了中国共产主义青年团,开始从事革命活动。1931 年,宣城冒埠暴动失败,任新民与组织失去了联系,父亲唯恐当局纠缠,安排他到一处偏远乡村当了一名小学教师。逆境中,他坚定"贫穷、落后、蛮荒、战火纷飞的祖国将在我们这一代人的手中改变"的信念,努力适应艰苦的环境,一边认真教孩子们读书,一边自学初中未修完的课程。半年以后,在父亲的支持下,任新民重拾自己的学业,进入高中学习,于 1931 年被南京钟英中学高中部录取。他认识到科技救国、强国也是一种报效祖国的路径。1934 年,任新民考入国立中央大学化学工程系,成了任家祖祖辈辈的第一个大学生。在大学同学的印象中,任新民对学习的热爱达到了痴迷的程度,且待人忠厚、乐于助人、富有正义感,同学们都愿意与他接近。1937年,随着抗战形势的发展,国民党政府兵工署为了缓解兵器制造人才奇缺的状况,决定由中央兵工学校大学部面向各大学招收二、三年级的在校学生进行插班学习,任新民报名参加考试并被录取。1940 年,任新民从中央兵工学校大学部造兵系毕业,因成绩优秀被留校任教,后晋升为讲师。在此期间,他还曾担任重庆中央工校教员,兼任重庆兵工署 21 厂技术员,参加了"中区"步枪的设计、制造。他还和他的同事们研制成功了用黑火药代替无烟火药装填迫击炮弹,解了抗日战争中的"燃眉之急"。

1945 年,任新民被选送去美国辛辛那提磨床、铣床厂实习,当时,他已与虞霜琴女士结为伉俪,有了自己的小家庭。就在即将赴美的那一天清晨,妻子诞下了他们的第一个孩子,在去与不去之间,任新民犹豫了,刚毅坚强的妻子坚定地支持和鼓励他不要改变行程,要为掌握先进的科学技术远渡重洋继续学习。带着对祖国、对家人的眷恋,任新民毅然踏上了赴美征程。实习结束后,他接着又考取了美国密歇根大学研究院机械工程专业的硕士研究生,只用了近四年的时间便获得机械工程硕士和工程力学博士学位。在美国,任新民逐渐有了稳定的工作,又承担着研究课题,收入颇丰,然而思国想家的念头却与日俱增。1949 年,他辞掉美国布法罗大学讲师职位,经历数月颠簸辗转,于 8 月份回到祖国。多年以后,友人问晚年的任新民:"有没有想过当年留在美国会怎样?"他回答说:"一个人只有扎根自己的祖国,才能干大事。"

投身国防　锐意进取

　　刚刚回到国内的任新民遇上华东军区的军政大学正在招募科技人员，他立即报名，被分配到华东军区军事科学研究室，任研究员。不久，他就主持研制了固体复合推进剂的新型火箭，所用的火箭燃料是沥青，再加过氯酸钾作为氧化物。当时，他能找到的过氯酸钾颗粒过大，就想土办法，用碾子将其碾细，这称得上是我国第一种固体复合推进剂。第一个火箭模型是用旧炮筒子做的，还在水面上做过发射试验。

　　1952年，中央决定筹建哈尔滨军事工程学院，成立了以陈赓为主任委员的哈军工筹备委员会，华东军区军事科学研究室整体划归哈尔滨军事工程学院。8月，任新民奉命到北京，参加哈军工的筹建工作，为筹备委员会成员之一，主要工作是了解各大学和有关科研机构科技人员的有关情况，为学校选调专家。在此期间，他有机会接触到陈赓同志，陈赓同志认真睿智的干事精神与工作方法令他深受感动与感染，以陈赓同志为榜样，任新民也将工作完成得十分出色，并在以后始终保持着"要干的事就一定锲而不舍地干成、干好"的工作作风。

　　当学校各方面工作逐步步入正轨后，任新民向领导提出，希望到基层去从事具体的教学工作。1955年，他被任命为学校炮兵工程系副主任兼火箭武器教授会（教研室）主任、教授。同年，被授予技术上校军衔。

　　1955年上半年，任新民同金家骏、周曼殊等人共同完成了《对我国研制火箭武器和发展火箭技术的建议》，由学校转报中央军委，经当时主持中央军委日常工作的彭德怀元帅和总参谋长黄克诚大将批转，时任总参谋部装备计划部部长万毅会同刚刚回国的钱学森等人研究了他们的建议,经过调研,提出了《关于研究与制造火箭武器的报告》。1956 年 1 月 20 日,彭德怀主持召开军委扩大会议,专题研究讨论了这个报告,这是我国国家和军队领导人第一次讨论关于研制火箭与导弹武器的问题。现在来看,任新民等三人提出的报告在当时极具前瞻性,在我国导弹与航天事业创建与发展中具有开创性意义。

1956 年,我国编制出《1956—1967 年科学技术发展远景规划纲要(修正草案)》(简称《十二年科技规划》),其中的第 37 项"喷气与火箭技术的建立"是在钱学森主持下,由任新民等人合作制定的,后来的中国导弹与航天事业的创建及早期型号立项、研制,基本上执行了这一项目规划所述及的内容,1965 年确立的"八年四弹"规划也是这一项目建议书的延伸与发展。

任新民还参加了整个《十二年科技规划》制定过程中的有关研究与讨论工作,聆听各位领导、科技专家、学者的意见,这个过程为他后来主持各类航天型号工程的研制积累了宝贵经验。

奠基航天　砥砺耕耘

20世纪50年代中期,中国的国防工业有了较快的发展,汇集了一批优秀的高水平科技专家,党中央高瞻远瞩,不失时机地把发展国防尖端科技提上了国家的议事日程。1956年,受钱学森的邀请,任新民参加到中国第一个火箭与导弹研究院——国防部第五研究院的筹建工作中。

中国社会科学出版社、当代中国出版社等于20世纪80年代陆续付梓出版的大型丛书"当代中国",记录中华人民共和国成立以后三十多年建设和发展的历史和经验,分门别类,加以总结,编撰成册。其中《当代中国的国防科技事业》记载:"1956年10月8日,五院正式宣布成立,钱学森任院长……任新民、屠守锷、梁守槃、庄逢甘等30多名专家被从全国各地选调到五院工作,和当年分配的100余名应届大学毕业生一起组成了最初的导弹研究队伍,加上随后调入的蔡金涛、黄纬禄、吴朔平、姚桐斌等专家,形成了中国发展导弹技术的第一批骨干力量。"可以说,从那时开始,任新民的名字就与中国的航天事业紧紧地联系在了一起。《当代中国的航天事业》记载:"卫星通信工程总设计师、中国科学院学部委员任新民,是一位留美归国的学者,原哈尔滨军事工程学院教授,现任航天工业部科学技术委员会主任。他在航天事业上奋斗了近三十个寒暑,中国火箭发动机的许多重大成就都和他的名字直接联系着。他是发射通信卫星采用低温燃料火箭发动机的主要倡导者和组织者。他在'长征'系列运载火箭和卫星通信工程的研制中,在主持航天工业部的技术领导工作中,做出了重要贡献。"在任老离世后,《中国航天报》于2017年2月17日刊发崔恩慧撰写的纪念文章,题为《任新民：一世纪传奇事 一甲子航天情》，文中强调："翻开我国航天 60 年大事记，几乎每个阶段的重大工程任务，总绕不开任新民三个字。"

笔者查阅相关史料，梳理任新民航天事业重要印迹如下：

1956 年 12 月，带队乘专列前往满洲里接收苏联援助的两发 P-1 液体近程弹道导弹（苏联仿制德国的 V-2 导弹）及其辅助设备，并在两发导弹及其辅助设备如期顺利运抵北京后，作为中方代表在交接协议上签了字。

1959 年 3 月，任"1059"导弹（后来的"东风一号"）发动机总设计师。

1960 年 3 月，任"东风一号"导弹（后来的"东风三号"）副总设计师兼发动机总设计师。

1960 年 9 月，任"东风一号"导弹（后来的"东风三号"）和"东风二号"导弹两个型号设计委员会副主任委员。

1961 年 1 月，任东风型号委员会（由"东风一号"和"东风二号"两个型号设计委员会合并而成）副主任委员。

1964 年 4 月，任"东风三号"导弹（原来的"东风一号"）副总设计师。

1968 年，任"东风四号"导弹、"长征一号"运载火箭技术总负责人。

1970 年 4 月，参加"长征一号"运载火箭发射"东方红一号"卫星任务，为发射卫星工程指挥部成员。

1978 年 1 月，任试验卫星通信工程总设计师。

1980 年 5 月，任"580"任务（"东风五号"全程飞行试验）发射场区副总指挥。

1984 年 8 月，任返回式遥感卫星二号工程总设计师、返回式遥感卫星三号工程总设计师、"风云一号"试验气象卫星工程总设计师、实用通信卫星工程总设计师。

1986 年 5 月，任"东方红三号"卫星通信工程总技术顾问。

1986 年 11 月，任发射外国卫星工程总设计师。

1993 年，任载人飞船工程技术方案评审组组长。

……

在有记载的官方履历表上,任新民 67 岁时不再担任原航天工业部副部长。可到了 80 多岁,他还会去火箭发射现场,90 多岁还在参加国家航天局的学术会议,每个人都服他。

"1992 年,中国的载人航天工程立项后,当时已近 80 岁的他,仍然坚持参加各项重大技术难题研讨会、评审会。'神舟一号'到'神舟六号'发射,他都要去现场。他曾反复地讲:'只搞载人飞船,其应用是有限的,必须着眼于未来的发展,那就是空间实验室和永久性的空间站。'在他的建议下,形成了我国载人航天工程三步走设想。"我国载人飞船由轨道舱、返回舱、推进舱三舱组成,也是任新民倡导和坚持的重大建议。

2003 年 10 月 15 日,88 岁高龄的任老再一次来到酒泉卫星发射中心,目送着"神舟五号"飞船将中国航天员杨利伟送上太空。实现了中华民族的千年飞天梦。

2006 年,国家正式立项大运载火箭,并将其命名为"长征五号"。那时任新民已经年过九旬,且几次生病住院,但他始终惦念着大运载火箭和空间站的研制进展,因为身体情况实在不能再奔赴一线,他就将相关工程的总指挥和总设计师请到家中,听取情况介绍,主动跟他们研究讨论有关技术问题,切中要害提出指导意见,期盼祖国的航天事业取得新的、更大的成功与进步。2016 年 11 月 3 日,"长征五号"发射成功,已过百岁高龄的任老连饭都没吃,坚持守在电视机前观看。第二天,他就在航天中心医院的病榻旁,欣然提笔写道:"祝贺长征五号首飞成功。"2017 年 1 月 4 日,他再次提笔,写下"长五火箭永保成功"。

自主创新　攻坚克难

　　坚持自力更生、自主创新是中国航天发展最宝贵的经验。任新民也曾多次说起:"中国导弹与航天事业之所以能够取得一些成绩,在世界航天科技工业领域取得了一些发言权,原因是多方面的:包括党和国家领导人决定干这件事,这是大的前提和基础;也包括全国各地区、各部门、各单位的大力协同、协作;包括广大航天工作者艰苦奋斗、创新攻关等。其中还有至关重要的一条,就是始终坚持了自力更生、艰苦奋斗的方针。"

　　20世纪50年代末,国防部五院仿制苏联P-2导弹(这枚导弹被命名为"1059")的工作全面展开,任新民被任命为"1059"的发动机总设计师。在当时,仿制发动机遇到的最突出的问题是材料问题,如果一味依赖外国进口,不仅在时间和价格上受到牵制,而且永远走不出中国人自己的路。任新民坚决贯彻聂荣臻元帅和国防部五院关于研制生产导弹材料立足国内的原则,不盲目相信苏联专家的断言,不盲目照搬、照抄,在使用和研制国产材料及国产化产品问题上做了大量艰苦细致的工作,先后同国内多家企业签订了材料供应协议及自主研制精密机件,这些材料和产品的自制成功,不仅保证了"1059"导弹的仿制成功,增强了中国人的自信心,也为我国导弹事业走上独立自主的发展道路奠定了初步基础。

　　要完成发动机的仿制,还必须经过地面试车和各种地面试验,必须建试车台。苏联方面不给我国提供这方面的资料,他们提出:"等你们发动机搞成了,到我们苏联去试车。"任新民清醒地认识到,这是一个卡脖子的致命的问题。他和同行、同事们下定决心,要在一年多的时间里建成我国第一座液体火箭发动机试车台。1960年3月,中国大地上真的就诞生了我们自己设计建造的大型液体火箭发动机试车台,解了燃眉之急,为 P-2 导弹的仿制立下了汗马功劳,同时也为后续的试车台建设及验收提供了借鉴和参考。20 多年后, 有外国航天界同行参观我国的液体火箭发动机试车台,他们纷纷赞叹道:"中国人搞得有特色,走出了自己的路子。"任新民回应说:"在航天方面,美、欧、日是相通的,可以互相借鉴。中国人过去没有这个条件,只能靠自己摸索,路是靠人走出来的。"

20 世纪 80 年代中期,我国曾有意向购买外国通信卫星,并用外国的运载火箭发射。当时,任新民正主持我国第一颗实用型通信卫星"东方红二号甲"的发射工作,在那样一个节点,"东方红二号甲"发射成功与否,甚至关系到我国卫星通信事业发展的前途与命运。任新民带领着广大参试人员铆足干劲,精心测试,精细操作,1986 年 2 月 1 日,第一颗"东方红二号甲"被成功送入地球同步转移轨道, 并按计划、按既定的程序定点和投入运行使用。回到北京后,任新民悉知我国不仅要购买外国的通信卫星,还要用欧洲的"阿里安"运载火箭发射,并与阿里安火箭公司签订了订购协议,交纳了预付金。他急令秘书拟写《关于发展我国通信广播卫星事业的建议》,分送有关国家领导、部委领导和国家有关部门,建言道:"中国是一个发展中的大国,通信卫星的市场总不能全部、永远地让给外国人。即使是购买外国通信卫星,也得要技贸结合,在购买通信卫星的同时,引进通信卫星研制技术。就运载火箭技术而言,从总体上讲,中国的'长征三号'不比'阿里安'差,有些技术还超过了'阿里安'。中国研制的运载火箭不仅能够发射中国自己研制的通信卫星,发射中国购买的外国通信卫星,还可以承揽国际商业发射服务。"中央领导及相关部门非常重视任新民的建议和意见。购买外国通信卫星及"阿里安"火箭的协议被终止,"造星"和"买星"的争论画上了句号。

进入 21 世纪,党中央又提出"提高自主创新能力,建设创新型国家"的战略部署,再一次体现出带领中国人民走自主创新科技道路的坚定决心。任新民鼓励年轻一代航天人多出去看看,多和国外同行交流,但同时,他对于一味推崇西方技术的人,会严肃提出批评,他说:"难道高鼻梁就比我们中国人聪明?"

实干求真　善作善成

　　任新民强调科技人员与科研生产实践的结合,他说:"从事工程研制的科技人员,即便是再有造诣的专家,不深入实际就会退化,就会'耳聋眼瞎',三年不接触实际,在型号工程研制方面,就会基本上无发言权。""'风云一号 A 星'卫星发射前 3 天,任新民都陪着技术人员找问题,'绝不让卫星带着问题上天。'要作重大决定时,他常常跨过两三级,找到最基层的设计人员,问他们的看法。"时间久了,大家都了解、理解了他务实求真的工作作风,都信任他、亲近他,愿意跟他讲实情和心里话。"长征三号甲"系列火箭总设计师龙乐豪院士曾回忆:"1984 年,任老已经 69 岁了,当时他们在发射场合练,90 米高的铁塔,任老一层层爬上去,每个地方都要亲自看,看看火箭哪里有没有毛病,做到心中有数。"

　　20 世纪 60 年代中后期,任新民担任试验队队长,分别进行了"东风三号"第一、第二发遥测弹的飞行试验,按飞行试验大纲要求,两发遥测弹飞行试验都取得了基本成功,但这两发弹都出现了同一种故障现象,为了弄清楚产生问题的原因,一贯追求"水落石出"的任新民想到了寻找"物证"的办法,经征得刘川诗书记同意后,寒冬腊月里,他亲自带领勘测搜寻组先乘坐运输机、再乘直升机,到达深入沙漠 100 多千米的马扎山附近的落区指挥所,和大家一起仔细探究产生故障的原因。根据搜寻工作需要,还要组织搜索队继续深入沙漠腹地实地搜索。那一年他已年过五旬,在同志们的极力劝阻下,他没能随队前行,只好坐镇指挥所,但是到了第四天傍晚,当他收到发现发动机残骸的电报后,就再也坐不住了,坚持要前往搜索队参加实地搜寻。第五天临近中午的时候,发动机燃烧室的残骸被发现,搜索队的同志们兴高采烈,这时,突然有人喊:"任副院长来啦!"只见任新民挂着木棍,同两位年轻的解放军战士一起风尘仆仆地向搜索队走来,此情此景令同志们深受感动,其实熟悉他的同志们都知道,任新民从不满足于坐在办公室里听汇报、看报告,每当遇到技术关键或发生什么问题,总是深入科研生产的第一线,掌握第一手材料,同基层的同志们一起分析问题,解决问题。那一天,在到达现场后,他马上同大家一起继续紧张搜索,并带着"残骸"连夜赶回指挥所。最终查清了故障原因,经过修改、设计的"东风三号"01批第三、第四发遥测弹,分别于1967年5月26日、1967年6月10日在酒泉发射基地进行了发射飞行试验,均获得成功。

兼职,这在任新民的科技生涯中也是常态,早在哈尔滨工程学院任职期间,他要求深入教学一线,到系里工作,学院任命他担任系教育副主任,还同时任命他兼任火箭武器教授会主任;在他担任国防部五院一分院副院长、七机部一院副院长时,他长期兼任液体火箭发动机设计部主任、液体火箭发动机研究所所长,等等。用他的话说:"在研究所放一张桌子,有个名分,那感觉就是不一样,它会督促你,也方便你去深入科研、生产的第一线。"20世纪70年代中期,为了加速地球同步轨道通信卫星的地面测控通信系统的研制,任新民又兼任七机部承担这一研制任务的"450"办公室主任。"450"工程的主专业是无线电技术,这并不是任新民的专业,然而,他凭借着扎实的科技理论基础和丰富的工程研制及系统工程管理的实践经验,拜无线电技术专家为师,把学习、实践、实干三者有机结合在一起,全心全意地信任和依靠技术专家,充分发挥了一个科研组织者和科技领军人物不可替代的作用,为按时、保质完成卫星通信工程等测控通信任务做出了重要贡献。后来有人说,在领导"450"工程研制的五年多时间里,他自己相当于又读了一个无线电专业的大学。

晚年的任新民十分喜欢写毛笔字,常有人来求字,他都赠送同样的内容:"不唯书,不唯上,不唯洋,只唯实。"中国航天科技集团六院11所原所长刘国球对于任老深入实际的工作作风记忆深刻。他说:"我们的液体火箭发动机之所以有现在的成就,主要是他务实的作风一直延续下来了。"

大局至上　宽厚淡泊

1975 年 3 月 31 日,我国试验卫星通信工程"331"工程启动,任新民被任命为工程总设计师,人们开始亲昵地称他为任老总或总总师。后来,他与屠守锷、黄纬禄、梁守槃被大家并称"中国航天四老"。这样的称谓融入了人们对德高望重、担任过多项航天型号工程总设计师的科技专家的尊敬之意。

1984 年,地球同步通信卫星"东方红二号"成功发射,结束了我国长期租用国外通信和电视广播卫星的历史,标志着"331"工程圆满完成。此时的任新民可以说是功成名就,按常理说,他可以放心回家颐养天年了。但当组织上征求他意见时,他的态度依然是以事业为重、以大局为上,他说:"听从组织安排,你们定。"当时,有熟人半开玩笑地说:"任老总,见好就收吧! 航天这活儿风险太高、压力太大,您有神经性高血压,再干,如果掉下来几颗就毁了您'常胜将军'的美名了。"他听后,笑了笑,说:"哪有'常胜将军'呀! 干航天更没有。掉下来并不可怕,只要认真对待,总结经验教训,再干,再实践,一定会成功的。至于个人,干不干,干什么,那要听从组织的安排。"

当时的国防科工委和航天部的领导综合考虑了大型航天系统工程的特点和研制工作的需要,权衡了新老科技领导交接等具体问题,并根据他的身体状况,又对他委以重任。任新民接受组织上的安排,如果他担任工程总师,就要当一位名副其实的工程总师,即使行程再忙,也要坚持亲临现场,而且要去就早去,从头到尾参加测试检查,和大家一起研究问题、解决问题。他强调说:"工程总师责任在身,不到现场就是失职。"在一段时间内,他几乎同时担任了七项大型航天型号工程的总设计师和一项大型航天系统工程的总技术顾问。对自己被任命为总技术顾问的工程项目,任新民是既"顾"又"问",凡有重大的技术会议和重要的试验,他都要亲赴现场,和研制人员一起研究、讨论,多次亲临发射一线,全力以赴协助一线发射工作,并利用自己专长帮助解决一些难题。他是名副其实的顾问。

在实际工作中,任新民提出的意见也有与上级领导的意见不一致的时候,这时候,他总是顾全大局,保留个人意见,并遵照下级服从上级的组织原则,执行上级方案。他理解,两种意见的出发点和目标都是一致的,那就是保证发射成功,推进航天事业的发展。1996 年 8 月,任新民担任工程总师的新型返回式遥感卫星由"长征二号丁"运载火箭运往发射场进行发射,然而就在发射阵地进行加注推进剂前的最后一次功能检查时,火箭控制系统的变换放大器却出现了故障,根据设计师系统各层设计人员的意见,任新民拍板:"更换备份的变换放大器后,再次进行功能检查,如正常,即可按发射程序进行发射。"可在北京的中国航天工业总公司领导却要求确定故障的具体部位及故障机制,一时间,北京和酒泉发射现场的意见大相径庭。关键时刻任新民挺身而出,他充分考虑了多方面的因素,郑重地表示,更换变换放大器后测试正常就发射,如果出问题他负全责。然而,最后领导还是决定要查清故障的部位和机制。任新民保留个人意见,全力以赴地投入故障分析及后续的测试检查中,顺利地查出故障是由变换放大器的一个三极管管脚锈蚀所致。1996 年 10 月 20 日,比原计划推迟近 20 天发射的"长征二号丁"运载火箭发射成功。事后,有的科技人员讲:折腾一通,还不是换了变换放大器就发射成功了,白白浪费了 20 天时间。任新民听后制止说:"对错不要讲了,发射成功了比什么都重要。"事实上,这一次发射成功还有一层特殊的意义,因为在此之前的一段时间内,几次重要的卫星发射相继失败,这一次的成功还具有扭转前期被动局面的意义。

任新民倾其一生,为我国航天事业做出了重要贡献。1985 年,他作为项目的主要完成人之一荣获"长征三号运载火箭"等两项国家科技进步奖特等奖,1994年获求是基金会授予的"杰出科学家奖",1995年被评为"全国先进工作者",1999年获中共中央、国务院、中央军委授予的"两弹一星功勋奖章",2004年获得国家人事部、总装备部、国防科工委授予的"中国载人航天工程突出贡献者"奖章,2006年荣获"中国航天事业五十年最高荣誉奖"。

　　2017年2月12日,任新民走完了自己的"航天人生",享年102岁。"巨星"陨落,与世长辞。得知消息,自发去其家中悼念的人络绎不绝。2月16日举行的遗体告别仪式简朴而庄重,赶去与任老做最后道别的人,从八宝山革命公墓东礼堂一直排到了公墓门口,绵延上百米。

　　任新民被周恩来总理亲切地称为"中国放卫星的人",被人们形象地称颂为筑"通天路的人"。而他本人常说的一句话却是:"我一生只干了航天这一件事。"回顾自己所担任过的重要工作,他说:"我在各个时期,由于职务不同,工作或多或少,但事情是大家干的,论个人贡献,委实微不足道。"

　　当谈到业绩和贡献时,他发自肺腑地说:"如果没有国家的强盛和民族的兴旺,没有中央决策要发展导弹、运载火箭和卫星,靠我们个人能干个啥。"2006年4月15日,任新民在家中接受《安徽日报》记者的采访,时年已91岁高龄的任老,精神矍铄,态度和蔼,他十分关心家乡的发展。当被问到自己的突出成就时,他谦虚地说道:"其实我没有什么好写的,我一辈子只干了一件事。"

　　任老离世后,有记者向一位曾跟随他多年,主要负责导弹研制的老科研人员询问任老的性格特点时,这位科研人员仰头想了半天,道出了两个字:"忠厚",进而介绍说:"作为领导,他从来不发脾气。我在原部机关待了好多年,任新民是我接触的最老实、最厚道的领导。"

参 考 文 献

[1] 中国科学院学部联合办公室.中国科学院院士自述[M].上海:上海教育出版社,1996.

[2] "当代中国"丛书编辑部.当代中国的国防科技事业(上)[M].北京:当代中国出版社,1992.

［3］崔恩慧.任新民：一世纪传奇事　一甲子航天情［N］.中国航天报，2017-02-17
　　　（002）.

［4］"当代中国"丛书编辑部.当代中国的航天事业［M］.北京：中国社会科学出版
　　　社，1986.

［5］李玉坤.任新民　一生只干航天这一件事［N］.新京报，2017-02-19（A09）.

［6］谭邦治.任新民传［M］.北京：中国青年出版社，2016.

［7］谭邦治.任新民院士传记［M］.北京：中国宇航出版社，2014.

［8］王嘉兴，蒋欣.任新民：不只是传说里的人［N］.中国青年报，2017-02-22（011）.

［9］洪波，李跃波，胡跃华.任新民筑通天路的人［N］.安徽日报，2006-04-20（A02）.

［10］"当代中国"丛书编辑部.当代中国的国防科技事业（下）［M］.北京：当代中国
　　　出版社，1992.

［11］吴树利，朱钰华.情系太空——中国导弹、卫星、运载火箭和飞船的开拓者任
　　　新民［M］.北京：人民出版社，2013.

［12］王建蒙.任新民：百岁航天第一人［N］.北京日报，2017-02-21（019）.

［13］陈至立.辞海5［M］.7版.上海：上海辞书出版社，2020.

［14］中国科学技术协会.中国科学技术专家传略：工程技术编：航空航天卷（1）［M］.
　　　北京：国防工业出版社，1999.

［15］《科学家传记大辞典》编辑组.中国现代科学家传记　第一集［M］.北京：科学出
　　　版社，1991.

初心无悔铸长剑

——火箭与导弹控制技术专家黄纬禄

黄纬禄		1916—2011	
📁 少年立志　矢志报国	035	📁 艰苦奋斗　以苦为乐	042
📁 自力更生　攻坚克难	037	📁 淡泊名利　无私奉献	044
📁 不懈努力　勇攀高峰	038	📁 严己宽人　诚朴谦和	046
📁 大力协同　勇于担当	040	📁 坚守初心　培育后人	047

　　黄纬禄(1916—2011),安徽芜湖人,火箭与导弹控制技术专家,中国科学院院士(1991),国际宇航科学院院士(1986),"两弹一星功勋奖章"获得者。我国航天技术的创始人之一,担任固体战略导弹总设计师,主持研制出固体潜地导弹和陆基机动导弹,填补了我国固体战略导弹技术的空白,在导弹武器系统总体及控制技术理论和实践方面有很深的造诣,在重大关键技术问题的解决、大型工程方案的决策及导弹型号组织实施方面具有突出的才能。

少年立志　矢志报国

1916 年 12 月 18 日，黄纬禄出生于安徽省芜湖市的一个教师家庭，父亲黄慎闻是前清秀才，小学国文教师。父亲时常教导他要追求知识、热爱祖国。这些教诲在年幼的黄纬禄心里打下了深深的烙印。

初中毕业，黄纬禄成绩优异，考入了当时著名的扬州中学高中部。学校一直坚持树立学生报效祖国的理想，受学校"正直向上""热于求知"的校风熏陶，黄纬禄埋头苦读，他深深意识到自己肩负的重任。

1936 年夏，黄纬禄以总成绩第一名被国立中央大学电机系录取。抗战期间，他随中央大学由南京西迁到重庆，这里环境恶劣、生活艰苦，常因敌机突袭而中断学习。黄纬禄心中始终牢记老师的教诲："把'工'字旁边加上'力'字，你们的学业就一定会取得成功。"1940 年 8 月，他以优异的成绩完成了大学学业。大学四年，黄纬禄目睹了祖国的羸弱、日寇的暴行和人民的不屈，他对祖国和人民有了更深的认识。

1941 年 4 月，在战乱中颠沛流离，父亲死于异乡，黄纬禄悲痛万分。他认识到：只有国家富强了，才能免受凌辱。他渴望寻找一条拯救祖国摆脱贫困的道路。当时国内经济、科技十分落后，已在无线电器材厂重庆分厂工作的黄纬禄渴望出国深造，走科学报国之路。1943 年，英国工业协会在中国招收赴英工厂实习人员，黄纬禄以优异的成绩通过了"庚款"留学考试，顺利赴英。在英期间，黄纬禄有机会在英国皇家展览馆现场参观德制 V-2 导弹，听着讲解员的介绍，他对 V-2 导弹的飞行原理很快就有了初步的认识——这就是一个带着动力装置，接受控制的巨型"炸弹"。要是自己的祖国也能制造出这样的"炸弹",日本帝国主义就不敢再侵犯我们了!这瞬间闪过的想法,在黄纬禄内心深处播撒下研制中国导弹的种子。

两年实习期满后,在自己承担部分费用的情况下,黄纬禄申请留在英国读书。1945年8月,他正式开始在英国伦敦大学帝国学院无线电系攻读无线电专业硕士学位。此刻的他就像一块干涸的海绵落入知识的海洋,尽情地汲取知识。在校期间,黄纬禄系统地学习了无线电及电气等专业课程,进行了大量与课程密切相关的实验,他的理论水平、设计能力和解决问题的能力都得到了很大的提升。

1947年5月,黄纬禄在英国伦敦大学帝国学院拿到了无线电物理学硕士学位,他当即决定回国,决心用自己学到的知识去报效祖国,为自己民族的复兴贡献绵薄之力。

1947年初秋,黄纬禄回到祖国,就职于当时的中央资源委员会无线电公司上海研究所。1952年下半年,他随研究所北迁,调往位于北京的电信技术研究所。1956年初春,黄纬禄现场聆听了钱学森教授在中南海怀仁堂的报告会,钱学森在报告会上回忆了自己回国的曲折历程,介绍了国外航天技术的发展状况,阐述了在和平年代研制导弹对祖国建设发展的重要性,表达了对发展祖国航天事业的期望。"我们中国人也不比外国人笨,外国人能搞出来的东西,我们中国人也一定能搞出来!"报告会结束后,黄纬禄心情久久不能平静,德制V-2导弹又在他的脑海里闪现,他渴望成为祖国火箭和导弹科研事业中的战士。

自力更生　攻坚克难

1957年11月，黄纬禄调至位于北京西郊永定路的刚组建的国防部第五研究院二分院，从事火箭导弹控制系统的研究工作。自此，他开始了长达半个多世纪的共和国导弹研制征程。

20世纪50年代中期，在我国涉及导弹技术众多学科和技术领域都处于空白的状态下，黄纬禄主持突破了我国液体战略导弹控制系统的仿制关、自行设计关，相继解决了远程和多级导弹的液体晃动、弹性弹体稳定、级间分离及各种制导、稳定方案的理论和工程技术问题，使我国液体战略导弹控制技术提高到了一个新的水平。

导弹控制系统决定着导弹空中飞行的稳定性和打击的精准度。黄纬禄作为研制控制系统的第一技术负责人，很清楚自己肩负的责任和使命，他时常告诫自己："干什么工作，只要去干、去学，总是可以学到手的。就像爬山……只要坚持不懈地往上爬，最后总是可以到达山顶的。"

1960年7月，苏联单方撕毁援助协议，撤走全部专家。黄纬禄和他的团队暗下决心，一定要搞出自己的"争气弹"，争中国人民的志气，他们以"上不告父母，下不告妻儿"的铁律，以"生在永定路，死在八宝山"的誓言，脚踏实地、独立自主地开始了导弹研制的新征程。

黄纬禄带领团队从仿制开始，不断摸索、大胆求证，深入进行原理分析、方案设计和试验考证，走出了一条符合当时中国实情的导弹研制之路。1960年11月，我国第一枚仿制弹"东风一号"发射成功，实现了我国军事装备史上导弹零的突破；1964年6月，"东风二号"导弹首次飞行试验成功，翻开了我国导弹发展史上自主研制的新一页。

不懈努力　勇攀高峰

　　原子弹要在实战中发挥作用,必须要用导弹把它发射出去,"东风二号甲"导弹承担着将核弹头发射出去的重任。由于"东风二号"导弹发射行进过程受无线电信号干扰,对场地的要求很高,发射精准度和作战机动性却很差。黄纬禄集中全院技术力量,经过长时间的深入研究和讨论,不断调整和优化设计方案,经过无数次野外实地试验,最终实现了重大技术突破——研制出横向坐标转换装置,采用双补偿制导方案的全惯性制导方式,既提高了导弹发射的精确度,也改善了导弹作战的机动性。

　　1966年10月,中国首枚具有核打击能力的"东风二号甲"导弹发射成功,其运载的核弹头准确地在预定地点爆炸,中国"两弹结合"试验成功震惊了全世界。黄纬禄和他的团队发扬自力更生和勇于攀登的精神,不到十年,走出了从仿制到研制的自主创新之路,中国导弹事业取得了被外电评论为"像神话一样不可思议"的巨大进步。

　　1970年,黄纬禄临危受命,担任我国固体潜地战略导弹"巨浪一号"的总设计师,开始了从液体到固体、从陆上到水下、从固定发射到移动发射、从控制系统到总体的创新研制之路。黄纬禄心里清楚,虽然自己主持过不同导弹型号的研制工作,在导弹的控制系统是专家、权威,但总体要求更加全面,自己尚不熟悉,在许多领域要从头学起。固体导弹研制与液体导弹研制技术途径是完全不同的。研制初期,黄纬禄面临起点高、技术难度大、既无资料和图纸又无仿制样品等诸多困难,他用技术实力和人格魅力组建并带领整个团队,勇敢地向困难发起挑战。黄纬禄白手起家,突破自我,迅速完成"学生、同学、先生"角色的转换,他统筹全国100多家参研单位,埋头十几年科研攻关,开展了大量的各类试验验证,反复修正设计,在独创道路上不断前行。黄纬禄经过大量的调研、缜密的思考,创新研制过程,提出走中国导弹发展的独创道路——搞中国特色的"两级跳"。经上级批准,黄纬禄省去了单级导弹和路基导弹的初始阶段,直接进入两级导弹和水下发射试验。这种创新手段需要攻克无数个技术难关,其中,弹体强度试验便是一道难关,为了获取导弹水下基本力学参数,将模型弹投入水中进行入水深度的试验是一个必经的步骤,国际上只有少数几个国家拥有这类大型试验设备,如果我国自行建造,既耗资又费时。黄纬禄和他的团队认真分析和实地考察,大胆提出利用南京长江大桥做模型弹投放试验,来测试导弹从水下潜艇发射出来,再从高空坠落海中后能沉入多深,是否有砸艇危险。在他的指挥下,试验所获取的数据,全部都符合弹体落水的要求。同时,在固体潜地导弹研制试验程序上,黄纬禄又创新地提出了"台、筒、艇"三步发射试验方案。这一程序大大简化了试验设施,节约了大量时间和上亿元的研制经费,开创了符合我国国情、具有中国特色的固体潜地导弹研制方法。1982年10月12日,"巨浪一号"发射成功,标志着我国成为具有自主研制潜地导弹和水下发射战略导弹能力的国家,大大提升了我国的战略威慑能力和大国地位。

黄纬禄倡导"一弹两用",将潜地导弹搬上岸。1985年5月,新型陆基机动导弹车态遥测弹发射成功,标志着我国第一代陆基机动导弹的研制成功,体现了"一弹两用"研制原则的实践成果,这是我国战略导弹研制史上的又一壮举。

大力协同　勇于担当

黄纬禄在多年科研管理实践的基础上,不断创新和总结,提出了"四共同"原则:有问题共同商量,有困难共同克服,有余量共同掌握,有风险共同承担。其中,"巨浪一号"研制成功便是协同攻关、良好践行"四共同"原则的典范。之后,"四共同"原则越来越广泛地被人们接受,并在实践中加以推广、运用,取得了显著的成效。

黄纬禄认为,只有营造一个充满民主和谐的工作环境,调动团队每一名成员的工作积极性和创造性,才能最大限度地调动和发挥每个人的潜能。黄纬禄在平时工作中遇到问题总是和大家商量,让大家发表观点,畅所欲言。他常说:"一个人的知识和能力总是有限的,在一线工作的同志比我更有发言权。"他从不以专家权威自居,自己不懂的,不耻下问。在处理实际问题时,黄纬禄总是深入一线,调查研究,耐心倾听各方意见。黄纬禄提倡技术民主,集思广益。他认为,发扬技术民主是解决问题的有效方法。他曾专门写过一篇论述技术民主问题的文章,写道:"无论制定一个技术方案,或解决一个技术问题,必须发扬技术民主,要让技术人员、行政干部、技术工人,总之与讨论问题有关的同志,从各自不同的角度,充分发表自己的意见和看法,以便取长补短,把方案定得比较正确,问题解决得比较合理。"黄纬禄取得多个导弹型号研制成功的背后,与他工作中时时处处采用技术民主的科学管理方法是分不开的。

在科学的道路上,成功和失败是紧密相关的一对矛盾。黄纬禄认为,一次失败的反面经验,往往比一次成功的正面经验要宝贵得多,这是以巨大的代价换来的,关键是要从失败中找出原因,在今后的工作中,避免类似错误再次发生。"东风二号"和"巨浪一号"都曾有过首次试验发射失败的经历,黄纬禄认真查找原因,正确对待失败,主动揽责,为他人减轻负担和压力,展现了一名共产党员宽广的胸襟和敢于担当的气魄。

"东风二号"首次飞行试验失败,担任该型号副总设计师和控制系统主任的黄纬禄承受着巨大的压力。现场督战的聂荣臻宽慰大家,说:"既然是科学试验,总会有成功,有失败。成功了,我们就取得经验;失败了,我们就吸取教训。"黄纬禄站出来主动揽责,迅速组织相关研制人员,查找失败原因,主持修改方案。两年后,改进后的"东风二号"发射成功。

固体潜地导弹"巨浪一号"在公海进行发射,该型号导弹参研单位众多,中央给予高度重视,国内外政界和媒体也密切关注。首次发射失败,担任该型号总设计师的黄纬禄陷入深深的自责和不安。黄纬禄对现场督战的张爱萍副总理说:"不管怎么说,都是我这个总设计师的责任。"发射失败当天,黄纬禄就带领各系统技术人员连夜查找原因。为减轻参研人员压力,黄纬禄对大家说:"我是总设计师,我负主要责任。试验失败主要是弹的问题,大家要认真总结经验,坚定信心,打好第二发。"在黄纬禄与参研队员的共同努力下,导致发射失败的原因很快就查明了。此时,距离国家发布的禁航结束时间不远,黄纬禄认为,问题原因已经找到,并采取了相应的措施,建议立刻打第二发。就在预定发射的当天凌晨,上级电话建议推迟几天发射,黄纬禄陷入沉思,如果坚持按原计划发射,一旦发生问题,自己要承担全部后果;如果推迟发射,自己就有更长时间的准备,可做到万无一失,但这将给国家带来更多的不良政治影响。在国家利益和个人风险之间,黄纬禄凭借对导弹和所有参试设备的了解及多年的发射经验,明确表态:"我认为发射条件已经具备,不宜推迟,建议按时发射。但如果上级决定推迟,我们执行上级命令。"上级尊重黄纬禄的意见,"巨浪一号"按时发射并取得成功。1986年,黄纬禄作为"巨浪一号固体潜地战略武器及潜艇水下发射"项目总设计师获得国家科技进步奖特等奖。

艰苦奋斗　以苦为乐

　　导弹从研制试验开始到最后定型，要经过许多次发射试验，黄纬禄常年奔走在试验室和发射基地之间，往往在试验基地一住就是好几个月，以便发现问题、及时解决。

　　巴丹吉林沙漠试验基地是一片荒芜之地，交通不便。冬天温度低至-34℃，夏天气温高达43℃，地表温度甚至超过60℃，还时常伴着沙尘暴，"天上无鸟飞，地上不长草，风吹石头跑"，昼夜温差大，气候十分恶劣。黄纬禄他们从北京到基地要坐5天5夜的火车，在车上，黄纬禄有意识地把平时搜集来的笑话讲给大家听，他的笑话就像一股清泉，舒缓了大家的旅途劳顿。基地生活十分艰苦，粮食品种单一，供应短缺，同志们时常有饥饿感，在接受采访时，他风趣地介绍经验："在裤腰带上多钻几个扣眼，饿了就勒一勒，勒紧了就服帖了。"黄纬禄以他的智慧和幽默，给大家带来一些苦中作乐的安慰。整个团队夜以继日地工作，每到休息或吃饭时间，黄纬禄也总能适时说出一两个笑话，冷不丁变个魔术，让大家在工作之余都处在轻松的氛围中。他这种乐观豁达的人生态度，影响着周围的同志，让大家在艰苦的环境中，保持积极向上的工作、生活态度。

　　在研制固体潜地导弹水下发射时，为确保潜艇的安全，黄纬禄身体力行，亲力亲为，组织了利用南京长江大桥做模型弹入水冲击试验。

　　7月的南京，酷暑难耐。白天，50多岁的黄纬禄头顶着炽热的太阳，和其他试验队员一样战斗在大桥上。试验需要在模型弹壳内粘贴一层橡皮胶囊，模型弹壳在烈日炙烤下，壳内温度高达50℃，壳体内空间狭小不通风，胶黏剂发出阵阵刺鼻气味,工作环境异常艰苦。试验队员弯腰蹲在壳体内操作,每 10 分钟便要进行人员轮换。黄纬禄硬是要求和大家一样,参与轮换,几分钟的时间,他已大汗如雨。看着全身湿透的黄纬禄,在场的技术人员都深受感动,黄纬禄却微笑着说:"为了入水试验成功,我应当和大家一起接受'烤'验哪!"夜晚,黄纬禄和大家一起睡在江边借来的工人宿舍,宿舍里潮热异常,蚊虫众多,难以入睡。南京空气湿度很大,衣服洗后总晾不干,黄纬禄就两天换一次。最终,黄纬禄用一身痱子换回了大量的有效数据。工作中,黄纬禄时常鼓励大家:"我们要记着刘伯承元帅说过的话,'解放军是只猛虎,加上现代化的装备,就如虎添翼了。'他们搞的潜地导弹就是'为虎添翼'啊!"黄纬禄让大家明白,他们的工作既光荣又有意义,所有的付出都是值得的。

　　长期艰苦的生活加上超负荷的工作,黄纬禄落下一身的病:十二指肠球部溃疡、心脏病、输尿管结石……为了工作,黄纬禄经常拖延治疗,病情发作时,他强忍疼痛,带病战斗在导弹研制现场。在"巨浪一号"研制中,已经 66 岁的黄纬禄,由于过度操劳,体重减轻了 11 公斤,人们都说黄老这是"剜"肉"补导弹"。黄纬禄舍身忘我的大无畏精神,激励着整个团队不断奋进、砥砺前行,在导弹型号研制道路上取得一个又一个成功。

淡泊名利　无私奉献

　　"在成绩面前,尽量考虑别人的贡献;失败了,尽量考虑自己的责任。"这是黄纬禄做人的一个原则。中华人民共和国成立初期,在一次政治协商会议上,黄纬禄他们的保密机组接到命令,排除会议话筒干扰,以确保毛主席的讲话不受干扰。圆满完成任务后,黄纬禄作为组长被授予一等奖,其他人均为二等奖,但他马上向领导反映,要求把一等奖给他人,黄纬禄认为:"当时我和另一位对这类电路比较熟悉的同志都出了一些主意,相比之下,那位同志的建议更好,我们就采用了那位同志的电路方案,很好地完成了任务……他应该得一等奖……所以,成功的时候,应当首先想到别人的贡献。但是,如果这个任务完成得不好,我就需要考虑自己的责任了。"在中华人民共和国成立50周年前夕,黄纬禄被授予"两弹一星功勋奖章",当时二院推选候选人时,黄纬禄主动提出把自己的提名撤下来,他说:"功劳是大家的,不能因为我是总设计师就总把荣誉归到我的头上。"由于该奖项的至高性,只有那些在"两弹一星"研制最高技术指挥管理线上的专家才有资格获得,最后黄纬禄才接受了这一奖项。

　　"文革"期间,黄纬禄受到影响,但他一天也没有消沉,仍坚守着对导弹事业的热爱。黄纬禄把匈牙利诗人裴多菲的诗句抄录在笔记本上:"纵使世界给我珍宝和荣誉,我也不愿离开我的祖国。纵使我的祖国处在耻辱中,我还是喜欢、热爱、祝福我的祖国。"在那段灰暗的日子里,黄纬禄忍辱负重,每天坚持到工作现场。虽然不能直接参与研究,但黄纬禄想方设法和团队在一起,在大家做试验的时候,黄纬禄会一直站在旁边,给大家倒茶水、送仪器、干杂活、做记录，通过仔细观察，他对难点和疑点进行思考，对数据进行复算，把自己的建议和想法告诉研制人员，帮助他们解决技术难题，力所能及地发挥自己的作用。黄纬禄不计个人得失、默默奉献的行为，充分展现了一名共产党员国家利益至高无上的胸怀。

黄纬禄为导弹航天事业忘我工作，无怨无悔，做出了巨大贡献。但在荣誉面前，他时常有"我为国家做的太少太少，国家给予我的太多太多"的愧疚感。在接受采访中，他曾说道："'两弹一星'是一项宏大的工程，参与者数以万计，岗位不同，分工不同，我个人只是其中努力的一个。再说，科学技术的发展永无止境，好比是远程接力赛跑，我不过是跑了其中的一棒。"他谦和的态度，朴实的语言，体现出的是一种共产党员的崇高境界。

严己宽人　诚朴谦和

　　"严于律己,宽以待人"是黄纬禄的人生格言,体现在工作上,是一种作风,体现在生活上,则是一种道德修养。黄纬禄虽是一位长期担任重要领导职务的老专家,但却时时处处以党员的身份严格要求自己,做到身正为范。凡是要求别人做到的,自己首先做好;凡是要求别人不做的,自己决不能做。人们至今依然记得他常说的"三个三",即基地"三要求":和大家一起排长队买饭,一起搞卫生,一起扫厕所;出差"三只要":只要能走出去就行,只要有饭吃就行,只要有地方睡觉就行;公车"三不用":私人外出不用车,接送亲友不用车,家人有事不搭车。他为自己立下的规矩在航天领域被后人当作佳话。黄纬禄为让他人优先改善居住条件,曾先后三次拒绝搬进条件更好的"部长楼""院士楼""将军楼",直至他去世,他们一家仍住在建于20世纪60年代的老房子里。

　　黄纬禄给人的印象始终是和蔼可亲、平易近人,对同志发自内心地尊重、关心和体贴。他珍惜他人的时间,常说:"轻易不开会,特别是没有充分准备就更不能开会,否则就是在浪费他人的时间,就等于谋财害命。"每逢开会他也坚持早早来到会场,绝不让大家等他。黄纬禄在和大家探讨工作问题时,总是认真听取各方意见,对持不同意见的同志,耐心说服。他常说"不知道我讲清楚了没有?",而从不说"你听明白了吗?"。黄纬禄热心助人,"文革"期间,他腾出自家的房子,让夫妻分居两地的女技术员产后住进自己的家中安心产后调养;同事的孩子生病住院,他前去探视;秘书生病,他不顾72岁高龄和电梯检修停运,徒步到16楼登门探望;每次出差回来,他不是先回家,而是先到单位看望大家;过年过节,他必抽出时间到周围同志家串串门。

坚守初心　培育后人

　　黄纬禄退居二线后,把自己研制导弹的工作经验和体会通过撰写文章,传授给航天事业的后来人。20世纪80年代末,黄纬禄撰写了思想准则《心字歌》、工作准则《性字歌》,这两首"歌"是他长年在导弹研制实践中提炼出来的,是他在工作中严格要求自己,处理问题、协调矛盾的真实写照,对航天领域后来人的工作、学习大有裨益。黄纬禄把如何当好总设计师的经验和应具备的思想境界,以高度精练的语句总结出来,浓缩成31条1 000多字,这对当代航天人如何做好工作有很强的指导意义。黄纬禄撰写的《三十年科研工作的点点滴滴》,通过大量工作中的实例,对民主与集中、设计与工艺、继承与创新、预研与型号、质量与进度、自力更生与力争外援、留有余量与层层加码的辩证关系进行了系统阐述。在中国航天事业创建30周年前夕,黄纬禄撰写的《建议编写〈导弹设计守则〉》,号召大家都来总结经验,把每个人的经验汇集起来,加工提炼,形成系统性和完整性的守则,用以规范和指导今后的工作。此后,黄纬禄担任了"导弹与航天丛书"编辑委员会委员和"固体弹道导弹"系列编辑委员会主任,组织相关丛书的编写工作,总结导弹与航天研制工作的经验。在黄纬禄90岁高龄的时候,他撰写的《弹道导弹总体与控制入门》一书出版,他希望这本书可以激发青少年对弹道导弹总体与控制技术方面的兴趣,吸引更多的年轻人投身祖国的导弹事业,使祖国的导弹和航天事业后继有人,蓬勃发展。

　　黄纬禄十分注重对人才的培养。他认为,不光要研制出先进的型号,关键还要培养出一支掌握先进技术的队伍,这才是留给国家最宝贵的财富。

黄纬禄一生诲人不倦,为人才培养和队伍建设尽心尽责、倾力相助。1995年,年近八旬的黄纬禄在一场以"立志航天,献身航天"为主题的座谈会上,准备了题为《同青年同志谈谈学习、工作和为人问题》的近万字的发言稿,他语重心长地说:"希望你们献身于这一崇高的事业,使它蓬勃发展,使我们的祖国立于世界民族之林,这是何等光荣的任务啊!"黄纬禄晚年在家养病期间,家里像一个课堂,航天系统的技术专家、科研院所的研究人员、企事业单位的团员青年、试验基地的工作人员、学校的老师学生、外地慕名的各界人士等都前来看望求教。每次他们上门,黄纬禄都悉心教导,毫无保留地讲述导弹研制的历史,传授自己的知识和经验,解答他们提出的问题。黄纬禄对探望他的航天系统年轻一代说:"创业难,守业更难。要继续发展航天事业,将中国航天推向新的高度,需要年轻同志的努力,你们要不断提高自己的业务水平,才能实现这个宏伟目标。"2011年,大学生暑期"两弹一星"夏令营前来拜访黄纬禄,希望黄老能为他们题写赠言,黄纬禄当时视力很差、手发抖得厉害,在女儿的帮助下,他艰难地写下"弘扬'两弹一星'精神,勇挑民族复兴重担"。

晚年黄纬禄仍然牵挂着中国导弹航天事业的发展,他说:"对国家做了一点贡献,对自己也不枉过这一生。"回首自己的过去,他说:"假如有来生,我还要搞导弹。"

黄纬禄是一位品德高尚、技术精湛、德才兼备的导弹专家,为我国航天事业发展付出了毕生的心血,做出了重大的贡献。先后获得了众多荣誉:1985年荣获"全国五一劳动奖章",1989年被国务院授予"全国先进工作者",1994年获求是科技基金会授予的"求是杰出科学家奖";曾当选中国共产党十三大代表,第六届、第七届全国人民代表大会代表。

2011年11月23日,黄纬禄因病逝世,胡锦涛、习近平等中央领导送来花圈。中央人民广播电台、中央电视台分别播出了新闻《时代先锋——黄纬禄的导弹人生》《雷震海天——黄纬禄》;《人民日报》《光明日报》《解放军报》《经济日报》《科技日报》《中国青年报》等也分别刊登了黄纬禄的事迹并发表评论员文章。2012 年 6 月,中共中央组织部追授黄纬禄"全国创先争优优秀共产党员"称号。

参 考 文 献

[1] 中国航天科工集团公司.两弹一星元勋黄纬禄[M].北京:中国宇航出版社,2012.

[2] 黄道群.黄纬禄院士传记[M].北京:中国宇航出版社,2015.

[3] 张泽民."两弹一星"元勋黄纬禄[N].扬州晚报,2012-10-12(A10).

[4] 杨连新.见证中国核潜艇.[M].北京:海洋出版社,2013.

[5] 刘青山.百年梦想 航天传奇 追记"两弹一星"元勋黄纬禄[J].国企,2012(6):121-124.

[6] 柏万良.创造奇迹的人们——中国"两弹一星"元勋[M].武汉:湖北教育出版社,2001.

[7] 人民网.黄纬禄:用全部生命写就"导弹人生"[EB/OL].2016-09-29/2022-05-24.http://www.people.com.cn/n1/2016/0929/c347407-28750645.html.

[8] 陈至立.辞海 3[M].7 版.上海:上海辞书出版社,2020.

逐梦银河，造就中国"巨型机"
——计算机专家、教育家慈云桂

慈云桂	1917—1990

慈云桂（1917—1990），安徽桐城（今枞阳县）人。计算机专家、教育家，中国科学院院士（1980），中国计算机科学与技术的开拓者之一。组织和主持研制了中国第一台晶体管通用数字计算机、百万次级计算机和第一台亿次计算机系统；他率领的科研队伍先后研制出一系列型号各异的大、中、小型计算机，在我国计算机从电子管、晶体管、集成电路到大规模集成电路的研制开发历程中做出了重要贡献，使得技术领先的多种型号计算机相继问世，在"两弹一星"宏伟大业中发挥了重要作用。

出身贫寒　好学笃行

1917 年 4 月 5 日，慈云桂出生于安徽省桐城县桐积乡钱桥镇阳和岗保七甲外坂庄(今安徽省铜陵市枞阳县麒麟镇梅花村外坂组)。那时的外坂庄是一个只有 17 户人家的小村子，依山傍水，景色秀美，但是因水患频繁，加上苛捐杂税和地主的盘剥，农民的日子非常困苦。"慈"姓是村里的小姓，只有慈云桂他们 1 户人家，家里保持十多口人，是一个贫困的农村封建大家庭。桐城自古文风昌盛，人才辈出，是安徽著名的"历史文化名城"。慈家虽说日子过得艰难，但家中长辈坚守着耕读继世的传统，想方设法供养几个儿女读书，孩子们都能感受到家庭的温暖，稚嫩的心灵充满阳光。慈云桂曾回忆说："祖父的忠厚耿直、勤劳朴实，父亲的敢于冒险、精明能干，母亲的勤劳善良、乐善好施性格，以及耕读人家的清高、浓厚的乡土观念和封建伦理思想，对我都有根深蒂固的长期的潜在影响。"

慈云桂 4 岁多开始由祖父教导习字，6 岁入村塾，先后经过八家私塾、经历过两个小学阶段的学习，在私塾与学校的相互交替中，度过了最初十年的读书生涯。徜徉在知识的海洋中，慈云桂无比快乐，而家庭的贫困也让他早早就感受到生活的艰难。17 至 19 岁，慈云桂经插班入读浮山中学，又转学至桐城中学，始终保持着优异的学习成绩读完初中。随着年龄的增长、学识和阅历的增加，"将来成为一个伟大的文学家和科学家"的理想在他的心里萌生。在初中升高中的考试中，慈云桂在同年几千名考生中取得第二名的好成绩，考取了安徽省重点中学——省立安庆高中。当时在安徽省教育界十分有声望的慈克庄先生是家里的一位远房亲戚，慈克庄先生识才爱才,愿意为慈云桂继续求学提供资助。此时慈云桂家里的贫困状况已更加严重,幸而得到了慈克庄先生的资助,他才最终如愿入读省立安庆高中。省立安庆高中大力弘扬严谨治学的校风和勤奋求实的学风,学校老师爱国敬业、锐意进取等优秀品质也深深感染和影响着好学上进的学生们。高中阶段的慈云桂不仅学习优秀,各方面的素质也得到了很大的提升。1937年,日本侵略中国的战火硝烟很快烧到了安徽,为寻得一处尚可读书的环境,学校被迫迁往九华山、湖南等地。慈云桂跟随学校一路迁徙,几近流离失所。他热爱祖国,坚信抗战必胜,并且认识到将来国家重新建设一定会迫切需要科学技术,眼前只有埋头于科学技术的学习,成为国家的储备人才,才是青年学生的正道。他立志要成为伟大的文学家或科学家的理想和信念更加坚定。

　　1939年7月,22岁的慈云桂考取了西南联大航空系,老师和同学们纷纷向他祝贺。可是由于战乱中的长年奔波,此时他的身体非常虚弱,难以远赴大西南的学校报到,征得西南联大同意,他先就近入读了湖南大学,在湖南大学与清华大学合办的工学院机械系借读一学期。学期结束时,由于他的身体状况仍然无法胜任长途跋涉,只好申请继续留在湖南大学学习,转入湖南大学工学院电机工程学系无线电专业。那一时期,抗日战争正处于战略相持阶段,全民抗战的热情不断高涨,慈云桂坚守着科学救国的志向,"将来成为一个伟大的文学家和科学家"的理想激励和引导着他不断追求更高的目标。大学毕业后,慈云桂被保送至清华大学,成为无线电通讯研究所的研究生。

　　清华大学无线电通讯研究所是中国大学中建立的第一个无线电专业研究机构,慈云桂师从孟昭英教授,潜心于微波理论与雷达技术的研究,学习与科研都进步很快。这时,他也有机会接触到华罗庚、黄子卿等进步学者,听他们的演讲和对共产党领导的解放区的介绍,思想上有了更为长足的进步,对解放区充满向往。他参加爱国学生运动,勇敢地和老师、同学们一起走上街头。

扎实进取　担当作为

异常艰辛的求学历程，终于磨砺出有志者更加刚毅、勇敢的性格。在以后的人生道路中，每当遇到重要关口，慈云桂总能做出正确的判断，并果断地做出选择。1956年，慈云桂光荣地加入了中国共产党，从此，他更是以实际行动践行了"为共产主义事业奋斗终生"的光辉誓言。"到工作最需要的地方去"是贯彻慈云桂一生的一个突出特点。

1947年6月，在清华大学中共地下党负责同志的领导下，已毕业留校任教的慈云桂牵头发起清华大学教职员联合会，组织大家学习革命理论，介绍解放战争形势，组织领导清华大学师生上街游行，反对美援运动，鼓舞广大教师的斗志，坚定革命必胜的信心。清华园刚刚解放，慈云桂就报名参加了清华大学师生联合巡防委员会，负责保护学校安全。他和爱人曾几次跑到围城部队最前线参观慰问，夫妻俩还报名参加地下党组织的清华大学"教职员志愿进城工作团"，慈云桂担任小组长。北平宣告和平解放的当天下午，他们就随工作队进城赴各大专院校开展工作，连续工作了24天。

1949年5月，慈云桂作为清华大学赴东北参观团团长，带领几十名清华大学物理系应届毕业生赴率先解放的东北地区参观，一个月的参观，令他终生难忘。尤其是看到东北地区干部工人昂扬向上的工作热情和热火朝天的工作场景，慈云桂更是激动难平，他给爱人写信，表示准备离开清华大学，投入革命洪流，到工作最需要的岗位上去。

1950年4月，慈云桂响应国家号召，离开学习、工作了近七年的清华大学，举家登上北去的列车，前往大连海军学校，任指挥系副教授；1951年3月，他担任大连海军学校第一分校通讯系副主任;同年 12 月,被批准光荣入伍,同时改任大连海军学校第一分校电讯系副主任;1953 年 6 月,被大连海军学校第一分校训练部任命为通信组组长,负责全校通信学科专业建设。在大连海军学校工作的四年多时间,慈云桂努力发挥自己的专业特长,为培养我国第一批海军指挥员和通信专家做出了贡献。

1954 年 11 月,慈云桂服从组织选调,再次举家搬迁,前往在哈尔滨的中国人民解放军军事工程学院("哈军工")海军工程系报到。很快,他被学院任命为新成立的海军工程系雷达教授会(教研室)主任,负责筹建雷达专业,全面负责教授会工作。

1955 年 2 月,海军要求"哈军工"在海军工程系成立研究生班,招收研究生,慈云桂成为"哈军工"首批三名研究生导师之一。3 月,他升任海军工程系教育副主任,并继续兼任雷达教授会(教研室)主任。

1955 年 12 月,"哈军工"成立院务委员会,主任委员由陈赓院长担任,刘居英副院长任副主任委员,第一届院务委员会成员 105 人,慈云桂是委员之一。

1957 年 6 月,学院成立了电子科学技术委员会,慈云桂是三个副主任委员之一。从 1958 年开始,用时不到一年时间,慈云桂领导研制成功了中国第一台电子管专用计算机。1959 年,根据陈赓院长指示,计算机专业建立并开始招生,慈云桂从雷达教研领域逐渐转入电子计算机这一新兴交叉学科方向,成为我国较早从事计算机教学研究的开拓者之一。

"慈云桂在海军工程系工作的六年多时间,正是该系大发展时期。《国防科技大学校史(1953—1993)》记载:至 1959 年,海军工程系设有 8 个专科,17 个专业(实际招生 12 个专业),19 个教研室,53 个实验室和 11 个陈列室。教师由 65 人增加到 191 人。慈云桂协助系领导统筹兼顾,突出教学工作这个重点,组织开展了大量学术科研工作,取得了一批学术科研成果,为培养我军海军高级工程技术人才做出了积极的贡献。"

1961 年,慈云桂被任命为学院新成立的电子工程系教育副主任,分管专业教学和科研工作。

1962 年 6 月,经国防部批准,慈云桂晋升为教授。

拼搏创新　屡攀高峰

1966 年 4 月，中国人民解放军军事工程学院退出军队序列，更名为哈尔滨工程学院，"哈军工"时期的 12 年，慈云桂从事教学与管理工作，同时积极开展学术与科研活动，由已经干得顺风顺水的雷达领域转而从事当时还是新兴交叉学科的电子计算机专业，随着由他领导研制的中国第一台901 电子管专用计算机和中国第一台 441B 晶体管通用计算机相继问世，慈云桂的名字与中国计算机事业的发展紧紧地连在了一起，他终于找到了自己"愿意终生奋斗的工作岗位"，并一步一个脚印，实现了自己科学救国的理想和成为科学家的梦想。

331(901)专用电子数字计算机是我国自主设计研制的第一台专用电子数字计算机，在中国计算机事业发展史上具有重要意义。该计算机于1958 年研制成功，标志着中国人在计算机研制和开发的道路上迈出了第一步。当时才 40 出头的慈云桂带领着一支平均年龄仅 25 岁的研发团队，团队成员中除他自己和 1956 年从哈尔滨工业大学研究生毕业来到"哈军工"的柳克俊曾见过计算机和略懂计算机外，其他成员所学专业不一，对计算机知识基本是一片空白。而正是这一群年轻的拓荒者，发扬大无畏的革命精神，仅用时几个月就拿出了合格的样机，完成项目研制。当年的研制团队成员耿惠民回忆说："在研制 901 机时，慈云桂不仅是领导，还和我们在一起，每天加班到凌晨两三点，为此付出了大量心血。"

20 世纪 60 年代，计算机技术全面进入晶体管时代。慈云桂出访英国时发现了这一新动向，而当时由他积极争取立项并主持研制的一项电子管计算机项目刚刚启动,着眼于国家计算机事业发展大局,慈云桂马上向组织提出争取立项晶体管计算机,并再一次争先创优,带领团队于 1965 年用国产晶体管成功研制出中国第一台 441B 晶体管通用计算机,其可靠性和稳定性均达到当时国际先进水平。441B 系列晶体管计算机问世后,成为 20 世纪中后期我国计算机的主流机型。

1968 年,中央专委决定将洲际导弹的配套工程————远洋航天测量船作为重点工程列入国家计划,代号 718 工程的远洋航天测量船需配置中心处理计算机,这是船上的核心设备,设计要求非常高,研制难度也非常大。当时正值"文革",慈云桂刚从"牛棚"出来不久,他秉持着坚定的党性,勇敢地承担了领导组织远洋航天测量船中心处理计算机(代号 151 机)的研制任务。用时十年,终于高质量研制成功 151-3/4 二百万次集成电路大型通用计算机。151-3/4 型计算机获得国防科委科技成果一等奖,并与远望号测量船一起荣获国家科技进步奖,研制人员荣立集体一等功。

1978 年 6 月,国务院、中央军委发布文件,决定将长沙工学院(前身为中国人民解放军军事工程学院、哈尔滨工程学院)改建为中国人民解放军国防科学技术大学。巨型计算机项目(巨型计算机又叫超级计算机或高性能计算机,简称"巨型机")是国防科技大学成立后承担的第一项国家重点任务,慈云桂率领科研人员再一次向世界计算机技术高峰奋勇攀登。1983年12 月,由张爱萍将军命名的"银河"巨型机在长沙顺利通过国家鉴定,时任国务院电子计算机与大规模集成电路领导小组组成员兼办公室主任李兆吉宣布"银河"巨型机研制成功。12 月 22 日,新华社、人民日报、解放军报、光明日报等中央媒体同时向世界宣布:中国第 1 台每秒钟运算 1 亿次以上的"银河"巨型计算机,由国防科技大学计算机研究所在长沙研制成功。它填补了我国巨型计算机的空白,标志着中国进入世界巨型计算机的研制行列。1984 年 2 月,国务院科技领导小组签发嘉奖令,通令嘉奖国防科技大学及各协作单位参加研制"银河"亿次计算机的全体科技工作者、工人、解放军指战员和干部。6 月,经中央军委批准,授予"银河"巨型机特等国防科技成果奖。

谋重前瞻　功在长远

慈云桂对我国计算机事业的贡献是独特的，他凭着科学家的战略眼光和远见卓识，总能在计算机发展的各个阶段把准研究大方向，不失时机地提出新的攀登高峰，并以顽强的意志、执着的追求及求实的科研作风而保证预定目标得以实现。他常常鼓励大家：不能只盯着眼前的事情，眼光要放长远，要始终盯着国际上特别是美国计算机发展的技术前沿，否则在世界计算机发展领域，我们将永远受制于人。

901 专用数字计算机的研制成功，找到了电子计算机这个新生事物与军队现代化建设的最佳结合点，进一步推动了党和国家对发展我国计算机事业的战略部署，促进了计算机知识的宣传普及。通过该机的科研实践，培养了一批理论联系实际、动手能力强、能够承担计算机研制任务的专业骨干队伍。

441B 系列晶体管计算机研制成功后被广泛应用于我国国防科研试验基地和高等院校、研究院所等多个领域，标志着中国计算机技术从电子管时代走向晶体管时代的大转折，对中国进入第二代计算机发展阶段起到了关键推动作用。441B 系列计算机的投入使用，彻底改变了我国国防尖端武器研究试验的落后局面，为那一时期正加紧建设的"两弹一星"宏伟大业做出了重要贡献。

151 机是百万次量级的大型计算机，比 441B 机有两个数量级的性能提升。研制 151 机历时十年，其中有八年处在"文革"当中，慈云桂曾感慨地说："这十年真是一言难尽啊！我们向党和国家交出了一份满意的答卷。"作为那一时期我国集成电路大型通用计算机中的佼佼者,151中心处理计算机在我国20世纪80年代首次向南太平洋发射运载火箭,首次潜艇水下发射导弹及第一颗试验型广播通信卫星的发射和定位中,均出色地完成了计算测量任务,为我国航天战线三大重点试验的圆满成功做出了重大贡献。

　　"文革"期间,无论身处什么样的人生际遇,慈云桂始终关注着世界计算机技术发展动态,关心着祖国计算机事业的发展。他在1972年前后,了解到美国巨型机研制成功的消息,当时就迫切地向有关部门领导建议,希望尽快将巨型机列入国家科技发展规划。从那时开始,他一边争分夺秒组织攻克百万次机难关,一边已经在悄悄地做着研制巨型机的技术准备。1978年5月,国防科委在北京为我国巨型计算机(785工程)研制召开第一次全国性会议,会上,慈云桂满怀干事创业的激情,虽已年过花甲,仍信心百倍地发下誓言:"我今年六十出头,就是豁出这条老命,也要把我国的巨型机搞出来! 五年时间,一天也不能多! 亿次速度,一次也不能少!"这一次带队攻关,慈云桂又以完美的成绩兑现了誓言。1983年,中国的巨型机横空出世,从此,我国进入了世界上少数几个掌握巨型机技术的国家行列。

　　20世纪80年代,国际上出现了一股研究智能化新一代计算机的热潮。从1982年开始,慈云桂关注到这一新的发展趋势,并身体力行地积极促进我国开展智能化新一代机的研究。

知人善任　科技帅才

　　慈云桂带队攻关，屡战屡胜，除专业水准过人、有股闯劲外，还在于他善于发掘人才，并能用好人才，能够团结一批有识之士，形成团队力量，是一位被大家公认的能够把握专业方向、带领大家勇攀科学高峰的科技帅才。1984 年，"银河"亿次机荣获中央军委科技成果特等奖，被选为向国庆三十五周年献礼的全国十大科技成果之一。国防科技大学计算机研究所因而荣立集体一等功，被誉为"国防战线上一支勇于进取、能打硬仗的先进集体"。

　　1966 年 4 月，哈尔滨工程学院电子计算机系成立，这是中国第一个计算机系，慈云桂被任命为系主任。距此仅九个月之前，1965 年 7 月，美国乃至世界上第一个计算机科学系——卡耐基梅隆大学计算机科学系成立，它的创始人之一艾兰·佩利(1922—1990)出任首任系主任，同时他还是美国计算机协会(ACM)的首任主席，被誉为"使计算机科学成为独立学科的奠基人"。慈云桂比艾兰·佩利年长五岁，在学术研究和教育方面他的贡献也毫不逊色。慈云桂担任计算机系兼研究所主任 18 年，把学校一个最小的系带成了全校甚至是全国最大的系，在 1958 年研制 901 机时，他的核心研制队伍只是一支"九人小组"，而到他卸任中国人民解放军国防科技大学(其间学校经历几次更名)计算机系兼研究所主任时，该所的研制队伍已有数百人，成为全国甚至是全世界知名的系。

　　慈云桂坚持不拘一格用人才，为研制晶体管计算机，慈云桂的麾下聚集了一批年轻的助教和学生，在他的信任和鼓励下，年仅 25 岁的见习助教康鹏担负起了课题组技术负责人和逻辑设计师的重任，为国产晶体管计算机研制做出了突出贡献。20世纪60年代,在晶体管电路设计中的两项发明被称为"康鹏电路"。正是因为有了慈云桂这个伯乐,康鹏这匹千里马才得以奋蹄驰骋。1978年3月,康鹏在长沙工学院(现国防科技大学)越级晋升为副教授,后晋升为教授。

20世纪70年代初,经慈云桂的努力争取,复旦大学软件专家陈火旺与其在北京工作的夫人吴明霞被调入长沙工学院计算机研究所工作。陈火旺基本功扎实,到计算机研究所后连续负责为"441B-Ⅲ"和"151""银河-Ⅰ"等计算机开发了多款软件,并培养了一批计算机软件开发人才,为提升我国计算机软件水平做出了重要的基础性贡献。陈火旺后来曾任国防科技大学计算机系兼研究所副主任,国防科技大学研究生院副院长,少将,教授,博士研究生导师。1997年他当选为中国工程院院士。

1979年,慈云桂听说"哈军工"全优学员和优秀教师耿鼎发回学校落实政策,就主动联系他,希望尽快见面,他为耿鼎发仗义执言,为他的平反积极努力。不久,耿鼎发终于重新穿上了心爱的军装,才华又得以施展,他在国防教育科研战线上努力工作30年,做出了优异的成绩。

陈福接,在慈云桂之后亦曾担任国防科技大学计算机系主任兼研究所所长。当年,他解决了"鱼雷指挥仪"战斗程序读不出来的问题,把没有磁芯的地方抠掉,把有磁芯的地方重写,加快了研制进度。慈云桂很欣赏他,并有意识地培养他,直到选他做了接班人。陈福接曾回忆说:"到哈军工报到时见到慈先生,当时,他是海军工程系教育副主任。他有魄力、有激情、重才干、会用人。他不唯学历,注重能力,只要有才、能干就用。"

鞠躬尽瘁　精神永存

改革开放以后,慈云桂担任了中国计算机学会新一代计算机工作组组长、中国自然科学基金会计算机学科评审组委员等更多的重要学术职务,当时许多学术机构都还处于建章立制的阶段,不少学术兼职有着重要的话语权,慈云桂认真履行职责,积极建言,坚决反对走后门。对于一些找上门"求助"的单位,他总是提醒对方要"练好内功",同时也热情地为他们分析症结,帮助这些单位找到今后在教学科研上要努力的方向,在端正学风、促进人才培养和科研建设等方面都做了大量的工作。

1979年7月,慈云桂被中央军委任命为国防科技大学副校长兼电子计算机系(研究所)主任。

1980年,慈云桂当选为中国科学院技术科学部学部委员(1993年后改称"院士"),成为国防科技大学自1953年创建以来第一位当选"两院"院士的专家,也是1980年中国科学院按照相关程序重新遴选出的282名学部委员中仅有的2名计算机科学家之一。

1985年,慈云桂被调任国防科工委科技委常任委员,全家迁往北京,同时仍继续担任国防科技大学教授、博士生导师。年近古稀,慈云桂仍为工作忙碌着,出国考察、参加国际会议、建言献策、发表论文、组织召开学术会议,积极推动建立跨地区、跨部门横向科研联合体……他锐利的目光又投向新一代计算机。

对中国人民解放军国防科技大学,特别是自己参与创建并几十年倾力培育发展的计算机学科专业,慈云桂始终倾注着满腔热情。到北京工作后,考虑到吸引人才、扩大学校的影响的需要,他多次向计算机系(研究所)提出建议,希望在北京成立计算机研究院,并为此选好了地址。1990 年 3 月,学校研制"银河–Ⅱ"的过程中出现了一些问题,慈云桂应邀又一次回到计算机研究所,投入紧张的工作,他深入细致地了解技术与管理上的问题,提出改进方案,忙碌了近两个月,终于圆满地解决了所有问题。回北京前,他还抽出时间与青年教师和学生们一起座谈,向年轻人讲述自己带队开展科研攻关的艰难历程,勉励大家努力学习、再创佳绩。

"老牛亦解韶光贵,不用扬鞭自奋蹄。"由于一直忙于工作而无暇关心自己的身体,慈云桂的健康状况越来越差,谁都没有想到,这一次的国防科技大学之行竟是他有生之年的最后一次返校。1990 年 7 月 17 日,正在加班工作的慈云桂因劳累过度而突发心脏病,于 21 日上午溘然长逝,享年 73 岁。

1990 年 8 月 24 日下午 3 时,慈云桂同志遗体告别仪式在北京八宝山革命公墓礼堂隆重举行,党和国家领导人江泽民、聂荣臻、李铁映、刘华清、张爱萍等送了花圈,康世恩、宋健、钱学森等参加了遗体告别仪式。

溯源中国的计算机研发历程,慈云桂主持研制的处于国内领先水平的计算机多达四代二十多种型号,卓越的事业成就,在国际上也产生了重要影响,他被同行们誉为"中国巨型计算机之父"。在他去世以后,人们一直以各种方式怀念他、纪念他、学习他。1990 年 10 月,在华盛顿召开的人工智能工具国际会议上,第一项议程被临时改为"向世界著名的中国计算机科学家慈云桂教授肃立默哀"。

1991 年 12 月,在国防科技大学计算机系(研究所)第四次党代会上,与会代表一致通过将三十多年来的科研经验凝练为"胸怀祖国、团结协作、志在高峰、奋勇拼搏"的银河精神。1993 年 4 月,国防科技大学党委对"银河精神"予以确认。后来,解放军原总政治部将"银河精神"收入全军《革命精神光耀千秋》思想政治教育教材,与"井冈山精神""长征精神""延安精神"等 43 种革命精神一起,作为我党我军的优良传统和宝贵精神财富在全军弘扬。

　　1995 年，国防科技大学设立了"慈云桂计算机科技奖金"，他开创的"银河精神"将永远被人们铭记。

　　2012 年 4 月 5 日，国防科技大学计算机学院隆重纪念慈云桂诞辰 95 周年，时任国防科技大学校长杨学军、政委王建伟为慈云桂教授铜像揭幕。

　　2017 年 4 月 14 日，纪念慈云桂教授诞辰 100 周年座谈会在国防科技大学计算机学院举行，时任国防科技大学校长杨学军，中国科学院周兴铭院士，中国工程院卢锡城院士，慈云桂教授长子慈林林教授，计算机学院老领导、老专家，慈云桂教授生前同事、学生代表、学院党委常委、三级以上教授，以及学院教职员工代表共 60 余人参加了座谈会。

参 考 文 献

[1] 雷勇.慈云桂传[M].长沙:国防科技大学出版社,2018.

[2] 徐祖哲.溯源中国计算机[M].北京:生活·读书·新知三联书店,2015.

[3] 中国科学技术协会.中国科学技术专家传略　工程技术编·电子、通信、计算机卷 1[M].北京:电子工业出版社,1998.

[4] 司空伟,周小雷.国防科大纪念慈云桂教授诞辰 95 周年[N].湖南日报,2012-4-6(001).

[5] 桐城中学.桐城中学校友动态——国防科大隆重纪念我校校友慈云桂先生诞辰 100 周年[EB/OL].2017-04-16/2022-05-19.http://www.tongzhong.cn/Alumnistyle/info/866.html.

[6]《中国大百科全书》总编委会.中国大百科全书 4[M].2 版.北京:中国大百科全书出版社,2009.

[7] 陈至立.辞海 1[M].7 版.上海:上海辞书出版社,2020.

[8] 安庆第一中学.毕业于我校的院士(不完全统计)[EB/OL].2012-09-12/2022-05-19.http://www.aqyz.net/bnyz/ysfc/636875.html.

[9]《科学家传记大辞典》编辑组.中国现代科学家传记　第一集[M].北京:科学出版社,1991.

毕生奋斗，为计算机的明天
——计算技术专家董占球

董占球	1935—2012

　　董占球(1935—2012)，安徽合肥人，计算技术专家，先后参加研制我国第一台通用电子计算机103机、第一台每秒运算1万次的通用电子数字计算机104机、第一台每秒运算5万次的大型通用电子数字计算机119机，曾承担多项国家重要科研和工程项目的理论研究和工程实现，为我国计算机的研制和应用做出了开创性的贡献。

苦难少年　幸逢解放

1935 年 11 月 29 日，董占球出生于安徽省合肥市，他刚出生不久就发生了日本帝国主义发动的侵华战争，4 岁时，母亲被侵略者的飞机轰炸夺去了生命。在随后的逃难生涯中，年幼的董占球在大街上替别人擦过皮鞋，在卷烟厂做过童工，直到 1945 年抗战胜利，才终于回到合肥。多年颠沛流离，使得重返故乡时已经 10 岁的董占球还只有父亲给予他的启蒙教育基础。然而在回到合肥的第二年（1946 年），他却凭着自己的努力考上了家乡颇负盛名的合肥市立第一中学。

抗战胜利后，由于国民党政府的腐败统治，老百姓仍然生活在水深火热当中，1948 年，与其相依为命的父亲因病去世，13 岁的董占球成了孤儿，生活陷入极度的困境。幸而此时已是全国解放的前夕。1949 年，中华人民共和国中央人民政府宣告成立，在人民当家做主的"新中国"，贫苦少年董占球终于过上了幸福的生活，他可以在学校里安心学习了。

高中毕业后，董占球考入山东工学院，入学当年（1952 年）因全国高等院校院系调整，山东工学院、厦门大学、浙江大学的无线电系调整为南京工学院（现为东南大学）无线电工程系，他亦随之进入该系学习，在这所著名的大学里，陈章、钱凤章、吴伯修、谢处方等诸多名师为同学们授课辅导，国家给予家庭困难学生以助学金资助，享受甲等助学金资助的董占球顺利完成了 4 年的大学学业。毕业时，他被分配到中国科学院计算技术研究所筹备处工作，这里集聚了诸多为中国计算机事业从无到有做出过巨大贡献的科技专家，科研软环境十分优越。

勤学奋进　不负韶华

中国科学院计算技术研究所是根据周恩来总理领导制定的《1956—1967年科学技术发展远景规划纲要(修正草案)》(简称《十二年科技规划》)相关部署而筹备成立的,"研发电子计算机目的明确,主要是为'两弹一星'工程服务"。"研究所筹备委员会"成立于1956年6月19日,著名数学家华罗庚担任筹备委员会主任,筹备处成立后的三年时间逐项落实《十二年科技规划》规定的任务,调动人员充实机构,科研条件顺利构筑,仿制苏联计算机奠定科研基础,开办计算技术训练班培养专业人才,等等。大量的基础性工作有序推进,重点科研任务陆续开展,于1958年和1959年相继研制成功103机、104机。1959年,中国科学院计算技术研究所正式成立。1964年,该所研制成功119机,每秒运算5万次,为"两弹一星"工程等完成诸多计算任务。

经华罗庚主任面试,董占球被分配到计算机整机研究室,整机研究室下设逻辑设计组、运算控制组、外部设计组、电源组,分别由夏培肃、吴几康、孙肃、莫根生负责,研究室主任为著名德籍华人科学家闵乃大。董占球得到闵乃大和吴几康的直接培养和教导。筹备处还联合清华大学、北京大学连续举办了三届训练班,办班的目的就是要更快更好地培养出人才,董占球参加了第一期训练班学习。范新弼、吴几康、夏培肃、周寿宪、孙念增、徐献瑜等专家都被安排为培训班授课。研究所成立后,继续推进筹备委员会时期已开展起来的各项工作。1960年,与中国科学技术大学合办第四届训练班,训练班有计算机和计算数学两个班,年轻的董占球担任了计算机班的专职教员。

　　刚刚走上科研岗位的董占球进步很快，除了学习和参与教学管理，董占球还接受组织安排，参与了所里多项重要研发项目。在 103 机研制中，他被分配负责运算器组；当 104 机进入机房调试，他又被从 103 机组调至 104 机组，参加了后期的调试工作。104 机于 1959 年秋研制成功，向国庆十周年献礼。新华社、人民日报社等重要媒体均报道了中国第一台大型数字计算机 104 机研制成功的喜讯，中国第一颗原子弹的有关计算任务就是由这台计算机完成的。1959 年 6 月，119 机开始研制，董占球在 119 机研制中担任了全机标准线路组组长，负责全机电路定型。当 119 机整机进入机房开始联合调试时，组织上又安排他担任机房秘书工作，协助吴几康组织实施整机联调。担任机房秘书，既要组织协调工作，又要解决联调中出现的各种技术问题，要求他对整机的工作有所把握，可以说，一台现实的计算机从研制到运行的过程中可能出现的问题，在整机联调过程中都基本出现了，圆满完成这一具有挑战性的工作，董占球的综合能力得到了锻炼和提升。119 型计算机是中国第一台自主设计研制的大型通用电子数字计算机，其设计工作始于 1959 年 6 月，仅用时不到一年时间就完成了设计、制造、安装等工作。1960 年 5 月开始调机，1963 年 7 月开始试算题，1964 年 4 月 11—25 日对该机进行测试、试算题和鉴定。中国科学院主持的鉴定专家组对 119 机进行了严格测试，并计算了关于国防建设及国民经济方面的 23 个大型计算问题，所有问题都得到了正确结果。专家认为 119 机的总指标达到了电子管通用数字计算机的世界先进水平，其稳定性已经超过了 104 机的水平，遂鉴定通过并于鉴定后即交付使用。在当时，它是世界上最快的电子管计算机之一，该机承担了研制中国第一颗氢弹的有关计算任务和全国首次大油田实际资料动态预报等计算任务。1964 年，119 机获得国家科委授予的发明创造奖一等奖，并获得国家工业新产品展览一等奖。

　　103 机、104 机、119 机的研制成功是我国计算机从无到有、从仿制到自行设计研制过程中的历史性事件，均为中国科学院计算技术研究所在成立初期(包括筹备处时期)即推出的重要科技成果。这三款计算机的相继研制成功,是中国计算机事业研制史上的一座了不起的里程碑,其性能同当时的世界水平差距不大。1959 年 10 月 15 日,《电子计算机动态》在第 10 期上介绍了 104 计算机,封面字体破例套红,还放上了计算机的照片,这是首次介绍中国人自己的"动态",特别是它们在"两弹一星"工程和各项国防事业中的应用上得到了同步展开,为这一时期建立起一支由现代技术支持的国防力量做出了重要的贡献。徐祖哲所著《溯源中国计算机》一书中记载了104 机研制成功投入使用时的相关情况:

"每当有'两弹一星'的题目来计算时,阎沛霖所长就要到机房检查,要求必须保证用机,有时用户单位连续工作两天不下机,机房人员都要坚守,心情很紧张,也很自豪。

这台计算机是国家的宝贝,机房有专人守卫,使用者都需要申请并得到批准。

1960 年 1 月 3 日,五院二分院出示公函,表示每周四小时不敷需要,希望阎沛霖所长批准机时加倍。

当时负责研究热核材料燃烧的科学家于敏,每周就只能分配到十多个小时,要弄清楚规律谈何容易。他们全组持续四年,深思熟虑,重点计算,对每个结果都进行了由表及里的理论研究与分析,是后来突破氢弹理论必不可少的基础。"

那是一个热火朝天的奋进年代,科研创新成果丰硕,回忆起当年计算技术研究所的同事们一起集智攻关的历程,董占球认为,自己能经历这一历史时期是非常幸福的。

踏实作为　行稳致远

1971 年,董占球工作调动到冶金工业部北京仪表厂(后该厂经与有关科研院所合并、组建,先后成为冶金工业部自动化研究所、冶金工业部自动化研究院等,现隶属于中国钢研科技集团有限公司)。在新的工作岗位,他从计算机科技研发转而投入科研生产实践当中,这样的转型,使他对计算技术的理解更加深入。

1973 年,董占球担任国家重大工程项目"上海第一钢铁厂 1200 半连轧计算机控制系统"负责人。项目研究任务是对热轧钢板的厚度进行控制,保证产品按厚度要求生产。这样的自动控制系统在当时的国内还没有先例,董占球根据项目要求结合计算技术的应用提出了研制方案。经事实证明,方案是正确的,但是还需要具备一定性能的计算机支持,而当时没有合适的计算机可以利用,就决定仿制 PDP-11 计算机。当时,研究资料奇缺,能获得的资料仅是一本系统手册。然而,经过艰苦的攻关,终于在 1976 年完成了仿 PDP-11/15 计算机的研制,满足了工程的要求。该项目虽仅部分投入运行,但是它对热轧钢板厚度自动控制做了有益的探索,提供了一些可资借鉴的经验,特别是对于武汉钢铁公司有关工程的实施有所助益,也为后续的宝山钢铁工程准备了一部分工程技术力量。通过这一工程实践,董占球积累了计算机实时控制应用的经验,进一步深化了对计算机的认识。

这以后,董占球负责计算机研究室的工作,主持 ACOS-400 的开发运行,先后完成了武钢 1700 工程冷轧控制模型、高炉结构计算、长江中下游地质勘探分析等大型工程计算。

1981 年,冶金工业部授予董占球高级工程师技术职称。

探索求真　追踪前沿

　　1984 年,董占球工作调动至中国科学院研究生院,从 1956年大学毕业分配工作至中国科学院计算技术研究所筹备处,至此时重回中国科学院,董占球已经历了近 30 年的科研、生产实践,积累了丰富而全面的专业知识和专业能力,在研究生院担任教职,他可以有更多的时间对计算技术进行深层次的思考与探究。厚积薄发,1987 年,他作为第一作者撰写的《计算机体系结构技术》由科学出版社出版,在此前后,他还发表了《对计算机若干问题的讨论》(1986 年)、《按模式记忆》(1991 年)等多篇论文,在学界产生较大影响。

　　1988 年,信息存储技术专业委员会第六届年会在长沙召开,会上,董占球以《按模式记忆》为题做了学术报告,这是基于他对计算技术和人工智能的认识和研究而撰写的一篇论文。1989 年,就有国外研究者在高水平学术期刊《科学美国人》上发表论文,明确提出"记忆是模式的存储",这为董占球的研究观点提供了有力的支撑。此后兴起的"Brain Simulation"也更加增强了董占球对这一研究方向的信心,后来在他与冯嘉礼的长期合作中给出了"按模式记忆"可证的数学结构。

　　董占球富有创见的学术观点得到了来自中国科学院计算技术研究所、国防科技大学、武汉大学、哈尔滨工业大学、华中理工大学、重庆大学、武汉水利电力学院、北京航空航天大学、广西师范大学等诸多科研机构和高校同行们的支持和认同,并自愿结合组成联合攻关组。1989 年,由他作为项目负责人,以"面向智能计算机系统的记忆、思维的基础理论,模型及方法"

为题向国家自然科学基金委员会提出重大项目建议书。1992年，受国家自然科学基金委员会的委托，董占球拟订了当年度项目指南"面向智能计算机系统的记忆与思维的研究"，并被批准立项。1990年，董占球作为项目负责人向国家科委提出题为"记忆与思维，认知科学中的根本问题和智能系统新原理"的重大项目建议书；1992年，该项目被国家科委纳入"认知科学中前沿领域若干重大问题的研究"的攀登计划项目当中。随着思考与研究的不断深入，1991年以后，董占球在《计算机科学与发展》《数学物理学报》《计算机科学》等专业期刊上先后发表（独撰或与他人合作）《人工智能（AI）研究中的若干问题》《复杂系统优化的计算机方法》《一类智能计算思想：按自然法则计算》《基于属性整合的知觉模式生成与识别模型》《基于属性抽取和整合的感觉神经检测模型》《存储与处理合一的智能系统》《按模式记忆理论的数学描述（1）——记忆模式的属性坐标表示法》《按模式记忆理论的记忆结构刻画》等研究成果。

为师为学　后世留芳

　　20 世纪 60 年代初期,在中科院计算技术研究所工作的董占球就曾在中国科学技术大学兼任教学工作,优秀的工作业绩及勤奋踏实的工作表现给人们留下了深刻的印象。《溯源中国计算机》一书记载:"1958 年,科大计算机系建系时,贯彻落实'全院办校、所系结合'的办学方针,在教学和科研工作中全面实施所系结合:中科院计算所选派计算机专家到科大兼职任教,科大选派老师到计算所参加合作研制新型计算机。董占球等曾常驻科大教学,与教师们同住集体宿舍、同吃学校食堂,在'三年困难'时期,坚守岗位,圆满完成了前三届学生的教学任务。"

　　在中国科学院研究生院,董占球被评聘为教授、博士生导师,并于 1992 年享受国务院政府特殊津贴。董占球始终以师表作风、示范行为、高度负责任的人格魅力去践行"教书育人"的高尚使命,感染和启迪每一位学生,是一位深受学生们喜爱的优秀导师。从 1984 年至 2004 年,董占球一直活跃在讲台上。他对学生们说:"你们进入研究生院一是要学做人,二是要调整知识结构。"他十分重视学生们基本功的训练与积累,他要求学生们要有清楚、牢固的基本概念,熟练的基本功,严谨的逻辑思维。他教给学生学习与从事科研的正确方法:听课要跟着教员的思路,看他如何提出问题、分析问题、解决问题,如何评论。他要求学生要读懂经典:文献不仅要读当前的,更要读经典的,只有读懂经典文献,才能把握问题的根本。对于继承与创新,他说:"一定要尊重前人的工作,但更要善于发现问题和提出问题,要睁开双眼,注视一切,不可孤陋寡闻。"在讲课中,他还非常注意调动学生的主动性,善于用提问、讨论等方式启发学生,调动他们的学习热情与主动思考的能力。

从科研到实践、从前沿探索到传承后人，董占球为我国计算技术的进步辛勤奋斗了一生，出色的成就、无私的奉献，为计算机科学领域同行所敬重，赢得了学界的高度评价。他曾受聘担任攀登计划项目专家委员会委员，中国计算机学会名词委员会委员，信息存储技术专业委员会副主任，计算机安全专业委员会副主任等多项专业兼职。由他主持的"七五"国家科技攻关项目"国家经济信息系统计算机系统性能评价软件与模型"获得1991年国家计委部级重大成果奖。

2012年6月，董占球因病去世，终年77岁。就在他离世后的第二天，北京邮电学院隆重举行2012届本科生毕业典礼，时任该院院长、网络空间安全专家、中国工程院院士方滨兴出席会议并发表演讲，在他的演讲中情不自禁地表达了对董占球先生的仰慕和敬佩之情，为先生的离世深感痛惜，他说："昨天，在计算机科学界享有盛名的董占球教授仙逝了。他也是信息安全界的泰斗，为人睿智豪爽，学识渊博，敢于直言，让我十分景仰……"

参 考 文 献

[1] 徐祖哲.溯源中国计算机[M].北京:生活·读书·新知三联书店,2015.

[2] 中国科学技术协会. 中国科学技术专家传略 工程技术编·电子信息科学技术卷2[M].北京:中国科学技术出版社,2006.

[3] 方滨兴.无悔的青春,永恒的绽放——校长方滨兴院士在2012届本科生毕业典礼上的讲话[EB/OL].2012-06-20/2022-05-20.http://news.bupt.edu.cn/info/1012/6554.htm.

[4] 中国科学技术大学.中国科学技术大学教授名录[M].合肥:中国科学技术大学出版社,1998.

[5] 中国科学技术协会.中国科学技术专家传略 工程技术编·电子、通信、计算机卷1[M].北京:电子工业出版社,1998.

[6] 钱伟长,金国藩.20世纪中国知名科学家学术成就概览·信息科学与技术卷·第二分册[M].北京:科学出版社,2014.

在有限的生命中追求创新、提高

——金属物理与空间物理学家方正知

方正知		1918—2017	

　　方正知(1918—2017),安徽枞阳(原桐城县)人,金属物理与空间物理学家。1963年起,开始负责核武器研制中弹体的爆轰物理试验工作,组织实施了中国第一颗原子弹、氢弹原理试验中的系列爆轰物理试验,并作为试验委员参与了第一颗原子弹和氢弹的爆炸试验。1955年入选国务院专家局专家名单。

学业辗转　坚韧不拔

　　方正知，原名方澈，1918 年 11 月出生于安徽枞阳(原桐城县)义津镇日升村东仓庄的一户贫寒家庭，在很小的时候便跟随母亲下地干农活。直到16 岁，在家乡一边干活、一边读私塾的方澈才开始进入安徽桐城中学初中部就读，接受现代科学知识的教育。1937 年，日本侵略中国的飞机轰炸到安徽境内，刚刚考入安庆高级中学(现安庆市第一中学)读高中的方澈不得不跟随学校辗转安徽、湖北两省多地，后来因为父亲在四川乐山经营一家瓷器店，他便去了乐山，在乐山嘉属联立中学(现乐山一中)继续高中学业。时逢战乱，祖国山河破碎，求学的道路充满艰辛，年轻的方澈坚强地努力着，始终保持着优异的学习成绩。在乐山，他只读完高中二年级便提前 1年以同等学力的身份报名参加高考，并一举考入西北联合大学工学院。这时，他遵从长辈的建议，改名为方正知。

　　西北联合大学工学院矿冶系，是中国最早的工科专业，师资力量雄厚，学生的学习任务也十分繁重。正值抗战时期，学校的生活十分艰苦。方正知渴望多学本领、学好本领、报效祖国，他开始专注于对专业知识的汲取和积累。大学毕业后，方正知一边工作，一边坚持自学，经考试选拔获得赴美留学资格。1948 年 4 月，在家人的资助下，他前往美国攻读研究生学位，先是在科罗拉多矿业大学经历了短暂的暑期学校学习，又申请到密苏里大学的学习机会，就读于该校的罗拉研究生院冶金系，这与他在国内学习的专业可谓一脉相承。研究生学习期间，他十分重视专业学习的系统性，除了必修课，对选修课程也进行了有计划的选择与安排。多年后，方正知回忆自己留学时的情景,深有体会:"尽管学习的知识并不十分高深,但系统地接受了关于物质结构的基础理论教育,从而使自己今后几十年的科研工作有了一个非常好的起步。显然,对选修专业课程的注重和'讲究',在有限的时间内搭建起自己知识领域的基本'框架',是我求学经历中的一大亮点。"这一时期的学习内容,也为后来他从事原子弹、氢弹研制奠定了基础。

　　1949 年 6 月,方正知获得密苏里大学冶金系硕士学位,归心似箭的他,决定放弃继续攻读博士学位的机会,回到一穷二白的祖国,带着自己掌握的专业知识早日实现报效祖国的崇高理想和志愿。

学以致用　报效祖国

从 1950 年起,学成归国的方正知先后在北洋大学(现天津大学)、北京钢铁学院(现北京科技大学)等著名高校从事教学工作。在北洋大学期间,他为研究生开设了粉末冶金学课程,这在当时还是一门新的技术;他举办轻金属专业班,进行氧化铝化工及轻金属金相学的教学,培养出国内最早的一批轻金属冶炼人才;在北京钢铁学院,他先后为金相学专业开设了 X 射线金相学课程,为金属物理专业开设了 X 射线衍射学课程,向学生传授 X 射线测量分析知识,这在国内也是较早的;由他在学校带头建立起的晶格常数精确测定技术等,也带动和促进了国内相关学科的建设与发展。因为在冶金、X 射线分析方面的理论专长及取得的成绩,1955 年,方正知被列入国务院金相学专家组名单。

1962 年,中央决定加紧研制中国的第一颗原子弹,在全国范围内分两批抽调科技骨干到专门从事核武器研制的二机部九所(北京核武器研究所)工作,方正知成为第二批抽调人员之一,前往位于青海草原的核武器研制基地,参与中国自卫核武器的研制。据 20 世纪 80 年代出版的"当代中国"丛书《当代中国的核工业》《当代中国的国防科技事业》等记录:"由于全所(北京核武器研究所)科技人员的不懈努力和全国有关部门的大力协作,一九六二年底,按计划完成了各方面的研究实验任务,使原子弹的研制工作逐步转入技术设计和试制阶段……随着研制工作的开展,一九六二年十月,中央专委再次批准增调教授张兴钤、方正知和工程师黄国光等 126 名高级、中级工程技术人员和科学研究人员,以及高、中级技术工人参加原子弹研制工作。""一九六三年春,北京核武器研究所的设计、实验和生产部门的科技人员陆续迁往西北核武器研制基地。经中央专委批准选调的张兴钤、方正知教授和黄国光工程师等 126 名高级、中级科技人员也陆续从全国各地云集青海高原。李觉、赵敬璞、郭英会等领导干部,把仅有的几栋楼房让给科技人员住,自己住帐篷。科技人员利用已建成的工号,因陋就简,全面开展原子弹的试验研究工作。"

　　1963 年 5 月,组织上安排方正知到青海核武器研制基地参观,在那里,广大干部职工团结一致、艰苦拼搏的工作场面深深打动了他,他更加坚定了要留下来的决心,加入这个充满爱国热情的奋斗集体当中,用自己的聪明才智为祖国发展做出更大贡献。而此时,也正是他在北京钢铁学院的教学与研究工作蓬勃开展、蒸蒸日上之际,他所牵头建设的具有一定规模和影响的现代 X 射线学研究中心已经建立起来,他带领师生在全国首届 X 射线和电镜学术会议上就合金亚晶结构的 X 射线消光和摆动曲线研究技术的研究成果进行报告,并于会上发表两篇论文,得到了学界广泛关注。此时,他本人也刚刚被高教部批准为金属物理研究生导师。

甘于奉献　无悔担当

　　方正知清楚地知道核武器研制工作的特殊性，基地的工作与以前所从事的工作有很大不同，无论如何对自己也是一种新的挑战。一向善于学习的他，仔细回想自己研究生阶段的学习经历，梳理出自己在实验物理方法方面已经拥有的学识与经验，觉得自己应该是自信的，特别是当他想到祖国亟须建设发展，更加觉得这一次的选择无怨无悔。从此，他告别了在北京的家人和同事，隐姓埋名，全身心地投入这项伟大而神圣的事业当中，在自然环境恶劣的青海草原，一干就是 17 年。

　　到达基地后，方正知被任命为实验部副主任，由于接任陈能宽担任实验部主任的张兴钤同志于"文革"前期调任院副总工程师，组织核武器研制中弹体爆轰试验的重担就落在了方正知的身上。在同事们的印象中，方正知虽然是实验部的领导，却很少坐在办公室里，他好像总是坚守在工作第一线，从头至尾跟随试验过程。为了集中力量打"歼灭战"，1966 年，实验部成立了氢弹原理试验突击队，对于当时的情况，方正知回忆说："当时突击队提出了两个口号，一个是'响了就是最大的政治'，一个是'和法国人争先后'。法国那个时候也准备搞氢弹试验，我们要赶在法国人的前头实现氢弹爆炸。我认为这两个方面，一个是动力，一个是压力。那会儿我睡得很少，最忙的时候一天只睡三四个小时。不管刮风下雪，都要跟突击队员到试验场地，试验过程中出了什么技术问题，马上和突击队队长陈常宜等当场商量，当场解决。"担任突击队队长的陈常宜同志也曾回忆说："方正知分管氢弹装置试验工作，我们在场地有困难就找他，重大问题决策都是他最后决定的。在艰苦攻关的 10 个月时间里,方正知一直与突击队在一起,是我们的直接领导。"

从 1963 年起,方正知先后参与组织实施中国第一颗原子弹、氢弹原理试验中的系列爆轰物理试验和最终的爆炸试验。对于工作,方正知投入了所有的细心与周到,与同事们一起尽最大努力争取每一次试验都能达到"一次成功",避免失败;而对于自己所从事的特殊工作有可能对身体造成的辐射影响等都被他抛在脑后,甚至曾不慎吸入铀–238 放射性粉尘。

2000 年出版的国家重点图书《20 世纪中国知名科学家学术成就概览:能源与矿业工程卷》收录了方正知的生平贡献,系统总结了他在九院的工作成绩与贡献,主要体现在八个方面:第一,提供了氘化锂爆炸丝中子信息。第二,组织指挥完成了第一颗原子弹研制工作中的多次大型爆轰物理试验。第三,作为实验委员会委员参与了中国首次核试验,与陈能宽一道完成了九院作业队的指挥协调工作。第四,带领实验部完成了导弹核弹头小型化和适应导弹发射时的过载冲击共 4 次整体爆轰物理试验及导弹坠落地面的模拟安全试验。第五,参与氢弹原理突破工作。第六,参与氢弹原理核试验,担任九院实验委员会委员。第七,领导开展了国家热试验中的测试工作,指导吴世法、孙景文团队建立了地下核试验核爆等离子体 X 射线能谱诊断技术。此外还支持程菊鑫等开展了 X 射线热击波测量,经福谦等开展了地下核试验辐射波超高压材料状态方程测量、钚材料的冲击绝热线测量。第八,围绕武器爆轰试验的需要,组织开展了多项新技术研究。

方正知认为:"知识分子最重要的使命就是积累知识、学以致用,在有限的生命中追求创新、提高。"每当他回顾起那 17 年的九院历程,总是谦逊而真诚地表示:工作中所取得的一些成绩,都是全体科技人员共同奋战的结果,他只是尽了自己的本分。

开拓创新　锐意进取

担任"氢弹原理试验突击队"队长的陈常宜同志曾回忆当年的工作情况，对方正知也有专门的介绍："方正知对我们诊断手段能力差的问题，又提出新的想法，用微波技术诊断爆轰现象。于是，他从九室借调几个人来二室工作，他们做了大量爆轰试验，取得了结果。虽然在'629'任务中没有用上，但为我们的爆轰试验提供了一种新的诊断手段。"1972年，方正知受命担任核工业部九院一所所长，到任以后，他深感一所技术条件落后、技术储备太少，为此他坚持新的实验技术和测试技术的拓展，他在任一所所长的七年时间里，一所先后建立了脉冲 X 射线装置研究、激光多路同步引爆技术研究、等离子体焦点装置实验及二维磁流体力学数值研究、陶瓷铁电体爆电换能器研究、高转速分幅相机和扫描相机、高速摄影技术研究、激光干涉速仪研制、MK-2 大功率发生装置研究等项目，并研制出了相应的实验或测试装置。可以想见，这些成绩的背后有着方正知多少艰苦的努力与付出，而这些工作的进行对于一所后续的发展却产生了深远的影响。

1980 年，方正知应邀担任中国科学院空间物理研究所（现中国科学院国家空间科学中心）学术委员会主任，后经王淦昌推荐，担任该所的所长。1981 年，"实践一号"科学卫星实验项目正式恢复，空间物理所承担了卫星测试系统的研制任务，并参加了在酒泉的发射试验，成功获得了关于微波辐射、气象观测、空间环境测量等方面的数据。之后，方正知又推动在海南建立了一个电离层数字观测站，通过发射火箭探测器等进行测量。从 20 世纪 80 年代开始，空间物理所先后承担了从"神舟一号"至"神舟七号"卫星上的测试项目和信号传输工作。

方正知任空间物理所所长期间,管理工作繁忙,仍然坚持挤出时间从事专业研究。他在对太阳耀斑产生 X 射线的研究中,发现 X 射线的产生不仅与电子相关,也有质子的贡献。1988 年,他应邀到美国访问,当看到美国航天馆内文字介绍"太阳电磁辐射的电磁波谱中最短的是宇宙线"的结论,当即向美国同行指出:宇宙线实际上属于粒子辐射,不属于电磁波谱。回国后,他把自己的这一看法做进一步提炼和阐述,在《大学物理》上发表。

1981 年 11 月,国务院学位委员会批准空间物理所为首批博士授予点,批准方正知为空间物理专业博士生导师。

1982 年,方正知获得国家自然科学奖一等奖;1985 年,获得国家科技进步奖特别奖;1990 年起享受国务院政府特殊津贴;1999 年, 他光荣地参加了"两弹一星"突出贡献专家表彰大会。

传述史实　初心永存

中国的"两弹一星"，是 20 世纪下半叶中华民族创建的辉煌伟业，是中国人民在攀登现代科学高峰征途中创造的人间奇迹。参与这项伟大事业的千千万万科技工作者的无私奉献，成就了中国科技事业的发展与强盛。1999 年 9 月 18 日，在中华人民共和国成立 50 周年即将到来之际，党中央、国务院、中央军委隆重表彰为我国"两弹一星"事业做出突出贡献的 23 位科技专家，并授予他们"两弹一星功勋奖章"，方正知同志虽然与功勋奖章擦肩而过，但是他同样是"两弹一星"精神的铸就者与实践者。曾担任国防科学技术委员会副主任、核试验基地司令员的张蕴钰同志在其撰著的《原子天骄今世生——中国第一颗原子弹爆炸成功亲历记》中，专门介绍了方正知："他（方正知）是一位有着很高成就的科学家，工作起来精力充沛，作风严谨，他的气质使他更像一个高级熟练工人。他的名字应该记在功臣榜上，让更多的人记住他。"

2000 年 10 月 20 日，中共中央党史研究室第二研究部召开"两弹一星"研制工作的历史回顾座谈会，李觉、陈能宽、程开甲等多位获得"两弹一星功勋奖章"和参加过这一伟大工程设计和建设的相关领导、专家参加座谈。主持会议的时任中央党史研究室副主任石仲泉研究员在发言中强调提出："我们召开这个座谈会，是想请各位老领导、老专家、老前辈给我们谈一谈这段历史概况和你们的体会，进一步了解'两弹一星'对我国科学发展、对共和国 50 年历史发展的巨大意义，从而把一些非常重要的历史充实到中华人民共和国成立以后的党的历史中去，这不但是撰写好党史、共和国史的需要,也是总结经验、面向未来,把建设有中国特色社会主义的伟大事业全面推向 21 世纪的需要。"座谈会中,与会专家、学者围绕着党中央对"两弹一星"的决策和领导、研制过程的曲折与甘苦、自力更生与依靠外援的关系、20 世纪 50 年代形成的大科学体制的特点及影响、"两弹一星"精神的重要意义等问题各抒己见。他们回顾历史,讲述了许多鲜为人知的事情。近年来,不断有记载"两弹一星"建设史实的文章、著作发表和出版,当年艰苦奋战在深山峡谷、茫茫戈壁,凭着自力更生、发奋图强的革命精神,突破了一个个技术难关,创造了伟大奇迹的奉献者们,再次怀着极大的使命感与责任感打开珍藏的记忆,为共和国历史上这段珍贵史实的记载与传承贡献着智慧与力量。2006 年,湖南教育出版社启动了"20 世纪中国科学口述史"丛书的工作计划,于 2010 年先后出版《亲历者说"引爆原子弹"》《亲历者说"氢弹研制"》等系列图书,方正知被邀请作为主要作者,多次接受访谈,当时,他已经是一位 90 多岁的老人了,仍然不辞劳苦,怀着高度的责任感,追忆往昔,为那段历史留下了许多宝贵的细节。

百年人生　光照后人

　　2017 年 9 月 16 日,方正知老先生静静地走了,享年一百岁。后事简朴,如同他低调淡泊的一生。

　　方正知生前担任中国科学院空间物理研究所所长多年,带领该所积极参与国家卫星的研制,加强人才培养、开展国际交流合作,为后世发展打下了非常好的基础。如今该所已发展演变为中国科学院国家空间科学中心,成为我国空间科学及其卫星工程项目的总体性研究机构,承担了许多重大任务。2014 年,作为依托单位,空间中心联合空间科学领域的相关单位,牵头建设中国科学院空间科学研究院,成为首批进入试点运行的创新研究院,并于 2017 年通过验收正式运行。为发展自主可控的科学数据创新应用生态系统,2019 年 6 月,作为依托单位,空间中心牵头并联合多家优势单位建设的国家空间科学数据中心,获得科技部和财政部联合认定,成为我国空间科学领域唯一的国家级数据中心。2019 年 12 月,依托空间中心建设的北京怀柔综合性国家科学中心空间科学实验室正式揭牌,空间科学实验室是北京加快建设具有全球影响力的科技创新中心,在怀柔科学城落地的首个新型研发机构,具有重要的示范意义。

　　2017 年 10 月 16 日,我国第一颗原子弹于 53 年前的这一天爆炸成功。在这个特殊的日子,中国科学院国家空间科学中心网站刊发专稿,题为《纪念"两弹"功臣方正知》,深情回顾了老所长方正知同志的辛勤一生,为国家发展、国防强大做出的重大贡献,表达了年轻一代科技工作者对方老的深切怀念,他们庄严承诺:"新一代的科技工作者将继承和发扬'两弹一星'

精神,不忘初心、牢记使命,大胆探索、锐意进取,以强大的科技创新为引擎,推动我们的祖国向着世界科技强国不断前进,向着中华民族伟大复兴不断前进!"

参 考 文 献

[1] 钱伟长,杜祥琬.20世纪中国知名科学家学术成就概览·能源与矿业工程卷·核科学技术与工程分册[M].北京:科学出版社,2015.

[2] "当代中国"丛书编辑部.当代中国的核工业[M].北京:中国社会科学出版社,1987.

[3] "当代中国"丛书编辑部.当代中国的国防科技事业(上)[M].北京:当代中国出版社,1992.

[4] 侯艺兵.亲历者说"氢弹研制"[M].长沙:湖南教育出版社,2017.

[5] 中国科学院国家空间科学中心党办.纪念"两弹"功臣方正知[EB/OL].2017-10-16/2022-05-20.http://www.nssc.ac.cn/xwdt2015/xwsd2015/201710/t20171016_4873730.html.

[6] 沈传宝.科技强国,永垂青史——"两弹一星"座谈会纪要[J].中共党史研究,2001(01):5-17.

[7] 中国科学院国家空间科学中心网站.国家空间科学中心概况[EB/OL].2022-05-20.http://www.nssc.cas.cn/zxgk2015/zxgk_zxgk/.

[8] 安庆一中.桃李芬芳——方正知[EB/OL].2010-09-01/2022-05-20.http://www.aqyz.net/bnyz/tlff/636888.html.

[9] 桐城中学.知名校友——方正知[EB/OL].2023-01-03/2023-02-27.http://www.tongzhong.cn/Alumnistyle/Alumni/2020.html.

万物蕴理无尽时，功夫更在物理外
——物理学家、自然哲学家何祚庥

何祚庥	1927—

　　何祚庥(1927—　)，安徽望江人，物理学家和自然哲学家，中国科学院院士(1980)。早期从事粒子理论、原子弹和氢弹理论的研究，在研究相对论束缚态方程和层子模型的研究中发挥了重要作用，是我国氢弹研究的早期开拓者之一。关注科学领域中的哲学问题，中华人民共和国成立后较早开展并推动中国科学方法论研究，在科学史、自然辩证法、哲学、政治经济学等方面也取得多项重要成果。

聪慧多能　学业优异

　　1927 年 8 月 24 日,何祚庥出生于上海,原籍为安徽望江县。他的曾祖父何芷舠于清政府时期,曾从知县做到三品道台,主管过盐务。后来家道中落,到了何祚庥幼年的时候,景象已大不如从前,但是相比较同时期的一般人家,其生活条件还是优越很多。家族里叔伯们有许多是海外留学回来的,比如他的伯父何世桢 1918 年毕业于北京大学英文系,1920 年毕业于东吴大学法律系,1922 年又以优异成绩毕业于美国密歇根大学法学系并获博士学位,是孙中山圈定的"国民党一大"上海三名代表之一,参加了国民党第一次代表大会,并由孙中山提议担任上海大学学长(教务长)。后来何世桢与弟弟何世枚一起兴办"私立持志大学",培养了许多人才,如大家所熟知的金庸、傅雷、徐迟、冯铿等。何祚庥的父亲何世杰为美国康奈尔大学机械系研究生,获硕士学位。不幸的是,在何祚庥两岁时,父亲便因病去世,母亲黄兆蕖把何祚庥和弟弟抚养成人,终生未再嫁。

　　儿时的何祚庥兴趣广泛,对象棋、戏曲、武侠小说和历史故事等都很喜爱,且掌握得十分出色。小学阶段,何祚庥已显现出在数理学科方面的天赋,尤其算术成绩特别优异,以至于家族中的长辈们常对此津津乐道。高中阶段,何祚庥就读于著名的上海南洋模范中学,这所学校师资力量雄厚,尤以数理化闻名,这与他的学习特长恰好是一致的,加之英年早逝的父亲也曾是这所学校最优秀的学生,母亲曾对他说起父亲的遗愿:一定要进大学,一定要学现代科学。因此,入读南洋模范中学也是家中长辈们对他的期望。这一时期,何祚庥对物理的兴趣极为浓厚,他曾说自己在"中学那会儿可以用'两耳不闻窗外事，一心只读物理书'来形容"。后来他也曾回忆高中阶段教授他数学、物理、化学的三位老师的情况，说："这三位老师都教得很好，数学、物理、化学，奠定了我念科学的基础。"

1945年，18岁的何祚庥考入上海交通大学。原本数学成绩优秀又钟爱物理的何祚庥，在报考上海交通大学时却选择了化学专业。这主要缘于三个方面的影响和考虑：一是他在南洋模范中学的化学老师是一位著名的教师，课讲得非常好，高中阶段已将大学的普通化学内容都教授给了学生；二是当时正是反法西斯战争期间，老师在课堂上给学生们讲到了如何夺取制空权的问题，在那一时期的战争中，飞机对于战争的得胜与否起着至关重要的作用，而优势飞机一要飞得快、二要载重大，何祚庥理解这些都与燃料有着密切的关系，他意识到化学研究的强弱将关乎国家未来的命运；三是在学校学习小组里其他同学的鼓励与帮助下，他对于原本较弱的化学学科也有了较好的掌握，且从当时的就业情况看，学化学毕业后更便于在上海找到工作。即使没有选择报考自己更为擅长和热爱的数学和物理学科，何祚庥的高考成绩仍然十分出色，优秀的笔试成绩，加上超高的口试成绩，在那一年的上海交大化学系新生中传为佳话。

追求进步　投身革命

　　1931 年,侵华日军发动了"九一八"事变,在此后不到一年的时间,日本完全占领了中国的东三省,"小日本不是好东西"这样的理念便早早植根于何祚庥幼小的心中。经历十四年抗战,在家族长辈及兄弟姐妹、学校老师乃至全国人民不断高涨的抗战热情中,何祚庥也逐渐成长为一位爱国爱民族的优秀青年。1945 年 8 月 15 日,日本裕仁天皇向全日本广播,接受波茨坦公告,实行无条件投降。消息传来,举国欢腾,中国人民抗日战争取得了完全胜利。但是由于国民党政府的腐败统治,抗战胜利后的国家建设与发展并没有呈现出人民所期待的勃勃生机,那时正在上海交通大学化学系学习的何祚庥开始接触进步思想、阅读进步书籍,和一些进步同学组织成立学习小组,一起学习马列主义思想,交流、探讨国家的前途命运、中国革命的道路。他认识到:共产党是代表广大工农群众的利益,在中国,只有共产党领导的新民主主义革命道路,才是可行的救国救民之路。

　　1947 年,从人数上看,共产党军队的数量还远不如国民党军队,对于战事的发展,有一种估计是将来极有可能划江而治,但是无论怎么样,北平和天津都会是共产党领导的区域,何祚庥为了离共产党更近一些,他决定到北方去,并通过考试由上海交通大学化学系转学到了清华大学物理系。

　　何祚庥在上海交大时开始接触一些进步思想,并投身到一些学生的实践运动之中。进入清华大学的第二天,有在中共地下党组织中的老同学去看他,告诉他在北平有一个青年学生的自发的组织,名为"民主青年同盟",主要成员是学生及职业青年,任务是在中国共产党领导下,团结广大青年积极参加反对国民党反动派的斗争。并明确:该组织是以推动新民主主义革命为目的的。1947年9月,何祚庥正式加入了"民主青年同盟"。何祚庥还向这位党组织中的老同学提出"我们转学生想办一个壁报,把新同学组织起来",得到了老同学的赞同和肯定。不久,何祚庥联系新同学中的进步同学在他的宿舍共同商量成立壁报社,创办《新报》,并很快拥有了数量众多的读者,成为清华校园里极受欢迎的壁报,很好地团结了广大青年同学,传播进步思想。何祚庥投身革命,思想坚定,出色的工作表现和工作能力为党组织了解。1947年11月,他光荣地加入了中国共产党。1948年1月,组织上安排何祚庥前往沧县解放区参加为期一个多月的学习班学习。关于这次学习,何祚庥曾于回忆中感慨:"在这期间,我深入学习了革命理论,并真正体会到这些理论的重要价值。沧县的学习,教会我必须懂得理论联系实际,必须懂得与中国的革命结合起来。这给我的一生带来了深远的影响。"回到学校后,组织上安排何祚庥专门从事地下青年团的工作,不久,又根据工作需要,将他调回党支部,成为党支部书记,直到清华园解放。多年以后,何祚庥说:"从上海交大到清华大学毕业,对我而言,有两大内容:一是学习革命;一是学习科学……"

勤于思考　大业担当

　　1949 年 11 月成立的中国科学院,前期包括自然科学和人文社会科学两个方面的研究机构,当时的科学院党组归中宣部领导,中宣部需要选配具有自然科学学科背景的人参与这种工作联系。1951 年,大学毕业的何祚庥服从组织调配到中共中央宣传部理论教育处,在于光远同志领导下工作,年底调入单独成立的科学卫生处,后改组为科学处。在中宣部工作期间,何祚庥参与和从事了一些重要的工作,具体如:参与筹备了 1953 年 2 月由钱三强任团长的中国科学院访苏代表团工作,并任代表团秘书赴苏联考察学习;1954 年 9 月,参加中宣部调研中国研制原子弹的可行性问题;1956 初,参与国家《十二年科技规划》编制工作,被刚从国外回来的钱学森点名为秘书;等等。

　　中央宣传部科学处是中华人民共和国成立后党为领导全国科学工作而在中宣部设立的一个部门,在国家的科学事业,特别是科技政策的制定、知识分子政策等方面曾起到过重要的作用。继胡绳之后担任处长的于光远同志曾就读于清华大学物理系,当时的科学处还集中了一批拥有自然科学不同学科背景的青年,他们在一起研讨自然辩证法的各种理论问题,同时也涉及马列主义的理论问题。1956 年,何祚庥在《哲学研究》上发表论文《评"热寂说"》;1957 年,他与同事罗劲柏合作,运用数学分析方法探讨马克思主义再生产理论,得出许多有价值的结论,发表在《力学学报》上(连载),引起科学界和社会科学界的关注。何祚庥曾回顾那一时期的工作,说:"我在中宣部工作的五年,一是学习马克思主义;一是参与制定政策……"

  同时具有化学与物理学科学习背景的何祚庥对自然科学的兴趣仍然非常浓厚,在中宣部五年的工作经历,使得他越发渴望将哲学的方法论运用于实际的科学工作。1956年底,在钱三强的建议下,何祚庥调至中国科学院物理研究所(1958年改称原子能研究所)任助理研究员,先后跟随彭桓武、朱洪元做理论物理科学研究工作。1959年1月,由中国科学院原子核科学委员会选派,何祚庥赴苏联杜布纳联合原子核研究所学习、工作,在那一年多的时间里,他投入粒子理论研究之中,发表了近10篇论文。1959年底,中苏关系开始恶化,1960年8月,钱三强前往苏联参加国际会议期间,何祚庥等同志主动找到钱三强要求回国,他们向组织递交报告,表示"如果国内需要技术人员的话,我们这些在苏联联合研究所工作的人将随时听从祖国召唤,回国参加实际工作"。

  1960年初冬,何祚庥同王淦昌、周光召、吕敏等人一起奉调回国。不久后,高度机密的核武器工作会议在北京召开,会议决定原子弹和氢弹的研究同时展开,原子弹为"甲项任务"、氢弹为"乙项任务"。组织上安排何祚庥参加氢弹理论研究,在攻关氢弹的过程中,他和于敏、黄祖洽一起常常没日没夜、每天工作十几个小时,持续研究、讨论氢弹理论中的关键问题和困难问题。他们研究过氢弹的材料及相应的爆炸机理问题,研究过在平衡和不平衡状态下氢弹所应满足的流体力学方程等重要问题。1961年底,为加强原子弹研究力量,何祚庥又服从组织调配,参与到原子弹理论研究当中,曾研究过原子弹的"点火"问题,高温、高压、高密度下的状态方程问题,高温、高密度下辐射平均自由程问题。

  何祚庥热爱科学、喜爱研究,此后数十年,他一直没有离开专业。即使是在"文革"期间,也是一门心思坚持科研。1978年,何祚庥协同彭桓武同志筹建了中国科学院理论物理研究所并担任副所长,1980年他当选为中国科学院数理学部委员(1993年后改称"院士")。1982年,鉴于层子模型对物理学的贡献,国家授予北京"基本粒子"组的39人国家自然科学奖二等奖,何祚庥为主要获奖人之一。中国社会科学出版社1987年出版的《当代中国的核工业》一书对这一项研究有专门的记载:"一九六四年到一九六六年期间,根据毛泽东的物质无限可分的哲学观点,原子能所、北京大学、数学研究所和科技大学等单位约 40 人,由朱洪元、胡宁、何祚庥、戴元本等领导,提出了强子结构的层子模型。这项成果达到了当时的国际上比较先进的水平,一九八二年获得国家自然科学奖二等奖。"

信念坚定　关爱社会

何祚庥坚持以马克思主义的辩证唯物主义指导科学研究的思想方法，他常将自己在思维、方法等方面的发现总结成文。他说："做人的一个基本道理首先是必须认清时代。认清时代是按照最广大人民群众的意向前进的。在选择如何做人的问题上，就必须坚决站在广大人民群众这一边。你是在为少数人奋斗，还是在为大多数人奋斗，这是做人最基本的一条。"关于"做人、做事、做学问"，他还认为这是终生奋斗的事情，要"活到老，学到老，奋斗到老"。

"院士"是我国最高的学术称号，这表明院士其人在专业方面取得了科学界承认和尊重的成就。对此，何祚庥真诚地表示这（院士）是国家和人民给予自己的荣誉，自己应该更多地运用所掌握的知识服务于国家和人民。他说："当院士，就是要尽到院士的责任。国家和人民给了你荣誉，你就要更多地运用你的知识服务于国家和人民。"他没有"躲进小楼成一统"，而是自觉地肩负起社会责任，追求科学、追求真理，并坚定地批判伪科学。即使到了理应安享晚年的年岁，他仍关注社会发展中不断出现的许多现实问题，潜心研究，并积极为解决重大问题建言献策，曾就科技政策、教育政策、经济政策、文艺理论、建设有中国特色社会主义若干理论问题等提出有价值的见解，发表过许多文章。他提出通过发展高清晰度电视、城市新型有轨电车、快速磁悬浮列车、开发西南地区水电、发展干净的热核发电技术、和平利用核爆炸技术等，以促进我国经济建设的主张。他还积极参与中国能源短缺、石油安全等重大经济技术问题的讨论，主张大力发展太阳能发电、风力发电,呼吁科学地推进节能、减排和环境保护,等等。他是一位理论物理学家,同时也是一位社会科学家。他是中国科学院院士,中国科学院理论物理研究所研究员、理论物理学博士生导师,也是北京大学科学与社会研究中心兼职教授、科学技术哲学专业博士生导师。人们赞誉其为"两栖学者"。诗人张飙赠诗与他,"思路理清业自精,华夏在胸情自迈""万物蕴理无尽时,功夫更在物理外"。

2017年7月12日,何祚庥先生从事物理学研究七十周年学术思想研讨会在中国科学院理论物理研究所举办,众多院士出席。杨振宁率先致辞,评价了何祚庥为中国高能物理界做出的贡献。会议适逢何祚庥老先生九十华诞,李政道院士和丁肇中院士发来贺信。何祚庥做了题为"向前辈学者和各位学者学习科学研究方法"的主题报告,报告的最后,他引用韩愈在《进学解》中的一段话表达自己对从事七十多年科研工作仍感不足。

何祚庥在上海出生长大,查阅他在从上海交通大学转学到清华大学时,填写的"国立清华大学学生注册片",在籍贯一栏,他工整地填写着"安徽望江"。2019年初秋,92岁高龄的何祚庥老先生在北京的家中欣然接受了《安徽画报》的专访,何老先生"精神矍铄,说话大嗓门,给人的感觉热情、爽朗"。

参 考 文 献

[1] 何祚庥,贾珍珍,刘戟锋.书斋内外尽穷理——何祚庥口述自传[M].长沙:湖南教育出版社,2016.

[2] "当代中国"丛书编辑部.当代中国的核工业[M].北京:中国社会科学出版社,1987.

[3] 何祚庥.做人做事做学问之道[M].昆明:云南教育出版社,2008.

[4] 庄辞.何祚庥先生从事物理学研究七十周年学术思想研讨会成功举办[J].现代物理知识,2017(4):2.

[5] 周玉冰,马启兵.何祚庥:他属于科学,也属于哲学[J].安徽画报,2019(10):40-43.

[6] 钱伟长,陈佳洱.20世纪中国知名科学家学术成就概览·物理学卷·第二分册[M].

北京:科学出版社,2014.

[7] 中国科学技术协会.中国科学技术专家传略·理学编·物理学卷.3[M].北京:中国科学技术出版社,2006.

[8] 何祚庥.我是何祚庥[M].北京:中国时代经济出版社,2002.

[9] 何祚庥.悼念钱三强同志[J].中国科学院院刊,1992(4):344-347.

为我国第一颗原子弹爆炸"争速度"
——化工科技专家黄昌庆

黄昌庆	1919—

　　黄昌庆(1919—　　)，安徽合肥人，教授级高级工程师。20世纪60年代初期，他在中科院原子能研究所(现中国原子能科学研究院，隶属于中国核工业集团有限公司)工作期间担任"615乙工程"主要技术负责人，提出了"615工艺"(六氟化铀简法生产工艺)，为我国第一次核试验提供了足够的六氟化铀(代号161)原料。

爱国力行　勇担重任

1919 年 1 月,黄昌庆出生于安徽省合肥市。他大学本科就读于国立四川大学化学系,1945 年毕业,曾在沈阳东北化工局研究室、东北化工局生产技术处、北京中央化工局生产技术处、沈阳化工研究院、中国科学院原子能研究所、化工部天津化工研究院等单位工作,历任研究室主任、主任工程师、副总工程师等职。

中国的核工业初创于 20 世纪 50 年代中期,1955 年 3 月,毛泽东主席在中国共产党全国代表大会上的讲话中指出:中国进入了"开始要钻原子能这样的历史的新时期"。一大批科技工作者响应党和国家的号召,全身心地投入祖国的国防科技事业当中,自力更生,艰苦奋斗,创造出彪炳史册的"两弹一星"伟大成就。

铀是实现核裂变反应的主要物质,有没有铀资源是能不能自力更生发展核工业的一个重要前提。1960 年,在我国铀矿勘探取得成果的基础上,经中央批准,二机部把建铀浓缩厂生产"铀–235"生产线列为重点工程,即通过铀浓缩获得高浓铀作为原子弹的核装料。至八月底,兰州铀浓缩厂已经安装了部分机组,与之配套的有关工厂的土建工程也大都接近尾声。六氟化铀是铀浓缩厂使用的生产原料,它是由二氧化铀经过两次氟化(也称铀转化)而获得。原中苏有关协定明确,我国兰州铀浓缩厂投产初期所需的六氟化铀由苏联提供。然而,在 1960 年 7 月,苏联政府搞突然袭击,一个照会就把在华援助的苏联专家全部撤走,随后又停止供应一切技术设备与资料。由于苏联毁约停援,即将建成的兰州铀浓缩厂投产所需的六氟化铀就必须立即由我国自行生产。如何尽快掌握铀转化技术成了当时突出的矛盾。

二机部考虑到原子能所内设有气体扩散试验室(代号 615),决定在那里简法生产六氟化铀。原子能所研究确定由黄昌庆工程师具体组织技术工作。而在此之前,黄昌庆对这个问题也只是有所了解,真正要落实并完成任务必然存在很多困难。当时的总体部署,是在安排搞简法生产的同时,也不放松对铀转化厂的建设。那么一旦浓缩铀厂闯过了技术关,还搞不出六氟化铀供它使用,势必形成"等米下锅"的局面,影响高浓铀的生产,就意味着要拖延原子弹爆炸的时间。接受任务的黄昌庆想到,如果那样,自己将无法向党和人民交代,必须坚定地迎接挑战并战胜困难。

因陋就简　自主创新

接受任务的黄昌庆争分夺秒、废寝忘食,终于用不长的时间就拿出了六氟化铀简法生产工艺流程图,后来的事实证明,他提出的设计方案较原苏联的设计具有特殊的优越性。而在当时,有不少同志觉得他的方案和苏联原来的设计相差太远,不如按苏联的设计更有把握。黄昌庆坚持认为苏联搞的是大厂设计,既庞大又烦琐,按照他们的设计,短时间内是搞不出六氟化铀的,而自主创新的方案虽然有几分风险,却能争得时间。

1960 年 7 月,二机部党组批准了黄昌庆等同志提出的工艺流程,决定自力更生,简法生产六氟化铀,并把代号 161 的六氟化铀攻关任务,正式下达给原子能研究所。

接下来的工作是要制作生产六氟化铀反应炉,而如何获取合用的材料成了摆在黄昌庆面前的又一大难题。根据国外相关文献介绍,这种反应炉必须用蒙乃尔合金制作,否则难以承受反应炉内几百度的高温和氟化氢气体的严重腐蚀。可当时在我国国内根本就没有蒙乃尔合金。如果去炼钢厂试制,得要十几万元的试制费不说,至少也要花费半年时间;如果派人去全国各地找其他代用材料,也至少要等上几个月才可能有结果。六氟化铀的生产刻不容缓,不能等!

黄昌庆决定在原子能所现有的材料中想办法。经过查找与应用分析,他利用仓库里的一根两米长的紫铜管,认为将其外表镀镍,代替蒙乃尔合金制作反应炉,同样可以起到耐高温、抗腐蚀的效果。铜管镀镍在山东一家工厂的帮助下得以完成;运送过程中,铁路部门给予了大力支持。

　　黄昌庆设计的反应炉是单层双段反应炉,采用中温电解,在负压条件下氟化生产六氟化铀,而非苏联设计的双层三段反应炉,采用高温电解,在正压下进行生产。对这种设计,当时既有专家的肯定,也有不少质疑的声音,黄昌庆坚持了自己的设计,后来的事实也证明,这是一个成功的设计。

　　1960 年 10 月,自主研发的反应炉进行了第一次开炉试验。紧张的试验过程中不时有问题出现,诸如下料口被堵、电阻丝熔断等。现场参试人员通力协作,一边排除问题、一边继续试验,第一次试验持续了 6 个小时,最后因冷凝器出口被堵住、炉气输不进去而终止。在这种情况下要想继续试验,就必须把里边的冷凝物倒出来,而这个问题难以在现场及时排除。经检测,这次试验获得了 3.3 千克的六氟化铀。

　　首次开炉试验成功,我们国家自己的六氟化铀搞出来了！这是一件令人欣喜的事情。在短暂的激动、兴奋后,黄昌庆马上又投入紧张的工作当中,他清楚地认识到,从试验成功到规模生产还有很大的距离,要把第一颗原子弹需要的六氟化铀生产出来,还有不少难关要闯过去,尤其是在试验中暴露出来的问题,必须马上想办法一一解决。

合力攻坚　克难制胜

　　"简法生产六氟化铀"得到了各级领导的关注和支持,相关单位及相关岗位工作人员协同协作,合力攻关,伟大的"两弹一星"精神在这个项目的实施过程中也始终有着生动的体现。在第一次开炉试验的前夕,部领导亲临现场,为黄昌庆减负、减压,给予他战胜困难的勇气和力量。项目实施过程中,原子能所工厂设计组组长李仲芳等同志发挥专业优长,加班加点,为攻破一个个技术难关起到了不可替代的支持与保障作用。制作反应炉的材料无缝铜管耐腐蚀不够,需将无缝铜管送到山东省张店医疗机械厂镀镍,该厂党委听说是国防工业的急需材料,高度重视,由总工程师专门设计了一个大镀槽,工人师傅们为完成任务自愿加班,争分夺秒。铜管镀镍完成后,铁道部特许镀镍铜管搭乘京济线特快客车直达北京。在正式进行热试的前一天,组织上还专门从复旦大学急调物理化学、放射化学专家吴征铠教授赶赴原子能所,担负起气体扩散实验室(代号 615)主任的重任,主管这一重大项目……

　　1961 年底,六氟化铀简法生产工艺已成功闯过了上料、氟化、密封、腐蚀等几十道技术难关,具备了一定的生产能力;到 1963 年,六氟化铀简法生产工艺又经过了新冷凝器运行试验,终于形成了一套自主创新的技术路线。

　　吴征铠教授于 1960 年被组织上紧急派往原子能所担任气体扩散实验室(代号 615)主任,2006 年,他的自传《我的一生》由原子能出版社出版,书中列专题记载了"六氟化铀的生产",回顾了当时的情况,对该项目成效,他总结说："在 615 所同志们的共同努力下，仅花了不到两年时间，在 1962 年 7 月，我们采用这一工艺(简法生产工艺)开始了 UF_6(六氟化铀)的批量生产，并及时供应铀同位素分离厂需要的六氟化铀。到 1963 年 12 月，我们生产出十几吨的六氟化铀原料，超额和提前完成了国家任务，保证了第一颗原子弹的研制进度。为此，还收到了二机部发来的一封肯定我们取得很大成绩的贺信。1964 年 10 月 16 日，我国的第一颗原子弹爆炸成功，它用的原料就是我们生产的六氟化铀。"

自主创新、研发和应用六氟化铀简法生产工艺，其重要的意义在于争取时间，确保及时产出足量的六氟化铀原料，使中国适时爆响第一颗原子弹。中国社会科学出版社于 20 世纪 80 年代出版"当代中国"丛书之《当代中国的核工业》，关于自主创新"简法生产六氟化铀"相关史实有较为详细的记载，高度评价它的价值与意义。该书第三章，题为"全面自力更生，实现首次核试验"，开篇写道："苏联毁约停援后，中国核工业建设进入全面自力更生的新阶段。当时，国际上有人认为，苏联毁约停援是对中国核工业的毁灭性打击，从此中国将处于核技术真空状态，再过二十年也搞不成原子弹。国内有些人也信心不足。然而历史表明，他们完全估计错了……在中共中央和国务院的坚强领导下，在全国各部门、各地方以及人民解放军的大力协同和积极支援下，核工业战线的广大科技人员、干部、工人团结一致，艰苦奋斗……仅仅用了四年多一点的时间，就建成了铀-235 生产线，成功爆炸了第一颗原子弹装置，实现了从无到有的历史性突破，使中国成为一个有核国家，自立于世界民族之林。"

黄昌庆工程师矢志于祖国的科技事业，在自己的专家领域担当作为，无私奉献。同时他也积极参政议政，为国家发展建言献策，曾担任天津市红桥区政协第五、第六、第七届委员会副主席。他关心和支持化工学科的进步，曾兼任国家科委材料学科组组员，天津市化工学会《化学工业与工程》编辑委员会副主任委员等。1990 年，年逾七旬的黄老先生获得化工部"化工科技老专家"荣誉证书。

参 考 文 献

［1］武耀贤.天津市当代专家名人录 高等教育篇［M］.天津：天津人民出版社,1994.

［2］核工业部神剑分会.秘密历程：记我国第一颗原子弹的诞生［M］.北京：原子能出版社,1985.

［3］吴征铠.我的一生［M］.北京：原子能出版社,2006.

［4］"当代中国"丛书编辑部.当代中国的核工业［M］.北京：中国社会科学出版社,1987.

［5］中国原子能科学研究院.铺路石：李毅回忆文选［M］.北京：中国原子能科学研究院,1997.

［6］约翰·W.刘易斯,薛理泰.中国原子弹的制造［M］.北京：原子能出版社,1991.

中国真空科学事业的开拓者

——物理学家、真空技术专家金建中

金建中	1919—1989

　　金建中(1919—1989)，安徽黟县人，物理学家、真空技术专家，中国科学院院士(1980)。中国真空科学技术的主要创始人与开拓者之一，1962年负责组建中科院兰州物理所(今中国航天科技集团公司第五研究院第510研究所)，为创建和发展中国真空科研机构，发展真空科学技术研究及其在中国科学和航天工业方面的应用，做出了重要的贡献。同时他还培养了一支真空科技专家队伍。

热爱科学　才华出众

1919 年 7 月 23 日，金建中出生于北京，祖籍为安徽省黟县。他的父亲是清政府时期的公费留学生，主修森林学，母亲生长于书香门第，曾从事幼儿教育工作。金建中继承了父母的优秀才智，自幼即聪明好学，他崇拜爱迪生，热爱科学，尤其喜爱神奇奥妙的物理世界。青年时期，经历日本侵华战争，看到贫穷落后的祖国遭受侵略者的践踏，金建中渴望为国分忧，科学救国，强国、富国的愿望自心底油然而生，并刻下了深深的印迹。

1940 年，金建中考入燕京大学。由于在少年时代患有过敏性支气管哮喘病并曾因此多次辍学，只能自己在家一边休养一边补习功课，他深知疾病带给人的痛苦。为了帮助自己及更多的患者解除疾病的困扰，他选择了读医预系，但是这并没有影响到他对物理的喜爱，受益于物理老师良好的教学方式，加之自己的好学上进和勤于思考、善动脑筋，在物理课的学习过程中，他常常能提出有创见的或者是创造性的建议，深得老师赞许和同学们的仰慕。他大一的物理成绩是 10 分，这是极少有人能获得的好成绩。从大二开始，金建中便转学物理系，并于 1944 年以优异成绩毕业于北京大学物理系。同年进入辅仁大学研究生院，1946 年毕业。他先后在天津北洋大学物理系、清华大学物理系任教，从教期间，他出众的才华亦为学生和老师们所熟知。

报效祖国　创新攻坚

　　1949 年 10 月 1 日,中华人民共和国宣告成立,这是一个普天同庆的日子,正在清华大学物理系任助教的金建中与全国人民一起欢欣鼓舞地迎来了中华人民共和国的诞生。在这个崭新的国家,他意识到科学救国有了新的内涵与可能,自己报效祖国的理想和志向终于可以实现了。1950 年 2 月,由钱三强提名,金建中被调入正在创建中的中国科学院近代物理研究所从事科学研究工作,1956 年,晋升为副研究员。

　　中国科学院近代物理研究所(1953 年更名为物理研究所,1958 年又更名为原子能研究所)成立于 1950 年 5 月 19 日,被誉为我国核科学技术的发祥地。该所创建初期,在钱三强的组织下,一大批在专业领域有所成就的科学家和专业对口的科技人才在所里聚集,他们热爱祖国,真心拥护共产党,甘愿为祖国的繁荣昌盛毫无保留地奉献自己的知识和力量。金建中和大家一起全身心地投入新中国原子核科学事业艰苦创业的热潮中,他立足自己的专业领域和研究特长,特别重视对物理概念的深刻理解和运用,加之早已形成的科学的思维方法、严谨的工作作风,不久便在真空科学方面崭露才华并取得一系列开创性成果,如:

　　在核物理仪器方面,他负责研制成功自动立体照相云雾室、负责研制成功电磁双聚焦反应粒子能谱仪,其性能分别达到当时的国内高水平和接近当时的国际水平;

　　在静电加速器方面,他在我国第一台 1 兆伏质子静电加速器和第一台 2 兆伏高气压质子静电加速器的加速管和真空系统的建立方面做出了突出贡献；

在真空技术方面，在国内首次研制出第一台 300 升/秒和 1 500 升/秒金属高真空油扩散泵，我国金属油扩散泵的研制、生产技术就是由此开始向国内推广的。

中国社会科学出版社 1987 年出版的"当代中国"丛书中《当代中国的核工业》记载："一九五三年，又在北京海淀区中关村建成了近代物理所大楼，为开展核科学研究创造了必要的物质条件。但是，研究所原有的底子很薄，帝国主义对我国又实行全面封锁、禁运，因而，缺乏开展研究工作所必要的仪器设备。这成了当时一个突出的问题……那时，要抽真空没有扩散真空泵，从国外买，人家不卖给。清华大学的讲师金建中到所后，勇敢地承担了真空泵的研制工作。他先后研制出各种规格的油扩散真空泵，出色地完成了任务，成为我国真空技术方面的专家。"

勇担重任　艰苦创业

　　1958 年，根据国家发展西北地区科学事业的需要，金建中服从组织安排，远赴兰州，在中国科学院兰州物理研究室任副研究员，负责研制国家重点项目——40 升金属超高真空系统，获得了当时国内最高水平的 1×10^{-8} 帕超高真空。1962 年，中国科学院决定成立兰州物理研究所（现隶属于中国空间技术研究院，为中国航天科技集团公司第五研究院第 510 研究所，对外名称为"兰州空间技术物理研究所"），并确定该所以真空科学技术为主要学科任务，这是我国第一个从事真空科学技术的专业研究机构。经国家批准，金建中负责组建该所，他被任命为副所长、研究所的业务第一负责人。在这一岗位上，金建中以一个科学家的远见卓识，立足本所、立足专业，着眼全国、着眼发展，对研究所的专业设置、基本建设、科研规划、人才培养都进行了周密的部署，先后建立真空获得、真空测量、真空检漏、真空材料、真空电子学和低温工程等专业研究室、组，为兰州物理研究所的长远发展奠定了良好的基础。

　　在研究所创建的最初几年，各方面条件都很艰苦，科研设施尚不完善，金建中就带领大家一边忙建设、一边搞试验，因陋就简、从无到有，抓紧时间推进科研，相继完成多个研究项目，及时满足有关科研、国防、生产部门的需要。这期间，他经常带病奔波于各研究单位，指导研究项目，并参加科研，取得了一批高质量科研成果。在他的领导下，所里优秀的青年业务骨干也迅速成长，兰州物理研究所在较短的时间内，迅速发展成为国内第一流的专业研究单位。

　　为了促进真空科学在全国的发展,金建中倡导在兰州建立了国家科委真空测试基地。兰州物理研究所作为全国真空测试基地组长单位,主持制定了全国真空测试科研计划,从 1961 年到 1964 年,测试基地每年都召开一次会议,开展学术交流。金建中作为基地的领导者和建设组织者,不辞辛苦,成就了大量卓有成效的工作,为建设一支全国性的真空科技队伍做出了可贵的贡献。兰州物理研究所成为中国真空科研领域的发展核心和学科带头单位之一。1979 年全国真空学会成立时,兰州物理研究所被真空界一致推荐为学会挂靠单位,金建中当选为第一届中国真空学会理事长。

服务航天　大有作为

　　1958 年 5 月,毛泽东主席在中共八大二次会议上发出号召:"我们也要搞人造卫星。"从此,我国航天事业迅速发展。

　　空间科学需要真空技术,以真空技术促进空间科学。祖国航天事业的大发展为真空科学技术的发展开辟了更为广阔的空间。1963 年,金建中明确提出"真空事业为航天服务的方向",他充分发挥自己在真空专业领域深厚的专业造诣和卓越的科研组织才能,继往开来,为我国空间事业发展做出了重要贡献。他从 20 世纪 60 年代初期即开始组织推动真空科学技术在空间科学领域的应用工作,并着手组织科研力量开展地面空间环境模拟试验设备研制和材料研究工作。在他的组织与推动下,兰州物理研究所相继为我国空间事业研制成初具规模、自成系列的空间环境地面模拟试验设备,从而跨入为我国航天事业做贡献的新阶段,开辟了真空技术与航天应用相结合的广阔科研领域。

　　1965 年,金建中根据我国人造卫星系列产品研制任务进程,提出了一整套超高真空环境模拟试验设备研制计划。

　　1965 年,他提出并于 1968 年研制完成 KM1 超高真空环境模拟试验设备,及时赶上 1970 年 4 月 24 日发射我国第一颗"东方红一号"卫星零部件的试验需要,为卫星在太空的可靠运行做出了贡献。

　　1965 年,金建中任总设计师开始研制我国继续发展人造卫星所需的空间环境模拟试验设备 KM3,并领导环境模拟试验设备工程设计组的工作,该设备于 1971 年正式交付使用。

1967 年,他研制完成的 0.5 米超高真空环境模拟试验设备,为卫星零件的热真空实验创造了条件。

1973 年,金建中前瞻性地提出了开展电推进研制等建议,系统地介绍了电火箭在航天事业上的重要用途和国外研制进展情况。根据这一构想,兰州物理研究所在国内率先开展电推进技术研究,历经近半个世纪几代人的薪火相传,终于成功研制出了涵盖大中小各种功率、规格齐全、型谱完整的系列化电推进产品,带领中国大步迈进"电推时代"。

淡泊名利　笃行致远

　　在十分繁忙的科学研究与科研管理工作之余,金建中还挤出时间整理科研心得与科研成就,撰写论文、论著。自中华人民共和国成立以来,领导并参与完成的省部级以上重大科研项目有200余项,分别达到当时的国内、国际先进水平或为国家填补了空白。众所周知,由于国防科研的特殊性质,大量科研成果是不能够即时公开发表的,即便如此,金建中在国内外学术刊物上公开发表的论文就有数十篇。从1973年开始,历时8年,金建中主持编写出版了《真空设计手册》(上下),这是我国出版的第一本真空科学技术的工具书。此后,他又组织编写了《真空检漏技术讲义》《真空检漏技术补充讲义》,在全国发行,成为有关专业的主要参考书。

　　金建中毕生致力于真空科学事业,是我国真空科学的创始人之一,是一位有声望的科学家。他学风严谨、求真务实,常年深入科研一线,对年轻的科技人员大胆任用,同时严格要求,并给予具体指导。他把自己的科研经验、治学体会、调研资料、解决问题的方法思路等都毫无保留地分享给年轻的科研人员。他重视实验技术、动手能力的培养,也重视理论的指导作用;他要求实验数据重复可靠,理论分析物理思想正确、逻辑严密有据;他以身作则,身先士卒,致力于营造一种充满激情与正能量的学术与工作氛围,在他的悉心教导与关心培养下,所里的青年科研人员得以迅速成长;他关爱同志,淡泊名利,当时所里许多重大科研项目,从立项到研发再到最后的成果审定,自始至终都有着他的贡献,但是他要求只要不是他直接负责的项目,就决不在成果上署名。在其主编的《真空设计手册》出版时,他也不同意署上自己的名字，一分钱稿酬也不领，一再说这是编写组同志们的辛勤劳动，是集体的智慧。

　　长江后浪推前浪，事业后人继前人，金建中倾注心血创建成立并规划蓝图、奠定了良好的科研布局与研究基础的兰州物理研究所，是我国空间技术领域的骨干单位和重点保军单位。该所自成立以来，在空间科研领域始终保持着专业优势。笔者查询该所门户网站，信息提示：经历半个多世纪的发展，该所已相继取得有重大影响的科研成果203项，其中14项获得国家级科技奖励，制定国际标准1项、国家和军用标准54项、航天行业标准60项、集团标准20项、院级标准60项，形成了空间电推进系统、空间科学探测载荷、原子频标、表面工程、二次电源、机电产品、压力容器等7类核心产品，应用于我国发射的各类星、船型号，并拓展应用至我国的重要战略战术武器装备中，始终保持着一次飞行成功率100%的记录，为我国航天事业和国防事业做出了卓越贡献。全所现有12个事业部、中心，拥有2家全资公司，2家控股公司，依托航天优势技术，将科研积淀与航天应用相融合，在兰州和无锡形成了"一所两地五区"的产业化发展格局，专职从事航天技术应用与服务产业人员有880余人，研制开发出的矿用救生装备、高端真空装备等一批优势民用产品，快速形成批产销售，助推510所又快又好地发展。

坚守初心　奋斗不息

　　兰州物理研究所先后隶属中国科学院、国防科工委、七机部、航天部、航空航天部,金建中历任副所长、所长、科技委主任、名誉所长。1980年,他被任命为第七机械工业部总工程师。他曾当选为第五届全国人民代表大会代表,被连选为甘肃省政协第二至第六届常务委员。他1952年加入中国民主促进会,曾任中国民主促进会甘肃省委员会主任委员。1956年加入中国共产党,1964年当选为甘肃省党代会代表,并当选为甘肃省委候补委员。1959年10月他出席在北京召开的第一次全国"群英会",受到奖励;1978年他出席了全国科学大会;1980年当选为中国科学院数理学部学部委员(1993年后改称为"院士");1990年被批准为首批享受国务院政府特殊津贴的专家。

　　1962年,金建中受命负责组建中国科学院兰州物理研究所,对党和国家的信任与重托,他感到无上光荣,同时也深觉责任重大。当时正值国家"三年困难时期",他抱定艰苦奋斗、勇往直前的决心,带领研究所首批年轻的创业者,坚定不移地踏上了发展我国真空科学事业、争取早日赶超世界先进水平的奋斗历程。

　　"文革"中,他在政治上遭受极不公正待遇,但是他矢志不渝,热爱祖国,忠于党、忠于人民的坚定信念从未动摇。1972年,他将自己历年节省的1.4万元存款作为党费交给组织;1975年3月到1978年4月,他每月将自己工资的一半作为党费上交给党。恢复工作后,他不顾年老体弱,四处奔波,汇报工作、调查研究、争取任务、组织建设、忘我工作,直到生命的最后一刻。

1989 年 10 月 12 日，金建中先生逝世于兰州。

金建中是一位在中国大地上成长起来的优秀知识分子，将毕生的心血与智慧奉献给了他热爱的党和人民，献给了祖国的科学事业。在他去世以后，人们用各种方式怀念他、纪念他，对他的高尚人品和事业风范给予高度评价。

1990 年 10 月，金建中逝世一周年之际，他生前的老同事、老朋友纷纷撰写纪念文章，表达崇敬与缅怀之情。时任兰州物理研究所所长达道安撰文《业绩永驻　风范照人——怀念著名真空科学家金建中同志》，文中达道安深情地写道："金建中是我国真空科学当之无愧的开拓者之一，当我们放眼我国真空科学的大好局面时，不能不深切怀念这位开拓者的历史功绩和卓越贡献。金建中同志品质高尚、风范照人。他严于律己，学风严谨，爱惜人才，诲人不倦，他把自己的学识、科学思想和治学方法毫无保留地传授给年轻同志，甘为人梯，为后继人才的成长铺平道路，现在我们一批人当年都曾受到过他的亲切教诲，至今仍记忆犹新。他作风民主、联系群众、艰苦朴素、清正廉洁、为人正派、光明磊落、谦虚谨慎、平易近人，是深受人们尊敬和爱戴的同志和师长，至今仍是我们学习的榜样和典范。"中国科学院院士唐廷友撰文《著名真空科技专家金建中》，对先生的逝去倍感痛惜，他说："金建中先生的逝世，使我国失去了一位德高望重的老科学家，是我国科学、教育事业的一大损失。"

2019 年，中国科学院发起"科学人生·百年"主题活动，向公众宣传 26 位百年诞辰的院士，金建中院士荣列其中。11 月 26 日，以"发展真空科技、建设航天强国、助推伟大梦想"为主题的纪念金建中院士百年诞辰活动在兰州市举行，中科院副秘书长、中国真空学会第九届理事长高鸿均院士，我国导航卫星领域首席专家、导航卫星总设计师范本尧院士，西安电子科技大学校长、总装备部卫星有效载荷专家组成员段宝岩院士，中科院西北生态环境资源研究院常务副院长赖远明院士，中国航天科技集团有限公司五院副院长夏刚，510 所原所长达道安、邱家稳，所长王小军等出席活动。当天的活动以《杰出的学者，永远的楷模》宣传片揭开序幕，通过珍贵的影像资料，回顾了金建中先生赤诚报国、献身科学、辛勤奋斗的一生，在场的院士专家共同回忆金建中先生在创建祖国真空科学事业、开展真空科学研究、推动航天事业发展、带领510所开创事业的重要成就，号召大家要传承金建中先生胸怀祖国的爱国精神、敢为人先的创新精神、严谨治学的求实精神、潜心研究的奉献精神、集智攻关的协同精神和甘为人梯的育人精神，要学习他爱党、爱人民，为祖国的科学、教育事业奉献一生的高尚品格。参加活动的高鸿钧、范本尧、赖远明等院士和中国航天科技集团有限公司五院副院长夏刚，以及相关学者专家共同为金建中先生铜像揭幕。

参 考 文 献

[1] "当代中国"丛书编辑部.当代中国的核工业[M].北京：中国社会科学出版社，1987.

[2] 本所(兰州空间技术物理研究所)简介[EB/OL].2022-05-24.http://www.lipcast.cn/channels/channel_ 10074_1.html.

[3] 达道安.业绩永驻 风范照人——怀念著名真空科学家金建中同志[J].真空科学与技术，1999(4):1.

[4] 唐廷友.著名真空科技专家金建中[J].物理，1990(12):752-753.

[5] 中国新闻网.航天510所纪念金建中诞辰100周年 共忆百年"科学人生"[EB/OL].2019-11-26/2022-05-24.https://baijiahao.baidu.com/s?id=16512702225761185 53&wfr=spider&for=pc.

[6] 每日甘肃网-甘肃日报,秦娜.航天510所隆重纪念金建中院士百年诞辰[EB/OL].2019-11-27/2022-05-24.http://gansu.gansudaily.com.cn/system/2019/11/27/017301986.shtml.

[7] 中国科学技术协会.中国科学技术专家传略·理学编·物理学卷.2[M].北京：中国科学技术出版社,2001.

[8] 钱伟长，陈佳洱.20世纪中国知名科学家学术成就概览·物理学卷·第二分册[M].北京：科学出版社,2014.

[9] 陈至立.辞海3[M].7版.上海：上海辞书出版社,2020.

感悟大师风范，追随科技人生
——火箭气动设计、空气动力学及渗流力学家孔祥言

孔祥言		1932—	

孔祥言(1932—　)，安徽合肥人，火箭气动设计、空气动力学及渗流力学家，中国科学技术大学教授、博士生导师。自20世纪50年代以来，先后在中国科学院力学所、中国科学院上海机电设计院、第七机械工业部及中国科学技术大学从事火箭气动设计、卫星总体设计、空间动力学和渗流力学科研教学等工作。在中国科学院1001设计院及上海机电设计院任火箭气动设计工程组长，完成了多种型号火箭的气动设计任务及气动设计手册的编制工作。20世纪60年代，在钱学森亲自指导的"四人小组"中任组长，研究制定了《中国1964—1973年空间技术发展规划(草案)》。后任卫星总体设计室常务副主任，负责回收式卫星总体方案设计工作，并在王希季的带领下，参加中国第一颗人造卫星运载火箭"长征一号"总体设计第一阶段的设计工作。20世纪80年代转向渗流力学基础及应用研究，所主持的相关成果已成为中国石油工业的部颁标准，是中国试井软件超过国外同类软件的根本。

贫寒学子　力学笃行

　　孔祥言于 1932 年 3 月出生于安徽省合肥县三河区(今属安徽省合肥市肥西县)的一户贫苦农户家庭,他的父亲曾读过几年私塾,虽识字不多,却极聪慧,也略通书法,有时也有乡亲请他去教书。当有人请其父教书时,年幼的孔祥言也跟着去读书,如果一段时间没有人来请教书先生,父亲就带着几个儿子在家种田,就这样,孔祥言断断续续读了三年私塾。

　　渐渐长大的孔祥言继承了父辈的聪慧,并且喜爱学习。抗日战争时期,家里的生活日益贫苦,但是母亲知道学习知识的重要性,即使逃荒也要坚持送他去学校接受教育。1944 年,12 岁的孔祥言进入了三河镇初小,仅在半年内便读完了初小四年级的全部课程,并考入高小。那时,学校规定学生的总成绩若为全班第一,就免除全部学杂费。孔祥言除升入高小的第一学期交费外,后三个学期都是学杂费全免。当时他的作文写得十分优秀,常被老师选为范文在课堂上宣读或贴在墙上供同学们观摩学习。

　　三河因丰乐河、杭埠河、小南河三水在此交汇而得名。位于肥西、舒城、庐江三县交界处的三河镇,南北通衢,素有"千年古镇、风云战场、名人故地、美食天堂"之美誉,为中国历史文化名镇。孕育出一批风云人物,留下了宝贵的文化遗产。如著名的物理学家杨振宁、国民党陆军上将孙立人、淮军将领刘秉璋等在这里都留有故居遗址。解放战争时期,附近重点大学(如中央大学、浙江大学等)的许多毕业生无工作可找,又不肯接受国民党的职位,就在三河中学教书。因此,这里不仅汇聚着三县中高水平的学生,当时的教师水平也很高。1946 年,孔祥言考入合肥县私立三河中学,由于学习成绩优异,一度食宿费用全免,这在以前的三河中学历史上是没有过的。1949 年,孔祥言又以第一名的成绩考入三河中学高中部。这一年,中华人民共和国成立了。高中阶段的孔祥言曾在学习之余参观省内的工矿企业,他感受到百废待兴的国家急需工程技术专家,因此想到高考要报考工科院校,发挥自己的聪明才智,服务祖国建设。1952 年,孔祥言高中毕业参加高考,那一年是全国第一届高考,他的班主任强烈地建议他报考理科,因其成绩优异,又满心向往着首都北京,因此他的第一、第二志愿分别填报了北京大学、清华大学。

1952 年,孔祥言考入北京大学数学力学系,该系是由曾为北京大学校长的周培源先生一手创办的。同一年全国高等院校院系调整,清华大学、燕京大学数学系的著名教授都并入北京大学数学力学系, 系里名师荟萃,如主讲数学分析的闵嗣鹤、程民德,主讲高等代数的段学复、丁石孙,主讲高等几何的江泽涵,等等。受钱学森的影响,孔祥言最终选择了流体力学作为自己的本科专业,而当时他对钱学森的了解还十分有限,仅知道他是一位空气动力学专家。

大学阶段,孔祥言仍然保持着优异的学习成绩。流体力学专业的学生每周有一次研讨会,内容主要是阅读一些外文文献,然后做研讨报告。林鸿荪老师主持研讨,指导孔祥言阅读英文和意大利文文献。老师说意大利文看不懂没关系,把数学公式弄清楚就行。当学期即将结束时,林鸿荪老师对一个学期的研讨报告进行总结,他认为孔祥言做得最好。孔祥言的毕业论文由林同骥老师指导,名师指导加上学生自己的努力,孔祥言的毕业论文写得非常好。这篇本科毕业论文被推荐到 1957 年 2 月举行的第一届全国流体力学学术讨论会上宣读,而在那一次讨论会上宣读论文的仅有两位青年学子,一位是孔祥言,另一位是由北大苏联专家指导的研究生徐复。两位年轻人的报告被新闻记录电影制片厂拍摄的《今日中国》记录下来,载入了中国学术发展史册。1956 年,孔祥言大学本科毕业,作为北京大学力学专业的首届毕业生,他被分配到刚组建不久的中国科学院力学研究所工作。

只争朝夕　不负韶华

　　中国科学院力学研究所成立于 1956 年 1 月 6 日,钱学森为首任所长直至 1984 年,前后共 28 年。孔祥言到力学研究所后,在林同骥为组长的流体力学与空气动力学组任研究实习员,兼任学术秘书。他参与研究稀薄气体,完成了高空大气特性的研究报告,还与东欧专家进行学术交流,进行了风力发电中风机叶片的翼型和扭转角方面设计。

　　1957 年 10 月,苏联发射了一颗人造卫星,在全世界引起强烈震动。我国一些著名科学家也建议开展中国卫星工程的研究工作。1958 年 5 月,中共中央八大二次会议召开,在这次会议上,毛泽东主席指出:"我们也要搞人造卫星。"表达了中国人民发展航天技术、向宇宙空间进军的强烈愿望和决心。"中国科学院把人造卫星列为一九五八年第一项重点任务(命名为'581 任务'),成立了以钱学森为组长的领导小组,负责筹建 3 个设计院,其中第一设计院负责人造卫星、运载火箭的总体设计。"1958 年 8 月 15 日,由力学研究所承办筹建,钱学森负责全面指导的中国科学院第一设计院(代号 1001 设计院)成立,时任力学所副所长郭永怀兼任第一设计院院长。孔祥言在设计院下设的总体设计部工作,主持控空火箭的气动设计计算,仅用两个多月时间就完成了气动设计手册的编制工作,完成第一个探空火箭型号的气动设计和燃气舵的设计。"1958 年 10 月,中国科学院举办了'自然科学跃进成果展览会',毛泽东、刘少奇、周恩来、李富春、聂荣臻等党和国家领导人,先后到展览会观看了展出的运载火箭模型、高空探测仪器模型,以及我国空间技术发展的早期设想蓝图。"孔祥言还被安排担任为中央首长讲解的工作。

"由于发射人造卫星是一项技术很复杂、综合性很强的大工程，需要有较高的科学技术水平和强大的工业基础作后盾，而且必须坚持从小到大、由低到高、循序渐进的方针。为了充分利用上海地区的工业基础，经中国科学院和上海市商定，1958 年 11 月，第一设计院负责人造卫星、运载火箭总体设计的技术人员迁往上海，并由上海市从有关院校和工厂抽调部分科技人员、大中专毕业生和工人，组建上海机电设计院，属中国科学院和上海市双重领导。"该院在探空运载火箭、发射架、发射测控研制方面做了许多工作，积累了经验，培养了干部，形成了相当的实力。孔祥言随设计院南迁去了上海，在设计院总体设计室气动设计组任组长，主持火箭与助推器组合的气动设计计算工作。该火箭的实验型最初在上海南汇海边试射，正式型号在安徽广德发射场发射。他们完全独立研制的这两种火箭都非常成功，得到中国科学院的嘉奖。

1963 年 1 月，国务院调整从事研究发射导弹和火箭任务的组织机构，决定将上海机电设计院由中国科学院划归国防部第五研究院建制。不久，钱学森院长提出要上海机电设计院派 4 名有一定工作经验的设计人员去北京跟他进修空间技术，为开展人造卫星工作做准备，初步计划进修时间为两年，经过组织上的慎重选拔和研究，孔祥言和朱毅麟、李颐黎、褚桂柏被选派上来，组成了"四人小组"，孔祥言任组长。

大师引领　锤炼担当

　　1963 年 1 月底,孔祥言等一行四人到达五院。初次见面时,钱学森就告诉他们:"你们来的主要任务是学习和了解有关人造卫星和星际航行有关知识,在两年时间内制订出我国空间技术发展的长远规划。"他对"四人小组"的培养工作抓得很紧、很细、非常认真,主要有三个方面,一是让他们系统学习、收集和整理国外人造卫星和其他空间飞行器的科技资料,每周一个下午向钱学森汇报学习情况、提出问题和讨论问题,并安排下一步的工作,从来没有间断过。二是参与教学。钱学森说过:"一个问题或一门课程,你要想讲得让人都能听懂,你自己首先必须理解得很清楚。"三是通过多种途径拓宽视野,增长见识。对此,钱学森安排了一些重要的试验、设备和设施(如火箭总装车间、全弹试车台等)的参观活动。

　　"四人小组"每周用一半的时间到国防部五院情报所上班,搜集、学习火箭、卫星和其他空间飞行器的资料。五院对他们的工作安排得很周到,情报所不但为他们提供了专门办公室,还派研究人员史珍同他们一起工作。一年多的时间里,他们搜集了大量空间技术资料,掌握了研制人造卫星设计的基本知识。

　　1963 年 2 月,钱学森撰著的《星际航行概论》由科学出版社出版,他要求"四人小组"于 1963 年秋季学期为中国科学技术大学近代力学系 60 级和 61 级学生讲授"星际航行概论"课,有疑问的地方,在每周一次的讨论会上提出讨论,钱学森给予指导。钱学森还嘱咐"四人小组"对《星际航行概论》做适当的修改补充,增加人造卫星的类型及星上仪器设备的论述、读者反馈意见等,再版发行。后因"文革",修改未能进行。

1961 年 6 月,在钱学森、赵九章等的倡导下,中国科学院开始举办了持续 12 次的"星际航行座谈会"。钱学森吸收"四人小组"参加"星际航行座谈会"的组织工作。1963 年,中国科学院成立了星际航行委员会,负责组织制订星际航行发展规划,安排预先研究课题。钱学森担任星际航行委员会主任委员,他让"四人小组"成员担任该委员会的技术秘书。钱学森对他们严格要求,希望他们每次参加"星际航行座谈会"和星际航行委员会会议,不仅要听,还要积极思考,在会上踊跃发言。

一年多的时间里,钱学森引领"四人小组"的讨论会约 60 次。他每隔 2~3 周,还会写一张 200 字左右的便条给小组,概述前一段工作,提出下一步任务。有一次,孔祥言谈到搞空间技术,要求的知识面很广,自己不懂的地方还很多。钱学森关爱地说:"不用怕!你碰到的问题,看起来很复杂,把它分解开来看,无非是涉及数学、物理、化学方面的知识。只要认真去学习、去钻研,就不难解决。"这些谆谆教导,令孔祥言终身受益。

1963 年秋天,在钱学森的引领和指导下,经过学习、调研和讨论,"四人小组"写成了《中国 1964—1973 年空间技术发展规划(草案)》。过了一段时间,钱学森对"四人小组"说:"你们的任务基本完成,可以回上海了。"并嘱咐他们回去后向领导汇报一下,尽快成立卫星研制总体室。在他们回到上海后,上海机电设计院很快成立了卫星总体室,任命孔祥言担任室副主任,主持全面工作,负责回收式卫星总体方案设计工作。在他领导下的卫星总体室从刚开始的只有十三个人,成立了三个组,到后来增加至六个组,一百多人,完成了"长征一号"运载火箭总体设计第一阶段的工作及中国第一颗返回式卫星的方案设计。

科研转战　再创佳绩

　　1965年,在国防部五院的基础上组建第七机械工业部,王秉璋任部长,钱学森任副部长。同年7月至8月,上海机电设计院从上海迁回北京,更名为第七机械工业部第八设计院。"文革"期间,国家搞三线建设,孔祥言于1968年下放至沈阳军区军垦农场,离开农场后又支援三线建设到大西北,直至1975年调到中国科学技术大学近代力学系任教,从而踏上了新的事业征程。

　　在中国科学技术大学,孔祥言于1983年创建了学校渗流力学实验室。他凭着深厚的数理基础和惊人的毅力,投入重点围绕油田开发的渗流力学研究领域。他深入油田一线,掌握第一手信息,弄清相关的勘探开发流程、生产工艺及试井全过程。他虚心向长年工作在一线的工程师、技术人员和工人请教,直至将一个个问题弄透彻。经过30多年的科研积累,他的相关研究理论被成功应用到中国石油勘探开发、青藏铁路路基计算及核废料处理等关系国计民生的重大科技项目中。他本人也成为中国渗流力学界受人尊敬的元老之一。

　　科学出版社于2015年出版的《20世纪中国知名科学家学术成果概览·力学卷 第二分册》专章收录了孔祥言的事业履历与工作业绩,文中系统地梳理了他在"油气田渗流及其应用"领域的成就,总结出六个方面的主要学术贡献:一是非线性渗流研究,发展和求解了多孔介质中自然对流的分叉。二是开展热流固耦合渗流研究,发展了热–流–固耦合渗流的数学模型,并将其中的热–流耦合渗流应用于石油钻井、完井的井筒热模拟,开发的软件在 11 个国家多个石油公司应用，用户认为这项技术"填补了石油完井行业的一个重要空白"。三是提出了基于变分原理的渗流方程快速计算方法，对此，文中结合当时的情况介绍说："他的这一算法已成为石油试井行业最快速方法被使用至今，采用这一算法在目前的计算机上 1 秒钟能算近百条曲线。"四是分支水平井的研究，首次给出了石油开发中分支水平井渗流方程解析解，为射孔优化的大规模并行计算提供了理论基础。相关的计算软件一直支撑着大庆油田每年 6 000 多口井的射孔优化设计，并荣获石油天然气总公司科技进步奖一等奖。五是分形渗流力学研究，提出分形油藏试井分析理论，解决了中国碳酸岩、火山岩等复杂地层试井分析问题。六是系统总结了渗流理论，他带领学生历时 30 年推导出渗流力学偏微分方程的组合解有数万个，为中国试井软件赶上甚至超过国外同类软件做出了重大贡献。

20 世纪 80 年代初，我国试井仍然是只有少数专家通过手工计算进行试井分析，而此时国外试井已进入软件分析时代。为改变这一落后状况，石油部领导一方面引进国外试井分析软件，另一方面组织华东石油学院（现为中国石油大学）、西南石油学院、大庆石油学院及中国科学技术大学等院校专家开展软件研究（石油界简称"四院校试井软件"），孔祥言承担了这项任务中的垂直裂缝井试井分析。为此，他带领研究组深入油田，一住就是半个月、一个月。1987 年，垂直裂缝试井软件通过石油部组织的专家验收，之后在全国各油田推广使用。1989 年，获得石油部科技进步奖一等奖；1990年，获得国家科技进步奖三等奖。1991 年，大庆油田试油试采公司专门委托孔祥言研究组开发试井软件。仅用 1 年时间就完成了 DKS1.0 现代试井软件，该软件初步涉及中国低渗透试井领域。中国石油天然气总公司勘探局充分肯定孔祥言领导的研究组工作，并委托孔祥言主持领导命名为"DKS2.0 现代试井软件"的试井软件开发，希望用 3~4 年的时间开发出一套涵盖国外试井模型且包含中国低渗透的试井软件。经过四年的奋战，该软件于 1995年通过中国石油天然气总公司的专家验收，并由中国石油天然气总公司勘探局下文：全面替代国外同类软件，在国内 26 个油田推广使用。在使用过程中,他不断完善试井分析软件,同时由中国石油天然气总公司勘探局再次投资进行软件的升级,经过四年的推广使用,1999 年,DKS2.0 现代试井软件获中国科学院科技进步奖一等奖。孔祥言被赞誉为中国试井分析软件的奠基者。

薪火相传　教书育人

中国科学技术大学于 1958 年 9 月在北京创建，是一所为"两弹一星"事业而建立的著名高校。钱学森是中国科学技术大学筹备成立时的筹备委员会委员之一，学校设立了近代力学系，钱学森担任首任系主任，他以极大的热情投入中国科学技术大学和近代力学系的早期建设中，并讲授"火箭技术概论"等课程。一直到晚年，钱老仍与学校有关人员保持通信关系。而孔祥言在"四人进修小组"跟随钱先生学习期间，亦在此经历授课的锻炼与培养。十多年后，当孔祥言因工作调动来到中国科学技术大学，再次走上近代力学系讲台，他深知要做一位好老师，首先应努力成为本专业的专家，对专业有精深的理解和研究，要有广博的相关领域知识，能及时吸收、存储学科前沿知识与研究成果。只有这样，才能适应教学发展需要。在中国科学技术大学任职的前几年，他主讲"飞行器部件空气动力学""气体动力学""旋涡运动理论""经典流体力学"等课程，期间还编写学科讲义 60 多万字，合作编著、翻译及校订专业教材、著作多部，相关教材曾荣获国家教委优秀教材奖一等奖，为学校流体力学课程建设做出了重要贡献。他创建中国科学技术大学渗流力学实验室，为学校渗流学科的发展倾注了全部的心血。他怀着强烈的责任心和使命感，言传身教，为人师表，先后培养出一批批优秀的硕士、博士研究生，其中有多人已成为相关领域的知名教授。

孔祥言从 1956 年开始，在钱学森的直接和间接领导下工作，特别是在他人生的而立之年被选派参加"四人进修小组"，钱先生给予他们近两年的指导和培养。他对钱老的博学多才、科学工作精神、崇高的思想品德体会真切。大师的言传身教影响渗透于他为人、为学、为师等各个方面。《高等渗流力学》教材是由孔祥言主编的,该书入选中国科学技术大学精品教材丛书,已成为全国多所大学研究生、博士生的教材。在每一学期讲授高等渗流力学课时,孔祥言都还要从头至尾认真再备一遍课。他特别注意追踪前沿科技,要将本课程领域的新理论、新方法、新技术、新成果,包括他本人及其领导的教学、科研团队的最新研究进展与成果介绍给每一位学生。由于在教书育人方面的突出成绩,1998 年,他获得中国科学院"优秀研究生导师"称号。

2020 年 12 月 24 日,中国科学报第 1 版发表该报记者张双虎的文章——《让油气软件"硬"起来》,报道了新疆油田传来的喜讯,即准噶尔盆地东部探井康探 1 井获得重大突破。第三次油气资源评价结果显示,准噶尔盆地常规、非常规石油资源量近 100 亿吨。这一发现改写了准噶尔盆地近 30 年无重大油气勘探发现的历史。在这篇报道中,中国科学技术大学教授李清宇说:"康探 1 井就是用我们的软件进行解释评价的。"文章还回顾了中国科学技术大学于 20 世纪 80 年代受石油工业部委托,与石油类高校联合,开始我国第一代试井软件研发的情形:"软件开发伊始,因为没有任何借鉴和参考,研发工作举步维艰。中国科学技术大学渗流研究室创始人孔祥言带领团队从翻译、学习文献开始,先吃透基本理论,再开展微分方程求解。短短几年,中国科大的理论推导就跟国外接轨了。"然而,当软件投入工业化应用后,更大的考验也随之而来。据报道介绍,孔祥言先生曾形象地比喻说:"软件是个黑匣子,只能应用,无法了解其内部算法和细节。因此,软件的正确性验证是难以逾越的鸿沟。"他亦真诚地表示:"幸亏石油部非常重视,特别是大庆油田非常支持。"

读到这篇报道、透过这些珍贵的回忆,人们再一次真切地体会到技术创新与技术创造的艰难与宝贵。年近 90 岁高龄的孔祥言老先生始终关心着祖国的油气勘探事业,他那简短的话语体现出老一辈科技专家过人的知识、经验及优良品行。

参 考 文 献

[1] 肥西县三河镇先锋网·三河古镇简介[EB/OL].2020-06-16/2022-05-25.http://newwcwy. ahxf.gov.cn/Skin3/Content/?VillageID=823&NewsID=1804.

[2] 中国科学院力学研究所官网.力学所历任行政领导[EB/OL].2022-05-25.http://www.imech.cas.cn/gkjj/lrld/.

[3] "当代中国"丛书编辑部.当代中国的航天事业[M].北京:中国社会科学出版社,1986.

[4] 孔祥言.钱学森的科技人生[M].北京:中国宇航出版社,2011.

[5] 《科学家传记大辞典》编辑组.中国现代科学家传记 第一集[M].北京:科学出版社,1991.

[6] 王春河,陈大亚,刘登锐.钱学森的大师风范[M].北京:中国宇航出版社,2011.

[7] 钱伟长,郑哲敏.20世纪中国知名科学家学术成就概览·力学卷·第二分册[M].北京:科学出版社,2015.

[8] 张双虎.让油气软件"硬"起来[N].中国科学报,2020-12-24(1).

[9] 张凯.钱学森研究 2011[M].上海:上海交通大学出版社,2013.

[10] 中国科学技术大学教授名录[M].合肥:中国科学技术大学出版社,1998.

[11] 董耀会.北大人[M].北京:书目文献出版社,1993.

"九十九分不及格，一百分才及格"
——自动控制、陀螺及惯性导航技术专家陆元九

　　陆元九（1920—　　），安徽滁州人，自动控制、陀螺及惯性导航技术专家，我国自动化科学技术的开拓者之一。中国科学院院士（1980）、中国工程院院士（1994）、国际宇航科学院院士（1985）。首次提出"回收卫星"概念，创造性运用自动控制观点和方法对陀螺及惯性导航原理进行论述，为"两弹一星"工程及航天重大工程建设做出卓越贡献。"七一勋章"获得者。

学习进取　心系祖国

1920 年 1 月 9 日，陆元九出生于滁州来安的一个教员家庭。他的祖父是帮工出身，曾受雇于来安县城的教书先生周月樵家，周老先生愿意让陆家的一个孩子跟班读书，陆元九的父亲陆子章因此获得读书学习的机会。1900 年，12 岁的陆子章考中了末科秀才，之后又在周老先生的帮助下，进入南京两江优级师范（后来的中央大学，现南京大学和东南大学的前身）学习，1908 年毕业于该校的数理系。知识改变命运，学有所成的陆子章成为一名中学数学教员，在当地是少有的知识分子。陆元九是家中的长子，长辈的智慧及学识在潜移默化中影响着他的成长，父亲亦十分重视并鼓励孩子读书。陆元九 5 岁上小学，跳了一级后，10 岁进入安徽省立第八中学（后改名为安徽省立滁州中学）读初中，1933 年考入江苏省立南京中学读高中。

1937 年，陆元九参加高考，他同时报考了国立交通大学、中央大学和南通纺织学院。同年 7 月 7 日，"卢沟桥事变"爆发，他奔波于上海和南京两地完成了三所学校的入学考试。不久，三所学校都给他发去了录取通知。因为中央大学的通知书最先收到，他就办理了该校的入读手续，成为中央大学航空工程系招收的首批本科生，也是中国内地第一批系统学习航空技术的大学生，他选择了发动机专业。陆元九非常珍惜战争中这次学习的机会，除本专业的课程外，其他专业的基础课他也认真学习，广泛接触航空工程的方方面面，为日后构建知识大厦做了充分的准备。1941 年，大学毕业的陆元九留校当了助教。

1943 年，经国民党政府教育部交涉，中国获准选派一批半工半读的中国青年到美国。陆元九成为这批三四十人中的一名,几经周折,于1945年第二次世界大战结束后抵达美国,他被分配到麻省理工学院。1946年年初,作为过渡时期,陆元九在学校全职工作了半年。麻省理工学院二战期间在雷达方面做出了突出贡献,在惯性技术应用于火炮瞄准、惯性导弹方面同样也有重大贡献。航空工程系最出名的专业是仪器学专业。陆元九想:既然到了美国,就要学习一些新东西。于是他申请参加仪器学教研室的工作,并获得批准。1946年,他办理了兼读研究生的入学申请,经过一些曲折,获准直接攻读博士学位,师从"世界惯性导航技术之父"德雷伯教授,走进了该学科领域的前沿。1949年暑假,陆元九通过论文答辩,成为世界上第一个仪器学博士。

　　陆元九的心中,始终坚定着"学好科学,救中国"的信念,拿到博士学位后,他决意返回祖国。当他得知中国共产党领导的中华人民共和国诞生了,更是归心似箭。然而,他从事的研究属于重要机密,美国当局强迫他办理绿卡永久居留,在他拿到绿卡后,又施加压力,动员他升级为美国公民,可见放他回国根本无从谈起。为了减少回国阻力,陆元九主动离开敏感工作领域,并为此换了好几个地方。1954年,他离开大学实验室,到福特汽车公司的科学实验室进行民用科技研究。期间,他参加了多项先进科技项目的探索。

　　经历种种曲折,1956年陆元九带着妻儿登上归国的航船,取道东京、马尼拉等地,终于在5月23日的傍晚,一家人踏上祖国的土地。看到眼前飘扬的五星红旗,陆元九心中无比畅快,他情不自禁地喊出:"我们回家了!"

初心如炬　科学报国

　　学成归国的陆元九被分配到中国科学院，参与筹建中国科学院自动化研究所。处于初创阶段的研究所各方面条件非常艰苦，从办公场地设备的购置，再到研究队伍的组建，陆元九都亲力亲为，努力奉献着自己的光和热。一直到1959年，自动化研究所大楼盖好了，各方面条件才有所改善。在自动化研究所，陆元九先后担任研究员、研究室主任、副所长。

　　1957年10月，苏联发射了一颗人造卫星，在全世界引起强烈的震动，我国一些著名科学家也建议开展我国卫星工程的研究工作。1958年5月，毛泽东主席在中共八大二次会议上发出："我们也要搞人造卫星"的号召。在一次动员大会上，钱学森首先发言，讲了发射人造卫星的有关问题。陆元九接着提出："要进行人造卫星自动控制的研究，而且要用控制手段回收它。""回收卫星"概念由陆元九首提之后开始进入人们的视野。此后中央政治局开会研究，同意以中国科学院为主研制人造卫星。这涉及陆元九的专业领域——自动控制和惯性导航。从那以后，陆元九便专心进行国防方面的工作，其人生奋斗方向也就锁定在航天上。

　　1958年10月，中国科学院举办了"自然科学跃进成果展览会"，在3000余件展品中，陆元九参与组装的我国第一个探空火箭仪器舱模型格外引人注目。毛泽东、刘少奇、周恩来、朱德、陈云、邓小平等先后到场参观，陆元九还荣幸地担任了这次展览的讲解工作。

　　1965年秋，陆元九主持组建中国科学院液浮惯性技术研究室，并兼任研究室主任，他带领团队相继开展我国单自由度液浮陀螺、液浮摆式加速度计和液浮陀螺稳定平台的研制。在他的主持下,我国第一台大型精密离心机在长春开始进行研制。

这一时期,陆元九参与编写了中国科学技术大学飞行控制专业教材等,还参与了我国船舰惯性导航系统方案的制定和技术力量的培养,他还坚持撰写专著,把自己在陀螺、惯性导航方面的所学、所得编撰成书。1964年,《陀螺及惯性导航原理(上册)》出版,该书是我国惯性技术最早的专著之一,对我国惯性技术的发展起到了重要的推动作用。1964—1965 年,他继续撰写该书的下册并基本完成。不幸的是,手稿的主要部分在"文革"中遗失,成为无法挽回的损失。

"文革"中,陆元九被迫离开了自己的岗位。逆境中,他将对祖国、对科研的热爱深埋心中,期待严冬过后的春暖花开。

"文革"结束,百废待兴。1978 年,接近花甲之年的陆元九重新工作,并担任七机部(1982 年改名为航天工业部)13 所所长。在他的领导下,先后开展了静压液浮支承技术、自主对准、误差标定、铍材应用研究、浮球平台和速率捷联技术等预先研究课题及各种测试设备的研制工作。

为了研制高精度、高可靠度的惯性仪表,陆元九极力主张改善试验条件和设施,以便在地面进行充分的试验,摸清误差规律,分离出可供补偿的误差系数,提高惯性器件的使用精度和可靠性。在他的努力推动下,国家批准建立惯性仪表测试中心,接着他又积极投入测试中心的各项建设,为我国惯性仪表研制工作打下了坚实的技术基础。1982 年,他作为全国惯导与惯性技术专业组副组长、技术咨询分组组长,亲自到各研制、生产单位调研,听取有关人员的意见,在此基础上提出了许多有关专业发展和组织管理等建议,他的一系列建议被有关部门采纳并编入了"航天部惯性器件专业发展规划"及后来由他主持编制的"2000 年前惯性技术专业发展纲要"中。

1984 年初,陆元九调至航天工业部总部工作,任科技委常委。航天系统任务繁重,到任后,陆元九积极参与讨论下一步工作如何走的问题,特别是哪些关键技术要突破,才能为走好下一步打好基础。一些项目在他的倡导下立项，一批项目得到了他的积极支持和推动，还有一些项目先由几家单位分头进行，再组织交流和评比等，许多工作都凝聚了他的心血和智慧。

在航天科技委工作期间，陆元九参加科技委对全行业的运载火箭和卫星进行审评、攻关、故障分析等工作，还直接参与了惯性技术方面的一些实际工作。他的科研学识和态度，对新型惯性器件的研制和推广应用等起到了非常有力的助推作用。

1989年，由陆元九主编的《惯性器件》一书出版。这是一部30多年来航天惯性技术研制工作的经验总结。

由于陆元九在惯性导航和自动控制方面的卓越贡献，1980年，他被推选为中国科学院技术科学学部委员（1993年后改称"院士"）；1985年成为国际宇航科学院院士；1987—1990年，当选为国际宇航联合会副主席；1994年6月，他又当选为中国工程院院士。

1983年，63岁的陆元九夙愿得偿，光荣地成为中国共产党的一名新党员。在入党志愿书中，他写下了自己的心声："做一名普通劳动者，做一名无愧于光荣称号的共产党员。"陆元九院士的名字始终与中国的航天事业联系在一起。2021年"七一"前夕，101岁高龄的陆元九成为党内最高荣誉"七一勋章"最年长获得者。这是对他一生心系祖国、科技报国崇高精神的最大肯定。他那颗穿越百年的赤子之心，从未改变。

科学求真　笃行求实

　　回望陆元九老先生百年人生足迹,"求真""求实"是贯穿其间的一条长长的金丝线。

　　儿时的陆元九就被父亲教导"做事不能马虎",少年时期,他那爱"较真"的特点,在外人看来有时候都像是钻牛角尖。高考复习时,他在书中读到了一个新名词"plastics"(塑料),好奇"plastics"到底为何物? 他查阅字典、请教当地化学老师,都没找到答案。于是,带着那股子"求真"的劲头,硬是从家乡赶到南京,求教高中化学老师,终于弄明白"plastics"就是"塑料",最新发明的一种新材料。2021 年,CCTV-13 纪实采访节目《吾家吾国》访谈101 岁高龄的陆老先生时,主持人王宁问:"陆老,您觉得我们应该有什么样的科学精神?"陆元九回答:"一定要认真,老老实实地干活,不能说任何假话。"

　　陆元九严格要求自己,也严格要求别人。在有关于他的各种报道和资料中,有一条关于"99 分不及格"的说法被转述的频率非常高,即"对上天产品,99 分不及格,相当于零分,100 分才及格,及格后还要评好坏"。在一次评审会上,产品使用单位的一位领导开玩笑地说:"评审会只要有陆先生参加,他表态说没问题,我们用户就放心了。"

　　1996 年 2 月 15 日,"长征三号乙"运载火箭首次发射失败。这次事故不仅使中国的国际形象受到损害, 还让中国长城工业公司失去了 4 份订单,还要支付数千万美元的赔偿。在接下来的 4 个月里,成百上千的研制人员做了大量验证实验,逐步查清了造成故障的原因。76 岁高龄的陆元九临危受命,组建一个与此型号无直接关系的小组,对遥测数据及各种情况平行、相对独立地进行核查、分析。陆元九身先士卒，经常连着两三天不睡觉。大家后来评议说："没有陆先生的认真精神，不一定能把问题这样仔细、彻底地查清楚。"

期颐之年，陆元九依然没有改变对自己的要求。主持人王宁在采访他时，看到他家里的书桌前贴着一张纸片，上面写道："人生难得老来忙，有问题查不出来是失职。勤于学习，善于思考，精于分析。严格、认真、执着。"采访结束前，陆元九还在一本笔记本的扉页题字"要说真话"并赠予王宁。

培养后人　继往开来

陆元九院士注重人才培养，这在航天专家里是出了名的，在他的关心下，航天系统自培高学历人才已成风尚。

1958—1965 年，陆元九任中国科学技术大学自动化系副主任及兼职教授，每当有学生向他请教，他喜欢用一连串的反问启发学生从头讲自己的解题思路，到讲不下去的时候，学生也就发现了问题所在，陆元九适时在旁边点拨一下，同学们茅塞顿开，问题迎刃而解。陆元九的启发式反问，数量一般都比学生问的问题多得多，师生就在这种互相交流启发的氛围里解决了问题，学问也进步了。

陆元九感受到，若要给学生一碗水，老师就要了解更多的知识，也就是要准备好一桶水。为了准备这"一桶水"，陆元九一丝不苟的劲儿让同学们印象深刻。一次在课堂上，陆元九引用了一个推导出的公式，一名同学提问："陆老师，您经常讲概念重要，能不能用物理概念而不用公式推导，将这个问题讲清楚？"陆元九专门花了两三天时间，改用几个相关参数之间的图形模型后，仅用物理概念，就把这个问题说得很清楚，解答了学生所问。这段课堂小故事至今让他的学生们记忆犹新，陆元九事后回忆说："这个问题的解决过程，是因为学生看不懂教科书中内容，用让学生容易懂的办法讲懂，这是艺术，是传道授业解惑的艺术。教书也是学习，可谓'教学相长'。"

"文革"后，中国各系统人才断层问题凸显，陆元九担任 13 所所长期间亲自给中青年科技人员讲授英语和专业技术，并积极申请建立单位的研究生招生制度。1981 年，13 所的首届研究生顺利招生，成为航天系统在"文革"后第一批招收研究生的单位之一。陆元九组织全所 30 多名老科研人员为这些研究生编写教材,其中"导弹与航天丛书"中的两个分册,至今仍是 13 所内参阅的重要教材,成为教科书经典;当时编写的一本研究生讲义,还获得了"航天工业部研究生优秀讲义奖"。

陆元九在 13 所担任所长时,每当有研究生来所,他都去看望,了解他们的生活、学习和工作情况。1983 年,航天工业部领导来所检查工作,了解人才断层问题。陆元九汇报了航天系统人才引进困难的现实状况,提出航天系统研究生教育势在必行,同时也指出研究单位培养研究生的优势基础。领导们对陆元九的真知灼见完全认同,让行政部门积极宣传。其颇有成效的研究生教育理念,推动了整个航天系统研究生教育工作的正常开展,得到了航天工业部的肯定。13 所后来又成为航天工业部首批获得博士学位授予权的单位。如今,该所已拥有一批先进学科的硕士、博士学位授予点。

1984 年初,陆元九调任航天工业部科技委常委,在此岗位上,他关心航天部各个科研单位的研究生培养工作,并为此投入了极大的精力。当时领导给陆元九安排了一项附带任务:建立航天系统培养研究生制度,陆元九对此做了大量细致而扎实的工作。这段时期,他成为国家学位委员会航空与宇航分组成员,期间还担任副组长。利用这个机会,他积极帮助航天系统的一些单位先后获得了硕士点、博士点招生资格。为确保教育质量,他还在航天系统中建立了一套管理办法。在陆元九的积极倡导和过问下,航天系统内高学历人才培养蔚然成风,航天人才断层问题也逐步得到了解决。

2000 年以后,耄耋之年的陆元九老院士依然活跃在航天一线,经过调研和思考,航天人才科学作风培养系统工程的构想逐渐清晰。2004 年,由其发轫的"航天人才科学作风培养工程"研究课题开始试点推广。2005 年,他发表文章《航天人才科学作风培养》。一代又一代的青年航天工作者,在陆元九的指导下,成长为作风优良、业务精湛的优秀人才。

陆元九一生俭朴,但是为资助科研、奖励人才,他愿意捐出自己的大笔积蓄。2015 年,95 岁高龄的陆元九向中国惯性技术学会捐赠 50 万元人民币,用作"创新优秀论文奖"的奖励基金。

伉俪情深　相伴意长

　　1949 年,陆元九与同为留美学者、在美国蒙荷利山女子学院获硕士学位的安徽同乡王焕葆喜结连理。王焕葆系名人之后,她的父亲是著名化学家、教育家王星拱。

　　王焕葆质朴、亲和、善良、正直、坚韧,身上充满了中国女性的传统美德,在事业上也多有建树。她是我国首批老年生物学工作者之一,从事老年生物学、细胞学和内分泌学研究。1956 年回国后在中国科学院动物所工作,任研究员,硕士生、博士生导师。1991 年起享受国务院政府特殊津贴。

　　陆元九、王焕葆的爱情是真挚和温暖的。回国前的几年,为了养育孩子,王焕葆暂时牺牲了所学专业,心甘情愿相夫教子,担任全职家庭主妇的角色,对此陆元九非常感激。"文革"期间,陆元九饱受冲击,王焕葆顶住了巨大的压力,不离不弃,始终坚信陆元九的清白。当时,有人劝她和陆元九划清界限,甚至离婚,她旗帜鲜明地表示:"我们结婚又不是一天两天了,哪能说离就离。我了解他,他没问题,事情早晚会搞清楚的。"

　　20 世纪 90 年代初,陆元九做腰椎手术,子女们都不在身边,当时出租汽车还不普及,70 岁的王焕葆就每天挤公交车去医院看他,一路颠簸,从不抱怨,她传递给子女的信息总是乐观喜悦的。

　　2003 年王焕葆因患癌症动了两次大手术,陆元九看着妻子身受疾病折磨,哀痛深切,彻夜难眠,竟患上了焦虑性抑郁症,但他知道自己此时更要担负好照料妻子的责任,要求自己以极大的毅力调整好状态。王焕葆是幸福的,虽然疾病无法治愈,但病中有陆元九无微不至的体贴和照顾,术后十年,她都过着比较正常的生活。年已九旬的陆元九院士,长年悉心照料着因病交流困难的老伴,令人肃然起敬。

2014年6月,王焕葆驾鹤西去,给陆元九留下深深的怀念。2021年,记者王宁在采访他时曾问道:"今天您得了'七一勋章',这件事您想不想告诉阿姨(王焕葆)?"陆元九回答:"当然了,阿姨她不在了,但是我的家还在,所以,在我们这个中国的家,阿姨永远活在我的心中。"

陆元九和王焕葆共育有四个孩子,夫妻俩十分重视对孩子们的教育,通过言传身教,影响着孩子们的成长。几个孩子都继承了父母优秀的品质,他们做老实人,办老实事,自立自强且乐于助人。在经历上山下乡和工厂锻炼后,儿女们坚持走进知识的殿堂,通过努力,三个女儿分别获得了美国和加拿大电子工程、计算机科学、电机工程硕士学位,儿子获得了美国化学工程博士学位和经济管理硕士学位。

豁达开朗　生命长青

陆元九一直保持着积极的人生态度,他也深知,生命在于运动,科学的基础是健康的身体。自青少年时期起,他就一直注意锻炼身体,网球、排球、篮球、桥牌、跑步、游泳等样样都拿得出手。高中时,他打网球和排球,是班级代表队的成员;读大学时,他随学校迁到重庆,没有条件打网球,就改打排球和跑步;在美国参加工作后,他打排球或游泳;回国后他曾多次横渡颐和园的昆明湖,有时到白石桥的首都体育馆去看节目,散场后就快步走回中关村。1958 年,他和化学所的一位女同志合作,获得北京市教育工会网球比赛男女混合双打冠军。担任 13 所所长后,他仍坚持跑步。1993 年,由于腰椎做了手术,不能再跑了,下午工间操的时间,他就在机关附近的玉渊潭公园快步走上一圈,有三四千米。后来年龄大了,快走也不行了,他就挂着拐杖慢走,每周至少 3 次,少则 600 米,多则 2 000 米。2004 年,已是 84 岁的陆老挂着拐杖,参加单位举办的爬西山八大处登山活动,硬是爬到了第五处。2013 年初,他的左髋关节出了毛病,但他仍想方设法地坚持锻炼,每天上午、下午在助行器上走半小时。

在美国读书期间,陆元九还学会了欣赏古典音乐,一些著名的交响乐、小提琴协奏曲、歌剧等的主要优美段落,至今都能哼出来。每当遇到高兴的事,陆元九就会在家中放声歌唱。他喜欢唱《草原上升起不落的太阳》《我们走在大路上》《石油工人之歌》等。

陆元九喜爱看书,自己生病、做手术,他都会查阅相关疾病的书籍,了解前因后果、术后调养等,这样既增长了知识,也能更好地配合医生治疗。

即使到现在,他还在坚持读《读者》杂志大字版。

陆老也关注老年心理保健,他说:"很多人可能还没意识到,心态正常、精神正常的重要性,一个人老往坏处想,逃脱不了心理问题。"

因此他一直重视脑力调剂活动,年轻时热衷桥牌,95 岁高龄时迷上了数独游戏,自己从电脑上下载几个,找最难的来挑战。一般他在十几分钟内就能破解游戏,用他自己的话来说,"这样就很放松,让大脑永葆活力"。

现在,陆老已年过百岁,每天吃饭的时间,只会花五到十分钟,看起来有点仓促,但他床头上纸片里的几行字就是答案。纸片上写着一个"四不"原则:不急、不恼、不懒、不馋。他解释为什么把"不急"放在最前面,因为自己性子一直都着急的,比较容易发火,所以特别写下来,自己警告自己;对于"不馋",他说"一定要吃有限量,不要吃得太饱,就是为了能走得动,一吃得太胖,就走不动了"。这个"四不"原则就是百岁的他对自己的要求。

我国最早一批科技工作者筚路蓝缕,拓荒创业,点燃了伟大祖国航天事业的烽火,也刻下了接续奋斗的坐标。2021 年,中国第一个飞入太空的女航天员王亚平通过央视《吾家吾国》采访栏目给陆元九写了一封航天晚辈的致敬信,她在信里写道:"虽然没有机会见过您,但您的那句'九十九分不及格,一百分才及格'早已成为中国航天人流淌在血液中的标准,是你们的高标准、严要求和无数个夜不能寐的坚持,成了今天我们在太空的底气!"王亚平在太空中讲的第一堂课就是"陀螺仪原理"。

参 考 文 献

[1] 央视网.《吾家吾国》20210930 陆元九[EB/OL].2021-09-30/2022-05-25.http://tv.cctv.com/2021/09/30/VIDEmpEuZw2xJfNgg4u4V2zB210930. shtml.

[2] 刘茂胜.陆元九院士传记[M].北京:中国宇航出版社,2016.

[3] 光明网."七一勋章" 获得者陆元九将一生奉献给中国航天[EB/OL].2021-07-21/2022-05-25. https://m.gmw.cn/baijia/2021/07/21/1302419613.html.

[4] 中国工程院院士馆. 陆元九个人信息[EB/OL].2022-05-25.https://ysg.ckcest.cn/html/details/120/index.html.

[5] 央视网.["七一勋章"颁授仪式]"七一勋章"获得者 陆元九——我国自动化科学技术的开拓者之一[EB/OL].2021-06-29/2022-05-25.https://tv.cctv.com/2021/06/29V/IDEaRegeqvNv8o046mSjUx5210629.shtml.

[6] "当代中国"丛书编辑部.当代中国的航天事业[M].北京:中国社会科学出版社,1986.

[7] 中国科学技术协会.中国科学技术专家传略:工程技术编:自动化仪器仪表系统工程 光学工程卷1[M].北京:机械工业出版社,1997.

[8] 中国科学技术协会.中国科学技术协会年鉴2016[M].北京:中国科学技术出版社,2017.

[9] 何文琤.院士陆元九 科学赋予人格坦荡之美[J].中国老年,2015(17).

[10] 光明网.七一勋章最年长获得者陆元九:上天产品100分才及格[EB/OL].2017-07-18/2022-05-24.https://m.gmw.cn/baijia/2021-07/18/1302412422.html.

[11] 曹前发.百年大党旗正红 七一勋章获得者风采录[M].北京:中央文献出版社,2021.

从一穷二白中开启艰苦卓绝的创业征程
——机械工程与飞行器制造专家骆维驹

骆维驹 　　　　　　　　　　　　　　　1911—1991

骆维驹(1911—1991)，安徽广德人，机械工程师与飞行器制造专家，长期从事机械工程和飞行器制造。20世纪60年代初曾领导液体火箭发动机研制工作。20世纪60年代中期负责组建飞航导弹总装厂，并组织试制生产了我国第一代飞航导弹。为我国航天事业做出了重要的贡献。

痛恨剥削　追求进步

　　1911 年 8 月 22 日,骆维驹出生于安徽省广德县农村的一户富裕家庭。因为自幼生长在乡间,目睹农民受剥削、受欺压,整日辛劳仍然摆脱不了贫穷、艰难的命运,逐渐长大懂事的骆维驹对不劳而获的剥削阶级思想非常反感、厌恶,加之受学校老师"人贵自立"思想的影响,他希望自己能摆脱富裕家庭的羁绊,做一个自食其力的人。1927 年 6 月,不满 16 岁的骆维驹在安徽省立第十二中学读完初中就离开家乡前往上海,考取了国立同济大学机师科。1932 年 4 月毕业后留校任学校实习工厂技术员兼实习指导老师,从此成为一名"自食其力"的人。

　　1937 年,日本发动了全面侵华战争,国民党政府西迁重庆,骆维驹离开学校,先后在重庆、桂林、宝鸡等地的兵工厂供职,任技术员、工程师等。十余年间,他辗转南北不少地方,一心渴望发挥自己的专业技能,报效祖国,却根本找不到一个能施展才华的立足之地。好不容易迎来了抗日战争的胜利,却又看到国民党当局在美国的支持下再次发动内战,骆维驹认识到此时参加武器制造就是支持内战,助长中国人残杀中国人。他以身体衰弱为借口,1947 年辞职离开重庆 50 兵工厂,又几经周折,于 1948 年回到上海,经同学介绍供职于上海通用机器厂。

　　上海解放后,通用机器厂被改扩建为上海汽轮机厂,在共产党领导的新中国,人民当家做主,全国上下齐心协力,大干快上,人人争先为祖国建设添砖加瓦,骆维驹终于看到了国家和民族的希望与前途,久积于心中的报国激情被点燃。他把全部的热情与能力投入工作中,由于表现出色,不久便被上级任命为厂技术检查科科长,在新的岗位上,他更加主动全面地发挥自己的专业特长,竭尽全力为工厂的发展做贡献。骆维驹痛恨不劳而获的剥削阶级思想,真心喜爱新中国,拥护共产党,这些不仅体现在工作中,也体现在日常生活的方方面面。家乡解放时,他将家里留给他的一份遗产全部上交给政府。

　　1958 年的 3 月,骆维驹加入了中国共产党,这一年的 4 月,他被调往上海氮肥厂(后改为上海吴泾化工厂)筹备处任总工程师。同年,他还光荣地代表科技界当选为上海市第三届人民代表大会代表。

航天创业　克难前行

　　20 世纪 50 年代中期,根据国防建设的需要,党中央、国务院决定发展我国的导弹事业,并明确其为我国国防科学技术的一个重要的主攻方向。响应祖国的号召,我国国防科技事业的第一代创业者们带着建设美丽新中国的高昂热情和砥砺奋进、强国强军的家国情怀,从一穷二白中开启了艰苦卓绝的创业征程。1956 年 10 月 8 日,我国第一个导弹研究机构——国防部第五研究院正式宣布成立,钱学森担任院长,梁思礼负责导弹控制系统的研究。从此,我国航天事业的序幕拉开,导弹研制工作正式启动。1957 年年底,按照产品中的系统进行划分,成立国防部五院一分院和二分院,钱学森兼任一分院院长。时任国防部五院副政治委员谷景生兼任一分院政治委员。1960 年 5 月,骆维驹由上海氮肥厂奉调赴京,前往五院,担任一分院液体火箭发动机设计部技术副主任。中国的航天事业,背负着保卫国家安全的神圣使命,骆维驹从此结缘祖国的航天事业,在这一神圣的领域艰苦奋斗、辛勤耕耘了数十年。

　　研究导弹,在我国是创举,一切从头搞起,每前进一点都曾遇到艰难险阻。在国防部五院成立后的第三天,钱学森即开始了对全院人员,特别是新分配来的 150 位大学毕业生的培训工作。他跟大家说:"同志们,我们是白手起家。创业是艰难的,我们会遇到许多意想不到的困难,但是,我们不会向困难低头。"从 1959 年开始,苏联方面对执行"1957 年 10 月 15 日中苏两国政府签订的苏联在火箭和航空等新技术方面援助中国的协定"("十月十五日协定")的态度有了变化。1960 年,赫鲁晓夫下令撤走全部苏联专家。同年8月12日,在国防部五院工作的苏联专家全部撤退回国,致使刚刚起步的中国导弹事业更加艰难。在这种情况下,聂荣臻副总理指示国防部五院:一定要争口气,依靠我们自己的专家,自力更生,立足国内。对于当时已经进入最后研制阶段的"仿制P-2导弹"工作,他明确指示"决不能动摇,无论如何要搞起来"。

　　骆维驹由上海来到北京,从民用企业调到军工单位,加入祖国神圣的星航事业当中,并担任领导工作。这在他的思想上产生了很大的震动,他倍感组织上的信任与鼓励。尤其"发动机"是导弹的"心脏",其性能决定着导弹的射程、飞行速度,骆维驹深感使命神圣,也感觉到肩上责任的重大。满怀着热爱祖国、报效祖国的赤子之情,带着既往学习与工作中积累下的丰富经验,骆维驹下定了不惧艰辛、克难制胜的决心与信心。他和同事们一起夜以继日、刻苦钻研,很快就掌握了设计和制造领域的技术,发挥了一个技术指挥员应有的作用。至1964年6月,他们先后仿制和研制成功近程弹道导弹、中近程弹道导弹的液体火箭发动机。1961年,骆维驹被授予技术中校军衔。1965年国防部五院改为第七机械工业部,骆维驹于同年6月调到第三研究院159厂(现为航天科工集团有限公司三院159厂)任副厂长兼总工程师。不久,他又被任命为厂长,领导组建我国第一个飞航导弹总装厂。

科学求真　担当作为

159 厂原来是一个为 701 所(空气动力研究所)等研究所服务的非标准设备加工厂,当时要把它改建成导弹总装厂,困难之大可想而知。那时的骆维驹已年过半百,还患有严重胃病,但是在工作面前,他没有丝毫的退让,把厂子里的各项工作都组织得有条不紊。在部、院的大力支持下,用时不到 1 年就生产出了符合验收条件的静力试验弹,又用 1 年时间拿出了用作飞行试验的自导弹。在"文革"那样一个非常时期,用时不到 5 年,我国第一代改型设计的岸舰导弹,以 7 发 6 中的优异成绩达到设计定型标准。从此,我国有了飞航导弹试制、生产基地,为后续多种型号导弹的研制和发展奠定了非常好的基础。1978 年,这一导弹获"全国科学大会奖"。

159 厂要由一个为研究所服务的非标准设备加工厂转型成为飞航导弹总装厂,其原有厂房、设备、技术和人员都不具备生产导弹的条件。当时最有利的条件就是从厂长到广大职工都具有极大的政治热情和高度的工作责任感,他们不惧困难、勇于面对挑战,甘愿尽一切力量为祖国强盛、为国防强大做贡献。骆维驹带领着大家以求实的科学态度、踏实的工作作风,改造厂房、增添设备、科学研究、推进试验、实施生产,各项工作有条不紊地展开。

骆维驹首先组织制定了《自行设计的岸舰导弹试制总方案》,根据这个方案又制定了《厂房技术改造规划》。重点采取包括调整原有生产线、增加车间数量、重新明确分工,对各类技术人员、工人进行专业归口,提前组织工艺人员利用"上游一号"(与这一岸舰导弹相似型号)产品图纸和工艺资料进行全面模拟练兵,邀请设计部设计人员当技术顾问、下厂进行技术指导并兼任部分工艺工作、帮助组建测试队伍、列出技术关键项目、提前成立攻关组,大协作赶制工艺装备等六大方面的措施,大大推进了试制进度。于1966 年 8 月 20 日,比原计划提前 10 天生产出了静力弹。继而又投入地面试验用的热试车弹和振动弹的生产。

充分的地面试验是一次次导弹成功发射的基础。自行研制的岸舰导弹静力试验成功后,接着要用两发弹做全弹地面热试车。在当时的情况下,我们根本无力提供两发弹,然而试验必须按计划推进,有条件要上,没有条件创造条件也要上。骆维驹召集相关人员进行研讨,他们提出一发弹两次试车的建议,即一个弹体,两套成件,第一次试车完成后返回厂内,更换内部成件,再次试车。按照这一方案,顺利完成了地面热试车。而热试车完成后,接下来还要做全弹振动试验,仍然没有弹体可提供,又经大家群策群力,首先对经两次热试车的弹体进行全面检查,确认没有问题后,向设计部提出改装成振动弹的意见,经同意后进行了改装,试验结果达到了大纲要求。在这之后,工厂还将这发弹改装成冲击试验用的过载试验弹。"一弹多用"成为 159 厂导弹生产史上的创举,这不仅为 1967 年 9 月首次飞行赢得了时间,也是务实求真、艰苦奋斗,结合我国国情创造性地走自己的导弹发展道路的一次成功尝试。

艰苦创业,既产出了成果,也历练了人才、带出了队伍,工厂通过岸舰导弹试制生产,逐步掌握了导弹生产领域的技术。若干年后,有外国代表团到厂里参观,面对简陋的厂房和设备,竟怎么也不敢相信享誉中外的"蚕式"导弹是从这里飞出来的。

自导弹试制工作开展以后,骆维驹就在办公室里搭一张床,吃住都在厂里,生活很简朴,即使犯了胃病也只是请秘书代为上门诊开些药拿回来服用。车间、工地都留下了他的足迹,尤其是在那些急难险重任务进行当中,骆维驹总要去到现场、深入一线,以实际行动给予一线同志以鼓励和支持。

坚守信念　淡泊名利

　　祖国的星航事业是神圣而伟大的,但是由于它的保密性质,注定它的从业者必须具有最优秀的品质,他们担当作为、爱国奉献、淡泊名利、无怨无悔。钱学森在国防部五院成立不久,即面对全院工作人员真诚地说:"这是一个宏伟的事业,投身于这个事业是光荣的,大家既然下决心来干这一行,就要求大家献身于这个事业。由于工作性质的关系,干我们这一行是出不了名的,所以大家还要甘当无名英雄。"

　　当时,正处"文革"期间,当大家还沉浸在自行设计的岸舰导弹试制成功的喜悦中时,骆维驹离开了工作岗位,被隔离审查。1970年他下放劳动锻炼,至1973年才复职,艰难岁月中,他坚定信仰、坚守信念,践行了共产党员永远跟党走的铮铮誓言。

　　再次回到工作岗位,骆维驹已年过花甲。1973年他组织参加了这一岸舰导弹设计定型审定会。1974年,中央军委批准该导弹定型,导弹由试制转入批量生产,顺利装备部队。1974年,他又相继组织试制生产了两种导弹改进型的岸舰导弹。1976年起又有我国第一个空舰型导弹投入试制,同时还试制了我国自行设计的超音速、超低空两种海防导弹。

　　骆维驹为祖国的航天事业呕心沥血、兢兢业业奋斗了21年,一直工作到1981年才离休。由于任职期间遇上了"文革"这一特殊时期,经历离职又复职,没有亮丽的光环、没有奖章。然而,他以自己的优异表现,真实地诠释了一名共产党员、一位先进的科技工作者和优秀的领导干部热爱祖国,对党忠诚,对事业执着追求,胸怀宽广、甘于奉献的高尚情怀。1991年12月7日,骆维驹病逝于北京。

　　2020年4月,我国第一家飞航导弹总装厂——航天科工集团有限公司三院159厂迎来了60周年华诞。随着导弹系列和型号的增加,159厂由小变大、由弱变强,在中华人民共和国成立35周年、50周年、60周年、70周年,中国人民抗日战争暨世界反法西斯战争胜利70周年和中国人民解放军建军90周年等盛大阅兵仪式上,159厂生产的多型导弹武器装备接受了党和人民的检阅,扬军威、壮国威,向世界展示了中国国防力量的日益强大。同年4月21日,光明网以《砥砺奋进辉煌一甲子　不忘初心续写新华章——中国航天科工三院159厂建厂六十周年发展纪实》为题刊发文章,详细叙述了159厂六十年奋进的光辉历程。159厂从一个非标准设备维修小厂,发展成为专业齐全、配套完整的重要装备研制和批量生产总装大型企业……159厂经历了创建成长、改革振兴、创新发展、转型升级4个时期,从建厂之初的车床、铣床、钻床、砂轮机各只有1台,发展到拥有各类加工设备、仪器几千台(套),从成立时200余人发展到如今3 500余人(含离退休人员),建立起相对完备的专业体系,较为充足的技术和人员储备,实现了从两个型号年产几发产品,到几十个型号产品同时滚动在线生产的华丽转身,形成了强劲的科研能力、制造能力和核心竞争力。"人民网等多家重要媒体转发了该文。

　　历经沧桑而初心不改,饱经风霜而本色依旧,老一辈航天人集智创新、勇攀高峰,走过了那一段艰苦卓绝的奋进岁月,他们留下的精神财富和事业成就,早已载入中华民族接续奋斗的光辉史册,必将为人民所牢记。

参 考 文 献

[1] "当代中国"丛书编辑部.当代中国的航天事业[M].北京:中国社会科学出版社,1986.

[2] 李淑姮,赵国伟.砥砺奋进辉煌一甲子　不忘初心续写新华章——中国航天科工三院159厂建厂六十周年发展纪实[EB/OL].2020-04-21/2022- 05-26. https://tech.gmw.cn/2020-04/21/content_33757704.htm.

[3] 中国科学技术协会.中国科学技术专家传略:工程技术编:航天卷(2)[M].北京:航空工业出版社,2002.

[4] 孔祥言.钱学森的科技人生[M].北京:中国宇航出版社,2011.

"点燃"中国第一颗原子弹

　　——自动控制及系统可靠性专家疏松桂

疏松桂	1911—2000

　　　　疏松桂(1911—2000)，安徽枞阳(原桐城县)人，自动控制及系统可靠性专家，是我国自动电力拖动学科的创始人之一，控制系统可靠性研究与教育的开拓者之一，为我国自动化科学技术的发展做出了重大贡献。他从事核武器研制工作十多年，在"原子弹的突破和武器化"研究任务中负责完成了"核武器自动引爆控制系统"的研究工作，其他研究成果还有"核弹头杀伤效果的评论"等。

寒门学子　品学兼优

1911 年 6 月 12 日,疏松桂出生于安徽省桐城县。桐城地处长江北岸、大别山东麓,素有崇文重教的优良传统。疏松桂自幼好学聪颖,对知识有着强烈的渴望。然而,他的家乡桐城县北乡义津桥(今属枞阳县钱桥镇)束姚庄本是一个贫困的村庄,父母并无力供孩子们上学读书,这使得疏松桂的求学之路十分艰难。

疏松桂 9 岁开始跟随在家乡教私塾的祖父念四书五经,同时还要兼顾着帮家里干些农活,有时还要上山捡柴。直到 16 岁才得以进入孔城第三小学插班念四年级。天资聪颖加上好学勤奋,接受现代知识教育的疏松桂进步很快,只念了一年半,老师就让他去报考初中,一试即中,他当年就以同等学力考上了县立桐城中学。高中阶段,疏松桂入读颇负盛名的安庆中学,在二年级和三年级都获得了学校的奖学金,为家里省下了学费开支。

1935 年,疏松桂高中毕业,正好遇上安徽省教育厅有大学贷金制度考试,政府每年用这样的办法资助 50 多位学生,在校就读的大学生和想进大学却交不起学费的学生都可以报名,考试通过就可申请贷款,毕业后再还钱。疏松桂在那一年参加贷金考试的众多学生中拔得头筹。接着,他不负众望,在高考中取得优异的成绩,得到了多所著名大学的青睐。在仔细比较了武汉大学、北京大学、中央大学等多所高校的学费情况后,他决定选择费用较低的武汉大学,读电机系,成为武汉大学电机系招收的第一届学生。疏松桂十分珍惜这来之不易的学习机会,他了解家里的困难,知道"学费"仍然是自己完成学业过程中最大的难题。多年以后,疏松桂回顾家人倾力支持自己读书的情形,深情地说:"我们兄弟姊妹中只有我念过书,祖父很疼我,直到他去世的时候,还嘱咐父亲,将来就算是讨饭也不能让我辍学。"

学无止境　立志报国

　　大学毕业后,疏松桂先在宜宾电厂工作了两年多(当时正值抗日战争时期,武汉大学西迁至四川乐山)。1942年,应恩师赵师梅的邀约,疏松桂回到武汉大学任教。赵师梅老师是武汉大学电机系的创立者,他学识渊博、平易近人,深受学生爱戴。他非常喜爱品学兼优的疏松桂,待他如家人一般,在疏松桂回到学校任教后,仍然关心和引导着他的学习和进步。1997年,已为著名学者的疏松桂撰文《追念恩师赵师梅先生》,回忆深厚的师生之情、同事之谊。

　　任教两年后,疏松桂晋升为讲师,为学生讲授交直流电机试验及机械专修科电工学、电仪与测法及矿冶系电工学等课程。由于赵师梅老师等人的推荐,他还兼任本地嘉裕电气公司工程师,主管全城输电及配电工程,日常工作安排得很满。抗战胜利后,疏松桂随学校重新回到美丽的珞珈山下。在这里,他与汪芝龄女士结为夫妻,不久就诞下了可爱的女儿,学校也给这个刚组建不久的小家庭分配了教师宿舍。

　　置身于国内著名高校,疏松桂的身边围绕着一批志同道合的爱国知识分子,他们亲历抗日战争,目睹祖国被外强侵略的惨痛历史,明白落后就要挨打的道理,渴望发挥自己的学习所长,更好地报效祖国。这一时期的疏松桂也更加强烈地意识到掌握先进的科学技术对一个国家和民族的重要意义。在赵师梅老师的推荐下,他申请到美国田纳西大学助学奖学金,毅然于1948年下半年只身赴美,继续求学。

　　疏松桂生前接受访谈,曾就自己放弃稳定的工作,暂别温馨的家庭生活,前往海外留学的情况有过专门介绍。他说:"国民党统治时期,中国各方面都非常落后,很多老师都希望有机会出国留学,多学习点本领,将来回国为祖国的振兴做一点贡献。我们学校就有很多老师出国留学了。"在《追念恩师赵师梅先生》一文中,他谈到了赵老师对学生们出国深造的支持,他说:"赵老师对于培养教师队伍和(支持教师)学习深造,从来就非常关心,他在30年代初从湖南大学来武汉大学创办电机系时,就带来了文斗和唐世博两位高材弟子协助教学。不久,送文斗先生去英国留学。从1939年起,每年都挑选1~2位优秀毕业生留系任教,并不断支持学子出国深造……1948年他介绍俞宝传同学和我请得了美国大学奖学金,同船赴美学习。"

求学海外　心系中华

　　1951 年,留学美国的疏松桂先后获得田纳西大学电机系和卡耐基理工学院电机系两个硕士学位。一直关心着他的赵师梅老师很快去函邀他回国工作。但那时美国政府以中国投入"抗美援朝"战争为借口,扣留中国学生,不准许他们回国,疏松桂只得先入职美国公司,先是在克利夫兰麦克公司(A.G.Mckee Co.)任电气工程师,从事高炉电气设计工作。1954 年初转入电气控制器制造公司(Electrical Controller & Manuracture Co.)任发展工程师(Develepment Engineer),从事电磁起重器、电控力矩制动器研制工作。在此期间,他仍然努力通过各种渠道打听祖国的消息,继续做着早日回国的准备,而那些工作经历也为他回国后的科研奠定了实践基础。

　　1954 年,周恩来总理率团参加第一次日内瓦会议,这次会议之后,美国政府对中国留学生回国的政策发生了改变,逐渐放松和撤销了对中国留学生的禁归令。当时,疏松桂在美国公司的工作已经有了一定的积累,且已被确定为凯斯理工学院博士候选人。当他了解到有可能回归祖国的信息后,毫不犹豫地辞去美国公司的工作,立即着手回国的准备。1955 年 9 月 15 日,他搭乘"克利夫兰总统号"轮船启程归国,当年的 10 月 8 日踏上了祖国的土地。

　　据相关史料记载,那是从美国旧金山起锚的"克利夫兰总统号"轮船第 60 次航行中国,同船搭载了包括钱学森夫妇、李正武夫妇等 24 位留美学者,这是一批对新中国影响深远的人物,他们怀抱着科学救国的理想远赴海外求学,当新中国建设迫切需要他们贡献聪明才智的时候,他们冲破层层阻力,义无反顾地乘坐这艘船回到祖国。他们的选择改变了中国科技的发展进程,尤其为祖国"两弹一星"宏伟大业做出了重要贡献。他们的精神感动了一代又一代的中国人。疏松桂是这备受瞩目的24位同船归国的学者中的一位。

轮船经香港到达深圳,同学们向媒体提交《广州公开信》,题为《向祖国致敬》,全文400余字。公开信发表在广州地方报纸上。回忆起回国的艰难,疏松桂说:"1955年,我坚决要回国,那时候没有坚决的态度是回不来的。"

疏松桂赴美留学时,中国还处于国民党统治下,看不到国家的光明与希望。时隔7年后的1955年,当他回到祖国的怀抱,映入眼帘的是一派祥和团结、欣欣向荣的景象,社会安定、国家发展、人民幸福,他说:"相信共产党,相信毛主席,我有这个信心,这个信心是有根据的。"

报效祖国　建功立业

　　学成归国,疏松桂受到组织上的热情接待,对于工作分配,既考虑到他的专业情况,也充分尊重个人的工作兴趣。源于对科研的热爱,为了能够尽快投入工作,疏松桂选择去了长春,在中科院长春机电所自动化研究室工作,他说:"到底哪个地方好,我没有概念,我认为,到哪里工作都无所谓,我不怕吃苦。"

　　为发展我国自动化学科,中科院于1956年在北京筹备成立自动化研究所,这是中国的第一家自动化研究所,疏松桂被任命为筹备委员之一。他于1957年年初调到北京,至1960年一直在自动化所工作。在此期间,他参与起草了《1956—1967年科学技术发展远景规划纲要(修正草案)》(简称《十二年科技规划》),承担《十二年科技规划》自动电力拖动课题的研究,率领国家科委电力拖动专题调查组,赴全国各地调研;任该所自动电力拖动研究室主任,指导全室人员重点研究交直流电机平滑调速问题,并组织多所著名高校和专业研究院承担三峡高坝通航自动电力拖动任务,对升船机同步电力拖动进行深入的研究,先后召开三次研究成果报告会,宣读50多篇文章,进行可行性论证;他本人研发的一种新的"双绕组平滑调速感应电动机"于1960年10月由中国科学院技术科学部召开现场会议,进行试验表演和宣读总结报告,在当时,这是一项开拓性的研究成果,直接促进和推动了我国自动电力拖动发展和《十二年科技规划》中该课题的提前完成。

　　20世纪50年代中期,中央审时度势,决定发展核事业。1958年,成立了专门领导核工业建设的第二机械工业部。1960年,疏松桂光荣地加入了中国共产党。同年,由组织提名,他被调往二机部九院任设计部副主任,参加到祖国的核武器研制工作当中。不久,因业务开展的需要,设计部分成两个部分,疏松桂兼任自动控制研究室主任,重点负责组织全室人员和一些协作单位,全面开展核武器自动化引爆控制系统的研制。经过两年多的努力,完成核航弹全套自动引爆系统的研制任务,于1963年秋成功地进行了空投试验,证明各种引信系统及保险系统都按预定程序工作无差异。1964年年初,疏松桂随设计部转移到青海高原核武器研制基地——海拔3 000多米的金银滩,参加我国第一颗原子弹大会战,同年10月赴罗布泊参加原子弹爆炸试验,他负责在原子弹爆炸前夕,把整个引爆控制线路连接好并再次进行测试,不允许有丝毫差错;他做了核弹体离开飞机时的模拟脱钩试验,检查弹体脱钩后线路是否能立即通电,按预定程序工作;他还冒着生命危险将雷管插入装置,再检查线路与雷管是否联结好……1964年10月16日,我国第一颗原子弹在新疆罗布泊爆炸成功,举国欢腾。疏松桂为祖国骄傲,也为自己光荣地参加了这一伟大工程的建设而自豪。

　　原子弹研制成功之后,疏松桂又提出核导弹头引爆控制系统方案,布置全套系统及部件的研制工作,为核航弹、核导弹、氢弹研制成功和定型生产做出了重要贡献。1970年,疏松桂转到三线工作,任九院五所副所长,继续研制引爆控制系统。1973年,他奉命组织编写"11次核试验引爆控制系统及其元部件总结",用一年左右的时间,完成了"引爆系统分析与设计""银锌电池""同步装置""无线电引信""物理引信""低压部件""地测设备""遥测设备"等八卷内容的编写,并审核定稿。1975年初,他奉调到第二机械工业部科技情报研究所,任第四情报室主任,创办并主编《国外核武器动态》期刊,曾撰写《核弹头杀伤效果的评论》等三篇系列文章,给三军专业人员学习班做专题讲座。这些工作对九院科研的发展继续起着促进作用。

培育人才　传承发展

　　疏松桂为我国自动化学科的发展做出了重大贡献,他参与了中国自动化学会的筹备,先后担任常务理事,副理事长,理论委员会副主任、主任,《自动化学报》副主编等重要职务。他还致力于学科传承,为中国培养了一批从事自动化科学技术的专业人才。"文革"前,疏松桂招收了我国首批副博士研究生。1978 年,他调回中科院自动化所,任副所长兼二部主任,负责天文卫星姿态控制系统的研究。经过几年努力,完成了样机,并通过合格鉴定。此后,他一直从事自动控制系统及其可靠性的研究,与此同时,他又开始招收研究生,先后教授培养硕士、博士研究生 20 多名,大多数学生毕业论文均被答辩委员会评为优秀学位论文,还有学生获得中国科学院院长奖学金优秀论文奖。自研制核武器引爆控制以来,疏松桂就十分注意系统的可靠性问题,回到自动化所,他集中精力就这个问题进行深入研究,结合研究生培养,先后完成四项国家自然科学基金项目和多项国家计划任务,除他本人发表 50 多篇论文和出版《控制系统可靠性分析与综合》等四部专著外,还指导学生完成 20 余篇学位论文和数十篇文章,其中包含大量创造性的成果和开拓性的工作。

　　1987 年,疏松桂退休了,他接受单位返聘,继续坚持教学育人。他说:"希望年轻人尽快成长,青出于蓝而胜于蓝,使我国科学研究工作后继有人。这是我的最大的心愿。"怀揣着这样的心愿,他还担任了中国矿业大学北京研究生部、中国科学技术大学等多所著名高校的兼职教授。年过八十以后,由于身体有旧伤,步行已经比较吃力,他就把研究生叫到自己的住宅来交流、指点和答疑。由于工作的特殊性质，疏松桂总是觉得自己没有太多的时间陪伴家人，但是对于工作，他兢兢业业，也总是服从安排，无怨无悔。

风范长存　光照后人

　　疏松桂勤勉一生，收获了累累硕果，从 1960 年调入二机部九院，尤其是在 1963 年以后，他跟随设计部转战青海高原核弹研制基地，并常年转战奔波于内蒙古自治区和新疆维吾尔自治区等边远地区。十多年间，他全身心地投入于"两弹一星"的建设伟业，是为亿万人民所景仰的"两弹一星"精神的亲历者和铸就者。1985 年，由于参加"原子弹的突破和武器化"研究，疏松桂获得国家科学技术进步奖特等奖，1988 年，为表彰他为国防科技事业做出的巨大贡献，国防科工委授予他"献身国防事业"荣誉证章和证书。

　　晚年的疏松桂仍不断获得来自各方面的诸多褒奖，中国科学院授予他"优秀研究生导师"荣誉证书和"老有所为精英奖"，同时他还获得了国家级的"全国老有所为精英奖"。北京市归国华侨联合会授予他"回国参加社会主义建设 30 年"荣誉证书，国务院侨务办公室和全国归侨联合会授予他"全国归侨优秀知识分子"奖状。对于人们发自内心的仰慕与赞誉，在实至名归的表彰与奖励面前，疏松桂真诚地说："我的前半生在旧社会算是虚度了，后半生应该加倍工作，加倍补偿，我觉得自己做了一点点工作，但国家却给了我很高的荣誉……对这么多的荣誉，我觉得受之有愧，应该在有生之年多为国家做些工作。"

　　"春蚕到死丝方尽，蜡炬成灰泪始干。"2000 年 6 月 19 日，疏松桂老先生走完了他低调而不平凡的一生。他治学严谨，踏实为人，成果丰硕，为后世学人留下了宝贵的精神财富，他爱国奉献的精神与风范将永垂不朽。2010 年 5 月 25 日，中科院自动化研究所复杂系统与智能科学院重点实验室举办"疏松桂学术沙龙"启动仪式暨首次学术交流活动,研究所党委书记何林、实验室领导和全体师生参加了活动。中国科学院网站等刊发信息,报道了活动举办情况。活动由徐德研究员主持,他介绍了筹办"疏松桂学术沙龙"的意义、过程及今后活动的内容。会上,他特别指出:"疏松桂先生是复杂实验室早期成员,为'两弹一星'做出了巨大贡献,学术沙龙以疏松桂先生命名,旨在纪念疏老先生爱国敬业的精神及刻苦钻研、努力工作的作风,激发实验室广大研究生的科研热情,创造更好更高的成绩。"十多年过去了,"疏松桂学术沙龙"已成为深受师生喜爱的一个有影响、有品质的学术交流活动。

参 考 文 献

[1] 侯祥麟,罗沛霖,师昌绪.1950 年代归国留美科学家言谈录[M].长沙:湖南教育出版社,2013.

[2] 俞大光,陈锦江.无私奉献一生的赵师梅先生传略[M].武汉:华中理工大学出版社,1999.

[3] 程宏,刘志光."克利夫兰总统号"第 60 次航程的归国学子[J].百年潮,2015(3):64-68.

[4] 中央人民广播电台国际部.魂系中华[M].沈阳:沈阳出版社,1991.

[5] 中科院自动化所.自动化所举办首次疏松桂学术沙龙[EB/OL].2010- 06-01/2022-05-27.http://www.ia.cas.cn/xwzx/xshd/201006/t20100601_ 2871933.html.

[6] 中国科学技术协会.中国科学技术专家传略:工程技术编:自动化仪器仪表系统工程光学工程卷 1[M].北京:机械工业出版社,1997.

[7] 中国人民政治协商会议安徽省枞阳县委员会,文史和学习委员会.枞阳文史资料 第五辑[M].枞阳:政协枞阳县文史和学习委员会,2001:36-38.

[8] 武汉大学校友总会.武大校友通讯 2012 年第 2 辑[M].武汉:武汉大学出版社,2013.

[9] 桐城中学.知名校友——疏松桂[EB/OL].2019-10-23/2022-05-27.http://www.tongzhong. cn/Alumnistyle/Alumni/2019.html.

［10］安庆一中.桃李芬芳——疏松桂 ［EB/OL］.2010-09-01/2022-05-27.http://www.aqyz.net/bnyz/tlff/636879.html.

［11］高夏荣.疏松桂:"万里长城家,一生唯报国"[J].传记文学,2019(12):17-22.

秉初心　担使命，铸核抑核两相宜
——金属物理学家、材料科学家宋家树

宋家树	1932—

　　宋家树（1932—　 ）安徽舒城人，金属物理学家、材料科学家，中国科学院院士（1993）。他曾长期奋斗在特种材料应用研究领域，参加了我国第一颗原子弹、第一颗氢弹的关键部位技术攻关，为发展我国的核武器技术做出了重要贡献。20世纪80年代，他转战"军备控制"领域，是我国核军控科学的奠基人之一。

家世开明　笃学致远

　　1932 年 3 月 21 日，宋家树出生于湖南长沙，祖籍为安徽省舒城县。其祖父宋竹荪是当地的进步开明人士，年轻时求学日本法政学校，一生追随孙中山的资产阶级民主革命，为安徽同盟会负责人之一。1938 年后，他投身于抗日运动，历任舒城县抗日动员会委员、安徽省参议会会长。解放战争时期，宋老先生因不愿与国民党同流合污，遂于 1946 年再次退职归隐。宋竹荪先生热心于家乡的教育事业，曾筹巨资创建舒城中学，虽家业渐衰亦不改初衷。其祖母为晚清爱国名将唐定奎第五女。宋家树的父亲宋曼君青年时代追求进步，就学于安庆高中，因参与学潮运动被迫辍学，1926 年他前往武汉自谋生路，先从事新闻，继而从政。因在舒城县和平解放中有功，被视为起义人员，被安排到华东军政学校（南京）学习，毕业后先后任教扬州中学、泰州中学，是一位颇受学生欢迎的语文老师。母亲陶华，字宝华，1907 年出生，曾就读于安庆师范，在湖南与孙伏园等人编过杂志，是 20 世纪 20 年代典型的新知识女性。抗战中，她当过职员、担任过教职，中华人民共和国成立后加入民盟。宋家树是宋曼君、陶华夫妇的第一个孩子，取名家树，希望他名如其人，长大成才，有所建树。

　　在开明进步的家中长辈的影响和教导下，宋家树读书的目的从一开始便脱离了"学而优则仕"的功利方向，文化素养极高的母亲更是常常鼓励他要志存高远，要学科学、当科学家。抗日战争爆发后，宋家树与妹妹随父母由湖南辗转武汉，后又到达重庆。国破家何在的惨烈景象深深刺痛了少年宋家树稚嫩的心灵，培养了他朴素的爱国情怀。

战乱中,母亲竭力为孩子创造生活学习上的便利,也对宋家树的学业提出严格要求。聪颖好学、求知若渴的宋家树对待学习也颇有一股执着的劲头,在慈母的呵护下,宋家树于重庆偏远的郊区度过了两年充实的初中生活。抗战胜利后,回到安徽安庆的宋家树进入当地著名的省立安庆中学(现为安庆一中)继续学业。1949 年夏天,以高中二年级同等学力考入南京大学心理学系,系主任是当时的南京大学校长、著名的心理学家潘菽先生。那时全国刚刚解放,年轻的宋家树一心向往东北老解放区,渴望为新中国建设贡献自己的青春和热血。不久他离开南京大学,如愿考入大连工学院应用物理系。1952 年,全国大学院系调整,宋家树随全系学生一起转入位于长春的东北人民大学(现吉林大学)物理系。当时的东北人民大学物理系师资力量雄厚,教授们旺盛的科研激情激发了学生们研学求知的热情,当时在东北人民大学,人人皆知"物理系的学生最用功"。在这样优异的学习环境中,原本就聪慧好学的宋家树更是逐渐养成了严谨求实的科研品格,并且他在思想上也积极追求进步,于 1953 年 10 月光荣加入党组织,成为一名中国共产党党员。1954 年,宋家树大学毕业,留校分配在物理系理论物理教研室担任助教。

1956 年,学校聘请苏联专家莫洛佐夫来校任教,宋家树和后来与他结为伉俪的王佩璇等几位同学被选定为莫洛佐夫的研究生。由于俄语基础较好,他还与王佩璇一起负责做专家的技术翻译。毕业时,厚厚的一本毕业论文颇具科学前瞻性、实用性,得到专家的肯定。研究生毕业后,26 岁的宋家树全身心地投入科研和教学工作中,作为教研室主任,他带领年轻的金属物理教研室团队积极进取,不仅取得了价值较高的学术成果,其创新的科研方法也得到物理界的好评。1965 年出版的《十年来中国科学:物理学》(中国科学院编)认为:"(该教研室)这种集中力量、分头工作来解决一个问题的方法是很好的。"

使命在肩　不负韶华

　　20世纪50年代中期，为粉碎帝国主义核威胁，党中央做出"以核抑核"的战略决策，决定研制原子弹。1960年初，中央组织部给东北人民大学发去调令，要立即调宋家树去北京第二机械工业部工作。当时，宋家树已从教6年，教学与科研渐入佳境，当他知道国家有召唤，便放下学校的工作，赶赴二机部报到，被分配到第九研究所金属物理研究室，进入核材料应用研究的崭新领域。

　　在金属物理研究室，宋家树任第一组组长，带领一批刚刚走出大学校门的年轻科研人员负责我国第一颗原子弹攻关任务中某特种材料的精炼与铸造。没有技术、没有设备，中华人民共和国的核武器研究几乎是从零开始。宋家树从事科研工作多年，历来主张凡做大事要"先试验，后行动"。望着身边不知从何处着手工作的同事们，他坚定地说："不知道核材料的性能不用怕，我们从头做起，一个数据一个数据地测嘛。"于是，他首先理清工作头绪，借鉴其他材料性质研究的方法，设计研究方案。没有实验设备，他就带着大家集中攻关自己造，于是培养出了我国第一批核材料技术骨干。

　　1964年，为了集中力量打"歼灭战"，加速完成第一颗原子弹的建设攻关，组织上决定将集中于北京的大部分科技人员转移到青海基地221厂，地点在海晏县被称为"金银滩"的大草原上，这里海拔3 200多米，自然条件十分恶劣。然而，为了早日造出抵御霸权的"争气弹"，广大科技人员都将参加第一颗原子弹攻关任务视作最光荣的事，争先恐后要"上前方"。宋家树也义无反顾地离开贤妻幼子，奔赴青海高原挑起了221厂102车间副主任的担子。

核部件研制生产对于宋家树来说又是一项从未接触过的工作,以前搞物理研究的很多经验都用不上。作为主管产品生产的技术负责人,他边学边干,开展了一系列艰苦的探索:他要详尽了解核材料的物理特性,弄清楚理论设计原理,了解核部件在整个体系中要达到的要求和应发挥的作用,还要从理论要求出发,设计出能够制成合格产品的生产工艺,等等。许多问题纠结在一起,必须要整理出头绪。

我国核武器研制最初的组织机构主要由理论部、实验部、设计部和生产部构成,前3个部门形成的工作设想,都要由生产部来实现。到221厂后,经过几次体制变更,102车间最终成为原子弹、氢弹用的核部件成型加工及装配车间,并承担了核材料研制、中子源制备等重要任务。1964年10月,102车间在攻克了一系列有关核材料部件的技术难关后,以最快的速度、最优的质量装配完成第一颗原子弹的各种核部件。随着中国西部那一声响彻寰宇的惊雷,中国的原子弹研制成功了!不久,核工业部副部长刘西尧向宋家树下达了新的工作任务:"给你一年时间,把热核材料部件搞出来。"这又是一项重大而艰巨的科研任务,宋家树再次领命,带队攻关。不到一年时间,合格的热核材料部件被生产出来了。1966年,大漠深处的第一次热核试验成功,标志着中国实现了氢弹原理的重大突破。许多年后,回忆这一段光辉的岁月,宋家树说:"值得高兴的是我国第一颗原子弹及氢弹的攻关中,核材料的应用研究工作始终与整个任务的进程很好地配合,保证了科研工作的顺利进行。"

大型丛书"当代中国"记述了中华人民共和国成立以来30多年建设和发展的历史进程和经验。该丛书于20世纪80—90年代出版,其中《当代中国的核工业》《当代中国的国防科技事业》等分别都记录有宋家树与同事们在大漠高原的科研和生产等情况,笔者转录相关内容如下:

《当代中国的核工业》中记载:"在陈宏毅、杨庸、宋家树、徐基乾等人组织领导下,通过反复试验研究,确定了浓缩铀部件的铸造成型工艺,并取得精炼、铸造、坩埚及真空取卡和切削加工等工艺数据,建立了分析检验方法,明确了控制杂质含量的原则。这些成果为制造浓缩铀部件打下了技术基础……在热核材料部件的研究中,要将这种化学性质很活泼的材料制造成符合技术要求的部件,必须解决一系列的工艺技术问题。为了在规定的时间内完成这项任务,工程师宋家树等人从成型工艺、机械加工和防潮涂层等方面开展试验研究,对其中难度较大的成型问题,以几种不同的工艺方法进行试验。经过不到一年的紧张工作,掌握了一套工艺技术,制造成合格的热核材料部件。"

《当代中国的国防科技事业》中记载:"西北核武器研制基地负责把氘化锂-6按设计的几何形状和尺寸加工成热核材料部件,作为氢弹的装料。1965年初,宋家树等科技人员展开了热核材料部件的研制工作,研制中遇到的首要技术问题是热核材料加工问题。他们用3种方法同时进行攻关,经过反复试验比较,选定了其中1种可以在较低的压力条件下获得接近理论密度而且缺陷较少的坯件的加工工艺。科技人员和工人在攻关开始时就十分注意安全问题,较好地解决了热核材料机械加工中可能发生的燃烧问题。同时,经过对数十种涂层剂的筛选试验,终于找到了较好的一种,解决了热核部件加工后的短期存放问题。经过研制人员近一年的努力,制成了第一套合格的氘化锂-6部件,解决了加强型原子弹和氢弹试验的装料问题,为研制成功氢弹创造了重要条件。"

作为新一代核武器攻关的技术负责人之一,宋家树完成了新型核材料及关键热核部件的攻关任务,并获得国家科技进步奖特等奖(主要完成人之一,1987)、国防科工委重大科技成果三等奖(1980)、国家发明奖三等奖(第一发明人)两项(1987,1988)。

奋不顾身　勇于担当

制造核武器用的核材料生就一副坏脾气,不愿受到任何束缚,就算是在外形上受到控制,也会发出看不见的射线,损害人的健康,甚至会置人于死地。宋家树历来重视生产中的安全问题,曾亲自做了一次带表演性质的大型粉尘爆炸试验,给参观者留下了深刻而警醒的印象。然而,这毕竟又是一个全新的科研生产领域,有一些危险是难以预料的,随时有可能突然发生。因此,从事核部件研制生产,除了要尊重科学,还要具有一种大无畏的牺牲精神,即"明知山有虎,偏向虎山行"。多年以后,当年与宋家树一起工作、战斗的同事们对他胆大心细、勇敢担当的诸多情景仍记忆犹新。

曾担任 102 车间安全组组长的谢建源回忆车间第一次开启热核材料原料罐的情景。那一次宋家树动手开罐、遭遇危险的过程给他和在场的人都留下了深刻的印象:"我们当初加工热核材料的时候,开始心里都害怕,谁都没见过热核材料,又是那么贵重的东西,那么危险的东西不害怕才怪呢!……这个罐是从包头 202 厂运到我们这里,在库房保存了一段时间,我们要用它了,就开罐取出来。取罐要求很严格,保卫部门来人,管库的来人,我们三组搞压制的也要来人。这时候宋家树副主任亲自动手开罐,他要其他人往后站一点,自己上去。他开的时候,真出了一点事呢……为什么呢?因为青海草原上的气压是 520 毫米汞柱,钢罐在外地装运的时候,当地气压是 760 毫米汞柱,这样到了草原上后,钢罐内外就有压强差了,所以一打开罐子,里面的料就一下子冲出来。这股碱性物质喷到宋家树的脸上,他赶紧用大量的水冲洗。当时的领导都是身先士卒,以身作则,带头冲在前面。"

　　吴学义研究员于 1960 年毕业于清华大学工程物理系核材料专业，毕业后分配到北京九所，后来亦转战青海基地 221 厂，是宋家树多年的同事和下属。他曾撰文道："宋家树院士学识渊博，理论功底深厚，但他从不因此盛气凌人，摆官架子，反而是非常平易近人，经常和大家一起研讨科研问题，一起参加劳动。(氢弹核部件是用某种特种材料制成的)记得在该材料部件生产的早期，由于没有经验，产品常出现大裂缝，不得不将部件打碎再压。尤其是要将部件用钢锯锯成块状，存在一定风险。宋家树和工人师傅们一块戴上口罩一起锯，飘落的粉尘粘在衣服上也没有人顾及，因为要抢时间、抢进度完成任务。这种工作方式当时被大家称为干部、技术人员、工人'三结合'。"

信念坚定　逆境不馁

　　"文革"中,宋家树因家世背景接受审查,被迫离开科研工作。最初,102车间正面临氢弹生产的任务,当时宋家树尚未被停职,凭着高度的工作责任感,他仍全力参与组织生产活动,甚至干脆吃住都在车间,以确保当期的生产任务不拖拉。后来他曾回忆说:"从第一颗原子弹开始到研制氢弹一直在赶,赶时间、赶进度,一环扣一环。这个'赶'非常重要,如果稍微慢一点,遇到'文革'氢弹没做成,那就要往后拖了,氢弹试验还不知道会拖到哪一年!"

　　1968 年,宋家树被停职审查,那时,他在北京的家人也被下放去农场,令他格外牵挂。但是,遭遇逆境的宋家树并没有悲观厌世,只要有工作可做,他仍然是精益求精地履职尽责。下车间当车工,他边干边琢磨,最后能车出很精致的有机玻璃成品;到食堂当厨师为夜班人员做饭,他也不视其为苦差事,一样是用心钻研,最后无师自通,做出很受大家欢迎的饭菜,甚至还得到了朱光亚的好评,称他:"科研做得好,饭菜也做得好。"原221厂技术员赵鸿德回忆:"宋(家树)老师被下放到食堂去劳动,工作上完全靠边站了。除在受批判的时候他没有笑容外,我从来没有看见他愁眉苦脸。我有时候到他宿舍去,他的表情和过去没什么两样,还向我介绍世界科学技术发展的情况,不仅有理化方面的,还有天文地理、生物和医学方面的。宋老师开朗乐观的心态深深地感染了我。"核工业无损检测中心原副主任苏恒兴在"文革"中与宋家树一起接受改造,两人在磨难中结下了深厚的感情,他回忆说:"(逆境中)老宋常乐观地对我们说'我们要坚持,相信党,相信未来,光明总会到来'。"

　　走过逆境,宋家树经受住了考验,当情况好转时,他仍然带着永远无法割舍的科研报国梦,服从组织安排,继续投身于国防事业。1973 年,宋家树前往二机部 903 厂担任副总工程师,从厂子的筹建到全面负责厂里的工艺技术、定型研究,做了大量富有成效的工作。1980 年,宋家树任 903 厂总工程师,带队进行新一代核武器的技术攻关,为国家核武器发展步入新阶段做出了贡献。1985 年底,组织上调他担任核工业部军用工业局总工程师。1986 年 4 月,他加入国家制定"863"计划工作班子,制定新材料领域规划。1987 年加入国务院发展研究中心,任国际技术经济研究所研究员。1988 年,被任命为国防科工委军用新材料专业组第二届成员。同年,核工业总公司军工局成立,他担任总工程师。1993 年,宋家树当选为中国科学院院士(技术科学学部)。

转战军控　再创佳绩

　　国际上的军控谈判必然要涉及大量科技问题,因此,掌握和了解军备中应用的科学技术基础,对研究军控问题至关重要,甚至会成为决定军控谈判成败的重要因素。纵观军控发展历史,在我国核武器发展的几个关键时刻,美苏两国都有针对性地制定了含有不同内容的军控条约,目的就是想在本国已掌握先进的武器研制技术和手段的前提下,限制包括中国在内的其他国家发展自己的核武器。

　　20世纪80年代,曾长期担任科技战线高级领导职务的朱光亚院士开创性地提出了"军控科学技术"概念,并开始组织核军备控制的对策研究。1988年3月,在核武器研制一线工作多年的宋家树服从组织调配,担任核工业部军用工业局总工程师,步入"军控研究"这一崭新的研究领域。这一次,他还是从一点一滴做起,孜孜以求,潜心钻研,在国际会议中与外国同行交流,参与面对面的外交斗争,他倡导科学研究与政策研究相结合,就国防建设和外交斗争相关问题建言献策,提供决策咨询,为我国军控研究的发展发挥了积极的作用。1991年,原国防科工委决定成立军备控制科学技术专业组,宋家树担任组长,在朱光亚的领导下,他和专业组的同志一起,为专业组乃至原国防科工委军备控制研究的发展做了大量基础性工作。1992年,在朱光亚的指导下,他与杜祥琬、李彬等人合作撰写论文《浅谈军备控制中的物理学问题》,首次提出军备控制物理学应作为物理学应用研究的一个新的分支,并较翔实地解释了其内涵和效应。1994年,宋家树出任"中国核裁会科学家军控研究小组"主席,组织全国10个相关单位的20余名专家和学者,开展军控及裁军问题的研究,取得了一批开拓性的研究成果,培养出一支自然科学与社会科学相结合、老中青相结合的军备控制科学技术研究骨干队伍。中国科学家与美国科学院国际安全与军备控制委员会进行了长期的学术交流活动,促进了中美两国科学家的相互了解,也促进了我们对自身研究工作的深入。宋家树还担任了两个专家组组长组织有关的研究,他还与钱绍钧院士一起提出了开展我国军控核查技术研究的建议。

美好家庭　幸福隽永

　　宋家树院士的妻子王佩璇,福建厦门人,是一位物理学家。她于1955年毕业于吉林大学物理系,1961年调入二机部九所, 也参与了核武器实验部的科研攻关。1964年,当丈夫和身边的同事纷纷奔赴青海基地参加核武器研制大会战时,王佩璇也渴望融入那奔赴前线的人潮当中。然而,家庭和事业不能两全,王佩璇知道自己和爱人之间必须有一个要做出牺牲,她选择了支持丈夫,留下来照顾家庭,独自扛起了照顾老人、养育子女的责任。后来,王佩璇从二机部情报所调入北京钢铁学院(现已更名为北京科技大学)担任理论物理等多门课程的教学,她觉得终于又找回了当年那种奋进的工作状态。夫妻俩曾是同学、同事,宋家树还是王佩璇的入党介绍人,他清楚地知道妻子有多优秀,他说:"她热爱科学研究,对工作极端认真,是一个很好的物理学家。"2002年,国防工业出版社出版了夫妻俩合著的《材料中的氦及氚渗透》。宋家树十分感激妻子为自己、为家庭所做的牺牲与付出,曾对记者深情地说:"我的事业成功仰仗夫人,孩子的教育、培养也全靠夫人,我对她的感情无法用言语来表达啊!"夫妻俩育有一双儿女,20世纪80年代女儿和儿子先后毕业于清华大学和北京大学,均事业有成。

　　牵手一生,相濡以沫,夫妻俩的晚年生活非常幸福。他们有时会到厦门探亲、休假,每次回来总有美味小吃赠予邻居;还曾从千里之外带来美丽的水仙相赠,春节来临,水仙花尽情绽放,令人真切地感受到友谊的香醇。邻居刘成安研究员介绍说:"他们的家窗明几净,一尘不染,一切井井有条,时尚而不奢华,堪称温馨而和谐,优雅而舒适。"

　　光阴似箭，岁月如歌，几十年的科研跋涉，宋家树为我国核武器技术及核军控的发展做出了杰出的成就。回顾走过的路，他说："想起在参加核武器攻关时，我们信奉的首先是保卫国家安全，但更长远的目标就是永远不要使用它和最终消灭它，现在来搞核裁军研究，前后似乎还有所呼应。"

参 考 文 献

[1]《宋家树院士八十华诞文集》编委会.宋家树院士八十华诞文集[M].北京:中国原子能出版社,2012.

[2]"当代中国"丛书编辑部.当代中国的核工业[M].北京:中国社会科学出版社,1987.

[3]"当代中国"丛书编辑部.当代中国的国防科技事业(上)[M].北京:当代中国出版社,1992.

[4]刘西尧,方正知,李德元.亲历者说"氢弹研制"[M].长沙:湖南教育出版社,2017.

[5]中国科学技术协会.中国科学技术专家传略·理学编·物理学卷.3[M].北京:中国科学技术出版社,2006.

[6]钱伟长,干勇.20世纪中国知名科学家学术成就概览·化工、冶金与材料工程卷·材料科学与工程分册[M].北京:科学出版社,2015.

[7]中国科学院院士工作局.科学的道路 下卷[M].上海:上海教育出版社,2005.

[8]《魅力舒城》编委会,陆纯.魅力舒城[M].合肥:安徽人民出版社,2009.

[9]安庆第一中学.毕业于我校的院士(不完全统计)[EB/OL].2012-09-12/2022-05-28.http://www.aqyz.net/bnyz/ysfc/636875.html.

探索微波世界的奥秘
——电子学专家吴鸿适

吴鸿适	1922—

　　吴鸿适(1922—　　),安徽歙县人,电子学专家,我国微波器件设计理论研究的奠基人之一。他是当年参加电子部第12研究所(现为中电科真空电子科技有限公司、中国电子科技集团公司第十二研究所)筹建的少数技术骨干之一,曾先后担任研究室主任、副总工程师、高级技术顾问等,主持领导的微波电子学理论研究取得了许多重大进展,领导的微波器件研制工作取得了很好的成绩,为我国国防尖端项目的配套做出了重要贡献。

力学笃行　报效祖国

　　1922年8月15日,吴鸿适出生于安徽省歙县,幼年与少年时期主要生活、求学于江苏南京,而身为在南京的安徽孩子,有意无意间,他的求学历程亦与安徽的老家有着割舍不断的联系。从南京市立逸仙桥小学毕业后,吴鸿适入读在南京被称为"安徽中学"的初中部(该校由安徽籍士绅汪菊友等人创办于1904年,初为安徽旅宁公学,后更名"南京安徽公学""私立南京安徽中学"等,陶行知曾任该校校长。抗战期间,学校从南京迁到安徽屯溪,坚持办学,抗战胜利后迁回原址。中华人民共和国成立后,该校几经与其他学校合并重组并更名,现为南京市第三中学六中校区,又称南京三中白下路东校区)。高中阶段,吴鸿适就读于中央大学实验学校的高中部,抗日战争爆发后,学校于1937年内迁至长沙,吴鸿适跟随学校一路迁徙,始终保持着优异的学习成绩。1938年,吴鸿适参加全国大学统考,一举考入当时内迁重庆的中央大学,就读于电机系电信专业。1942年大学毕业,获得学士学位,后留校担任助教。1944年,22岁的吴鸿适顺利通过国民党政府考试院举办的公费留美考试,1945年秋前往美国留学。

　　1946年,吴鸿适获得美国密歇根大学电机工程硕士学位,之后,他在宾夕法尼亚州的RCA公司担任工程师,从事了一段时间的微波电子管的研制工作。1948年,他又重返高校,到伊利诺伊大学电子管实验室担任研究助教,同时攻读博士研究生学位。1951年,取得电机工程博士学位。那时中华人民共和国刚刚成立,百业待兴,迫切需要高科技人才,有着强烈爱国情怀的海外学子们纷纷放弃西方国家优越的科研和生活条件,想方设法回归祖国,投身于祖国建设。吴鸿适割舍不下对祖国的热爱,他对中国共产党领导的新中国充满信心,毅然谢绝了伊利诺伊大学希望他继续在学校担任教职的热情挽留,在取得博士学位的当年转道回到了祖国。

学以致用　行以致远

回国后的最初几年,吴鸿适先在大连工学院,后又随全国院系调整到张家口解放军通信工程学院(现西安电子科技大学)担任教授,教授微波电子管课程。期间,他还结合教学需要,与相关专家合作,翻译出版了《超高频电子学引论》(B.ф.科瓦连科著)、《行波管》(J.R.皮尔斯著)等专业书籍。《超高频电子学引论》一书"扼要而系统地介绍了各种超高频电子管的电子运动现象,以及由此而得出的物理概念;也介绍了这些电子管的计算方法和发展简史。"《行波管》一书还在全书大多章节后附有习题,附录中包括了许多有用的公式、图表等,供对行波管进行计算之用。这些是我国最早介绍微波电子学的经典著作,它们概括了行波管和磁控管的基础理论和设计思想,对提高这一领域的教学水平,起到了奠基性和启蒙性的作用。

1956 年,吴鸿适参加了国务院召开的长期科研规划工作会议,参与制定"大力发展与国防和国民经济有关的高科技项目",并参与筹建相应的研究机构。年轻的吴鸿适被祖国科技发展的宏伟蓝图深深吸引。不久,他从教学岗位转至从事科研,调动到通信兵部研究所担任研究员。从此,与高新科技项目、国防科研结下了不解之缘。

20 世纪 50 年代,党中央高瞻远瞩,果断地做出了独立自主研制"两弹一星"的战略决策。1957 年,在国防科工委和第二机械工业部的领导下,成立第 12 研究所(现为中电科真空电子科技有限公司、中国电子科技集团公司第十二研究所,简称"12 所"),担负起自行研制我国顺利完成发射导弹、人造地球卫星、引爆核武器,建立远洋测量船及反导弹系统所急需的微波电子管等重大任务。吴鸿适是当年参加 12 所筹建的少数技术骨干之一。从 1957 年到 1984 年,他在 12 所任职 20 多年期间,主要从事微波管的设计理论研究、人才培养,并领导全所的技术教育和情报等方面的工作。由他主持领导的专业研究取得了许多重大的突破,为提高微波管的研制水平做出了贡献。科研成果曾获得 1980 年电子科技成果一等奖和国防科工办二等奖。多次获得电子工业部的奖励。

1982 年,成立电子工业出版社,1984 年吴鸿适担任电子工业出版社总编辑,直到退休。在这一岗位上,他继续保持着科学求真、兢兢业业的工作作风,为出版社的发展做出了贡献。

学高为师　身正为范

　　吴鸿适领导 12 所的技术教育和情报工作多年,他十分重视人才的培养,对教育工作饱含热情、倾注心血。1981 年,在 12 所建立了博士点,这也是当时电子部各研究院所中唯一的博士点,由吴鸿适本人担任博士生导师。除了带研究生,他还经常给在职人员和伊朗留学生讲授微波电子学的基础理论,给出国人员辅导英语口语,是所里一位十分受尊敬的导师。在他任职期间,12 所的研究生培养工作曾得到电子部及十四研究院的好评,在单位评比中 12 所的教育工作名列前茅,在电子工业部内部推广其经验。

　　作为多年从事尖端科研的专家,吴鸿适深知尖端科研与高科技事业的发展需要人才的接力,这是他特别关心知识传授、钟情于培养高级人才的初心及自觉自愿的担当。12 所研究生培养方向主要是结合微波电子管和激光器件的理论和设计工作,在孤立子理论在微波管中的应用及行波管的混沌现象方面开展创新性工作,研究成果促进了非线性互作用理论的发展。吴鸿适长期兼任西安电子科技大学兼职教授和博士生导师,开创了该校的物理电子学与光学的博士点,并取得了很好的理论成果。他还长期担任北京信息工程学院的兼职教授,培养物理电子学科的博士研究生,也取得了丰硕的成果。几十年来,在其他导师的协助下,两校及 12 所共培养出数十名硕士生和博士生。吴鸿适还曾经在清华大学、南京工学院(现东南大学)、上海科技大学(现上海大学)和山东工学院(1983 年更名山东工业大学,2000 年与山东大学、山东医科大学"三校合组",成为新的山东大学)兼任客座教授。

　　在教学育才的过程中,吴鸿适总是抱着互教互学的态度,谦虚谨慎,严以律己,宽以待人。学生们从他的身上不仅学到了知识,更学到了如何做人,如何做学问。这些都是令学生终身受用的财富。

编辑出版　硕果累累

吴鸿适曾先后兼任过国务院学位委员会物理电子学和光学学科第一届评议组成员,国家科委发明评选委员会电子与仪器组第一届评议组成员,国家科委全国科学技术名词审定委员会第一届委员并主持电子学名词审定工作,中国翻译工作者协会常务理事,中国电子学会常务理事,出版委员会第二届主任委员,《电子学报》及 Chinese Journal of Electronics 的常务编委、副主编,《应用科学学报》副主编等职。

20 世纪 70 年代中后期,电子工业部提出要总结过去几十年在国内微波管的发展中逐渐积累起来的成果与经验,以便在原有仿制的基础上进一步提高、创新和发展我国的微波电子学事业。吴鸿适接受电子工业部的委托,领导组织一批专家编写各类微波管的设计手册。这是一部大型的专业丛书,完成它的编写需要调研、掌握和整理大量的资料和经验,而这些资料与经验大都分散在一些大学、科研所及工厂设计所的实验室。收集、整理、加工、升华出几十年发展中产生的资料和经验,工作量巨大。为确保优质完成图书编写工作,先后动员了全国几百名科技人员分工撰写、研究讨论、二审、三审。历时 8 年,从 1977 年到 1985 年陆续出版了"电子管设计手册"共13 个分册,近 500 万字。其中《低噪声行波管设计手册》一书,在 1978 年全国科学大会上获得"优秀图书奖"。这套专业丛书成为从事微波管设计或相关科研工作人员的重要参考资料。有资料记载:1980 年 12 月 7 日至 9 日,四机部(与中国真空电子学会年会衔接)在成都举办召开"电子管设计手册"编写工作总结会议,"出席会议的代表中有不少知名学者、教授、工程师和讲师,还有从事多年科技书籍出版工作的经验丰富的编辑。大家普遍反映,这套'电子管设计手册'在提高设计水平、缩短研制周期、丰富教学内容、培养设计人员等方面起到了很好的作用,是从事微波管(及发射管)研制、生产和教学的工程技术人员和教师的不可多得的参考资料。许多专家认为,这套设计手册概念清晰、确切,内容全面、丰富,方法具体、实用,当时即使在国外也很少看到。有许多内容和数据是国内外公开刊物上所找不到的,不少内容是编写者多年来的研究成果和实践经验的总结,是用计算机计算的结果"。

　　1987 年,吴鸿适编著的《微波电子学原理》出版。该书是他在总结大量实践经验的基础上形成的成果,既全面地总结了前人的工作,也介绍了自己研究的心得和成果,是一本很有特色的基础理论专著,可供从事微波电子学及微波技术工作的科技人员和高校师生学习参考,对提高相关人员的基础理论水平有很大帮助。

　　随着科学技术的发展,新学科、新概念、新理论、新方法不断涌现,相应地出现了大批新的科技名词术语。1985 年,经国务院批准成立了全国自然科学名词审定委员会(后改名为全国科技名词审定委员会),开展科技名词术语审定工作,对科学概念进行汉语定名,同时附以相应的英文名称,既要有我国的语言特色,又要方便国内外科技交流。吴鸿适被选为第一届委员,于 1987 年受托主持组建电子学名词的选编和审定工作,担任电子学名词审定委员会主任。吴鸿适对这项工作高度重视,全身心地投入其中,精心组织,科学安排,以严谨和求实的专业精神,对每一个名词的审定都一丝不苟,保证高质量组织完成编撰。有的名词在社会上流传多种叫法,他就组织广泛的调研,争取做出最科学的定名;对于中国台湾长期脱离大陆,不少名词在两岸分别拟定,存在较大差异的问题,他多次组织协调,以照顾两岸同行的沟通,将不少名词予以并列,等等。既严格遵循定名的"科学性、系统性、简明通俗性"原则,又十分注意服务主科和约定俗成等相关原则。在五年多的时间内,召开两次全体委员的审定大会,多次召开主任、副主任和秘书的工作会议,以及与有关学科的协调会议,并将第二稿广泛征求280余位有关专家们的意见,四易其稿。于1991年10月提出复审稿(第四稿),特聘罗沛霖、张煦、李志坚、沈宜春、陈太一等对全稿进行复审,经电子学名词审定委员会认真讨论,再次做了修改,并进一步与有关学科进行了协调,直至定稿。《电子学名词》一书出版于1994年,全书共分25章,5 313个词条,涵盖了多个学科领域。

在电子学专业编辑出版事业中,吴鸿适取得了丰硕的成果。他编辑出版专业图书,总结科技经验,以利于传承与创新;主编专业报刊,引领科技前沿等;还先后承担了《中国大百科全书·电子学与计算机》(1993年出版)部分词条的编写与审定任务,作为编委会副主任委员参与组织和编撰《现代电子科学技术词典》(1992年出版),担任《电子学报》常务编委及负责 *Chinese Journal of Electronics* 和《电子学报》全部英文稿件的终审工作。他始终保持着一丝不苟、严谨科学的工作作风,从而保证了作品的高质量、高水准。《电子学报》多次被评为优秀期刊,在国内一级学报中名列前茅,其内容经常为EI及SCI所采用。吴鸿适先生一直勉励自己要活到老、学到老。审定电子学名词要求掌握涉及多学科领域的知识,对年逾花甲的吴鸿适来说是一次新的挑战,他就把这当作一次学习机会,通过调研求教、翻阅资料等,多途径扩充知识。离开电子工业出版社总编辑的岗位多年后,90多岁高龄的吴老先生还曾兴致勃勃地同出版社的年轻人探讨互联网及计算机应用等方面的技术,对"比特币"这一新兴事物,他也表示出极大的兴趣,年轻人眼中的吴老始终是睿智并充满亲和力的。他们说:吴老虽已是90多岁高龄,但精神矍铄、思维敏捷,对国内外科学技术的发展和我社图书事业的发展高度关注,并对青年团员寄予厚望……

吴鸿适先生为祖国的科技事业辛勤工作数十年,直至1996年,74岁高龄时才离休。他的事业成就、治学风范和为人风采为人们敬重,是青年一代科技工作者学习的榜样。有参与《电子学名词》审定的同志回忆说:"勤奋好学、谦虚谨慎、严谨治学是吴鸿适主持名词审定工作成功的三大主观要素。"事实上,这些优秀品质在吴鸿适的治学、工作和生活中始终表现得十分突出。

参 考 文 献

[1] B.ф.科瓦连科.超高频电子学引论[M].吴鸿适,谢希仁,译.龙文澄校.北京:科学出版社,1957.

[2] J.R.皮尔斯.行波管[M].吴鸿适,田志仁,译.北京:科学出版社,1961.

[3] 李煊.四机部"电子管设计手册"编写工作总结会议在成都举行[J].电子管技术,1980(6):56.

[4] 吴鸿适.微波电子学原理[M].北京:科学出版社,1987.

[5] 电子学名词审定委员会.电子学名词 1993[M].北京:科学出版社,1994.

[6] 电子工业出版社网站.我社团员青年在端午节前看望慰问吴鸿适老先生[EB/OL].2014-07-17/2022-05-30.https://www.phei.com.cn/xwzx/ 2014-07-17/651.shtml.

[7] 中国科学技术协会.中国科学技术专家传略·电子信息科学技术卷.2[M].北京:中国科学技术出版社,2007.

计算机事业先行者
——计算机专家吴几康

　　吴几康(1918—2002)，安徽歙县人，计算机专家，中国计算机事业的开拓者与倡导者之一。参与筹建了中国科学院计算技术研究所和领导筹建了中国航天科技集团第九研究院第771研究所(又称西安微电子技术研究所，骊山微电子公司)。作为总负责人之一，成功仿制中国第一台大型通用电子管电子数字计算机104机。作为总负责人，研制成功中国第一台自行设计的大型通用电子管电子数字计算机119机。参加和领导研制成功中国第一台集成电路微型空间计算机和中国第一台PMOS中规模集成电路微型空间计算机。参与领导了每秒千万次向量计算机的研制，对发展中国计算机事业和积极推动计算机在国防建设和国民经济建设中的应用，做出了重要贡献。

自强不息　立志报国

　　吴几康原名吴畿楝,曾用名吴九钫。1918 年 1 月 9 日出生于上海一个小企业主家庭,原籍为安徽歙县。到他祖父一辈时,因经营不善而家业渐衰,早年身亡的祖父留下很多债务。他的父亲吴炳泰自幼年起就承受了极大的生活压力,历尽辛苦,终于在上海经营起了一家棉布店。他的母亲勤劳本分,在家里操持家务。1937 年,抗日战争爆发,家里的生计更加艰难。辛劳一生的父亲于 1938 年病故,幸而此时他的大哥、二哥已经有能力支撑起家业,分别经营化工印染和棉布店等相关业务。父辈兄长爱国爱家、自强不息的奋斗精神在吴几康心中烙下了深深的印迹。

　　吴几康是家中最小的儿子,大哥、二哥分别大他 10 岁、8 岁,他们一直支持着他接受良好的学校教育,加之其自身懂事上进,自小学到大学,吴几康入读的都是上海市的著名学校。小学读的是上海育才小学,初中继续考入育才初中,高中就读上海同济大学附属高中。1938 年参加高考,在学校进步老师"科学救国"思想的影响和熏陶下,吴几康一举考入同济大学工学院,盼望着掌握先进的科技知识报效祖国。

　　由于日本侵略者的肆意践踏,当时的敌占区人民生活在水深火热之中,一些学校纷纷组织迁往相对远离战火的西南地区,同济大学决定内迁至昆明和四川等地。吴几康随学校一同迁徙,途中辗转经过了 7 个省,在广西境内还曾徒步 500 多公里。这样的历程让第一次离开上海大都市的吴几康真实感受到了祖国领土之辽阔,不仅有都市的繁华,也有那么多落后的农村、贫困的同胞,等等。这些都激励他更加自觉地埋头读书,扎实学业,坚定心中"科学救国"的志向。1943 年,吴几康从同济大学(当时校址位于四川省李庄,今属宜宾市翠屏区)机电系毕业,因为成绩优异,被留校担任电信系助教。抗战胜利以后,他随着学校迁回了上海。

1949 年 2 月,吴几康争取到了留学丹麦的奖学金,赴丹麦技术大学进修。在该校进修期间,研制成功宽带示波器的放大器等。1951—1953 年,吴几康在哥本哈根任皮德逊和斯多诺(M.P.Pedersen & Storno)无线电厂开发工程师,从事微波、晶体振荡器稳定性的研究和各类车载无线调频对讲机的研制开发工作,生活条件也随之好转。然而,当他了解到中华人民共和国已经成立,祖国建设日新月异等振奋人心的消息时,马上决定放弃那里的一切,不顾路途艰辛,毅然踏上了归国的旅程。多年以后,吴几康还对当时的情形记忆犹新,他曾回忆说,要感谢中国外文出版社,他们给中国留学生寄去了很多介绍祖国的书籍。后来,他还能看到《人民日报》。在丹麦期间,吴几康还与中国驻丹麦使馆关系密切,经常帮着使馆做一些翻译工作。使馆的同志也热情鼓励海外赤子尽早回国实现报国志向。由于正值抗美援朝战争期间,某些西方国家不能理解中国人民的正义立场,从丹麦回国不能得到从中国香港入境的签证,只能绕道瑞典、芬兰,以及苏联的西伯利亚,从而给旅途平添许多困难,但是吴几康回国的意念坚定而迫切,终于在 1953 年初回到首都北京。

集智拓荒　开创事业

1951 年,英国用十进制存储电子管制成了"哈威尔"(Hawer)计算机,虽然速度很慢,工作时噪声也大,但是它能解复杂的方程式。1952 年,美国 IBM 公司制成科学计算大型电子计算机 IBM-701 型。在中国,当时正担任中国科学院数学研究所所长的华罗庚也着手准备开展计算机的研究工作。1953 年 1 月 3 日,将闵乃大、夏培肃、王传英三人正式调入数学研究所,成立了中国第一个电子计算机科研小组。夏培肃是一位优秀的女性专家,当她听说无线电专家吴几康回国了,立即到招待所去看望,向他介绍中国计算机的起步情况,并向所里汇报,推荐他加入计算机科研小组。1953 年 4 月 28 日,吴几康到数学研究所报到,成为计算机组的第四人。两天以后,出国近 4 年、回到国内将近 4 个月的吴几康才返家与亲人团聚。仅 24 天后,就急急忙忙回来投入工作,加入了开创中国计算机事业的拓荒历程。为了便于研制工作的开展,中国科学院领导于 1953 年冬决定将全院电子学方面的人员暂时集中到时任所长钱三强的近代物理研究所。1954 年年初,吴几康随小组调至中国科学院近代物理研究所,在两年多的时间里,为开展计算机研制和提供实验条件等方面做出了诸多贡献。1954 年 11 月 8 日,他在《光明日报》发表了 1 500 字的《漫谈计算机》,这是中华人民共和国成立后的第一篇在报刊上发表的介绍计算机的署名文章,其文字生动、通俗,将计算机的功能与数学紧密地联系起来,将科研和人民生活纳入了计算机的应用领域,明明白白地告诉读者:"只要数学上可以收敛且能化为若干个运算步骤的(问题),都可以做到(解决)。"这期间,他还研制成功中国第一个计算机部件——阴极射线管存储器。

1956 年 4 月,由周恩来总理亲自提议、主持的"1956—1967 年科学技术发展远景规划纲要"的制定工作正式开始,计算技术也在被规划之列。吴几康被近代物理所推荐参加计算技术规划工作。计算技术规划和数学规划在同一组内,规划组成员共 26 人,均为中国知名的数学家、电子专家和回国不久并在计算机元器件方面工作过的专家,组长是华罗庚。规划组经过多次讨论,逐渐形成了一个建立我国"计算技术"的完整文件,即国家科技发展规划委员会制定的国家最重要科学技术任务说明书中的第 41 项"计算技术的建立。"《1956—1967 年科学技术发展远景规划纲要(修正草案)》将与"两弹一星"直接配套的计算技术、半导体、自动学和远距离操纵技术、无线电电子学列为国家四项紧急措施,摆在重点任务之首。在这种背景下成立了中国科学院计算技术研究所,华罗庚被选为中国科学院计算技术研究所筹备委员会主任。吴几康被选为筹备委员会委员,工作调动到中国科学院计算技术研究所筹备处,参与中国计算技术的创建。

为了加速创建中国的计算机事业,国家决定派出一个计算技术考察团赴苏联考察,自 1956 年 9—12 月,在莫斯科和列宁格勒参观了一些已投入运行的和正在研制的计算机,吴几康为考察团成员之一。他和夏培肃等被安排重点考察学习 M-20 机的总体设计和运算控制器。通过三个多月的考察,吴几康对如何发展中国计算机事业有了清晰的认识。

科技深耕　结成硕果

　　20 世纪 50 年代初,作为计算机重要部件的存储器,在国外也是一个难点,他们专为此种存储应用而开发的阴极射线管,对我国是不透露的。刚刚成立不久的计算机研究小组决定自行研制阴极射线管(示波管)存储器。这个项目由吴几康负责,他先是设计了宽频带放大器,使微弱信号达到逻辑运算的电平,之后又和同事们一起经过两年多的攻关,成功地实现了存储功能。阴极射线管存储器是中国第一个计算机的动态随机存储器部件,经过近 3 年的努力,项目赶在 1956 年 4 月中国中长期科学规划会之前初见成效,给与会专家留下了深刻印象。吴几康在这个关键课题中显露出的才华与技术指挥能力,赢得了同事们的敬重,也带出了一批从事计算机研制的骨干人才。

　　104 机仿制工作自 1957 年底开始,该项目是贯彻《1956—1957 年科学技术发展远景规划纲要(修正草案)》提出的"先集中,后分散""先仿制,后创新"的原则,将来自科研、军事、工业和地方各单位的大批相关人员集中到中国科学院计算技术研究所筹备处,开展计算机仿制的全国大协作的产物。初期工作由吴几康总负责,张效祥率队到苏联学习 104 机直到 1958 年 7 月初学成归国。后由张效祥和吴几康共同负责。104 机的外围设备是由苏联设计的,但他们自己尚未制造过,因此图纸错误较多,所用器件有的也不尽合适,使用时改动设计较多,耽误了时间。作为项目研制负责人之一,吴几康经常下厂和大家一起解决制造过程中出现的问题,与大家一起加班加点、齐心协力,共同应对困难。104 机于 1959 年秋研制成功,向国庆十周年献礼。《人民日报》在头版头条报道了中国第一台大型数字计算机 104 机研制成功的喜讯。1959 年 10 月 15 日，《电子计算机动态》在第 10 期上介绍了 104 计算机，封面字体破例套红，还放上了计算机的照片，这是该刊自 1958 年创刊以来首次介绍中国人自己的"动态"。此机的研制成功，为此后自行设计、制造计算机积累了宝贵的经验，研究所的附属工厂也随之建了起来。中国第一颗原子弹的有关计算就是由这台计算机完成的。

119 机的设计工作始于 1959 年 6 月，仅用不到一年就完成了设计、制造、安装等工作。1960 年 5 月开始调机，1963 年 7 月开始试算题。吴几康作为项目研制总负责人，深入第一线，日夜跟班调机，及时解决调机中出现的问题，有力地促进了工程进度的提升。1964 年 4 月 11—25 日对该机进行测试、试算题和鉴定。由中国科学院主持的鉴定专家组对其进行了严格测试，并计算了关于国防建设及国民经济方面的 23 个大型计算问题，所有问题都得到正确结果。经鉴定，"119 机总的指标达到了电子管通用数字计算机的世界先进水平。其在使用方面指令系统完善、速度高、存储容量大、解题能力强、操作方便；其稳定程度已满足使用要求，可以提交使用。"119 机与每秒运算 1 万次的 104 机相比较，运算速度提高了 5 倍，内存容量增大了 8 倍，指令系统更加完善，外部设备和供电系统的性能均有明显改进，稳定性也已超过了 104 机的水平。它所具备的一些性能指标和功能特点亦远超当时苏联和西方国家研制的电子管数字计算机，是当时世界上最快的电子管计算机之一。119 机从总体设计到整机系统的研制，都是由中国科学家独立完成的，吴几康为总负责人，这是他继 104 机研制后接受的一项更有挑战性的任务。该机承担了研制中国第一颗氢弹的有关计算任务和全国首次大油田实际资料动态预报的计算任务。1964 年，119 机获得国家科委授予的发明创造奖一等奖，并获得国家工业新产品展览一等奖。吴几康在颁奖大会上代表受奖单位发言，自信而豪迈地表达出新中国科技人员的远大追求，他说："从此开始了我国自行设计大型通用计算机的新篇章。"104 机、119 机均运行十余年，完成了大量国防、科研和有关国民经济的重大计算任务,取得了显著的社会效益和经济效益。

　　我国第一台组件计算机是中国科学院计算技术研究所在 1965 年开始研制的导弹专用微型计算机,它是由中央下达的国家重点军工任务,目的就是发展我国的空间事业。当时,任务紧、难度大、经验少,为了保证研制工作的顺利进行,中国科学院集中了计算技术所、数理所、电子学所、长春应用化学所等单位的一批科技人员,组成了 156 工程处,所研制的计算机也命名为 156 计算机。吴几康服从组织安排,调往该处,负责电路设计与试制工作。1990 年,吴几康和沈绪榜(1997 年当选为中国科学院院士)共同撰文《我国第一台组件计算机的诞生》,详细回忆了 156 计算机的研制过程。文中记载:"承担这项任务的除几位专家外,大部分都是年轻人。为占领这一新技术领域,他们不怕困难,勇于创新,朝气蓬勃,日夜奋战。人们称颂当时的情景为'灯火辉煌 156',因为工程处的名字,正好与工作所在地的计算技术所南楼一层、五层和六层相对应。156 计算机是在中国科学院党组领导下,经设计与使用、电路与工艺等方面的科技人员和工人紧密合作研制出来的。"当时国外对这类计算机实施严格的保密和禁运措施,研制工作是在边探索边试验中进行的。在整机调试时,出现了严重的干扰问题,只要插拔电烙铁,机器就会出错,吴几康为此设计和绕制了抗电源干扰的低通滤波器;为了克服长线传输引起的干扰与反射,他采取抑制和匹配措施;为了防止部件间的干扰,他设计了零点开关电路。吴几康的这些努力,使得机器在与其他控制系统联调时,即使受到200 安培大电流的启停干扰,计算机也能正常运行,从而满足了系统可靠性的要求。自力更生,自主创新,一个个难关被攻克,终于在 1966 年 8 月,我国第一台自行设计的用于空间技术方面的组件计算机研制成功。当年国庆向国家报喜,得到了周恩来总理的表扬。该项目获得国防科工委、国家计委、国家经委、国家科委颁发的国防科技成果奖特等奖。

转战西北　再创佳绩

156工程处成立于1965年，专门从事计算机微小型化的研制工作，直属中国科学院。后来，该工程处改建成隶属于七机部的771研究所，即现在的中国航天科技集团第九研究院第771研究所（又称西安微电子技术研究所，骊山微电子公司）。1969年，吴几康随工程处迁至陕西临潼，负责该所筹建，任副所长和研究员。当时的临潼，生活条件和工作环境都极其艰苦，吴几康义无反顾、全身心投入技术发展中，和同事们继续坚持微型空间计算机的创新研制。他领导的团队，于1967年11月成功研制出中国第一台全量型弹载数字计算机；20世纪60年代末，研制出第一台全部采用国产集成电路的弹上微型计算机；1970年年底，研制出中国第一台PMOS中规模集成电路微计算机；1977年，自行设计研制成功了中国第一台16位大规模集成电路微计算机——77型微计算机；等等。这些为此后历次航天运载工具的发射成功奠定了基础。

中国航天科技集团第九研究院第771研究所，目前为我国唯一一个集计算机、半导体集成电路和混合集成电路科研生产为一体的大型专业研究所，是我国航天微电子和计算机的先驱和主力军。至2021年，该所已走过了56年的发展历程。2021年10月8日，《中国航天报》发表刘岩等署名文章——《步履铿锵，向着高质量发展阔步前行》，较详细地介绍了771所的发展历程与建设成就。文章中写道："成立56年来，771所历经'三次创业'，从国内微电子和计算机领域的'名所'发展成'大所'，到如今全面启动了'转型升级、创新驱动'的新战略，实现了跨越式发展。现在，771所的计算机产业形成了服务于航天型号与武器装备的弹、箭、星、船、器及地面测发控的计算机系统及软件完整产业体系；集成电路产业形成了包含研发设计、工艺制造、先进封装、军用测筛与失效分析等各环节的完整产业链；混合集成电路产业形成了集系统设计、先进基板制造、多芯片微纳集成、测试筛选为一体的完整产业链。"

培养人才　传承功业

吴几康知识面广,技术造诣深,经验丰富,动手能力强。在解决关键问题时,常能显示出独到的功力。凡经他手的工作,从总体方案到工程实施,无不亲自参与。他信任群众,善于依靠群众、集智创新,总能想方设法充分调动大家的工作积极性、主动性,引导大家充分论证、精心设计、反复试验、严格施工,从而使工程质量与工程进度都得到了有力的保证。和他一起工作的同志们都乐于以他为榜样。

吴几康十分重视人才的培养,早在 20 世纪 50 年代中期,处于创建阶段的中科院计算技术研究所的首要任务之一就是培养中国计算技术的专业人才,除了派考察团、实习队和留学生去苏联考察、实习和学习,在国内也举办了面向全国的计算机数学训练班,以培养更多的人才。1956—1962年,计算技术研究所和清华大学、中国科学技术大学等学校合作举办了 4期计算机训练班,培养了 700 余名计算机专业人才。吴几康参加了连续 4期计算机训练班的电子计算机电路教学工作,还培养了一批计算机专业研究生。

吴几康善于在实际工作中培养人才。通过一系列重大工程项目的研制、创新,为国家培养了一批计算机精英人才。如 1959 年研制成功 104 机,为国家培养了多层次的人才;在随后主持的 119 机研制过程中,他带领一支平均年龄不到 24 岁的科研队伍,在制定总体方案、定型标准电路,提出采用不恢复除法以提高运算速度等方面做出了贡献。119 机的研制成功,有力地推动了计算技术学科的发展, 并培养了一批科学技术人才;1966 年,156 机的研制成功,也带出了一支计算机与集成电路工艺相结合的科研队伍,为后来成立西安微电子技术研究所和发展航天计算事业奠定了基础。

　　吴几康是中华人民共和国第一代计算技术科研专家,他惜才、爱才,善于通过各种形式的专业交流发现人才,并对其成长给予热情的鼓励和支持。徐祖哲著《溯源中国计算机》一书记录了20世纪60年代初期他与时为哈尔滨军事工程学院年轻教员康鹏之间的两次交集。(康鹏,1937年10月生于唐山,1955年8月以优异成绩考入哈尔滨军事工程学院,1961年提前毕业留校任见习助教,1962年参加441-B计算机工程,为国产晶体管计算机的研制做出了突出贡献。20世纪60年代在晶体管电路设计中的两项发明被称为"康鹏电路"。)1962年哈军工隆重举行院庆十周年大会,刚刚毕业两年的康鹏代表全院师生讲话,吴几康等中国科学院计算技术研究所专家应邀前去参会,会后吴几康对后来被称为"中国巨型计算机之父"的哈军工慈云桂教授说:"康鹏思路很敏捷,有丰富的想象力。""他(吴几康)还指点康鹏要做出40位的运算器,很快康鹏就做成功了。"1963年10月,第三届"全国计算技术经验交流会"在西安召开,会议收到各类有关计算机的论文132篇。"作为列席代表的康鹏,提交了《隔离-阻塞式它激间歇振荡器》和与周堤基合作的《推拉式双稳电路研究》两篇论文,在441-B晶体管计算机研制中发挥了重大作用,受到吴几康等科学家的重视和鼓励,给到会代表留下深刻的记忆。"

矢志奋斗　初心永远

从中国计算技术开创期参与国家科学技术发展远景规划制定,到筹建中国科学院计算技术研究所,再到转战西北,参与领导筹建中国航天科技集团第九研究院第771研究所,以及在大型数字计算机和空间数字计算机的攻关项目中获得创新成果,荣获国家科技大奖,培养出科研工程队伍等。吴几康砥砺深耕,并为此倾注了一生的心血,他是中国计算机事业的开拓者、倡导者和信息化的推动者。

吴几康为第二届全国政协特邀代表和第三至第六届全国人大代表,曾担任国家科委计算技术组成员、国家自然科学基金会计算机学科专家组组长、北京软件研究生院院长、中科院计算机网络信息中心顾问、中科院计算技术研究所 CAD 开放研究实验室顾问等。1990 年 7 月起享受国务院政府特殊津贴。

吴几康因工作长期与妻子两地分居。1979 年,年逾花甲的吴几康被调回北京,任中国科学院计算技术研究所副所长,继续在专业领域深耕笃行,领导 757 工程千万次计算机的研制。该机于 1983 年 11 月通过国务院电子计算机和大规模集成电路领导小组主持的国家级鉴定。该项目获得国家科学技术进步奖一等奖和中国科学院科技成果奖特等奖,这是中国第一台 64 位大型向量计算机。20 世纪 80 年代,吴几康退休后仍然关心并领导北京市专家顾问团软件工程专家组和分布式计算机用户协会的工作,为推动中国信息化和开拓计算机新应用做出了新的贡献。

2002 年,吴几康逝世,享年 84 岁。

　　坐落在北京市怀柔区中国科学院大学雁栖湖校区的"中国科学院与'两弹一星'纪念馆"于2015年9月12日建成并正式对外开放。2021年4月,在中国共产党成立100周年之际,该馆被列为北京市爱国主义教育基地。纪念馆分为三个展览部分,其中第二展厅为"中国科学院'两弹一星'历史人物展",展出包括"两弹一星功勋奖章"获得者和其他在中国科学院工作,为相关事业做出突出贡献的历史人物生平贡献,吴几康位列其间。

参 考 文 献

[1] 钱伟长,金国藩.20世纪中国知名科学家学术成就概览·信息科学与技术卷·第二分册[M].北京:科学出版社,2014.

[2] 中国科学技术协会.中国科学技术专家传略 工程技术编·电子、通信、计算机卷 1[M].北京:电子工业出版社,1998.

[3] 科学时报社.请历史记住他们——中国科学家"两弹一星"[M].广州:暨南大学出版社,1999.

[4] 刘岩,袁思雅,赵昱.步履铿锵,向着高质量发展阔步前行[N].中国航天报,2021-10-8(Λ14).

[5] 徐祖哲.溯源中国计算机[M].北京:生活·读书·新知三联书店,2015.

[6] "中国科学院与'两弹一星'纪念馆"网站.中国科学院与"两弹一星"纪念馆[EB/OL].2022-05-29.https://glory.ucas.ac.cn/index.phpoption=com_content&view=article&id=1&Itemid=199.

[7] 中国科学院与'两弹一星'纪念馆"网站.功勋卓越[EB/OL].2022-05-29.https://glory.ucas.ac.cn/index.php?option=com_content&view=category&layout=blog&id=21&Itemid=149.

为火箭腾飞造动力
——高分子化学家张庆余

张庆余	1923—

　　张庆余(1923—　　),安徽阜阳人,高分子化学家。任职于中科院长春应用化学所。20世纪50年代,他承担并主持了研制卫星用大功率火箭高能燃料的任务,领导固体推进剂的黏合剂研究,其中对液体聚硫橡胶的合成方法有重大改进,其他品种也分别在各种型号的火箭发动机上应用。

学识扎实　成果丰硕

　　张庆余,1923 年出生,安徽阜阳人,1945 年毕业于西北大学化学系,长春解放后的第三年,他来到正处于发展中的长春应用化学研究所,后任研究员、博士生导师,从 1991 年起享受国务院政府特殊津贴。张庆余长期从事专业研究,是国内较早开辟低聚物化学和液体橡胶研究的专家,曾出版或公开发表《乙烯类聚合物的概况》《低聚物的合成》等论文论著数十部。1994 年,科学出版社出版了张庆余担任第一作者的专业论著《低聚物》,这是我国低聚物领域的第一部专著,也是当时国际上仅有的几本该领域专业论著,该书全面系统地介绍了低聚物的合成、性质、应用和国内外最新动态,以及作者多年科研工作的成果。该项目为中国科学院科学出版基金资助项目。多年来,张庆余还指导培养了许多优秀科技人才。他指导的国防科研项目达到世界先进水平,先后获得国家科技进步奖一等奖 1 项、国防重大成果奖 2 项、国家发明三等奖 1 项,并荣获"献身国防科技事业荣誉奖章"。

重任担当　不负韶华

　　20 世纪 50 年代,中国开始了"两弹一星"的研制攻关,这在当时没有前人经验可以借鉴, 所涉及的行业和技术的广泛和复杂程度也是空前的,而国外掌握相关技术的国家对该技术与资料实行保密封锁,因此我国科技人员必须自力更生、自行研制生产,其难度是超乎想象的。年轻的张庆余凭借扎实的专业能力和优秀的工作表现被组织选中,承担和主持了研制卫星用大功率火箭高能燃料的任务。当时,北京化学所、上海有机化学研究所和大连化学物理研究所提出研制硼氢化合物高能燃料的设想,长春应用化学研究所(简称"应化所")决定研制偏二甲肼。偏二甲肼,又名可存储火箭推进剂,它是美国"先锋号"(美国用于将卫星送入地球外太空轨道的第一个运载火箭)使用的燃料。卫星攻关技术总负责人钱学森决定采用偏二甲肼,并要求长春应化所在 1959 年底拿出 1 吨供火箭试验使用。所里为张庆余配备了多名助手,协助其开展试验工作,并专门成立了第七研究室,在一间僻静的实验室里秘密开展研究。那个时候,美国对此燃料生产技术保密,我国的化学工业生产技术还十分落后,文献上也查不到有关偏二甲肼生产的任何信息,只能从有机合成的角度查找合成路线。通过实验室反复试验,终于确定了合成路线,并于 1958 年 12 月 31 日成功制得偏二甲肼。随后,科研人员联合吉林化工进行批量生产, 只用了三四个月的时间便试验投产成功,陆续提供了成吨的偏二甲肼,提前完成项目要求,满足了我国研制大功率液体火箭的急需。从 1958 年至 1978 年的 20 年间,长春应化所在火箭推进剂方面进行了大量的研究,研发的固体推进剂品种达到当时世界先进水平,广泛应用于"两弹一星"等我国航空航天事业,累计获得国家十余项嘉奖,并于 1985 年获得国家科技进步奖一等奖。

激情难忘　初心永挚

光阴荏苒，日月如梭。老一辈科技专家伴随着祖国建设一路走来，为祖国的日益繁荣与强大贡献了青春和智慧，奋斗者自力更生、拼搏创新的激情岁月令人难忘。2009年，为迎接国庆、院庆60周年和给广大科技工作者提供一个向祖国人民倾诉衷情的平台，中国科学院新闻办公室和新华网联合举办了"60年中华科学情"网络征文活动，当时已年近90的张庆余老先生仍饱含热情，积极参与活动。他与刘厚桢合作撰写《火箭固体推进剂研制回忆》一文经活动评选，发表在新华网"60年中华科学情"专栏上。

张庆余先生长期任职于中国科学院长春应用化学研究所，该所成立于1948年，被誉为"中国应用化学的摇篮"。经历70多年的建设与发展，该所"高擎发展应用化学、贡献国家人民的旗帜，共取得科技成果1 200多项，其中包括镍系顺丁橡胶、火箭固体推进剂、稀土萃取分离、高分子热缩材料等重大科技成果450多项，创造了百余项'中国第一'，荣获国家自然、发明、科技进步奖60多项，院省（部）级成果奖400余项；申请国内和国际专利4 400余项、授权2 800余项；发表第一单位科技论文20 000余篇，专利申请、授权数和论文被SCI收录引用数持续位居全国科研机构前5位；培育了中科院系统第一家境内上市公司——长春热缩材料股份有限公司（'中科英华'）；建成了3个国家重点实验室、2个中科院重点实验室、2个国家级分析测试中心；成批、成建制地向30余个新兴科研机构和新兴企业输送专业人才1 200多人，不断为我国经济建设、国家安全和社会可持续发展做出了重要贡献。"经历几代人的不懈努力，该所已成为"集基础研究、应用研究和高技术研究及产业化于一体,在国内外享有崇高声誉和影响的综合性化学研究所,成为我国化学界的重要力量和创新基地"。

中国科学院与"两弹一星"纪念馆于 2015 年 9 月建成并面向社会免费开放,2021 年被命名为北京市爱国主义教育基地,并先后入选中国科学院"攻坚克难·爱国奋斗"党员主题教育基地、中国科学院弘扬科学家精神示范基地、中国科学院大学思想政治理论课实践教学基地、建党 100 周年中央和国家机关党史学习基地(中宣部)、中央和国家机关党性教育活动备选场所(中央和国家机关工委)等。该馆第二展厅为"中国科学院'两弹一星'历史人物展",展出包括"两弹一星功勋奖章"获得者和其他在中国科学院工作,为相关事业做出突出贡献的历史人物生平及贡献。张庆余先生为祖国科技进步奋斗一生,其生平业绩被"历史人物展"收录展出。

参 考 文 献

[1] 曹玉琴.吉林英才馆大观 第 1 部[M].长春:吉林教育出版社,1993.

[2] 张庆余,韩孝族,纪奎江.低聚物[M].北京:科学出版社,1994.

[3] 张林.世纪辉煌:熔铸应化丰碑[N].中国科学报,2018-9-10(2).

[4] 长春应用化学研究所网站. 所情介绍[EB/OL].2022-05-29.http://www.ciac.cas.cn/gkjs/jgjj/.

[5] 长春应用化学研究所网站.应化所在"六十年中华科学情"网络征文活动中获佳绩[EB/OL].2009-12-17/2022-05-28.https://www.cas.cn/wh/wmtd/200912/t20091217_2709886.shtml.

[6] "中国科学院与'两弹一星'纪念馆"网站.中国科学院与"两弹一星"纪念馆[EB/OL].2022-05-29. https://glory.ucas.ac.cn/index.php?option=com_content&view=article&id=1&Itemid=199.

[7] "中国科学院与'两弹一星'纪念馆"网站.功勋卓越[EB/OL].2022-05-29. https://glory.ucas.ac.cn/index.php?option=com_content&view=category&layout=blog&id=21&Itemid=149.

筑梦苍穹，点亮"中国星"

——天文学家赵先孜

赵先孜	1926—1996

　　赵先孜（1926—1996），安徽宿县（今属宿州市）人。长期从事天文学研究和科技管理工作，为我国人造卫星观测网站建设和测轨预报做出了贡献。

热爱祖国 事业担当

1926 年 11 月,赵先孜出生于安徽省宿县(今属宿州市),从小就酷爱数学。1937 年 7 月中国人民抗日战争全面爆发,刚刚十岁出头的赵先孜,感受到祖国被侵略、被践踏的屈辱,油然而生的朴素爱国主义情愫在他幼小的心中扎下了根。在抗日战争与解放战争的硝烟中,赵先孜坚持读完了小学和中学。1947 年,他参加高考,以优异的成绩考入山东齐鲁大学天文算学系。齐鲁大学的办学渊源可上溯到 19 世纪 60 年代,是一所著名的教会大学,该校的天文算学系被认为是首开中国大学天文学研究之先河,天文学家王锡恩生前一直担任系主任和学校天文馆馆长。在 20 世纪 50 年代全国高等院校院系调整中,齐鲁大学天文专业与原中山大学天文系合并,迁往南京大学成立天文系。

1951 年,赵先孜大学毕业,工作分配到海军青岛基地观象台,任天文股股长。1957 年,他从部队转业到中国科学院紫金山天文台工作,历任紫金山天文台人造卫星研究室副主任、主任。1973 年,他担任紫金山天文台副台长。1982 年 3 月起,兼任中国科学院南京分院副院长。1983 年 12 月在中国科学院南京分院工作,任南京分院党组书记。赵先孜于 1958 年加入中国共产党,是中共江苏省第六届委员会候补委员、中共江苏省第七届委员会委员。后任江苏省政协第六届委员会常务委员兼经科委副主任。

中国天文学会成立于 1922 年,1935 年 7 月加入国际天文联合会(IAU),在天文学界具有重要的影响力。赵先孜曾担任中国天文学会秘书长(1978—1983)。1959 年 9 月,国际天文联合会执行委员会中的某些人蓄意制造两个"中国"，非法接纳所谓"中华民国天文学会"入会，中国天文学会对此提出抗议。国际天文联合会执行委员会不接受我方抗议，中国天文学会正式宣布退出国际天文联合会及其所属各专业委员会。赵先孜在担任学会秘书长期间，积极作为，为加强与国际学术界的合作与交流，曾先后赴苏联、加拿大、日本等国参加科技考察和国际会议，并为恢复中国天文学会在国际天文联合会(IAU)的会籍付出了辛勤的努力。据"(中国)天文学会大事记"记载，1979 年 8 月 9—23 日，中国天文学会委托张钰哲、赵先孜、叶叔华、洪斯溢、易照华、朱进宁去加拿大蒙特利尔与国际天文联合会谈判恢复我会会籍问题；1980 年 9 月 15 日，国际天文联合会秘书长通知：国际天文联合会执行委员会已接纳我 47 名会员为天文联合会个人会员；1982 年 8 月 17—26 日，中国天文学会派 5 人代表团参加在希腊举行的国际天文学联合会第十八届大会，会上正式宣布恢复中国天文学会在国际天文学联合会上的地位。

砥砺奋进　信念永恒

　　赵先孜热爱祖国和祖国的天文事业,数十年从事天文学研究和科技管理工作,历经多个岗位,始终勤奋敬业,扎实进取,守初心,肯担当,取得了丰硕的业绩。20世纪50年代末,他负责组织全国人造卫星观测网站的选址、建设和人造卫星观测人员的技术培训工作,并直接参与观测和教学工作。20世纪60年代中期,他参与我国发射第一颗人造卫星技术方案论证和测轨预报工作,为"东方红一号"卫星和"尖兵一号"返回式卫星(我国自主研制的第一颗返回式卫星,中国是继美国、苏联之后,第三个掌握返回式卫星技术的国家)的成功发射做出了贡献。这一重大项目获得1986年国家科技进步奖特等奖。20世纪60年代末,赵先孜组织承担并完成了国防科委下达的提供800~2 000千米高空大气密度数据的任务。20世纪70年代,他参加并主持人造卫星测地,在卫星精密定轨、几何法测地、动力法测地、地球形状及引力场参数测定的基础上,确定了卫星测地方案,加快了观测设备和站网建设,历经10年,在各方面共同努力下,于1985年圆满完成任务,获得国家科技进步奖一等奖。1977年10月,党中央决定恢复"文革"中一直没有开展的专业技术职称评定工作。1978年,赵先孜被评定为副研究员,同时他还担任紫金山天文台学术委员会副主任。20世纪80年代末,赵先孜参加科学院军工史资料整理和编审工作,其工作表现和工作业绩获得中国科学院的充分肯定。

　　1970年4月24日,我国第一颗自主研发的卫星"东方红一号"成功发射,标志着我国正式进入太空时代,我国成为继苏联、美国、法国和日本之后世界上第五个完全依靠自己的力量成功研制出人造卫星的国家。从零到一、从一到多，中国人探索宇宙的征程从此开始，并不断取得新的成就。然而，辉煌的成就必然承载着一大批特别能吃苦、特别能战斗、特别能攻关、特别能奉献的航天科技专家的辛苦拼搏与心血倾注。赵先孜在 20 世纪 50 年代即投身于祖国的天文学研究和人造地球卫星研发事业，以自己的努力与付出为祖国的繁荣富强添砖加瓦，铺路架桥。从事科研，他屡创佳绩，曾公开发表《椭球形地球对人造卫星运行周期的影响》《目视投影观测中黑子面积的误差问题》等专业论文。从事科技管理工作，他任劳任怨，无私奉献，以创新精神推动科研体制改革，为此做了大量卓有成效的工作。

1996 年 9 月 9 日，赵先孜病逝于南京。他崇高的思想品德和奋斗拼搏的精神，赢得了广大科技人员发自内心的尊敬和爱戴。

参 考 文 献

[1] 中国科学技术协会.中国科学技术专家传略·天文卷.1[M].北京:中国科学技术出版社,2005.

[2] 中科院南京分院.历任领导[EB/OL].2022-05-28.http://www.njb.cas.cn/gkjj2016/lrld/.

[3] 中国天文学会网站.天文学会《天文学会大事记》[EB/OL].2011-09-06/2022-05-28.http://astronomy.pmo.cas.cn/xhgk/xhjs/201109/t20110906_82363_7.html.

[4] 裴丽生.裴丽生文集[M].北京:科学普及出版社,2009.

论文发表在蓝天

——材料物理学家周本濂

周本濂			1931—2000	

　　周本濂(1931—2000),安徽合肥人,材料物理学家,中国科学院院士(1997)。早年从事内耗研究。1958年起承担中国科学院金属研究所高温热物性测试及高温热源研究室的建设和发展工作,担任研究室副主任、主任,作为全国高温测试基地专业组成员,主持研制了大量国家急需的热物性测试设备。20世纪80年代初承担了碳/碳复合材料热应力损毁机理研究,为我国新一代弹头防热材料的研制做出了重要贡献。20世纪90年代初,在材料研究中引入了仿生设计的概念,取得了突出成果。

志存高远　出类拔萃

　　1931 年 10 月 20 日,周本濂出生于江苏扬州,祖籍为安徽合肥。他的家庭虽不能算书香门第,但也有着颇为浓厚的书卷气,知书达理的长辈、学识渊博的兄长,给予逐渐长大的周本濂难以磨灭的影响。再加上他严于律己,练就了扎实的学习功底。20 世纪 30—40 年代,适逢周本濂读书的年纪,遇上了日本侵略中国的战争,年幼的周本濂随兄长一起辗转漂泊,这段漂泊的经历,在他的心中留下了深刻的印象,也凝练成朴素的爱国主义思想,培养了他坚韧不拔的品质。读中学时,母亲特意将一块刻着"壮志凌云"的长方形铜牌送给了他,鼓励他志存高远。周本濂一直精心保存着这块铜牌,十分珍爱。

　　1949 年,周本濂毕业于国立浙江大学附中六年制部(现浙江省杭州二中),在那一年的高考中,他同时报考了上海交通大学土木工程系和清华大学物理系,均被录取。最后,他选择了去清华大学物理系就读。1952 年,国家成立中国科学院金属研究所,从英国谢菲尔德大学辞教归国筹建该所的李熏博士邀请金属物理学家葛庭燧到金属所工作,葛庭燧在清华大学挑选了 4 名年轻人和他一同前往沈阳就职,当时尚未毕业的周本濂因成绩优异也被选中,从而步入了精彩纷呈的科研殿堂。在科研创新的道路上,周本濂一路跋涉,一生无悔。

担当作为　不负韶华

　　来到中国科学院金属研究所（简称"金属所"），在葛庭燧的悉心指导下，周本濂进步很快，没有几年就成为能够独当一面的青年学术骨干。20世纪50年代，国家积极发展航天用各种高温材料，而围绕和支持这一发展方向所必需的诸多配套设施在当时还都是空白，其中包括诸多环节热物性测量设备等。为此，科研团队必须自力更生，加紧研制。1958年，中国科学院金属研究所在发展航天高温材料的同时，组建了高温热物性测试和高温热源研究室，年轻的周本濂毅然担负起该室的建设和发展工作，先后担任副主任、主任。1961年，国家科委决定成立一批包括研究所和高校在内的高温测试基地，周本濂为基地专业组成员，负责金属研究所热物性测试设备的研制工作。他带领科技人员，克服重重困难，依靠自己的力量研制出多种热物性测量设备，及时有效地保障了国家航空材料研制的需要。多年以后，周本濂回忆起当年的工作情形，说："我们的热物性测试研究总是和材料研制同时起步，先以代用材料进行模拟，边创边建，往往都走在材料研制进度的前面，几乎从未拖过材料研制的后腿。"系统完整的高温热物性测试基地，几十年来为尖端技术及造船、冶金、化工等方面的关键材料提供了大量热物理性能数据，为国防和经济建设做出了贡献。20世纪70年代，中国第一颗返地卫星研制任务要求为材料提供大量的热物性数据，周本濂又带领科技人员自主研发了一系列新的测试设备，如中国第一台三参数（温度、电流、电压）实现自动记录的半球向全发射率测试自动记录高温辐射仪；又如中国首批激光脉冲热导仪，该项目在1978年获得了全国科学大会奖。1985

年,"高温热物性测试基地的建立与发展"获得国家科学技术进步奖二等奖。20 世纪 80 年代末,周本濂大胆创新,将仿生学引入材料领域,开始进行复合材料的仿生研究,并先后提出了"最差界面设计""过程仿生"等创新性的研究理念, 这一领域的探索也在国际上引起较大反响。20 世纪 80 年代末至 90 年代初,周本濂结合专业发展的需要,开展了低维材料热物性测试方法的研究工作,其创新性的科研成果为中国航天热控材料及热控系统的设计与研制做出了重要贡献。几十年中,在周本濂的带领下取得的优秀科研成果还有许多。金属所的热物性研究在国内有一定的地位,我国的热物性研究在亚洲有一定的地位,周本濂为此倾注了智慧与心血。生前,他曾 5 次在亚洲热物性大会上代表中国做特邀报告。

艰苦拼搏　无私奉献

　　20 世纪 50 年代中期，为彻底粉碎国际上少数几个拥有核力量的国家对我国的核威胁，国家做出了独立自主研制"两弹一星"的战略决策，一大批优秀的青年科技专家积极响应党和国家的号召，义无反顾地投入这一伟大的事业。为配合导弹、卫星的研制，1958 年 9 月，金属所李薰所长和张沛霖教授宣布成立由周本濂负责的高温热物性测试和高温热源研究室。从那时开始，周本濂带领着他的科研团队踏上了为祖国航天事业埋头苦干的光辉历程。

　　在我国决策要发展"两弹一星"事业的时候，可以说既无经验，又缺设备，加上国外技术保密，可获得的资料极少，又遇上"三年困难时期"，国家经济技术基础薄弱，科研工作条件十分艰苦。周本濂带领团队科技人员突破常规，大胆探索，研制出多种热物性测量设备。后来，回忆当时艰苦奋斗的情形，周本濂说："60 年代初，高温测试任务紧迫，为了缩短加工周期，争取时间，每次接到任务后，我们都先到机械厂废品堆里去拣别人丢弃的设备和零件。例如研制高温热导仪时，就是拣了高温持久强度组丢弃的真空腔，稍加改装加几个观测窗，便开始试验，初步效果很好，节约了半年左右的加工时间……70 年代初，为配合返回式卫星和水下发射导弹的研制，我们承担了钼蒙皮表面发射率等全套热物性数据和金属合金天线的数据测定，任务十分紧迫。我们采取同样的方法，大大节约了研制时间。"

　　周本濂和他的研究团队不崇洋、不媚外，自力更生、艰苦奋斗，取得了一项项重要研究成果，其中有不少在当时已经达到国际先进水准，但是由于国防科研的保密性质，这些成果并不能及时公开发表，一些珍贵的资料经过"文革"十年,几乎丢失殆尽。直到1978年十一届三中全会后,有些可以公开的内容才以基础研究的形式发表, 而另外许多曾经先进的内容,经过二十年的保密已经过时。埋头苦干二十载,外界却极少知道他们的科研内容,以至于当年的许多同学不知道他们这些年间都干了些什么工作。对此,周本濂真诚地表示:"这虽然影响了我们的知名度,但每当我们听到××卫星上天,××导弹发射成功时,都感到由衷的快慰。"

严谨治学　屡攀高峰

　　数十年从事科研,周本濂始终保持着踏实严谨的治学风范,他曾是清华大学物理系的高才生,数理基础是令人信服的。然而在理论联系实际的过程中,他只要意识到还存在没有十分把握的知识点,就一定要求自己回头再学,夯实基础。即使科研任务紧张,他也要挤出时间重新学习,仔细回溯相关的知识内容。比如为了搞清动态传热问题,他就去抠传热学基础和热传导理论,感觉仍然不能得心应手,就决定回过头去补习数学,一直回溯到解析几何和高等数学,常常是忙完了白天的工作,晚上下班后,就在办公室里接着埋头补习,一学就学到很晚,饿了,喝点水再接着学。经过努力,终于有把握能自如地处理比较复杂的热传导理论问题了,自己才能释然。再比如,在高温测试过程中,要用到热辐射的有关知识,为此,他又把普通物理有关章节反复念了许多遍,也是直到运用自如才肯罢休。周本濂对此也曾颇为感慨地说:"当基础知识掌握得比较扎实后,再去查阅有关文献,可以说不怎么太费力气就能抓住要点。当时的任务十分紧迫,不允许我们学懂了再干。多年来在实践中养成了'双轨式'的学习习惯……一旦系统学习和文献接上了头,应会产生一个飞跃,这时我们就有了创造的能力。"严谨的科研态度、扎实的科研功底,支持着周本濂的科研事业不断取得新的突破与创新。20世纪70年代末至80年代初,我国研制出一种新型的战略导弹弹头防热材料,但此类材料再次进入大气层时,是否会因极高的温度产生热应力损毁尚有待科研证明。这一课题难度极大,但事关国防,意义重大。中国科学院金属研究所承担了这一课题,并交由周本濂负责组织科研。

周本濂立即带领课题组研究人员全面系统地开展研究工作，他们不负众望，终于取得开拓性的科研成果，这一课题获得了中国科学院科学技术进步奖一等奖和三等奖各 1 项。

20 世纪 80 年代初期，周本濂在研究固体材料的热膨胀时，创新性地提出了热膨胀动态过程的概念，并在 1986 年召开的第一届亚洲热物性会议上正式提出该理论，立即引起了热物理学界的广泛关注和争论。而要验证这一理论的正确性，最好的方法就是直接的实验观测。但是由于当时尚缺乏必要的科研辅助设备，实验观测十分困难。周本濂带领学生先后解决了一系列技术难题，终于从实验上直接观测到了固体热膨胀随时间的变化过程，证明了固体中的热膨胀过程滞后于温升过程这一新的物理理论的正确性。相关研究成果支持的多篇学术论文在国内外学术刊物及会议上发表，得到国内外学术同仁的接受与认同。

成就卓越　朴素为人

周本濂不仅学术上高瞻远瞩,成就卓越,在为人处世上,他更是谦逊真诚、朴素踏实,在他的身上体现着科学家的许多优良品格,身边的同事、学生及熟悉他的同行专家们,都对他超人的为学、为人风范有着深刻的印象。

他勤奋好学,办公桌上总有着厚厚的文献资料,并特别愿意与别人讨论问题,分享自己的思考与学识,单位里许多年轻人都曾得益于他的指导和帮助。他常跟身边人说"人无远虑,必有近忧",就是说人活在世上要有目标,思想上要有追求,事业上要有追求,一日不学,一日不努力,后患无穷。当谈起自己所熟悉和挚爱的科研事业,他诚恳地说:"搞科研好比爬山坡,无论从哪个方向爬,都要付出艰苦劳动,轻易是达不到顶点的。"他崇尚干一件事就要干到底,"一个人如果碰到困难就放弃了,第二件事同样干不下去,最终将一事无成。"

他治学严谨,常常到实验室指导学生,处理各种实验技术问题。在实验取得结果时,他问的第一个问题往往都是实验结果能否重复。学生请他审阅的论文,他都逐字逐句地予以修改,连错别字和标点符号也不漏掉。

他善良宽厚,每年都有许多学生希望他评审论文、写推荐信,虽然自己承担的重要工作已经非常繁忙,但是只要有时间,他基本上有求必应,实在抽不出时间,他也会很认真地将学生的需求托付给其他合适的老师。作为学科带头人,周本濂还身兼许多重要的学术职务,为了满足各方面的需求,他要牺牲许多休息时间准备材料,对此,他总是任劳任怨,兢兢业业。

他真诚谦逊,乐于提携中青年科技人员。他主持过多项研究工作,其中有许多成果获奖或在国内外学术期刊发表，他总是把自己的排名放在后面。很多工作他不但提出而且解决了关键问题，只要不是他从头到尾做完的工作，他绝不会把自己的名字排在前面。他说："大家不忘记我出过主意，我就很满意了。"

周本濂是我国材料热物性能研究开拓者和学术带头人之一，1952年自清华大学毕业后到中国科学院金属研究所工作，历任助理研究员、副研究员、研究员、博士生导师，是金属所学术委员会第三届委员和第四、第五届副主任，享受国务院政府特殊津贴。他曾任中科院材料科学技术委员会委员，国家自然科学基金委员会学科评审组副组长，国家发明奖冶金组评审委员，S-863软课题研究专家等。1997年当选为中国科学院院士（技术科学学部）。

40余年的科研生涯，周本濂为我国材料科学、国民经济和国防建设做出了重要贡献，发表论文180余篇，被国防科工委授予"献身国防科技事业"荣誉证章。由于他在材料物理研究中做出的重要贡献，1996年获得了首届"桥口隆吉基金奖"。

回顾自己无怨无悔、坚守一生的科研生涯，周本濂时常说："我感到很幸运，自己的工作与国家光荣的使命相联系，从基本理论到与实验、工程相关的问题紧密地结合在一起。在这个过程中，我又有幸与一批高水平的科学家一起工作，在业务及科研方法和思想方法上，在科研作风和人格修养上都得到很多启发，这对我以后的工作产生了深远的影响。我的一生，是辛勤的一生，是拼搏的一生，有过坎坷，也有过欢乐，我无悔无憾。"

毕生奉献　精神永存

　　"数理深处寻创见，修废利旧抢时间，隐姓埋名二十载，论文发表在蓝天。"这是周本濂于 20 世纪 90 年代初写就的一段极富革命浪漫主义情怀的诗句。他说："1958—1978 年，我们隐姓埋名整整 20 年，其后虽然以基础研究的形式发表了部分内容，但仍处于半埋名状态。直到近年我们开始从理论和实验上研究热膨胀动态过程等固体的非平衡性质的基础性课题时，才能公开发表全部研究成果。不过每当我们看到祖国的航天事业取得新的进展时，总会感到出自内心的喜悦，因为在天上飞行的航天器里凝聚着我们 30 多年的诚挚奉献，我们以此为荣，以此为乐，并经常自豪地相互鼓励：'我们的论文首先发表在蓝天。'"改革开放以后，周本濂加入了中国共产党，成为一名中国共产党党员，实现了自己多年的追求与夙愿。

　　1998 年以后，周本濂的身体一直很虚弱，睡眠质量很差，但是第二天出现在单位的时候，又保持着精神矍铄的样子。1999 年，他应邀出国做学术报告，在出国签证的例行检查中，医生告知他心脏有问题，需要做彻底的检查、治疗，但他没有告诉身边的同事，仍然坚持工作。2000 年春节期间，他终因心脏病突然发作住院治疗，待到病情稍有缓解他就要求出院，还坚持去北京参加国家自然科学基金委员会的评审会议，在国际材料物理中心活动中做了长达两小时的学术报告。2000 年 5 月 18 日，他再次因病住院，许多同事都去探视他，见到大家，他也是只谈工作进展，不谈病情，住院期间还坚持完成了多份基金申请书的评审工作。2000 年夏天，辛勤一生的周本濂院士终因心脏病不治，溘然长逝，享年 69 岁。周本濂是一位把智慧和精力全部奉献给祖国的科学家,其杰出的科研成就、高尚的为人品格,被人们永远怀念。

周本濂院士去世后,曾跟随他一起工作的同事及同行专家何冠虎、郭敬东、董祥林等先后撰写纪念文章,庄严地表达追思与敬意,大家表示:"周本濂院士永远地离开了我们,我们要全力拼搏,努力完成周本濂院士没有来得及完成的工作,他对中国材料科学事业和金属所的发展做出的重大贡献将永远铭刻在我们心中,他对科研事业的执着追求和奉献精神将永远激励我们前进。"

周本濂院士毕生工作于中国科学院金属研究所,该所档案馆收藏着他生前从事科研的珍贵资料,其综合档案室网站整理刊发《周本濂生平简介》,笔者转述其中的一段文字:"在周本濂院士的领导下,金属所测试基地取得了令人瞩目的创新成就,如端点悬挂声频共振法测定弹性模量,克服了节点附近悬挂难以激发振动的困难,实现了 2 800 K 弹性模量的测量;石墨高温热导率测量中,设计了侧向小孔并给出了方程的解,实现了真实温度的测量,提高了测试的准确度;发展了中心发热体双试样纵向热流绝对法测定热导率,可较好地避免热损失;解决了烧蚀材料导热偏微分方程移动边界解析求解问题;提出了激光脉冲加热——降温法测定比热并获得成功;提出了单向加载实现复合材料双轴强度测量新方法;提出了试样边缘象单独分别进行光学放大测量薄膜热膨胀;等等。用这些思路完成的研究工作,有的已用于军工型号任务并获奖,有的已在期刊发表,有的已用于863 航天领域课题中。"珍贵的历史资料记载下周本濂院士等老一辈科技工作者辉煌的工作业绩,他们爱国担当、无私奉献的精神永远值得我们学习。

参 考 文 献

[1] 科学时报社.请历史记住他们——中国科学家与"两弹一星"[M].广州:暨南大学出版社,1999.

[2] 何冠虎,郭敬东. 创新奉献精神永存——悼念周本濂院士 [J]. 材料导报,

2000,14(8):75-76.

[3] 中国科学技术协会.中国科学技术专家传略·理学编·物理学卷.4[M].北京:中国科学技术出版社,2012.

[4] 江苏档案网.著名物理学家——周本濂[EB/OL].2004-04-15/2022-5-27.http://www.dajs.gov.cn/art/2004/4/15/art_279_17046.html.

[5] 钱伟长,干勇.20世纪中国知名科学家学术成就概览·化工、冶金与材料工程卷·材料科学与工程分册[M].北京:科学出版社,2015.

[6] 中国科学院金属研究所网站.周本濂生平简介[EB/OL].2022-05-27.http://www.imr.cas.cn/jgsz/glxt/sbgs/das/zmkxj_das/201712/t20171229_ 4924358.html.

[7] 杭州二中网站.杭州二中简介[EB/OL].2022-05-27.http://www.hz2hs.cn/article/detail/hz2z_6F6792FD36681A509C8C64AB9D87B8CC.htm.

为祖国需要做科研

——核化学化工专家朱永睿

朱永睿		1929—	

　　朱永睿(1929—　　)，安徽泾县人，核化学化工专家，中国工程院院士(1995)。20世纪50年代，他参加清华大学原子能和核化工专业的创建；20世纪60年代，参与领导研究溶剂萃取法核燃料后处理化学和工艺，为我国自力更生掌握这项尖端技术打下基础，及时满足了国防建设的需要，为"两弹一星"事业做出了重大贡献。

笃学进取　逐梦清华

　　1929 年 12 月 15 日,朱永瞻出生于上海,祖籍为安徽泾县黄田。家中先辈早年外出谋生。20 世纪初,祖父朱念陶在上海经营裕源纱厂。至朱永瞻父亲一辈时,家道日趋衰落,在日本侵华战争期间,更是遭受重创。朱永瞻曾回忆那一时期的家境:"1932 年 1 月 28 日日军进攻吴淞口, 父亲做地产亏了大本, 把家从租界迁到郊区闵行;1937 年 8 月 13 日日军侵占上海,全家又逃难到租界投靠亲戚,闵行的家被洗劫一空。经历抗战,生活一年比一年艰难,但'穷虽穷,还有半担铜',尚未落到衣食无着的地步。"

　　朱永瞻的父亲朱慕劬毕业于上海法政学院, 母亲邢蕴芬出身世家,系南浔邢氏,读过书,上过中学。朱永瞻是家里四兄妹中的老大,即使在最艰难的日子里,父母仍然坚持送他去学校接受良好的教育。自初中预科直至高中毕业,朱永瞻一直就读于上海著名的南洋模范中学,积累了十分扎实的学习基础。1947 年他高中毕业,考取了上海同学都十分向往的清华大学。那时正是国内解放战争局势紧张之际,清华大学所在地北平与上海之间铁路不通,朱永瞻与同学结伴辗转北上。刚进清华时,他填报的是电机系,后因名额已满临时转到化学系,这一转决定了他一生的事业之路。

行以求正　学有所成

在清华园,朱永䁔感受到了与上海的商业社会及市民家庭大不相同的气氛。当时的清华大学聚集着诸多文化和科学大师,除了本系的张子高、高崇熙、黄子卿、张青莲、冯新德等,他还有幸听到了钱三强、赵访熊、陈岱孙、吴晗等先生的课,浓厚的学术环境更加激发起他对科学的强烈追求。当时正值全国解放的前夕,民主学生运动一浪高过一浪,朱永䁔还在南洋模范中学读高中时,就曾在进步同学的引导下,参加了地下党的外围组织,清华大学时期,他在思想上和行动上更加积极地追求进步。多年以后,朱永䁔还清楚地记得:1948年冬,清华解放当晚,自己在化学馆底层值班护校,半夜听到枪炮声由北往南绕过了清华园,几天后,他和同学步行几十里到玉泉山前石牌坊旁村庄里找到解放军指挥部慰问,还为他们写安民告示。

朱永䁔1951年大学毕业被留校任教,跟随张青莲先生,担任无机化学课的助教。1952年全国院系调整,他继续留在清华,在张子高先生领导的普通化学教研组从事工科大学化学教学工作。这时,他对自己的要求更加严格,每天的时间都安排得很满,除了教学,还加班加点自学,重点弥补自己感觉存在不足的知识点,精益求精,使自己的专业基础得到进一步的巩固。

1955年,中国开始发展自己的原子能工业,在北大和清华首次设立了原子能专业。作为年轻教师,朱永䁔于1955年底调入正在筹建中的清华大学工程物理系,准备放射化学课,后来发展成为放射化工专业、人工放射性工艺专门化、工程化学系。沿着这条路线,朱永䁔进入了核化学化工领域,从事科研、教学半个多世纪,工作内容一直与我国核工业及国防工业紧密相连。

自强不息　创新担当

辐照后的燃料后处理过程是构成核燃料循环不可缺少的一个环节。我国的后处理事业于 1956 年在苏联的援助下从沉淀法起步，为了制得武器级的钚，国家准备上马苏联的沉淀法流程，但此方法分离效果差、收率低，还会产生大量放射性废水。有关研究和设计单位做了多年工作，仍难以实施。与此同时，朱永䁆等专家率先认识到了萃取法流程的先进性，并于前期做了大量的基础工作，领导部门了解到情况后，决定改用萃取法的工艺路线来建造我国的核燃料后处理厂。此举为我国自卫性核武器建设赢得了宝贵的时间。1968 年，为氢弹提供了钚装料。当 1970 年开始签订《核不扩散条约》、1971 年我国恢复在联合国的合法席位时，中国在核武器上已和美、英、法、苏平起平坐，是铀弹、钚弹、氢弹都有的核大国了。

大型丛书"当代中国"中记述了中华人民共和国成立后 30 多年中国建设和发展的历史过程和经验，其中《当代中国的核工业》由中国社会科学出版社出版，书中对"后处理"的工艺抉择及清华大学和朱永䁆等专家作为主要参与者对萃取法的探索与研究应用等史实有专门的记载：

"在萃取法的研究方面，清华大学做了相当多的早期探索工作，早在 50 年代后期，该校工程物理系的放射化工教研组与稍后成立的人工放射性元素化学工艺学教研组（后均转至工程化学系）的科研人员，在汪家鼎教授、滕藤副教授的带领下开展了广泛的实验室研究……这些先行探索对我国后处理工艺的改变起了促进作用……

1964 年 12 月 11 日，二机部正式下达通知，'已动工的按沉淀法设计的中间试验工厂停建,加速萃取工艺研究设计工作'。至此,沉淀法工艺被彻底甩掉,中国后处理事业沿着萃取法工艺路线前进……临近年底(1964年),关于进行萃取法小型热试验的任务正式下达。这一试验内容新(属国内创举),放射性强、技术复杂,并且时间要求紧。为了加强领导,统一部署,更好地集中各方面的力量,从原子能所、清华大学、设计院和后处理厂抽调人员,在清华大学朱永睴副教授,原子能所林漳基、罗文宗等人的带领下,在原子能所先后组成了两批(共81人次)技术攻关突击队……终于在九月底(1966年)超额完成了14次热试验任务。"

20世纪60年代,正是我国国防事业飞速发展,大力研究核武器的关键时期,核燃料后处理,即提取核材料钚的技术,在当时国内没有研究先例、国外对此严格保密的前提下,掌握它的唯一途径是通过自学、科研与实践。多年以后,回忆"磷酸三丁酯萃取法"这一研究目标的确立,朱永睴真诚地说:"当时我们并不知道国家在做什么,只是认为我国需要研究和掌握此先进技术。"显然,这一研究成果所发挥出的重大作用是始料未及的,也真切地反映出老一辈科技工作者爱国担当、积极作为、勇于攀登、创新创造的自强精神和进取风貌。这一研究成果获1978年全国科学大会奖"重大科技成果奖"。

初心不渝　孜孜以求

　　对于祖国的发展与进步,朱永䁖始终充满着责任感和使命感。从 1990 年到 2007 年,他本人或与汪家鼎院士等联名,先后 5 次给中央或部委领导写信,呼吁并请求支持清华大学核燃料循环后端学科专业发展和高放废液分离超铀元素技术发展,还于 2005 年写信给清华大学校长,呼吁和建议恢复核燃料后处理专业本科招生和教学。他热爱祖国、关心国家发展、关注核能事业的拳拳之心和战略上的远见卓识跃然纸上。

　　20 世纪 70 年代末,随着核能发电的发展进步,朱永䁖认识到核废物处理和处置的必要性和紧迫性,他带领的科研团队经过十多年的努力,研究成功处理高放废液的中国 TRPO 流程, 被国际同行评价为世界上两个由高放废液分离锕系元素的最佳流程之一。这一研究成果获得 1993 年国家自然科学奖三等奖、1998 年国家技术发明二等奖, 取得中国发明专利。20 世纪 80 年代后期,朱永䁖承担 863 计划能源领域高温气冷堆项目的钍铀燃料循环课题,研究高温气冷堆钍燃料后处理的工艺和装备,论证了技术可行性,为我国钍的利用增添了技术储备。其中"高温气冷堆钍铀燃料后处理溶剂萃取工艺"获 1990 年中科院科技进步奖二等奖;"高温气冷堆石墨元件后处理首端燃烧系统冷试验研究" 获 1996 年中国核工业总公司科技进步奖二等奖。1993—1994 年,朱永䁖研究发现二烷基二硫代磷酸对于从锕系元素中萃取镅有很高的选择性,用不多级的逆流萃取即可达到很高的分离效果。这种方法被国际同行评为中国研究在本领域中的最重要贡献,取得中国发明专利。

1995 年，朱永䁝当选为中国工程院院士（化工、冶金与材料工程学部）。1999 年，获何梁何利基金科技进步奖。

淡泊名利　务实求真

　　在科研上，朱永㙞是出了名的认真和严谨。每一次进实验室，他都要认真地换好工作服，每个实验结果、每个研究结论，他都不会轻易放过，有些关键性的实验一定要亲手做了才放心。他说："我是一个实验工作者，几十年来一直亲自做实验，重要的实验事实更不放过。实践出真知，我想是不假的。"他强调实验数据要经得住推敲与验证，并教导学生说："研究数据要可靠，结论要实事求是，评价要留有充分的余地，绝不说过头话。"德国科学家曾对他提出的锕系与钢系元素的分离方法的实验数据同国外其他专家的实验结果逐一进行验证，结果完全重复了他的实验结果，认为他的实验结果最具说服力。2004年，朱永㙞撰文《记核研院我参与取得成功的几项研究》，在文章最后，他总结了四点感想：一是重要科研选题要瞄准本学科发展前沿和我国经济社会发展进程中遇到的重要课题；二是要关注国内外科技动态，吸取先进成果，根据我国实际，有所发明，有所创造；三是要十分重视实验工作，要亲自动手，提高严谨性；四是认为工程科技研究的目的是应用，对于在当时尚未付诸实施、还处于不同程度的实验室研究阶段的几项研究，提出了要发扬团队精神，促其工业规模实现，为我国乃至世界核能事业做出贡献。

　　对于飞速发展的计算机和信息业，朱永㙞有着更清醒的认识。他说："现在科技发展很快，可以搞计算机模拟，有很多软件，信息业也很发达，可以通过计算机检索，很快收到很多有关资料，这大大提高了我们研究工作的效率。但是，这并不等于说只需要用模型、只需要用软件去搞研究，不需要去做实验了。不通过自己的科学实验，不可能掌握 know-how。"他在《祝贺核研院院庆》(2004年) 一文中写道："希望年轻同志努力工作和学习，不断提高知识的深度和广度，改进知识结构，密切关注国内外科技动向，深入科学实验和工程技术开发第一线，厚积薄发，开拓创新。"

朱永䁖数十年追求科学、严谨治学，毫无保留地将才智与精力奉献到祖国从无到有的核能事业中，贡献卓著却谦逊自省。他强调务实求真是做学问的本分，更是做人的底线，并坚持认为自己只是在核化学和化工领域有所建树，从不因为自己是院士而表现得无所不能。在他65岁成为院士时，只保留有核研院学术委员会主任一项职务。1997年，中国核学会核化学分会改选，他坚决辞去副理事长职务，让位给年轻的同志。对于一些单位和个人邀请他去做评委或提供专业推荐，如果他认为自己确实对这一领域不了解，他就真诚地说明情况，委婉拒绝。对于"学问"，他也从不装老好人，有一次，他接到一家单位送去请他评阅的一份博士论文，当发现其中存在一些问题时，就退回去了。

名和利面前，朱永䁖一直表现得淡泊与率真，而摆脱了名利的缠绕，正可以全身心地投入于科研中。他所完成的科研项目都是国家急需、世界同行公认的前沿课题，他所领导的科研项目都是一步一个脚印，踏踏实实地干了一二十年，最终取得令人瞩目的科研成果，丝毫没有好高骛远、急功近利的追求。他常教导学生说："人是应该有精神的，作为科技工作者，就应该有献身科学的精神，科学研究不仅是艰巨的劳动，而且往往没有直接的名利效应，我们的博士生应该摆脱庸俗，成为具有高尚情操的人。"

尊师重教　薪火相传

　　朱永瞡曾多次撰文,回忆和纪念自己的老师们,字里行间自然而然地流淌着对母校老师的尊敬、爱戴和景仰。1991 年,他以《怀念》为题撰文,向已经故去的冯新德先生和师母叶学洁先生表达悼念、缅怀与感激之情。文中真挚地写道:"现在我们这些学生也垂垂老矣,想起当年先生、师母的关心教育,仍历历在目。"2001 年,在纪念我国著名化学教育家高崇熙教授百年诞辰之际,他撰文《怀念严师高崇熙先生》,感恩老师对自己的培育与教诲,文中写道:"高先生离开我们已经快五十年了,我们从一个不谙世事、不懂科学的青年,投身到祖国社会主义建设也已五十年了,我们能为祖国、为人民做一些贡献,大学教育实是关键一环,故无不是高先生教育培养的结果。"2003 年是张青莲教授九五华诞之年,朱永瞡撰文《记敬爱的老师张青莲先生》,回忆跟随老师学习的快乐时光,感谢老师的启蒙与教诲,祝愿老师健康长寿。

　　作为清华大学核能与新能源技术研究院教授,朱永瞡一边在科研领域里耕耘不辍,一边也担负着大量的教学任务,培养了一批又一批年轻学子。20 世纪 50—60 年代从事"磷酸三丁酯萃取法"研究时,没有专职的科研人员,参与研究的还有从 1959 年下半年起直到 1966 年上半年的各届毕业班学生,老师带领着学生们"真刀真枪"做毕业设计和毕业论文。1961 年以后还有研究生紧密结合研究任务做研究论文,不仅产出了高品质的成果,还培养了 200 多名本科毕业生和 10 余名研究生,他们中的很多人后来亦成为我国核能领域各条战线的领导和骨干。在学生们的印象中,朱先生有着强烈的事业心。

朱永䠋利用下实验室的机会多和年轻人接触，并经常和学生们一起讨论问题。他指导研究生做研究论文，从文献调研开始，到制定实验方案、进行实验、整理和总结实验结果，一直到论文撰写，等等，每一步都给予精心的指导，论文完成后还专门请同行专家审阅论文。当得知学生论文评优的结论时，他总会洋溢着由衷的喜悦，令学生深受感动，以至于在多年以后仍然记忆犹新。

朱永䠋强调科学求实，亦十分重视对学生科学作风的培养和教育。20世纪90年代"胡黎明抄袭"事件发生后，他亲自将报纸上有关这一事件的报道和杂志上刊载的吴阶平先生在西安做的关于《青年科技工作者怎样成才》的报告文稿等复印下来，发给每一个学生，要求大家以此为鉴，不蹈覆辙。曾做过朱先生本科生、研究生，并协助他指导过博士研究生的焦荣洲研究员说："我们从切身的工作经历中深切体会到朱先生的敬业精神，前瞻性的学术思想，脚踏实地和严谨的科学作风，虚怀若谷的胸怀，比国宝还珍贵。我们从朱先生那里学到了开启精神财富宝库的良方。"

朱永䠋重视教育，亦对人才辈出充满期待。1999年，他获得"何梁何利"奖励之后，就用其设立了优秀核能奖学金，鼓励核能事业后继有人。2003年，朱永䠋欣然接受来自家乡的泾县电视台的采访，当节目中谈到"振兴经济的长远发展最为关键的问题"时，他说："要好好地抓教育，重视人才这个大问题，教育是根本大计，人才是关键，教育工作抓好了，人的素质提高了，就会出人才，这恐怕是最重要的一条。"他在镜头前深情地展示了自己亲手书就的两句清华老校训——自强不息，厚德载物。他说："我觉得这话对青少年是很有用的。"他寄语家乡的孩子们："要发奋学习，打好基础，努力成才，要十分注重培养良好的道德情操，爱自己的国家、爱自己的家乡、爱自己的人民，做一个将来对国家、对社会、对人民有贡献的人。"

2009年，欣逢朱先生八十华诞，清华大学出版社隆重出版《永为有益之事——朱永䠋院士八十华诞纪念文集》，清华大学核能与新能源技术研究院(核研院)院长张作义先生为文集作"序"。他说："朱永䠋一向谦虚谨慎，平易近人,淡泊名利,虚怀若谷,老一辈知识分子的高尚品德在他身上体现得淋漓尽致。他在为人、为学、为师、为业等各个方面为我们树立了典范。"

参 考 文 献

[1] 清华大学核能与新能源技术研究院.永为有益之事——朱永䁱院士八十华诞纪念文集[M].北京:清华大学出版社,2009.

[2] "当代中国"丛书编辑部.当代中国的核工业[M].北京:中国社会科学出版社,1987.

[3] 中国科学技术协会.中国科学技术专家传略:理学编:化学卷3[M].北京:中国科学技术出版社,1999.

[4] 贾基业."两弹一艇"人物谱:与国家命运结缘的人们[M].北京:中国原子能出版社,2016.

[5] 王景福.名人光辉映日月[M].合肥:安徽大学出版社,2007.

资 料 索 引

中国知识分子的杰出代表——核物理学家邓稼先

序号	题名	编著者	出版/发表
1	当代中国的核工业	"当代中国"丛书编辑部	中国社会科学出版社 1987.04
2	中国科学院院士自述	中国科学院学部联合办公室	上海教育出版社 1996.05
3	邓稼先传	许鹿希、葛康同、邓志平、邓志典	安徽人民出版社 1998.06
4	中国科学技术专家传略·理学编·物理学卷.2	中国科学技术协会	中国科学技术出版社 2001.01
5	两弹一星:共和国丰碑	解放军总装备部政治部	九州出版社 2000.04
6	20世纪中国知名科学家学术成就概览·物理学卷·第二分册	钱伟长(总主编)、陈佳洱(本卷主编)	科学出版社 2014.10
7	邓稼先传	许鹿希、邓志典、邓志平、邓昱友	中国青年出版社 2014.11
8	沉痛悼念邓稼先同志	计算物理编辑委员会	计算物理 1986年 04 期
9	邓稼先对祖国的贡献永垂史册——张爱萍在邓稼先同志追悼会上致的悼词		计算物理 1986年 04 期
10	"两弹"元勋邓稼先	顾迈南	瞭望周刊 1986年 25 期
11	邓稼先的情操	顾迈南	瞭望周刊 1986年 26 期
12	邓稼先在最后的日子里	顾迈南	瞭望周刊 1986年 33 期
13	学习邓稼先同志	蒋心雄	瞭望周刊 1986年 33 期
14	核火(核工业部第九研究院院长邓稼先和他的事业)	钱钢	人民文学 1987年 03 期
15	著名核物理学家邓稼先	唐廷友	物理 1992年 05 期
16	邓稼先	杨振宁	科学 1994年 05 期
17	纪念邓稼先诞辰 70 周年	吴水清	大学物理 1994年 12 期
18	邓稼先	杨振宁	科技文萃 1995年 05 期
19	中国氢弹之父——邓稼先	千里景亮	人才开发 1997年 10 期
20	中国核武器内幕之五 中国的"原子弹之父"——邓稼先轶闻	田齐	大科技 1998年 Z1 期
21	两弹元勋邓稼先		航空史研究 1998年 04 期
22	"两弹"元勋——邓稼先		惯性世界 1998年 04 期
23	邓稼先遭受核辐射内幕	卢秀华	科学与文化 1999年 03 期

续表

序号	题名	编著者	出版/发表
24	怀念两弹元勋邓稼先院士	何伯良	科学中国人 2000 年 02 期
25	永恒的骄傲——怀念邓稼先	杨振宁	科学新闻 2001 年 42 期
26	邓稼先:干敏科学技术奖简介		中国科技奖励 2001 年 04 期
27	此情绵绵无绝期——访"两弹元勋"邓先生的夫人许鹿希	钱续坤	党史纵览 2003 年 02 期
28	至今热血犹殷红——缅怀"两弹一星"英雄邓稼先	何皖	国防科技工业 2003 年 09 期
29	弟弟眼中的"两弹一星"邓稼先——邓稼先胞弟谈稼先	陈红,辛闻,寒刺儿	晚报文萃 2003 年 10 期
30	张爱萍与邓稼先	许鹿希	神剑 2004 年 04 期
31	让邓稼先精神发扬光大	高潮	现代物理知识 2004 年 04 期
32	邓稼先轶事	许良廷	党史纵览 2004 年 07 期
33	"两弹元勋"——邓稼先	赵新义	国防科技工业 2005 年 03 期
34	邓稼先是他的勋章		神州 2006 年 Z1 期
35	邓稼先与许鹿希二十八年的两地相思情	林荷	党史纵横 2007 年 10 期
36	致敬最闪亮的"星"	钱丹	新华每日电讯 2020-09-18
37	邓稼先与许鹿希二十八年的两地相思	林荷	今日科苑 2007 年 23 期
38	缅怀"两弹元勋邓稼先	张开善	中共党史资料 2009 年 02 期
39	邓稼先的杰出品学	张开善	神剑 2009 年 05 期
40	邓稼先:永恒的骄傲	天津电视台《中国人》栏目组(供稿)	中国电视(纪录) 2009 年 06 期
41	邓稼先:比一千颗太阳还亮	本刊编辑部	发明与创新综合版 2009 年 10 期
42	邓稼先"两弹元勋"		创新科技 2009 年 10 期
43	突破"禁区"采访邓稼先	顾迈男	百年潮 2009 年 12 期
44	"两弹元勋"邓稼先的凡人生活	陈和平	四川统一战线 2010 年 01 期
45	没有"二十八星宿",只有星辰大海——从纠谬原子弹理论突破中一则故事说起	郑悦萍,吴明静	中国科学报 2020-10-15
46	邓稼先:为中国"两弹"大漠埋名	程秀龙	党史文汇 2010 年 06 期
47	邓稼先与杨振宁	金宝山	名人传记 2010 年 08 期
48	两弹元勋邓稼先的求学路	刘少才	劳动保障世界 2010 年 10 期

续表

序号	题名	编著者	出版/发表
49	共和国脊梁之邓稼先:隐埋埋名三十年的两弹元勋	完颜亮	党史博采(纪实)2012 年 08 期
50	选择 传奇劳模画传·邓稼先传	本刊编辑部·车辉	当代劳模 2012 年 09 期
51	邓稼先:"两弹元勋"九江婿	胡帆	大江周刊 2012 年 23 期
52	邓稼先:"从娃娃博士"到"两弹"元勋	于智伟	现代工业经济和信息化 2012 年 21 期
53	邓稼先	杨振宁	军工文化 2013 年 01 期
54	"中国原子弹之父"说考论	黄庆桥	自然辩证法研究 2013 年 11 期
55	"两弹元勋"邓稼先传奇人生:埋名戈壁 28 年	黄小坚	今日科苑 2013 年 24 期
56	邓稼先:我国科学技术界的杰出代表	高潮	现代物理知识 2014 年 04 期
57	邓稼先:许身国威壮河山	许鹿希、邓志典、邓志平、邓昱友	神剑 2014 年 05 期
58	功昭千秋邓稼先——纪念邓稼先诞辰 90 周年	魏红	中华魂 2014 年 08 期下
59	"共藏多少意,不说两相知!"——许鹿希怀念邓稼先	叶娟	中国核工业 2014 年 12 期
60	邓稼先 1924.06.05—1986.07.29	许鹿希	科学家 2015 年 12 期
61	我和稼先两相知		党史纵览 2016 年 06 期
62	邓稼先小传		今日科苑 2016 年 10 期
63	科学的历程·人物 邓稼先	驭曦	新湘评论 2016 年 12 期
64	邓稼先家风:为国奉献 简朴生活	唐蕊	中国纪检监察 2016 年 15 期
65	邓稼先院士:许身国威壮河山	童璟	今日科苑 2017 年 01 期
66	邓稼先家风:为国奉献 简朴生活	林文剑	福建党史月刊 2017 年 04 期
67	世事烟云近百年 忆父亲邓以蛰、弟弟邓稼先	邓仲先	人民周刊 2017 年 05 期
68	邓稼先:大漠深深寄相思		保密工作 2017 年 07 期
69	邓稼先 追忆两弹元勋的低调人生	汪凯凡	科学家 2017 年 19 期
70	邓稼先 丁却报国之志		军工文化 2018 年 07 期
71	探访"邓稼先故居"里的许鹿希先生	杨新英	军工文化 2019 年 03 期
72	邓稼先的二十元奖金	王振云	万象 2019 年 28 期
73	杨振宁谈邓稼先	黄艳	百年潮 2019 年 08 期
74	突破"禁区"采访邓稼先	顾迈男	中国记者 2019 年 10 期

续表

序号	题名	编著者	出版/发表
75	邓稼先曾向于敏传授"钓鱼"心得	梧桐	廉政瞭望(上半月)2019年12期
76	邓稼先与许鹿希的旷世爱情	王荆棘	记者观察 2019年16期
77	邓稼先"把"着捧裂的原子弹	付宇	物理教学探讨:高中学生版 2009年6期
78	邓稼先与杨振宁:跨越半个世纪的友情	金宝山	人民周刊 2019年22期
79	大姐眼中的邓稼先	李秀明,周山	中国工商报 2002-12-18
80	杨振宁与邓稼先 饶毅与朱清时	山峰	光明日报 2003-04-11
81	安徽教育出版社隆重推出《邓稼先文集》《邓稼先图片传略》		光明日报 2004-04-01
82	"两弹"功勋邓稼先	彭继超	大众科技报 2004-09-02
83	"中国男儿,要将只手撑天空" 杨振宁追忆邓稼先	顾淑霞	新清华 2004-10-15
84	"两弹"元勋邓稼先	省委党史研究室(供稿)	安徽日报 2005-04-04
85	九三学社中央召开纪念学习邓稼先座谈会	戴红	团结报 2006-08-03
86	成都编剧打造电影《邓稼先》	卫昕	成都日报 2008-11-15
87	《邓稼先》人民大会堂开机	甘文瑾	中国电影报 2008-11-20
88	铸就新时代国家脊梁	肖小红	四川科技报 2020-11-11
89	国庆60周年献礼片《邓稼先》热拍	张怡	中国电影报 2009-01-01
90	《邓稼先》揭幕大学生电影节	何晓诗	中国电影报 2009-04-09
91	第16届北京大学生电影节隆重开幕	何晓诗	中国电影报 2009-04-09
92	10部影片同贺共和国华诞	向兵	人民日报海外版 2009-04-15
93	专家学者盛赞《邓稼先》	孙华迪	中国电影报 2009-04-23
94	《邓稼先》:"强国梦"的悲壮诗章	黄武宪	人民日报 2009-04-30
95	《邓稼先》江苏首映 打响头炮	汪景然	中国电影报 2009-05-21
96	《邓稼先》:伟大功业下的朴实人生	汪宜文	中国电影报 2009-05-28
97	《邓稼先》的人物魅力和信仰传承	张卫	中国电影报 2009-05-28
98	邓稼先:有方向的人生	高山	新华每日电讯 2009-09-15
99	"普通人"邓稼先	程恳	团结报 2020-12-17
100	"两弹一星":一笔巨大的精神财富	葛永坤	绵阳日报 2011-03-04

续表

续表

序号	题名	编/著者	出版/发表
127	课本里的劳动者	方莉	光明日报 2020 - 04 - 26
128	在心中根植榜样之树——评《邓稼先:腾空而起的蘑菇云》	张家鸿	中国新闻出版广电报 2021 - 01 - 28
129	探访中国两弹城	付筱菁	中国纪检监察报 2020 - 08 - 03
130	弘扬老一辈科学家精神	贾宝余	学习时报 2020 - 09 - 16

开辟天路的"总师"——航天技术与液体火箭发动机技术专家任新民

序号	题名	编/著者	出版/发表
1	当代中国的航天事业	"当代中国"丛书编辑部	中国社会科学出版社 1986.06
2	中国现代科学家传记 第一集	《科学家传记大辞典》编辑组	科学出版社 1991.03
3	当代中国的国防科技事业(上)	"当代中国"丛书编辑部	当代中国出版社 1992.10
4	中国科学院院士自述	中国科学院学部联合办公室	上海教育出版社 1996.09
5	中国航天技术专家传略:工程技术编:航空航天卷(1)	中国科学技术协会	国防工业出版社 1999.08
6	情系太空——中国导弹、卫星、运载火箭和飞船的开拓者任新民	吴树利、朱钰华	人民出版社 2013.06
7	任新民传记《《中国航天院士传记系列》》	谭邦治	中国宇航出版社 2014.01
8	任新民传(共和国科学拓荒者传记系列)	谭邦治	中国青年出版社 2016.02
9	辞海(第七版)(彩图本5)	陈至立	上海辞书出版社 2020.08
10	《宇航学报》编辑委员会正式成立	编辑部	宇航学报 1982 年 03 期
11	中国宇航学会第二次全国代表大会在北京召开	傅炳辰	宇航学报 1985 年 02 期
12	李鹏总理会见卫星与应用学术研讨会的代表 该发展我国的航天事业	朱庆林	宇航学报 1989 年 04 期
13	中国航天高技术报告会在京举行	肖沈	世界导弹与航天 1991 年 02 期
14	有关出口禁运阻碍中美商用发射卫星的谈判	春来	国外空间动态 1992 年 01 期
15	我国航天事业的拓荒者	郑坚坚	江淮文史 1993 年 03 期
16	献身航天事业的传奇老人任新民	刘思燕	航天 1998 年 02 期
17	中国火箭发动机专家——任新民	谈天	质量与可靠性 2000 年 02 期
18	中国载人航天工程决策实录	朱增泉、左赛春	决策与信息 2003 年 12 期
19	架设桥梁 促进交流 中国宇航学会工作纪实	郗秀青、何婉言	国防科技工业 2005 年 Z1 期
20	从"两弹一星"到载人航天——"两弹一星"元勋任新民访谈录	本刊特约记者	百年潮 2006 年 05 期
21	陈赓大将与中国的导弹事业	郭德宏	党史博览 2006 年 07 期
22	一代天骄开天路——记中国航天元勋任新民	李福林	航空知识 2006 年 11 期
23	"火箭亚父"任新民	杨昌述	世纪 2007 年 06 期
24	一个总师的传奇 "两弹一星"元勋任新民	刘思燕	神州 2008 年 10 期
25	人民不会忘记 共和国不会忘记——"两弹一星"科学家实录	王建柱	党史纵览 2009 年 10 期

续表

序号	题名	编著者	出版/发表
26	中国航天的传奇奋斗史——专访中国科学院院士任新民	廖芳芳	卫星与网络2010年11期
27	"两弹一星"系列人物之二:朱光亚、孙家栋、任新民		军工文化2014年08期
28	秘而不宣的"921"工程	梁东元	晚报文萃2014年19期
29	历尽艰辛风雨兼程新中国——任新民的爱国梦	朱钰华、吴树利	神剑2015年01期
30	关于东风四号要不要取消的一场争论	胡溪涛	太空探索2016年08期
31	任新民的强国梦	朱钰华、吴树利	神剑2019年03期
32	任新民:一生只干了航天这一件事	葛慧颖	军工文化2017年02期
33	任新民与中国航天	王建蒙	神剑2017年02期
34	任新民:航天一生		保密工作2017年03期
35	任新民:航天"总总师"	苏晓禾	太空探索2019年02期
36	任新民:深入一线 自主研制	谭邦治	太空探索2017年04期
37	任新民:革命受挫 苦苦求索	谭邦治	太空探索2019年05期
38	任新民的飞天梦	朱钰华、吴树利	神剑2020年04期
39	"两弹一星功勋奖章"获得者任新民	谭邦治	光明日报2002-06-20
40	宣城市领导带队赴京征集名人档案	王元琪	中国档案报2004-10-21
41	任新民:"一辈子只干这一件事"	郑晋鸣	光明日报2005-10-11
42	心系"飞天"情缘大地	王燕	人民政协报2005-12-08
43	任新民筑通天路的人	洪波、李跃波、胡跃华	安徽日报2006-04-20
44	庆祝中国航天事业创建50周年	杨建、索阿娣	中国航天报2006-10-13
45	开天辟地 创建航天基业	黄琦	中国航天报2006-10-08
46	老专家喜听辉煌业绩	索阿娣	中国航天报2007-02-16
47	"航天"导弹"两个词是钱学森发明的	高博、陈瑜	科技日报2009-11-04
48	倚天铸剑破苍穹	蒋建科、余建斌	人民日报2011-06-05
49	先生远去,航天领域呼唤"科技帅才"	王娟、陈龙	中国航天报2012-01-31
50	航天传奇任新民	郝俊	中国科学报2013-10-11
51	学习任老品格 建设航天强国	陈龙、刘准宇	中国航天报2015-12-09

续表

序号	题名	编/著者	出版/发表
52	难忘峥嵘岁月 崇高风范尽展	陈龙	中国航天报 2015-12-09
53	百岁任新民 中国航天的总总师	黄希	中国航天报 2015-12-09
54	刘云山看望著名科技专家		人民日报 2016-01-27
55	中国火箭"长征"之路从这里起步	付毅飞	科技日报 2016-04-23
56	从曙光号到神舟号——我国载人航天工程正式立项	左赛春、贺喜梅	中国航天报 2016-10-08
57	"我一生只干了航天这一件事"	邹雅婷	人民日报海外版 2017-02-14
58	一生铸就火箭传奇	张蕾	光明日报 2017-02-14
59	任新民:一世纪传说奇事 一甲子航天情	崔恩慧	中国航天报 2017-02-17
60	千人送别中国航天"总总师"	蒋欣、张沟斌	中国青年报 2017-02-17
61	任新民同志送别仪式在京举行	崔恩慧	中国航天报 2017-02-17
62	任新民一生只干了航天这一件事	李玉坤	新京报 2017-2-19
63	任新民:百岁航天第一人	王建蒙	北京日报 2017-02-21
64	任新民:不只是传说里的人	王嘉兴、蒋欣	中国青年报 2017-02-22
65	圆梦飞天之路的"总总师"	张新、邹维荣、赵艳斌	解放军报 2017-03-17
66	没有他,就没有"中华慧眼"	牛彦元、刘锟	中国气象报 2017-03-24
67	飞天者,留下永生的爱与情	王建蒙	解放军报 2017-08-24
68	航天报国一甲子 长征迈入新时代	崔恩慧	中国航天报 2017-11-15
69	留一座丰碑在静止轨道上	孙喆	中国航天报 2019-09-11

初心无悔铸长剑——火箭与导弹控制技术专家黄纬禄

序号	题名	编著者	出版/发表
1	中国科学技术专家传略:工程技术编:航空航天卷(1)	中国科学技术协会	国防工业出版社 1999.08
2	创造奇迹的人们——中国"两弹一星"元勋	柏万良	湖北教育出版社 2001.05
3	两弹一星元勋黄纬禄	中国航天科工集团公司	中国宇航出版社 2012.03
4	见证中国核潜艇	杨连新	海洋出版社 2013.01
5	黄纬禄院士传记	黄道群	中国宇航出版社 2015.03
6	辞海 3(第七版)	陈至立	上海辞书出版社 2020.08
7	黄纬禄:千钧重压下敢拍板	付毅飞	科技日报 2019-12-17
8	中国潜射导弹总设计师 黄纬禄	任毓忠	航天 1999 年 04 期
9	黄纬禄·院士简介		系统工程与电子技术 2006 年 11 期
10	"两弹一星"元勋黄纬禄传记出版首发	郗秀青,韩宁	国防科技工业 2009 年 06 期
11	弹道无痕 雷震海天——航天二院举行"两弹一星"元勋黄纬禄传记首发式	韩宁,周武	太空探索 2009 年 07 期
12	黄纬禄·一生情牵"两弹一星"	贺坤	青岛画报 2009 年 12 期
13	勇士自疆场归来——追记"两弹一星"元勋著名火箭与导弹技术专家黄纬禄院士	王敏	军工文化 2012 年 05 期
14	百年梦想 航天传奇 追记"两弹一星"元勋黄纬禄	刘青山	国企 2012 年 06 期
15	"两弹一星"元勋黄纬禄		求是 2012 年 07 期
16	黄纬禄:导弹就是生命	王建柱	福建党史月刊 2012 年 17 期
17	黄纬禄:托举"巨浪"啸九天	杨元超,王乐萍	解放军报 2020-10-16
18	最牛学霸笔记:全英文工整如印刷体	Sophy	时代邮刊 2017 年 08 期
19	黄纬禄:开创固体战略导弹先河	苏晓禾	太空探索 2019 年 04 期
20	"巨浪一号"研制轶事	黄道群,张铁钧	太空探索 2020 年 07 期
21	关于"两弹一星"元勋黄纬禄请求留英时间考析	周帼,申晚营	天津师范大学学报(社会科学版)2021 年 01 期
22	"两弹一星"元勋黄纬禄传记问世	宋丽芳	中国航天 2009-06-04
23	"火箭老总"黄纬禄	金振蓉,袁于飞	光明日报 2011-12-01
24	毕生铸剑凌云志 雷震海天壮国威	中国航天科工集团公司党组	中国航天报 2011-12-01

续表

序号	题名	编著者	出版/发表
25	用全部生命写就"导弹人生"	宗文	中国航天报 2011-12-01
26	用生命书写导弹事业华章	陈仕正，付毅飞	科技日报 2011-12-02
27	社各界追思"两弹一星"元勋黄纬禄院士	付毅飞	科技日报 2011-12-19
28	先生远去，航天领域呼唤"科技帅才"	王娟，陈龙	中国航天报 2012-01-31
29	中国航天科工集团公司党组决定广泛开展向"两弹一星"元勋黄纬禄学习活动	科文，科讯，铁柱	中国航天报 2012-02-02
30	黄纬禄 惊雷海天 剑影贯长虹	明皓，锐珉	中国航天报 2012-02-02
31	我是一个"兵"	原春琳	中国青年报 2012-02-10
32	长空铸剑魂——追记"两弹一星"元勋黄纬禄院士	蒋建科	人民日报 2012-02-10
33	铸国防之盾 传民族之魂	付毅飞	科技日报 2012-02-10
34	雷震海天的大爱人生	张晓棋，宗兆盾，武铠	解放军报 2012-02-10
35	雷震海天腾巨龙——追记"两弹一星"元勋、著名火箭与导弹专家黄纬禄院士	李子阳	经济日报 2012-02-10
36	潜龙出水震海天——追记"两弹一星"元勋、著名火箭与导弹专家黄纬禄院士	邢宇皓	光明日报 2012-02-10
37	"假如有来生，还要搞导弹"	王敏	新华每日电讯 2012-02-10
38	爱国创新的时代先锋	本报评论员	人民日报 2012-02-10
39	深入学习黄纬禄同志先进事迹和崇高精神 为提高自主创新能力提供强大精神动力	吴晶晶	人民日报 2012-02-22
40	李长春调研中国航天科工集团公司	王娟	中国航天报 2012-02-23
41	把学习黄纬禄精神引向"三个结合"	圳融	中国航天报 2012-02-23
42	弘扬黄纬禄崇高精神 促进新四院科学发展	中国航天科工四院临时委	中国航天报 2012-03-20
43	"导弹人生"写忠诚	陈仕正	中国航天报 2012-07-03
44	蛟龙出海三十载 创新精神永传承	王娟，方圻	中国航天报 2012-10-16
45	"两弹一星"元勋黄纬禄	张泽民	扬州晚报 2012-10-12
46	"假如有来生，我还要搞导弹"	蔡姝雯	新华日报 2019-11-20

逐梦银河，造就中国"巨型机"——计算机专家、教育家慈云桂

序号	题名	编著者	出版/发表
1	中国现代科学家传记 第一集	《科学家传记大辞典》编辑组	科学出版社 1991.03
2	中国科学技术专家传略 工程技术编·电子·通信·计算机卷1	中国科学技术协会	电子工业出版社 1998.01
3	中国大百科全书（第二版）4	《中国大百科全书》总编委会	中国大百科全书出版社 2009.3
4	辞海（第七版）（彩图本1）	陈至立	上海辞书出版社 2020.8
5	慈云桂传	雷勇	国防科技大学出版社 2018.4
6	慈云桂：中国巨型计算机之父	吴锋	中国计算机报 2006-10-23
7	溯源中国计算机	徐祖哲	生活·读书·新知三联书店 2015.06
8	151-3/4大型计算机系统的特点	慈云桂	计算机学报 1981年01期
9	执令银河落九天	郑坚坚	江淮文史 1995年02期
10	首届慈云桂计算机科技奖金颁奖	李微	继续教育 1996年02期
11	妙算神机在"银河"——中国计算机事业的先驱慈云桂	赵阳辉	自然辩证法通讯 1999年第05期
12	喜气"银河"展翅飞——国防科大计算机学院发展纪实	曹光辉	湖南教育 2000年23期
13	慈云桂院士生平	吴泉源，刘明业	电气电子教学学报 2001年01期
14	银河巨星耀神州——记中国银河机研究群体的发展历程	振宇	湘潮 2003年第04期
15	慈云桂与中国巨型计算机之父慈云桂院士	周兴铭，赵阳辉	中国科技史杂志 2005年第01期
16	中国巨型机之父——慈云桂院士	刘端捷，王志英	计算机教育 2005年03期
17	首台晶体管通用计算机诞生记	王占波	中国计算机用户 2006年36期
18	飞越银河	任宇子	中国计算机用户 2006年47期
19	慈云桂：银河-I号总指挥	胡宏宇	高科技与产业化 2007年10期
20	银河疑是九天来——追忆中国巨型计算机之父慈云桂		发明与创新（综合版）2009年10期
21	国防科学技术大学 计算机科学与技术学科 简介	赵阳辉，陈方舟，温运城	计算机工程与科学 2015年03期
22	国之重器"天河"高性能计算机的先驱	赵阳辉	科学 2016年03期
23	慈云桂：中国巨型机的先驱	雷勇	湘潮 2017年10期

续表

序号	题名	编/著者	出版/发表
24	追记中国巨型机之父慈云桂	卢锡城，刘世恩	光明日报 2000 - 07 - 26
25	科学的生命在于创新 中国银河巨型计算机先驱慈云桂	赵阳辉	科技日报 2000 - 07 - 29
26	"银河"精神耀九州	续丰收	光明日报 2002 - 07 - 31
27	遥望银河忆巨星 记我国巨型计算机事业的开拓者慈云桂教授	卢锡城，刘世恩	人民日报 2000 - 08 - 18

毕生奋斗，为计算机的明天——计算技术专家董占球

序号	题名	编/著者	出版/发表
1	中国科学技术专家传略·工程技术编·电子.通信.计算机卷1	中国科学技术协会	电子工业出版社 1998.01
2	中国科学技术大学教授名录	中国科学技术大学	中国科学技术大学出版社 1998.09
3	中国科学技术专家传略·电子信息科学技术卷.2	中国科学技术协会	中国科学技术出版社 2006.10
4	20世纪中国知名科学家学术成就概览·信息科学与技术卷·第一分册	钱伟长（总主编）、金国藩（本卷主编）	科学出版社 2014.10
5	溯源中国计算机	徐祖哲	生活·读书·新知三联书店 2015.06
6	董占球——怎样"有了"？	蒋湘辉	每周电脑报 1999 年第 Z1 期
7	沉默的基石	宁肯	北京日报 2017 - 08 - 01

在有限的生命中追求创新、提高——金属物理与空间物理学家方正知

序号	题名	编著者	出版/发表
1	当代中国的核工业	"当代中国"丛书编辑部	中国社会科学出版社 1987.04
2	当代中国的国防科技事业（上）	"当代中国"丛书编辑部	当代中国出版社 1992.10
3	20 世纪中国知名科学家学术成就概览·能源与矿业工程卷·核科学技术与工程分册	钱伟长（总主编），杜祥琬（本卷主编）	科学出版社 2015.01
4	亲历者说"氢弹研制"	刘西尧、方正知、李德元等（口述），侯艺兵访问（整理）	湖南教育出版社 2017.11
5	科技强国，永垂青史——"两弹一星"座谈会纪要	中共中央党史研究室（沈传宝整理）	中共党史研究 2001 年 01 期
6	新中国 X 射线学的领行者——北京钢铁学院 X 射线学的创建与发展(1950—1963)	章梅芳，陈瑶	北京科技大学学报（社会科学版）2016 年 03 期

万物蕴理无尽时，功夫更在物理外——物理学家、自然哲学家何祚庥

序号	题名	编/著者	出版/发表
1	当代中国的核工业	"当代中国"丛书编辑部	中国社会科学出版社 1987.04
2	我是何祚庥	何祚庥	中国时代经济出版社 2002.11
3	做人做事做学问之道	何祚庥	云南教育出版社 2008.04
4	20世纪中国知名科学家学术成就概览·物理学卷·第二分册	钱伟长（总主编）、陈佳洱（本卷主编）	科学出版社 2014.10
5	书斋内外尽劳理——何祚庥口述自传	何祚庥（口述），贾珍珍（访问），刘敏锋（整理）	湖南教育出版社 2016.12
6	再论"基本"粒子演化假说——兼答何祚庥同志	唐孝威	科学通报 1975年06期
7	思想活跃 勇于探索——记理论物理学家何祚庥		物理教学 1986年03期
8	《辩证法史论稿》序	何祚庥	高校理论战线 1994年02期
9	建议开展"科教兴国"的重大战略措施的探索性研究	何祚庥、龚育之	学会 1996年09期
10	"两栖学者"——何祚庥	吴珺	人民论坛 1998年01期
11	何祚庥 穷究万物之理 心忧天下大事	许颜	科学中国人 1998年04期
12	科教兴国 先要国兴科教——与何祚庥院士一席谈	王屹	中国改革 1998年05期
13	寻求科学性与新闻性的统一——访中科院院士、理论物理学家何祚庥	周燕群、翟跃文	中国记者 1999年04期
14	21世纪人类将移民月球——何祚庥院士预测21世纪中国产业十大趋势	晓亚、仲华	当代经济 2000年01期
15	何祚庥院士呼吁大力促进磁浮列车的应用	北京市科协	引进与咨询 2000年03期
16	何祚庥在中南海的青春岁月	傅宁军	文史精华 2000年05期
17	解读何祚庥院士	朱奕	科学中国人 2000年09期
18	何园沧桑（上）——何汝持家族五代传奇	宋路霞	江淮文史 2004年01期
19	何园沧桑（中）——何汝持家族五代传奇	宋路霞	江淮文史 2004年02期
20	何园沧桑（下）——何汝持家族五代传奇	宋路霞	江淮文史 2004年03期
21	知识经济出现是历史的必然——访中国科学院院士何祚庥	姚咏梅	中外企业文化 2004年05期
22	何祚庥院士畅谈做人做事做学问	任荃	世界教育信息 2004年Z2期

续表

序号	题名	编/著者	出版/发表
23	争取30年内把中国水能资源开发完毕——中国科学院院士何祚庥访谈录	周双超、徐爱民、彭宗卫	中国三峡建设 2005 年 Z1 期
24	中国科学院院士何祚庥		经济与管理研究 2006 年 04 期
25	何祚庥：重建健康的学术生态系统	陈冶光	科技潮 2007 年 02 期
26	中国科学院理论物理研究所	欧阳钟灿	物理 2007 年 10 期
27	一位为理想而奋斗的理论物理学家——祝贺何祚庥先生八十寿辰	刘寄星	物理 2007 年 10 期
28	我们在中宣部科学处 黄青禾、黄舜娥先生访谈录	张藜、郑丹	科学文化评论 2009 年 04 期
29	共和国发明 60 年 访何祚庥院士何祚庥	王胜、小川	赤子 2009 年 Z1 期
30	王淦昌：科学研究是硬碰硬的事情	陈瑜	科技日报 2020 - 01 - 03
31	何祚庥：高技术产业化发展建议——专访中国科学院院士何祚庥	黄霞	中国科技投资 2012 年 01 期
32	追忆于敏院士：他永远是那个临门一脚的人	高雅丽	中国科学报 2019 - 01 - 22
33	何祚庥对氢弹理论和层子模型研究的贡献	刘磊、刘立、任安波	中国科学报 2016 - 07 - 18
34	在科学和宣传之间——何祚庥和他的科学	熊卫民	中国科学史杂志 2015 年 01 期
35	我所了解的何祚庥	刘钺锋	书屋 2015 年 10 期
36	AP1000 核电站：中国与美国同等安全	瞿剑	科技日报 2015 - 03 - 23
37	何祚庥先生从事物理学研究七十周年学术思想研讨会成功举办	庄辞	现代物理知识 2017 年 04 期
38	何祚庥：他属于科学，也属于哲学	周玉冰（文）、马启兵（图片整理）	安徽画报 2019 年 10 期
39	何祚庥推出反伪科学新著	陈复生	科技日报 2000 - 05 - 21
40	何祚庥谈反对伪科学	李永宁	人民日报海外版 2000 - 08 - 16
41	推进自然辩证法科学发展	吕立	光明日报 2002 - 02 - 26
42	何祚庥委员提出科技投入太少了	李粱、曲琛	新华每日电讯 2002 - 03 - 09
43	"牛眼"眼中的"院士之家"	何祚庥	光明日报 2003 - 02 - 18
44	反伪科学斗士何祚庥	甘社会	安徽日报 2003 - 03 - 19
45	发展能源和交通要有战略思维	郑千里	科技日报 2003 - 11 - 15
46	从生产力的视野看发展 中国科学院院士何祚庥访谈录	徐崚音	社会科学报 2003 - 12 - 04
47	中国科学院士何祚庥：生态文明建设要有具体举措	彭科峰、席芦可	中国科学报 2013 - 11 - 21

续表

序号	题名	编、著者	出版/发表
48	何祚庥:学术打假还应更严些	李大庆,陈磊	科技日报 2004 - 06 - 14
49	这是一组"不科学"的数字	李大庆	科技日报 2005 - 11 - 03
50	诚信是中小企业的生命线	瞿长福,白昌中	经济日报 2006 - 05 - 25
51	何祚庥院士到望江考察	詹永东	安庆日报 2007 - 03 - 19
52	中国科学院院士何祚庥:推动电动车绿色发展	杨亮	光明日报 2010 - 05 - 06
53	该如何评价我国快堆技术研发取得的成绩? ——与何祚庥先生商榷	周培德	科学时报 2011 - 03 - 02
54	抓紧发展第三代光伏发电技术——中国科学院院士何祚庥访谈录	崔书文,曾智泽,黄晓芳,王微微	经济日报 2012 - 09 - 17
55	中国科学院院士何祚庥:创新是中国经济发展新模式的核心	孙爱民	中国科学报 2013 - 01 - 30
56	中国科学院院士何祚庥:中低速磁浮列车适合城市轨道交通	孙爱民	中国科学报 2013 - 06 - 04

为我国第一颗原子弹爆炸"争速度"——化工科技专家黄昌庆

序号	题名	编/著者	出版/发表
1	秘密历程:记我国第一颗原子弹的诞生	核工业部神剑分会	原子能出版社 1985.10
2	当代中国的核工业	"当代中国"丛书编辑部	中国社会科学出版社 1987.04
3	《世界原子弹氢弹秘史丛书》中国原子弹的制造（修订本）	[美]约翰·W.刘易斯、[美]薛理泰（编著），李丁等（译）	原子能出版社 1991.08
4	天津市当代专家名人录 高等教育篇	武耀贤	天津人民出版社 1994.02
5	铺路石:李毅回忆文选	中国原子能科学研究院	中国原子能科学研究院 1997.4
6	我的一生	吴征铠	原子能出版社 2006.12

中国真空科学事业的开拓者——物理学家、真空技术专家金建中

序号	题名	编/著者	出版/发表
1	当代中国的核工业	"当代中国"丛书编辑部	中国社会科学出版社 1987.04
2	中国科学技术专家传略·理学编·物理学卷.2	中国科学技术协会	中国科学技术出版社 2001.01
3	中国科学技术专家传略:工程技术卷(2)	中国科学技术协会	中国科学技术出版社 2002.04
4	20 世纪中国知名科学家学术成就概览·物理学卷·第二分册	钱伟长(总主编)、陈佳洱(本卷主编)	科学出版社 2014.10
5	辞海(第七版)(彩图本 3)	陈至立	上海辞书出版社 2020.08
6	怀念金建中同志	达道安	真空与低温 1990 年第 04 期
7	业绩永驻 风范照人——怀念著名真空科学家金建中同志	达道安	真空科学与技术 1990 年第 04 期
8	著名真空科技专家金建中	唐廷友	物理 1990 年第 12 期
9	我国真空科技主要奠基者金建中院士诞辰百年活动在兰举行	孙理	兰州日报 2019－11－27

感悟大师风范,追随科技人生——火箭气动设计,空气动力学及渗流力学家孔祥言

序号	题名	编/著者	出版/发表
1	当代中国的航天事业	"当代中国"丛书编辑部	中国社会科学出版社 1986.06
2	中国现代科学家传记 第一集	《科学家传记大辞典》编辑组	科学出版社 1991.03
3	北大人	董耀会	书目文献出版社 1993.04
4	中国科学技术大学 教授名录		中国科学技术大学出版社 1998.09
5	钱学森与中国航天丛书:钱学森的科技人生	孔祥言	中国宇航出版社 2011.11
6	钱学森与中国航天丛书:钱学森的大师风范	王春河,陈大亚,刘登锐	中国宇航出版社 2011.11
7	20世纪中国知名科学家学术成就概览·力学卷·第二分册	钱伟长(总主编),郑哲敏(本卷主编)	科学出版社 2015.01

"九十九分不及格,一百分才及格"——自动控制,陀螺及惯性导航技术专家陆元九

序号	题名	编/著者	出版/发表
1	当代中国的航天事业	"当代中国"丛书编辑部	中国社会科学出版社 1986.06
2	中国科学技术专家传略:工程技术编:自动化仪器仪表系统工程 光学工程卷 1	中国科学技术协会	机械工业出版社 1997.04
3	陆元九:科研机构也要注重人才培养	钟华	科学时报 2010-12-23
4	中国科学院院士画册 技术科学部分册 上	中国科学院士工作局	山东教育出版社 2006.12
5	陆元九院士传记	刘茂胜	中国宇航出版社 2016.08
6	院士陆元九 科学赋予人格坦荡之美	何文垣	中国老年 2015 年第 17 期
7	中国科学技术协会年鉴 2016	中国科学技术协会	中国科学技术出版社 2017.12
8	著名惯性导航、自动控制专家——陆元九	吕应祥·杨杨	自动化博览 1995 年 03 期
9	大家尊敬的两院院士陆元九先生	孙肇荣	惯性世界 1999 年 02 期
10	"惯性"人生——访著名陀螺与惯性导航专家陆元九	秦品端·戴志仁	江淮文史 2003 年第 04 期
11	陆元九,祖国是永远的挚爱		中国航天报 2004-03-31
12	万里归舟多延宕		科学世界 2010 年 10 期
13	阳光总在风雨后——记中国科学院、中国工程院院士陆元九		卫星与网络 2011 年 11 期
14	航天发展应坚持"完善一代、研制一代、探索一代"的理念——专 访惯性导航及自动控制专家陆元九	徐菁·张太胜	中国航天 2016 年第 12 期
15	航天功臣陆元九	吴月珍	人文滁州 第 5 期
16	江苏功臣江中学		江苏教育科研 2013 年第 01 期
17	拜访表勇陆元九院士	毕璧	人文滁州 第 6 期
18	陆元九,惯性导航巨擎	幻棠	太空探索 2020 年 08 期
19	陆元九,枪声炮声读书声	刘茂胜	太空探索 2019 年 05 期
20	"科学的基础是健康的身体"——中国两院院士陆元九的长寿经	王明洪	保健医苑 2019 年 03 期

从一穷二白中开启艰苦卓绝的创业征程——机械工程与飞行器制造专家骆维驹

序号	题名	编/著者	出版/发表
1	当代中国的航天事业	"当代中国"丛书编辑部	中国社会科学出版社 1986.06
2	中国科学技术专家传略：工程技术编：航天卷（2）	中国科学技术协会	中国科学技术出版社 2002.04

"点燃"中国第一颗原子弹——自动控制及系统可靠性专家疏松桂

序号	题名	编著者	出版/发表
1	魂系中华	中央人民广播电台国际部	沈阳出版社 1991.06
2	中国科学技术专家传略：工程技术编：自动化仪器仪表系统工程光学工程卷 1	中国科学技术协会	机械工业出版社 1997.04
3	无私奉献一生的赵师梅先生传略	俞大光、陈锦江	华中理工大学出版社 1999.06
4	枞阳文史资料第五辑	中国人民政治协商会议安徽省枞阳县委员会、文史和学习委员会	政协枞阳县文史和学习委员会 2001.10
5	1950 年代归国留美科学家访谈录	侯祥麟、罗沛霖、师昌绪等（口述）	湖南教育出版社 2013.04
6	沉痛悼念疏松桂先生	中国自动化学会 中国自动化学会《自动化学报》编辑委员会 中国科学院自动化研究所	自动化学报 2000 年 05 期
7	武大校友通讯.2012 年.第 2 辑	武汉大学校友会	武汉大学出版社 2013.06
8	"克利夫兰总统号"第 60 次航程的归国学子	程宏、刘志光	百年潮 2015 年 03 期

秉初心，担使命，铸核抑核两相宜——金属物理学家、材料科学家宋家树

序号	题名	编/著者	出版/发表
1	当代中国的核工业	"当代中国"丛书编辑部	中国社会科学出版社 1987.04
2	当代中国的国防科技事业（上）	"当代中国"丛书编辑部	当代中国出版社 1992.10
3	最有温度的理想信念教育	杨光文	中国科学报 2017-02-06
4	科学的道路（下卷）	中国科学院院士工作局	上海教育出版社 2005.05
5	中国科学技术专家传略·理学编·物理学卷.3	中国科学技术协会	中国科学技术出版社 2006.12
6	魅力舒城	《魅力舒城》编委会·陆纯（主编）	安徽人民出版社 2009.07
7	宋家树院士八十华诞文集	《宋家树院士八十华诞文集》编委会	中国原子能出版社 2012.02
8	20世纪中国知名科学家学术成就概览·化工、冶金与材料工程卷·材料科学与工程分册	钱伟长（总主编）、干勇（本卷主编）	科学出版社. 2015.01
9	亲历者说"氢弹研制"	刘西尧、方正知、李德元等（口述）	湖南教育出版社 2017.11
10	材料攻关立奇功 军工苍界中—劲松	胡思得	中国科学报 2017-01-23
11	坚守初心 为梦前行——2017 年度老科学家捐赠资料选展材料背后的故事	张黎	今日科苑 2017 年 09 期
12	宋家树：铸核抑核两相宜	张敏、龚佳秀、彭建辉、季琦	中国科学报 2017-01-23

探索微波世界的奥秘——电子学专家吴鸿适

序号	题名	编著者	出版/发表
1	超高频电子学引论	B.Φ.科瓦连科（著），吴鸿适·谢希仁（译），龙文澄（校）	科学出版社 1957.11
2	行波管	J.R.皮尔斯（著），吴鸿适·田志仁（译）	科学出版社 1961.08
3	微波电子学原理	吴鸿适	科学出版社 1987.09
4	电子学名词 1993	电子学名词审定委员会	科学出版社 1994.04
5	中国科学技术专家传略·电子信息科学技术卷.2	中国科学技术协会	中国科学技术出版社 2007.01
6	四机部"电子管设计手册"编写工作总结会议在成都举行	李煊	电子管技术 1980 年第 06 期
7	吴鸿适		数字通信世界 2008 年第 04 期

计算机事业先行者——计算机专家吴几康

序号	题名	编/著者	出版/发表
1	中国科学技术专家传略 工程技术编 电子·通信·计算机卷 1	中国科学技术协会	电子工业出版社 1998.01
2	诸历史记住他们——中国科学家与"两弹一星"	科学时报社	暨南大学出版社 1999.09
3	20 世纪中国知名科学家学术成就概览·信息科学与技术卷·第二分册	钱伟长（总主编）·金国藩（本卷主编）	科学出版社 2014.10
4	溯源中国计算机	徐祖哲	生活·读书·新知三联书店 2015.06

为火箭腾飞造动力——高分子化学家张庆余

序号	题名	编/著者	出版/发表
1	吉林英才馆大观 第 1 部	曹玉琴	吉林教育出版社 1993.08
2	低聚物	张庆余·韩孝族·纪奎江	科学出版社 1994.04
3	世纪辉煌,熔铸应化丰碑	张林	中国科学报 2018 - 09 - 10

筑梦苍穹，点亮"中国星"——天文学家赵先孜

序号	题名	编/著者	出版/发表
1	中国科学技术专家传略·天文卷.1	中国科学技术协会	中国科学技术出版社 2005.06
2	裴丽生文集	裴丽生	科学普及出版社 2009.08
3	奋发图强放卫星 忆我在我国卫星开创事业中的点滴工作	刘易成	科学新闻 1999 年 24 期

论文发表在蓝天——材料物理学家周本濂

序号	题名	编/著者	出版/发表
1	请历史记住他们——中国科学家与"两弹一星"	科学时报社	暨南大学出版社 1999.09
2	合肥文史资料 第21辑 科技人物专辑	合肥市政协文史资料委员会·合肥市科技局	合肥市政协文史资料委员会·合肥市科技局 2003
3	中国科学技术专家传略·理学编·物理学卷.4	中国科学技术协会	中国科学技术出版社 2012.03
4	20世纪中国知名科学家学术成就概览·化工、冶金与材料工程卷·材料科学与工程分册	钱伟长（总主编）、干勇（本卷主编）	科学出版社 2015.01
5	创新奉献精神永存——悼念周本濂院士	何冠虎·郭敬东	材料导报 2000年08期

为祖国需要做科研——核化学化工专家朱永㵩

序号	题名	编/著者	出版/发表
1	当代中国的核工业	"当代中国"丛书编辑部	中国社会科学出版社 1987.04
2	中国科学技术专家传略:理学编:化学卷 3	中国科学技术协会	中国科学技术出版社 1999.12
3	名人光辉映日月	王景福	安徽大学出版社 2007.11
4	永为有益之事——朱永㵩院士八十华诞纪念文集	清华大学核能与新能源技术研究院	清华大学出版社 2009.12
5	"两弹一艇":与国家命运结缘的人们	贾基业	中国原子能出版社 2016.10

后　记

　　历经数年的资料搜集、整理和研究,《最亮的星空——皖籍"两弹一星"科学家集录》正式编撰完稿。本书是在安徽省社会科学院党组领导下,由安徽省社会科学院图书馆组织申报并获立项的省级文化事业支出专项资金支持建设项目、安徽省社会科学院区域现代化研究院资助项目,凝结了安徽省社会科学院图书馆同仁共同的心血与努力。安徽省社会科学院图书馆馆长、研究馆员白云为项目主持人,担任本书主编;副馆长王衡同志参与项目的策划与管理,阅览部主任徐军同志担任资料组组长。

　　本书正文部分共有20个篇目,分别撰述了邓稼先、任新民等20位参与"两弹一星"工程建设的皖籍老一辈科学家的生平及光辉业绩,展现了他们报国为民、无私奉献的爱国情怀和高尚品格。全书共有7位同志参与编撰工作,具体分工如下。

　　开辟天路的"总总师"——航天技术与液体火箭发动机技术专家任新民:白云、王衡;

　　初心无悔铸长剑——火箭与导弹控制技术专家黄纬禄:江涛;

　　逐梦银河,造就中国"巨型机"——计算机专家、教育家慈云桂:白云、吴大羽;

　　"九十九分不及格,一百分才及格"——自动控制、陀螺及惯性导航技术专家陆元九:汪灿;

　　论文发表在蓝天——材料物理学家周本濂:白云、陈燕;

　　正文部分的其余篇目及序言、后记:白云;

　　资料索引:徐军;

　　全书统筹、统稿:白云。

　　本书的编撰工作得到了安徽省委宣传部、安徽省社会科学院等有关单位和相关领导、专家的关心与指导,得到了安徽省图书馆、黑龙江省社会科学院文献数据中心、哈尔滨工程大学图书馆等单位和同道的热情帮助,在此致以深深的感谢!此外,本书编撰过程中参考了大量的科学家传记和事迹资料,来源出处包括公开出版发行的图书、报刊,对全社会开放的相关展览馆、纪念馆及网站等,特在此说明,并表示感谢。同时,由于国防科技事业的特殊性,更多详细资料不能被觅得或使用,加之编撰水平有限,书中难免有挂一漏万之处,敬请读者不吝斧正。

白　云

2023年1月

读书笔记

读书笔记

读书笔记

1.3

压铸模动模板编程操作

1.3.1   开粗

1. 调入模型

选择"文件"→"输出"→"至加工"命令，如图 1-7 所示，进入编程工作界面，将模型放置到当前坐标系的原点，同时不做旋转，在特征向导栏中单击"确认"图标 ✓，完成模型的调入。此时系统进入编程工作界面，如图 1-8 所示，同时弹出"NC 程序管理器"。

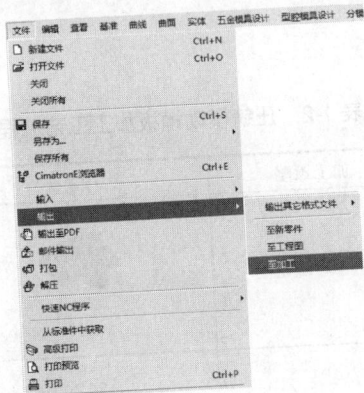

图 1-7   选择"文件"→"输出"→"至加工"命令

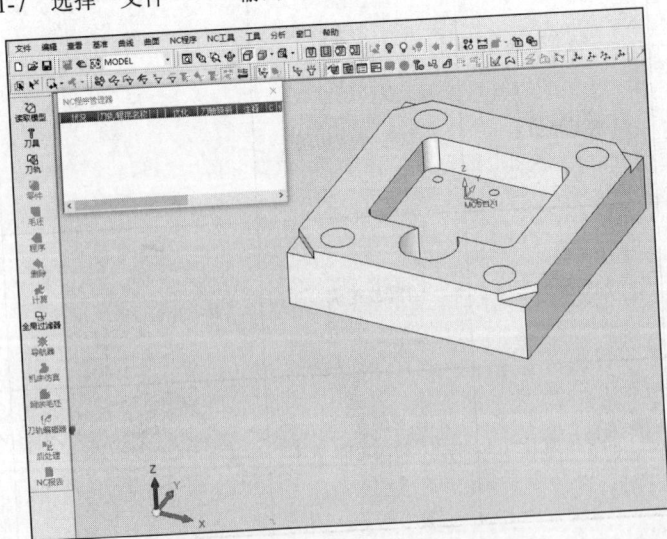

微课：模型调入
方法

图 1-8   编程工作界面（向导模式）

编程工作界面有向导模式和高级模式两种模式，分别如图 1-9 和图 1-10 所
看"→"面板"→"向导模式"和"高级模式"命令进行切换，或单击 NC 工具
换到向导模式"图标 和"切换到高级模式"图标 进行切换。向导模式和高
别在于：在高级模式中，加工参数和加工程序选项一直处于显示状态。

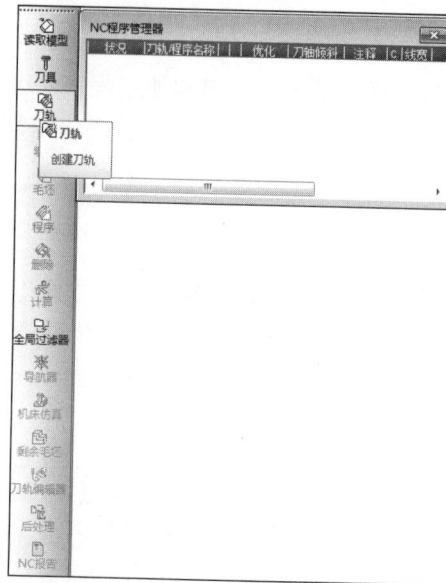

图 1-9   向导模式

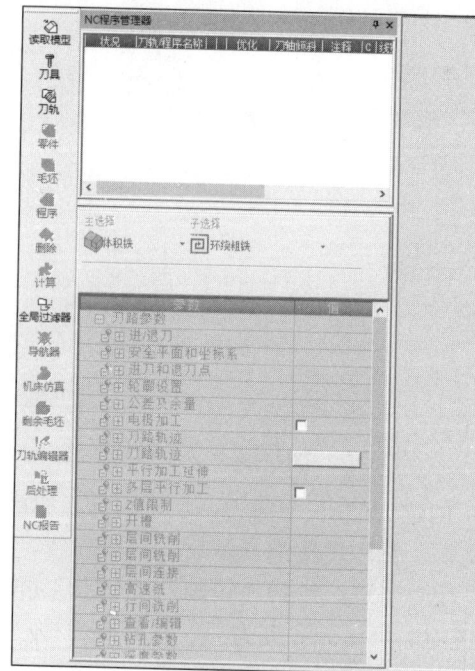

图 1-10   高级模式

"NC 向导"（图 1-11）位于工作界面的左侧，它提供产生 NC 程序从开始到结束的步骤指导，通过 NC 向导就可以完成一个完整的加工程序。

图 1-11　NC 向导

"NC 程序管理器"用于显示所有的刀路轨迹和加工程序，也用于显示所有项目的状态标记。另外，对刀路轨迹或程序的选择、修改、删除等操作也都在"NC 程序管理器"中进行。

2. 创建刀具

单击"NC 向导"中的"刀具"图标，系统弹出"刀具及夹头"对话框，如图 1-12 所示。

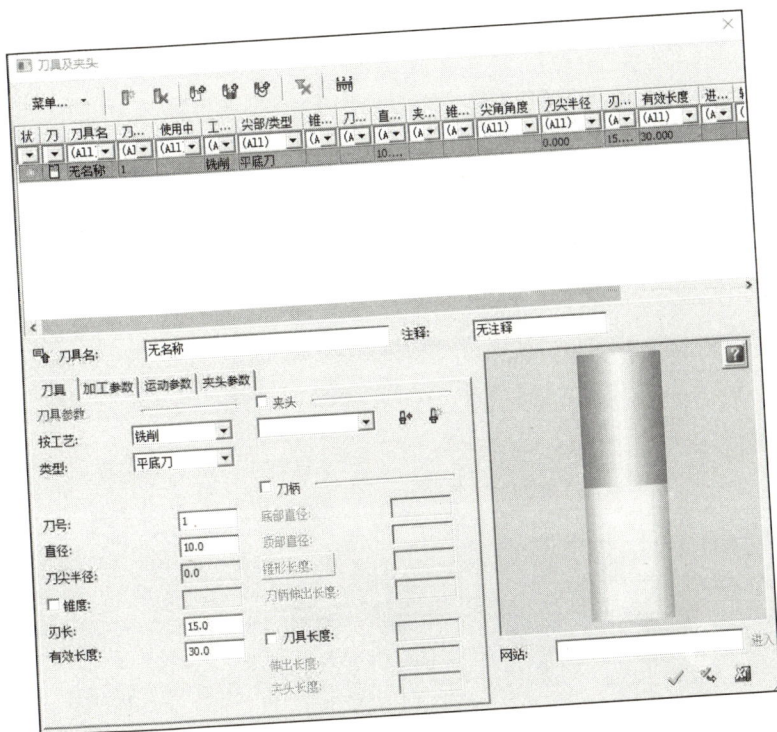

图 1-12　"刀具及夹头"对话框

单击"新刀具"图标创建 D63R6 牛鼻刀，注意刀具名称最好按约定方法命名，"注释"文本框中可输入说明文本，然后设置刀具参数。

1）按工艺：用于选择刀具类型，包括"铣削"、"钻孔"和"特殊刀具"3 个选项，特殊刀具包括棒糖刀、槽铣刀、燕尾刀、沉头刀、成型刀 5 种。型腔铣削通常使用铣刀，故选择"铣削"选项。

2）类型：按工艺设置为铣削时，类型有"平底刀"、"球刀"和"牛鼻刀"3 个选项，如图 1-13 所示。

模型分析结果如下。

长×宽×高：470mm×440mm×115mm。

型腔深度：60mm。

最小圆弧半径：20mm。

微课：压铸模动模板模型分析

1.2　压铸模动模板加工工艺制定

压铸模动模板加工工艺，可按表 1-2 所示进行编制。

微课：压铸模动模板加工工艺制定

表 1-2　压铸模动模板加工工艺流程

序号	加工内容	加工策略	图解	备注
01	开粗	型腔-环绕切削		根据型腔尺寸及深度确定使用 D63R6 牛鼻刀进行开粗
02	二次开粗清角	封闭轮廓		根据型腔 R 角及深度确定使用 D22R0.8 牛鼻刀进行二次开粗清角
03	底面精加工	型腔-环绕切削		使用上一程序的 D22R0.8 牛鼻刀进行精加工，减少换刀以提高效率
04	外轮廓加工	开放轮廓		使用上一程序的 D22R0.8 牛鼻刀进行外轮廓加工，减少换刀以提高效率
05	侧壁精加工	封闭轮廓		根据型腔 R 角及深度确定使用 D24 白钢刀进行侧壁精加工

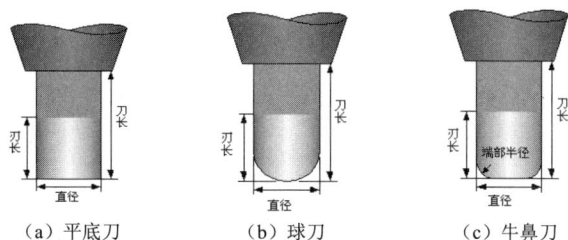

（a）平底刀　　　　　（b）球刀　　　　　（c）牛鼻刀

图 1-13　铣刀类型示意图

① 平底刀：底面是平面，是一种以侧刃切削的刀具，使用平底刀时应尽量避免垂直下刀。其主要用于粗加工、平面精加工、外轮廓精加工和清角加工，缺点是刀尖容易磨损，影响加工精度。常用平底刀有 D1、D2、D4、D6、D8、D10、D12、D20。

② 球刀：主要用于非平面的半精加工和精加工。常用的球刀有 R1、R2、R3、R4、R5、R6、R8。

③ 牛鼻刀：底面是平面，每刃都带有圆角，加工时应避免垂直下刀。其主要用于模具的粗加工、平面精加工和侧面精加工，特别适用于材料硬度较高的模具加工，开粗时优先选用牛鼻刀。常用的牛鼻刀有 D25R5、D30R5 等。本例选择"牛鼻刀"选项。

3）刀号：默认为 1。

4）直径：设置为 63.0。

5）刀尖半径：设置为 6.0。

其余参数并不影响刀路的生成，如刃长、有效长度等，主要用于判断是否会发生干涉。

最后单击"确认"图标，完成刀具创建，如图 1-14 所示。

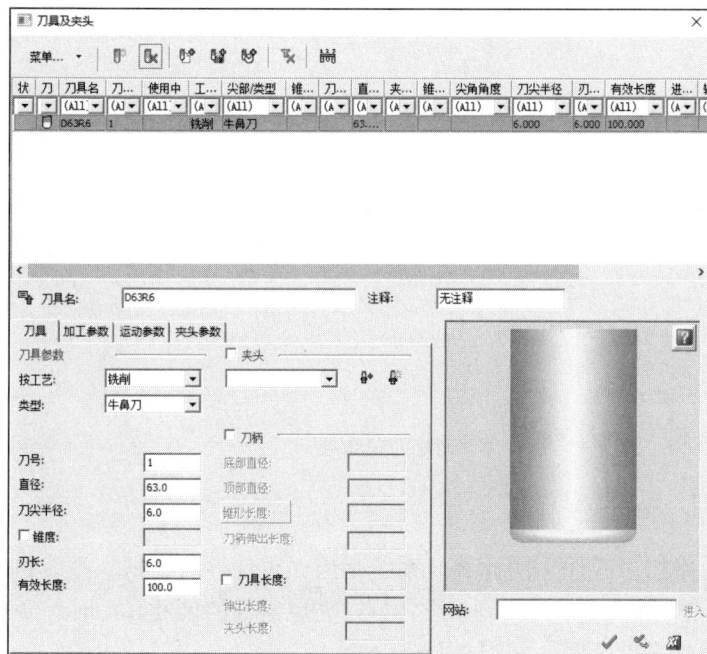

微课：刀具创建方法

图 1-14　创建刀具

3. 创建刀路轨迹

单击"NC 向导"中的"刀轨"图标🔧，系统弹出"创建刀轨"对话框，修改名称为 01，类型为 2.5 轴，安全平面为 50，如图 1-15 所示。注意：刀具路径名称最多只能输入 8 个英文或数字，不能用中文，否则将会提示"刀具路径名称不正确"。单击"确认"按钮，完成 2.5 轴刀轨的创建。此时，"NC 程序管理器"中会新增一个刀路轨迹，如图 1-16 所示。

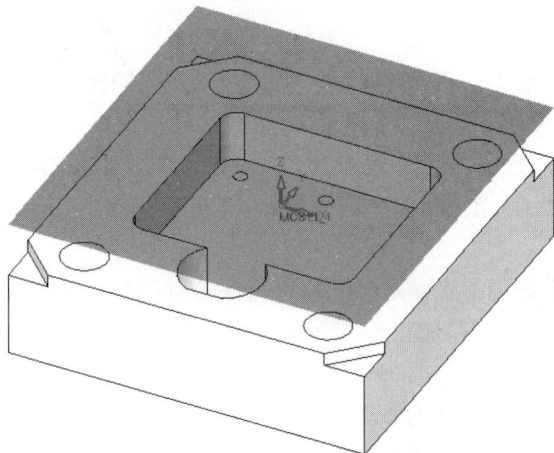

图 1-15　"创建刀轨"对话框

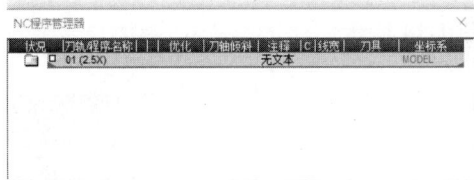

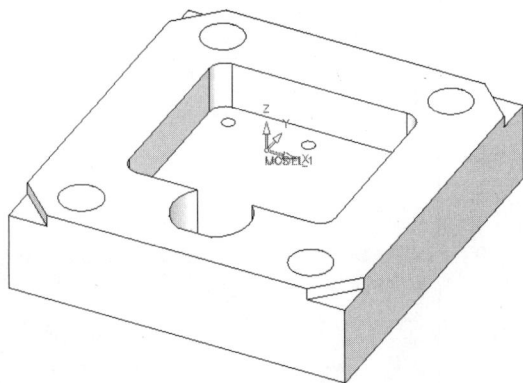

图 1-16　创建刀路轨迹

4. 创建零件

单击"NC 向导"中的"零件"图标🔩，系统弹出"零件"对话框。系统自动选择零件类型为目标，如图 1-17 所示，单击"确认"图标，完成零件的创建。此时，"NC 程序管理器"中会新增一个目标零件工序，如图 1-18 所示。

图 1-17 "零件"对话框

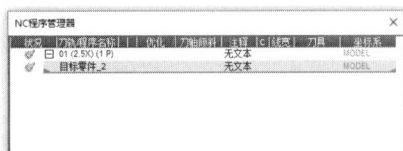

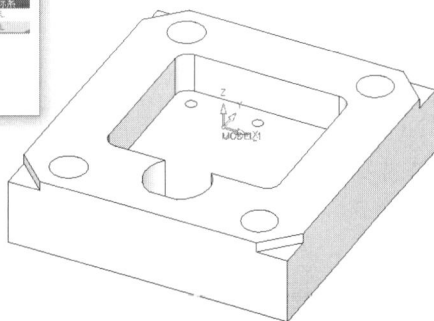

图 1-18 创建零件

5. 创建毛坯

单击"NC 向导"中的"毛坯"图标，系统弹出"初始毛坯"对话框，如图 1-19 所示，毛坯类型默认设置为限制盒，其他参数也不做修改，单击"确认"图标退出。此时，"NC 程序管理器"中会新增一个毛坯自动工序，如图 1-20 所示。

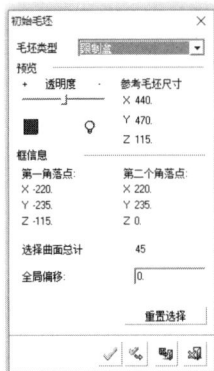

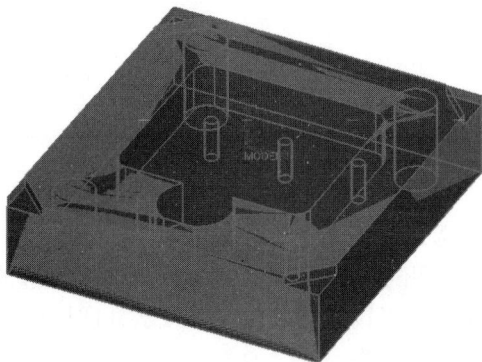

图 1-19 初始毛坯参数设置

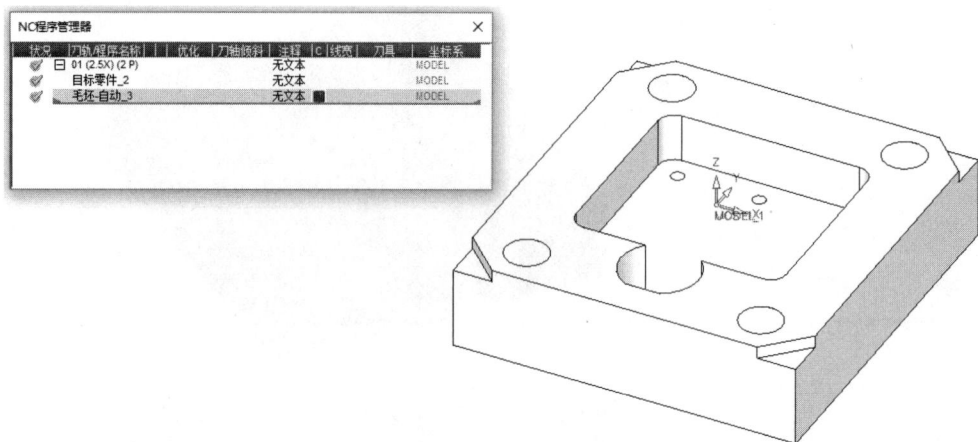

图 1-20　创建初始毛坯

6. 创建程序

单击"NC 向导"中的"程序"图标 ，系统弹出"程序向导"对话框，其中的创建程序图标如图 1-21 所示。修改"子选择"为"型腔-环绕切削"。子选择中的选项如图 1-22 所示。

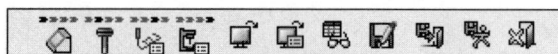

图 1-21　创建程序图标

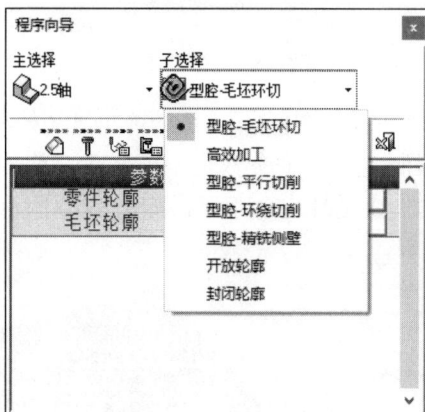

图 1-22　子选择中的选项

下面介绍子选择中常用的几个选项。

1）型腔-环绕切削（图 1-23）：该方式以环绕轮廓的方式走刀进行材料清除，刀路轨迹在同一层内不抬刀，可以选择从内向外或从外向内两种方式，可以将轮廓及岛屿边缘加工到位，是常用的加工策略。

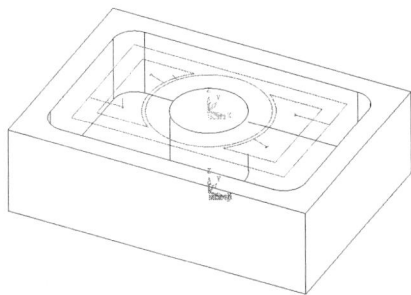

图 1-23 型腔-环绕切削

2）型腔-毛坯环切（图 1-24）：又称沿边环绕切削，按照零件轮廓等距离偏移，直到到达边界或中心，生成走刀路线。注意：需定义毛坯轮廓，否则产生的刀路与环绕切削相同。

3）型腔-平行切削（图 1-25）：指生成的刀路轨迹相互平行，其可以灵活地设定加工角度，以最合适的角度对零件进行加工。一般步距可以达到刀具直径的 70%～90%，但在零件侧壁的残余量很大，同时产生频繁的抬刀。

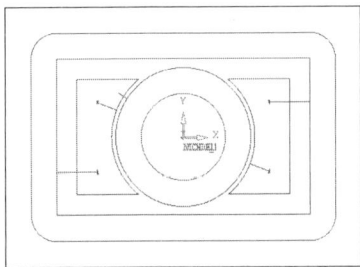

图 1-24 型腔-毛坯环切

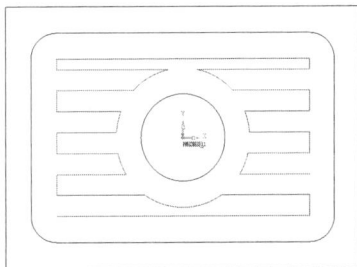

图 1-25 型腔-平行切削

4）型腔-精铣侧壁（图 1-26）：用来精修岛屿壁面或型腔壁面。

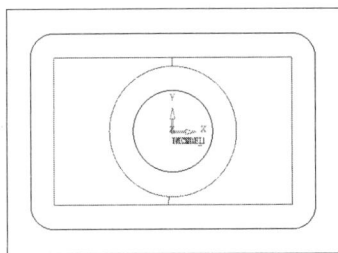

图 1-26 型腔-精铣侧壁

（1）选择零件轮廓

对于 2.5 轴加工策略，零件选择有两种对象，一种是零件轮廓，另一种是毛坯轮廓，如图 1-27 所示。零件轮廓和毛坯轮廓的选择方法没有区别。零件轮廓表示加工范围，不能越过，其中可以含有岛屿。毛坯轮廓在加工时将会被越过。注意：零件轮廓是必选的，而毛坯轮廓是可选的，不能只选毛坯轮廓，至少要选择一个零件轮廓，否则无法进行计算。

在型腔-环绕切削方式下，只需选择零件轮廓即可。单击零件轮廓后的"0"按钮，系统弹出"轮廓管理器"对话框，如图1-28所示，其中的选项设置说明如下。

图1-27　零件选择对象

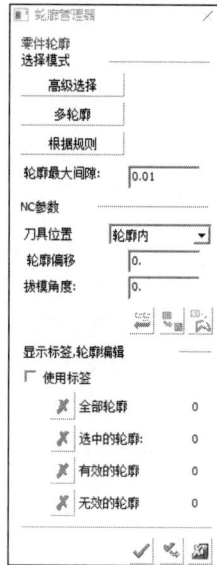

图1-28　"轮廓管理器"对话框

刀具位置：有3个选项，即"轮廓上"、"轮廓内"和"轮廓外"，如图1-29所示。注意：对于岛屿轮廓而言，轮廓内与轮廓外不是通常意义上的内或外，而是相对于型腔而言的。本例选择刀具位置为轮廓内。

轮廓偏移：通过设置可以在轮廓侧壁有预留，默认为0，可以设置为正值或负值。正值时向切削区域内部偏置，负值时向切削区域外部偏置。图1-30为偏移值为3与偏移值为0时的加工结果比较。本例可选择默认值。

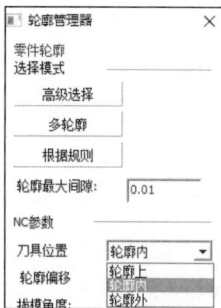

图1-29　刀具位置选项

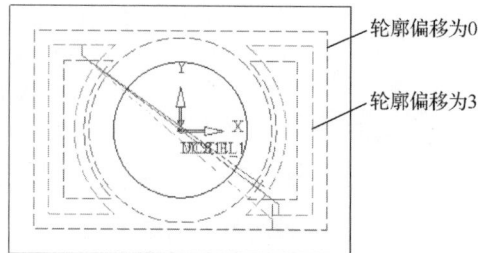

图1-30　轮廓偏移

拔模角度：通过此选项的设置，可以铣削周边具有拔模角度的工件。此时只能加工上大下小的形状。一般选择默认值。

注意：设定的轮廓参数对当前的这一条轮廓线有效，而对之前选择的轮廓无效，且此时设置的参数将作为以后选择轮廓的默认值。

在绘图区选择零件轮廓线，先将光标放置到轮廓线上，单击左键选择，再单击中键确认，最后单击"确认"图标，退出"轮廓管理器"对话框，完成零件轮廓的选择，此时零件轮廓值变为 1，如图 1-31 所示。

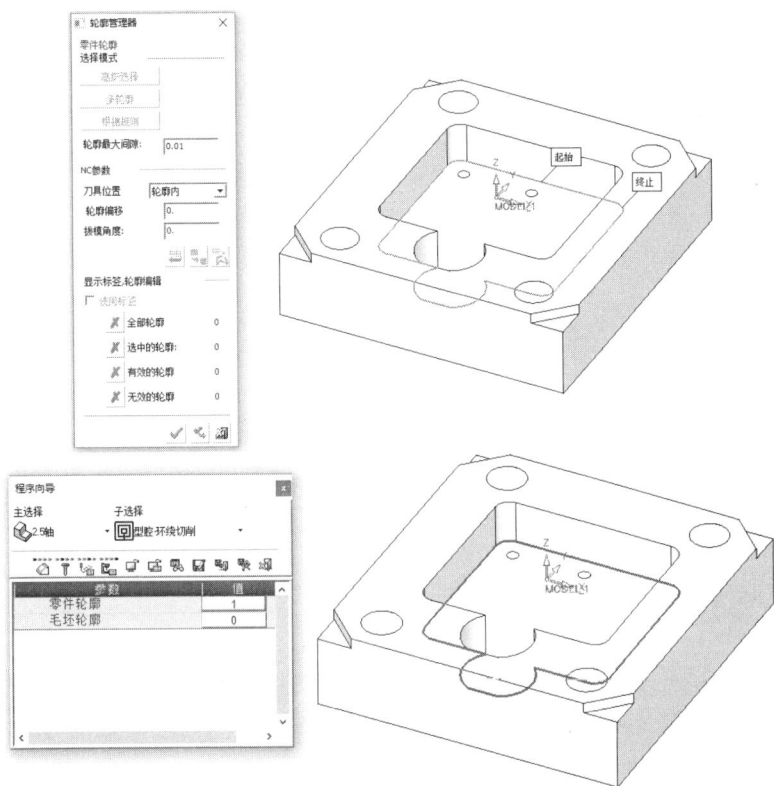

图 1-31 零件轮廓选择

（2）选择刀具

单击"刀具"图标，系统弹出"刀具及夹头"对话框，选择 D63R6 刀具，单击"确认"图标退出。

（3）设置刀路参数

单击"刀路参数"图标 ，系统切换到刀路参数界面，如图 1-32 所示。

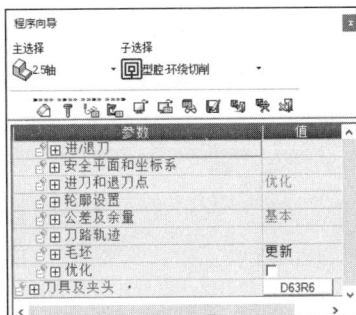

图 1-32 刀路参数界面

刀路参数设置步骤如下。

步骤 1：进/退刀参数设置。

单击该选项前方的⊞按钮，显示该选项的参数列表。在"轮廓进/退刀"栏中有两种进退刀方式可供选择，分别是法向和相切，如图 1-33 所示。法向指刀具切入和离开侧壁时，沿着其法线方向进刀和退刀。相切指刀具切入和离开侧壁时，沿着其切线方向进刀和退刀，如图 1-34 所示。为了保证加工效率，一般情况下使用法向进刀。

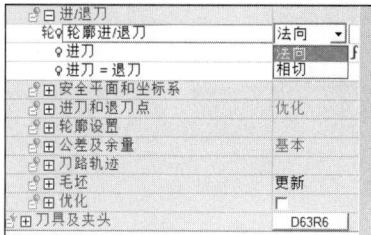

图 1-33　轮廓进/退刀参数

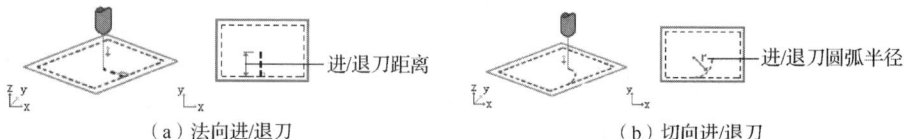

（a）法向进/退刀　　　　　　　　　　　（b）切向进/退刀

图 1-34　进/退刀

进刀指刀具下刀点到加工轮廓的距离，单击其右边的数值可以重新输入合适的数值。

当选择"相切"选项时，出现"圆弧半径"和"补偿延伸线"，如图 1-35 所示。圆弧半径指刀具进刀和退刀时所走的圆弧半径。补偿延伸线指数控加工中常用的刀具半径补偿，若选中该复选框，则开启刀具半径补偿；若不选中该复选框，则不开启刀具半径补偿。一般不选中该复选框。

图 1-35　"相切"时的进/退刀参数

步骤 2：安全平面和坐标系参数设置。

为了避免刀具在快速移动时与工件或夹具发生撞刀，需要设置一个固定高度的平面，这个平面就是安全平面。安全平面和坐标系参数如图 1-36 所示。

图 1-36　安全平面和坐标系参数

使用安全高度：通常选中该复选框，此时刀具将先运动到安全平面位置，再进行切削，完成切削后，也将返回该平面；如果不选中该复选框，则在开始切削时将直接进入切削开始位置，在切削完成后也不抬刀，如图 1-37 所示。

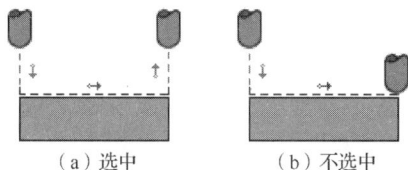

（a）选中　　　　（b）不选中

图 1-37　选中和不选中"使用安全平面"复选框

安全平面：设置应高于工件及夹具的最高点，在安全平面上移动时要能保证不与工件或夹具干涉，如图 1-38 所示。

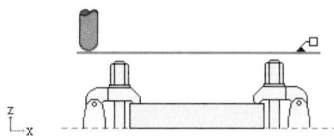

图 1-38　安全平面设置

内部安全高度：在一个加工区域内，进行两行之间的移动时采用的转换方式。它有两个选项，分别为"增量"和"绝对 Z"，如图 1-39 所示。使用增量方式时，必须注意是否会与工件发生干涉。此时，建议选中"优化"参数组中的"快速走刀干涉"复选框。本例选择"绝对 Z"选项。

图 1-39　内部安全高度设置

步骤 3：进刀和退刀点参数设置。

在加工过程中，有时需要沿着深度方向（Z 轴方向）进刀和退刀，这就需要设置进刀和退刀点的位置，相关参数如图 1-40 所示。

图 1-40　进刀和退刀点参数

进刀点：设置向下进刀的点，有"自动"和"用户定义"两个选项。一般选择"自动"选项，由系统自动定义进刀点，这种方式比较安全。"用户自定义"选项常用于使刀具在预先钻好的工艺孔处下刀。

进刀角度：当进刀角度等于 90°时，加工过程中将垂直向下进刀。这种进刀方式很容易造成刀具因受力过大而损伤。因此，一般该角度设置为小于 90°，即设置为螺旋方式进刀，此时系统会自动显示最大螺旋半径。一般加工钢材时，进刀角度可设在 1°～15°，毛坯材料越硬，进刀角度越小。注意：设置进刀角度时，必须使用自动进刀点，当没有足够空间产生螺旋或倾斜下刀时，将采用垂直下刀。本例设置为 4°，如图 1-41 所示。

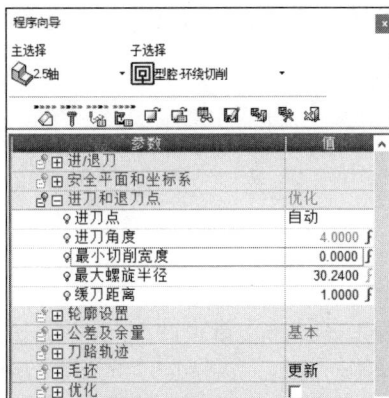

图 1-41　进刀角度设置

最大螺旋半径：螺旋半径一般不超过刀具直径，该值过大，在进刀的瞬间对刀具的损耗会比垂直下刀的损耗大，如图 1-42 所示。

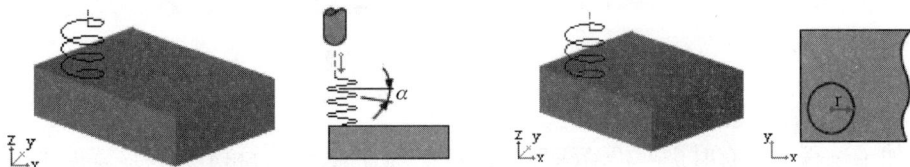

图 1-42　进刀角度与最大螺纹半径

最小切削宽度：设置该参数的目的是防止中心无切削能力的刀具下刀时被顶住，如图 1-43 所示。一般设置为大于刀具直径减刀具 2 倍的角落半径。

缓刀距离：指下刀时由快速进给转换到切入进给的切换高度，是相对值，如图 1-44 所示。一般为保证加工效率，建议使用 0.5～1mm。

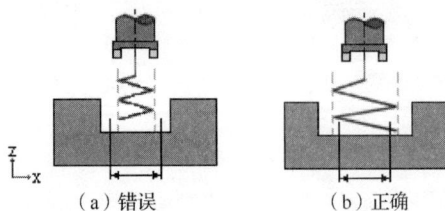

图 1-43　最小切削宽度　　　　　　　　　　图 1-44　缓刀距离

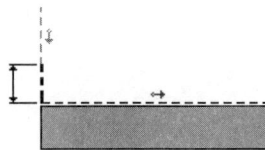

步骤 4：轮廓设置参数设置。

轮廓设置参数如图 1-45 所示。

参数	值
⊞ 进/退刀	
⊞ 安全平面和坐标系	
⊞ 进刀和退刀点	优化
⊟ 轮廓设置	
⚲ 刀具位置 (公共的)	轮廓内
⚲ 轮廓偏移 (公共的)	0.0000 ∫
⚲ 拔模角 (公共的)	0.0000

图 1-45　轮廓设置参数

刀具位置（公共的）：在轮廓选择时已完成，此时选择默认即可。

轮廓偏移（公共的）：选择默认。

拔模角（公共的）：选择默认。

步骤 5：公差及余量参数设置。

公差及余量参数如图 1-46 所示。

参数	值
⊞ 进/退刀	
⊞ 安全平面和坐标系	
⊞ 进刀和退刀点	优化
⊞ 轮廓设置	
⊟ 公差及余量	基本
⚲ 轮廓偏移(粗加工)	0.2000 ∫
⚲ 轮廓精度	0.0500 ∫
⚲ 轮廓最大间隙	0.0100

图 1-46　公差及余量参数

轮廓偏移（粗加工）：指定轮廓粗铣留有一定的加工余量，如图 1-47 所示。本例设置为 0.2。注意：当选中"精铣侧向间隙"复选框时，最后沿轮廓加工时将去除这一部分的余量，如图 1-48 所示。加工软质材料时，为防止工件变形，该值设置可稍大一些。

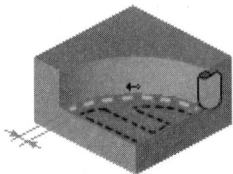

图 1-47　轮廓偏移

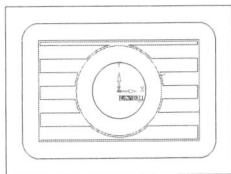

图 1-48　精铣侧向间距打开

轮廓精度：又称轮廓加工误差，以刀具中心点位置偏离值来定义允差，表示最大允差。如图 1-49 所示，实线表示轮廓，虚线表示刀路轨迹。可以看到，刀路轨迹是在一定偏差范围内逼近轮廓的。实际加工时，应根据工艺要求给定精度；粗加工时，加工误差可设置大一点，以便系统加快运算速度，程序长度也可较短，一般可设定为加工余量的 10%～30%；精加工时，为了达到加工精度，应减少加工误差，一般来说，加工精度的误差控制在标注尺寸公差的 1/5～1/10。这里是粗加工，可设置为 0.05。

步骤 6：刀路轨迹参数设置。

刀路轨迹参数如图 1-50 所示。

参数	值
⊞ 进/退刀	
⊞ 安全平面和坐标系	
⊞ 进刀和退刀点	优化
⊞ 轮廓设置	
⊞ 公差及余量	基本
⊟ 刀路轨迹	
Z值方式	值
Z最高点	0.0000 ƒ
Z最低点	-59.8000
下切步距	31.5000 ƒ
精铣侧向间距	☐
侧向步距	37.8000 ƒ
拐角铣削	外部圆角
切削模式	顺铣
切削方向	由内往外
行间铣削	☐
区域	连接
⊞ 毛坯	更新
⊞ 优化	
⊞ 刀具及夹头	D63R6

图 1-49　轮廓精度　　　　　图 1-50　刀路轨迹参数

Z 值方式：有"值"和"自轮廓"两个选项，一般选择"值"选项。

Z 最高点、Z 最低点：用来指定切削起始高度和终止高度，如图 1-51 和图 1-52 所示。注意：最低点值一定要比最高点值小，否则无法计算，同时最高点值加缓刀距离不能大于安全高度值。这两个值可通过鼠标左键拾取设置。本例将 Z 最高点设置为 0，即指定切削起始高度从该点开始加工，考虑到粗加工余量为 0.2mm，Z 最低点设置为-59.8，留 0.2mm 余量。

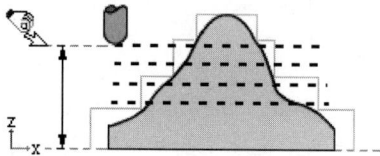

图 1-51　Z 最高点　　　　　　图 1-52　Z 最低点

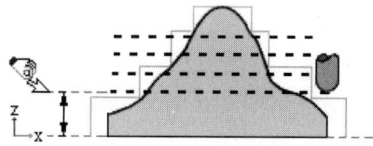

下切步距：用来指定每次加工 Z 方向深度的增量，是影响加工效率的主要因素之一，如图 1-53 所示。其值的确定需考虑切削所使用的刀具、被切削工件材料、切削余量、切削负荷、残余高度、切削进给等因素。本例设置为 0.5mm。

图 1-53　下切步距

精铣侧向间距：选中该复选框，可在平行切削后针对轮廓侧壁再做一周精铣，获得较为光顺的侧壁。一般与平行铣削配合使用，如图 1-54 所示。本例不选中该复选框。

侧向步距：相邻两行刀路轨迹之间的距离，如图 1-55 所示。粗加工一般取 0.5～0.75 倍的刀具直径。本例设置为 0.6 倍的刀具直径。

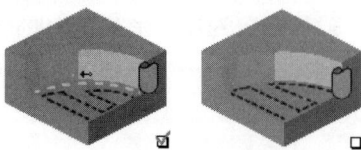

图 1-54　精铣侧向间距　　　　　图 1-55　侧向步距

拐角铣削：指定刀具在拐角处的运动方式，有"外部圆角"、"所有圆角"和"所有尖角"3 个选项。当选择"外部圆角"选项时，刀具运动在外部偏移的轮廓拐角处以圆角过渡，如图 1-56 所示；当选择"所有圆角"选项时，刀具运动在所有拐角处以圆角过渡，如图 1-57 所示；当选择"所有尖角"选项时，刀具运动在所有拐角处产生尖角。一般选择"外部圆角"选项。

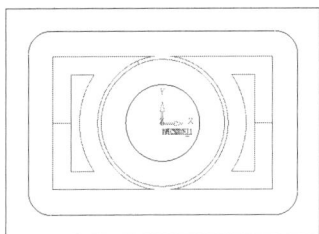

图 1-56   外部圆角

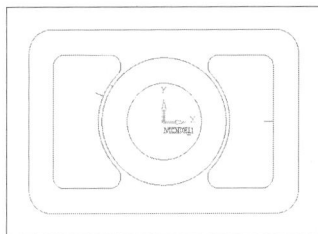

图 1-57   所有圆角

切削模式：设置切削加工的方向，有 3 个选项可选择，分别是"顺铣"、"逆铣"和"混合铣"。选择"混合铣"选项时，刀路轨迹既可以顺铣，又可以逆铣，有利于缩短刀具路径，减少抬刀次数。本例选择"顺铣"选项。

切削方向：设置刀具方向是"由内往外"还是"由外往内"，如图 1-58 所示。对于型腔加工，一般选择"由内往外"选项。

行间铣削：选中该复选框，系统将自动清理行间残留，如图 1-59 所示。注意：只有在侧向步长的设置值介于刀具半径和刀具直径之间时"行间铣削"复选框才会出现。本例选择该选项。

      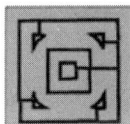   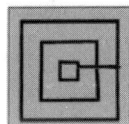

（a）由内往外   （b）由外往内   （a）不选择   （b）选择

图 1-58   切削方向   图 1-59   行间铣削设置

（4）设置机床参数

单击"机床参数"图标 ，系统切换到机床参数界面，在其中可对机床参数进行设置，如图 1-60 所示。机床参数设置说明如下。

图 1-60   机床参数界面

进给及转速计算：单击"进入"按钮，系统弹出"进给及转速计算"对话框，如图 1-61 所示，可直观地对主轴转速、每齿进给、进给等切削参数进行设置。

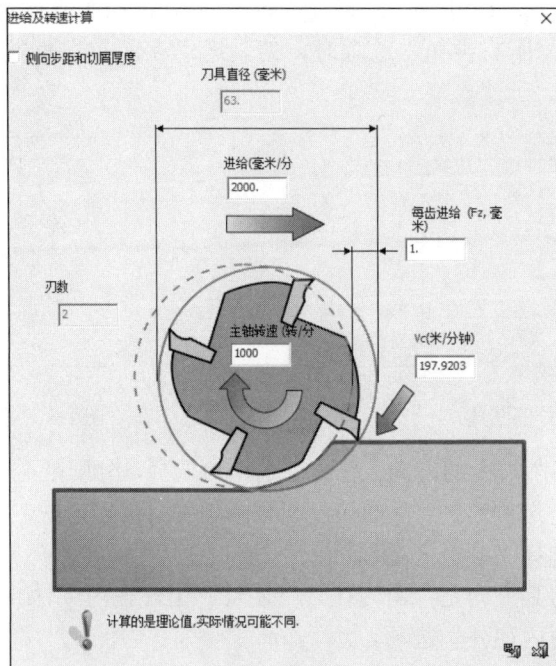

图 1-61　"进给及转速计算"对话框

V_c（米/分钟）：切削速度，指铣刀外圆切削刃的线速度，如图 1-62 所示。

主轴转速：单位为转/分钟（即 r/min），主轴转速和切削速度的换算关系为 $V_c=\pi dn/1000$（d 表示工件最大直径，n 表示主轴转速），如图 1-63 所示。切削速度和主轴转速二者只需设置其中一个，系统即可根据公式自动计算出另一参数值。本例设置主轴转速为 1000。

进给（毫米/分钟）：指机床工作台在切削时的进给速度，如图 1-64 所示。进给速度直接关系到加工质量和加工效率，由刀具和工件材料决定，可以按公式 $F=znf_z$ 计算（z 为刀具的刃数，n 为主轴转速，f_z 为每齿进给量）。该值设置为 2000。

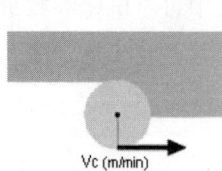

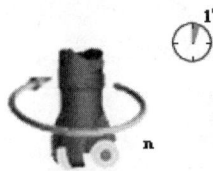

图 1-62　切削速度　　　　　图 1-63　主轴转速　　　　　图 1-64　进给

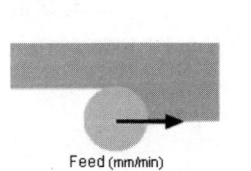

空走刀连接：设置不产生切削运动时的进给，如在安全平面移动、抬刀、转换、下刀接近等。一般设置为快速移动，使用 G00 方式插位。也可以设定空走刀的进给值，如图 1-65 所示。

插入进给（%）：设置初始切削进刀时的进给。进刀时，因为进行端铣，所以应以较慢的速度进给。以进给的百分比来定义，其刀路轨迹如图 1-66 所示。本例设置为 30。

（a）设置为快速移动　　　　　　（b）设定进给值

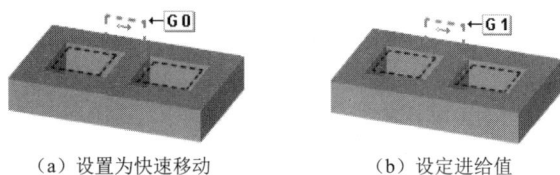

图 1-65　空走刀选项

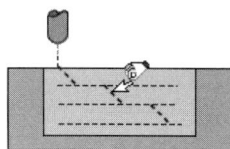

图 1-66　插入进给的刀路轨迹

侧向进刀进给：刀路中进行水平的侧向走刀，可能产生全刀切削，切削条件相对较恶劣，可以设置不同的进给速度。其刀路轨迹示意图如图 1-67 所示。本例设置为 80。

允许刀具补偿：该选项可以开启和关闭。通常设置为关闭，G41 表示左刀补，G42 表示右刀补，如图 1-68 所示。

图 1-67　侧向进刀进给的刀路轨迹

图 1-68　刀具半径补偿

冷却方式：指定切削液关闭或选择某种冷却介质，包括"关闭冷却"、"冷却液"、"喷雾"、"中心出水"和"吹气"等选项，分别对应机床控制的辅助功能 M 指令：M9（关闭冷却）、M8（冷却液）、M11（喷雾）、M12（中心出水）、M7（吹气）。注意：部分机床只能支持 M8 和 M9。一般选择"关闭冷却"选项。

主轴旋转方向：有 3 个选项，分别是"顺时针"[主轴正转，如图 1-69（a）所示]、"逆时针"[主轴反转，如图 1-69（b）所示]和"关闭"（主轴停止）。一般采用顺时针。

（5）刀路生成

单击"保存并计算"图标 ，系统将根据前面设置的参数自动计算刀路轨迹，并在绘图区显示生成的刀路轨迹，如图 1-70 所示。

微课：压铸模动模板开粗编程

（a）顺时针　　　　　　（b）逆时针

图 1-69　主轴旋转方向

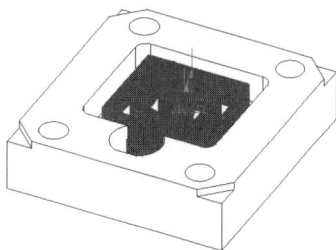

图 1-70　生成刀路轨迹

选择"分析"→"测量"命令，系统弹出"测量"对话框，配合视图操作及动态截面操作进行刀路检查，以检查加工余量是否符合要求，如图 1-71 所示。

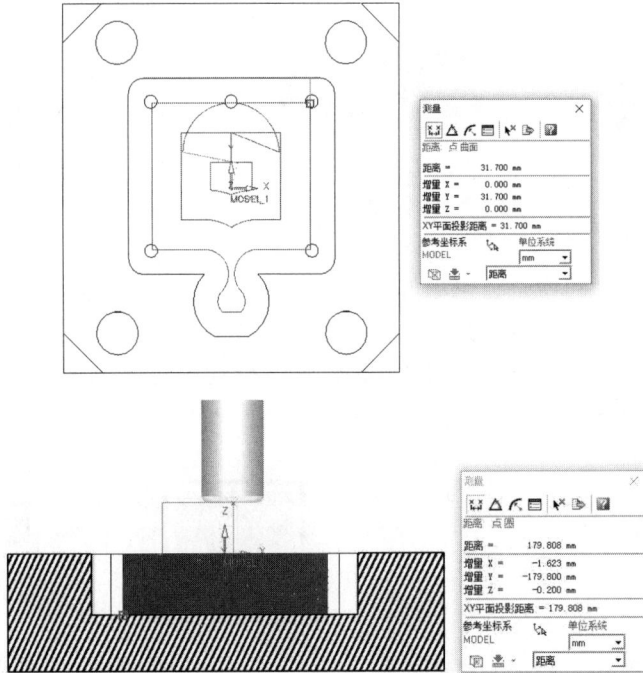

图 1-71　刀路检查

7. 机床仿真

单击 "NC 向导" 中的 "机床仿真" 图标 ，系统弹出 "机床仿真" 对话框，如图 1-72 所示，单击 "确认" 图标，系统打开 "CimatronE-机床模拟" 窗口。单击 "运行" 图标 ▶，进行实体切削模拟，如图 1-73 所示。加工模拟结果如图 1-74 所示。

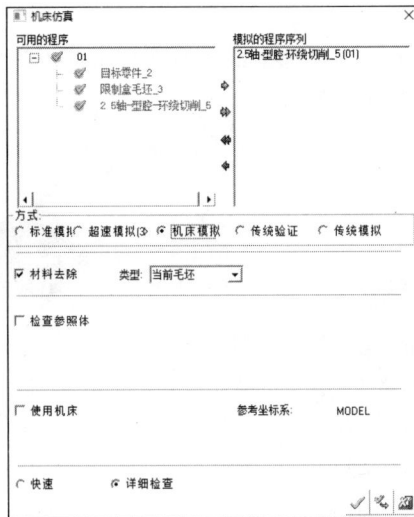

图 1-72　"机床仿真" 对话框

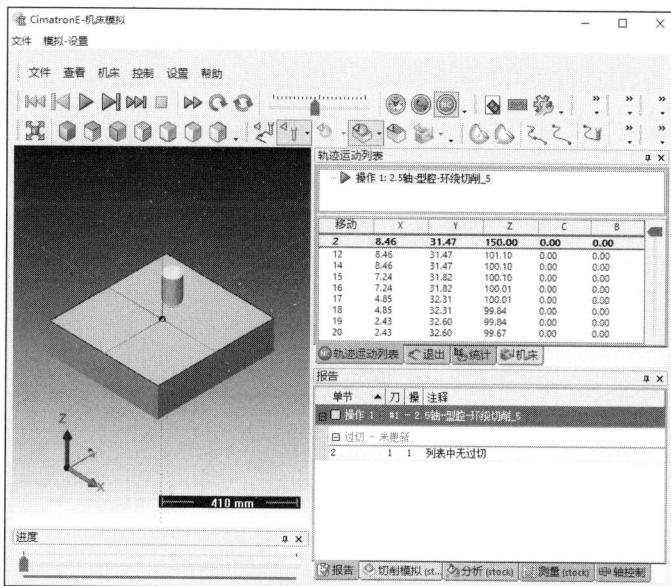

图 1-73　"CimatronE-机床模拟"窗口

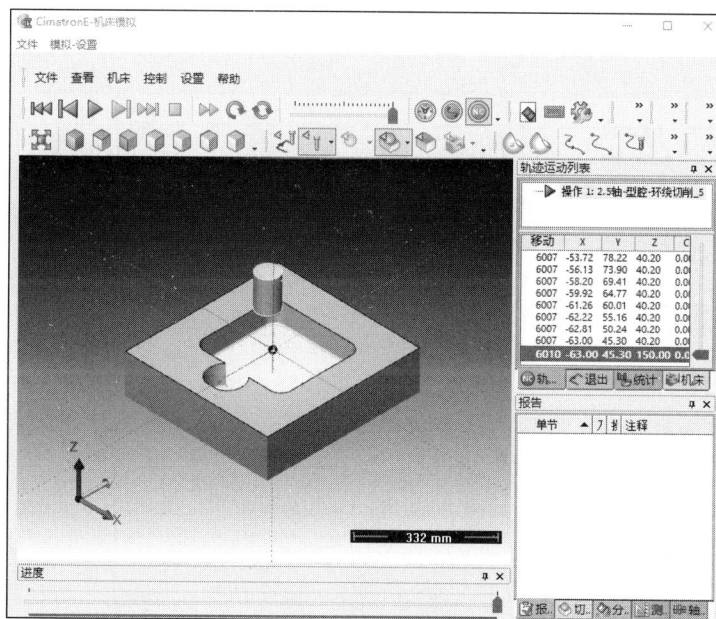

动画：压铸模
动模板开粗

图 1-74　加工模拟结果

8. 后处理

单击"NC 向导"中的"后处理"图标 ，进入后置处理功能，系统将弹出"后处理"对话框，如图 1-75 所示。选择处理后输出程序的存储地址，设置重命名文件类型为仅 G 代码文件，文件名为 dmb01，选中"完成后打开输出的文件"复选框，其他保持默认。单击"确认"图标进行后处理。后处理完成后，系统将产生一个程序文件，如图 1-76 所示。

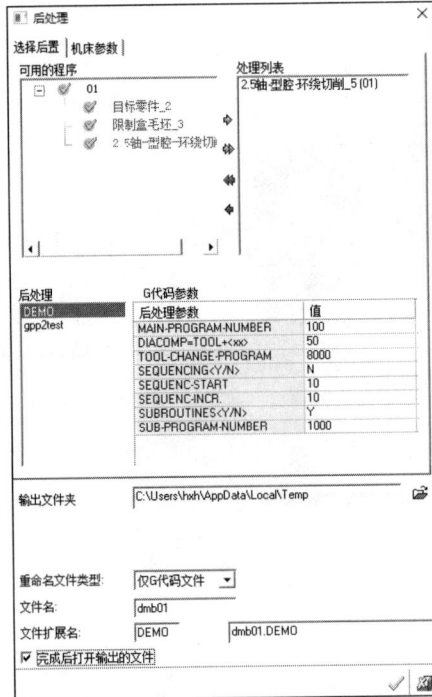

图 1-75 "后处理"对话框

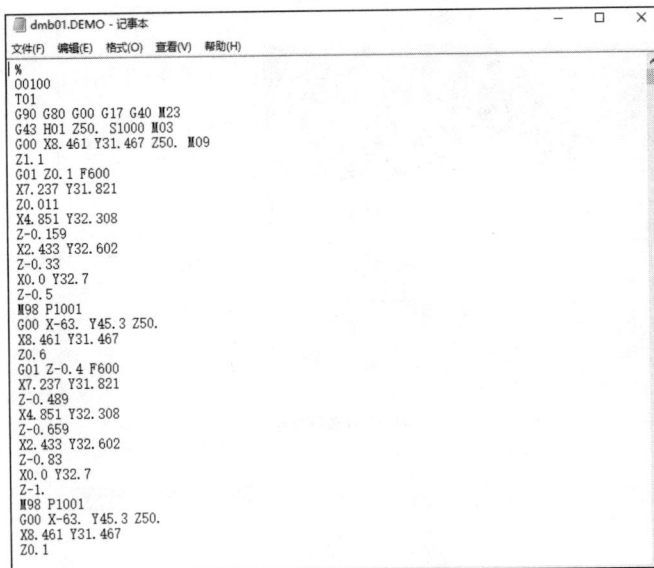

图 1-76 生成数控程序

1.3.2 二次开粗清角

1. 创建刀具

单击"NC 向导"中的"刀具"图标，系统弹出"刀具及夹头"对话框，单击"新刀具"

图标，按图 1-77 所示设置参数，单击"确认"图标，创建 D22R0.8 牛鼻刀。

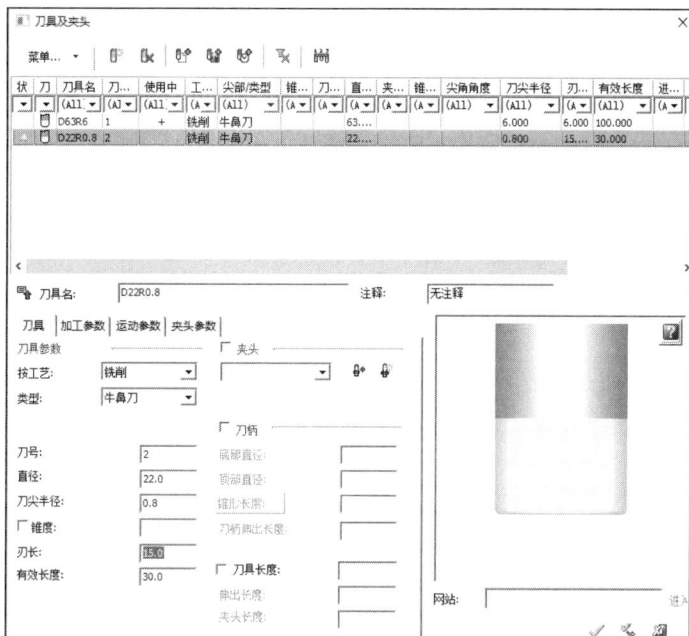

图 1-77　创建刀具

2. 创建刀路轨迹

单击"NC 向导"中的"刀轨"图标，系统弹出"创建刀轨"对话框，修改名称为 02，类型为 2.5 轴，安全平面为 50，单击"确认"图标，创建 2.5 轴刀路轨迹。完成后，在"NC 程序管理器"中会新增一个名为 02 的刀路轨迹，如图 1-78 所示。

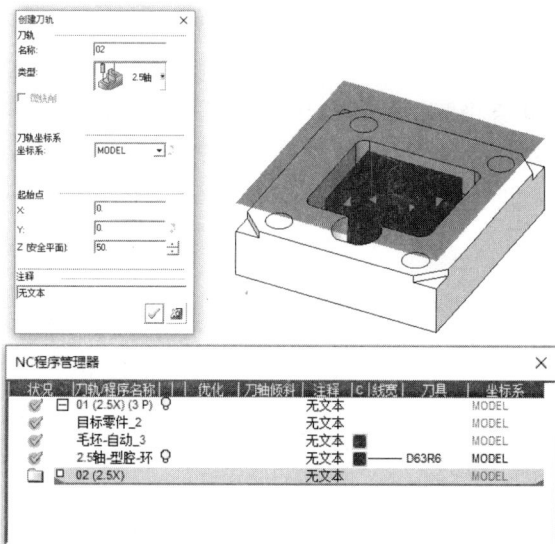

图 1-78　创建刀路轨迹

3. 创建 4 个角部清角程序

为方便后续刀路轨迹的创建，单击程序"2.5 轴-型腔-环绕切削"后的"隐藏"图标，隐藏该程序的刀路轨迹，如图 1-79 所示。

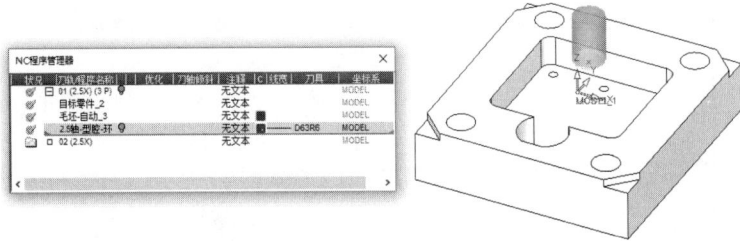

图 1-79　刀路轨迹的隐藏

单击"NC 向导"中的"程序"图标，系统弹出"程序向导"对话框，开始创建加工程序，修改"子选择"为"开放轮廓"，如图 1-80 所示。开放轮廓指沿着开放的轮廓线生成切削加工刀路轨迹的一种加工策略，轮廓线可以是一条或数条。与此相对应，封闭轮廓指沿着封闭的轮廓线生成切削加工刀路轨迹的一种加工策略。其轮廓线也可以是一条或数条，但所有轮廓线是相互独立的，不形成嵌套。

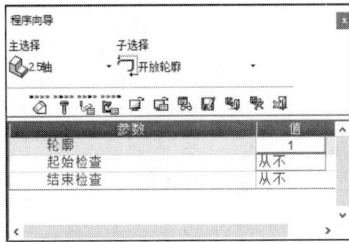

图 1-80　选择工艺

（1）选择轮廓

系统自动继承上一轮廓设置，轮廓值为 1。单击轮廓后的"1"按钮，系统弹出"轮廓管理器"对话框。在绘图区单击右键，系统弹出轮廓修改快捷菜单，如图 1-81 所示。选择"重置所有"命令对轮廓进行重置，在"轮廓管理器"对话框中显示全部轮廓数为 0，如图 1-82 所示。

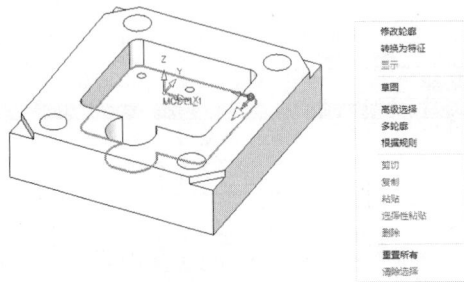

图 1-81　轮廓重置界面

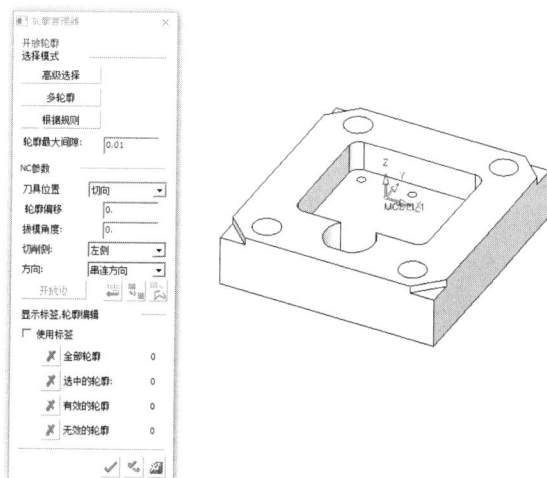

图 1-82　轮廓重置后效果

轮廓参数设置如下。

刀具位置：有"切向"和"轮廓上"两个选项。加工以轮廓线为边界的工件，通常选择"切向"选项。

轮廓偏移：考虑到角落要进行精加工，因此这里设置为 0.2mm。

拔模角度：保持默认值。

切削侧：有"左侧"、"右侧"和"如同挖槽"3 个选项。如果沿轮廓走向，刀具在轮廓左侧，则选择"左侧"选项，反之选择"右侧"选项。这里选择"左侧"选项。

在绘图区选择将要加工的轮廓线，方法为单击左键选择，再单击中键确认，此时有效的轮廓和全部轮廓的值均变为 1，如图 1-83 所示。

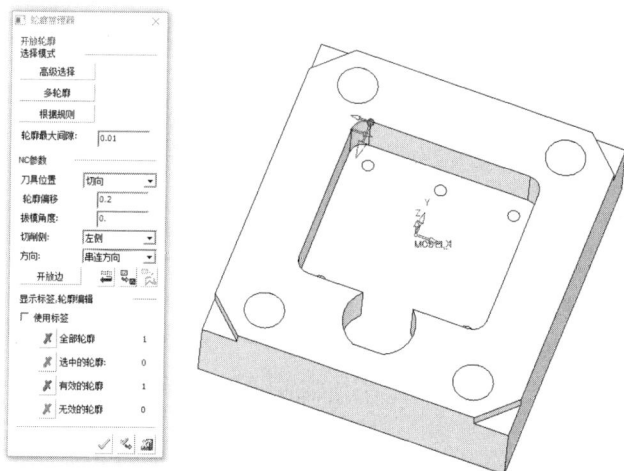

图 1-83　选择第一条轮廓

用相同的方法依次选择其他 3 条轮廓线，完成轮廓的选择。此时，有效的轮廓和全部轮廓的值均变为 4，如图 1-84 所示。单击"确认"图标，退出"轮廓管理器"对话框，此时轮廓值为 4，如图 1-85 所示，完成 4 条轮廓的创建。

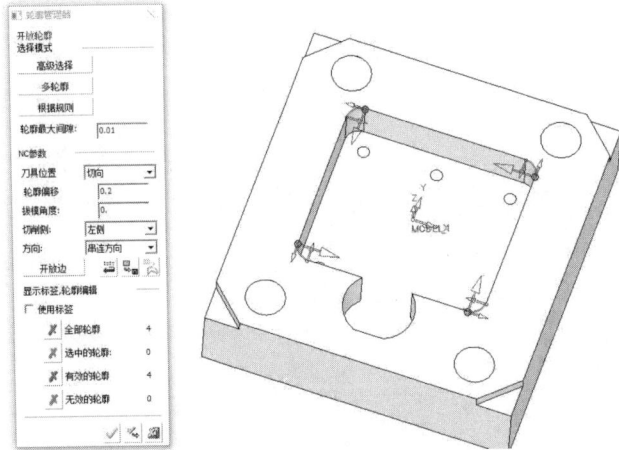

图 1-84　轮廓选择

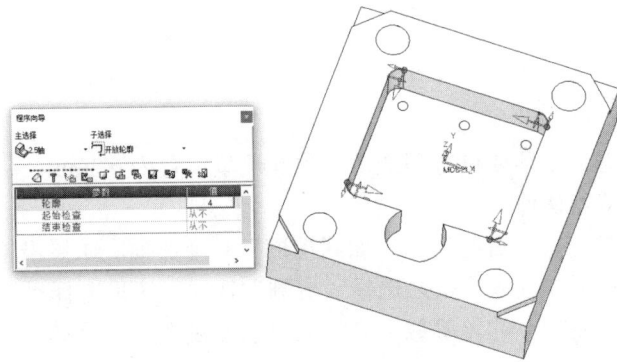

图 1-85　轮廓创建

（2）选择刀具

单击"刀具"图标，系统弹出"刀具及夹头"对话框，选择 D22R0.8 牛鼻刀，单击"确认"图标，完成刀具选择。

（3）设置刀路参数

单击"刀路参数"图标，系统切换到刀路参数界面。安全平面和坐标系、进刀和退刀点、公差及余量等参数可保持默认值，轮廓已在轮廓选择时进行设置。其他各参数设置如下。

步骤 1：进/退刀参数设置。

进/退刀参数如图 1-86 所示。其中，轮廓进刀类型和轮廓退刀类型都有"法向"、"相切"和"等分" 3 个选项。不同的进/退刀类型所需要设置的参数不同。这里是粗加工，因此可选择"法向"选项。

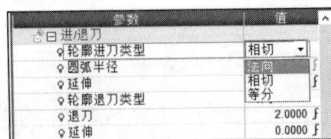

图 1-86　进/退刀参数

法向：以一段直线作为引入线，且与轮廓线垂直的进/退刀方式。需要设定法向进刀线或退刀线长度。

相切：以一段圆弧作为引入线，且与轮廓线相切的进/退刀方式。需要设定进/退刀圆弧半径。这种方式可以缓慢地切入（切出）到轮廓边缘，可以获得比较好的加工表面质量，通常在精加工中使用。

等分：以检查曲线和轮廓线的角平分线作引入线的一种进/退刀方式。这种方法在实际中较少使用。

延伸：表示在进刀点之前延伸一段距离再进刀，在退刀点之后延伸一段距离后再退刀。一般选择默认值。

步骤 2：刀路轨迹参数设置。

Z 最高点、Z 最低点：考虑到只是对 4 个角落进行清角加工，底部还要进行清角加工，因此可将 Z 最高点设置为 0，Z 最低点设置为-59.8，底部留有 0.2mm 余量。

下切步距：设置为 0.5mm，如图 1-87 所示。

图 1-87　下切步距参数设置

裁剪环：共有 3 个选项，分别为"局部"、"全局"和"关闭"，如图 1-88 所示。进行裁剪可以避免过切，但会造成轮廓的一部分位置加工不到位。图 1-89 为各选项对比示意图，建议选择"全局"选项，以保证有足够的安全性。

图 1-88　裁剪环选项

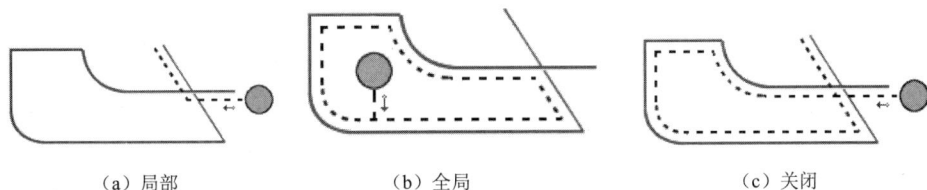

（a）局部　　　　　　　（b）全局　　　　　　　（c）关闭

图 1-89　各选项对比示意图

样条逼近：样条曲线的刀路轨迹可以采用线性逼近方式（图 1-90），此时生成的程序将全部使用直线插补指令；采用圆弧逼近方式时，生成的程序将使用直线插补指令与圆弧插补指令。一般来说，使用圆弧逼近方式所产生的刀路轨迹与轮廓线的重合性更好，同时程序长度也更短。图 1-91 为样条逼近的示意图。

图 1-90　样条逼近选项

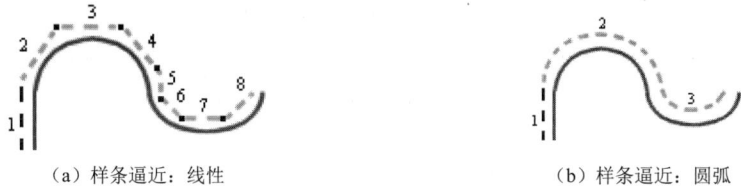

（a）样条逼近：线性　　　　　　　　　　　　　（b）样条逼近：圆弧

图 1-91　样条逼近的示意图

铣削模式：铣削模式决定了加工时的走刀模式，有标准和摆线两种，如图 1-92 所示。通常情况下选择标准模式，刀具沿轮廓直接进给，如图 1-93 所示。摆线模式下，刀具以摆线方式沿轮廓进给，如图 1-94 所示。在切削较大的毛坯宽度时，使用摆线方式进行可保持均匀的切削负荷，并保持较高的进给速度。选择摆线模式时，需要设置"摆线直径"和"摆线步长"两个参数。

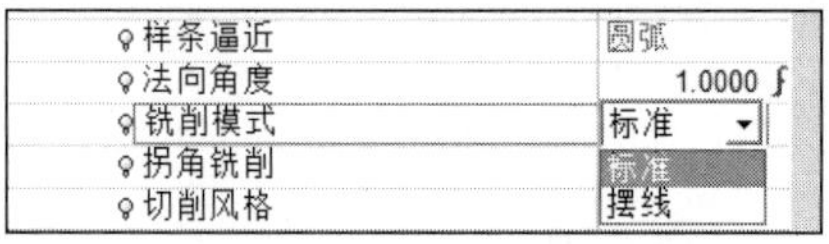

图 1-92　铣削模式选项

图 1-93　铣削模式：标准　　　　　　　　　图 1-94　铣削模式：摆线

拐角铣削：拐角部位，特别是较小角度的拐角部位，会使机床的运动方向发生突变，造成切削负荷大幅度变化，对刀具极其不利。因此，可通过设置拐角模式来减少对刀具的不利影响。有 4 种拐角模式可选，分别为圆角、尖角、尖角运动和全部圆角，如图 1-95 所示。一般情况下，应优先选用圆角模式，以有比较圆滑的过渡；而使用全部圆角模式将在凹角部位留下残余。拐角铣削方式如图 1-96 所示。

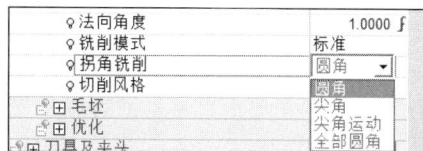

图 1-95 拐角铣削选项

（a）圆角 　　（b）尖角 　　（c）尖角运动 　　（d）全部圆角

图 1-96 拐角铣削方式

切削风格：设置为双向。

最终刀路轨迹参数设置如图 1-97 所示。

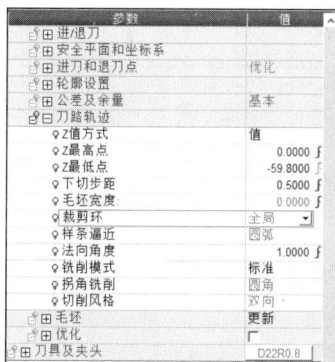

图 1-97 最终刀路轨迹参数设置

（4）设置机床参数

单击"机床参数"图标，系统切换到机床参数界面，设置机床的主轴转速为 2200、进给为 2000，角落进给为 60，其他保持默认值，如图 1-98 所示。

图 1-98 机床参数设置效果

（5）程序生成

单击"保存并计算"图标，系统将根据前面设置的参数自动计算刀路轨迹，并在绘图

区显示生成的刀路轨迹，如图 1-99 所示。

微课：压铸模
动模板4个角
落清角加工
编程

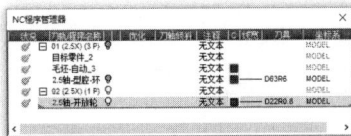

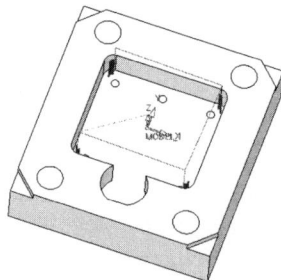

动画：压铸模
动模板4个角
落清角

图 1-99　生成刀路轨迹

4. 创建底部清角加工程序

单击"NC 向导"中的"程序"图标，系统弹出"程序向导"对话框，修改"子选择"为"封闭轮廓"，如图 1-100 所示。

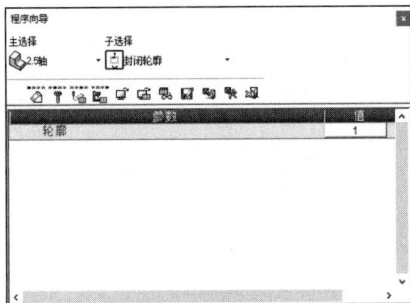

图 1-100　选择工艺

（1）选择轮廓

单击轮廓后的"1"按钮，系统弹出"轮廓管理器"对话框，如图 1-101 所示。

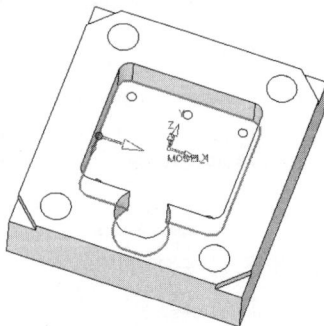

图 1-101　"轮廓管理器"对话框及轮廓效果

参数设置如下。

刀具位置：有"切向"和"轮廓上"两个选项。这里加工以轮廓线为边界的工件，故选择"切向"选项。

轮廓偏移：考虑到侧面还要进行精加工，因此应向内侧偏移一定距离，这里设置为0.2mm。

拔模角度：保持默认值。

切削侧：有"内侧"、"外侧"和"如同挖槽"3个选项，其中，内侧、外侧示意图，如图 1-102 所示。这里加工型腔，设置为内侧。

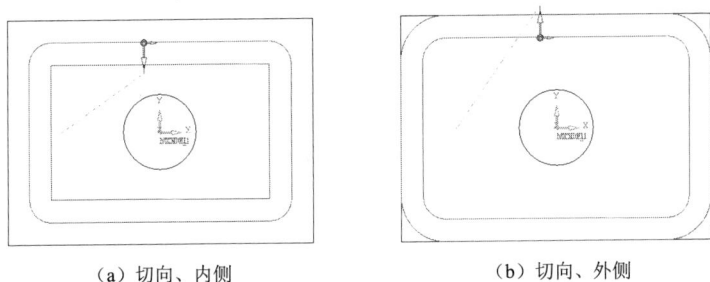

（a）切向、内侧　　　　　　　　（b）切向、外侧

图 1-102　内侧、外侧示意图

起始点：用来设置加工起始点。该点最好不要设置在转角附近，并且要注意进/退刀及其延伸段是否会发生过切。注意：图形上箭头所处位置表示当前进刀点，长的箭头表示切削侧，短的箭头表示铣削方向。

若起始点不合适，应进行重置。单击"起始点"按钮，在封闭轮廓上选择合适的起始点，单击左键，完成起始点重置，如图 1-103 所示。单击"确认"图标，退出"轮廓管理器"对话框，完成轮廓选择，如图 1-104 所示。

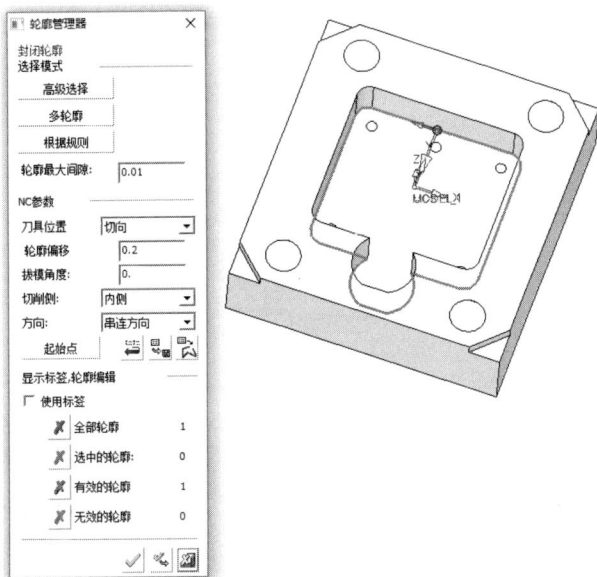

图 1-103　起始点重置

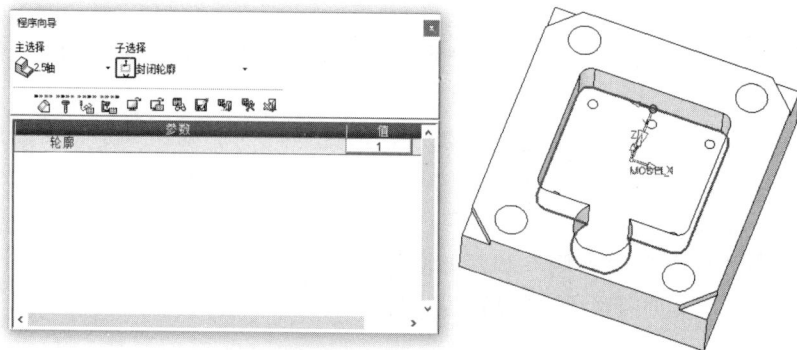

图 1-104　完成轮廓选择

（2）设置刀路参数

单击"刀路参数"图标，系统切换到刀路参数界面，如图 1-105 所示。

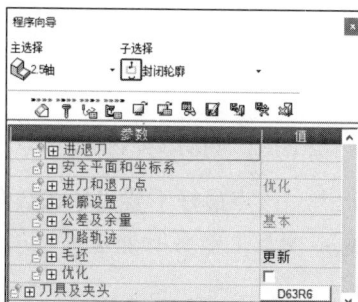

图 1-105　底部清角刀路参数

各参数设置如下。

进/退刀：轮廓进刀类型和轮廓退刀类型都设置为相切，圆弧半径设置为 6，延伸设置为 0，如图 1-106 所示。

图 1-106　进/退刀参数设置

安全平面和坐标系：选择默认值。

进刀和退刀点：选择默认值。

轮廓设置：已在轮廓选择时进行设置，这里选择默认值。

公差及余量：选择默认值。

刀路轨迹：考虑到是底部清角加工，根据上一把刀具开粗后的残料高度，将 Z 最高点设置为-53.8，Z 最低点设置为-59.8，底部留有 0.2mm 余量。下切步距设置为 0.5mm，其他参数按图 1-107 所示进行设置。

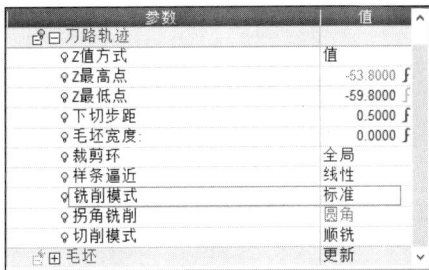

图 1-107　刀路轨迹参数设置

刀具及夹头：如发现刀具不符合要求，可使用该选项，进行重新选择。单击"D63R6"按钮，系统弹出"刀具及夹头"对话框，选择 D22R0.8 刀具，单击"确认"图标，退出"刀具及夹头"对话框，完成刀具的重选，效果如图 1-108 所示。

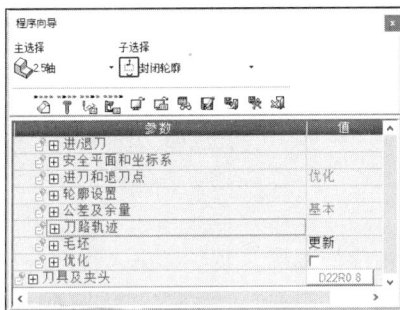

图 1-108　刀具重选效果

（3）程序生成

单击"保存并计算"图标，系统将根据前面设置的参数自动计算刀路轨迹，并在绘图区显示生成的刀路轨迹，如图 1-109 所示。

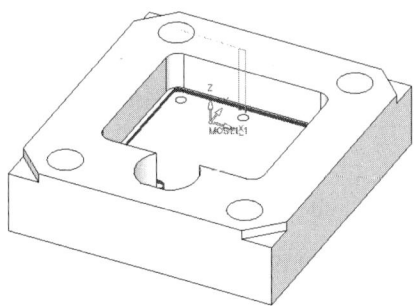

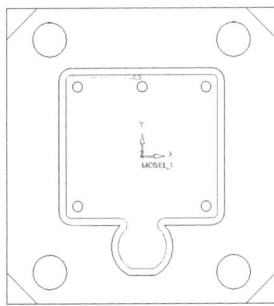

微课：压铸模
动模板底部
清角加工
编程

动画：压铸模
动模板底部
清角

图 1-109　生成刀路轨迹

1.3.3　底面精加工

1. 创建刀路轨迹

单击"NC 向导"中的"刀轨"图标，系统弹出"创建刀轨"对话框，修改名称为 03，类型为 2.5 轴，安全平面为 50，单击"确认"图标，创建 2.5 轴刀路轨迹。完成后，"NC 程序管理器"中新增一个名为 03 的刀路轨迹，同时将 2.5 轴-封闭轮廓的刀路轨迹关闭，如图 1-110 所示。

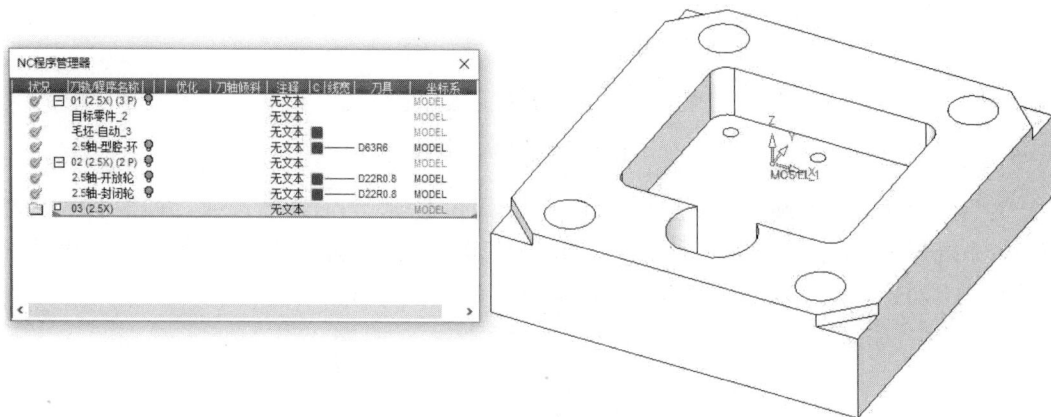

图 1-110　创建 03 刀路轨迹

2. 创建程序

单击"NC 向导"中的"程序"图标，系统弹出"程序向导"对话框，开始创建加工程序，修改"子选择"为"型腔-环绕切削"，如图 1-111 所示。

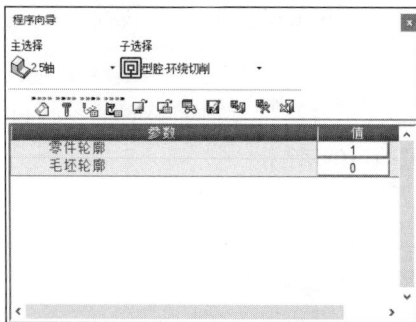

图 1-111　选择工艺

（1）选择零件轮廓

单击零件轮廓后的"1"按钮，系统弹出"轮廓管理器"对话框，选择刀具位置为轮廓内，考虑到还要进行侧壁精铣，留 0.2mm 余量，如图 1-112 所示。此时，如果各参数已经继承上一程序设置，可直接退出。

（2）选择刀具

单击"刀具"图标，系统弹出"刀具及夹头"对话框，选择 D22R0.8 牛鼻刀，单击"确认"图标，完成刀具的选择。

（3）设置刀路参数

单击"刀路参数"图标，系统切换到刀路参数界面。考虑到精铣底面，因此将 Z 最高点设置为-59.8，Z 最低点设置为-60，不留余量，其他参数按图 1-113 所示进行设置。

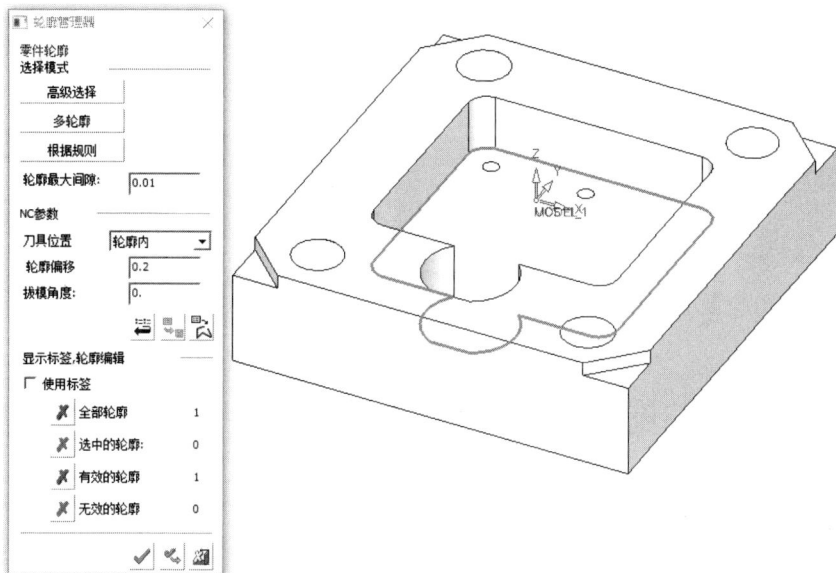

图 1-112　零件轮廓选择

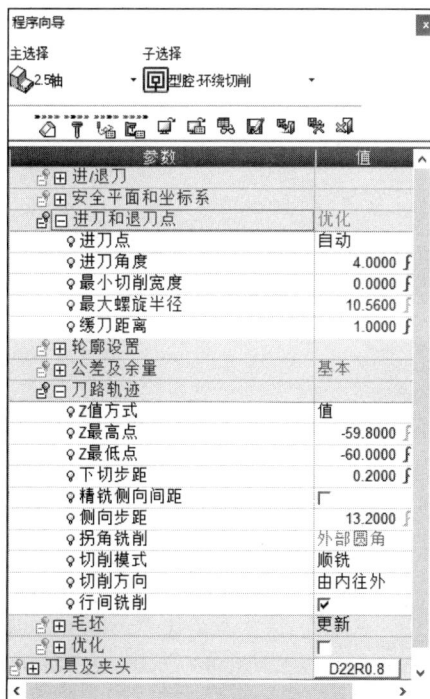

图 1-113　刀路参数设置效果

（4）设置机床参数

单击"机床参数"图标，系统切换到机床参数界面，设置机床的主轴转速为 3000、进给为 800，其他选择默认值，如图 1-114 所示。

图 1-114 机床参数设置

（5）程序生成

单击"保存并计算"图标，系统将根据前面设置的参数自动计算刀路轨迹，并在绘图区显示生成的刀路轨迹，如图 1-115 所示。

微课：压铸模
动模板底面精
加工编程

动画：压铸模
动模板底面
精加工

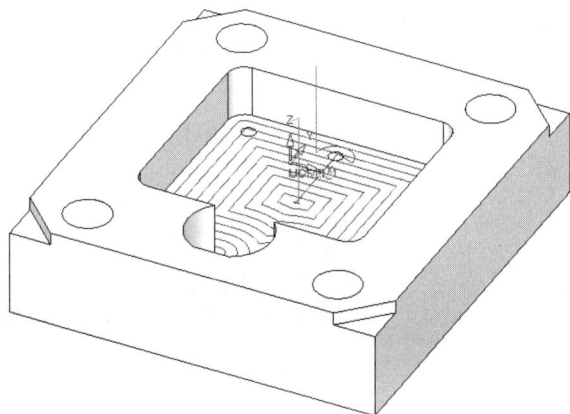

图 1-115 生成刀路轨迹

1.3.4 外轮廓加工

1. 创建刀路轨迹

单击"NC 向导"中的"刀轨"图标，系统弹出"创建刀轨"对话框，修改名称为 04，类型为 2.5 轴，安全平面为 50，单击"确认"图标，创建 2.5 轴刀路轨迹。完成后，"NC程序管理器"中会新增一个名为 04 的刀路轨迹，如图 1-116 所示。

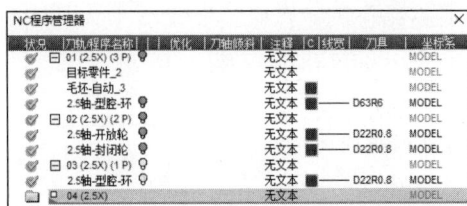

图 1-116 外轮廓加工刀路轨迹创建

2. 创建程序

单击"NC 向导"中的"程序"图标，系统弹出"程序向导"对话框，开始创建加工程序，修改"子选择"为"开放轮廓"，并关闭上一程序的刀路轨迹显示，如图 1-117 所示。

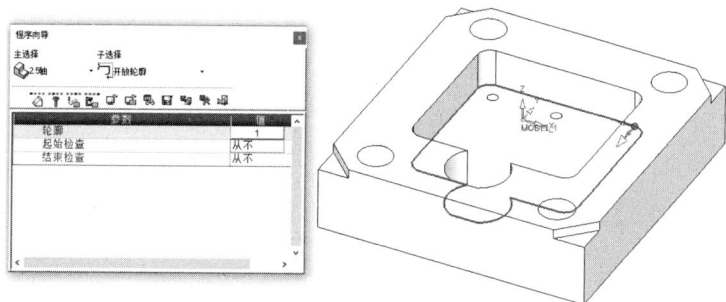

图 1-117　选择工艺及其效果

（1）选择轮廓

单击轮廓后的"1"按钮，系统弹出"轮廓管理器"对话框，首先对轮廓进行重置，如图 1-118 所示。

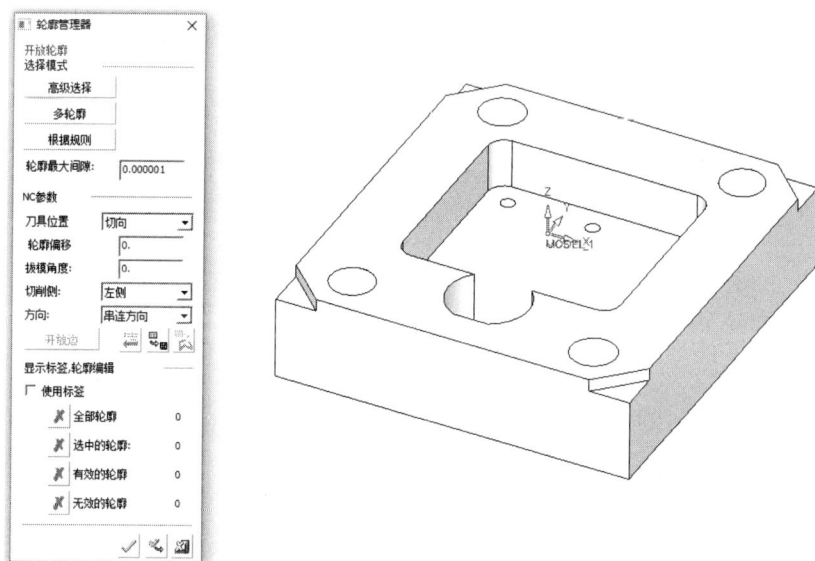

图 1-118　轮廓设置

刀具位置选择切向，轮廓偏移、拔模角度选择默认值，切削侧选择左侧。

在绘图区选择将要加工的第一条轮廓，单击左键，注意方向，如图 1-119 所示。如果箭头方向与要求相反，则单击箭头，使其反向，再单击中键确认，完成第一条轮廓的选择。再依次选择其他 3 条轮廓，如图 1-120 所示。最后单击"确认"图标，退出"轮廓管理器"对话框，完成 4 条开放轮廓的选择。

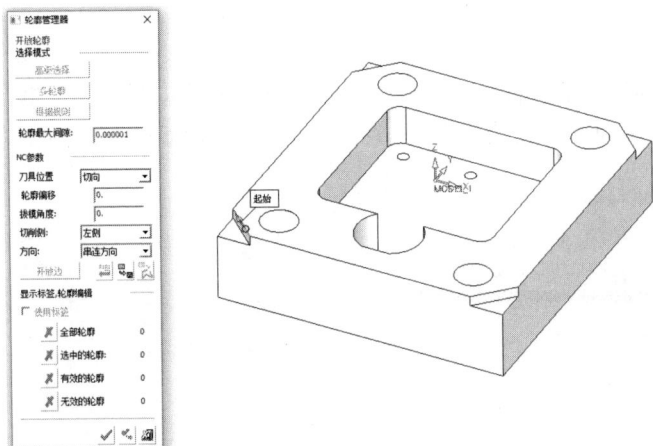

图 1-119　选择第一条轮廓线

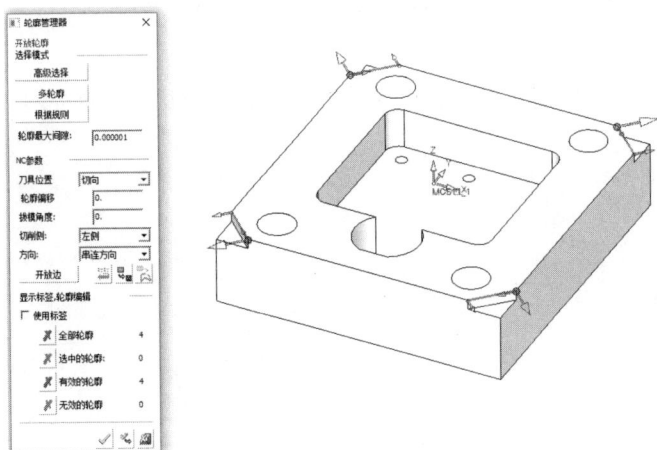

图 1-120　轮廓选择

（2）选择刀具

单击"NC 向导"中的"刀具"图标，选择 D22R0.8 牛鼻刀，单击"确认"图标。如已继承上一程序，则可选择默认值。

（3）设置刀路参数

单击"NC 向导"中的"刀路参数"图标，系统切换到刀路参数界面，按下述步骤设置刀路参数。

进/退刀：考虑到刀具可从边上进/退刀，因此轮廓进/退刀类型选择法向，并设置退刀值为 0、延伸为 5mm，如图 1-121 所示。

图 1-121　进/退刀参数设置

安全平面与坐标系：可选择默认值。

进刀和退刀点：有"轮廓顺序"和"缓刀距离"两个参数。轮廓顺序是指按指定坐标轴或指定方向的次序切削，该参数仅在加工多条不相连的轮廓线时有效。轮廓顺序的选项如图 1-122 所示，分别为"根据 X"、"根据 Y"、"最近的"和"不排序"，其示例如图 1-123 所示。缓刀距离可选择默认值。

图 1-122　轮廓顺序的选项

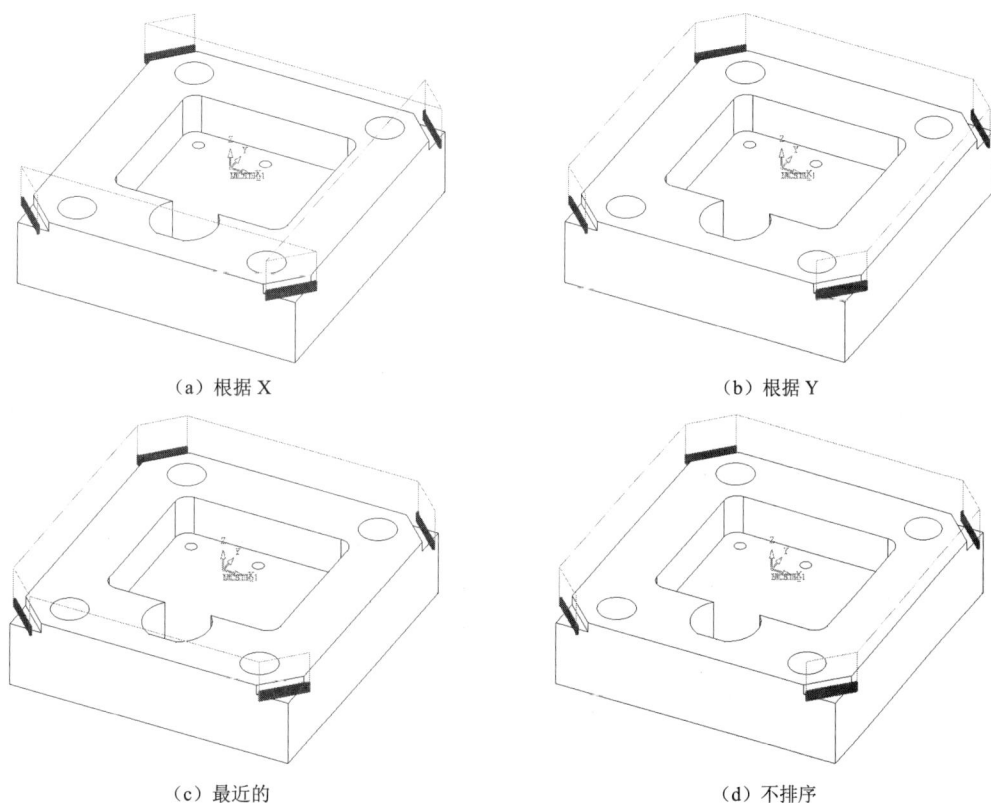

（a）根据 X

（b）根据 Y

（c）最近的

（d）不排序

图 1-123　轮廓顺序示例

轮廓设置、公差及余量：可选择默认值。

刀路轨迹：Z 最高点设置为 0，Z 最低点设置为-15。下切步距设置为 0.5。考虑到刀具直径，不能一刀完成加工，故可通过设置毛坯宽度的方式进行第二刀加工。通过测量，毛坯宽度设置为 30，侧向步距为 15，分两次完成轮廓加工。刀路轨迹参数设置如图 1-124 所示。

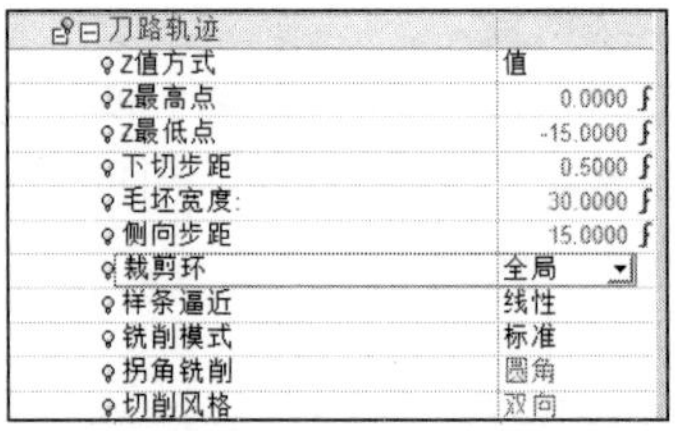

图 1-124　刀路轨迹参数设置

切削风格：指定刀具单向或双向铣削，如图 1-125 所示。单向铣削在层间将抬刀，可以控制每一层都是顺铣或逆铣。双向铣削在完成一行加工后直接进入下一行切削，不抬刀，因此可以获得较高的切削效率，但其加工获得的表面质量不如单向铣削好。

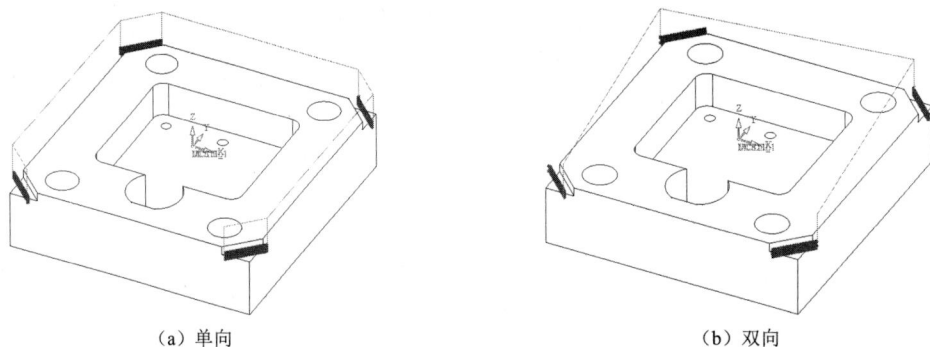

（a）单向　　　　　　　　　　　　　　　　　　　　（b）双向

图 1-125　切削方向

如选择单向铣削，还要设置另一组选项：顺铣或逆铣。变换顺、逆铣削方向时，开放轮廓加工的刀具路径的起点和终点将发生变换。

裁剪环、样条逼近等参数可选择默认。

（4）设置机床参数

单击"NC 向导"中的"机床参数"图标，系统切换到机床参数界面，设置机床的主轴转速为 1800、进给为 2000，其他选择默认值，如图 1-126 所示。

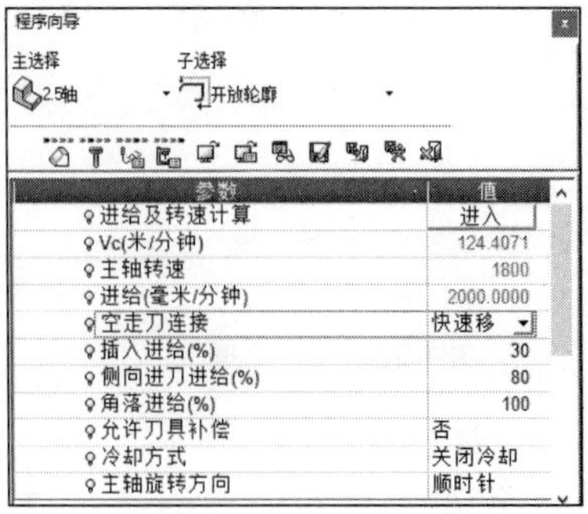

图 1-126　机床参数设置

（5）程序生成

单击"保存并计算"图标，系统将根据前面设置的参数自动计算刀路轨迹，并在绘图区显示生成的刀路轨迹，如图 1-127 所示。

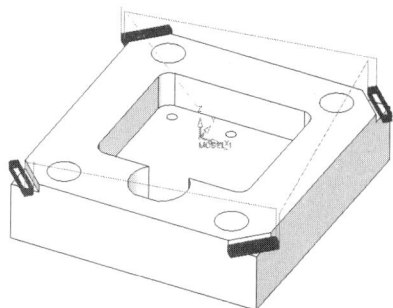

微课：压铸模 动画：压铸模
动模板外轮廓 动模板外轮廓
加工编程 加工

图 1-127 生成刀路轨迹

1.3.5 精修侧壁

1. 创建刀路轨迹

单击"NC 向导"中的"刀轨"图标，系统弹出"创建刀轨"对话框，修改名称为 05，类型为 2.5 轴，安全平面为 50，修改注释中的"无文本"为"精修侧壁"，单击"确认"图标，创建 2.5 轴刀路轨迹。完成后，"NC 程序管理器"中新增一个名为 05 的刀路轨迹。

2. 创建程序

单击"NC 向导"中的"程序"图标，系统弹出"程序向导"对话框，开始创建加工程序，修改"子选择"为"封闭轮廓"，如图 1-128 所示。

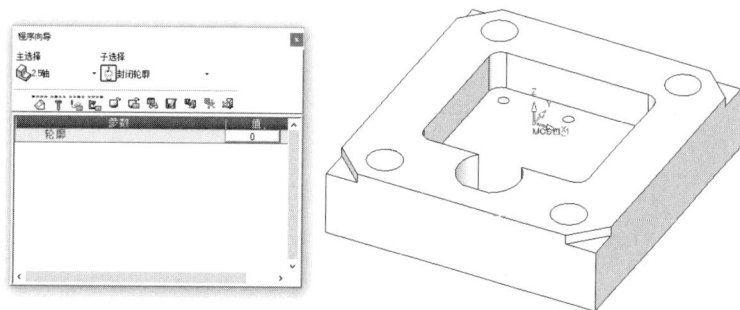

图 1-128 选择工艺

（1）选择轮廓

单击轮廓后的"0"按钮，系统弹出"轮廓管理器"对话框，刀具位置选择切向，轮廓偏移为 0，切削侧选择内侧，其他选择默认值。对轮廓进行重置，选择封闭轮廓线，如图 1-129 所示，再单击中键确认，最后单击"确认"图标，退出"轮廓管理器"对话框，完成轮廓选择，如图 1-130 所示。

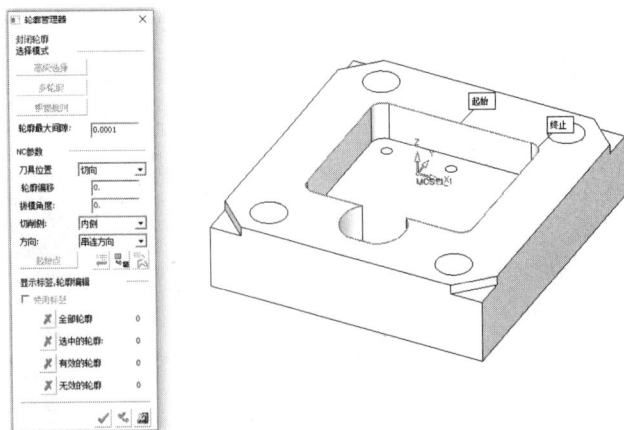

图 1-129　轮廓参数设置

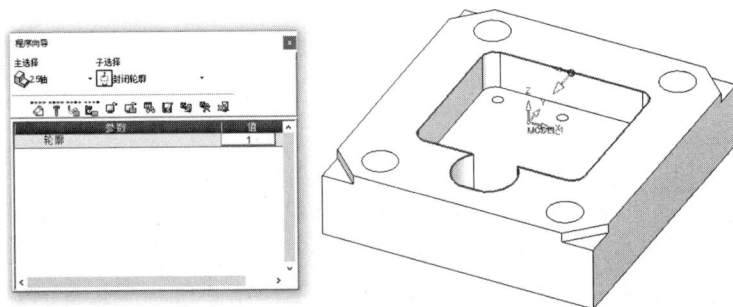

图 1-130　轮廓选择效果

（2）创建刀具

单击"NC 向导"中的"刀具"图标，系统弹出"刀具及夹头"对话框，再单击"新刀具"图标，设置刀具名为 D24，类型为平底刀，系统自动默认刀号为 3，修改直径为 24.0，其他选择默认值，创建 D24 平底刀，如图 1-131 所示。再选择 D24 平底刀，单击"确认"图标，完成刀具创建与选择。

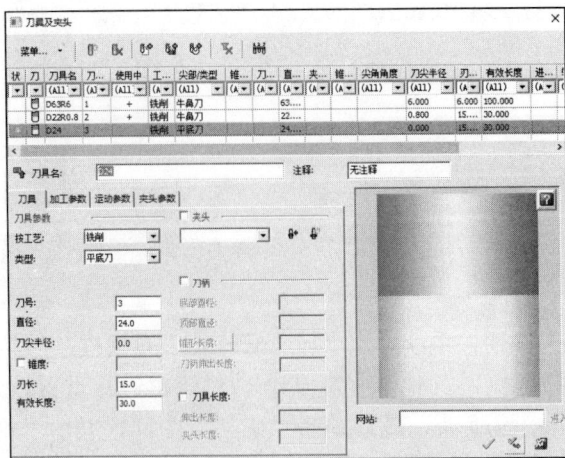

图 1-131　创建刀具

（3）设置刀路参数

单击"刀路参数"图标，系统切换到刀路参数界面，本例采用白钢刀加工。考虑到该刀具的加工特性，将 Z 最高点设置为 0，Z 最低点设置为-60，下切步距设置为 20，通过 3 次环切完成侧壁精加工。其他参数按图 1-132 所示进行设置。

（4）设置机床参数

单击"机床参数"图标，系统切换到机床参数界面，设置机床的主轴转速为 200、进给为 80，其他选择默认值，如图 1-133 所示。

图 1-132 刀路参数设置

图 1-133 机床参数设置

（5）程序生成

单击"保存并计算"图标，系统将根据前面设置的参数自动计算刀路轨迹，并在绘图区显示生成的刀路轨迹，如图 1-134 所示。

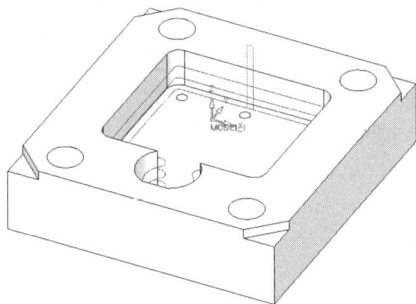

图 1-134 刀路轨迹生成

微课：压铸模动模板精修侧壁编程

动画：压铸模动模板精修侧壁

3. 仿真模拟

单击"NC 向导"中的"机床仿真"图标，系统弹出"机床仿真"对话框，如图 1-135 所示。单击绿色双箭头，选择 01、02、03、04、05 程序，单击"确认"图标，系统将打开一个"CimatronE-机床模拟"窗口，选择"控制"→"运行"命令，进行实体切削模拟，加工模拟仿真结果如图 1-136 所示。

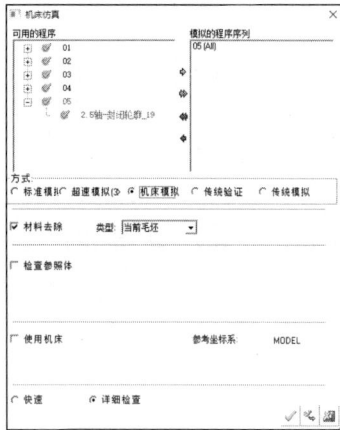

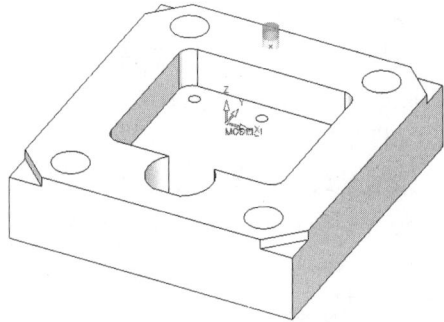

图 1-135　选择仿真程序

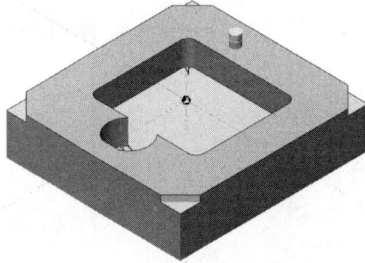

图 1-136　加工模拟仿真结果

4．后置处理

单击"NC 向导"中的"后处理"图标，进入后处理功能，系统将弹出"后处理"对话框。再选择处理后输出程序的存放文件夹，设置重命名文件类型为仅 G 代码文件，设置文件名为 dmb02，选中"完成后打开输出的文件"复选框，其他选择默认值，如图 1-137 所示。

图 1-137　"后处理"对话框

单击“确认”图标进行后处理。完成后，系统将产生一个程序文件，如图 1-138 所示。

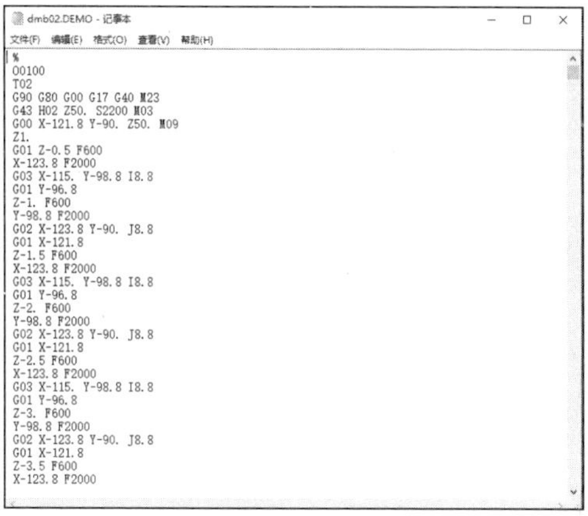

```
dmb02.DEMO - 记事本
文件(F) 编辑(E) 格式(O) 查看(V) 帮助(H)
%
O0100
T02
G90 G80 G00 G17 G40 M23
G43 H02 Z50. S2200 M03
G00 X-121.8 Y-90. Z50. M09
Z1.
G01 Z-0.5 F600
X-123.8 F2000
G03 X-115. Y-98.8 I8.8
G01 Y-96.8
Z-1. F600
Y-98.8 F2000
G02 X-123.8 Y-90. J8.8
G01 X-121.8
Z-1.5 F600
X-123.8 F2000
G03 X-115. Y-98.8 I8.8
G01 Y-96.8
Z-2. F600
Y-98.8 F2000
G02 X-123.8 Y-90. J8.8
G01 X-121.8
Z-2.5 F600
X-123.8 F2000
G03 X-115. Y-98.8 I8.8
G01 Y-96.8
Z-3. F600
Y-98.8 F2000
G02 X-123.8 Y-90. J8.8
G01 X-121.8
Z-3.5 F600
X-123.8 F2000
```

图 1-138　生成数控程序

1.4 填写加工程序单

填写表 1-3 所示的加工程序单。

表 1-3　加工程序单

零件名称：压铸模动模板　　　　操作员：　　　　编程员：

<table>
<tr><td>计划时间</td><td colspan="2"></td><td colspan="6" rowspan="9">描述：
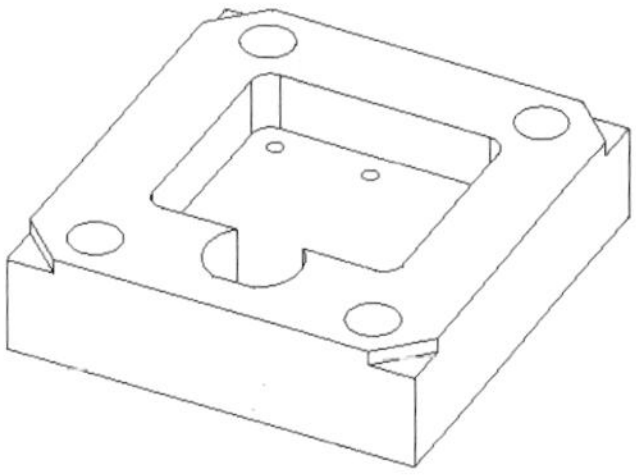
四面分中</td></tr>
<tr><td>实际时间</td><td colspan="2"></td></tr>
<tr><td>上机时间</td><td colspan="2"></td></tr>
<tr><td>下机时间</td><td colspan="2"></td></tr>
<tr><td colspan="3">工作尺寸/mm</td></tr>
<tr><td>X_c</td><td colspan="2"></td></tr>
<tr><td>Y_c</td><td colspan="2"></td></tr>
<tr><td>Z_c</td><td colspan="2"></td></tr>
<tr><td colspan="3">工作数量：1 件</td></tr>
<tr><td>程序名称</td><td>加工类型</td><td>刀具</td><td>Z 下切量</td><td>步距</td><td>加工余量</td><td>加工时间</td><td>完成时间</td><td>备注</td></tr>
<tr><td>01</td><td>开粗</td><td>D63R6</td><td>0.5</td><td>40</td><td>0.2</td><td></td><td></td><td></td></tr>
<tr><td>02</td><td>二次开粗清角</td><td>D22R0.8</td><td>0.5</td><td>11</td><td>0.3</td><td></td><td></td><td></td></tr>
<tr><td>03</td><td>底面精加工</td><td>D22R0.8</td><td>0.2</td><td>15</td><td>0</td><td></td><td></td><td></td></tr>
<tr><td>04</td><td>外轮廓加工</td><td>D22R0.8</td><td>0.5</td><td></td><td>0</td><td></td><td></td><td></td></tr>
<tr><td>05</td><td>侧壁精加工</td><td>D24</td><td>20</td><td></td><td>0</td><td></td><td></td><td>白钢刀</td></tr>
</table>

项 目 练 习

完成图 1-139 所示压铸模动模板数控程序的创建。

压铸模动模板练习源文件见配套资源包（下载地址：www.abook.cn）。

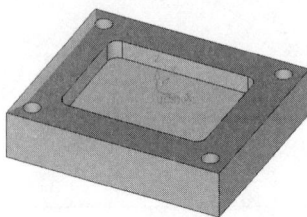

图 1-139　压铸模动模板

2 项目

推杆固定板数控编程

>>>>>

◎ **项目导读**

推杆固定板是常见的模架零件之一。该零件的特点是结构简单，但孔多，同时某些孔的尺寸精度和位置精度要求较高。

推杆固定板源文件见配套资源包（下载地址：www.abook.cn）。

◎ **能力目标**

- 能正确选择孔加工刀具、钻孔点，合理设置刀路参数及机床参数。
- 熟悉钻孔加工（包括钻孔、镗孔、攻丝等）的特点，并能熟练应用。

◎ **思政目标**

- 树立正确的学习观、价值观，自觉践行行业道德规范。
- 牢固树立质量第一、信誉第一的强烈意识。
- 遵规守纪，安全生产，爱护设备，钻研技术。

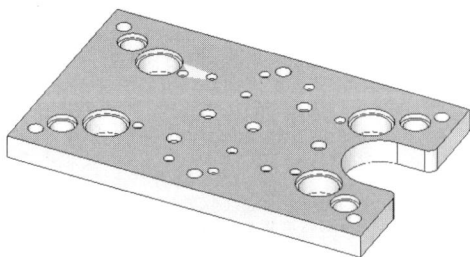

2.1

推杆固定板模型分析

双击 CimatronE 11 图标启动软件，进入 E11 的开始界面。在 CimatronE 11 的工具栏中单击"打开文件"图标，打开"CimatronE 浏览器"窗口，选择需要打开的文件，再单击"打开"按钮，完成文件的打开，如图 2-1 所示。

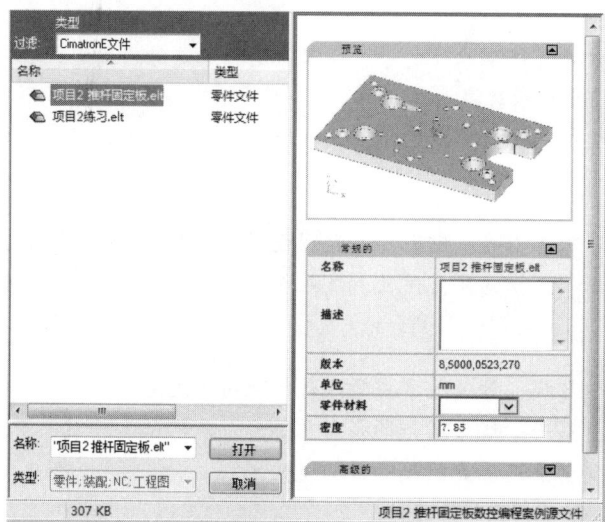

图 2-1　打开文件

选择"分析"→"测量"命令，系统弹出"测量"对话框。通过该对话框对模型进行测量，如图 2-2 所示。

微课：推杆固定板模型分析

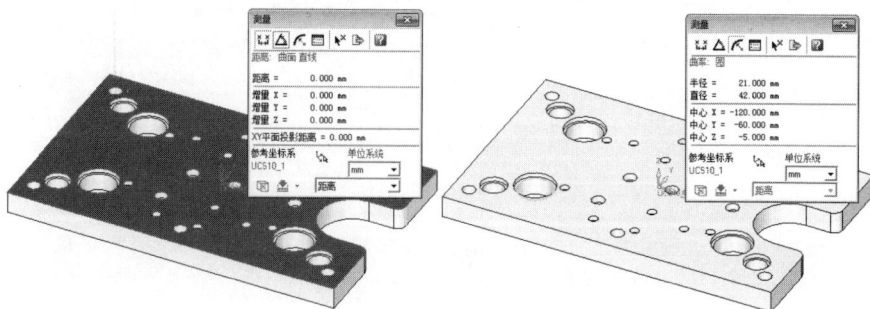

图 2-2　模型分析

模型分析结果如下。

长×宽×高：400mm×250mm×25mm。

2.2

推杆固定板加工工艺制定

推杆固定板加工工艺，可按表 2-1 所示进行编制。

微课：推杆固定板加工工艺制定

表 2-1　推杆固定板加工工艺流程

序号	加工内容	加工策略	图解	备注
01	开放轮廓加工	2.5 轴-开放轮廓		根据型腔尺寸及深度确定使用 D63R6 牛鼻刀进行开粗
02	点孔（所有需要加工的孔）	钻孔-钻孔三轴		使用中心钻点孔，深 5~8mm
03	钻镗孔（4 个 $\phi42$ 孔）	钻孔-钻孔三轴		根据孔径及加工效率选择 $\phi41$ 的快速钻头进行预钻孔加工，再使用 $\phi34$~$\phi43$ 镗刀进行镗孔加工至尺寸
04	钻镗孔（4 个 $\phi25$ 孔）	钻孔-钻孔三轴		根据孔径选择 $\phi23.5$ 的钻头进行预钻孔加工后，再使用 $\phi24$~$\phi26$ 镗刀进行镗孔加工至尺寸
05	钻孔、攻丝（6 个 M16 孔）	钻孔-钻孔三轴		根据螺距选择 $\phi14$ 的钻头进行底孔加工，再使用丝锥进行攻丝加工
06	钻孔 $\phi11$、沉孔 $\phi16$ 加工（5 个）	钻孔-钻孔三轴		根据孔径选择 $\phi11$ 的钻头进行预钻孔加工后，再使用 $\phi16$ 沉孔刀进行沉孔加工
07	钻孔 $\phi7$、沉孔 $\phi11$ 加工（12 个）	钻孔-钻孔三轴		根据孔径选择 $\phi7$ 的钻头进行预钻孔加工后，再使用 $\phi11$ 沉孔刀进行沉孔加工

2.3

推杆固定板编程操作

2.3.1 开放轮廓加工

1. 读取模型

启动软件，单击"新建文件"图标 □ ，弹出"新建文档"对话框，选择类型为编程，单击"确认"图标打开编程工作窗口。单击"NC 向导"中的"读取模型"图标 [读取模型] ，选择零件文件，单击"选择"按钮读取模型，如图 2-3 所示。在特征向导栏中单击"确认"图标，将模型放置到当前坐标系的原点，同时不做旋转。

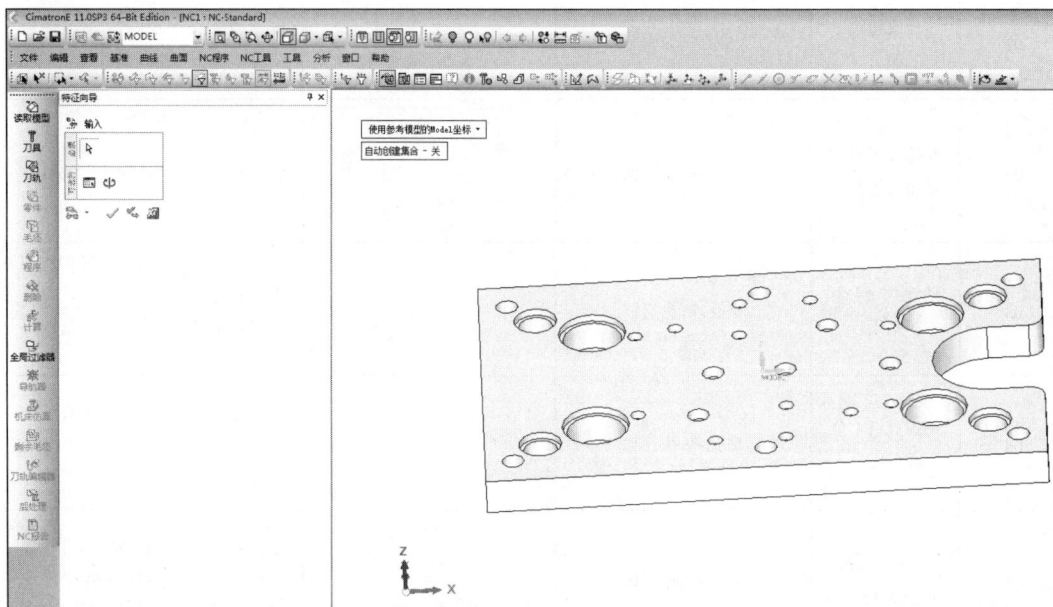

图 2-3　读取模型

2. 创建刀具

单击"NC 向导"中的"刀具"图标，系统弹出"刀具及夹头"对话框，再单击"新刀具"图标，按图 1-14 所示设置参数，单击"确认"图标，新建 D63R6 牛鼻刀。

3. 创建刀路轨迹

单击"NC 向导"中的"刀轨"图标，进入创建刀路轨迹功能，系统弹出"创建刀轨"对话框，修改名称为 01，类型为 2.5 轴，安全平面为 50，如图 2-4 所示，创建 2.5 轴刀路轨迹。

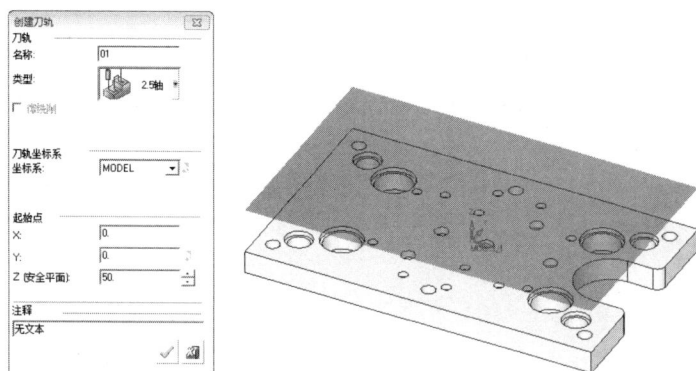

图 2-4　创建刀路轨迹

4. 创建毛坯

单击"NC 向导"中的"毛坯"图标，系统弹出"初始毛坯"对话框，各参数保持默认设置，如图 2-5 所示，单击"确认"图标退出。

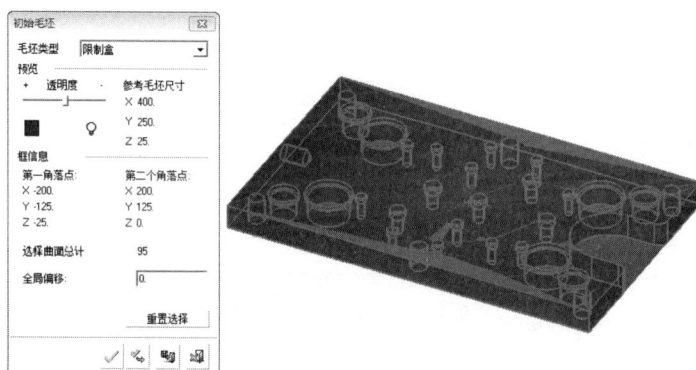

图 2-5　创建毛坯

5. 创建加工程序

单击"NC 向导"中的"程序"图标，系统弹出"程序向导"对话框，开始创建加工程序，修改"子选择"为"开放轮廓"，如图 2-6 所示。

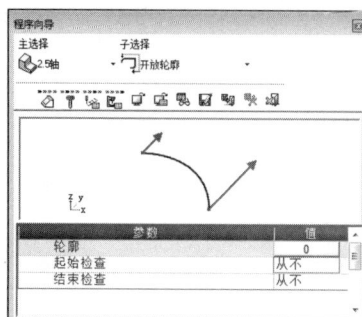

图 2-6　选择工艺

（1）选择轮廓

单击轮廓，系统弹出"轮廓管理器"对话框，选择刀具位置为切向。然后在绘图区选择开放轮廓的第一段，再选择最后一段轮廓，单击中键确认，完成轮廓选择，如图 2-7 所示。此时轮廓值变为 1。

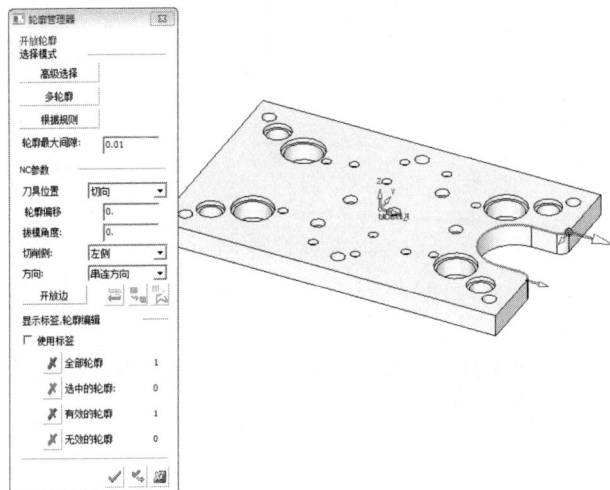

图 2-7　轮廓选择

（2）设置刀路参数

单击"刀路参数"图标，系统切换到刀路参数界面，按图 2-8 所示设置刀路参数。注意：Z 最低点的值应比固定板厚度小，并考虑牛鼻刀的角落半径，这里取-32。

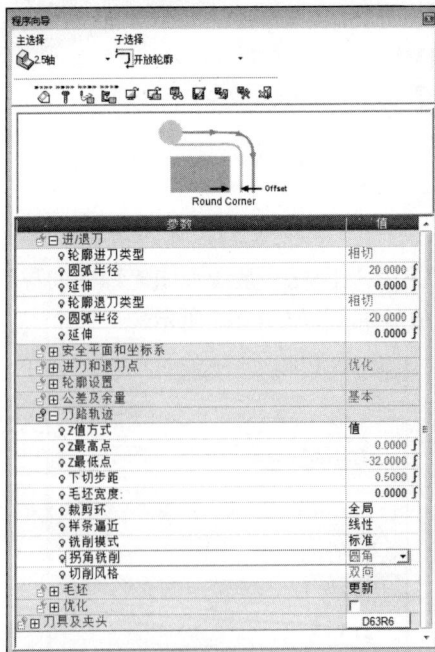

图 2-8　刀路参数设置

（3）设置机床参数

单击"机床参数"图标，系统切换到机床参数界面，设置机床的主轴转速为 1000、进给为 2000，其他选择默认值，如图 2-9 所示。

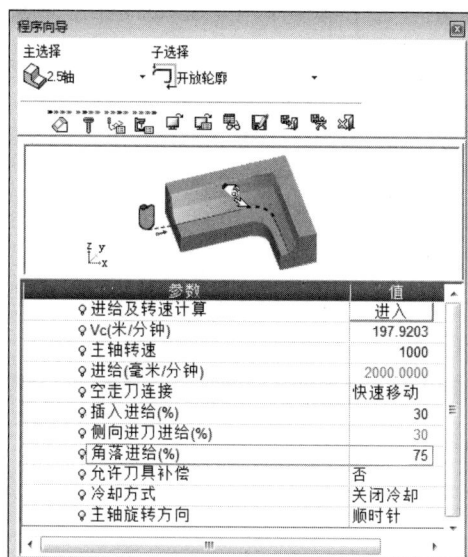

图 2-9　机床参数设置

（4）程序生成

单击"保存并计算"图标，系统将根据前面设置的参数自动计算刀路轨迹，并在绘图区显示生成的刀路轨迹，如图 2-10 所示。

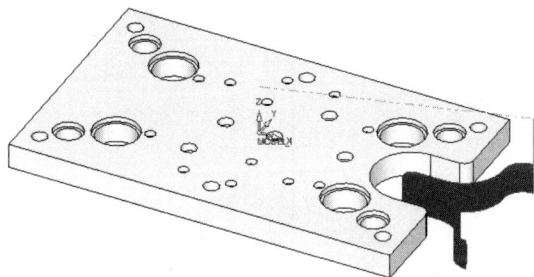

图 2-10　生成刀路轨迹

微课：推杆固定　动画：推杆固定

板外轮廓编程　板外轮廓加工

2.3.2　点孔

1. 创建刀路轨迹

单击"NC 向导"中的"刀轨"图标，进入创建刀路轨迹功能，系统弹出"创建刀轨"对话框，修改名称为 02，其他选择默认值，单击"确认"图标，创建刀路轨迹。

2. 创建 φ42 点孔程序

单击"NC 向导"中的"程序"图标，系统弹出"程序向导"对话框，开始创建加工程序，修改"主选择"为"钻孔"、"子选择"为"钻孔三轴"，如图 2-11 所示。

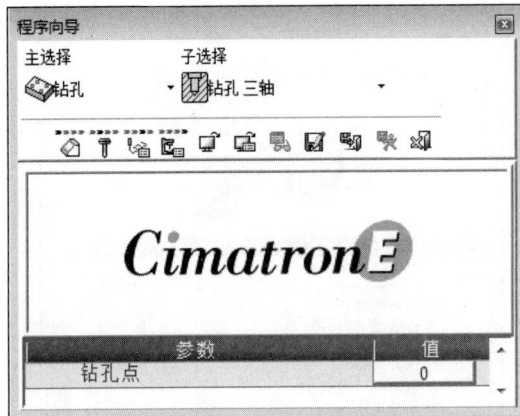

图 2-11   选择工艺

（1）选择钻孔点

在"程序向导"对话框中单击钻孔点后的"0"按钮，系统弹出"编辑点"对话框，如图 2-12 所示。

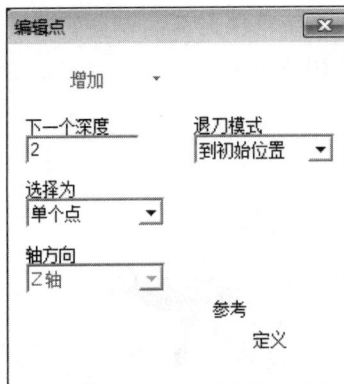

图 2-12   "编辑点"对话框

该对话框中的参数介绍如下。

1）下一个深度：用于指定要选择点的钻孔深度。注意：深度值对以前所选的点不起作用，只对当前选择的点有效，并将作为以后选择点的深度的默认值。深度值是一个相对值，即从指定点的位置向下钻孔到这一深度，所以虽然是在下方，但其值仍要输入正值。

2）退刀模式：用于指定完成一个孔的钻削加工后，转移到下一个钻孔点时的抬刀位置。有"到初始位置"和"到退刀点"两个选项，如图 2-13 所示。其中，到初始位置相当于 G 指令的 G98 固定循环起始点复归，具有较高的安全性。到退刀点相当于 G 指令的 G99 固定循环 R 点复归，退刀到退刀点的退刀路径相对较短。

3）选择为：有"单个点"、"孔中心"和"圆柱中心"3个选项，如图2-14所示。

① 单个点：直接选择点。点的指定方法与生成点元素的方法一样，可以配合使用点过滤方式进行快捷选择。

② 孔中心：在绘图区拖动出一个窗口，系统自动选择窗口内图形实体上的孔中心点作为钻孔点。当选择"孔中心"选项时，可以指定按其孔尺寸选择。此时，若"孔尺寸"栏选择"所有孔"选项，则所有孔的孔中心均可被选择。而选择"根据直径"选项时，只有直径等于指定孔直径的孔中心时才能被选择，如图2-15所示。

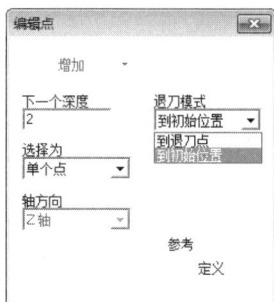

图2-13 退刀模式选项　　　　图2-14 选择为选项　　　　图2-15 孔尺寸选项

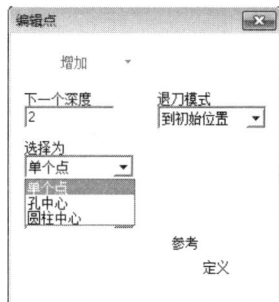

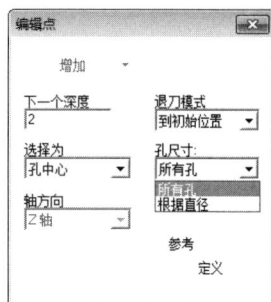

③ 圆柱中心：在图形上选择圆柱面，其轴心线的上端点将被定义为钻孔的位置。

这里设置钻孔点参数，修改下一个深度为5，退刀模式为到退刀点，"选择为"栏选择"孔中心"选项，"孔尺寸"栏选择"所有孔"选项。在绘图区依次选择4个ϕ42孔中心，完成钻孔位置的选择，如图2-16所示。

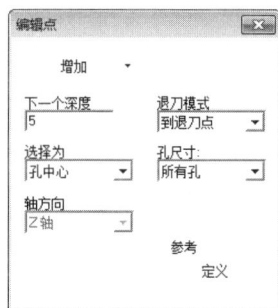

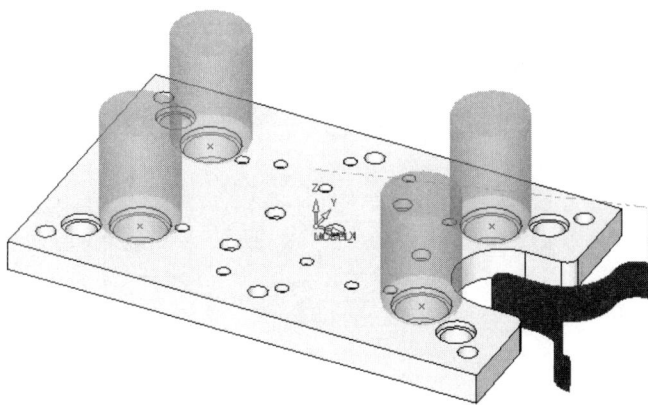

图2-16 钻孔位置的选择

（2）刀具选择

钻中心孔，选择中心钻。中心钻分A型中心钻和B型中心钻，如图2-17所示。因为切削部分的直径较小，所以使用中心钻钻孔时，应选取较高的转速。

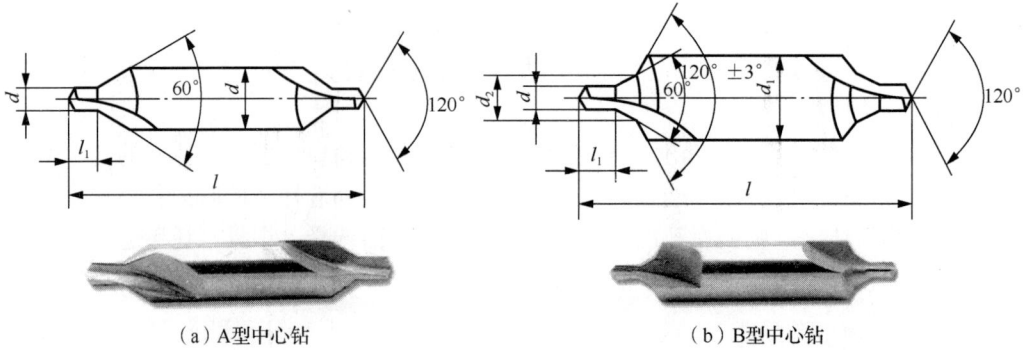

（a）A 型中心钻　　　　　　　　　　（b）B 型中心钻

图 2-17　A 型中心钻与 B 型中心钻

　　在编程时，考虑到仿真加工效果，也可选用较大直径的钻头来代替中心钻。这里用新建中心钻的方法创建刀具。

　　单击 "NC 向导" 中的 "刀具" 图标，系统弹出 "刀具及夹头" 对话框，再单击 "新刀具" 图标，按图 2-18 所示设置参数，单击 "确认" 图标，新建 D3 中心钻。注意：在编程中可采用 DRILL10 刀具，在实际使用时采用中心钻即可。

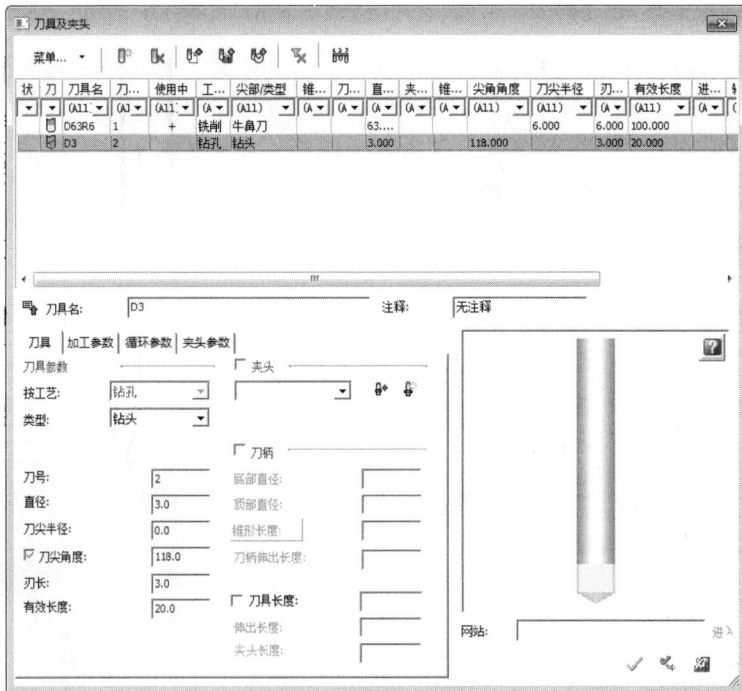

图 2-18　创建中心钻

（3）设置刀路参数

单击 "刀路参数" 图标，系统切换到刀路参数界面，按以下步骤设置刀路参数。

步骤 1：钻孔参数设置。

钻孔类型：包括 "点钻" "镗孔" "攻丝" 等选项，如图 2-19 所示。不同钻孔方式可以设置不同的参数，表 2-2 为各种钻孔方式对应的标准指令及其有效参数。这里选择点钻方式。

图 2-19　钻孔类型选项

表 2-2　各种钻孔方式对应的标准指令及其有效参数

钻孔方式	啄进	偏移	暂停	对应 G 指令
点钻	—	—	—	G81
高速啄钻	√	—	—	G73
左旋攻丝	—	—	—	G74
精镗	—	√	—	G76
反镗	—	—	√	G82
深孔啄钻	√	—	—	G83
攻丝	—	—	—	G84
镗孔	—	—	—	G85
镗孔+主轴停转	—	√	—	G86
背镗	—	—	—	G87
镗孔+暂停+手动	—	—	√	G88
镗孔+暂停+进给	—	—	√	G89

注：√表示对此钻孔方式有效。

啄进：对高速啄钻和深孔啄钻方式有效。选择啄进方式时，需要设置步进和步退，如图 2-20 所示，步进表示每次攻进深度，即标准代码中的 Q，步退表示退屑高度。

图 2-20　啄进参数选项

偏移：对于精镗和镗孔+主轴停转方式有效。对于镗孔加工，刀具加工到底部后，先偏移再抬刀。这样可避免在退刀时镗刀与孔壁发生接触。使用偏移时，需要分别指定 X 向偏移 I 和 Y 向变换 J，如图 2-21 所示。

图 2-21　偏移参数选项

暂停：对于反镗、镗孔+暂停+进给、镗孔+暂停+手动方式有效，指定刀具在钻削到指定尺寸后，在孔底部停留一段时间，以保证取得准确的孔深度，如图 2-22 所示。使用暂停方式，需要指定暂停时间。

图 2-22　暂停参数选项

钻孔顺序：可指定按坐标轴方向的次序加工或按点的选择顺序进行加工，该选项仅在有多个点加工时有效。钻孔顺序有 3 个选项，分别是选择顺序、X 方向优先和 Y 方向优先，如图 2-23 和图 2-24 所示。

图 2-23　钻孔顺序选项

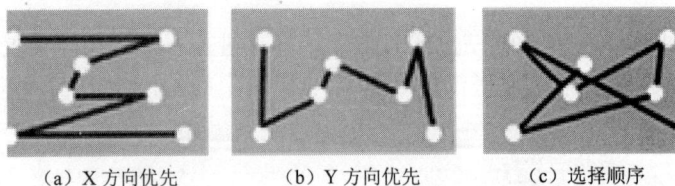

（a）X 方向优先　　　（b）Y 方向优先　　　（c）选择顺序

图 2-24　钻孔顺序

反转顺序：不选择“反转顺序”选项时，按点的选择顺序进行加工，而选择“反转顺序”选项时，按点选择的倒序进行加工，即按从最后选择点到第一个选择点的顺序进行加工。

步骤 2：深度参数设置。

最大深度：当选择了多个点，并设置了不同的钻孔深度时，可以使用最大深度计算方式得到最大深度值。方法为单击最大深度后的"计算"按钮，系统会弹出一个提示对话框，告知计算所得的最大深度值，如图 2-25 所示。

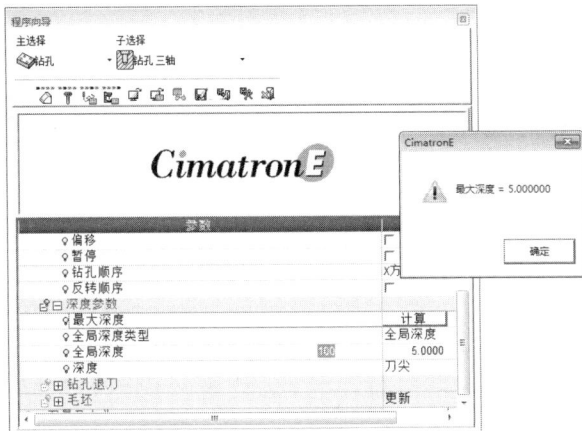

图 2-25   最大深度计算

全局深度类型：有"全局深度"、"全局 Z 顶部"和"全局 Z 底部"3 个选项，如图 2-26 所示。可以设置所有钻孔点统一的深度或起始、终止高度，也可以指定统一的全局 Z 顶部和全局 Z 底部作为起始高度或终止高度。

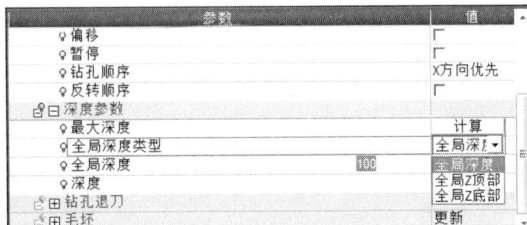

图 2-26   全局深度类型选项

全局深度：指定钻孔深度。考虑本例是钻中心孔，因此将该值设置为 5。

深度：指定钻孔深度的最后计算方法。由于钻头的端部一般为尖角，以刀尖计算钻孔深度在某些情况下可能会造成孔的深度不足。深度有 3 个选项供选择，分别是"刀尖"、"完整直径"和"倒角直径"，如图 2-27 和图 2-28 所示。

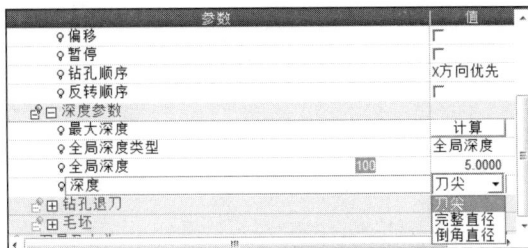

图 2-27   深度选项

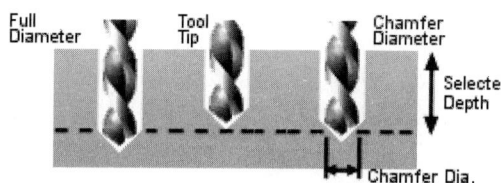

图 2-28　钻孔深度

步骤 3：钻孔退刀参数设置。

退刀模式：与点选择时的参数一致，但此处可以对该选项进行修改，修改结果对所有点有效。

初始增量：相对于所选点的高度或指定的全局 Z 顶部，如果设定抬刀为到初始位置，则将抬刀到这一高度后再做横向转移。设置该高度时考虑到安全性，一般应高于零件的最高表面。

增量退刀：增量退刀值即指令代码中的 R 值，从该位置起，刀具将做切削进给。该值使用相对于所选点的高度或指定的全局 Z 顶部。如果设定抬刀为退刀点，则将抬刀到这一距离后再做横向转移。

刀路其他参数设置如图 2-29 所示。

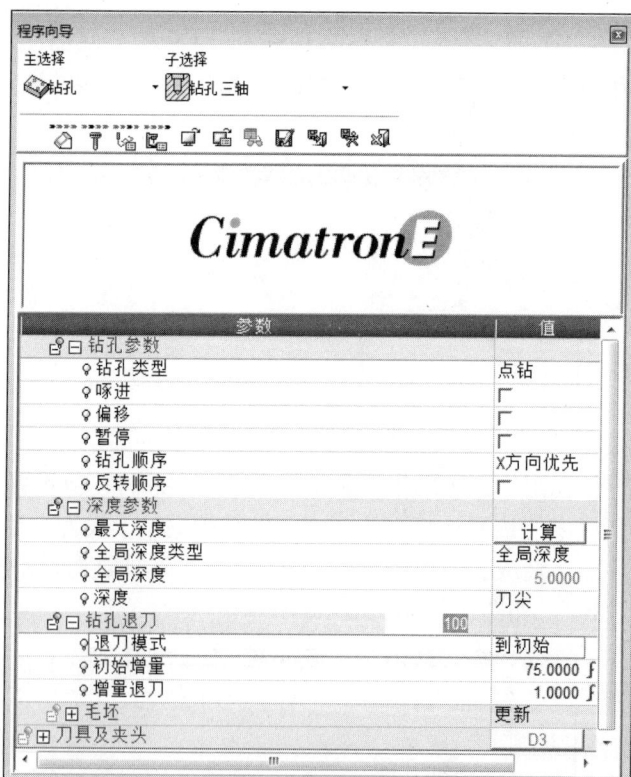

图 2-29　刀路其他参数设置

（4）设置机床参数

单击"机床参数"图标，系统切换到机床参数界面，设置机床的主轴转速为 1200、进

给为 100，其他选择默认值，如图 2-30 所示。

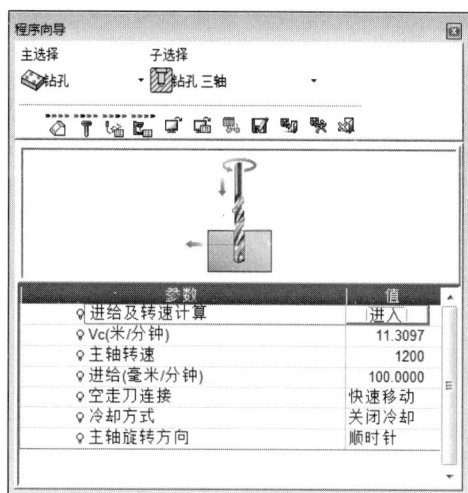

图 2-30　机床参数设置

（5）程序生成

单击"保存并计算"图标，系统将根据前面设置的参数自动计算刀路轨迹，并在绘图区显示生成的刀路轨迹，如图 2-31 所示。

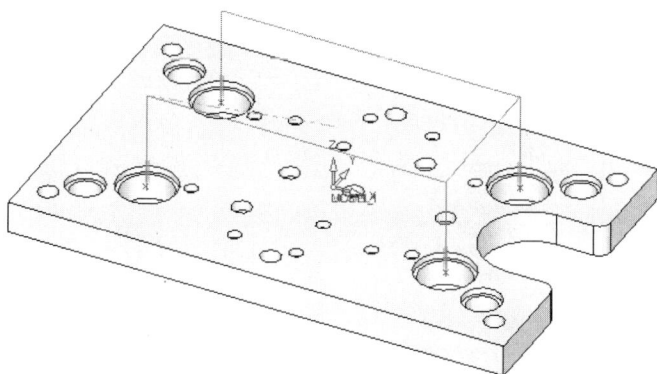

图 2-31　ϕ42 点孔程序刀路轨迹的生成

3. 创建 ϕ25 点孔程序

单击"NC 向导"中的"程序"图标，系统弹出"程序向导"对话框，开始创建加工程序，修改"主选择"为"钻孔"、"子选择"为"钻孔三轴"。

（1）选择钻孔点

在"程序向导"对话框中单击钻孔点后的"0"按钮，系统将弹出"编辑点"对话框。在绘图区单击右键，在弹出的快捷菜单中选择"重置选择"命令，取消前面孔的选择。设置钻孔点参数，修改下一个深度为 3，退刀模式为到初始位置，"选择为"栏选择"孔中心"选项，"孔尺寸"栏选择"所有孔"选项。再在绘图区依次选择 4 个 ϕ25 孔中心，完成钻孔位置的选择，如图 2-32 所示。

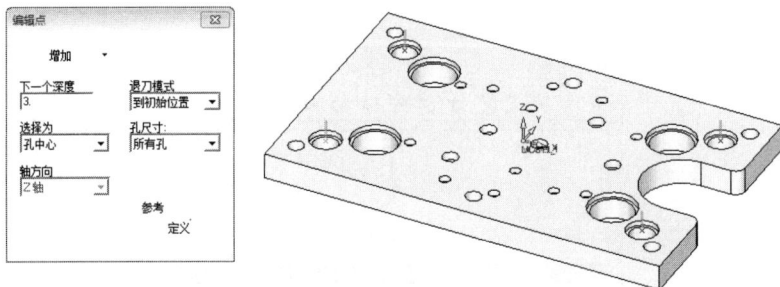

图 2-32　φ25 点孔程序钻孔点选择

（2）设置刀路参数

单击"刀路参数"图标，系统切换到刀路参数界面，按图 2-33 所示设置刀路参数。

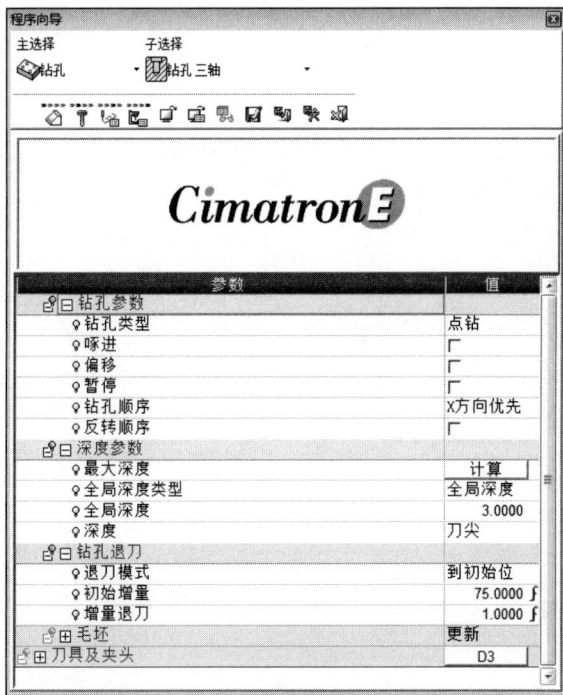

图 2-33　刀路参数设置

（3）设置机床参数

单击"机床参数"图标，系统切换到机床参数界面，设置机床的主轴转速为1200、进给为100，其他选择默认值，如图 2-30 所示。

（4）程序生成

单击"保存并计算"图标，系统将根据前面设置的参数自动计算刀路轨迹，并在绘图区显示生成的刀路轨迹，如图 2-34 所示。

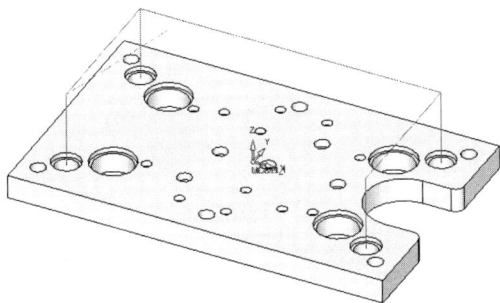

图 2-34　ϕ25 点孔程序刀路轨迹的生成

4. 创建 M16 点孔程序

单击 "NC 向导" 中的 "程序" 图标，系统弹出 "程序向导" 对话框，开始创建加工程序，修改 "主选择" 为 "钻孔"、"子选择" 为 "钻孔三轴"。

（1）选择钻孔点

在 "程序向导" 对话框中单击钻孔点后的 "0" 按钮，系统将弹出 "编辑点" 对话框，保持默认设置。在绘图区单击右键，在弹出的快捷菜单中选择 "重置选择" 命令，取消前面孔的选择。再在绘图区依次选择 6 个 M16 孔中心，完成钻孔位置的选择，如图 2-35 所示。

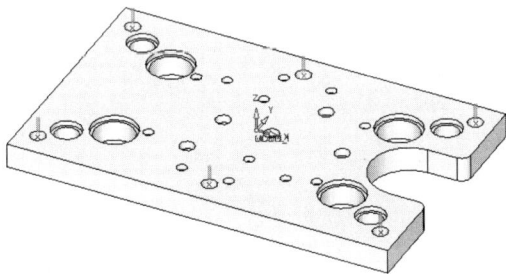

图 2-35　M16 点孔程序钻孔点选择

（2）设置刀路参数

单击 "刀路参数" 图标，系统切换到刀路参数界面，按图 2-33 所示设置刀路参数。

（3）设置机床参数

单击 "机床参数" 图标，系统切换到机床参数界面，设置机床的主轴转速为 1200、进给为 100，其他选择默认值。

（4）程序生成

单击 "保存并计算" 图标，系统将根据前面设置的参数自动计算刀路轨迹，并在绘图区显示生成的刀路轨迹，如图 2-36 所示。

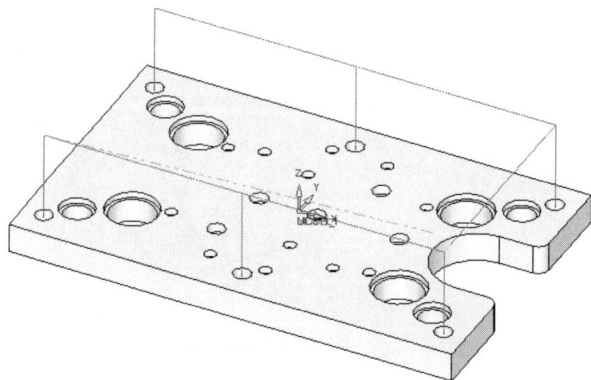

图 2-36　M16 点孔程序刀路轨迹的生成

5. 创建 $\phi 16$ 点孔程序

单击"NC 向导"中的"程序"图标，系统弹出"程序向导"对话框，开始创建加工程序，修改"主选择"为"钻孔"、"子选择"为"钻孔三轴"。

（1）选择钻孔点

在"程序向导"对话框中单击钻孔点后的"0"按钮，系统将弹出"编辑点"对话框，保持默认设置即可。在绘图区单击右键，在弹出的快捷菜单中选择"重置选择"命令，取消前面孔的选择。再在绘图区依次选择 5 个 $\phi 16$ 孔中心，完成钻孔位置的选择，如图 2-37 所示。

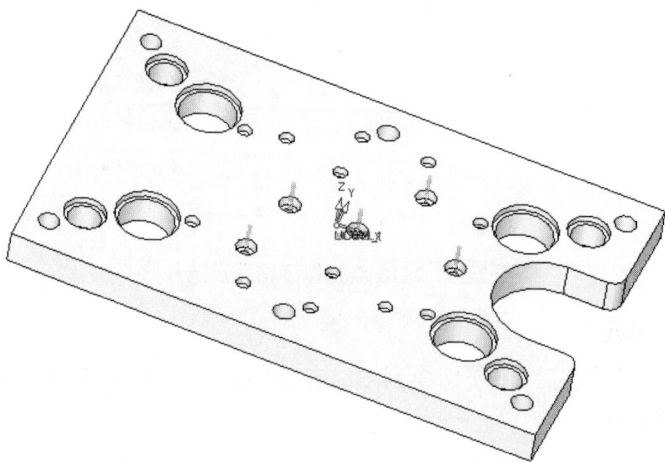

图 2-37　$\phi 16$ 点孔程序钻孔点的选择

（2）设置刀路参数

单击"刀路参数"图标，系统切换到刀路参数界面，按图 2-33 所示设置刀路参数。

（3）设置机床参数

单击"机床参数"图标，系统切换到机床参数界面，设置机床的主轴转速为 1200、进给为 100，其他选择默认值。

（4）程序生成

单击"保存并计算"图标，系统将根据前面设置的参数自动计算刀路轨迹，并在绘图区显示生成的刀路轨迹，如图 2-38 所示。

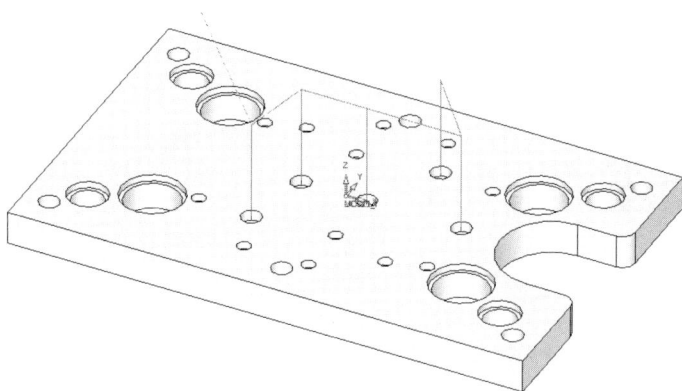

图 2-38　ϕ16 点孔程序刀路轨迹的生成

6. 创建 ϕ11 点孔程序

单击"NC 向导"中的"程序"图标，系统弹出"程序向导"对话框，开始创建加工程序，修改"主选择"为"钻孔"、"子选择"为"钻孔三轴"。

（1）选择钻孔点

在"程序向导"对话框中单击钻孔点后的"0"按钮，系统将弹出"编辑点"对话框，保持默认参数设置。在绘图区单击右键，在弹出的快捷菜单中选择"重置选择"命令，取消前面孔的选择。再在绘图区依次选择 12 个 ϕ11 孔中心，完成钻孔位置的选择，如图 2-39 所示。

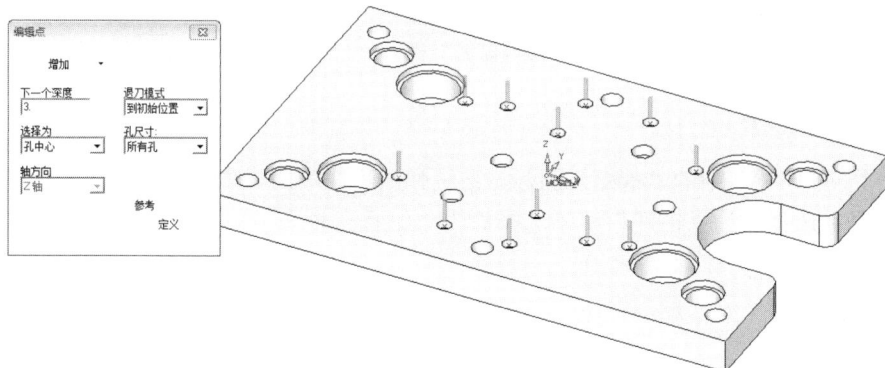

图 2-39　ϕ11 点孔程序钻孔点选择

（2）设置刀路参数

单击"刀路参数"图标，系统切换到刀路参数界面，按图 2-33 所示设置刀路参数。

（3）设置机床参数

单击"机床参数"图标，系统切换到机床参数界面，设置机床的主轴转速为 1200、进

给速度为 100，其他选择默认值。

（4）程序生成

单击"保存并计算"图标，系统将根据前面设置的参数自动计算刀路轨迹，并在绘图区显示生成的刀路轨迹，如图 2-40 所示。

微课：推杆固定板点孔加工编程

动画：推杆固定板点孔加工

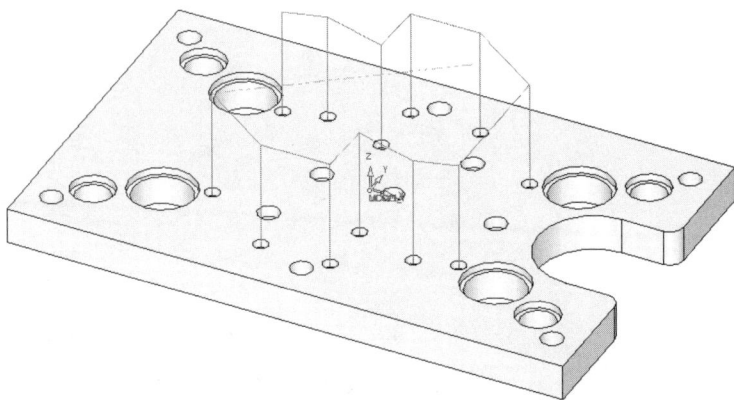

图 2-40　ϕ11 点孔程序刀路轨迹的生成

2.3.3　钻镗 ϕ42 孔

1. 创建刀路轨迹

单击"NC 向导"中的"刀轨"图标，进入创建刀路轨迹功能，系统弹出"创建刀轨"对话框，修改名称为 4-42，其他选择默认值，单击"确认"图标，创建刀路轨迹。

2. 创建刀具

单击"NC 向导"中的"刀具"图标，系统弹出"刀具及夹头"对话框，再单击"新刀具"图标，新建 DRILL41 钻头，单击"确认"图标。

3. 创建钻孔程序

单击"NC 向导"中的"程序"图标，系统弹出"程序向导"对话框，开始创建加工程序，修改"主选择"为"钻孔"、"子选择"为"钻孔三轴"。

（1）选择钻孔点

在"程序向导"对话框中单击钻孔点后的"0"按钮，系统将弹出"编辑点"对话框。在绘图区单击右键，在弹出的快捷菜单中选择"重置选择"命令，取消前面孔的选择。设置钻孔点参数，修改下一个深度为 35，退刀模式为到初始位置，"选择为"栏选择"孔中心"选项，"孔尺寸"栏选择"所有孔"选项。再在绘图区依次选择 4 个 ϕ42 孔中心，完成钻孔位置的选择，如图 2-41 所示。

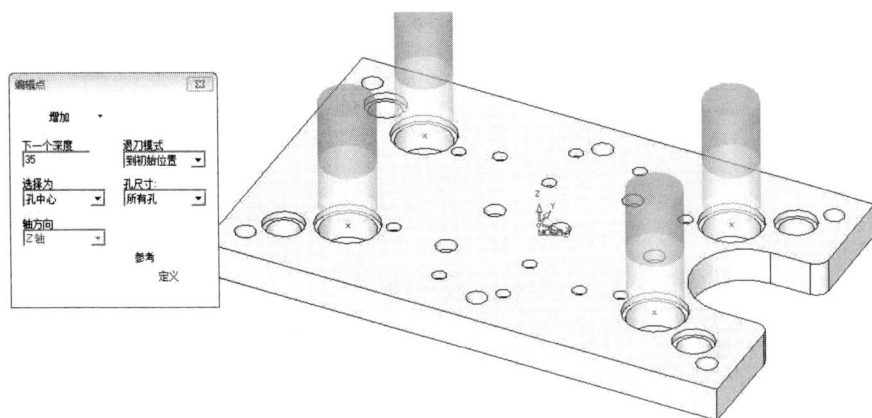

图 2-41　φ42 孔程序钻孔点选择

（2）设置刀路参数

单击"刀路参数"图标，系统切换到刀路参数界面，按图 2-42 所示设置刀路参数。

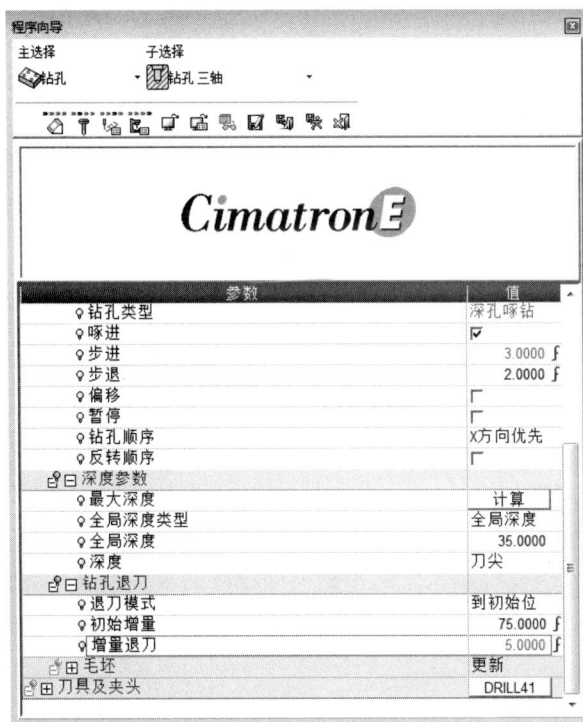

图 2-42　φ42 孔程序刀路参数设置

（3）设置机床参数

钻削中的线速度、进给速度与刀具的材料、加工零件的材料有着密切联系，可以参考表 2-3 中的推荐值进行设置。

表 2-3　常用高速钢钻头钻孔切削用量

工件材料	工件材料牌号或硬度	切削用量	钻头直径 d/mm			
			1～6	6～12	12～22	22～50
铸铁	160～200HBS	V_c/（m/min）	16～24			
		F/（mm/r）	0.07～0.12	0.12～0.2	0.2～0.4	0.4～0.8
	200～240HBS	V_c/（m/min）	10～18			
		F/（mm/r）	0.05～0.1	0.1～0.18	0.18～0.25	0.25～0.4
	300～400HBS	V_c/（m/min）	5～12			
		F/（mm/r）	0.03～0.08	0.08～0.15	0.15～0.2	0.2～0.3
钢	35钢、45钢	V_c/（m/min）	8～25			
		F/（mm/r）	0.05～0.1	0.1～0.2	0.2～0.3	0.3～0.45
	15Cr、20Cr	V_c/（m/min）	12～30			
		F/（mm/r）	0.05～0.1	0.1～0.2	0.2～0.3	0.3～0.45
	合金钢	V_c/（m/min）	8～15			
		F/（mm/r）	0.03～0.08	0.05～0.15	0.15～0.25	0.25～0.35

工件材料		切削用量	钻头直径 d/mm		
			3～8	8～28	25～50
铝	纯铝	V_c/（m/min）	20～50		
		F/（mm/r）	0.03～0.2	0.06～0.5	0.15～0.8
	铝合金（长切屑）	V_c/（m/min）	20～50		
		F/（mm/r）	0.05～0.25	0.1～0.6	0.2～1.0
	铝合金（短切屑）	V_c/（m/min）	20～50		
		F/（mm/r）	0.03～0.1	0.05～0.15	0.08～0.36
铜	黄铜、青铜	V_c/（m/min）	60～90		
		F/（mm/r）	0.06～0.15	0.15～0.3	0.3～0.75
	硬青铜	V_c/（m/min）	25～45		
		F/（mm/r）	0.05～0.15	0.12～0.25	

单击"机床参数"图标，系统切换到机床参数界面，设置机床的主轴转速为 750、进给速度为 50，其他选择默认值。

（4）程序生成

单击"保存并计算"图标，系统将根据前面设置的参数自动计算刀路轨迹，并在绘图区显示生成的刀路轨迹，如图 2-43 所示。

动画：推杆固定
板钻 ϕ41 孔

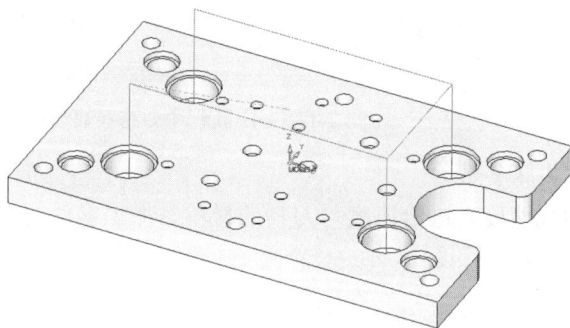

图 2-43　ϕ42 孔程序刀路轨迹的生成

4. 创建镗孔程序

单击"NC 向导"中的"程序"图标，系统弹出"程序向导"对话框，开始创建加工程序，修改"主选择"为"钻孔"、"子选择"为"钻孔三轴"。

（1）设置刀路参数

单击"刀路参数"图标，系统切换到刀路参数界面，按图 2-44 所示设置刀路参数。注意：实际使用时，刀具应选用$\phi42$的镗刀。

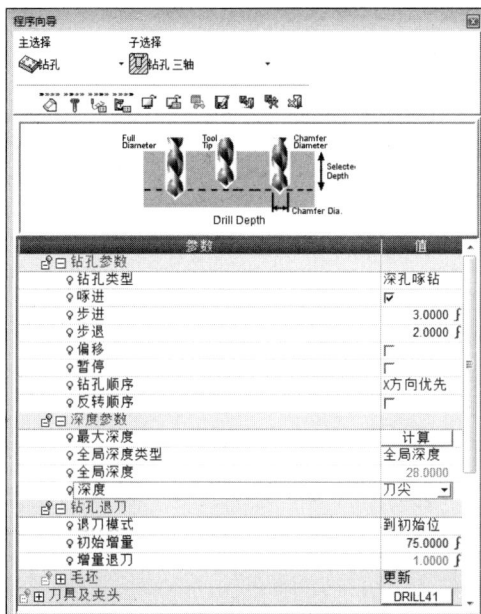

图 2-44　镗孔程序刀路参数设置

（2）设置机床参数

单击"机床参数"图标，系统切换到机床参数界面，设置机床的主轴转速为 800、进给为 160，其他选择默认值。镗孔切削用量选择如表 2-4 所示。

表 2-4　镗孔切削用量

工件材料		铸铁		钢		铝及其合金	
		切削用量					
工序	刀具材料	V_c/（mm/min）	F/（mm/r）	V_c/（mm/min）	F/（mm/r）	V_c/（mm/min）	F/（mm/r）
粗镗	高速钢	20～25	0.4～1.5	15～30	0.35～0.7	100～150	0.5～1.5
	硬质合金	30～35		50～70		100～250	
半精镗	高速钢	25～35	0.15～0.45	15～50	0.15～0.45	100～200	0.2～0.5
	硬质合金	50～70		90～130		100～200	
精镗	高速钢	70～90	0.08	100～135	0.12～0.15	150～400	0.06～0.1

（3）程序生成

单击"保存并计算"图标，系统将根据前面设置的参数自动计算刀路轨迹，并在绘图区显示生成的刀路轨迹，如图 2-45 所示。

微课：推杆固定板ϕ42 孔钻镗加工编程　　动画：推杆固定板镗ϕ42 孔

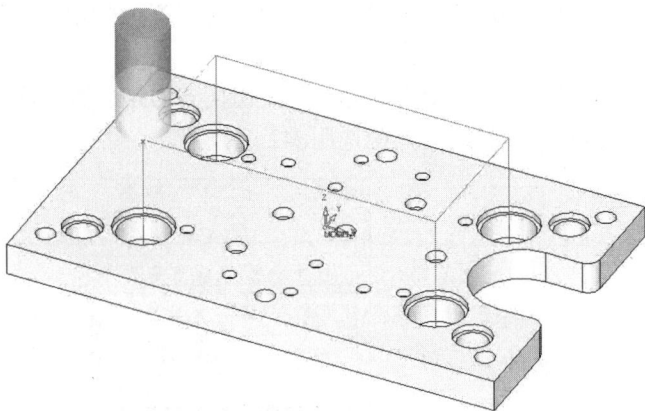

图 2-45　镗孔程序刀路轨迹的生成

2.3.4　钻镗ϕ25 孔

1. 创建刀路轨迹

单击"NC 向导"中的"刀轨"图标，进入创建刀路轨迹功能，系统弹出"创建刀轨"对话框，修改名称为 4-25，其他选择默认值，单击"确认"图标，创建刀路轨迹。

2. 创建刀具

单击"NC 向导"中的"刀具"图标，系统弹出"刀具及夹头"对话框，再单击"新刀具"图标，新建 DRILL23.5 钻头，单击"确认"图标。

3. 创建钻孔程序

单击"NC 向导"中的"程序"图标，系统弹出"程序向导"对话框，开始创建加工程序，修改"主选择"为"钻孔"、"子选择"为"钻孔三轴"。

（1）选择钻孔点

在"程序向导"对话框中单击钻孔点后的"0"按钮，系统将弹出"编辑点"对话框。在绘图区单击右键，在弹出的快捷菜单中选择"重置选择"命令，取消前面孔选择。设置钻孔点参数，修改下一个深度为 35，退刀模式为到初始位置，"选择为"栏选择"孔中心"选项，"孔尺寸"栏选择"所有孔"选项。再在绘图区依次选择 4 个ϕ25 孔中心，完成钻孔位置的选择，如图 2-46 所示。

（2）设置刀路参数

单击"刀路参数"图标，系统切换到刀路参数界面，按图 2-47 所示设置刀路参数。

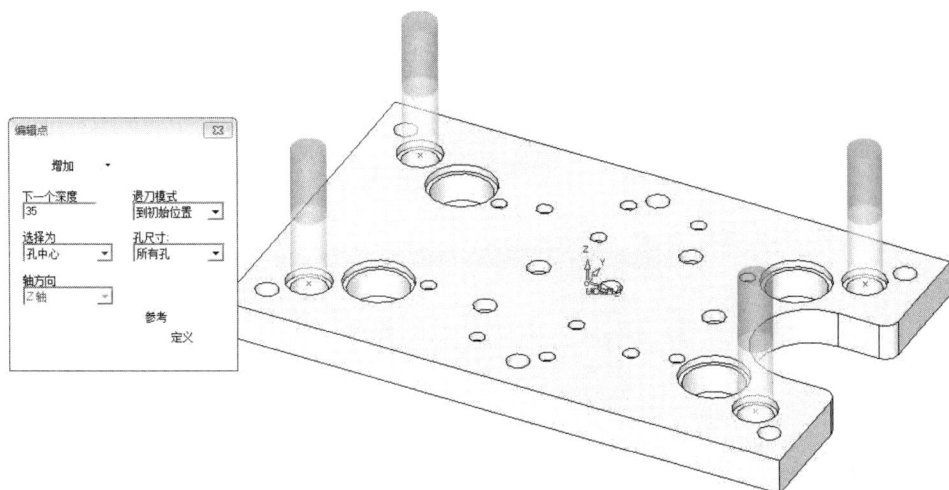

图 2-46　φ25 孔程序钻孔点选择

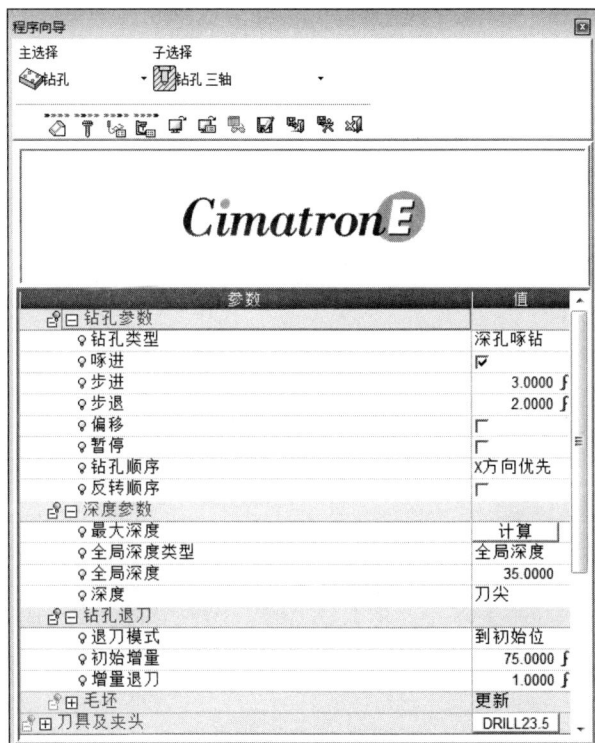

图 2-47　φ25 孔程序刀路参数设置

（3）设置机床参数

单击"机床参数"图标，系统切换到机床参数界面，进行机床参数设置。这里设置机床的主轴转速为 220、进给为 50，其他选择默认值，如图 2-48 所示。

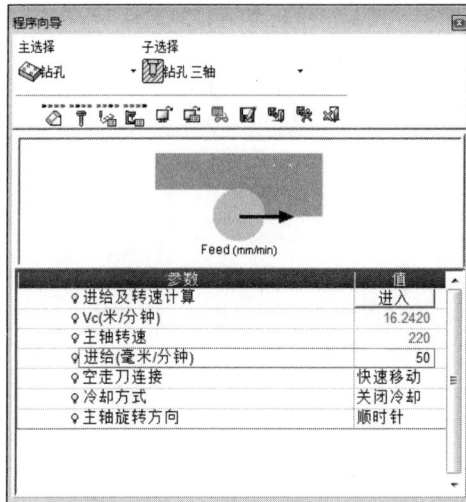

图 2-48　φ25 孔程序机床参数设置

（4）程序生成

单击"保存并计算"图标，系统将根据前面设置的参数自动计算刀路轨迹，并在绘图区显示生成的刀路轨迹，如图 2-49 所示。

动画：推杆固定
板钻 φ23.5 孔

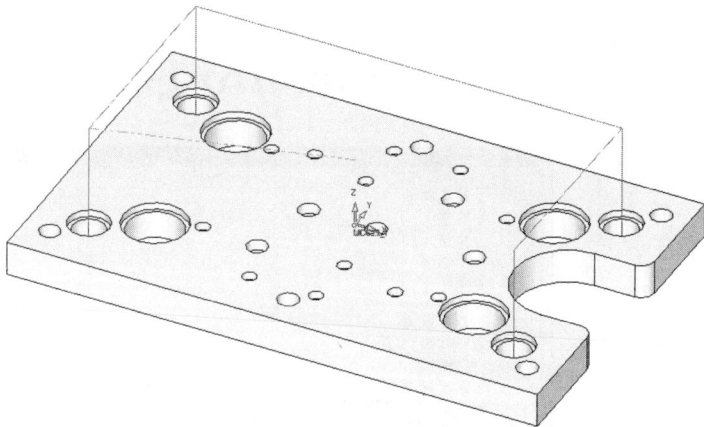

图 2-49　φ25 孔程序刀路轨迹的生成

4. 创建镗孔程序

单击"NC 程序管理器"中 4-25 刀路轨迹下的钻孔 3 轴，单击右键，在弹出的快捷菜单中选择"复制"命令，再次单击右键，在弹出的快捷菜单中选择"粘贴"命令，最后单击左键，完成程序的复制。

（1）设置刀路参数

单击"刀路参数"图标，系统切换到刀路参数界面，按图 2-50 所示设置刀路参数。通孔镗孔时，刀具超越量可取 1～3mm，因此将全局深度设置为 28。注意：在实际加工中应选择 φ25 镗刀进行加工，镗刀如图 2-51 所示。

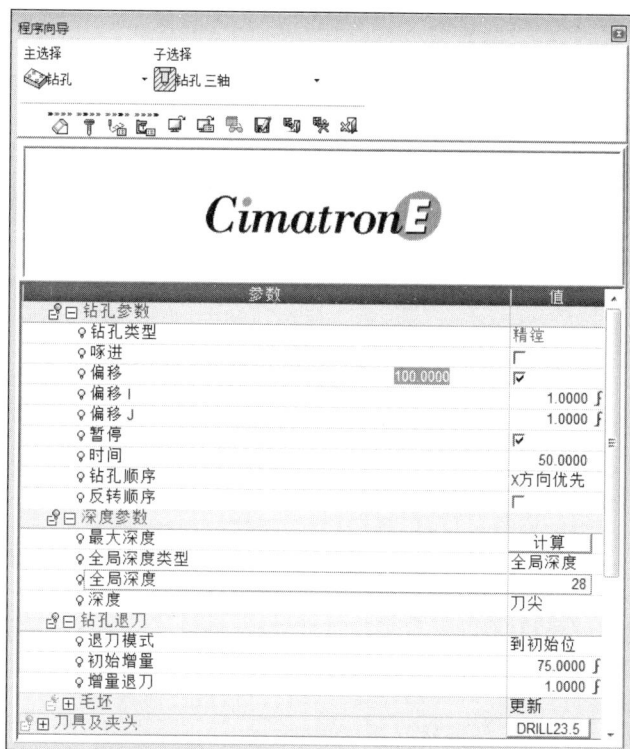

图 2-50　φ25 镗孔程序刀路参数设置

图 2-51　镗刀

（2）设置机床参数

单击"机床参数"图标，系统切换到机床参数界面，设置机床的主轴转速为 1400、进给为 280，其他选择默认值。

（3）程序生成

单击"保存并计算"图标，系统将根据前面设置的参数自动计算刀路轨迹，并在绘图区显示生成的刀路轨迹，如图 2-52 所示。

微课：推杆固 定板ϕ25 孔 钻镗加工 编程

动画：推杆 固定板镗 ϕ25 孔

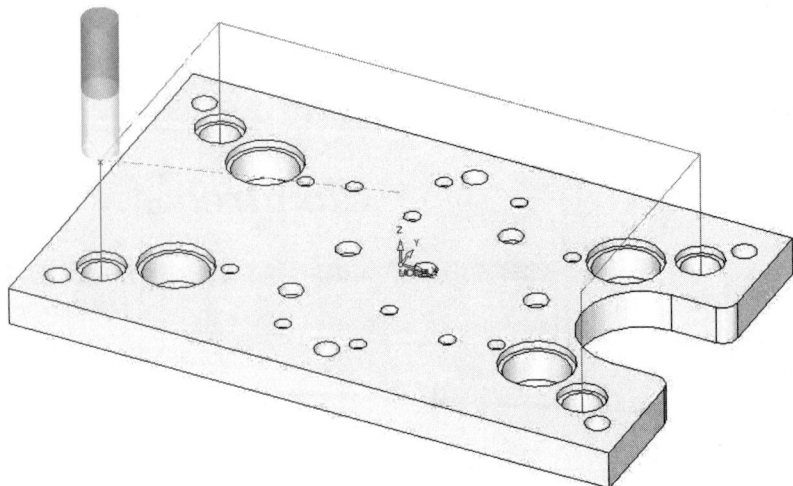

图 2-52　ϕ25 镗孔程序刀路轨迹的生成

2.3.5　钻孔、攻丝（6 个 M16 孔）

1. 创建刀路轨迹

单击"NC 向导"中的"刀轨"图标，进入创建刀路轨迹功能，系统弹出"创建刀轨"对话框，修改名称为 6-M16，其他选择默认值，单击"确认"图标，创建刀路轨迹。

2. 创建刀具

攻丝时，螺纹底孔直径应稍大于螺纹小径，以防因挤压作用损坏丝锥。底孔直径通常根据经验公式确定，其公式为

$$D_底 = D - P（加工钢件等塑性金属）$$
$$D_底 = D - 1.05P（加工铸铁等塑性金属）$$

式中：$D_底$——钻螺纹底孔用钻头直径，mm；

$\quad\quad D$——螺纹大径，mm；

$\quad\quad P$——螺距，mm。

单击"NC 向导"中的"刀具"图标，系统弹出"刀具及夹头"对话框，再单击"新刀具"图标，新建 DRILL14 钻头，单击"确认"图标。

3. 创建钻孔程序

单击"NC 向导"中的"程序"图标，系统弹出"程序向导"对话框，开始创建加工程序，修改"主选择"为"钻孔"、"子选择"为"钻孔三轴"。

（1）选择钻孔点

在"程序向导"对话框中单击钻孔点后的"0"按钮，系统将弹出"编辑点"对话框。在绘图区单击右键，在弹出的快捷菜单中选择"重置选择"命令，取消前面孔的选择。设置钻孔点参数，修改下一个深度为 35，退刀模式为到初始位置，"选择为"栏选择"孔中

心"选项，"孔尺寸"栏选择"所有孔"选项。再在绘图区依次选择 6 个 ϕ16 孔中心，完成钻孔位置的选择，如图 2-53 所示。

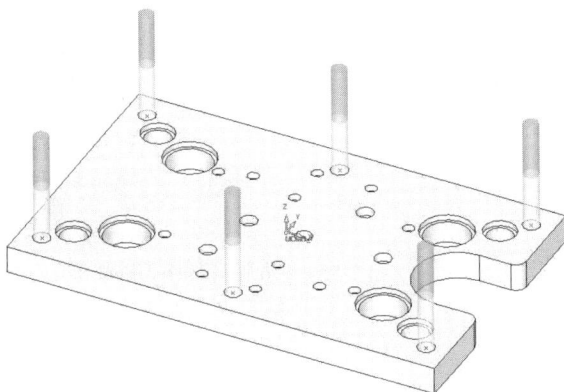

图 2-53　ϕ16 钻孔程序钻孔点选择

（2）设置刀路参数

单击"刀路参数"图标，系统切换到刀路参数界面，按图 2-54 所示设置刀路参数。

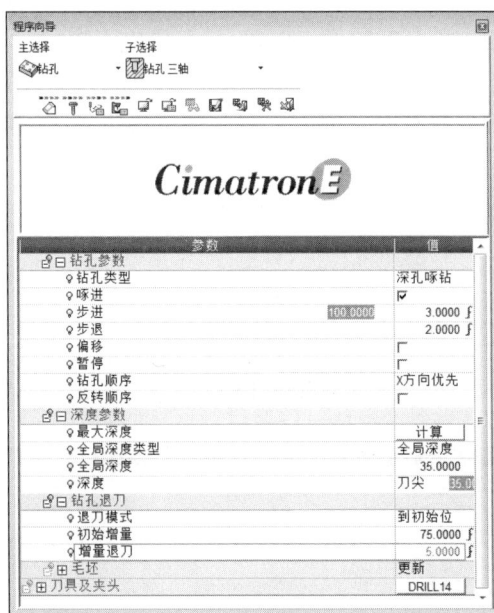

图 2-54　ϕ16 钻孔程序刀路参数设置

（3）设置机床参数

单击"机床参数"图标，系统切换到机床参数界面，设置机床的主轴转速为 400、进给为 50，其他选择默认值。

（4）程序生成

单击"保存并计算"图标，系统将根据前面设置的参数自动计算刀路轨迹，并在绘图区显示生成的刀路轨迹，如图 2-55 所示。

动画：推杆固定
板钻 6 个 φ14 孔

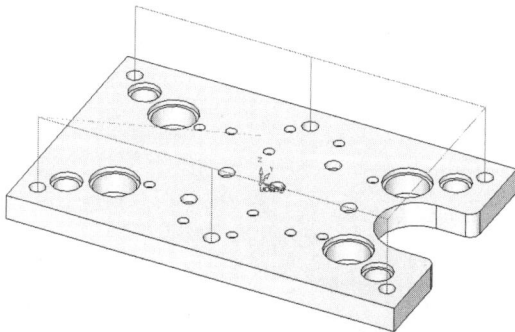

图 2-55 φ16 钻孔程序刀路轨迹的生成

4. 创建攻丝程序

单击"NC 程序管理器"中 6-M16 刀路轨迹下的钻孔-3 轴程序，单击右键，在弹出的快捷菜单中选择"复制"命令，再次单击右键，在弹出的快捷菜单中选择"粘贴"命令，最后单击左键，完成程序的复制。

（1）设置刀路参数

单击"刀路参数"图标，系统切换到刀路参数界面，进行设置刀路参数。在数控机床上攻丝时，沿螺纹方向应选择合理的导入距离 δ_1 和导出距离 δ_2。一般 δ_1 取 $(2\sim3)P$，对于大螺距和高精度的螺纹可取较大值；一般 δ_2 取 $(1\sim2)P$。此外，在加工通孔螺纹时，导出量还要考虑丝锥前端切削锥角的长度。因此，将全局深度设置为 30。其他参数可按图 2-56 所示进行设置。注意：实际应选用丝锥进行加工。

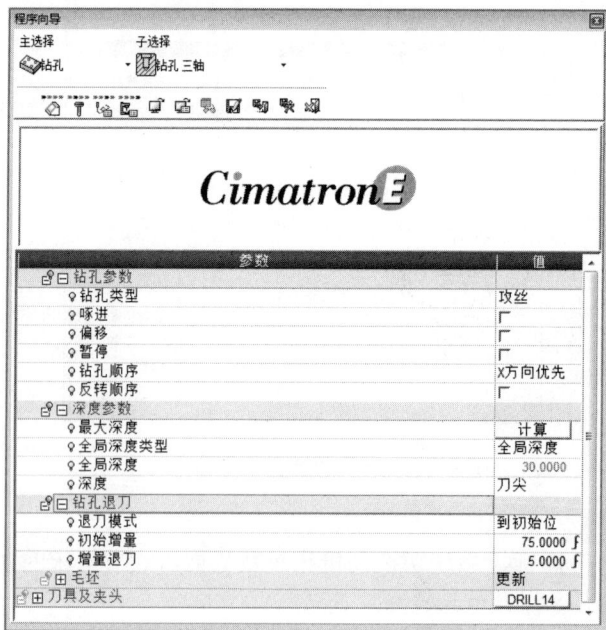

图 2-56 刀路参数设置

（2）设置机床参数

单击"机床参数"图标，系统切换到机床参数界面，设置机床的主轴转速为100、进给为200，其他选择默认值，如图2-57所示。

图2-57　ϕ16攻丝程序机床参数设置

（3）程序生成

单击"保存并计算"图标，系统将根据前面设置的参数自动计算刀路轨迹，并在绘图区显示生成的刀路轨迹，如图2-58所示。

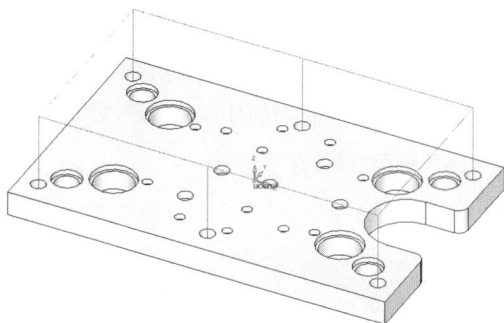

图2-58　ϕ16攻丝程序刀路轨迹的生成

微课：推杆固定板钻孔、攻丝（6个M16孔）编程

动画：推杆固定板攻丝（6个M16孔）

2.3.6　钻孔ϕ11、沉孔ϕ16加工（5个）

1. 创建刀路轨迹

单击"NC向导"中的"刀轨"图标，进入创建刀路轨迹功能，系统弹出"创建刀轨"对话框，修改名称为5-11，其他选择默认值，单击"确认"图标，创建刀路轨迹。

2. 创建刀具

单击"NC向导"中的"刀具"图标，系统弹出"刀具及夹头"对话框，再单击"新刀具"图标，新建 DRILL11 钻头，单击"确认"图标。

3. 创建钻孔程序

单击"NC 向导"中的"程序"图标，系统弹出"程序向导"对话框，开始创建加工程序，修改"主选择"为"钻孔"、"子选择"为"钻孔三轴"。

（1）选择钻孔点

在"程序向导"对话框中单击钻孔点后的"0"按钮，系统将弹出"编辑点"对话框。在绘图区单击右键，在弹出的快捷菜单中选择"重置选择"命令，取消前面孔的选择。设置钻孔点参数，修改下一个深度为 30，退刀模式为到初始位置，"选择为"栏选择"孔中心"选项，"孔尺寸"栏选择"所有孔"选项。再在绘图区依次选择 5 个 ϕ11 孔中心，完成钻孔位置的选择，如图 2-59 所示。

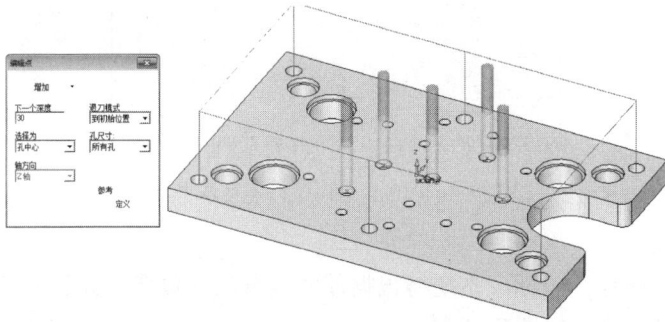

图 2-59 ϕ11 钻孔程序钻孔点选择

（2）设置刀路参数

单击"刀路参数"图标，系统切换到刀路参数界面，按图 2-60 所示设置刀路参数。

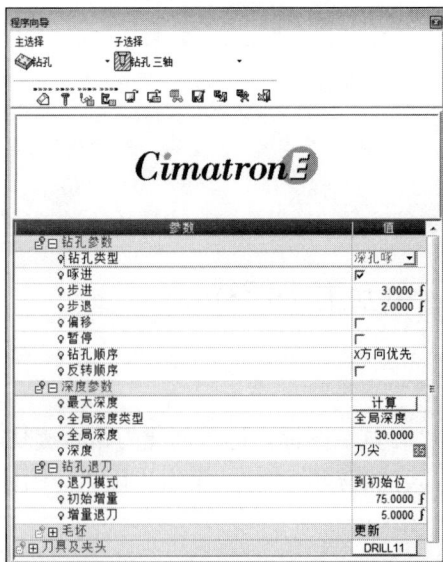

图 2-60 ϕ11 钻孔程序刀路参数设置

（3）设置机床参数

单击"机床参数"图标，系统切换到机床参数界面，设置机床的主轴转速为 400、进给速度为 50，其他选择默认值。

（4）程序生成

单击"保存并计算"图标，系统将根据前面设置的参数自动计算刀路轨迹，并在绘图区显示生成的刀路轨迹，如图 2-61 所示。

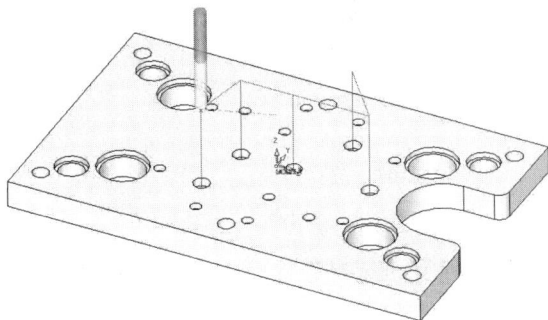

动画：推杆固定板钻孔（5个 ϕ11 孔）

图 2-61　ϕ11 钻孔程序刀路轨迹的生成

4. 创建沉孔加工程序

单击"NC 向导"中的"程序"图标，系统弹出"程序向导"对话框，开始创建加工程序，修改"主选择"为"钻孔"、"子选择"为"钻孔三轴"。

（1）设置刀路参数

单击"刀路参数"图标，系统切换到刀路参数，按图 2-62 所示设置刀路参数。注意：此时应选用 ϕ16 的沉孔刀进行沉孔加工，沉孔刀如图 2-63 所示。但编程时可采用 ϕ11 的刀具。

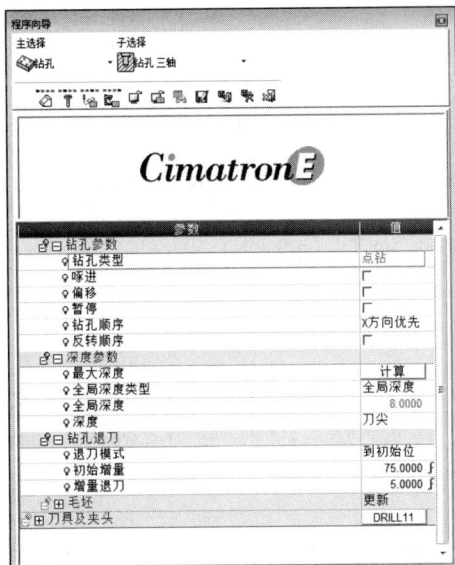

图 2-62　沉孔加工程序刀路参数设置

图 2-63   沉孔刀

（2）设置机床参数

单击"机床参数"图标，系统切换到机床参数界面，设置机床的主轴转速为 300、进给为 30，其他选择默认值。

（3）程序生成

单击"保存并计算"图标，系统将根据前面设置的参数自动计算刀路轨迹，并在绘图区显示生成的刀路轨迹，如图 2-64 所示。

微课：推杆固定板钻孔、沉孔加工（5 个 ϕ11 孔）编程

动画：推杆固定板沉孔加工（5 个 ϕ16 孔）

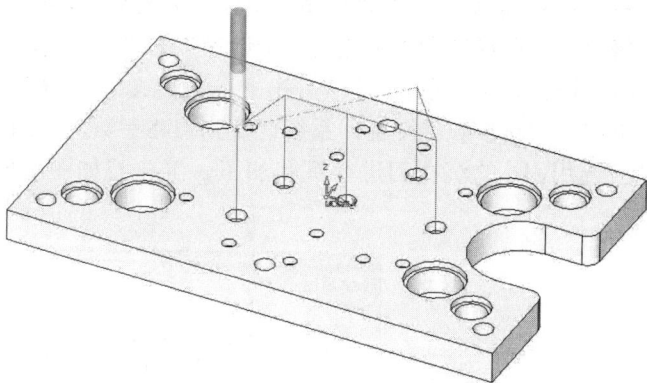

图 2-64   沉孔加工程序刀路轨迹的生成

2.3.7   钻孔 ϕ7、沉孔 ϕ11 加工（12 个）

1. 创建刀路轨迹

单击"NC 向导"中的"刀轨"图标，进入创建刀路轨迹功能，系统弹出"创建刀轨"对话框，修改名称为 12-7，其他选择默认值，单击"确认"图标，创建刀路轨迹。

2. 创建刀具

单击"NC 向导"中的"刀具"图标，系统弹出"刀具及夹头"对话框，再单击"新刀具"图标，新建 DRILL7 钻头，单击"确认"图标。

3．创建钻孔程序

单击"NC 向导"中的"程序"图标，系统弹出"程序向导"对话框，开始创建加工程序，修改"主选择"为"钻孔"、"子选择"为"钻孔三轴"。

（1）选择钻孔点

在"程序向导"对话框中单击钻孔点后的"0"按钮，系统将弹出"编辑点"对话框。在绘图区单击右键，在弹出的快捷菜单中选择"重置选择"命令，取消前面孔的选择。设置钻孔点参数，修改下一个深度为 30，退刀模式为到初始位置，"选择为"栏选择"孔中心"选项，"孔尺寸"栏选择"所有孔"选项。再在绘图区依次选择 12 个 $\phi7$ 孔中心，完成钻孔位置的选择，如图 2-65 所示。

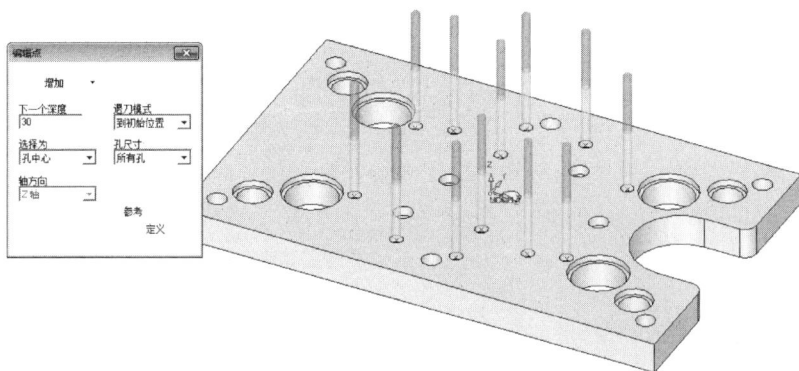

图 2-65　钻孔程序钻孔点选择

（2）设置刀路参数

单击"刀路参数"图标，系统切换到刀路参数界面，按图 2-66 所示设置刀路参数。

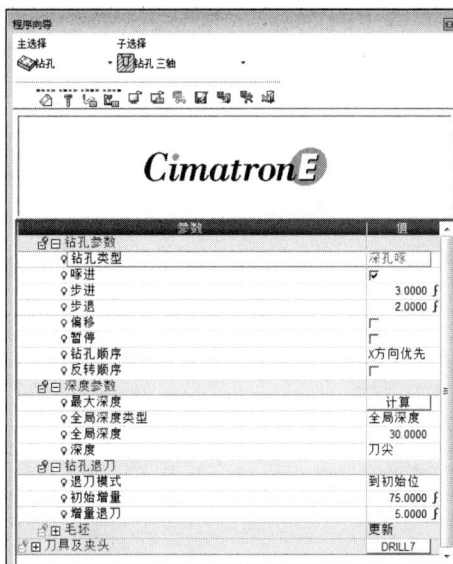

图 2-66　钻孔程序刀路参数设置

（3）设置机床参数

单击"机床参数"图标，系统切换到机床参数界面，设置机床的主轴转速为 800、进给为 50，其他选择默认值。

（4）程序生成

单击"保存并计算"图标，系统将根据前面设置的参数自动计算刀路轨迹，并在绘图区显示生成的刀路轨迹，如图 2-67 所示。

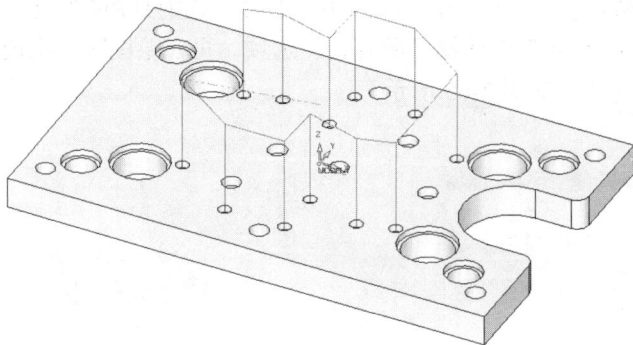

动画：推杆固
定板钻孔（12
个 ϕ7 孔）

图 2-67　刀路轨迹生成

4. 创建沉孔加工程序

单击"NC 向导"中的"程序"图标，系统弹出"程序向导"对话框，开始创建加工程序，修改"主选择"为"钻孔"、"子选择"为"钻孔三轴"。

（1）设置刀路参数

单击"刀路参数"图标，系统切换到"刀路参数"对话框，按图 2-68 所示设置刀路参数。注意：此时应选用 ϕ11 的沉孔刀进行沉孔加工，但编程时可选用 ϕ7 的刀具。

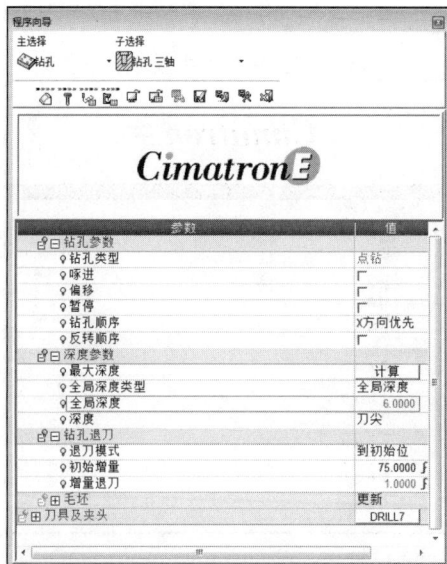

图 2-68　沉孔程序刀路参数设置

（2）设置机床参数

单击"机床参数"图标，系统弹出"机床参数"对话框，设置机床的主轴转速为 300、进给为 30，其他选择默认值。

（3）程序生成

单击"保存并计算"图标，系统将根据前面设置的参数自动计算刀路轨迹，并在绘图区显示生成的刀路轨迹，如图 2-69 所示。

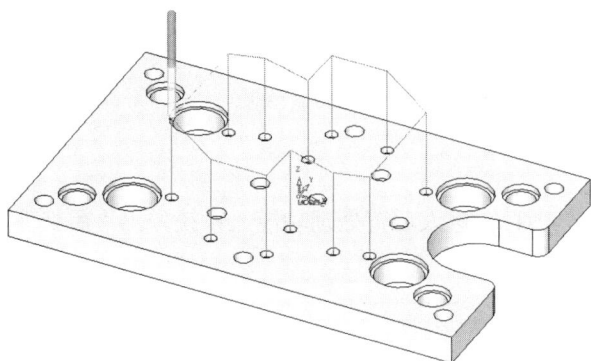

微课：推杆固定板钻孔、沉孔加工（12 个 ϕ7 孔）编程

动画：推杆固定板沉孔加工（12 个 ϕ11 孔）

图 2-69　沉孔程序刀路轨迹的生成

5. 仿真模拟

单击"NC 向导"中的"机床仿真"图标，系统弹出"机床仿真"对话框，如图 2-70 所示。单击双绿色箭头，选择仿真程序，单击"确认"图标，系统将打开一个"CimatronE-机床模拟"窗口，单击"运行"图标，进行实体切削模拟，加工模拟仿真结果如图 2-71 所示。

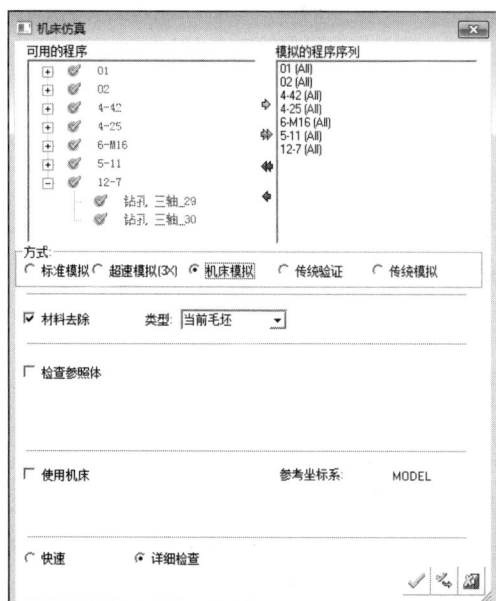

图 2-70　选择仿真程序

动画：推杆固
定板机床仿真
加工

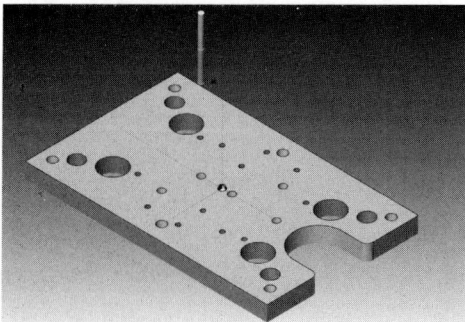

图 2-71　加工模拟仿真结果

6. 后处理

单击"NC 向导"中的"后处理"图标，进入后置处理功能，系统弹出"后处理"对话框，如图 2-72 所示。

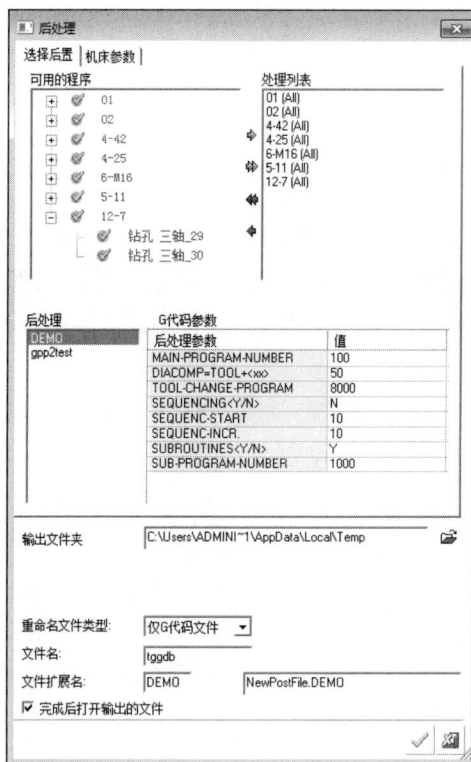

图 2-72　"后处理"对话框

系统默认选择 DEMO 后置处理器，在对话框的"可用的程序"栏中选择所要后处理的加工程序。

修改目标文件夹，将文件名命名为 tggdb，设置重命名文件类型为仅 G 代码文件，选中"完成后打开输出的文件"复选框，其他选择默认值。单击"确认"图标，进行后处理。后处理完成后，系统将产生一个程序文件，如图 2-73 所示。

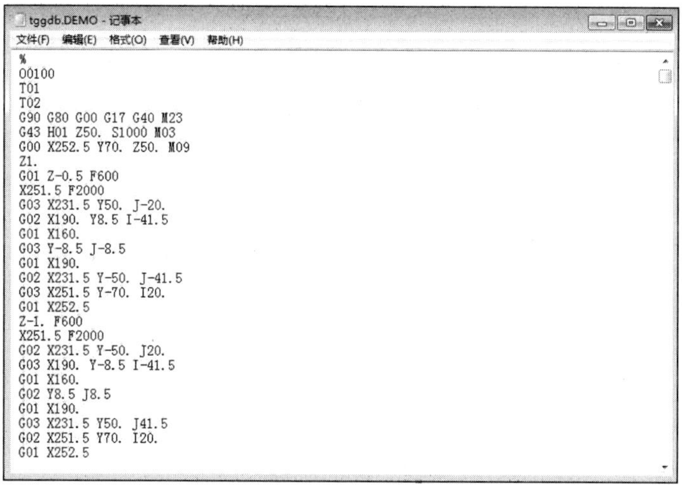


```
%
O0100
T01
T02
G90 G80 G00 G17 G40 M23
G43 H01 Z50. S1000 M03
G00 X252.5 Y70. Z50. M09
Z1.
G01 Z-0.5 F600
X251.5 F2000
G03 X231.5 Y50. J-20.
G02 X190. Y8.5 I-41.5
G01 X160.
G03 Y-8.5 J-8.5
G01 X190.
G02 X231.5 Y-50. J-41.5
G03 X251.5 Y-70. I20.
G01 X252.5
Z-1. F600
X251.5 F2000
G02 X231.5 Y-50. J20.
G03 X190. Y-8.5 I-41.5
G01 X160.
G02 Y8.5 J8.5
G01 X190.
G03 X231.5 Y50. J41.5
G02 X251.5 Y70. I20.
G01 X252.5
```

图 2-73　后处理程序

2.4 填写加工程序单

填写表 2-5 所示的加工程序单。

表 2-5　加工程序单

零件名称：推杆固定板　　　　操作员：　　　　编程员：

计划时间		描述：
实际时间		
上机时间		
下机时间		
工作尺寸/mm		
X_c		
Y_c		
Z_c		
工作数量：1 件		四面分中

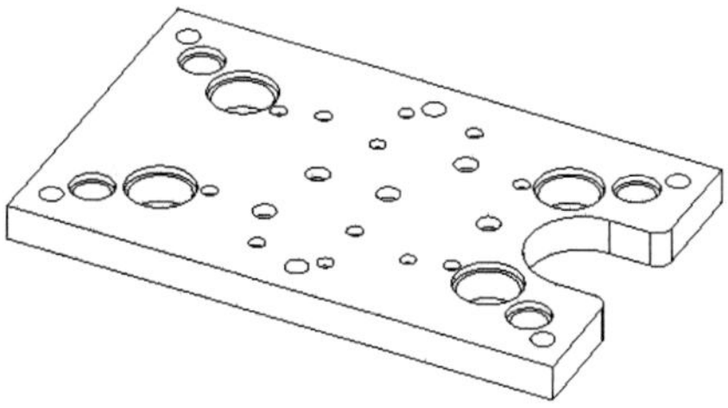

程序名称	加工类型	刀具	背吃刀量/mm	加工余量/mm	上机时间	完成时间	备注
01	开放轮廓加工	D63R6	0.5	0			
02	点孔	中心钻					
4-42	钻孔	DRILL41					
	镗孔	镗刀					
4-25	钻孔	DRILL23.5					
	镗孔	镗刀					

程序名称	加工类型	刀具	背吃刀量/mm	加工余量/mm	上机时间	完成时间	备注
6-M16	钻孔	DRILL14					
	攻丝	M16 丝锥					
5-11	钻孔	DRILL11					
	沉孔加工	DRILL16					
12-7	钻孔	DRILL7					
	沉孔加工	DRILL11					

项 目 练 习

完成图 2-74 所示动模板固定板数控程序的创建。

动模板固定板源文件见配套资源包（下载地址：www.abook.cn）。

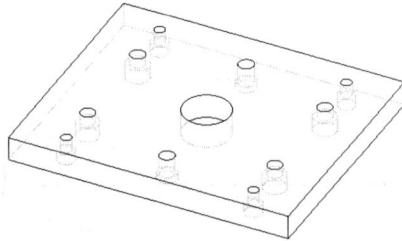

图 2-74　动模板固定板

注塑模动模板数控编程

>>>>>

◎ **项目导读**

注塑模动模板是主要的模架零件之一。

注塑模动模板源文件见配套资源包（下载地址：www.abook.cn）。

◎ **能力目标**

- 熟悉体积铣加工方式。
- 掌握环绕粗铣加工策略。
- 了解曲面铣削中的层切加工方式。

◎ **思政目标**

- 树立正确的学习观、价值观，自觉践行行业道德规范。
- 牢固树立质量第一、信誉第一的强烈意识。
- 遵规守纪，安全生产，爱护设备，钻研技术。

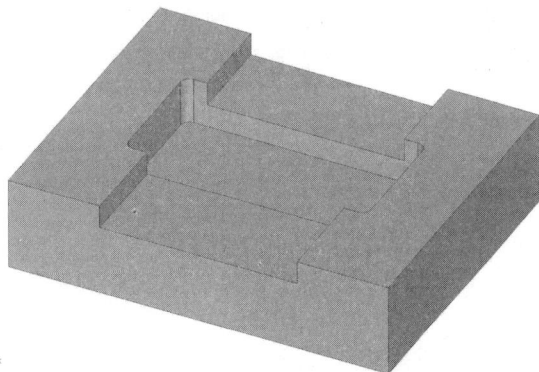

3.1

注塑模动模板模型分析

双击注塑模动模板模型文件，直接进入 CimatronE 11 CAD 模式界面，完成模型文件加载，如图 3-1 所示。

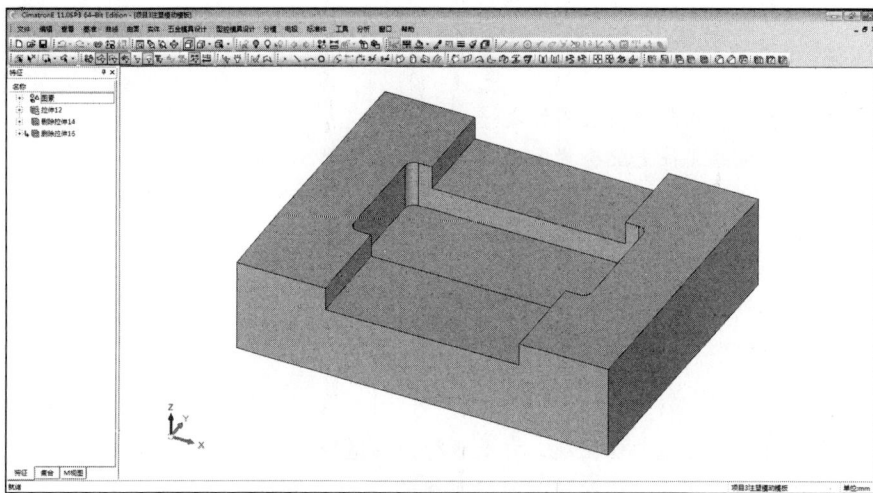

图 3-1　CAD 模型

选择"分析"→"测量"命令，系统弹出"测量"对话框。通过该对话框对模型两点之间的距离、圆弧半径进行测量，如图 3-2 所示。

微课：注塑模
动模板模型
分析

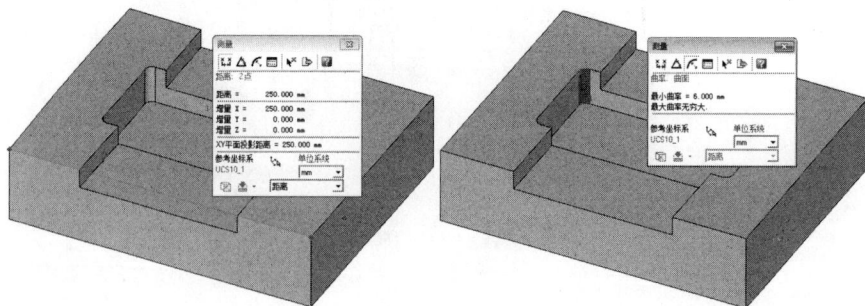

图 3-2　模型分析

模型分析结果如下。

长×宽×高：250mm×200mm×60mm。

型腔深度：30mm。

最小圆弧半径：6mm。

3.2

注塑模动模板加工工艺制定

注塑模动模板加工工艺，可按表 3-1 所示进行编制。

表 3-1　注塑模动模板加工工艺流程

序号	加工内容	加工策略	图解	备注
01	开粗	体积铣-环绕粗铣		根据型腔尺寸及深度确定使用 D30R5 牛鼻刀进行开粗
02	二次开粗	体积铣-环绕粗铣		根据型腔 R 角及深度确定使用 D12R0.8 的牛鼻刀进行二次开粗
03	底面精加工	曲面铣削-层切		为了提高加工效率，使用 D16R0.8 牛鼻刀进行底面精加工
04	精修侧壁	2.5 轴-封闭轮廓		根据型腔 R 角及深度确定使用 D10 平底刀（钨钢刀）进行侧壁精加工
		2.5 轴-开放轮廓		使用上一程序的 D10 平底刀进行侧壁精加工，减少换刀以提高效率

3.3

动模板数控编程操作

3.3.1　开粗

1. 调入模型

选择"文件"→"输出"→"至加工"命令，进入编程工作界面，如图 3-3 所示。加载文件后，需要指定模型的放置位置和旋转角度，默认方式下直接放置到当前坐标系的原点。

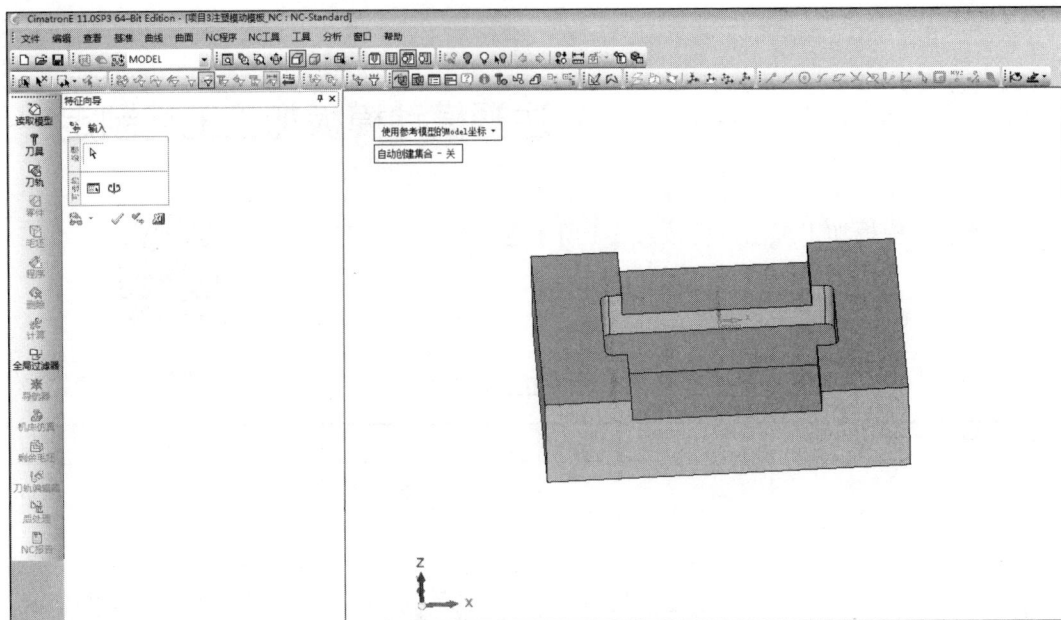

图 3-3　编程工作界面

在"特征向导"栏中有两个可选项，分别为"选择选项并拾取参考"和"设置旋转参数"。单击"选择选项并拾取参考"图标，则在绘图区中弹出一个下拉列表框，有"点对点移动"、"根据 XYZ 增量"、"沿方向"和"无" 4 个选项，如图 3-4 所示。

点对点移动：以指定点对应零件模型。先选取将要设置的坐标系原点，再选取原坐标系原点，将坐标系放置到原点上，如图 3-5 所示。

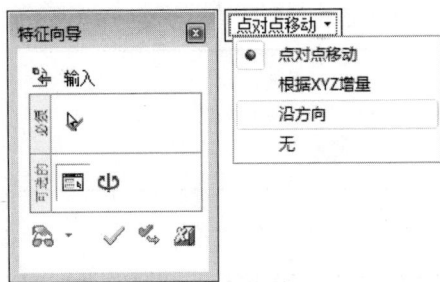

图 3-4　模型放置向导栏

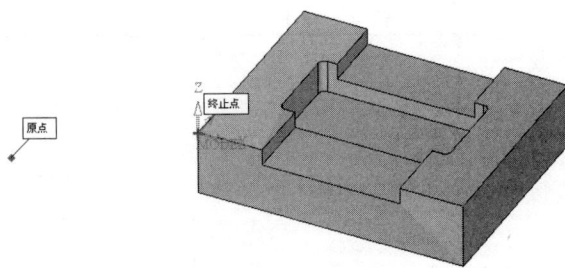

图 3-5　点对点移动

根据 XYZ 增量：通过指定 X、Y、Z 3 个方向的增量值来确定零件模型的原点与编程原点的相对位置，如图 3-6 所示。

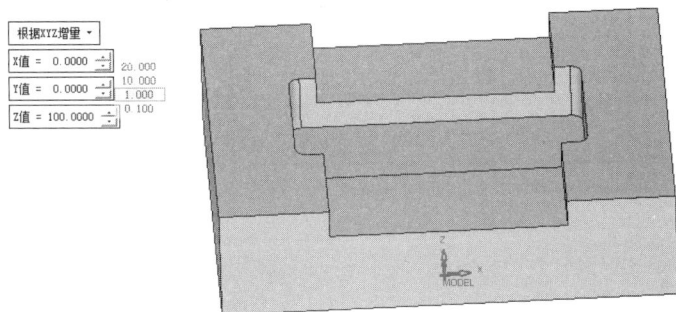

图 3-6 根据 XYZ 增量

沿方向：通过指定一个坐标轴方向与增量确定零件模型的原点与编程原点的相对位置，如图 3-7 所示。

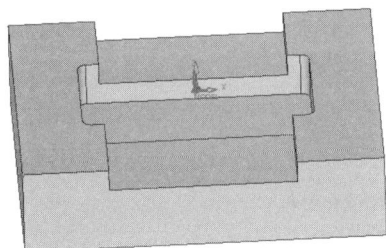

图 3-7 沿方向

无：不进行移动，即放置在编程文件的当前工作坐标系位置，两坐标系重合。

如载入的模型在编程文件中需要旋转，则可以指定坐标系旋转，单击"设置旋转参数"图标，即会出现与坐标系旋转相关的数值框，可以分别指定 3 个坐标系的旋转值，如图 3-8 所示。

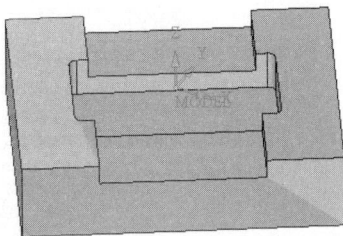

图 3-8 坐标系旋转

本例选择默认设置，即在"特征向导"栏中直接单击"确认"图标，将模型放置到当前坐标系的原点，同时不做旋转，完成模型调入，如图 3-9 所示。

微课：注塑模
动模板坐标
系创建

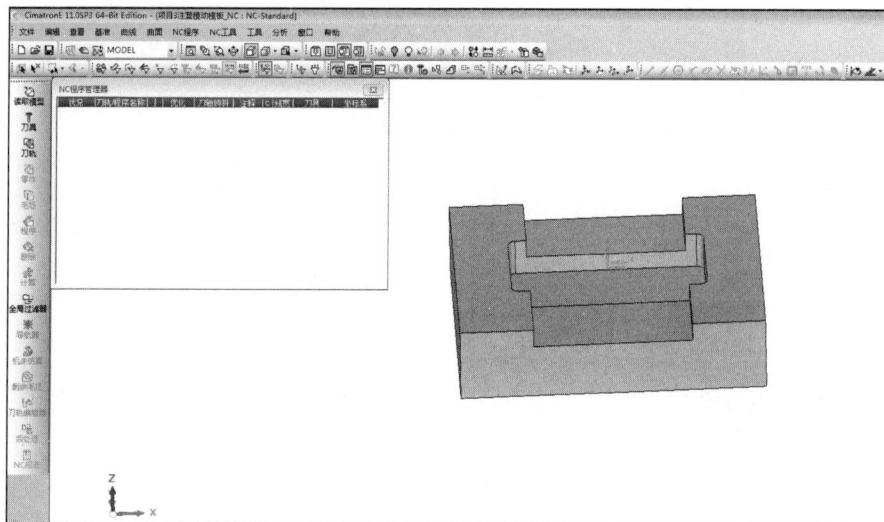

图 3-9　模型调入

2. 创建刀具

单击"NC 向导"的"刀具"图标，系统弹出"刀具及夹头"对话框，再单击"新刀具"图标，按图 3-10 所示设置参数，单击"确认"图标，新建 D30R5 牛鼻刀。

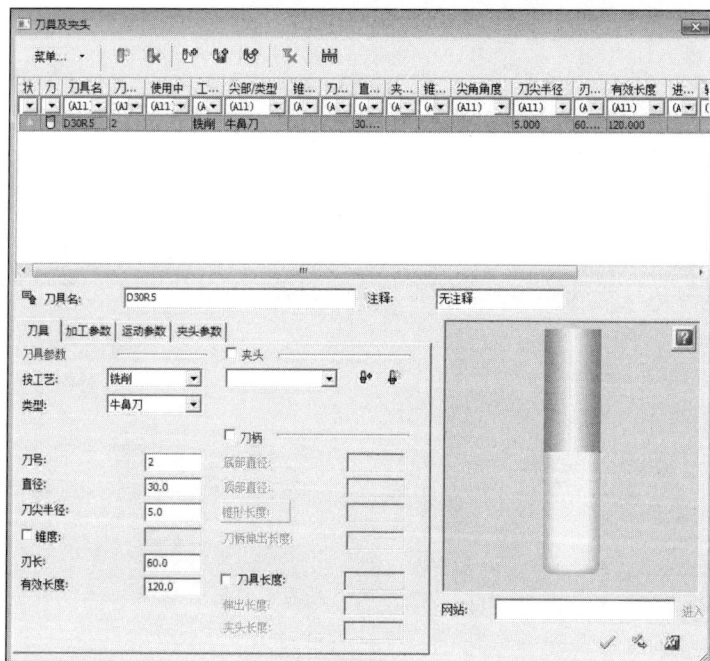

图 3-10　"刀具及夹头"对话框

3. 创建刀路轨迹

单击"NC 向导"中的"刀轨"图标，进入创建刀路轨迹功能，系统弹出"创建刀轨"对话框，修改名称为 01，类型为 3 轴，安全平面为 50，创建刀路轨迹，如图 3-11 所示。单击"确认"图标，完成 3 轴刀路轨迹的创建。此时，"NC 程序管理器"中会新增一个刀路轨迹，如图 3-12 所示。

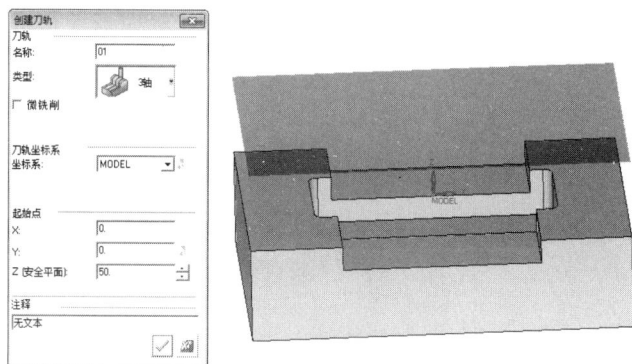

图 3-11　创建刀路轨迹

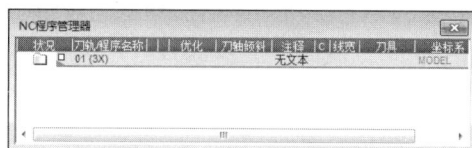

图 3-12　NC 程序管理器

4. 创建毛坯

单击"NC 向导"中的"毛坯"图标，系统弹出"初始毛坯"对话框，各参数保持默认设置，单击"确认"图标退出，如图 3-13 所示。注意：3 轴铣削中的大部分新 NC 策略加工方式需要设置毛坯，而使用传统加工程序中的子选择不一定选择毛坯。

图 3-13　"初始毛坯"对话框

（1）创建毛坯

创建毛坯的方法有 6 种，分别是限制盒、曲面、轮廓、矩形、从文件和多轴毛坯。

限制盒：用一个箱体将所有曲面包容在内的一种毛坯建立方法。这种方法适用于复杂零件的立方体毛坯的建立，是最为常见的毛坯建立方法，也是毛坯建立的默认方法。

曲面：按指定的偏移值生成一个毛坯，这种方式适用于铸件等表面余量较为均匀的零件的毛坯生成。选择该选项时，指定其曲面偏移值和 Z 最小值，就可以以所选的曲面偏移一定值生成毛坯。注意：系统默认为选择所有曲面，直接在图形上点选是反选。图 3-14 为按曲面建立毛坯的示例。

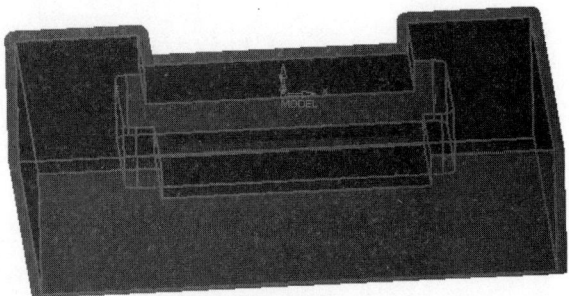

图 3-14　按曲面建立毛坯的示例

轮廓：选择轮廓，通过指定 Z 最高值与 Z 最低值创建毛坯。在图形上指定封闭的轮廓后，就可以该轮廓生成一个拉伸实体作为毛坯。图 3-15 为按轮廓建立毛坯的示例。

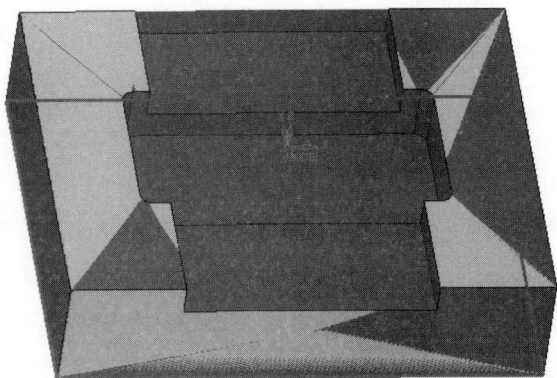

图 3-15　按轮廓建立毛坯的示例

矩形：以指定的两对角点定义一个立方体当作毛坯，即在图形上指定两个点坐标创建一个立方体毛坯。图 3-16 为按矩形建立毛坯的示例。

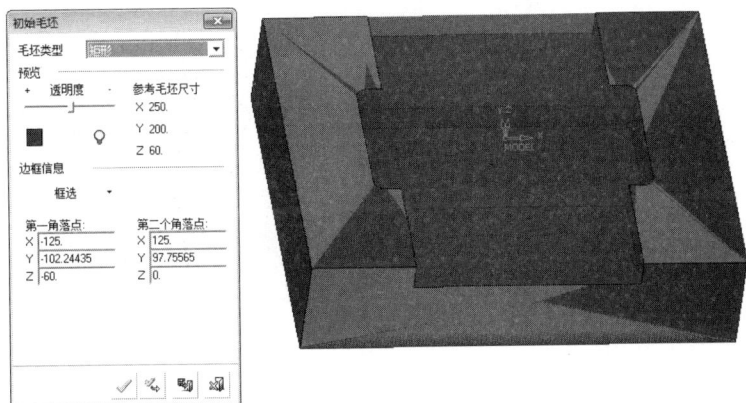

图 3-16　按矩形建立毛坯的示例

从文件：读入一个已经保存的毛坯文件，并将其当作当前使用的毛坯。该方法适用于已经经过加工并保存了毛坯文件的模型。通过在打开的文件中选择已经保存的毛坯文件，指定其 X、Y、Z 方向的移动量，即可创建一个毛坯。

多轴毛坯：适合于定义受以前不同方向的加工程序影响的当前毛坯状态，这样即使当前程序与以前程序加工方向不同，也可以参考真正的更新毛坯而不会建立不必要的空走刀。

（2）毛坯的保存

毛坯可以在任何时候或执行某个工序后保存为一个毛坯文件，其扩展名为.stk。随后文件可以被读入其他图形文件作为毛坯。方法：在"NC 程序管理器"中选择一个程序，然后单击右键，在弹出的快捷菜单中选择"剩余毛坯"命令，如图 3-17 所示，系统弹出"剩余毛坯"对话框，如图 3-18 所示。输入毛坯文件保存的文件名，并单击"保存"图标，即可将执行工序后的剩余毛坯保存为毛坯文件。

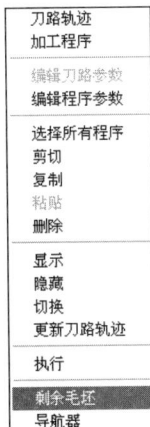

图 3-17　选择"剩余毛坯"命令

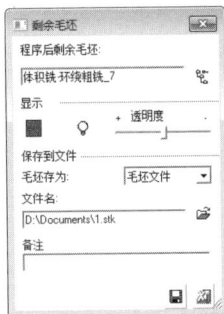

图 3-18　保存剩余毛坯

本例采用限制盒方式建立毛坯，并保持各参数的默认设置，如图 3-19 所示，单击"确认"图标退出，完成毛坯创建。

微课：注塑模
动模板毛坯
创建

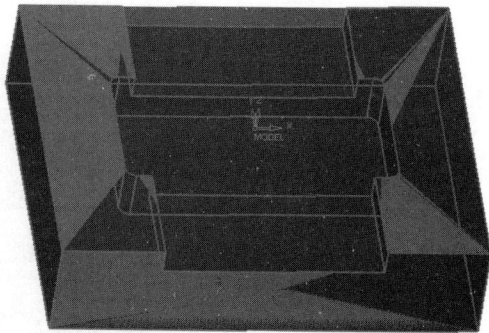

图 3-19　毛坯创建

5. 创建程序

单击"NC 向导"中的"程序"图标，系统弹出"程序向导"对话框，开始创建加工程序，主选择设置为体积铣。该加工方式是最常用的粗加工方法，其采用层铣加工方式，系统按照零件在不同深度的截面形状计算各层的刀路轨迹。相对于 2.5 轴加工，体积铣以曲面在这一高度的截面线作为轮廓线。体积铣适用于绝大多数粗加工，如模具型腔或型芯及其他带有复杂曲面零件的粗加工。另外，通过限定高度值，只做一层加工，体积铣也可用于平面的精加工。

在体积铣中有环绕粗铣、平行切削、高效加工和传统策略 4 个子选择。其中，环绕粗铣和平行切削是常用的两种加工策略。传统策略包括毛坯环切-3D、平行切削-3D、环绕切削-3D、插铣、Zcut 平行、Zcut 放射 6 个加工子策略。

毛坯环切-3D：又称沿边环绕切削，它按零件形状偏置分层环切，能对层间进行细化加工。加工边界线可不选，此时系统以曲面 Z 向投影区域为加工范围。毛坯环切提供高效的粗坯料加工路径，轮廓部分留料均匀，有利于精加工，同时，其切削负荷相对固定，适用于凸模加工，会有多处进刀点，如图 3-20 所示。

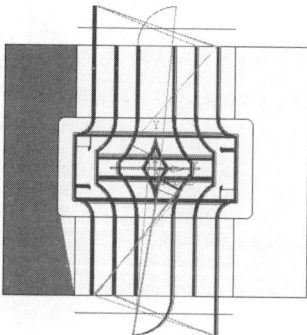

图 3-20　毛坯环切-3D 示例

平行切削-3D：又称行切法加工，按分层等高平行铣削，刀路轨迹相互平行，可设置与坐标轴的夹角。加工边界线可不选，此时系统以曲面 Z 向投影区域为加工范围，如图 3-21 所示。在粗加工时，平行切削具有最高的效率，一般其切削的步距可以达到刀具直径的 70%～90%。

环绕切削-3D：指按零件边界分层环绕切削，能对层间进行细化加工，如图 3-22 所示。注意：必须设置毛坯，加工边界线可不选，此时系统以曲面 Z 向投影区域为加工范围，优点是提刀次数较少。在传统加工程序中，它是较为常用的加工策略。

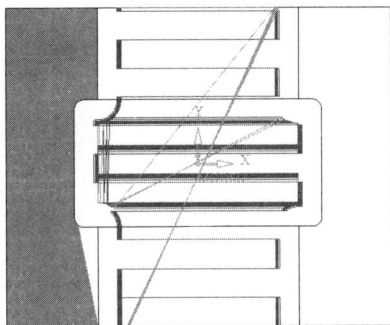

图 3-21　平行切削-3D 示例

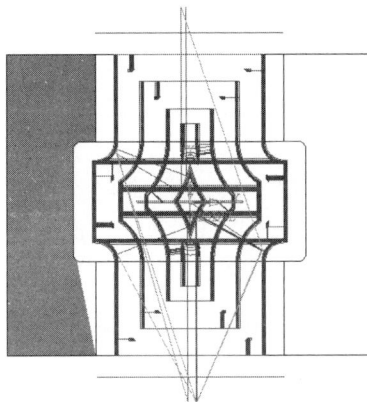

图 3-22　环绕切削-3D 示例

插铣：又称钻铣加工或直捣式加工。当加工较深的工件时，可以使用两刃铣刀以插铣方式进行加工，这是加工效率最高的去除残料的加工方法。该方式较适合于深腔零件的直壁或斜坡加工。

Zcut 平行：Z 向平行等高分层切削，可按曲面轮廓起伏向上、向下切削，如图 3-23 所示。该方式刀路轨迹计算速度快，适用于波浪形曲面或软材料粗加工。

Zcut 放射：Z 向等高分层放射（径向）切削，可按曲面轮廓起伏向上、向下切削，如图 3-24 所示。该方式刀路轨迹计算速度快，适用于球状型曲面或软材料粗加工。

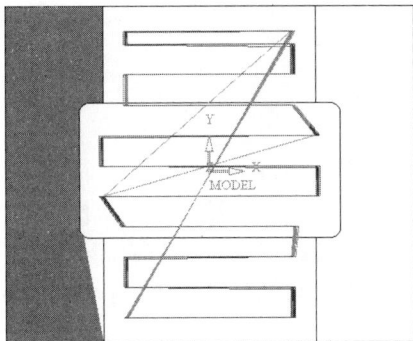

图 3-23　Z 向平行切削示例

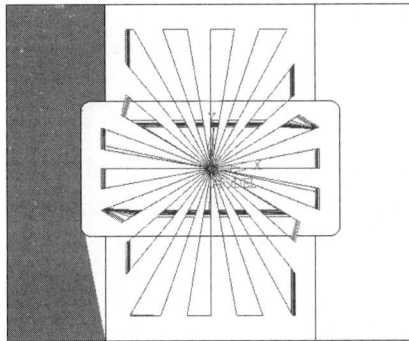

图 3-24　Z 向放射切削示例

本例采用环绕粗铣加工策略，因此修改"子选择"为"环绕粗铣"，如图 3-25 所示。

图 3-25　选择工艺

（1）选择轮廓、零件曲面

单击轮廓后的"0"按钮，系统弹出"轮廓管理器"对话框，进行轮廓设置，如图 3-26 所示。

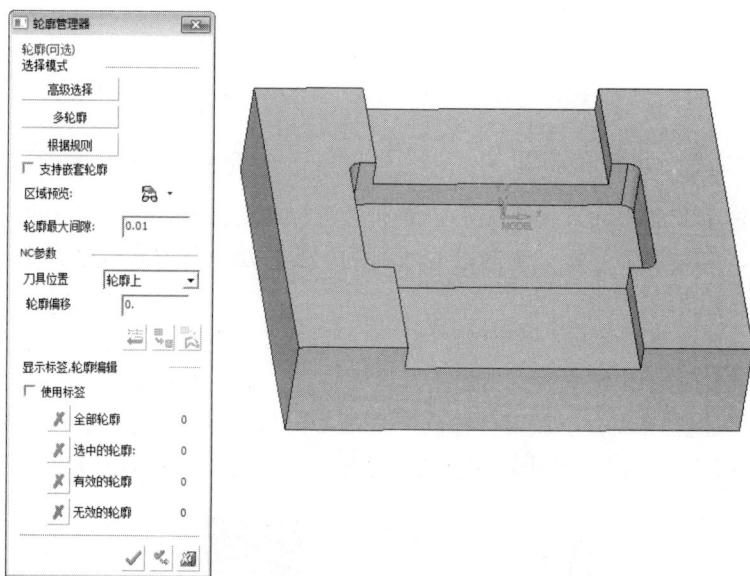

图 3-26　"轮廓管理器"对话框及模型效果

轮廓：作用是指定加工范围。在曲面上生成的刀路轨迹，将按轮廓向上、向下无限延伸形成的区域修剪，在轮廓限定范围内的刀具路径将被保留，而在轮廓限制范围以外的刀具路径将不再保留。轮廓选择方法与 2.5 轴加工中选择封闭轮廓的方法是相同的。对于局部加工的零件，用选择全部曲面的方法，再选择一个轮廓限制其加工范围，这样可以相对安全，而且编程也较方便。注意：体积铣也可不定义轮廓，系统将以曲面在 Z 轴方向的最大投影范围作为加工区域。相关参数说明如下。

刀具位置：有"轮廓上"、"轮廓内"和"轮廓外"3 个选项，通常凹模设置为轮廓内，凸模设置为轮廓上。这里设置为轮廓上。

轮廓偏移：输入轮廓偏移值对侧壁做预留，通常保持默认值。

在绘图区选择一条封闭的零件最大轮廓线，单击中键确认，如图 3-27 所示。单击中键退出，完成轮廓选择，此时程序向导中的轮廓值变为"1"。

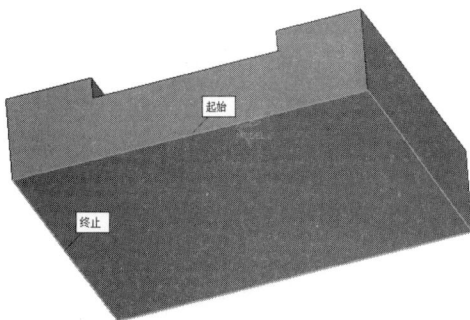

微课：注塑模
动模板轮廓
选择

图 3-27　选择轮廓

进行零件曲面选择。零件曲面在体积铣中必须定义。单击零件曲面后的"0"按钮，进行零件曲面选择，通常选择全部曲面，这样运算较慢，但较安全，选中的曲面将改变显示的颜色，如图 3-28 所示。再单击中键退出，此时零件曲面值变为"22"，完成零件曲面选择。

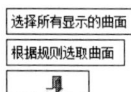

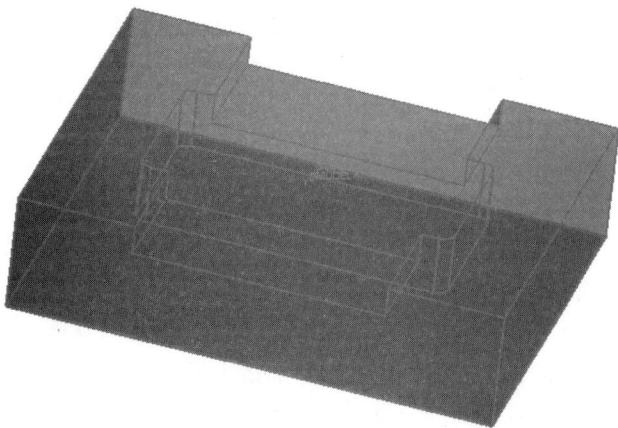

图 3-28　零件曲面选择

（2）设置刀路参数

单击"刀路参数"图标，系统切换到刀路参数界面，如图 3-29 所示。按以下步骤进行各参数设置。

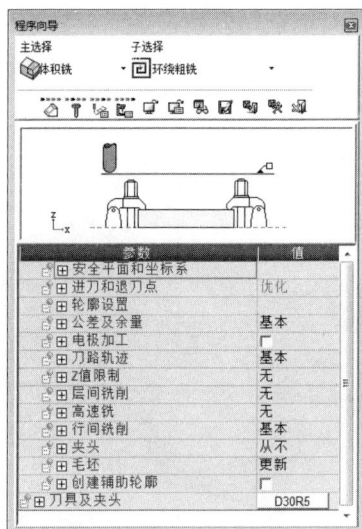

图 3-29 刀路参数界面

步骤 1：进刀和退刀点参数设置。

进入方式：有 4 个选项，分别是"优化"、"用长度"、"不插入"和"钻孔"。一般选择"优化"选项，如图 3-30 所示。

图 3-30 进刀和退刀点设置

进刀角度：设置为 4。

最大螺旋半径：设定螺旋进刀半径，最大输入半径为 2.5 倍的刀具直径，这里设置为 75。

注意：进刀方式为"不插入"和"钻孔"时，无法做螺旋进刀。建议选择优化或用长度进刀方式，并搭配螺旋进刀使用，但角度不可过大。

步骤 2：公差及余量参数设置。

公差及余量参数有"基本"和"高级"两个选项，默认显示为基本。选择"基本"选项时，下有加工曲面余量、曲面公差和轮廓最大间隙 3 个参数，如图 3-31 所示；选择"高级"选项时，有加工曲面侧壁余量、加工曲面底部余量、逼近方式、曲面公差和轮廓最大间隙 5 个参数，可实现分别对曲面侧壁和底部进行余量控制，如图 3-32 所示。

图 3-31 公差及余量基本参数

图 3-32 公差及余量高级参数

下面介绍本例需设置的参数。

加工曲面余量：若输入正值，加工后的实体大于理论实体，有加工余量；若输入负值，刀具过切削，加工后的实体小于理论实体，如图 3-33 所示。通常通过设置零件加工曲面余量的大小来控制加工曲面的实际尺寸。粗加工余量为 0.2mm，因此这里设置为 0.2。

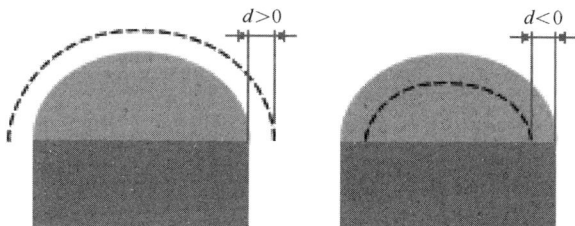

图 3-33　加工曲面余量示例

逼近方式：有两个选项，分别为"根据精度"和"根据精度+长度"。根据精度依所选曲面设定的公差值做运算，如图 3-34 所示。通常选择该种方式。根据精度+长度依所选取曲面公差加长度做运算，必须输入最大长度值，如图 3-35 所示。

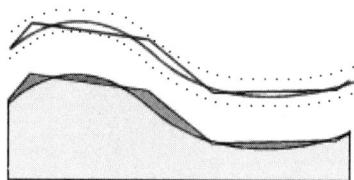

图 3-34　根据精度示例

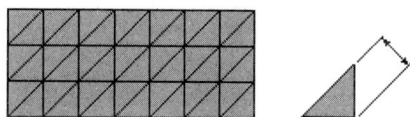

图 3-35　根据精度+长度示例

当选择"根据精度+长度"选项时，将出现最大三角片长度参数，如图 3-36 所示。根据精度逼近指通过最大允差来控制逼近，但对于曲率半径较大的曲面（即较平坦的曲面），一个不大的允差可能会有很长的弦（三角片长度），用曲面精度和最大三角片长度进行控制，可以获得更好的加工质量。

图 3-36　"根据精度+长度"选项

曲面公差：考虑到粗加工，可设置为 0.05。

轮廓最大间隙：一般选择默认值，如图 3-37 所示。

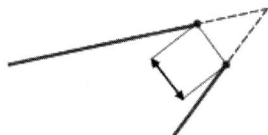

图 3-37　轮廓最大间隙示例

步骤 3：刀路轨迹参数设置。

刀路轨迹参数有"基本"和"高级"两个选项，默认显示为基本。选择"基本"选项时，只有切削模式、下切步距类型、固定垂直步距和侧向步距 4 个参数，如图 3-38 所示。

图 3-38　刀路轨迹基本参数

切削模式：有"顺铣"、"逆铣"、"混合铣"、"混合铣+顺铣边"和"混合铣+逆铣边" 5 个选项。一般选择"混合铣"选项。

下切步距类型：有"固定"、"可变"和"固定+水平面" 3 个选项，如图 3-39 所示。如选择"可变"选项，则需对"最大下切步距"和"最小下切步距"两个选项进行设置。

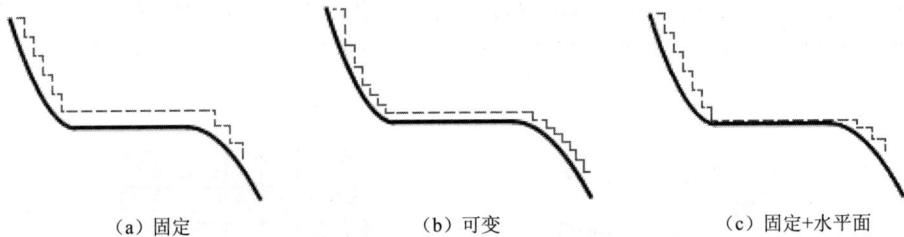

（a）固定　　　　　　　　　　（b）可变　　　　　　　　　　（c）固定+水平面

图 3-39　下切步距类型示例

固定垂直步距：设置为 0.5。

侧向步距：设置为 0.6 倍刀具直径。

选择"高级"选项时，将增加计算、策略、真环切、半精轨迹等参数，如图 3-40 所示。

图 3-40　刀路轨迹高级参数

计算：有"优化"、"高精度"和"更快的计算" 3 个选项，一般选择默认值。

策略：有"优化"和"用户自定义"两个选项，一般选择"优化"选项。选择"用户自定义"选项时，需对策略:毛坯环切、策略:由内到外和策略:由外到内等参数进行选择，如图 3-41 所示。

图 3-41　用户自定义策略

真环切：一般选择该选项。

半精轨迹：一般选择"从不"选项。

加工顺序：有"区域"和"层"两个选项。对于有多个凸台或凹槽的零件做等高切削时会形成不连续的加工区域。层优先时，生成的刀路轨迹将同一高度内的所有内外型加工完成后，再进入下一层加工，刀具会在不同的加工区域之间跳来跳去，如图 3-42 所示。区域优先时，在加工凸台或凹槽时，先将一个可以连续加工的部分形状加工完成后，再跳到其他部位加工。这种方式抬刀次数少，效率高，如图 3-43 所示。为提高加工效率，该参数设置为区域。

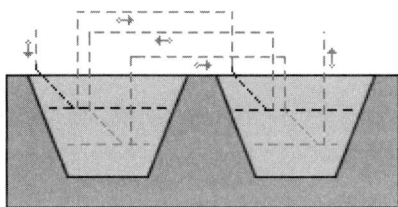

图 3-42　层示例

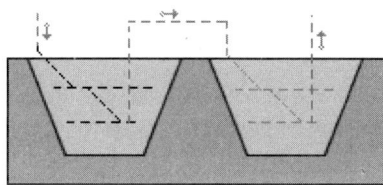

图 3-43　区域示例

最小毛坯宽度：一般选择默认值。

刀路轨迹参数最终设置效果如图 3-44 所示。

图 3-44　刀路轨迹参数最终设置效果

（3）设置机床参数

单击"机床参数"图标，系统切换到机床参数界面，设置机床的主轴转速为 1800、进给为 2000，其他选择默认值，如图 3-45 所示。

图 3-45　机床参数设置

（4）程序生成

单击"保存并计算"图标，系统将根据前面设置的参数自动计算刀路轨迹，并在绘图区显示生成的刀路轨迹，如图 3-46 所示。

微课：注塑模
动模板开粗
编程

动画：注塑模
动模板开粗

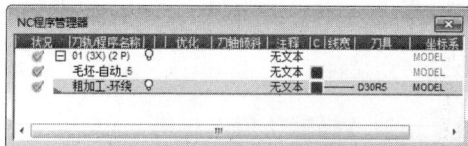

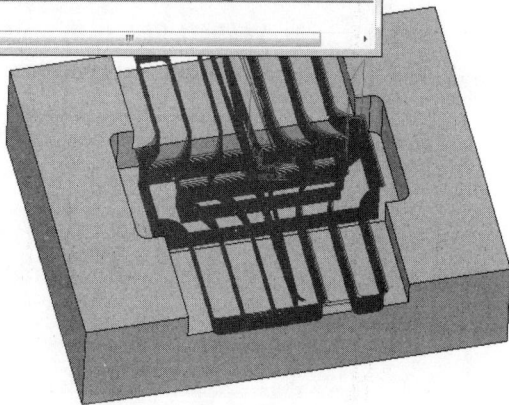

图 3-46　生成的刀路轨迹

3.3.2　二次开粗

1. 创建刀具

单击"NC 向导"中的"刀具"图标，系统弹出"刀具及夹头"对话框，再单击"新刀具"图标，按图 3-47 所示设置参数，单击"确认"图标，新建 D12R0.8 牛鼻刀。

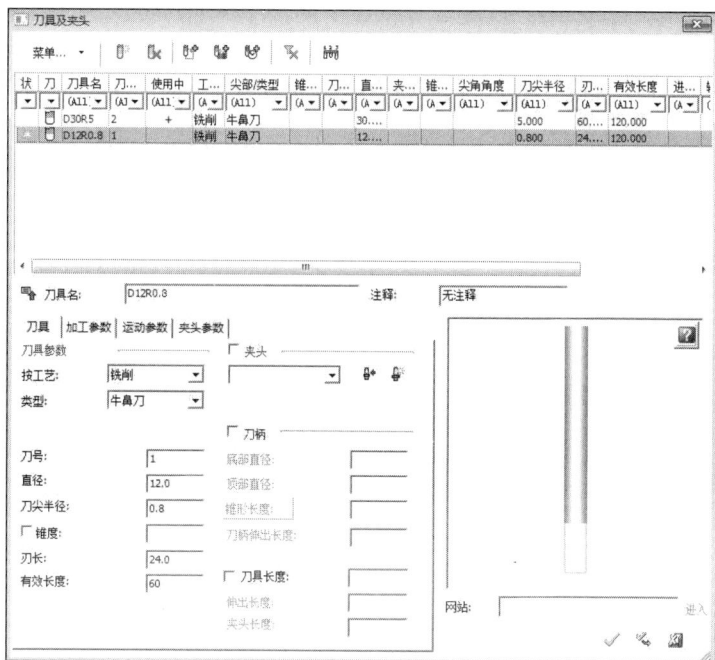

图 3-47　创建二次开粗使用的刀具

2. 创建刀路轨迹

单击"NC 向导"中的"刀轨"图标，进入创建刀路轨迹功能，系统弹出"创建刀轨"对话框，修改名称为 02，类型为 3 轴，安全平面为 50，创建刀路轨迹，单击"确认"图标，完成 3 轴刀路轨迹的创建。此时，"NC 程序管理器"中会新增一个刀路轨迹，如图 3-48 所示。

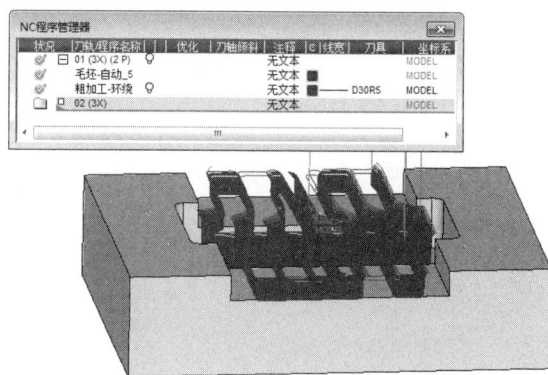

图 3-48　创建二次开粗的刀路轨迹

3. 创建程序

单击"NC 向导"中的"程序"图标，系统弹出"程序向导"对话框，开始创建加工程序，设置"主选择"为"体积铣"，"子选择"为"环绕粗铣"，如图 3-49 所示。系统会自动应用所选的较小直径刀具处理前一程序使用较大的刀具导致在局部的角落部位留下的残料，保证零件周边的余量均等，从而保证精加工的加工质量。

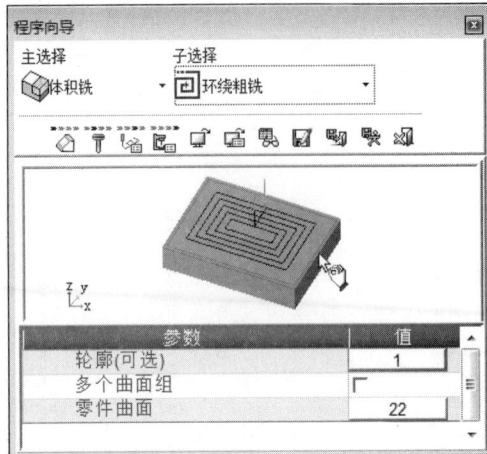

图 3-49 选择二次开粗工艺

（1）选择轮廓、零件曲面

系统自动继承上一程序的设置，此时轮廓、零件曲面可选择默认值。

（2）设置刀路参数

进刀和退刀点、公差及余量、刀路轨迹等参数可选择默认值，刀具及夹头参数选择 D12R0.8 牛鼻刀，此时刀路轨迹参数中的侧向步距会自动调整为 0.6 倍的刀具直径。二次开粗刀路参数设置如图 3-50 所示。

图 3-50 二次开粗刀路参数设置

（3）设置机床参数

单击"机床参数"图标，系统切换到机床参数界面，设置机床的主轴转速为 3500、进给为 2000，其他选择默认值，如图 3-51 所示。

图 3-51 二次开粗机床参数设置

（4）程序生成

单击"保存并计算"图标，系统将根据前面设置的参数自动计算刀路轨迹，并在绘图区显示生成的刀路轨迹，如图 3-52 所示。

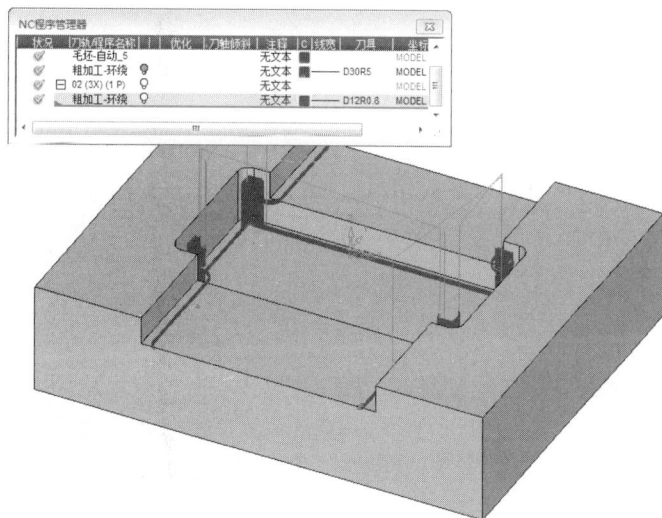

微课：注塑模
动模板二次
开粗编程

图 3-52 二次开粗生成的刀路轨迹

4. 机床仿真

单击"NC 向导"中的"机床仿真"图标，进入模拟检验功能，系统弹出"机床仿真"对话框，单击双绿色箭头，选择 01、02 程序，再选择"机床模拟"选项，如图 3-53 所示，单击"确认"图标，系统打开"CimatronE-机床模拟"窗口，如图 3-54 所示，选择"控制"→"运行"命令，进行实体切削模拟。加工仿真模拟结果如图 3-55 所示。

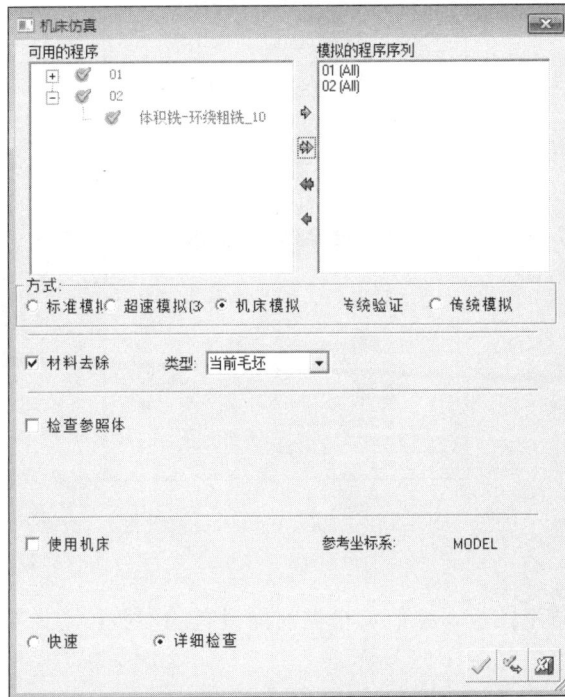

图 3-53　机床仿真程序选择

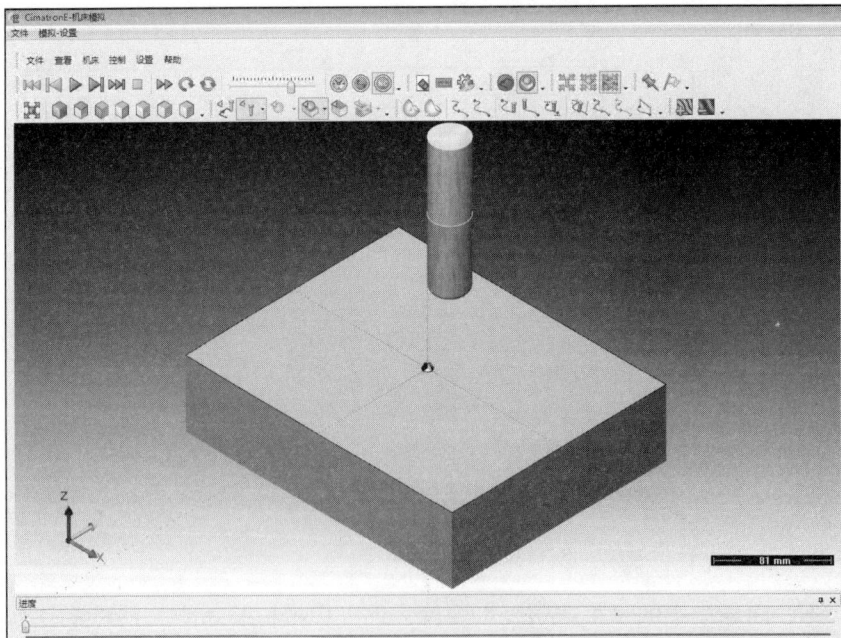

图 3-54　"CimatronE-机床模拟"窗口

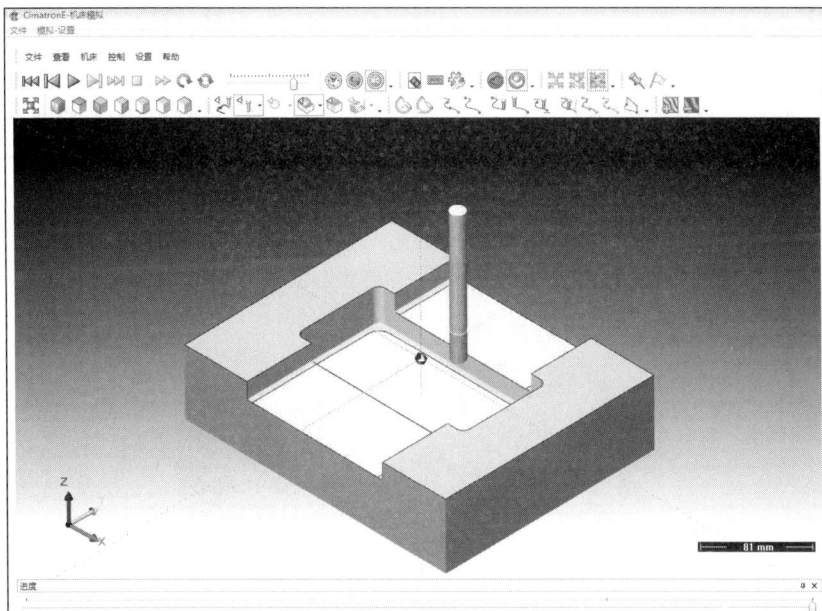

图 3-55　加工仿真模拟结果

3.3.3　底面精加工

1. 创建刀具

单击"NC 向导"中的"刀具"图标，系统弹出"刀具及夹头"对话框，再单击"新刀具"图标，按图 3-56 所示设置参数，单击"确认"图标，新建 D16R0.8 牛鼻刀。

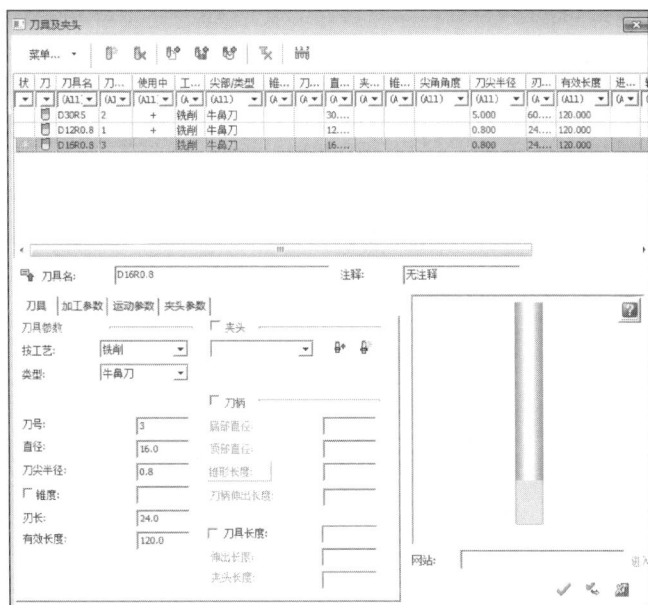

图 3-56　创建底面精加工使用的刀具

2. 创建刀路轨迹

单击"NC 向导"中的"刀轨"图标，进入创建刀路轨迹功能，系统弹出"创建刀轨"对话框，修改名称为 03，类型为 3 轴，安全平面为 50，创建刀路轨迹。单击"确认"图标，完成 3 轴刀路轨迹的创建。此时，"NC 程序管理器"中会新增一个刀路轨迹，如图 3-57 所示。

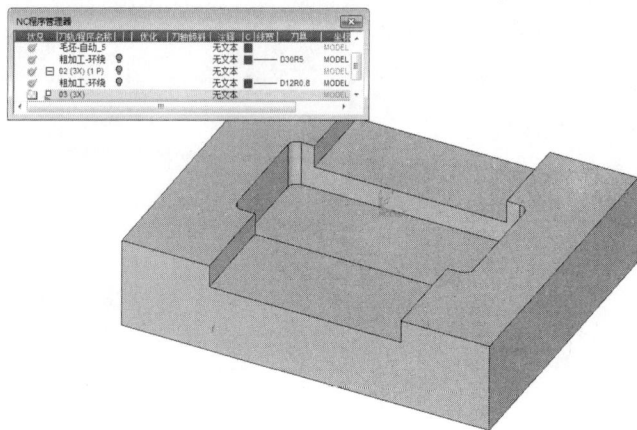

图 3-57　创建刀路轨迹

3. 创建程序

单击"NC 向导"中的"程序"图标，系统弹出"程序向导"对话框，开始创建加工程序，主选择设置为曲面铣削，此时有精铣所有、根据角度精铣、精铣水平面、开放轮廓、封闭轮廓和传统策略 6 个子选择。

下面介绍传统策略常用的加工子策略。其有 3D 步距、毛坯环切-3D、平行切削-3D、环绕切削-3D、层切、平坦区域平行铣、平坦区域环切、平坦区域放射铣、陡峭区域、型腔铣削和放射精铣 11 个加工子策略。

3D 步距：又称 3D 恒等距加工，产生的刀路轨迹在刀路切削行之间的距离按指定值恒定不变。它适用于曲面斜度变化较多的零件的半精加工和精加工。图 3-58 为 3D 步距示例。

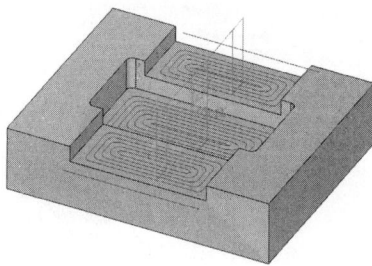

毛坯环切-3D：在切削范围内生成环绕的切削加工路径，所建构的刀路轨迹将沿所有指定轮廓边界，以等距偏移方式产生，直至到达中心或边界。图 3-59 为毛坯环切-3D 示例。

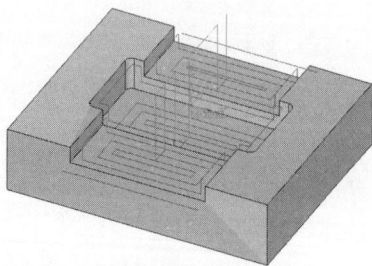

图 3-58　3D 步距示例

图 3-59　毛坯环切-3D 示例

平行切削-3D：沿指定的轮廓边界线内与坐标轴成一定的夹角产生刀具路径。在曲面精加工中，平行切削具有很广泛的适应性。该方式适用于铣削大部分曲面比较平缓且过渡平滑的曲面。图 3-60 为平行切削-3D 示例。

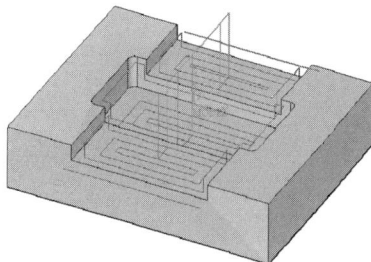

环绕切削-3D：在限定范围内以环绕方式进行铣削。图 3-61 为环绕切削-3D 示例。

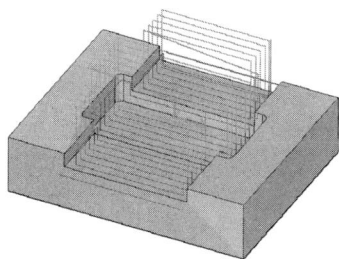

图 3-60　平行切削-3D 示例

图 3-61　环绕切削-3D 示例

层切：该方式采用等高切削加工，针对多曲面以等高方式做半精加工或精加工。其应用较为广泛，适用于外形比较陡峭的侧壁精加工。通过限定高度值，该方式还可用于清角加工。图 3-62 为层切示例。

平坦区域平行铣：在限定的范围内，按设定的角度仅对平坦曲面采用平行切削。图 3-63 为平坦区域平行铣示例。

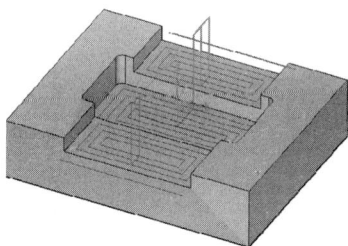

图 3-62　层切示例

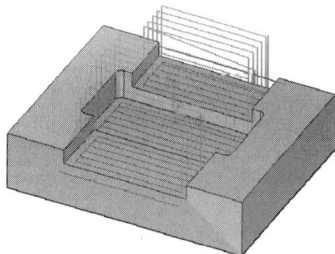

图 3-63　平坦区域平行铣示例

平坦区域环切：按设定的角度仅对平坦曲面采用环绕切削。图 3-64 为平坦区域环切示例。

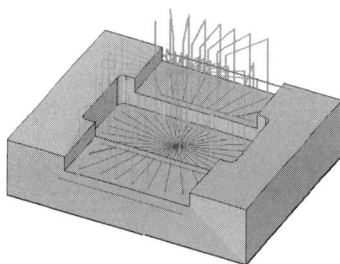

平坦区域放射铣：按设定的角度仅对平坦曲面采用径向切削。图 3-65 为平坦区域放射铣示例。

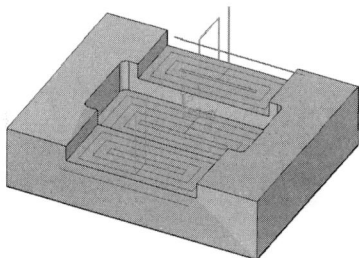

图 3-64　平坦区域环切示例

图 3-65　平坦区域放射铣示例

陡峭区域：按设定的角度仅对陡峭曲面采用平行切削加工。图 3-66 为陡峭区域示例。

型腔铣削：按轮廓沿曲面走刀一次，对其他曲面不做加工。这种方式在实际中很少用到，因为这种方式使用封闭轮廓铣更为合适。图 3-67 为型腔铣削示例。

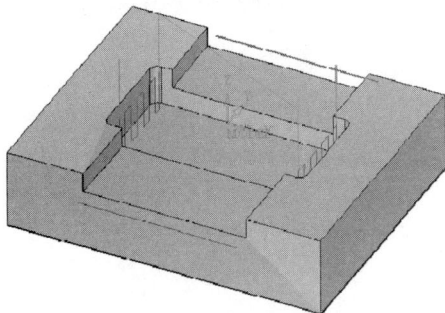

图 3-66　陡峭区域示例

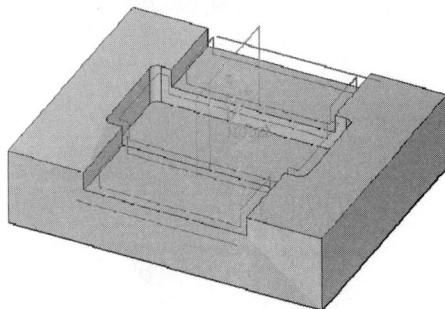

图 3-67　型腔铣削示例

放射精铣：沿曲面径向走刀精加工曲面，对球面或同心圆的弧面加工，可获得较好的表面质量。图 3-68 为放射精铣示例。

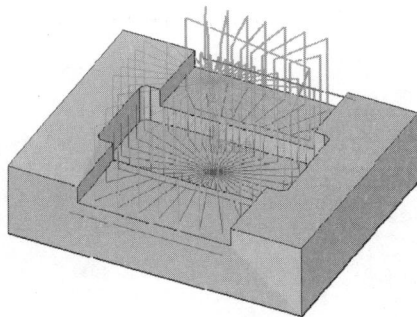

图 3-68　放射精铣示例

本例"子选择"设置为"层切"，如图 3-69 所示。

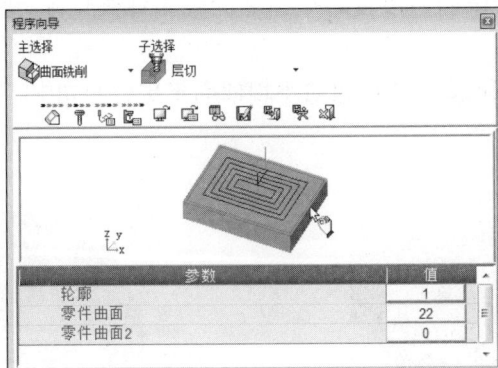

图 3-69　选择底面精加工工艺

（1）选择轮廓、零件曲面

系统自动继承上一程序设置，此时轮廓、零件曲面可选择默认值。

（2）选择刀具

单击"刀具"图标，系统弹出"刀具及夹头"对话框，选择 D16R0.8 牛鼻刀，如图 3-70 所示，单击"确认"图标，完成刀具的选择。

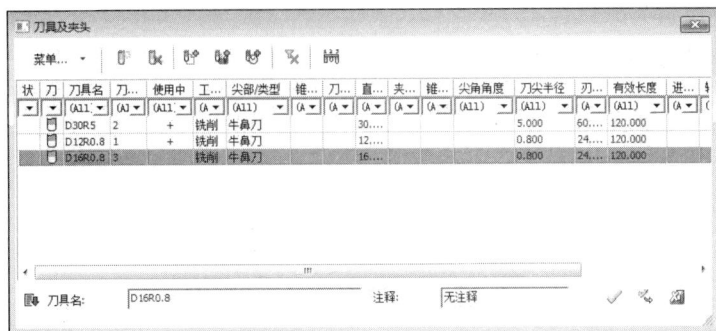

图 3-70　底面精加工刀具的选择

（3）创建刀路轨迹

单击"刀路参数"图标，系统切换到刀路参数界面，按以下步骤设置刀路参数。

步骤 1：安全平面和坐标系参数设置。

内部安全高度参数有"绝对"和"优化"两个选项，相应示例如图 3-71 所示。选择"绝对"选项时，应设置绝对 Z 参数，一般保持默认安全平面参数值。本例选择"优化"选项，设置内部安全高度 Z 值为 5，其他参数选择默认值，如图 3-72 所示。

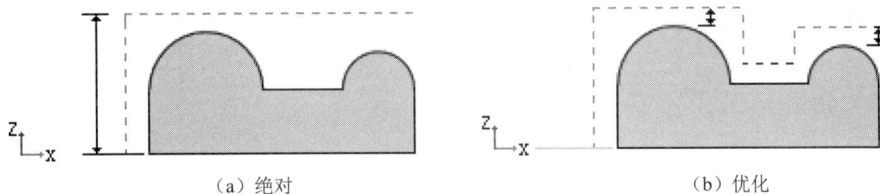

（a）绝对　　　　　　　　（b）优化

图 3-71　内部安全高度参数示例

图 3-72　安全平面和坐标系参数设置

步骤 2：进刀和退刀点、轮廓设置、公差及余量参数设置。

这 3 组参数选择默认值即可。

步骤 3：刀路轨迹参数设置。

Z 最高点、Z 最低点：设置加工范围，考虑到上表面不用加工，Z 最高点设置为-1，Z 最低点设置为-30，底部不留余量。

下切步距：设置为 0.3。

拐角铣削：设置为外部圆角。

切削模式：设置为顺铣。

开放零件：设置为默认参数。

方向：有两个选项，分别为"向下"和"向上"，相应示例如图 3-73 所示。这里设置为向下。

（a）向下　　　　　　　　　　　（b）向上

图 3-73　方向示例

加工由：设置为区域。

刀路轨迹各参数设置如图 3-74 所示。

参数	值
田 安全平面和坐标系	
田 进刀和退刀点	优化
田 轮廓设置	
田 公差及余量	高级
日 刀路轨迹	
Z最高点	-1.0000
Z最低点	-30.0000
下切步距	0.3000
拐角铣削	外部圆角
切削模式	顺铣
开放零件：	无
方向	向下
加工顺序	区域
层间高速连接	

图 3-74　刀路轨迹各参数设置

步骤 4：层间铣削参数设置。

层间方式：设置为水平。

子选择：设置为环绕切削。

侧向步距：设置为刀具半径值。

斜率限制角度：设置为 0，只对水平面进行加工。

侧壁加工余量：考虑到还要进行侧壁加工，因此在侧壁留有 0.3mm，将该参数设置为 0.3。

行间铣削：选中该复选框。

其他参数可采用默认值，如图 3-75 所示。

（4）设置机床参数

单击"机床参数"图标，系统切换到机床参数界面，设置机床的主轴转速为 3500、进

给为 2000，其他选择默认值，如图 3-76 所示。

参数	值
刀路轨迹	
层间铣削	
层间方式	水平
子选择：	环绕切削
侧向步距	8.0000
斜率限制角度	0.0000
切削模式	顺铣
切削方向	由内往外
交迭由	长度
交迭长度	3.0000
侧壁加工余量	0.3000
行间铣削	☑
显示 3D 曲线	☐
通用加工顺序	仅平坦

图 3-75　层间铣削参数设置

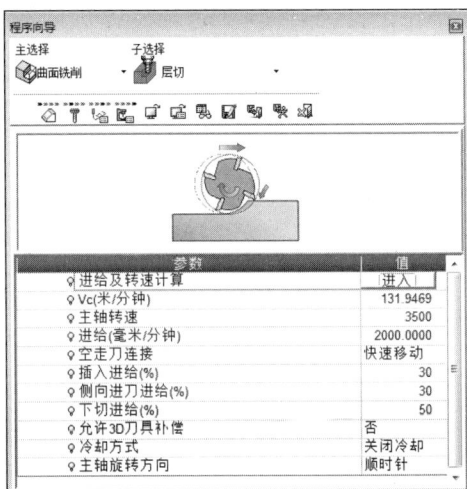

主选择　　　　　子选择
曲面铣削　　　　层切

参数	值
进给及转速计算	进入
Vc(米/分钟)	131.9469
主轴转速	3500
进给(毫米/分钟)	2000.0000
空走刀连接	快速移动
插入进给(%)	30
侧向进刀进给(%)	30
下切进给(%)	50
允许3D刀具补偿	否
冷却方式	关闭冷却
主轴旋转方向	顺时针

图 3-76　底面精加工机床参数设置

（5）程序生成

单击"保存并计算"图标，系统将根据前面设置的参数自动计算刀路轨迹，并在绘图区显示生成的刀路轨迹，如图 3-77 所示。

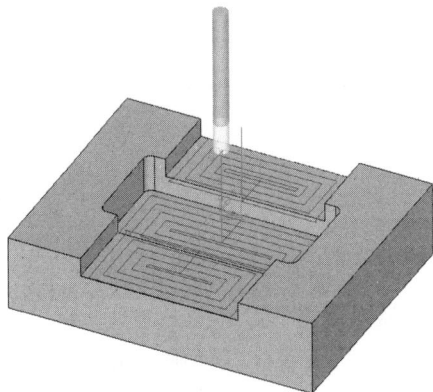

微课：注塑模
动模板底面
精加工编程

动画：注塑模
动模板底面
精加工

图 3-77　底面精刀路轨迹的生成

3.3.4 精修侧壁

1. 创建刀路轨迹

单击"NC 向导"中的"刀轨"图标，进入创建刀路轨迹功能，系统弹出"创建刀轨"对话框，修改名称为 04，类型为 3 轴，安全平面为 50，修改注释的"无文本"为"精修侧壁"，单击"确认"图标，完成 3 轴刀路轨迹的创建，如图 3-78 所示。完成后，"NC 程序管理器"中会新增一个名为 04 的刀路轨迹。

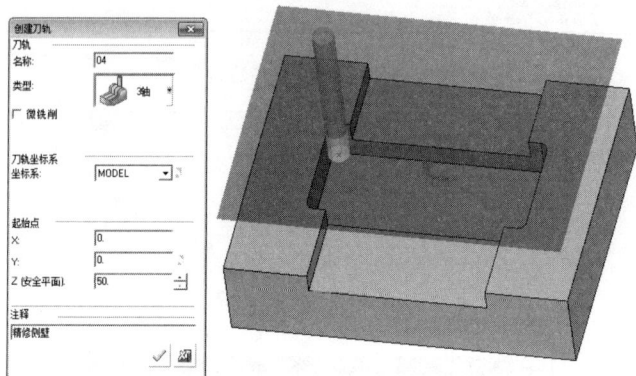

图 3-78　创建精修侧壁的刀路轨迹

2. 创建程序 1

单击"NC 向导"中的"程序"图标，系统弹出"程序向导"对话框，开始创建加工程序，修改"主选择"为"2.5 轴"、"子选择"为"封闭轮廓"，如图 3-79 所示。

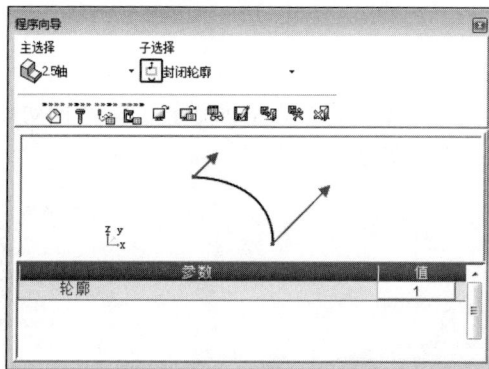

图 3-79　选择精修侧壁工艺

（1）选择轮廓

单击轮廓后的"1"按钮，系统弹出"轮廓管理器"对话框，刀具位置设置为切向，铣削侧设置为内侧，其他选择默认值。在绘图区单击右键，在弹出的快捷菜单中选择"重置所有"命令，取消前面默认的轮廓，再选择将要加工的封闭轮廓线，单击中键确认，完成轮廓选择，如图 3-80 所示。

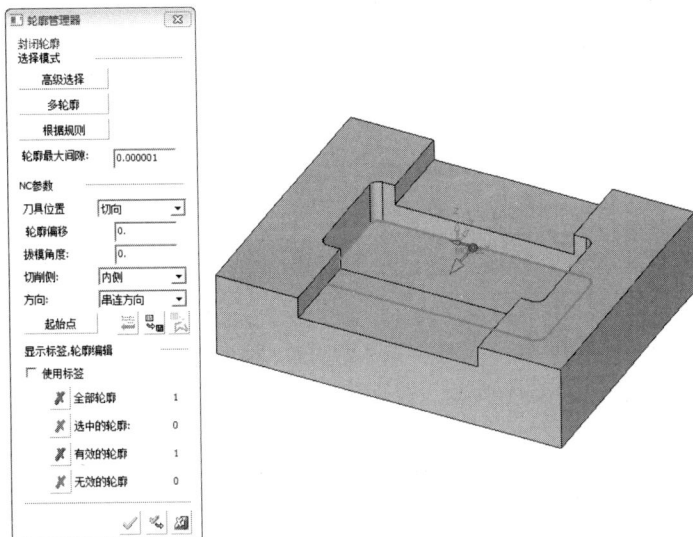

图 3-80　封闭轮廓选择

（2）创建刀具

单击"刀具"图标，系统弹出"刀具及夹头"对话框，再单击"新刀具"图标，创建 D10 平底刀，如图 3-81 所示。选择 D10 平底刀，单击"确认"图标，完成刀具创建。

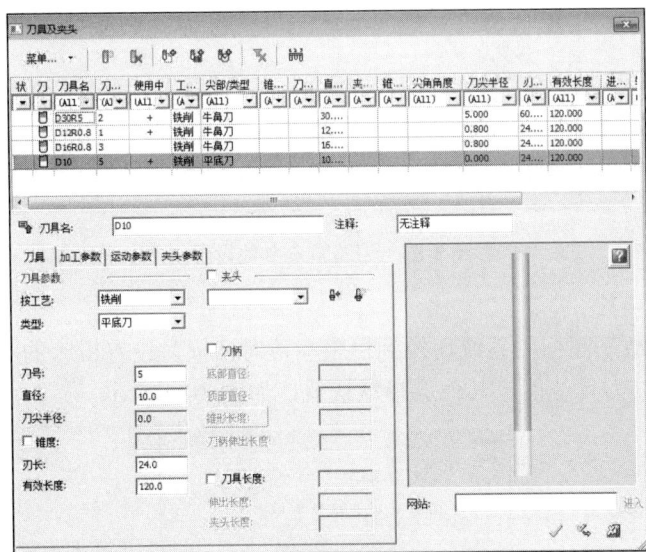

图 3-81　创建精修侧壁使用的刀具

（3）创建刀路轨迹

单击刀路参数图标，系统切换到刀路参数界面，按以下步骤进行刀路参数设置。

步骤 1：进/退刀参数设置。

轮廓进刀和退刀都设置为相切，圆弧半径设置为刀具半径，延伸设置为 2，如图 3-82 所示。

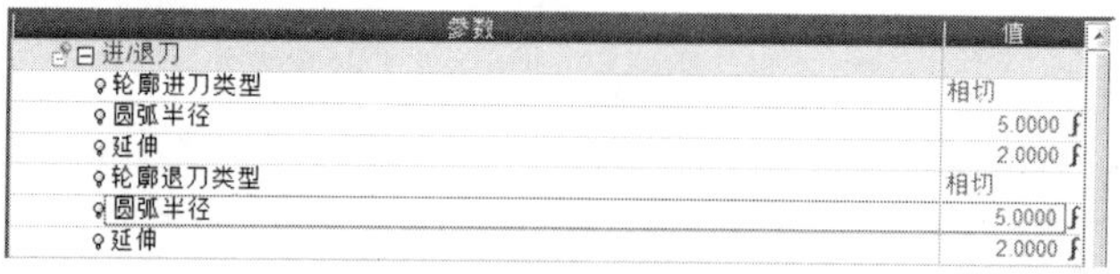

图 3-82　进/退刀参数设置

步骤 2：安全平面和坐标系等参数设置。

安全平面和坐标系、进刀和退刀点、轮廓设置、公差及余量等参数可保持默认设置。

步骤 3：刀路轨迹参数设置。

Z 最高点设置为 0，Z 最低点设置为-29.95，底部留 0.05mm。考虑到用钨钢刀，下切步距设置为 15，拐角铣削设置为圆角，切削模式设置为顺铣，其他参数可保持默认设置，如图 3-83 所示。

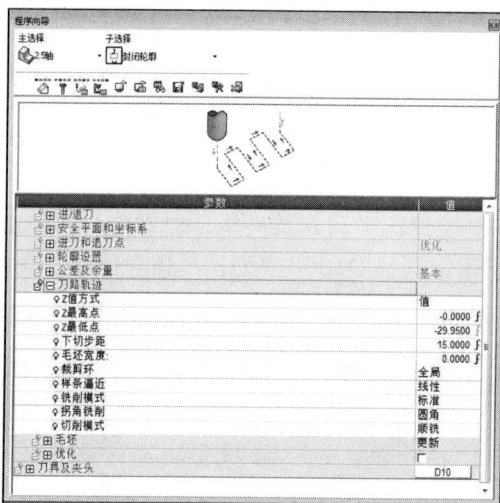

图 3-83　刀路轨迹参数设置

（4）设置机床参数

单击"机床参数"图标，系统切换到机床参数对话框，设置机床的主轴转速为 2800、进给为 400，并允许刀具补偿，其他选择默认值，如图 3-84 所示。

图 3-84　精修侧壁的机床参数设置

（5）程序生成

单击"保存并计算"图标，系统将根据前面设置的参数自动计算刀路轨迹，并在绘图区显示生成的刀路轨迹，如图 3-85 所示。

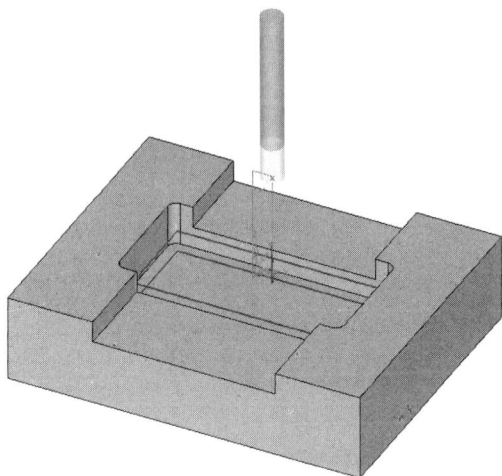

动画：注塑模
动模板侧壁
精修（一）

图 3-85 精修侧壁刀路轨迹的生成

3. 创建程序 2

单击 04 刀路轨迹下的"2.5 轴-封闭轮廓"，再单击右键，弹出的快捷菜单如图 3-86 所示。选择"复制"命令，再单击右键，在弹出的快捷菜单中选择"粘贴"命令，在"2.5 轴-封闭轮廓"下方创建一个相同名称的加工程序，如图 3-87 所示。单击新建的"2.5 轴-封闭轮廓"，系统弹出"程序向导"对话框，修改"子选择"为"开放轮廓"，如图 3-88 所示。

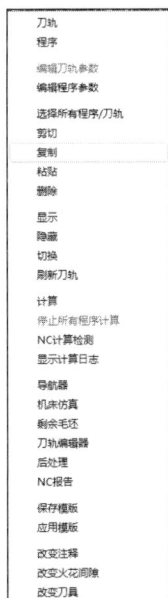

图 3-86 弹出的快捷菜单

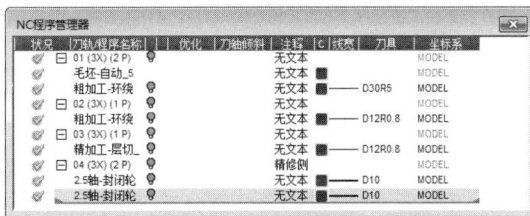

图 3-87 程序粘贴后效果

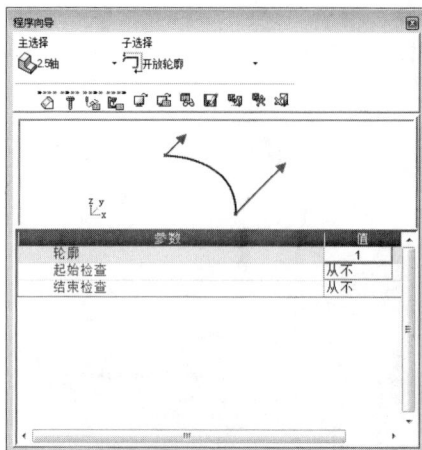

图 3-88　选择工艺

（1）选择轮廓

单击轮廓后的"1"按钮，系统弹出"轮廓管理器"对话框，刀具位置选择切向，切削侧设置为左侧，其他参数保持默认值。在绘图区单击右键，在弹出的快捷菜单中选择"重置所有"命令，取消默认的轮廓设置。再选择第一条轮廓，注意轮廓方向，单击中键确认。用相同的方法，依次选择第 2～4 条轮廓，如图 3-89 所示。退出"轮廓管理器"对话框，完成轮廓选择。

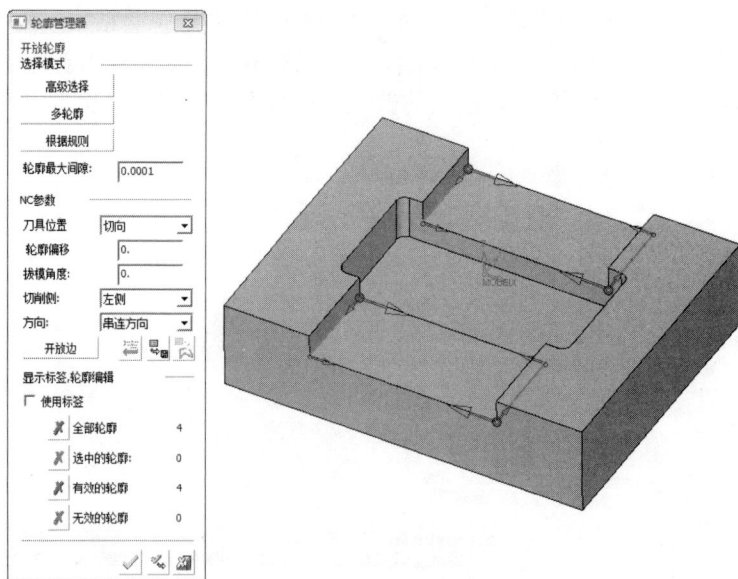

图 3-89　轮廓选择

（2）创建刀路轨迹

单击"刀路参数"图标，系统切换到"刀路参数"对话框，按以下步骤设置刀路参数。

步骤 1：进/退刀参数设置。

轮廓进刀和退刀方式选择相切，圆弧半径设置为刀具半径，各向两边延伸 3mm，保证加工到位，如图 3-90 所示。

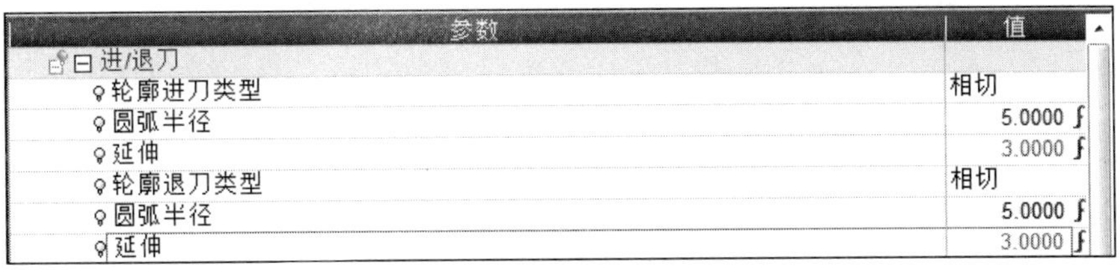

参数	值
进/退刀	
轮廓进刀类型	相切
圆弧半径	5.0000 ƒ
延伸	3.0000 ƒ
轮廓退刀类型	相切
圆弧半径	5.0000 ƒ
延伸	3.0000 ƒ

图 3-90 进刀和退刀参数设置

步骤 2：刀路轨迹参数设置。

Z 最高点、Z 最低点分别设置为 0 和-14.95，底面留 0.05mm，切削深度设置为 15。其他参数按图 3-91 所示设置。

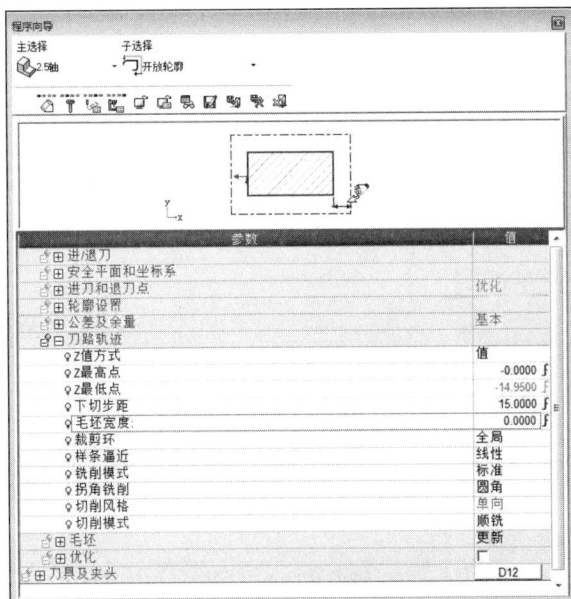

图 3-91 刀路参数设置

安全平面和坐标系等参数可保持默认设置。

（3）程序生成

单击"保存并计算"图标，系统将根据前面设置的参数自动计算刀路轨迹，并在绘图区显示生成的刀路轨迹，如图 3-92 所示。

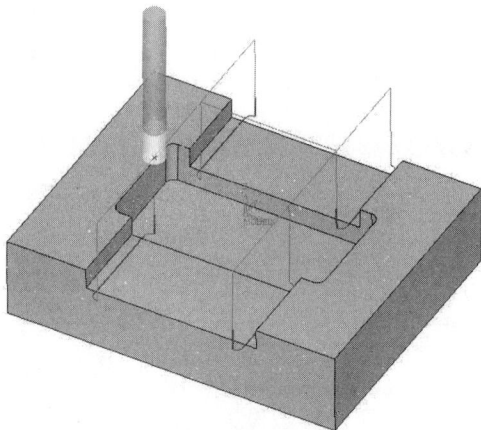

图 3-92　刀路轨迹的生成

4. 刀路路径检视

CimatronE 11 提供了两种刀具路径检视与模拟切削的方式：导航器和机床仿真。通过切削模拟可以提高程序的安全性和合理性。

在"NC 程序管理器"中选择一个程序后，单击"NC 向导"中的"导航器"图标，系统弹出"导航器"对话框，可以通过单击选择方式，对刀路轨迹进行检视；也可以设置相关参数，再单击"开始"图标进行模拟走刀，如图 3-93 所示。

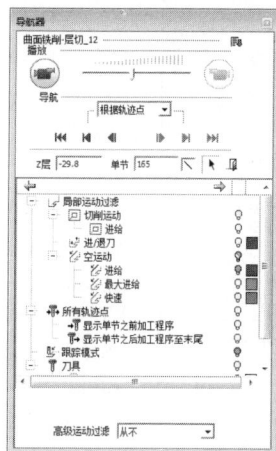

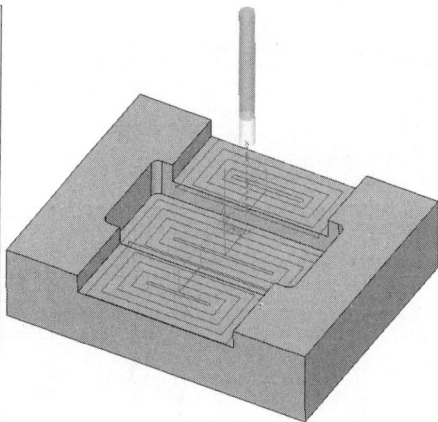

图 3-93　刀具路径检视

5. 机床仿真

单击"NC 向导"中的"机床仿真"图标，进入机床仿真功能，系统弹出"机床仿真"对话框，如图 3-94 所示。机床仿真有 5 种方式，分别是标准模拟、超速模拟、机床模拟、传统验证和传统模拟，一般使用机床模拟。仿真进行实体模拟切削，当刀具依照加工程序移动时，以图形模拟毛坯切削过程，随时更新毛坯得到最终的加工外形，实体切削仿真让使用者更了解加工方式或切削方法是否正确或过切，并能对切削过程进行跟踪。注意：一定要选中"材料去除"复选框，参考坐标系选取要与导轨创建时选用的坐标系一致。

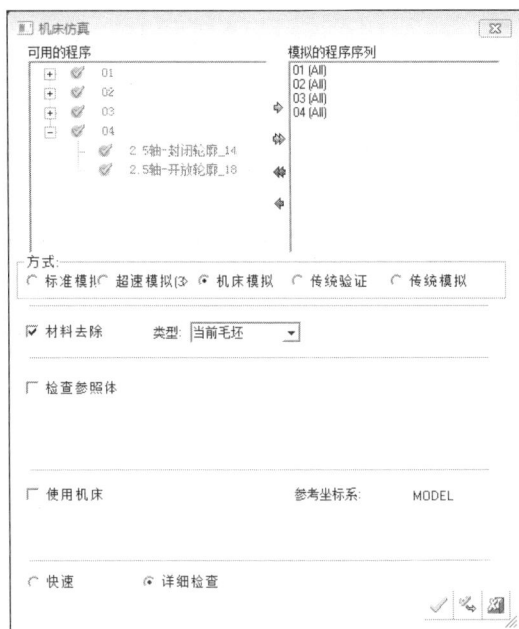

图 3-94   "机床仿真"对话框

单击双绿色箭头，选择 01、02、03、04 程序，单击"确认"图标，系统打开"CimatronE-机床模拟"窗口，选择"控制"→"运行"命令，进行实体切削模拟。开始模拟切削时，右边的信息将给出轨迹运动列表，包括现执行程序、刀具位置等，在绘图区下方显示执行进度，执行速度可通过速度滑动条 ＿＿＿＿＿ 进行控制，在绘图区显示图形及刀具切削过程。在模拟显示中，每一把刀具的加工结果将显示不同的颜色，而如果发生干涉现象，将以醒目的颜色进行提示。加工仿真结果如图 3-95 所示。

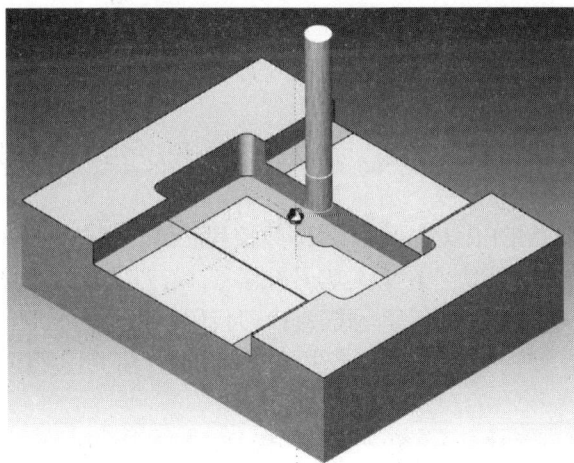

图 3-95   加工仿真结果

动画：注塑模
动模板机床
仿真加工

6. 后处理

GPP（general post processor）是 Cimatron 公司自己开发的通用后处理工具，该后置处理器的名称为 DEMO，主要是针对 ISO 标注通用数控系统开发的。应用 DEMO 后置处理器的操作步骤如下。

单击"NC 向导"中的"后处理"图标，进入后处理功能，系统将弹出"后处理"对话框，如图 3-96 所示。

图 3-96　"后处理"对话框

在"可用的程序"栏中，选择需要后处理的加工程序，单击绿色单箭头，将其调入"处理列表"栏中。

再在"G 代码参数"栏中修改相关参数，可以控制数控程序中的 G 代码输出格式，应用说明如下。

1）MAIN-PROGRAM-NUMBER（主程序号）：数控程序名，默认为 100。

2）DIACOMP=TOOL+<xx>（补偿号）：设定刀具补偿号，若刀号为 1，则补偿号为 50+1。

3）TOOL-CHANGE-PROGRAM（换刀程式）：换刀代码，设置为 8000。

4）SEQUENCING<Y/N>（序列号开/关）：产生程序序列号，需要程序序列号时输入 Y，反之输入 N。

5）SEQUENC-START（开始序号）：第一个程序段号，默认为 10，可修改。

6）SEQUENC-INCR（序号增量）：程序段序列号增量值，默认为 10，可修改，建议输入 1 或 2。

7）SUBROUTINES<Y/N>（子程序开/关）：是否产生子程序，若用计算机传送加工程序（在线加工），应输入 N。

8）SUB-PROGRAM-NUMBER（子程序编号）：子程序号，默认为 1000。

修改“输出文件夹”栏，可重新设置输出程序的存放文件夹，重命名文件类型设置为仅 G 代码文件，修改文件名称，选中“完成后打开输出的文件”复选框，其他选择默认值。单击“确认”图标进行后处理，后处理完成后，系统将产生一个程序文件，如图 3-97 所示。

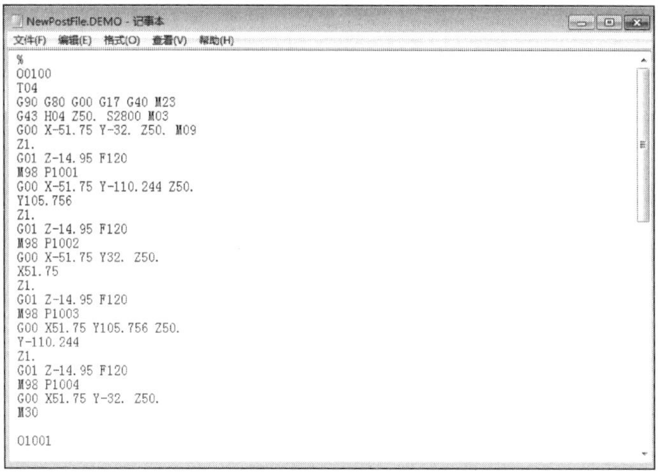
NewPostFile.DEMO - 记事本

文件(F)　编辑(E)　格式(O)　查看(V)　帮助(H)

```
%
O0100
T04
G90 G80 G00 G17 G40 M23
G43 H04 Z50. S2800 M03
G00 X-51.75 Y-32. Z50. M09
Z1.
G01 Z-14.95 F120
M98 P1001
G00 X-51.75 Y-110.244 Z50.
Y105.756
Z1.
G01 Z-14.95 F120
M98 P1002
G00 X-51.75 Y32. Z50.
X51.75
Z1.
G01 Z-14.95 F120
M98 P1003
G00 X51.75 Y105.756 Z50.
Y-110.244
Z1.
G01 Z-14.95 F120
M98 P1004
G00 X51.75 Y-32. Z50.
M30

O1001
```

图 3-97　程序文件

考虑到数控机床是 FANUC-0 系统，无须自动换刀，应对输出的数控程序头部若干行做如下修改：

1）在第 2 程序段中删除 T04。

2）在第 3 程序段中删除 M23，添加 G54。

3）在第 4 程序段中删除 G43 和 H03。

4）在第 5 程序段中删除 M09。

数控程序尾部符合 FANUC-0 系统要求，无须修改。

3.4 填写加工程序单

填写表 3-2 所示加工程序单。

表 3-2 加工程序单

零件名称：动模板		操作员：		编程员：				
计划时间			描述：					
实际时间								
上机时间								
下机时间								
工作尺寸/mm								
X_c								
Y_c								
Z_c								
工作数量：1 件			四面分中					
程序名称	加工类型	刀具	背吃刀量/mm	加工余量/mm	上机时间	完成时间	备注
01	开粗	D30R5	0.5	0.2			
02	二次开粗	D12R0.8	0.3	0.2			
03	底面精加工	D16R0.8	0.2	0			
04	精修侧壁	D10	15	0			

项 目 练 习

完成图 3-98 所示槽板数控程序的创建。

槽板模型源文件见配套资源包（下载地址：www.abook.cn）。

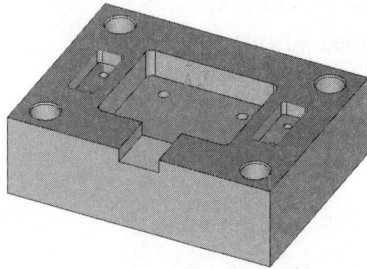

图 3-98 槽板

4

项目

电极数控编程

>>>>

◎ **项目导读**

电极又称铜公，其形状与模具型芯相似，电极材料多为容易切削的纯铜，尺寸精度要求较高，一般取零件尺寸公差的1/3。

电极模型源文件见配套资源包（下载地址：www.abook.cn）。

◎ **能力目标**

- 会加载刀具库文件。
- 能合理选择曲面加工刀具。
- 熟悉曲面铣削-精铣所有加工策略的特点。
- 能合理设置精铣所有的刀路参数及机床参数。

◎ **思政目标**

- 树立正确的学习观、价值观，自觉践行行业道德规范。
- 牢固树立质量第一、信誉第一的强烈意识。
- 遵规守纪，安全生产，爱护设备，钻研技术。

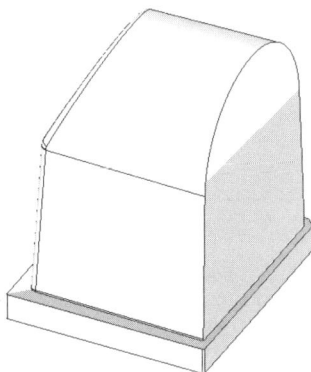

4.1

电极模型分析

进入 CimatronE 11 的开始环境，在工具栏中单击"打开文件"图标，打开"CimatronE 浏览器"窗口，选择需要打开的文件，单击"打开"按钮，完成文件的打开。

选择"分析"→"测量"命令，系统弹出"测量"对话框。通过该对话框对模型两点之间的距离、圆弧半径等进行测量，如图 4-1 所示。

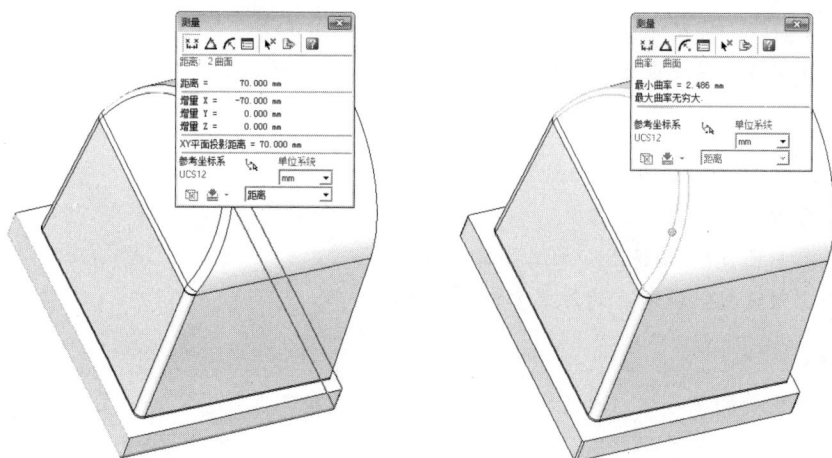

图 4-1　模型分析

模型测量结果如下。

长×宽×高：80mm×70mm×84.597mm。

4.2

电极加工工艺制定

电极加工工艺，可按表 4-1 所示进行编制。

微课：电极模型加工工艺分析

表 4-1　电极加工工艺流程

序号	加工内容	加工策略	图解	备注
01	开粗	体积铣-环绕粗铣		根据电极高度确定使用 F16R0.8 牛鼻刀进行开粗
	侧壁精加工	2.5 轴-封闭轮廓		使用上一程序的刀具进行侧壁加工，减少换刀以提高效率
02	曲面半精加工	曲面铣削-精铣所有		使用上一程序的刀具采用精铣所有方式，进行曲面半精铣
03	曲面精加工	曲面铣削-精铣所有		使用上一程序的刀具，采用设置火花间隙方式，进行曲面精铣

4.3

电极数控编程操作

4.3.1　开粗

1. 导入刀具库

单击"NC 向导"中的"刀具"图标，系统弹出"刀具及夹头"对话框，选择"菜单"→"从 CSV 或 XML 文件中输入刀具或夹头"命令，修改文件类型为.xml，选择刀具库文件，系统弹出"增加刀具"对话框，如图 4-2 所示。选择准备加载的刀具，单击"应用"图标，完成该刀具的导入。使用相同的方法，可完成多把刀具的导入，最后单击"确认"图标，退出"增加刀具"对话框。

2. 创建刀路轨迹

单击"NC 向导"中的"刀轨"图标，进入创建刀路轨迹功能，系统弹出"创建刀轨"对话框，修改名称为 01，类型为 3 轴，安全平面为 50，如图 4-3 所示。单击"确认"图标，完成 3 轴刀路轨迹的创建。此时，"NC 程序管理器"中会新增一个刀路轨迹。

微课：刀具库
导入方法

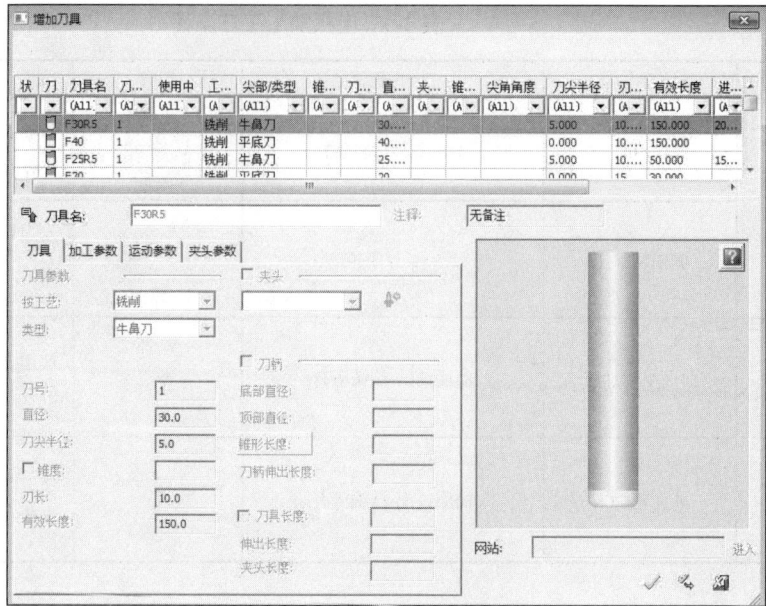

图 4-2 "增加刀具"对话框

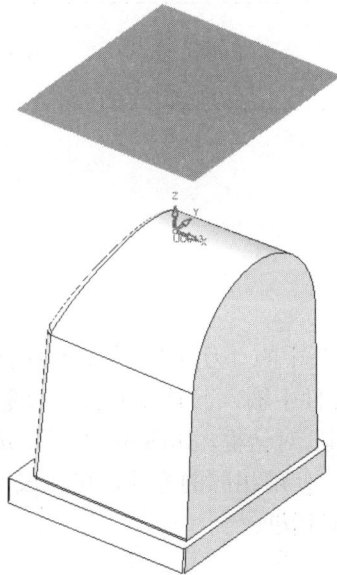

图 4-3 创建刀路轨迹

3. 创建毛坯

单击"NC 向导"中的"毛坯"图标，系统弹出"初始毛坯"对话框，选择毛坯类型为矩形，根据实际毛坯尺寸，设置第一个角落点和第二个角落点，如图 4-4 所示，单击"确认"图标退出。

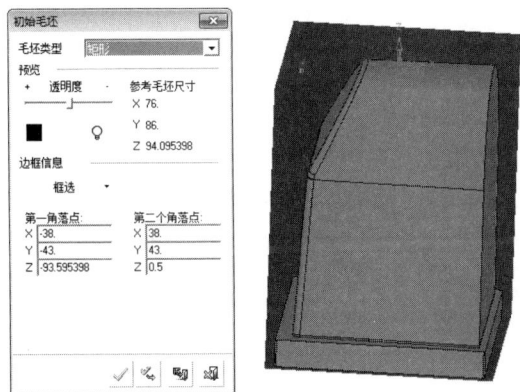

图 4-4　创建毛坯

4. 创建粗加工程序

单击"NC 向导"中的"程序"图标，系统弹出"程序向导"对话框，开始创建加工程序，"主选择"设置为"体积铣"，"子选择"设置为"环绕粗铣"，如图 4-5 所示。环绕粗铣产生环绕切削的粗加工刀具路径，逐层进行切削。采用该方法可选择不同的加工策略，生成的刀路轨迹在同一层内可以不抬刀，并且可以将轮廓及岛屿加工到位，是做复杂曲面零件粗加工的理想选择。

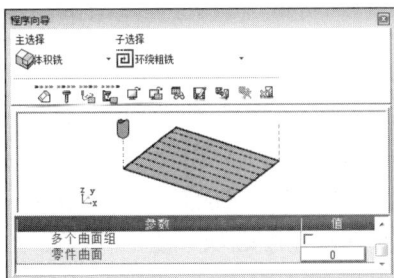

图 4-5　创建程序

（1）选择零件曲面

单击零件曲面后的"0"按钮，通过框选方式，选择全部零件曲面，单击中键确认，完成零件曲面选择，此时零件曲面值变为 29，如图 4-6 所示。

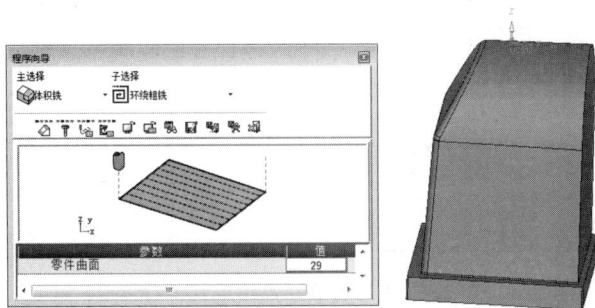

图 4-6　零件曲面选择

（2）设置刀路参数

单击"刀路参数"图标，系统切换到刀路参数界面，按以下步骤完成刀路参数设置。

步骤1：安全平面和坐标系参数设置。

该组参数可保持默认设置。

步骤2：进刀和退刀点参数设置，如图4-7所示。

进刀和退刀点	优化
进入方式	优化
进刀角度	4.0000 ƒ
盲区	0.1000 ƒ
最大螺旋半径	7.6800 ƒ
直连接距离 >	64.0000 ƒ
毛坯外进刀	☑

图4-7　进刀和退刀点参数设置

该组参数用于设置进刀方式。

1）进入方式用于定义刀具在进入切削时所采取的方式。采用合理的进入方式，可以减少刀具磨损，延长刀具寿命。其有4个选项，分别是"优化"、"用长度"、"不插入"和"钻孔"。

① 优化：使用该方式，系统将自动选择加工时间最短的进刀方式进行进刀，是常用的进刀方式。

② 用长度：定义一个最大长度范围，用于在该范围内寻找一个空的插入点，当在该范围内没有插入点时，使用螺旋下刀方式进刀。与优化方式的差别在于，优先在材料以外下刀。

③ 不插入：使用该方式，只能进行水平切入，不允许在材料上方下刀。

④ 钻孔：类似于钻孔方式下刀。这种方式下刀距离最短，特别适用于材料硬度较低的工件，但要使用具有端部切削能力的铣刀。

注意：使用不插入方式时，进刀角度只能是0°，而使用钻孔方式时，进刀角度只能是90°。没有最大螺旋半径与最小切削宽度选项不能生成螺旋进刀。

2）进刀角度：设置为4°。

3）盲区：设置为0.1。

4）最大螺旋半径：设置为7.68。

5）毛坯外进刀：用于设置是否允许在边界范围以外下刀，再水平进入切削。

步骤3：公差及余量参数设置。

考虑到是粗加工，加工曲面余量可设置为0.2，留曲面余量0.2mm。曲面公差可设置为0.05。如切换到高级参数，则可分别对加工曲面侧壁和加工曲面底部进行余量设置，如图4-8所示。

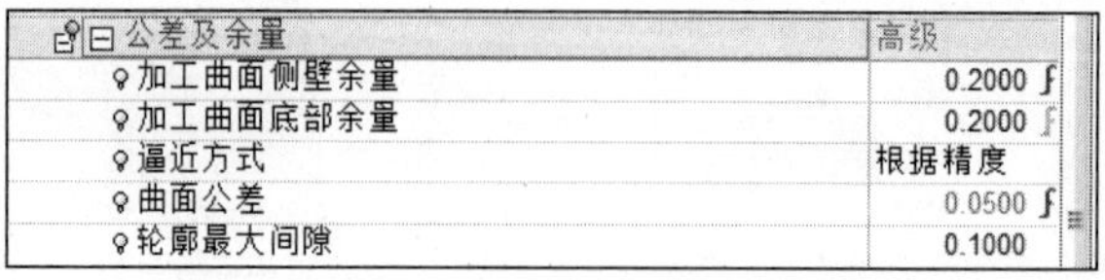

公差及余量	高级
加工曲面侧壁余量	0.2000 ƒ
加工曲面底部余量	0.2000 ƒ
逼近方式	根据精度
曲面公差	0.0500 ƒ
轮廓最大间隙	0.1000

图4-8　公差及余量高级参数设置

步骤 4：电极加工参数设置。

由于是粗加工，可不考虑电极加工参数。

步骤 5：刀路轨迹参数设置。

1）切削模式：共有 5 个选项，如图 4-9 所示。粗加工时采用混合铣方式可以获得相对较高的加工效率，而采用顺铣，一般来说，最终轮廓可以获得相对较高的表面加工质量。建议选择混合铣+顺铣边方式。

图 4-9　切削模式

2）策略：有"优化"和"用户自定义"两个选项。选择优化方式，则由系统自动定义。对大部分零件而言，相对较好的策略是选择用户自定义，相关参数如图 4-10 所示。

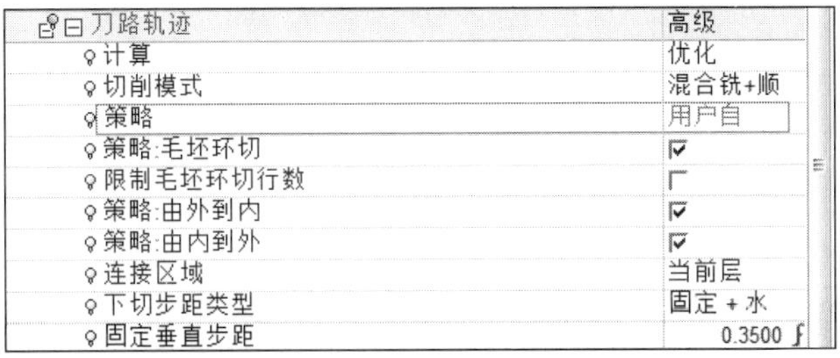

图 4-10　策略相关参数

3）策略:毛坯环切：当选中该复选框时，系统将采用毛坯环切的方法加工零件，否则使用环切的方法。同时显示"限制毛坯环切行数"复选框，选中该复选框，可以设置"更改加工策略 如果"选项。设置当毛坯环切的行数大于一定数值时，使用环切方法。

4）策略:由外到内：允许刀具路径由外向内切削。

5）策略:由内到外：允许刀具路径由内向外切削。

注意：3 个策略至少选择一个，当多个策略同时选中时，系统将自动选择最优化的走刀路径。

6）连接区域：在加工时，形成多个加工区域。选择"当前层"选项，在遇到不同区域时将直接连接而不抬刀。选择"内部安全高度"选项，在遇到不同区域进行区域转换时，会抬刀到内部安全高度，移动到下一个加工区域下刀切削。

注意：使用用户定义策略时，如果由内到外和由外到内策略均关闭时，将没有"连接区域"选项。

7）下切步距类型：有 3 个选项，分别是"固定"、"可变"和"固定+水平面"。

① 固定是指产生的刀路除最后一层外，每层的切深为固定值。

② 可变是指在指定的最大垂直步进和最小垂直步进范围内以最合适的垂直步进进行分层加工。这种方式特别适用于有台阶的零件加工。

③ 固定+水平面是指在固定垂直步进加工层外，在台阶的水平面上生成一个切削层。

8）侧向步距：决定相邻两行刀路轨迹间的距离。这里粗加工，选择 0.7 倍刀具直径。

9）半精轨迹：用于精铣轮廓周边之前再增加一行环绕曲面轮廓周边的刀具路径。设置半精轨迹后将需要输入"为半精轨迹留余量"的值，这里选择默认参数，如图 4-11 所示。

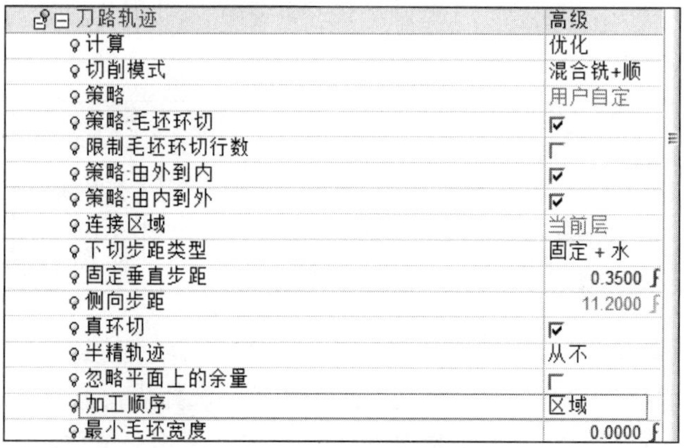

刀路轨迹	高级
计算	优化
切削模式	混合铣+顺
策略	用户自定
策略:毛坯环切	☑
限制毛坯环切行数	☐
策略:由外到内	☑
策略:由内到外	☑
连接区域	当前层
下切步距类型	固定 + 水
固定垂直步距	0.3500 ∫
侧向步距	11.2000 ∫
真环切	☑
半精轨迹	从不
忽略平面上的余量	☐
加工顺序	区域
最小毛坯宽度	0.0000 ∫

图 4-11　刀路轨迹参数设置

步骤 6：Z 值限制参数设置。

体积铣默认的加工高度范围为工件的总高度，即 Z 最大值为工件顶部，而 Z 最小值为工件底部。当工件的切削深度较大或其他情形需要限制切削深度范围时，可以使用 Z 值限制定义切削深度范围。该参数选项包括"无"、"仅顶部"、"仅底部"、"顶部和底部"，如图 4-12 所示。当选择"仅顶部"选项时，显示"Z 最高点"和"检查 Z 顶部之上毛坯"两个选项。"检查 Z 顶部之上毛坯"选项的作用是当指定的 Z 值最大值加工起始位置以上部位存在大量毛坯时，将不允许刀具进入；如果不选择该选项，则认为在 Z 最大值以上部位的毛坯已经去除。这里选择"仅底部"选项，对底部以下的范围进行限制，并设置 Z 最低点为-94。

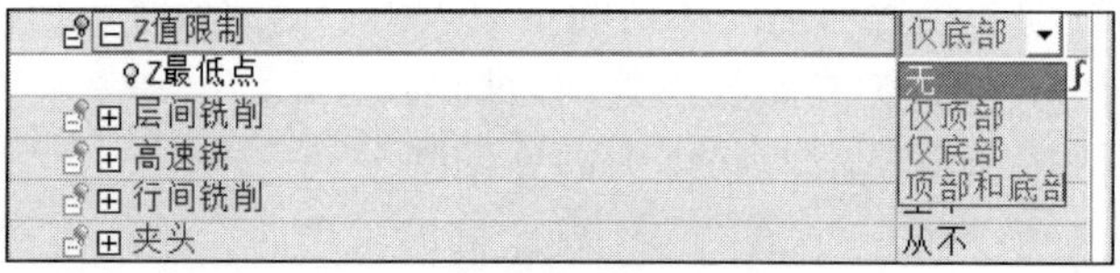

Z值限制	仅底部 ▼
Z最低点	无
层间铣削	仅顶部
高速铣	仅底部
行间铣削	顶部和底部
夹头	从不

图 4-12　Z 值限制选项

其他参数保持默认设置。

步骤 7：刀具及夹头设置。

选择牛鼻刀 F16R0.8。

（3）设置机床参数

单击"机床参数"图标，系统切换到机床参数界面，设置机床的主轴转速为 3300、进给为 2000。

进刀进给：刀具垂直下刀后，在水平方向切入材料，由于是初始切削，产生全刀切削，此时应以相对较低的进刀速率平稳切入工件。其刀路轨迹示意图如图 4-13 所示。

插入进给：设定初始切削进刀时的进给。进刀时，因为进行端铣，所以应以较慢的速度进刀。程序中，刀具以快速移动方式进到接近加工的起始高度时，刀具以该进给速度接近并进入切削，设置该速率可以避免快速进入材料。其刀路轨迹示意图如图 4-14 所示。

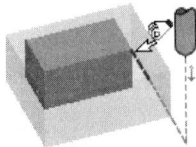

图 4-13　进刀进给刀路轨迹示意图

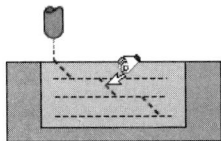

图 4-14　插入进给刀路轨迹示意图

自动优化进给：使用该功能，可以在给定进给量变化范围内，由程序自行加减速，如图 4-15 所示。程序运算时根据切削负荷的切削条件的变化，会自动进行进给速度的增加和减小。使用该复选框时，需要设定增加到和减小到的变化极限百分比。

冷却方式：通常对于模具加工等单件加工的程序，应设置为关闭冷却，由机床操作人员按实际需要在机床的控制面板上直接控制，这样便于对加工程序中最危险的起始部分进行观察，同时可以确保机床整洁，如图 4-16 所示。对于批量加工的程序来说，由于不需做太多的人工干预，可以设置自动开启切削液。

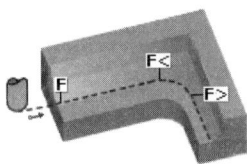

图 4-15　自动优化进给示意图

图 4-16　冷却方式示意图

其他参数按图 4-17 所示设置。

图 4-17　其他参数设置

（4）程序生成

单击"保存并计算"图标，系统将根据前面设置的参数自动计算刀路轨迹，并在绘图区显示生成的刀路轨迹，如图 4-18 所示。

微课：电极模
型开粗编程

动画：电极模
型开粗加工

图 4-18　生成的刀路轨迹效果

5. 创建精铣底部侧壁程序

单击"NC 向导"中的"程序"图标，系统弹出"程序向导"对话框，开始创建加工程序，"主选择"设置为"2.5 轴"，"子选择"设置为"封闭轮廓"，如图 4-19 所示。

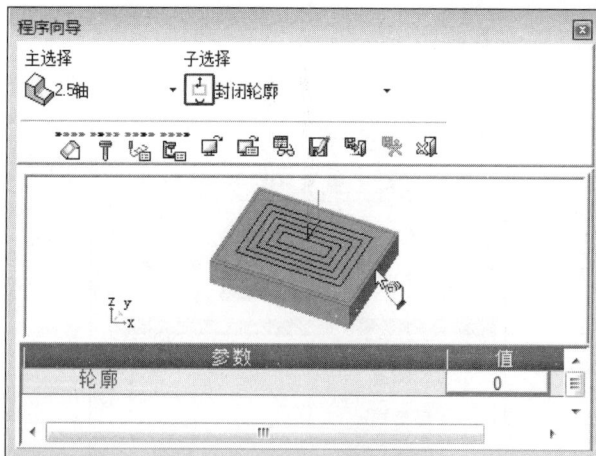

图 4-19　选择侧壁精加工工艺

（1）轮廓选择

单击轮廓后的"0"按钮，系统弹出"轮廓管理器"对话框，设置刀具位置为切向，切削侧为外侧，其他参数保持默认设置，在绘图区选择底部轮廓，单击中键确认，如图 4-20

所示。再单击中键退出，完成轮廓选择。

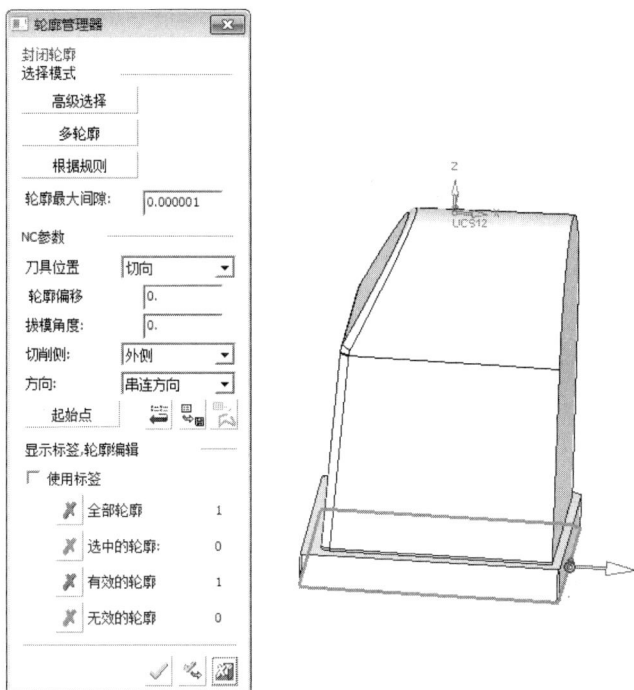

图 4-20　侧壁精加工轮廓选择

（2）选择刀具

单击"刀具"图标，系统弹出"刀具及夹头"对话框，选择 F16R0.8 牛鼻刀，单击"确认"图标，完成刀具的选择。

（3）设置刀路参数

单击"刀路参数"图标，系统切换到刀路参数界面，按以下步骤进行设置刀路参数。

步骤 1：进/退刀参数设置。

修改轮廓进刀类型、轮廓退刀类型为相切，修改圆弧半径为 8，如图 4-21 所示。

参数	值
进/退刀	
轮廓进刀类型	相切
圆弧半径	8.0000 ∫
延伸	0.0000 ∫
轮廓退刀类型	相切
圆弧半径	8.0000 ∫
延伸	0.0000 ∫

图 4-21　进/退刀参数设置

步骤 2：安全平面和坐标系等参数设置。

安全平面和坐标系、进刀和退刀点、轮廓设置等参数可保持默认设置。

步骤 3：刀路轨迹参数设置。

考虑到是加工底部侧壁，因此 Z 最高点、Z 最低点设置为底部 Z 最大值和底部 Z 最小值，其他参数按图 4-22 所示进行设置。

微课：加工范
围设置

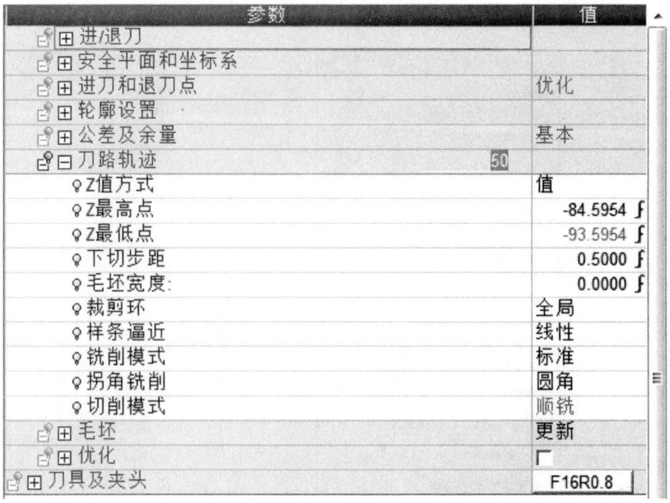

图 4-22　侧面精加工刀路轨迹参数设置

（4）设置机床参数

单击"机床参数"图标，系统切换到机床参数界面，设置机床的主轴转速为 4000、进给为 1000，其他参数按图 4-23 所示进行设置。

图 4-23　侧面精加工机床参数设置

（5）程序生成

单击"保存并计算"图标，系统将根据前面设置的参数自动计算刀路轨迹，并在绘图区显示生成的刀路轨迹，如图 4-24 所示。

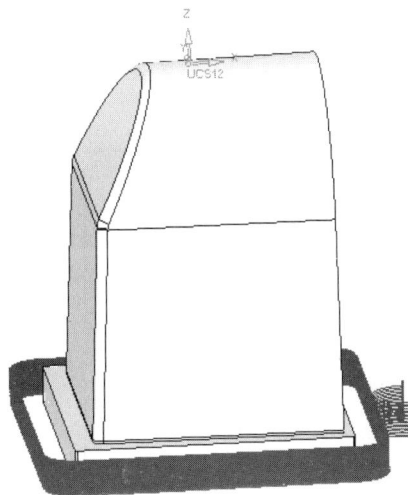

图 4-24　侧面精加工生成的刀路轨迹

4.3.2　半精铣曲面

1. 创建刀路轨迹

单击"NC 向导"中的"刀轨"图标，进入创建刀路轨迹功能，系统弹出"创建刀轨"对话框，修改名称为 02，类型为 3 轴，安全平面为 50，单击"确认"图标。完成后，"NC程序管理器"中会新增一个名为 02 的刀路轨迹，如图 4-25 所示。

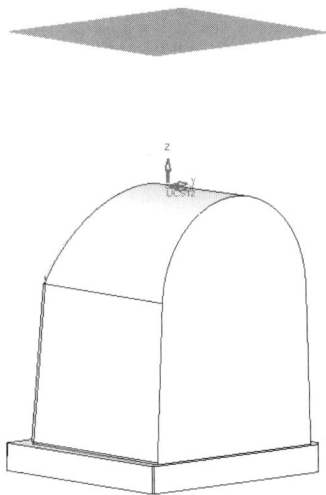

图 4-25　创建刀路轨迹

2. 创建程序

单击"NC 向导"中的"程序"图标，系统弹出"程序向导"对话框，开始创建加工程序，"主选择"设置为"曲面铣削"，"子选择"设置为"精铣所有"，如图 4-26 所示。"精铣所有"是最常用的曲面精加工和半精加工方式。它的走刀方式可以设置为环切、平行切削、层切等，采用平行切削和环切时，适用于水平区域加工；采用层切时，适用于垂直区域加工。

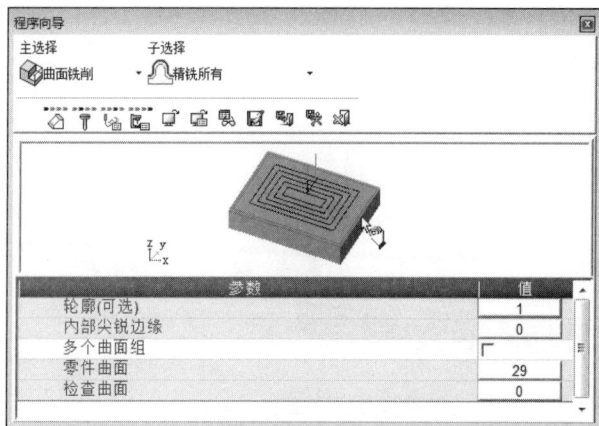

图 4-26　选择半精铣曲面的工艺

（1）选择刀具

单击"刀具"图标，系统弹出"刀具及夹头"对话框，选择 F16R0.8 牛鼻刀，单击"确认"图标，完成刀具的选择。

（2）选择轮廓、零件曲面

单击"轮廓"后的"1"按钮，系统弹出"轮廓管理器"对话框，设置刀具位置为轮廓外，轮廓偏移为-1，确保曲面加工到位，在绘图区选择轮廓，单击中键确认，如图 4-27 所示。再单击"确认"图标，完成轮廓选择。

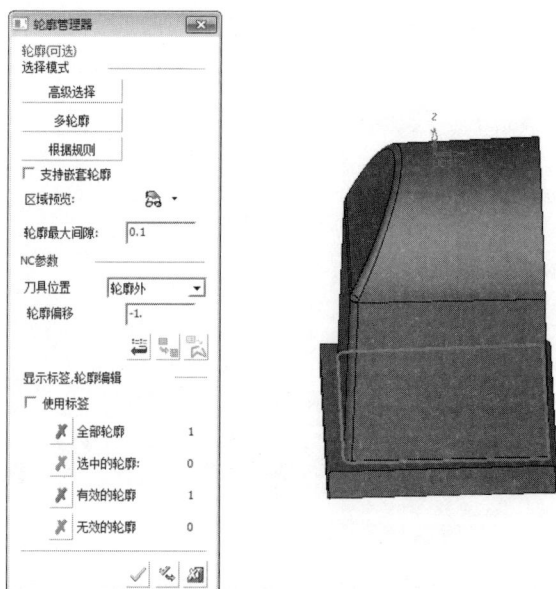

图 4-27　半精铣曲面的轮廓选择

单击零件曲面后的"0"按钮,系统弹出"轮廓管理器"对话框,单击"选择所有"图标 ,选择全部零件曲面,单击中键确认退出,完成零件曲面的选择。

(3)设置刀路参数

单击"刀路参数"图标,系统切换到刀路参数界面,按如下步骤设置刀路参数。

步骤 1:安全平面和坐标系等参数设置。

安全平面和坐标系参数可保持默认设置;进刀和退刀点参数选择优化设置;对于公差及余量参数,考虑到是精加工,将加工曲面余量设置为 0。具体如图 4-28 所示。

参数	值
⊟ 安全平面和坐标系	
使用安全高度	☑
安全平面	50.0000
内部安全高度	绝对
绝对 Z	50.0000
坐标系名称	UCS12
创建坐标系	进入
⊟ 进刀和退刀点	优化
直连接距离 >	48.0000
进刀/退刀 - 超出轮廓限制	☑
⊞ 轮廓设置	
⊟ 公差及余量	基本
加工曲面余量	0.0000
曲面公差	0.0100
轮廓最大间隙	0.1000

图 4-28　进刀和退刀点等参数设置

步骤 2:刀路轨迹参数设置。

加工方式:包括"平行切削"、"环切"、"层"、"螺旋"和"3D 步距"5 个选项,如图 4-29 所示。

⊟ 刀路轨迹	高级
加工方式	3D 步距 ▾
3D 切削方式	环切
3D 切削方向	平行切削
3D 步距	层
⊞ 多层平行加工	螺旋
⊞ Z 值限制	3D 步距

图 4-29　加工方式选项

1)平行切削:生成相互平行的刀具路径,与体积铣的平行切削方式类似,只是在体积铣中刀具路径是在一层中分布的,而在曲面铣中刀具路径是投影在零件表面上的,如图 4-30 所示。平行切削加工方式可以获得一致的刀痕,整齐美观,适用于大部分曲面比较平缓且过渡平滑的曲面。

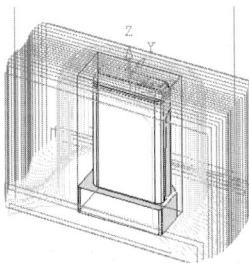

图 4-30　平行切削方式

平行切削的刀路轨迹参数如图 4-31 所示。

🔒日 刀路轨迹	高级
♀ 加工方式	平行切削
♀ 平坦区域加工顺序	依最近
♀ 平坦区域切削模式	顺铣
♀ 平坦区步距	0.3500 ƒ
♀ 铣削方向	固定角
♀ 铣削角度	0.0000
♀ 精铣边界轨迹	从不
♀ 侧壁偏移量	1.6000 ƒ

图 4-31　平行切削的刀路轨迹参数

① 平坦区域加工顺序：包括"依最近"和"依行"两个选项，一般选择"依最近"选项。

② 平坦区域切削模式：包括"顺铣"、"逆铣"和"混合铣"3 个选项。通常情况下，可选择混合铣方式，以提高效率。

③ 平坦区域步距：两行刀路轨迹之间的距离，该值设置时需要考虑加工后残余与加工效率的平衡。

④ 铣削方向：有"固定角"和"沿几何"两个选项，一般选择"固定角"选项。

⑤ 铣削角度：设置时，需要考虑使切削行相对于各个零件表面的角度基本一致。

⑥ 精铣边界轨迹：一般情况下，不需要进行边界精铣。

2）环切：生成在轮廓限定范围内以环绕方式进行铣削的曲面精加工刀具路径，该方式一般适用于大部分曲面比较平缓且过渡平滑的曲面精加工，如图 4-32 所示。

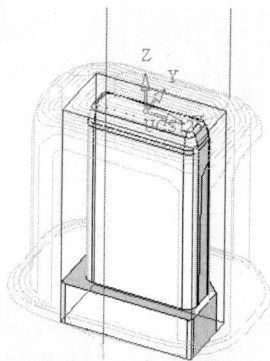

图 4-32　环切加工方式

环切的刀路轨迹参数如图 4-33 所示。

🔒日 刀路轨迹	高级
♀ 加工方式	环切
♀ 平坦区域切削模式	顺铣
♀ 平坦区域切削方向	由内往外
♀ 平坦区域步距	0.3500 ƒ
♀ 真环切	☑

图 4-33　环切的刀路轨迹参数

① 平坦区域切削模式：包括"顺铣"和"逆铣"两个选项，只能做单向环绕加工，不产生抬刀，通常情况下，都选择顺铣方式。

② 平坦区域切削方向：可以选择"由内往外"或"由外往内"选项。

③ 平坦区域步距：两行刀路轨迹之间的距离。

④ 真环切：使用真环切时，刀具路径呈螺旋形向外扩展，没有两切削行间的连接段。

3）层：生成等高加工的刀路轨迹，与传统加工程序中的层方式类似。层方式一般适用于曲面比较陡峭的零件加工，如图 4-34 所示。

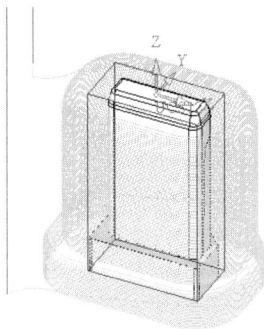

图 4-34　层加工方式

层的刀路轨迹参数如图 4-35 所示。

图 4-35　层的刀路轨迹参数

① 陡峭区域切削方式：该参数包括"顺铣"、"逆铣"和"混合铣"3 个选项。对于陡峭区域的混合铣，在零件存在开放轮廓时可以双向加工；对于没有开放部位的零件，通常情况下采用顺铣方式。

② 陡峭区域步距：精加工时的垂直步进设置主要考虑加工后的残余高度。

③ 加工顺序：可以选择"区域"或"层"选项，当存在多个加工区域时，一般选择区域方式；而当多个加工区域的一致性要求很高时，使用层方式，以保证每一区域加工质量的一致性。

4）螺旋：生成不等切深但等高的加工刀路轨迹。与层切的区别在于其每一层的切深不固定，依据最大粗糙度来确定。

螺旋的刀路轨迹参数如图 4-36 所示。

图 4-36　螺旋的刀路轨迹参数

① 陡峭区域切削方式：该参数包括"顺铣"、"逆铣"和"混合铣"3 个选项。

② 垂直最大粗糙度：设定最大残余高度，由系统确定每一层的垂直步进。

③ 最大切深：指定最大的层间切深。

④ 加工顺序：可以选择"区域"或"层"选项。

5）3D 步距：与环切相似，但生成的刀路轨迹在 3D 方向等步距，而环切生成的刀路轨迹在水平面上等步距。在曲面的斜度变化较大时，使用 3D 步距方式可以在零件表面获得较好的加工质量，如图 4-37 所示。

微课：精铣所有
加工方式比较

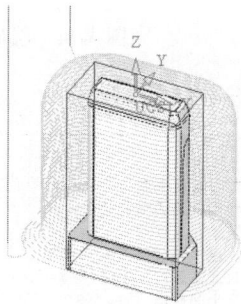

图 4-37　3D 步距加工方式

3D 步距的刀路轨迹参数如图 4-38 所示。

图 4-38　3D 步距的刀路轨迹参数

① 3D 切削方式：该参数包括"顺铣"和"逆铣"两个选项。

② 3D 切削方向：指定由外往内或由内往外。

③ 3D 步距：指定空间步距。

本例采用 3D 步距加工方式，其他参数设置如图 4-39 所示。

刀路轨迹	高级
加工方式	3D步距
3D 切削方式	顺铣
3D 切削方向	由内往外
3D步距	0.3500

图 4-39 刀路轨迹参数设置

步骤 3：Z 值限制参数设置。

选择 Z 值限制为仅底部，Z 最低点通过点选方式选择，如图 4-40 所示。

多层平行加工	
Z值限制	仅底部
Z最低点	-84.595398
进/退刀忽略限制	

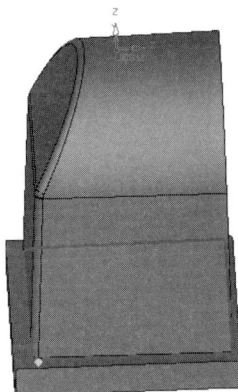

图 4-40 限制 Z 值参数设置

（4）设置机床参数

单击"机床参数"图标，系统切换到机床参数界面，设置机床的主轴转速为 4500、进给为 2000，其他按图 4-41 所示进行设置。

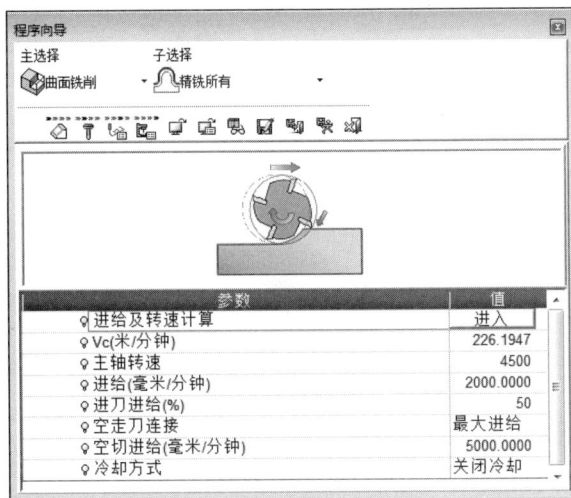

参数	值
进给及转速计算	进入
Vc(米/分钟)	226.1947
主轴转速	4500
进给(毫米/分钟)	2000.0000
进刀进给(%)	50
空走刀连接	最大进给
空切进给(毫米/分钟)	5000.0000
冷却方式	关闭冷却

图 4-41 机床参数设置

（5）程序生成

单击"保存并计算"图标，系统将根据前面设置的参数自动计算刀路轨迹，并在绘图区显示生成的刀路轨迹，如图 4-42 所示。

微课：电极模型
曲面半精铣编程

动画：电极模
型曲面半精铣

图 4-42　生成的刀路轨迹

4.3.3　曲面精铣

1. 创建刀路轨迹

单击"NC 向导"中的"刀轨"图标，进入创建刀路轨迹功能，系统弹出"创建刀轨"对话框，修改名称为 03，类型为 3 轴，安全平面为 50，单击"确认"图标。完成后，"NC 程序管理器"中会新增一个名为 03 的刀路轨迹，如图 4-43 所示。

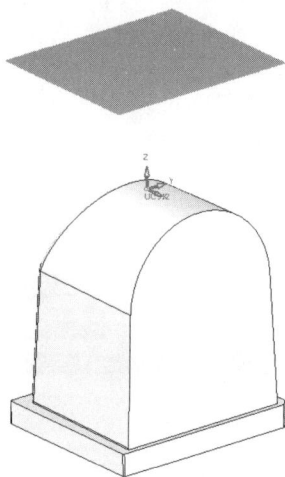

图 4-43　创建刀路轨迹

2. 创建程序

单击"NC 向导"中的"程序"图标，系统弹出"程序向导"对话框，开始创建加工程序，"主选择"设置为"曲面铣削"，"子选择"设置为"精铣所有"。

（1）轮廓、零件曲面选择

轮廓、零件曲面选择方法与4.3.2节的设置方法相同。

（2）刀具选择

单击"刀具"图标，系统弹出"刀具及夹头"对话框，选择F16R0.8牛鼻刀，单击"确认"图标，完成刀具的选择。

（3）设置刀路参数

单击"刀路参数"图标，系统切换到刀路参数界面，进行刀路参数设置。其中，安全平面和坐标系、进刀和退刀点、轮廓设置、公差及余量等参数同4.3.2节的设置。这里主要对电极加工参数进行设置。该参数专门用于电极加工，可以直接加工出具有放电间隙的电极，主要有两个参数，即2D平动和火花间隙/3D偏移量，如图4-44所示。

参数	值
田 安全平面和坐标系	
田 进刀和退刀点	优化
田 轮廓设置	
田 公差及余量	基本
日 电极加工	☑
2D平动	0.0000 ∫
火花间隙/3D偏移量	0.1500 ∫
应用至检查曲面	☐

图4-44 电极加工参数

1）2D平动：指电火花加工进行平动时，电极的运动轨道间隙，如图4-45所示。使用该方式可以直接加工出符合条件的电极，而无须更改刀具设置。

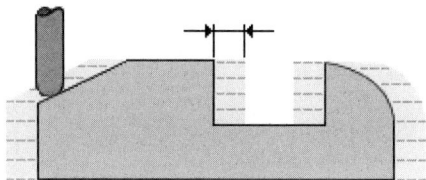

图4-45 平动间隙

2）火花间隙/3D偏移量：指进行放电加工时电极与工件之间存在的一个间隙，用于在此产生电火花，如图4-46所示。所以，要求加工出来的电极比实际所需加工型腔部位略小，设置了火花间隙后可以直接加工出合格的电极。本例根据要求设置火花间隙/3D偏移量为0.15。

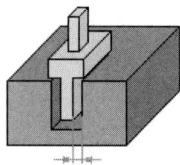

图4-46 火花间隙/3D偏移量

同时，对刀路轨迹参数中的 3D 步距进行设置，将其值修改为 0.15。刀路参数设置的最终结果如图 4-47 所示。

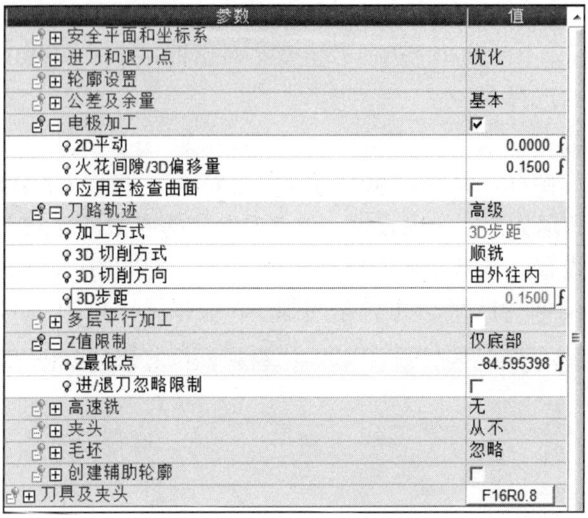

图 4-47　刀路参数设置的最终结果

（4）设置机床参数

单击"机床参数"图标，系统切换到机床参数界面，设置机床的主轴转速为 6000、进给为 2000，其他参数可按图 4-48 所示设置。

图 4-48　曲面精铣的机床参数设置

（5）程序生成

单击"保存并计算"图标，系统将根据前面设置的参数自动计算刀路轨迹，并在绘图区显示生成的刀路轨迹，如图 4-49 所示。

微课：电极模型
曲面精铣编程

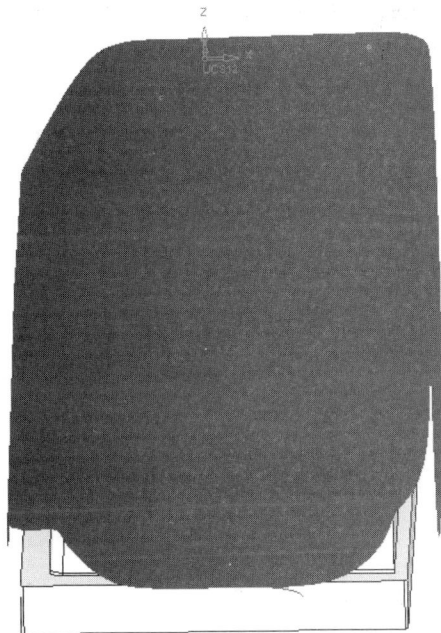

图 4-49　曲面精铣生成的刀路轨迹

3. 仿真模拟

单击"NC 向导"中的"机床仿真"图标，进入模拟检验功能，系统弹出"机床仿真"对话框，单击"确认"图标，系统打开"CimatronE-机床模拟"窗口，选择"控制"→"运行"命令，进行实体切削模拟，加工模拟结果如图 4-50 所示。

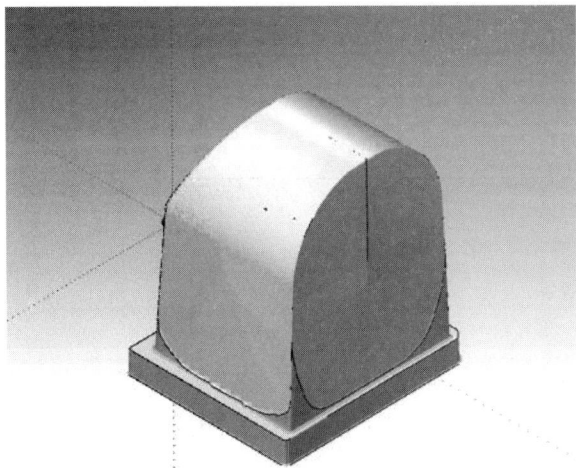

动画：电极模
型曲面精铣

动画：电极模
型机床仿真
加工

图 4-50　加工模拟结果

4. 后处理

单击"NC 向导"中的"后处理"图标，系统弹出"后处理"对话框，如图 4-51 所示。

选择一个或多个刀路轨迹或加工程序进行后处理，以生成数控加工程序。在当前有效加工程序中选择需要进行后处理的刀路轨迹或加工程序，单击绿色箭头将其加到处理列表中，而不需要在处理列表中处理的，可以单击红色箭头将其删除。

单击绿色双箭头，选择所有刀路轨迹，选择重命名文件类型为仅 G 代码文件，文件名为 djnc，选中"完成后打开输出的文件"复选框，其他选择默认值。单击"确认"图标进行后处理。后处理完成后，系统将产生一个程序文件，如图 4-52 所示。

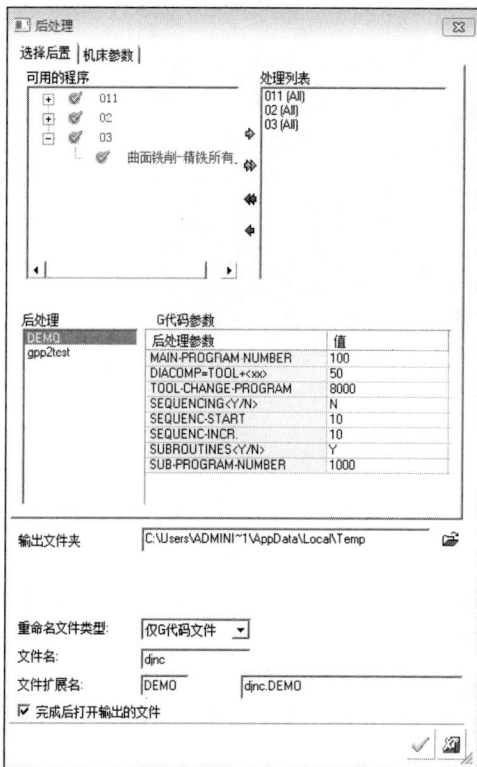

图 4-51　"后处理"对话框

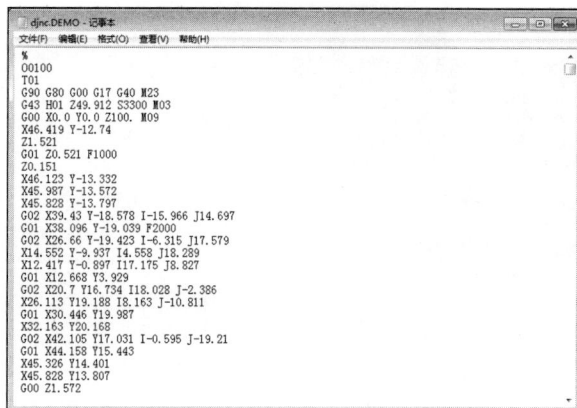

图 4-52　后处理程序

4.4

填写加工程序单

填写表 4-2 所示的加工程序单。

表 4-2　加工程序单

零件名称：电极　　　　　　　　　　　　　操作员：　　　　　　编程员：

计划时间	
实际时间	
上机时间	
下机时间	

描述：

四面分中

工作尺寸/mm

X_c	
Y_c	
Z_c	

工作数量：1 件

程序名称	加工类型	刀具	背吃刀量/mm	加工余量/mm	上机时间	完成时间	备注
01	开粗	F16R0.8	0.25	0.1			
	侧壁精加工	F16R0.8	0.5	0			
02	曲面半精加工	F16R0.8	0.35	0			
03	曲面精加工	F16R0.8	0.15	0			

项 目 练 习

完成图 4-53 所示的电极数控程序的创建。

电极练习模型源文件见配套资源包（下载地址：www.abook.cn）。

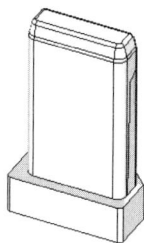

图 4-53　电极

玩具盖凹模数控编程

>>>>

◎ **项目导读**

本项目学习玩具盖凹模数控编程。

玩具盖凹模模型源文件见配套资源包（下载地址：www.abook.cn）。

◎ **能力目标**

● 熟悉并掌握水平区域精铣的特点和应用。

● 能合理设置水平区域精铣的刀路参数。

◎ **思政目标**

● 树立正确的学习观、价值观，自觉践行行业道德规范。

● 牢固树立质量第一、信誉第一的强烈意识。

● 遵规守纪，安全生产，爱护设备，钻研技术。

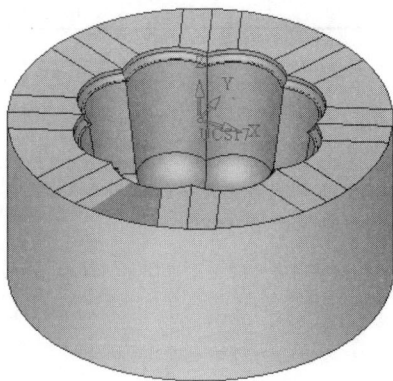

5.1 玩具盖凹模模型分析

进入 CimatronE 11 的开始环境，在工具栏中单击"打开文件"图标，打开"CimatronE 浏览器"窗口，选择需要打开的文件，单击"打开"按钮，完成文件的打开。

选择"分析"→"测量"命令，系统弹出"测量"对话框。通过该对话框对模型两点之间的距离、圆弧半径进行测量，如图 5-1 所示。

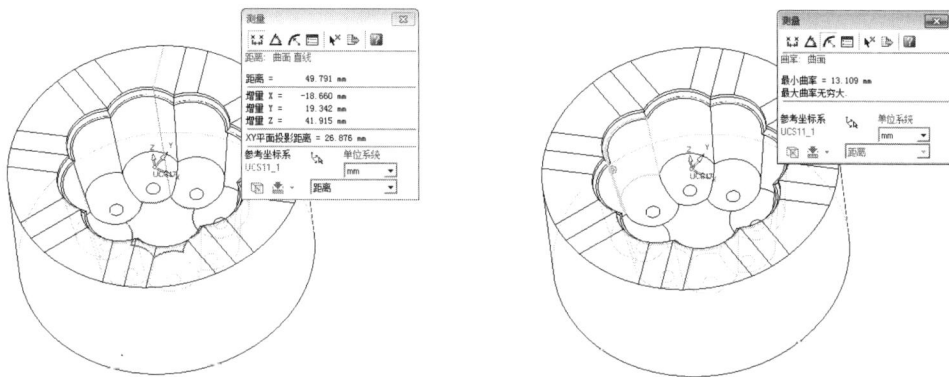

图 5-1　模型分析

选择"分析"→"曲率分析"命令，系统弹出"特征向导"的曲率分析界面，再单击"选择所有"图标，选择所有曲面，系统自动计算得到最小曲率为 2.222，如图 5-2 所示，也可通过点选方式得到各点的曲率半径。

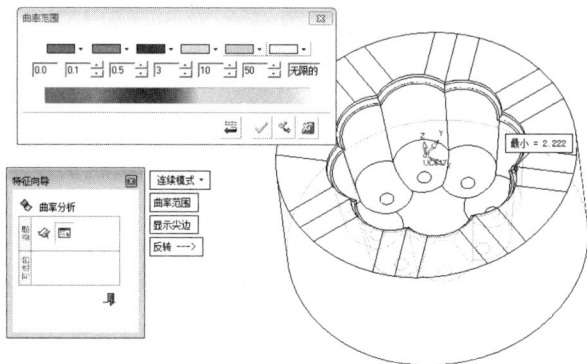

微课：玩具盖
凹模模型分析

图 5-2　模型曲率分析

模型直径×高：130mm×60mm。

型腔深度：46.965mm。

最小曲率半径：2.222mm。

5.2

玩具盖凹模加工工艺制定

玩具盖凹模加工工艺，可按表 5-1 所示进行编制。

表 5-1 玩具盖凹模加工工艺流程   微课：玩具盖凹模加工工艺制定

序号	加工内容	加工策略	图解	备注
01	开粗	体积铣-环绕粗铣		根据型腔尺寸及深度确定使用 D25R5 牛鼻刀进行开粗
02	二次开粗	体积铣-环绕粗铣		根据型腔 R 角及深度确定使用 D12R0.8 牛鼻刀进行二次开粗加工
03	底部二次开粗	体积铣-环绕粗铣		根据型芯尺寸确定使用 B10 球刀对底部进行二次开粗加工
04	底部水平区域精铣	曲面铣削-精铣水平面		根据型腔尺寸及加工工件表面粗糙度确定使用 D12R0.8 牛鼻刀进行底平面的精加工
05	侧壁精铣	曲面铣削-精铣所有		使用上一程序的 D12R0.8 牛鼻刀进行侧壁精加工，减少换刀，提高效率
06	底部曲面精铣	曲面铣削-精铣所有		根据曲面形状及加工效率确定使用 B10 球刀进行曲面精加工

5.3

玩具盖凹模数控编程操作

5.3.1 开粗

1. 打开文件

启动 CimatronE 11，打开玩具盖凹模文件，选择"重新连接"选项，再选择"断开连接"选项，保存设置，然后选择"文件"→"输出"→"至加工"命令，最后选择"使用参考模型上的其他坐标"选项，选择合适的坐标，如图 5-3 所示。

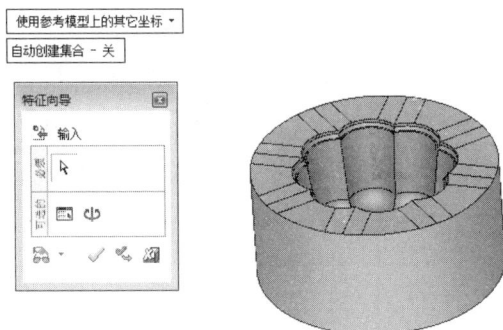

图 5-3　调入模型

2. 导入刀具库

单击"NC 向导"中的"刀具"图标，系统弹出"刀具及夹头"对话框，选择"菜单"→"从 CSV 或 XML 文件中输入刀具或夹头"命令，加载刀具库文件，依次加载 D25R5 和 D12R0.8 两把牛鼻刀，并创建 B10 球刀，如图 5-4 所示。

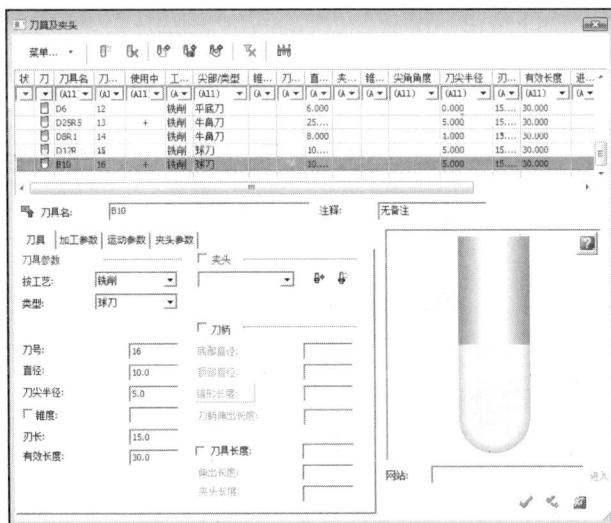

图 5-4　加载刀具库并创建 B10 球刀

3. 创建刀路轨迹

单击"NC 向导"中的"刀轨"图标，进入创建刀轨功能，系统弹出"创建刀轨"对话框，修改名称为 01，类型为 3 轴，安全平面为 50，如图 5-5 所示。单击"确认"图标，完成 3 轴刀轨的创建。此时，"NC 程序管理器"中会新增一个名为 01 的刀路轨迹。

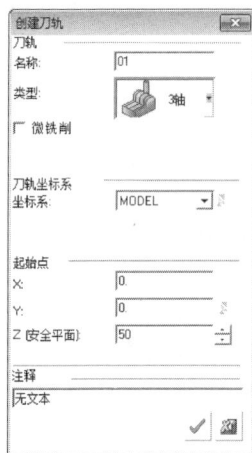

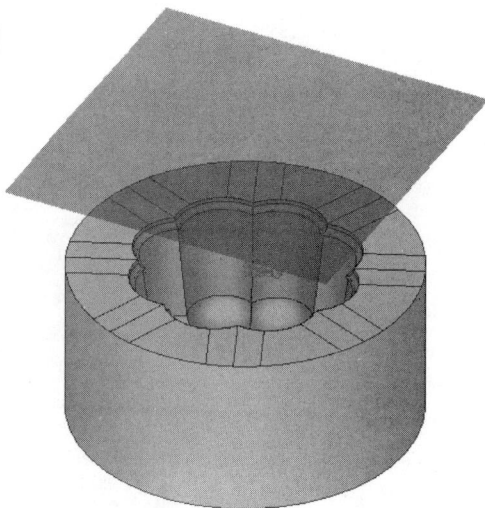

图 5-5　创建刀路轨迹 01

4. 创建毛坯

单击"NC 向导"中的"毛坯"图标，系统弹出"初始毛坯"对话框，毛坯类型选择"轮廓"，在绘图区选择底面轮廓，如图 5-6 所示，单击中键确认退出，完成轮廓选择。单击 Z最高值后的按钮，在绘图区选择实体顶部，如图 5-7 所示，完成该参数的设置。采用同样的方法设置 Z 最低值参数，其他可选择默认值，单击"确认"图标退出，完成毛坯创建。

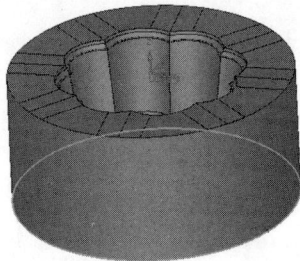

图 5-6　选择底面轮廓

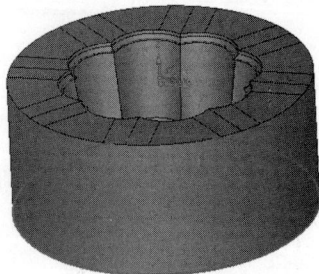

图 5-7　毛坯参数设置

5. 创建程序

单击 "NC 向导" 中的 "程序" 图标, 系统弹出 "程序向导" 对话框, 开始创建加工程序, "主选择" 设置为 "体积铣", "子选择" 设置为 "环绕粗铣", 如图 5-8 所示。

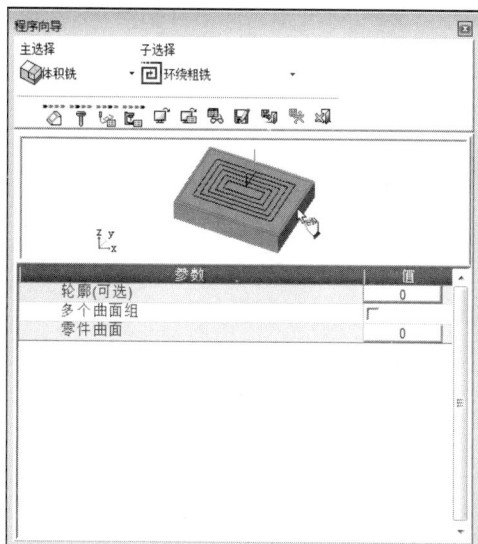

图 5-8 设置主选择和子选择

（1）选择轮廓、零件曲面

单击轮廓后的 "0" 按钮, 系统弹出 "轮廓管理器" 对话框, 选择边界轮廓起始边和终止边, 系统自动形成封闭轮廓, 如图 5-9 所示, 再单击中键确认退出, 完成轮廓选择。

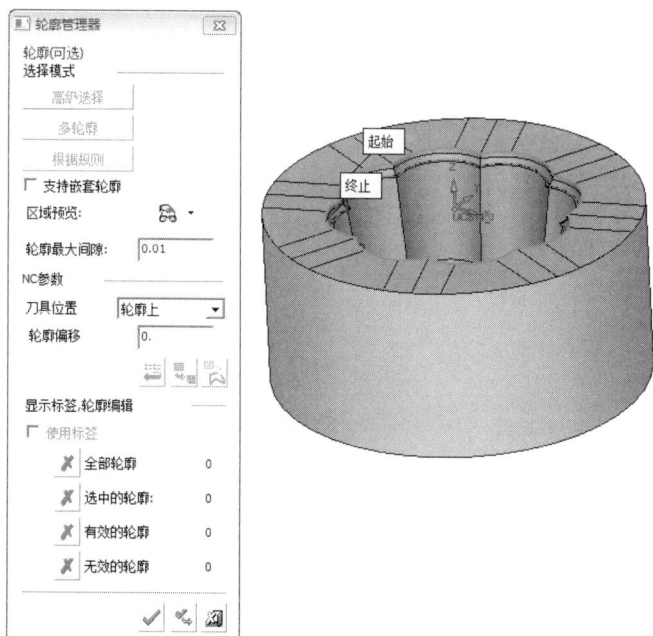

图 5-9 选择边界轮廓

单击零件曲面后的"0"按钮，通过框选方式选择全部零件曲面，单击中键确认退出，完成零件曲面的选择，此时零件曲面值变为 67，如图 5-10 所示。

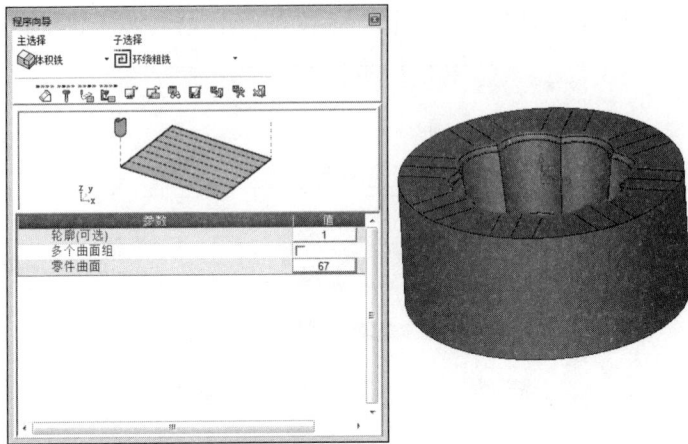

图 5-10　零件曲面选择后效果

（2）选择刀具

单击"刀具"图标，系统弹出"刀具及夹头"对话框，选择 D25R5 牛鼻刀，单击"确认"图标，完成刀具的选择。

（3）设置刀路参数

单击"刀路参数"图标，系统切换到刀路参数界面，按以下步骤进行刀路参数的设置。

步骤 1：安全平面和坐标系参数设置。

该参数可选择默认设置。

步骤 2：进刀和退刀点参数设置。

进刀角度设置为 10，盲区设置为 15，最大螺旋半径设置为 12。

步骤 3：公差及余量参数设置。

该参数在粗加工中为必设参数。将加工曲面余量设置为 0.2，曲面精度设置为 0.01，如图 5-11 所示。

图 5-11　进刀和退刀点等参数设置

步骤 4：刀路轨迹参数设置。

切削模式设置为顺铣，下切步距类型设置为固定+水平面；固定垂直步距设置为 0.5，即每次下刀 0.5mm，侧向步距设置为 15，如图 5-12 所示。

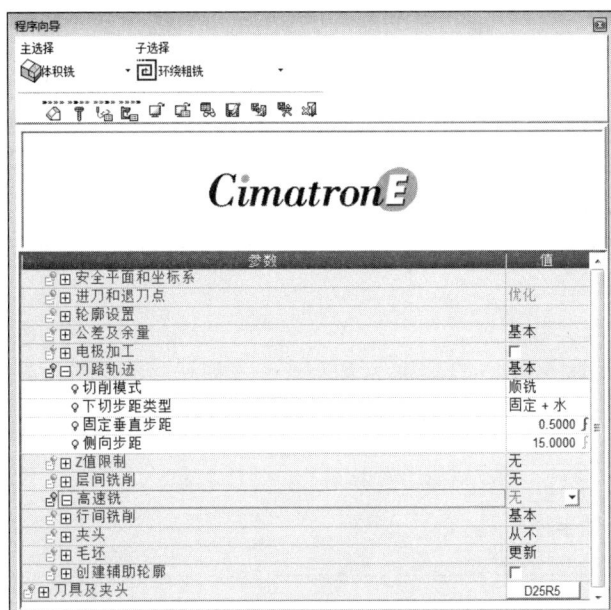

图 5-12　开粗的刀路轨迹参数设置

步骤 5：高速铣参数设置。

该参数有 3 种模式，分别为"无"、"基本"和"高级"，其下主要包括一些用于设置适合于高速加工要求的选项，以避免在高速下进行急转弯。一般设置为无。高速铣相关参数（高级）如图 5-13 所示。

图 5-13　高速铣相关参数（高级）

摆线：进入全刀切削部位时将使用摆线方式逐渐切入，使实际切削的行距变得较小，如图 5-14 所示。选中该复选框时，需要设置摆线步距和摆线半径。

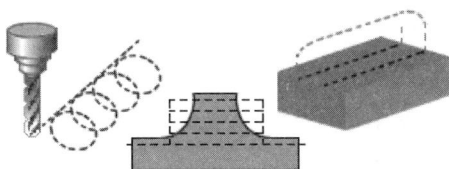

图 5-14　摆线方式示意图

163

多层 Z：在粗加工中，保持刀具负荷均匀地将切削层自动分为几层进行加工，如图 5-15 所示。

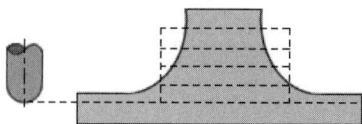

图 5-15　多层 Z 示意图

圆角过渡：可以避免在加工角落部位产生突变的切削进给方向，从而保持刀具运动轨迹的光滑与平稳，避免切削方向的突然变化。选中该复选框时，需要设置角落首选半径和提刀线角落半径。

步骤 6：行间铣削参数设置。

该参数有 3 种模式，分别为无、基本和高级。一般选择无。行间铣削相关参数（高级）如图 5-16 所示。

行间铣削	高级
行间间隙策略	补刀/变轨
覆盖范围半径	10.5000
最小狭窄区域宽度	3.0000

图 5-16　行间铣削相关参数（高级）

行间间隙策略：包括"补刀/变轨"、"仅变轨"和"仅补刀" 3 个选项，如图 5-17 所示。仅补刀表示两刀具行间的残余，而仅变轨表示在转角走圆弧部位的残余。

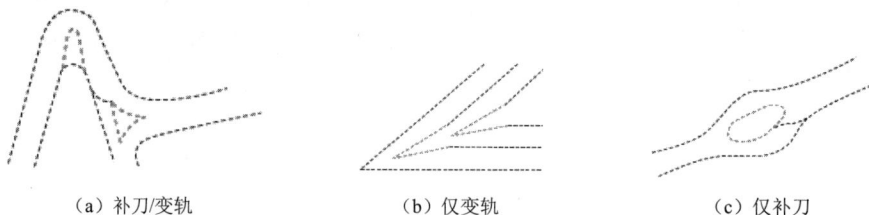

（a）补刀/变轨　　　　　　（b）仅变轨　　　　　　（c）仅补刀

图 5-17　行间间隙策略示意图

步骤 7：毛坯参数设置。

该参数用于设置是否更新剩余毛坯，相关参数如图 5-18 所示。一般选中"更新毛坯"复选框。

毛坯	高级
更新毛坯	☑

图 5-18　毛坯参数设置

步骤 8：创建辅助轮廓参数设置。

该参数用于将加工后的边界作为一个曲线集合进行保存，一般不选中复选框。这种辅助轮廓可以为后续加工或设计提供参考。创建辅助轮廓参数如图 5-19 所示。

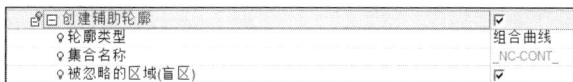

图 5-19　创建辅助轮廓参数

（4）设置机床参数

单击"机床参数"图标，系统切换到机床参数界面，设置机床的主轴转速为 2000、进给为 2000，其他选择默认值，如图 5-20 所示。

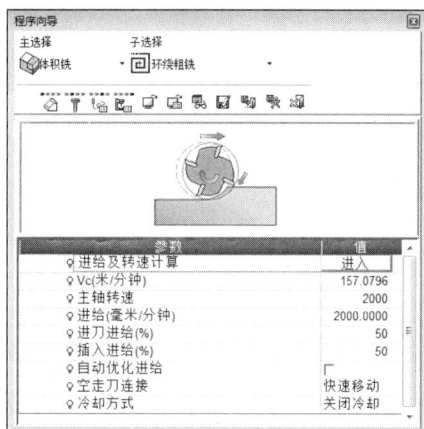

图 5-20　开粗程序的机床参数设置

（5）程序生成

单击"保存并计算"图标，系统将根据前面设置的参数自动计算刀路轨迹，并在绘图区显示生成的刀路轨迹，如图 5-21 所示。

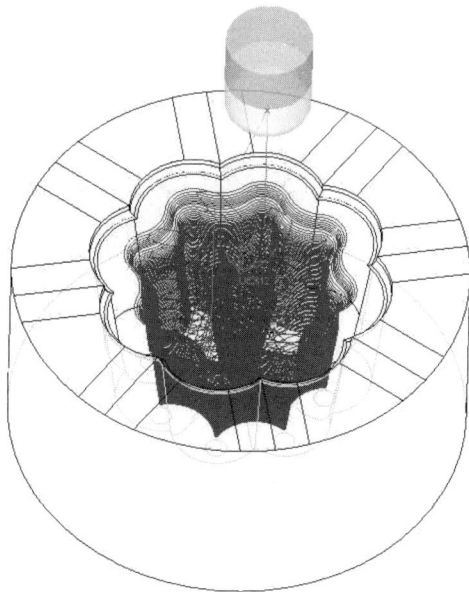

图 5-21　设置完成后生成的刀路轨迹

单击"预览"图标，系统弹出"预览"对话框，如图 5-22 所示。单击多余的毛坯后的"预览"图标，对加工余量残留进行预览，如图 5-23 所示。

微课：玩具盖凹
模开粗编程

动画：玩具盖凹
模开粗

图 5-22　"预览"对话框

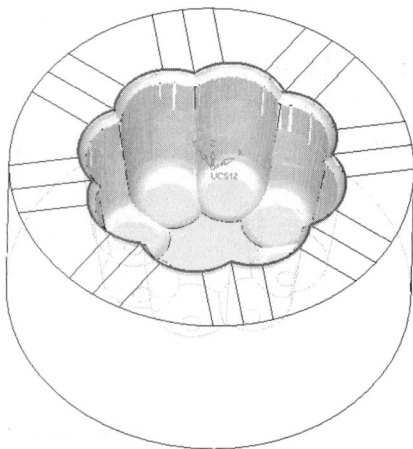

图 5-23　余量残留预览

5.3.2　二次开粗

1. 创建刀路轨迹

单击"NC 向导"中的"刀轨"图标，进入创建刀路轨迹功能，系统弹出"创建刀轨"对话框，修改名称为 02，类型为 3 轴，安全平面为 50，创建 3 轴刀路轨迹。完成后，"NC 程序管理器"中会新增一个名为 02 的刀路轨迹，如图 5-24 所示。

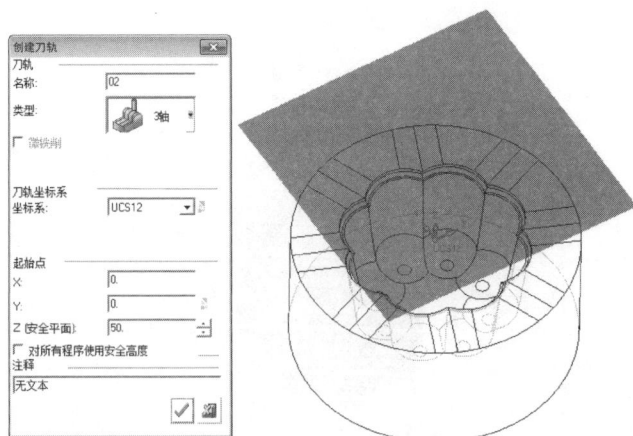

图 5-24　创建刀路轨迹 02

2. 创建程序

单击"NC 向导"中的"程序"图标，系统弹出"程序向导"对话框，开始创建加工程序，"主选择"设置为"体积铣"，"子选择"设置为"环绕粗铣"，如图 5-25 所示。

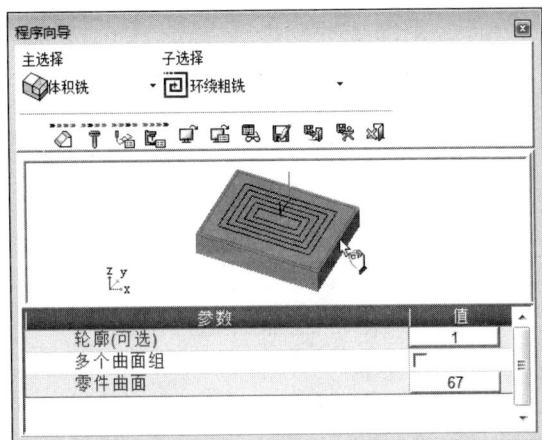

图 5-25 选择二次开粗所使用的工艺

（1）选择刀具

单击"刀具"图标，系统弹出"刀具及夹头"对话框，选择 D12R0.8 牛鼻刀，单击"确认"图标，完成刀具的选择。

（2）创建刀路轨迹

单击"刀路参数"图标，系统切换到刀路参数界面，按图 5-26 所示进行设置。

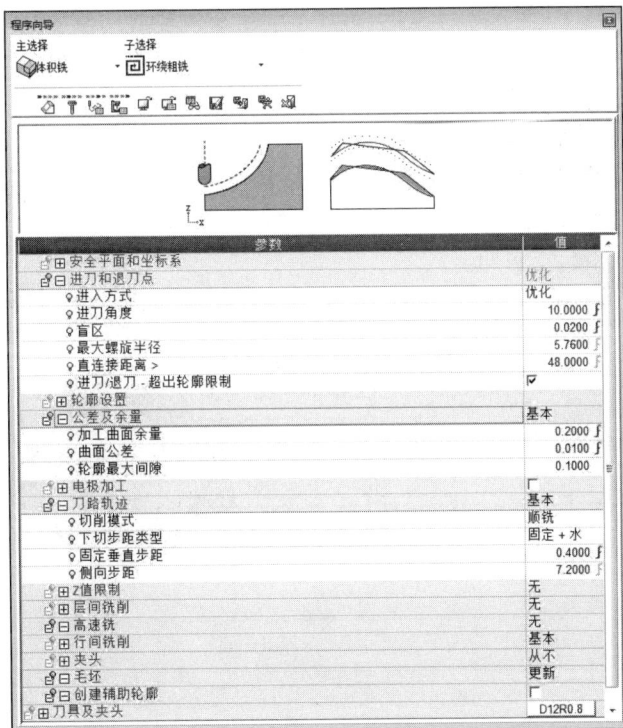

图 5-26 二次开粗刀路参数的设置效果

（3）设置机床参数

单击"机床参数"图标，系统切换到机床参数界面，设置机床的主轴转速为 3500、进

给为2000，其他选择默认值，如图5-27所示。

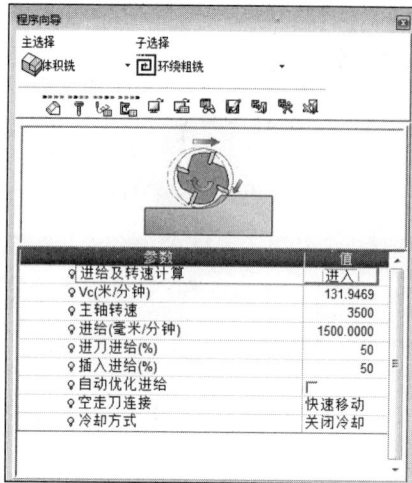

图 5-27　二次开粗机床参数的设置

（4）程序生成

单击"保存并计算"图标，系统将根据前面设置的参数自动计算刀路轨迹，并在绘图区显示生成的刀路轨迹，如图5-28所示。

微课：玩具盖凹
模二次开粗编程

动画：玩具盖
凹模二次开粗

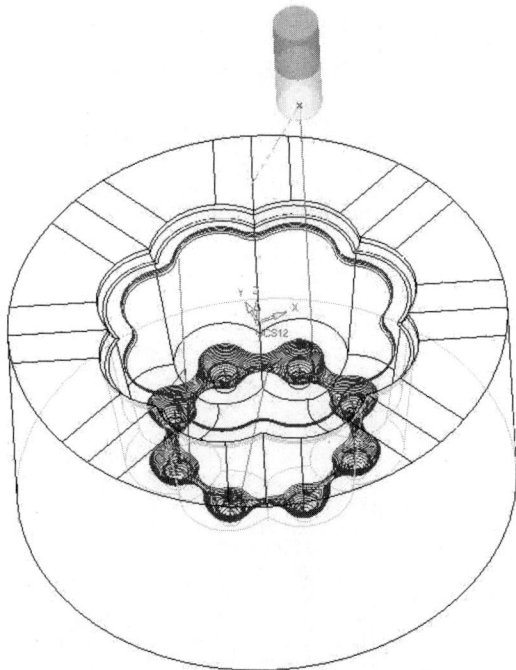

图 5-28　二次开粗生成的刀路轨迹

5.3.3　底部二次开粗

1. 创建刀路轨迹

单击"NC 向导"中的"刀轨"图标，进入创建刀路轨迹功能，系统弹出"创建刀轨"对话框，修改名称为 03，类型为 3 轴，安全平面为 50，单击"确认"图标，创建 3 轴刀路轨迹。完成后，"NC 程序管理器"中会新增一个名为 03 的刀路轨迹。

2. 创建程序

单击"NC 向导"中的"程序"图标，系统弹出"程序向导"对话框，开始创建加工程序，"主选择"设置为"体积铣"，"子选择"设置为"环绕粗铣"。

（1）选择刀具

单击"刀具"图标，系统弹出"刀具及夹头"对话框，选择 B10 球刀，单击"确认"图标，完成刀具的选择。

（2）设置刀路参数

单击"刀路参数"图标，系统切换到刀路参数界面，按图 5-29 所示进行设置。

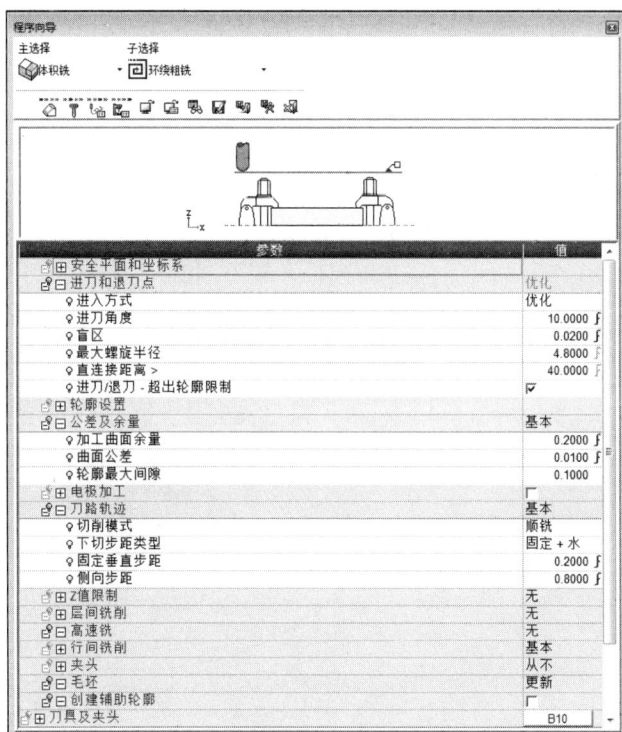

图 5-29　底部二次开粗刀路参数设置

（3）设置机床参数

单击"机床参数"图标，系统切换到机床参数界面，设置机床的主轴转速为 4000、进给为 2000，其他选择默认值，如图 5-30 所示。

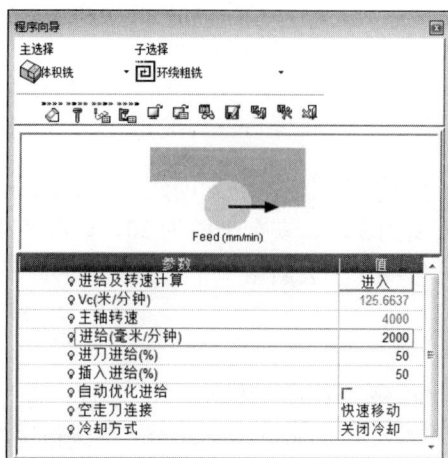

图 5-30　底部二次开粗机床参数设置

（4）程序生成

单击"保存并计算"图标，系统将根据前面设置的参数自动计算刀路轨迹，并在绘图区显示生成的刀路轨迹，如图 5-31 所示。

微课：玩具盖
凹模底部二次
开粗编程

动画：玩具盖
凹模底部二次
开粗

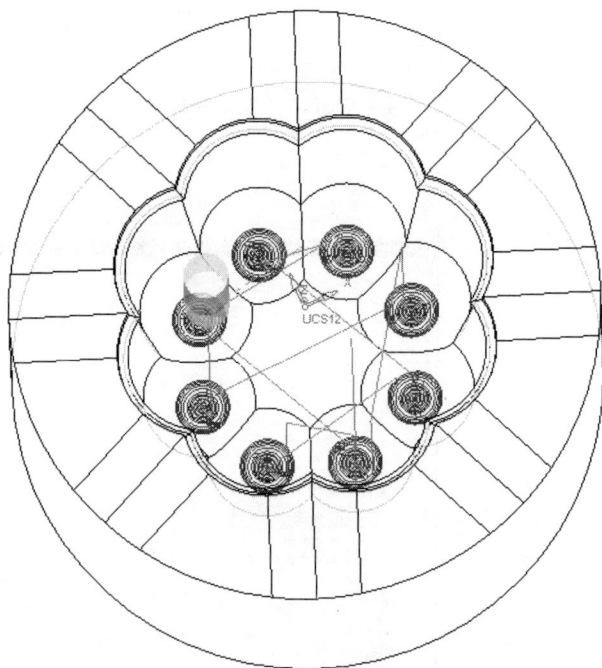

图 5-31　底部二次开粗生成的刀路轨迹

5.3.4　底部水平区域精铣

1. 创建刀路轨迹

曲面精加工时一般采用球刀或牛鼻刀以较小的步距进行加工，而水平面的加工可以采用平底刀或牛鼻刀以较大的侧向步距进行加工，将水平区域单独生成一个加工程序可以有效地提高加工效率。因此，可以创建单独生成精加工水平区域的程序。单击"NC 向导"中的"刀轨"图标，进入创建刀路轨迹功能，系统弹出"创建刀轨"对话框，修改名称为 04，类型为 3 轴，安全平面为 50，单击"确认"图标，创建 3 轴刀路轨迹。完成后，"NC 程序管理器"中会新增一个名为 04 的刀路轨迹。

2. 创建程序

单击"NC 向导"中的"程序"图标，系统弹出"程序向导"对话框，开始创建加工程序，"主选择"设置为"曲面铣削"，"子选择"设置为"精铣水平面"，如图 5-32 所示。该策略用于精加工水平区域。注意：这里也可采用 2.5 轴-封闭轮廓工艺。

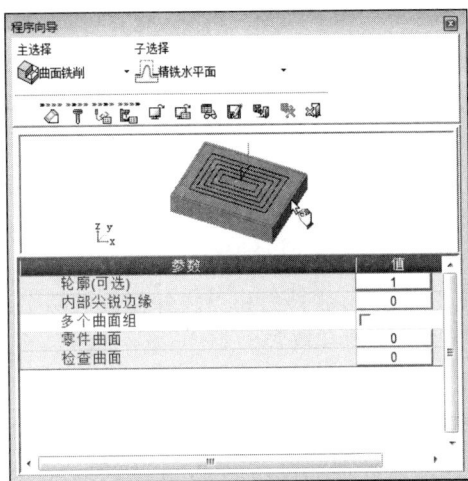

图 5-32　选择底部水平区域精铣的工艺

（1）选择刀具

单击"刀具"图标，系统弹出"刀具及夹头"对话框，选择 D12R0.8 牛鼻刀，单击"确认"图标，完成刀具的选择。

（2）刀路参数设置

单击"刀路参数"图标，系统切换到刀路参数界面，按以下步骤进行设置刀路参数，如图 5-33 所示。

步骤 1：安全平面和坐标系参数设置。

将内部安全高度设置为"优化"，其他参数可保持默认设置。

步骤 2：进刀和退刀点参数设置。

该参数可保持默认设置。

步骤 3：公差及余量参数设置。

考虑到精加工水平区域，因此加工曲面余量设置为 0，曲面公差设置为 0.01。

步骤 4：刀路轨迹参数设置。

平坦区域加工方法：有"平行切削"和"环切"两个选项，这里选择环切。

平坦区域切削模式：包括"顺铣"和"逆铣"两个选项，这里选择顺铣。

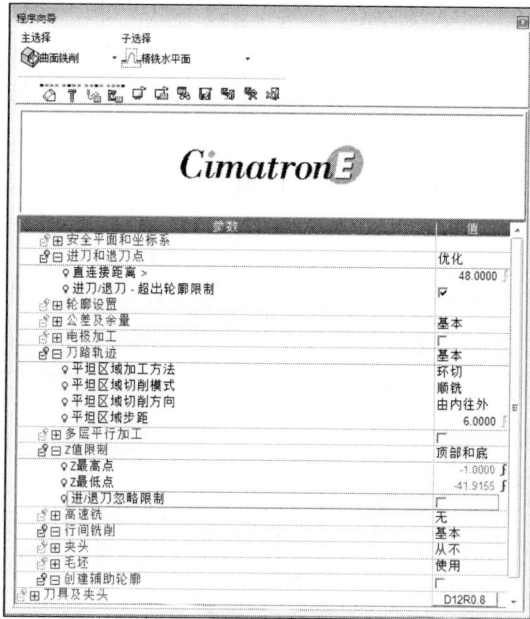

图 5-33　底部水平区域精铣的刀路参数设置

平坦区域切削方向：包括"由内往外"和"由外往内"两个选项，这里选择由内往外。

平坦区域步距：设置为 0.5 倍刀具直径。

步骤 5：Z 值限制参数设置。

精铣水平区域一般应限制 Z 最高点和 Z 最低点，以免在一些极小的平面上生成刀具路径。这里将 Z 最高点和 Z 最低点分别设置为-1 和-41.9155，注意：Z 最低点可通过点选方式选取。

（3）设置机床参数

单击"机床参数"图标，系统切换到机床参数界面，设置机床的主轴转速为 3500、进给为 800，其他选择默认值，如图 5-34 所示。

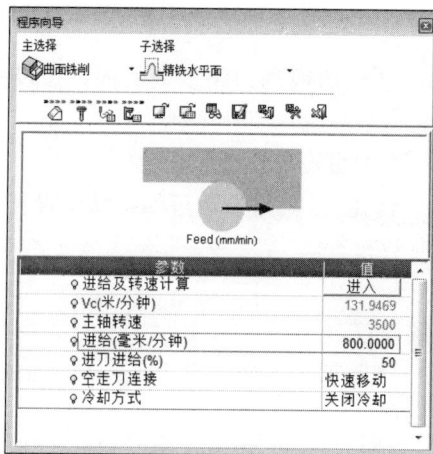

图 5-34　底部水平区域精铣的机床参数设置

（4）程序生成

单击"保存并计算"图标，系统将根据前面设置的参数自动计算刀路轨迹，并在绘图区显示生成的刀路轨迹，如图 5-35 所示。

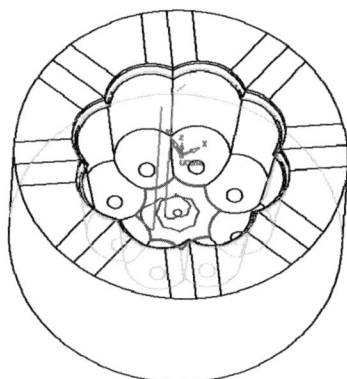

微课：玩具盖
凹模底部水平
区域精铣编程

动画：玩具盖
凹模底部水平
区域精铣

图 5-35　底部水平区域精铣生成的刀路轨迹

5.3.5　侧壁精修

1. 创建刀路轨迹

单击"NC 向导"中的"刀轨"图标，进入创建刀路轨迹功能，系统弹出"创建刀轨"对话框，修改名称为 05，类型为 3 轴，安全平面为 50，单击"确认"图标，创建 3 轴刀路轨迹。完成后，"NC 程序管理器"中会新增一个名为 05 的刀路轨迹。

2. 创建程序

单击"NC 向导"中的"程序"图标，系统弹出"程序向导"对话框，开始创建加工程序，"主选择"设置为"曲面铣削"，"子选择"设置为"精铣所有"，如图 5-36 所示。

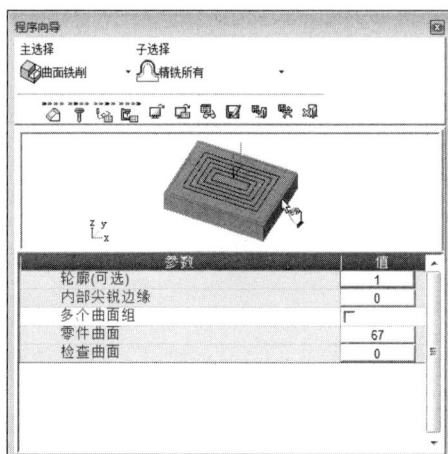

图 5-36　选择侧壁精修的工艺

（1）选择刀具

单击"刀具"图标，系统弹出"刀具及夹头"对话框，默认选择 D12R0.8 牛鼻刀，单击"确认"图标，完成刀具的选择。

（2）选择轮廓

单击轮廓后的"0"按钮，系统弹出"轮廓管理器"对话框，再单击右键，选择边界轮廓，单击中键确认退出，完成轮廓选择，如图 5-37 所示。

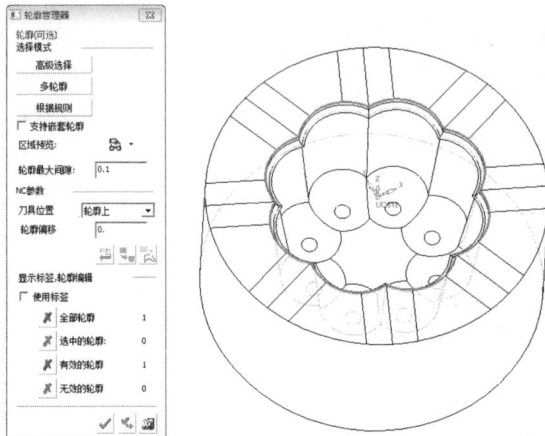

图 5-37　边界轮廓的选择

（3）刀路参数设置

单击"刀路参数"图标，系统切换到刀路参数界面，按图 5-38 所示进行设置。

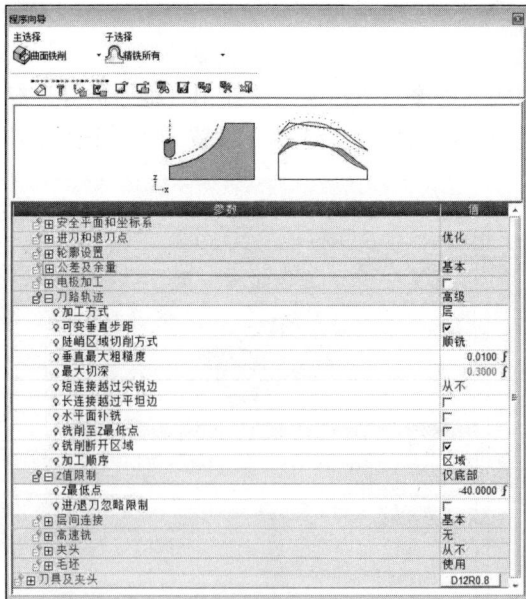

图 5-38　侧壁精修刀路参数设置

（4）设置机床参数

单击"机床参数"图标，系统弹出机床参数界面，设置机床的主轴转速为3500、进给为1500，其他默认，如图5-39所示。

图 5-39 侧壁精修机床参数设置

（5）程序生成

单击"保存并计算"图标，系统将根据前面设置的参数自动计算刀路轨迹，并在绘图区显示生成的刀路轨迹，如图5-40所示。

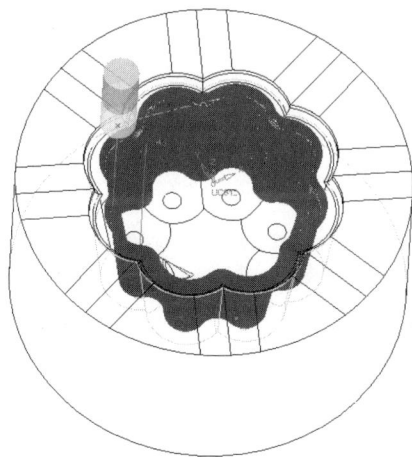

微课：玩具盖凹模侧壁精修编程

动画：玩具盖凹模侧壁精修编程

图 5-40 侧壁精修生成的刀路轨迹

5.3.6 底部曲面精铣

1. 创建刀路轨迹

单击"NC向导"中的"刀轨"图标，进入创建刀路轨迹功能，系统弹出"创建刀轨"

对话框，修改名称为 06，类型为 3 轴，安全平面为 50，单击"确认"图标，创建 3 轴刀路轨迹。完成后，"NC 程序管理器"中的新增一个名为 06 的刀路轨迹。

2. 创建程序

单击"NC 向导"中的"程序"图标，系统弹出"程序向导"对话框，开始创建加工程序，"主选择"设置为"曲面铣削"，"子选择"设置为"精铣所有"，如图 5-41 所示。

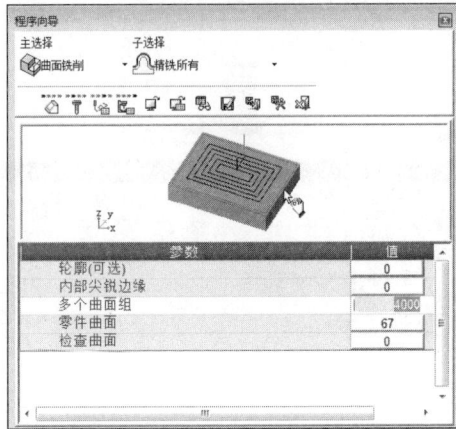

图 5-41　选择底部曲面精铣的工艺

（1）选择刀具

单击"刀具"图标，系统弹出"刀具及夹头"对话框，选择 B10 球刀，单击"确认"图标，完成刀具的选择。

（2）轮廓选择

单击轮廓后的"1"按钮，系统弹出"轮廓管理器"对话框，单击鼠标右键，选择两条边界轮廓，再单击中键确认退出，完成轮廓选择，如图 5-42 所示。

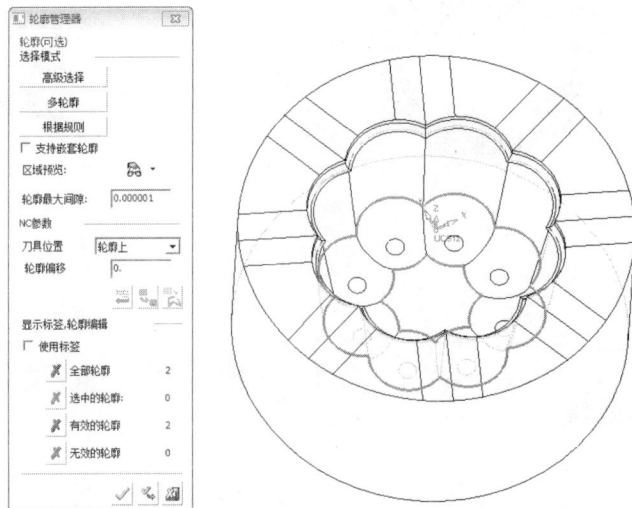

图 5-42　底部曲面精铣的轮廓选择

（3）创建刀路轨迹

单击"刀路参数"图标，系统切换到刀路参数界面，按图 5-43 所示进行设置。其中，加工方式可选择 3D 步距，考虑到是球刀加工，3D 步距设置为 0.2。注意：这里应通过点选的方法，对 Z 最高点和 Z 最低点进行限制。

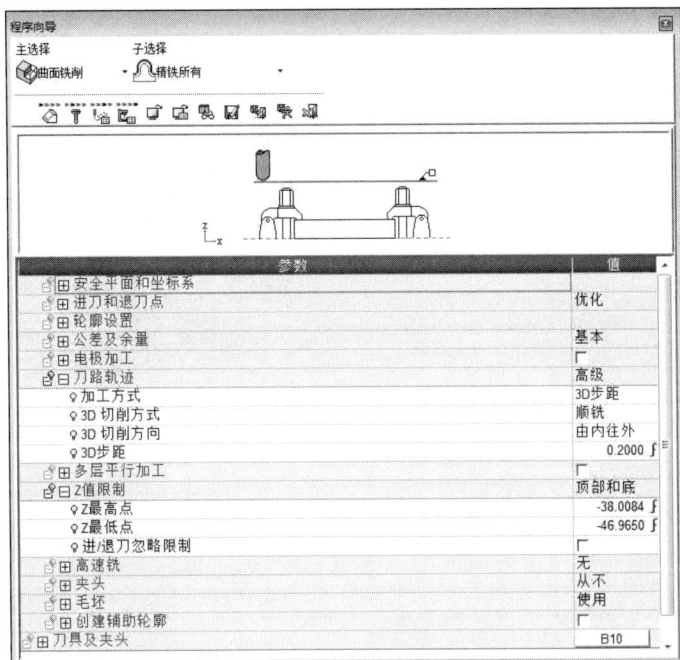

图 5-43　底部曲面精铣的刀路参数设置

（4）设置机床参数

单击"机床参数"图标，系统切换到机床参数界面，设置机床的主轴转速为 4000、进给为 2000，其他选择默认值，如图 5-44 所示。

图 5-44　底部曲面精铣的机床参数设置

（5）程序生成

单击"保存并计算"图标，系统将根据前面设置的参数自动计算刀路轨迹，并在绘图区显示生成的刀路轨迹，如图 5-45 所示。

微课：玩具盖
凹模底部曲
面精铣编程

动画：玩具盖
凹模底部曲
面加工

图 5-45　底部曲面精铣生成的刀路轨迹

3. 仿真模拟

单击"NC 向导"中的"机床仿真"图标，进入机床仿真功能，系统弹出"机床仿真"对话框。选择需要机床仿真的程序，单击绿色箭头，完成程序选择，单击"确认"图标，系统将打开"CimatronE-机床模拟"窗口，单击菜单栏中的"运行"图标，进行实体切削模拟，加工模拟结果如图 5-46 所示。

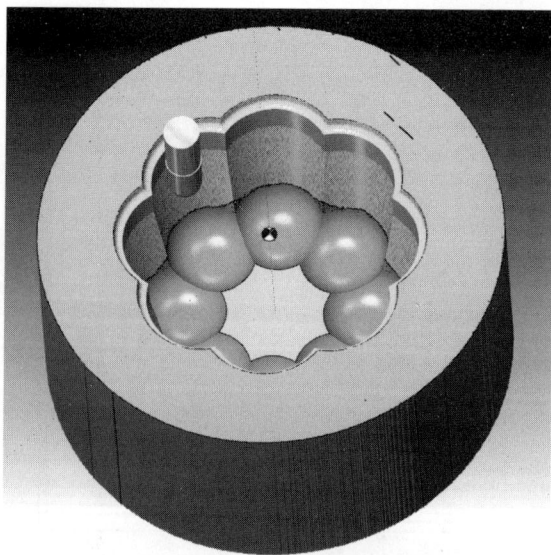

图 5-46　加工模拟仿真

4. 后处理

单击"NC 向导"中的"后处理"图标，进入后处理功能，屏幕将弹出"后处理"对话框。选择需要处理后输出程序的存放文件夹，选择文件类型为仅 G 代码文件，文件名命名为 wanjugai，选中"完成后打开输出的文件"复选框，其他选择默认值。单击"确认"图标进行后处理。后处理完成后，系统将产生一个程序文件，如图 5-47 所示。

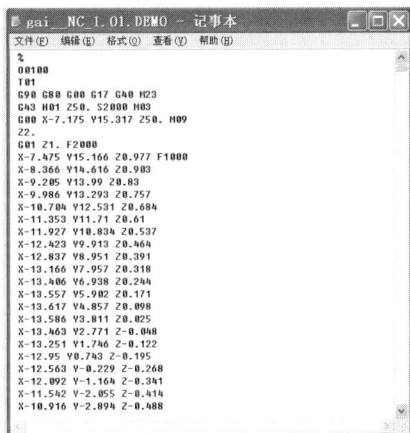

图 5-47 生成程序

5.4 填写加工程序单

填写表 5-2 所示加工程序单。

表 5-2 加工程序单

零件名称：定模板　　　　　　　　　　　操作员：　　　　　　编程员：

计划时间		描述：
实际时间		
上机时间		
下机时间		
工作尺寸/mm		
X_c		
Y_c		
Z_c		
工作数量：1 件		四面分中

程序名称	加工类型	刀具	背吃刀量/mm	加工余量/mm	上机时间	完成时间	备注
01	开粗	D25R5	0.3	0.2			
02	二次开粗	D12R0.8	0.3	0.2			
03	底部二次开粗	B10	0.1	0.2			
04	底部水平区域精铣	D12R0.8	0.1	0			
05	侧壁精铣	D12R0.8	0.2	0			
06	底部曲面精铣	B10	0.2	0			

项 目 练 习

完成图 5-48 所示的玩具汽车套凸模数控程序的创建。

玩具汽车套凸模模型源文件见配套资源包（下载地址：www.abook.cn）。

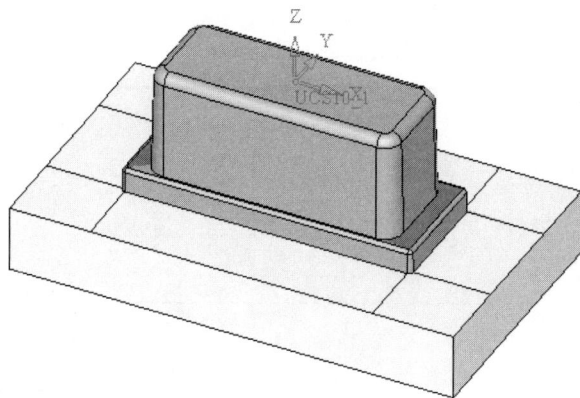

图 5-48　玩具汽车套凸模

6

项 目

KITTY 猫上盖数控编程

>>>>

◎ **项目导读**

本项目学习 KITTY 猫上盖数控编程。

KITTY 猫上盖模型源文件见配套资源包（下载地址：www.abook.cn）。

◎ **能力目标**

- 熟练掌握加工边界的创建方法。
- 熟悉 CimatronE 11 清角加工类型及特点。
- 能合理设置清根、笔式加工策略的刀路参数。

◎ **思政目标**

- 树立正确的学习观、价值观，自觉践行行业道德规范。
- 牢固树立质量第一、信誉第一的强烈意识。
- 遵规守纪，安全生产，爱护设备，钻研技术。

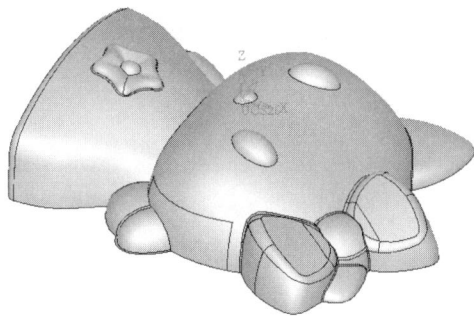

6.1

KITTY 猫上盖模型分析

进入 CimatronE 11 的开始环境，在工具栏中单击"打开文件"图标，打开"CimatronE 浏览器"窗口，选择需要打开的文件，单击"打开"按钮，完成文件的打开。

选择"分析"→"测量"命令，系统弹出"测量"对话框。通过该对话框对模型进行分析，如图 6-1 所示。

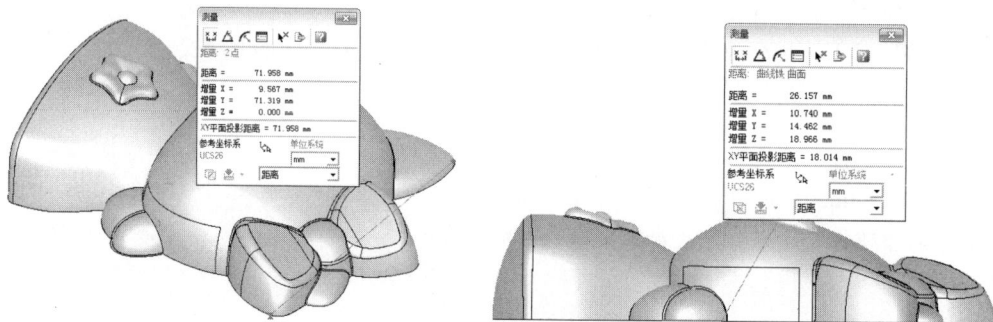

图 6-1　模型分析

选择"分析"→"曲率分析"命令，系统弹出"特征向导"的曲率分析界面，再单击"选择所有"图标或窗选方式，选择零件模型，单击中键确认，系统自动计算得到最小曲率，如图 6-2 所示，也可通过点选方式得到各点的曲率半径。

微课：KITTY
猫上盖模型
分析

图 6-2　模型曲率分析

6.2

KITTY 猫上盖加工工艺制定

KITTY 猫上盖加工工艺，可按表 6-1 所示进行编制。

微课：KITTY 猫上盖
模型加工工艺制定

表 6-1　KITTY 猫上盖加工工艺流程

序号	加工内容	加工策略	图解	备注
01	开粗	体积铣-环绕粗铣		根据工件尺寸及高度确定使用 D12R0.8 牛鼻刀进行开粗
02	二次开粗	体积铣-环绕粗铣		根据工件尺寸及高度确定使用 D6 平底刀进行二次开粗
03	曲面精铣	曲面铣削-根据角度精铣		根据工件尺寸及高度确定使用 B6R3 球刀进行曲面精铣
04	精铣侧面	曲面铣削-精铣所有		为减少使用刀具数，采用 D6 平底刀进行侧面精修
05	清根铣	清角-清根		使用 B3R1.5 球刀，采用清根铣方式进行清根加工
06	局部精细加工	曲面铣削-精铣所有		使用 B3R1.5 球刀，采用精铣所有方式进行其他部位曲面的精加工

6.3

KITTY 猫上盖数控编程

6.3.1　开粗

1. 调入模型

启动 CimatronE 11，打开 KITTY 猫上盖文件，再单击"打开"按钮，如图 6-3 所示，进入 CimatronE 11 工作窗口。

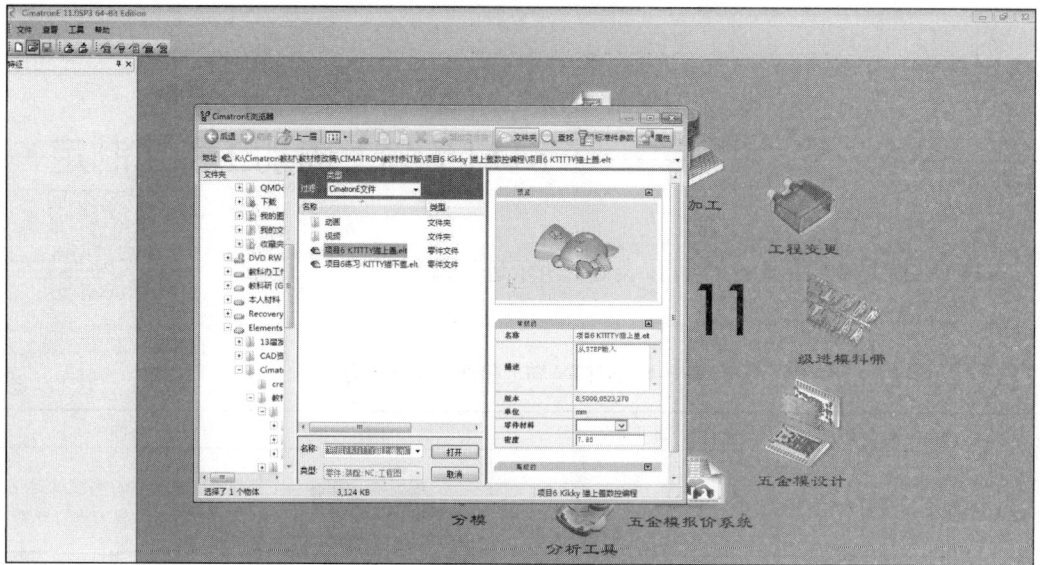

图 6-3　加载文件

选择"文件"→"输出到加工"命令，单击"确认"图标，进入编程工作模式，如图 6-4 所示。选择"使用参考模型上的其他坐标"选项，选择 KITTY 猫嘴巴边上的坐标系作为模型坐标系，系统自动切换到该坐标系下进行显示，如图 6-5 所示，在"特征向导"栏中单击"确认"图标，将模型放置到当前坐标系的原点，同时不做旋转，完成模型的调入。

图 6-4　编程工作界面

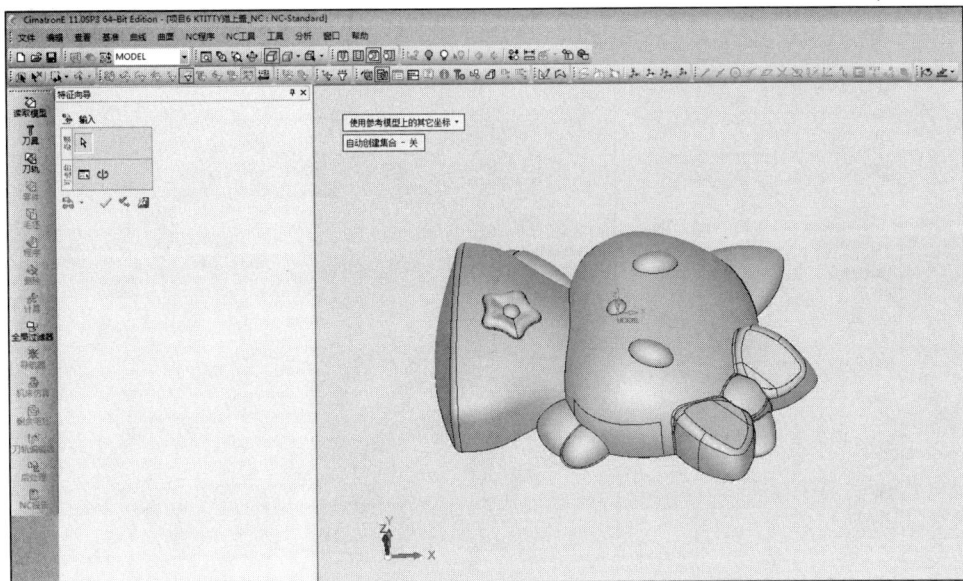

图 6-5　选择坐标系

2. 创建刀具

单击"NC 向导"中的"刀具"图标，系统弹出"刀具及夹头"对话框，单击"新刀具"图标，按图 6-6 所示设置参数，单击"确认"图标，创建 D12R0.8 牛鼻刀。

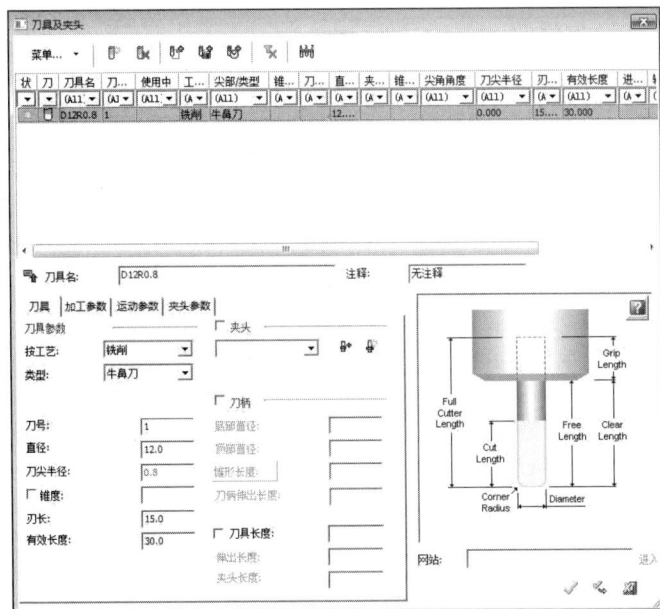

图 6-6　创建 D12R0.8 牛鼻刀

3. 创建刀路轨迹

单击"NC 向导"中的"刀轨"图标，进入创建刀路轨迹功能，系统弹出"创建刀轨"

对话框，修改名称为 01，类型为 3 轴，安全平面为 50，创建刀路轨迹，如图 6-7 所示。

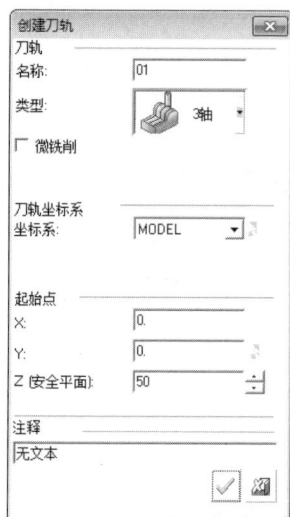

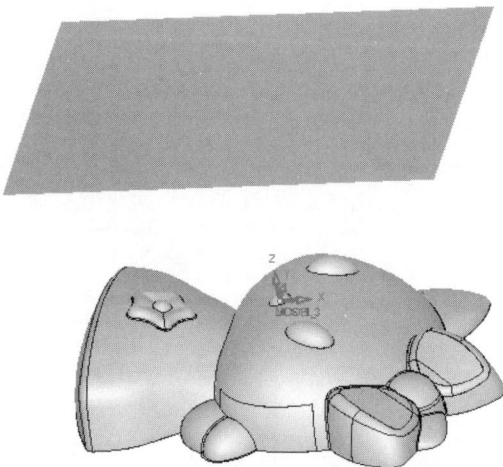

图 6-7　创建刀路轨迹

4. 创建毛坯

单击 "NC 向导" 中的 "毛坯" 图标，系统弹出 "初始毛坯" 对话框，各参数保持默认设置，单击 "确认" 图标退出，如图 6-8 所示。

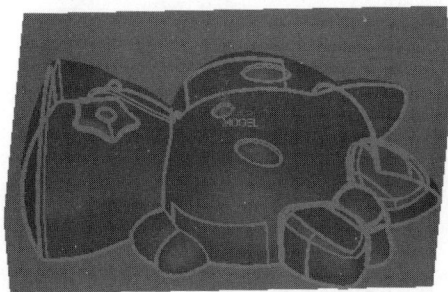

图 6-8　创建毛坯

5. 创建加工程序

单击 "NC 向导" 中的 "程序" 图标，系统弹出 "程序向导" 对话框，开始创建加工程序，修改 "主选择" 为 "体积铣"、"子选择" 为 "环绕粗铣"，如图 6-9 所示。

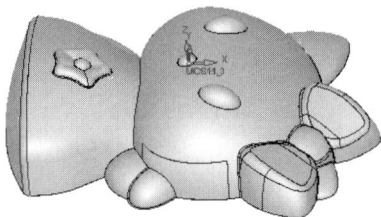

图 6-9　选择开粗的工艺

（1）选择零件曲面

单击零件曲面后的"0"按钮，在绘图区通过框选选择全部曲面，再单击中键确认退出，完成零件曲面选择，如图 6-10 所示。

图 6-10　选择零件

（2）设置刀路参数

单击"刀路参数"图标，系统切换到刀路参数界面，进行刀路参数设置。

步骤 1：安全平面和坐标系参数设置。

该参数可保持默认设置。

步骤 2：进刀和退刀点参数设置。

该参数选择进入方式为优化，进刀角度设置为 4，盲区、最大螺旋半径等参数均选择默认值，如图 6-11 所示。

步骤 3：公差及余量参数设置。

考虑到粗加工，加工曲面余量设置为 0.2，曲面公差设置为 0.03。

步骤 4：刀路轨迹参数设置。

切削模式设置为混合铣，下切步距类型设置为固定+水平面，固定垂直步距设置为 0.25，侧向步距设置为 8，如图 6-12 所示。

图 6-11　进刀和退刀点参数设置

图 6-12　开粗的刀路轨迹参数设置

限制 Z 值等参数可保持默认设置。

（3）设置机床参数

单击"机床参数"图标，系统切换到机床参数界面，设置机床的主轴转速为 3500、进给为 2000，进刀进给为 50%，插入进给为 50%，其他选择默认值，如图 6-13 所示。

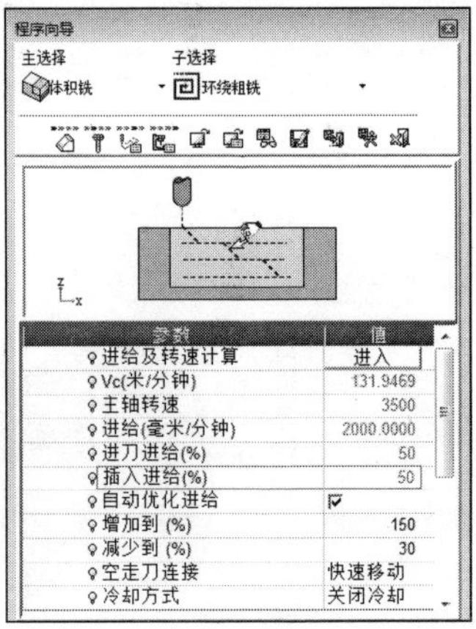

图 6-13　开粗机床参数设置

（4）程序生成

单击"保存并计算"图标，系统将根据前面设置的参数自动计算刀路轨迹，并在绘图区显示生成的刀路轨迹，如图 6-14 所示。

微课：KITTY
猫上盖模型
开粗编程

图 6-14　开粗生成的刀路轨迹

6. 仿真模拟

单击"NC 向导"中的"机床仿真"图标，进入模拟检验功能，系统弹出"机床仿真"对话框，选择机床模拟方式、材料去除方式，如图 6-15 所示。单击"确认"图标，系统打开"CimatronE-机床模拟"窗口，选择"控制"→"运行"命令，进行实体切削模拟，加工模拟仿真结果如图 6-16 所示。

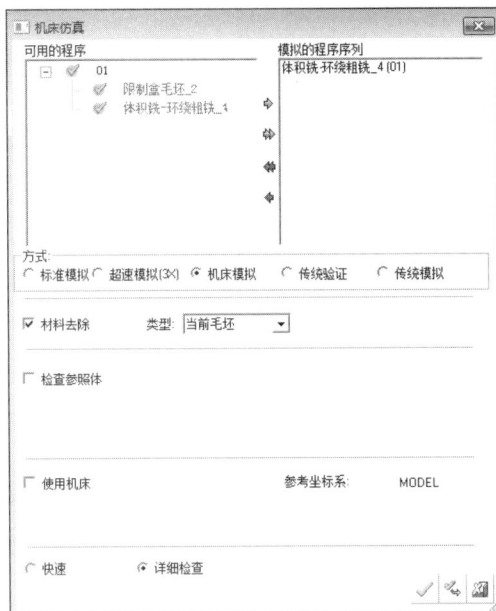

图 6-15　选择模拟检验程序

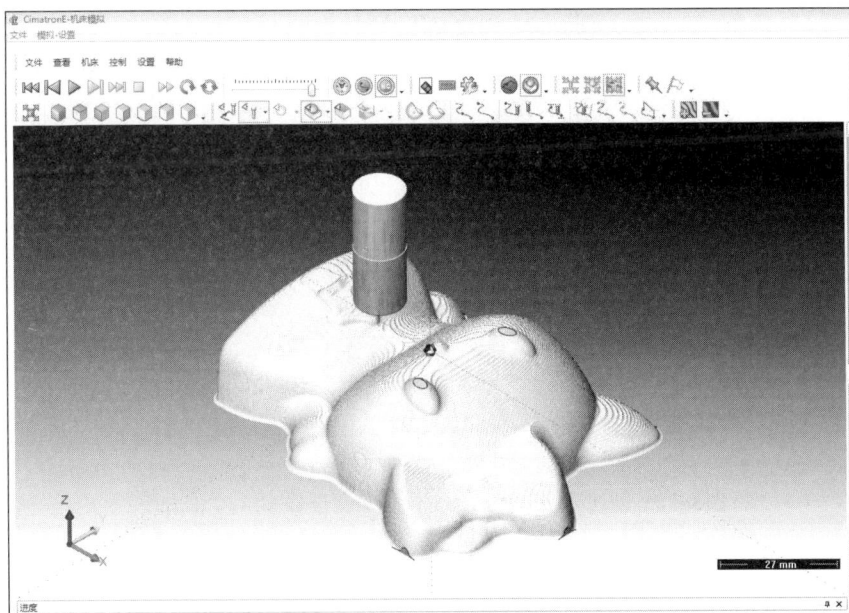

图 6-16　加工模拟仿真结果

动画：KITTY
猫上盖模型
开粗

6.3.2 二次开粗

1. 创建刀具

单击"NC 向导"中的"刀具"图标，系统弹出"刀具及夹头"对话框，单击"新刀具"图标，按图 6-17 所示设置参数，单击"确认"图标，创建 D6 平底刀。

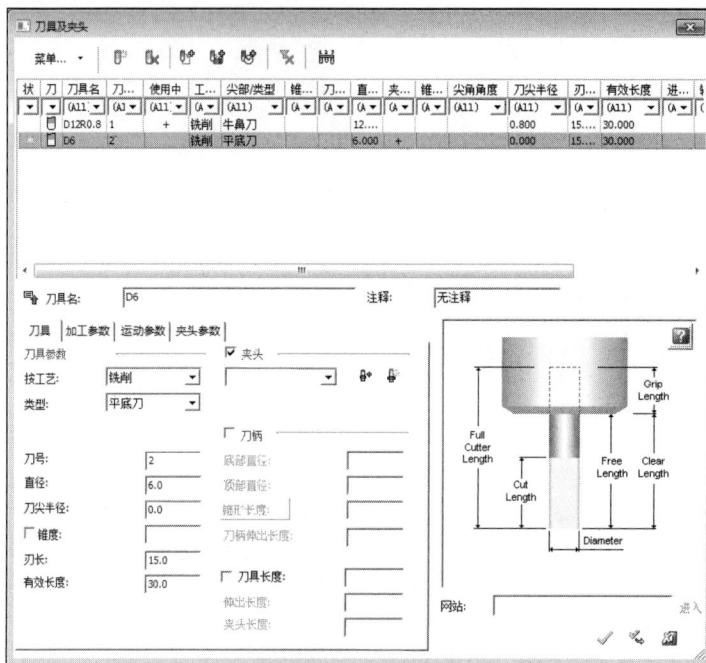

图 6-17 创建刀具

2. 创建刀路轨迹

单击"NC 向导"中的"刀轨"图标，进入创建刀路轨迹功能，系统弹出"创建刀轨"对话框，修改名称为 02，类型为 3 轴，安全平面为 50，单击"确认"图标，创建 3 轴刀路轨迹。完成后，"NC 程序管理器"中会新增一个名为 02 的刀路轨迹，如图 6-18 所示。

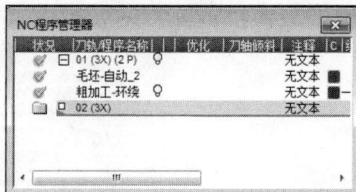

图 6-18 创建刀路轨迹后的 NC 程序管理器

3. 创建程序

单击"NC 向导"中的"程序"图标，系统弹出"程序向导"对话框，开始创建加工程序，系统自动继承上一子选择"环绕粗铣"，如图 6-19 所示。

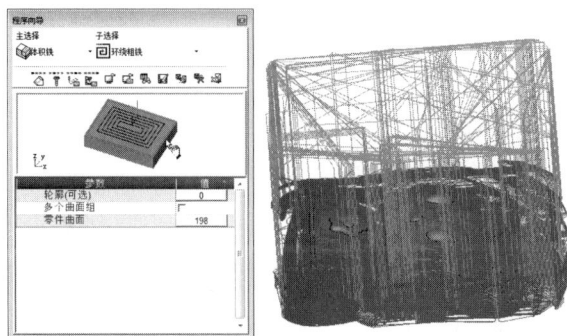

图 6-19　选择工艺效果

（1）选择刀具

单击"刀具"图标，系统弹出"刀具及夹头"对话框，选择 D6 平底刀，如图 6-20 所示，单击"确认"图标，完成刀具的选择。

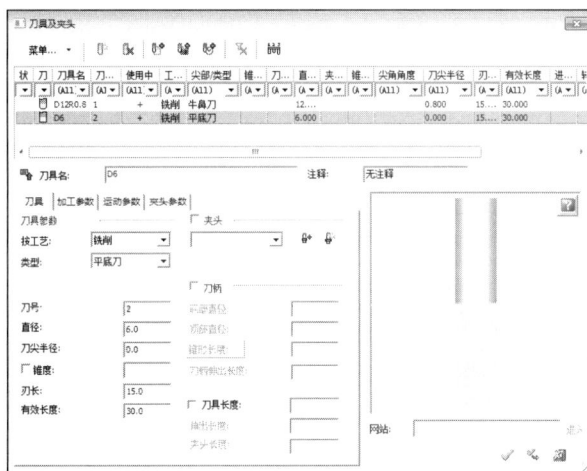

图 6-20　选择 D6 平底刀

（2）设置刀路参数

单击"刀路参数"图标，系统切换到刀路参数界面，按图 6-21 所示进行设置。

图 6-21　二次开粗的刀路参数设置

（3）程序生成

单击"保存并计算"图标，系统将根据前面设置的参数自动计算刀路轨迹，并在绘图区显示生成的刀路轨迹，如图 6-22 所示。

微课：KITTY
猫上盖模型二
次开粗编程

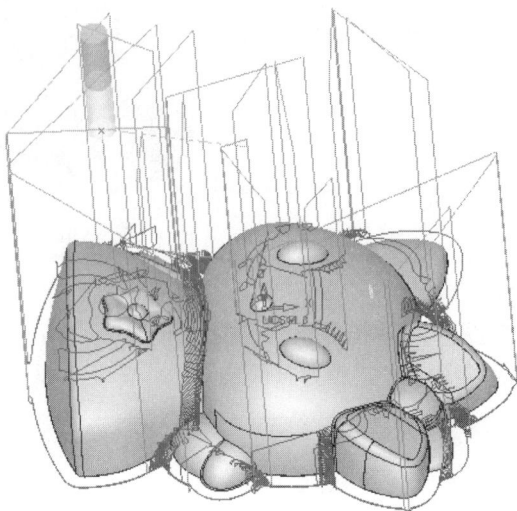

图 6-22　二次开粗后生成的刀路轨迹

4. 仿真模拟

单击"NC 向导"中的"机床仿真"图标，进入模拟检验功能，系统弹出"机床仿真"对话框，单击"确认"图标，系统打开"CimatronE-机床模拟"窗口，选择"控制"→"运行"命令，进行实体切削模拟。二次开粗后的加工模拟仿真结果如图 6-23 所示。

动画：KITTY
猫上盖模型
二次开粗

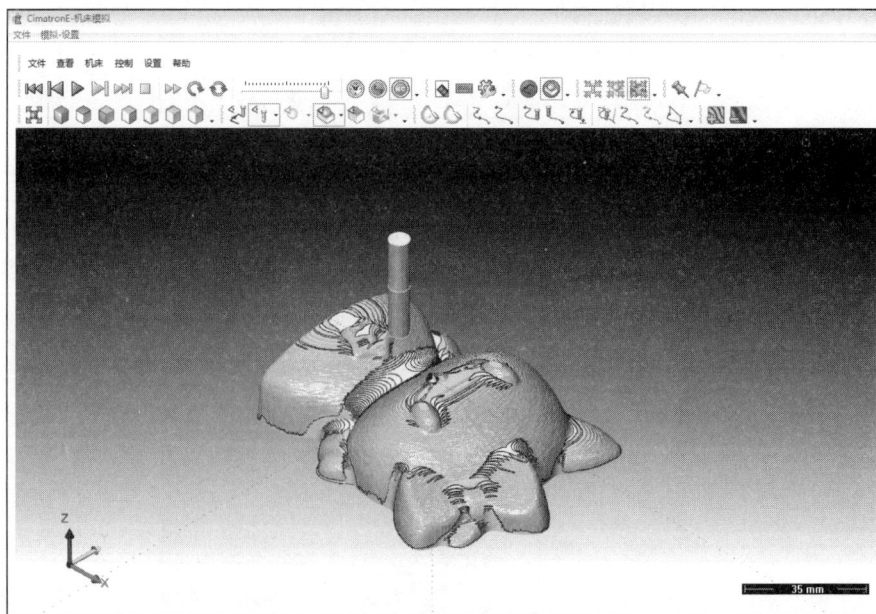

图 6-23　二次开粗后的加工模拟仿真结果

6.3.3　曲面精铣

1. 创建刀具

单击 "NC 向导" 中的 "刀具" 图标，系统弹出 "刀具及夹头" 对话框，单击 "新刀具" 图标，按图 6-24 所示设置参数，单击 "确认" 图标，创建 B6R3 球刀。

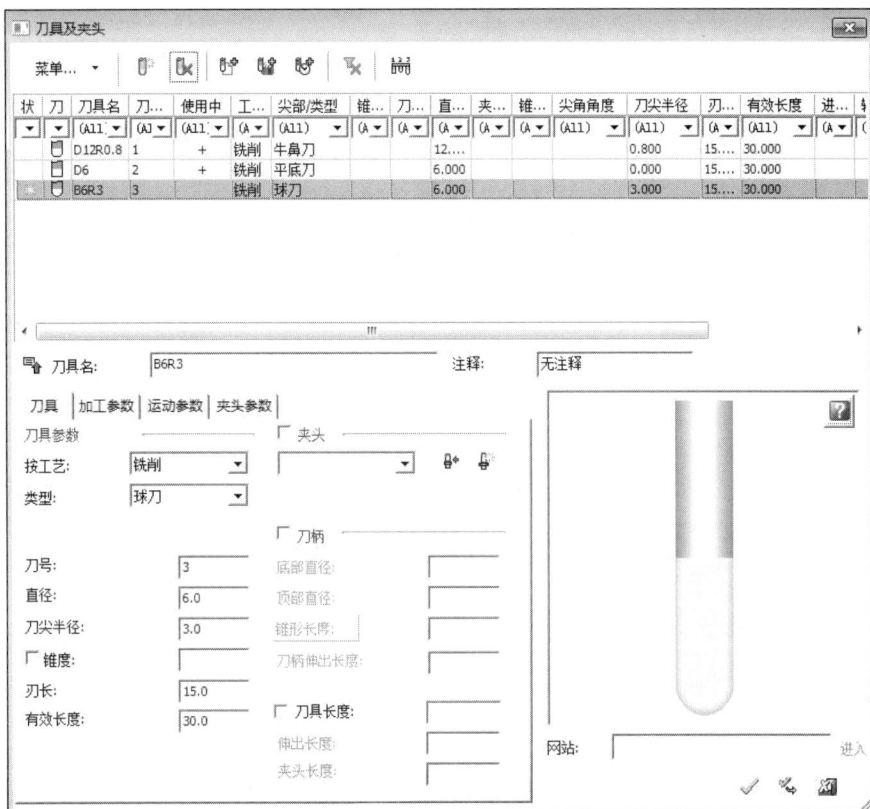

图 6-24　创建 B6R3 球刀

2. 创建刀路轨迹

单击 "NC 向导" 中的 "刀轨" 图标，进入创建刀路轨迹功能，系统弹出 "创建刀轨" 对话框，修改名称为 03，类型为 3 轴，安全平面为 50，单击 "确认" 图标，创建 3 轴刀路轨迹。完成后，"NC 程序管理器" 中会新增一个名为 03 的刀路轨迹，如图 6-25 所示。

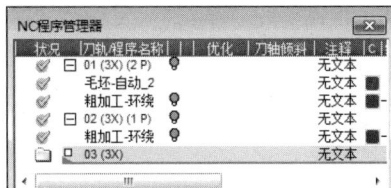

图 6-25　创建 03 刀路轨迹后效果

3. 创建程序

单击"NC 向导"中的"程序"图标，系统弹出"程序向导"对话框，开始创建加工程序，"主选择"修改为"曲面铣削"，"子选择"修改为"根据角度精铣"，如图 6-26 所示。根据角度精铣方式可按加工部位的陡峭程度进行区分，可分为垂直区域和水平区域，并可选择不同的走刀方式。

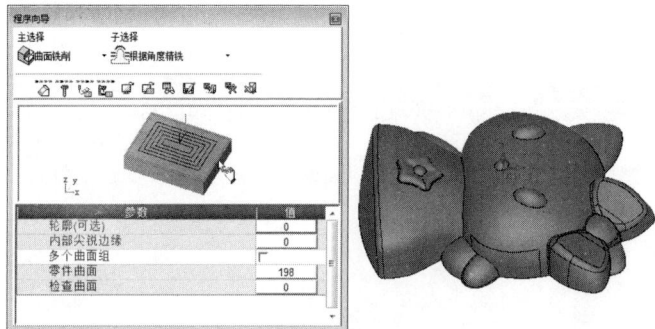

图 6-26　选择曲面精铣工艺

（1）选择刀具

单击"刀具"图标，系统弹出"刀具及夹头"对话框，选择 B6R3 球刀，如图 6-27 所示，单击"确认"图标，完成刀具的选择。

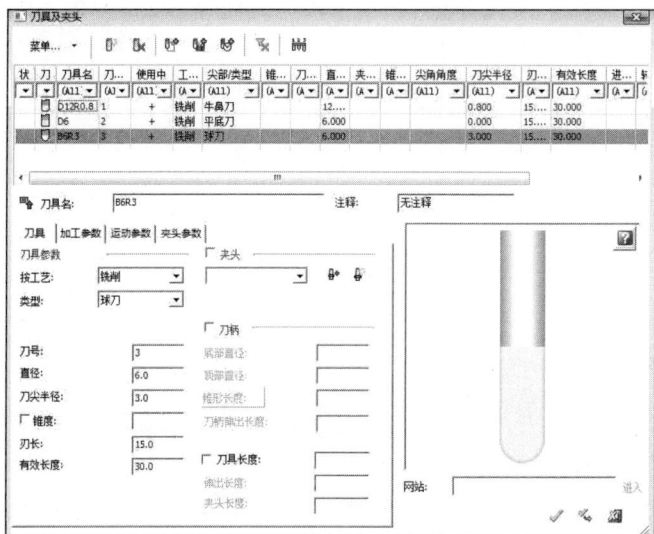

图 6-27　选择 B6R3 球刀

（2）设置刀路参数

单击"刀路参数"图标，系统切换到刀路参数界面，按以下步骤进行设置。

步骤 1：安全平面和坐标系参数设置。

该参数可保持默认设置。

步骤 2：进刀和退刀点参数设置。

该参数可保持默认设置。

步骤 3：公差及余量参数设置。

考虑到是曲面精加工，加工曲面余量设置为 0，曲面公差修改为 0.01，如图 6-28 所示。

参数	值
安全平面和坐标系	
进刀和退刀点	优化
进刀点	自动
直连接距离 >	24.0000
毛坯外进刀	☑
轮廓设置	
公差及余量	基本
加工曲面余量	0.0000
曲面公差	0.0100
轮廓最大间隙	0.0100

图 6-28　精度和曲面偏移参数设置

步骤 4：刀路轨迹参数设置。

1）平坦区域：选中该复选框，将进行平坦区域加工。

2）平坦区域加工方法：该参数有 3 个选项，分别是"环切"、"平行切削"和"3D 步距"，如图 6-29 所示。这里选择环切方式。

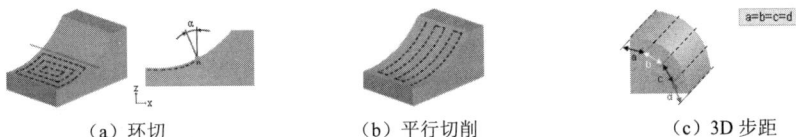

（a）环切　　　　　（b）平行切削　　　　　（c）3D 步距

图 6-29　平坦区域加工方法示意图

3）平坦区域切削模式：包括"顺铣"和"逆铣"两个选项。这里是精加工，故选择顺铣。

4）平坦区域切削方向：包括"由内往外"和"由外往内"两个选项，这里选择"由内往外"选项。

5）平坦区域步距：球刀曲面精加工，一般可设置为 0.2～0.3mm，这里设置为 0.2。

6）陡峭区域：选择中复选框，将对陡峭区域进行加工。

7）陡峭区域加工策略：该参数有 3 个选项，分别是"层"、"螺旋"和"插铣"，如图 6-30 所示。陡峭区域加工策略示例如图 6-31 所示。这里选择"层"选项。

陡峭区域	☑
陡峭区域加工策略	层
陡峭区域切削方式	层
陡峭区域步距	螺旋
通用加工顺序	插铣

图 6-30　陡峭区域加工策略选项

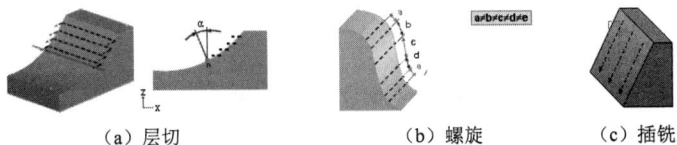

（a）层切　　　　　（b）螺旋　　　　　（c）插铣

图 6-31　陡峭区域加工策略示例

8）陡峭区域切削方式：包括"顺铣"、"逆铣"和"混合铣"3个选项。这里是精加工，故选择"顺铣"选项。

9）陡峭区域步距：设置为0.3。

10）通用加工顺序：在同时打开平坦区域和陡峭区域时，会有加工顺序选项，可以选择陡峭优先，也可以选择平坦优先。这里选择陡峭优先。

11）斜率限制角度：用于划分平坦区域和陡峭区域的角度。曲面的倾斜角度大于斜率限制角度将被当作陡峭区域，而小于斜率限制角度的则被作为平坦区域，如图6-32所示。斜率限制角度设置为50。

全部刀路轨迹参数设置如图6-33所示。

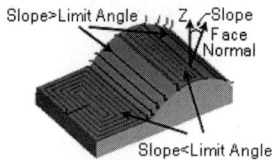

图6-32　斜率限制角度

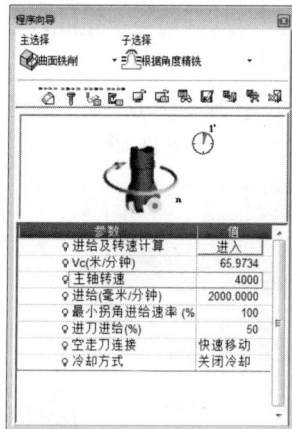

图6-33　全部刀路轨迹参数设置

其他参数可保持默认设置。

（3）设置机床参数

单击"机床参数"图标，系统切换到机床参数界面，设置机床的主轴转速为4000、进给为2000，其他选择默认值，如图6-34所示。

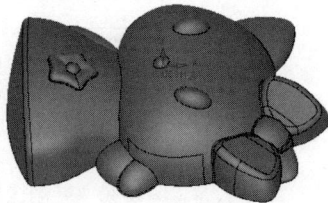

图6-34　曲面精铣的机床参数设置

（4）程序生成

单击"保存并计算"图标，系统将根据前面设置的参数自动计算刀路轨迹，并在绘图区显示生成的刀路轨迹，如图6-35所示。

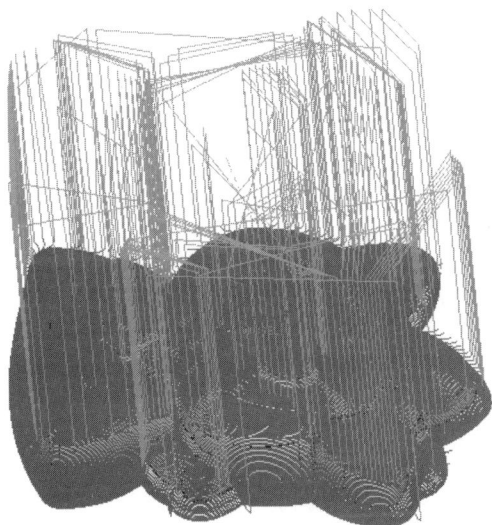

图 6-35　曲面精铣生成的刀路轨迹

微课：KITTY
猫上盖模型曲
面精铣编程

4. 仿真模拟

单击"NC 向导"中的"机床仿真"图标，进入模拟检验功能，系统弹出"机床仿真"对话框，单击"确认"图标，系统打开"CimatronE-机床模拟"窗口，选择"控制"→"运行"命令，进行实体切削模拟。曲面精铣后的加工模拟仿真结果如图 6-36 所示。

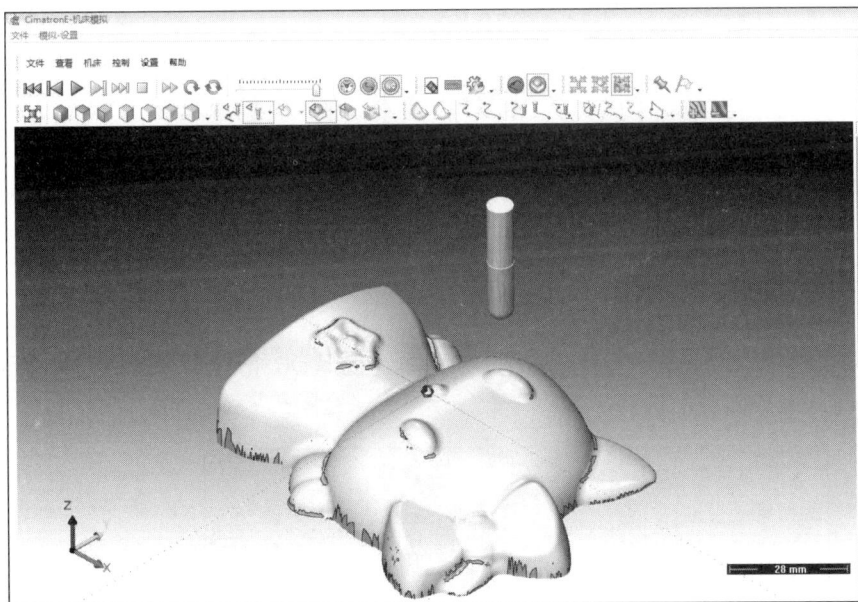

动画：KITTY
猫上盖模型
曲面精铣

图 6-36　曲面精铣后的加工模拟仿真结果

6.3.4 精铣侧面

1. 创建刀路轨迹

单击"NC 向导"中的"刀轨"图标，进入创建刀路轨迹功能，系统弹出"创建刀轨"对话框，修改名称为 04，类型为 3 轴，安全平面为 50，单击"确认"图标，创建 3 轴刀路轨迹。完成后，"NC 程序管理器"中会新增一个名为 04 的刀路轨迹，如图 6-37 所示。

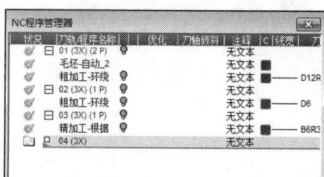

图 6-37　创建刀路轨迹 04 后的 NC 程序管理器

2. 创建程序

单击"NC 向导"中的"程序"图标，系统弹出"程序向导"对话框，开始创建加工程序。考虑到侧面留有一定残料，并且是曲面，因此采用曲面铣加工方式。"主选择"修改为"曲面铣削"，"子选择"修改为"精铣所有"，如图 6-38 所示。

图 6-38　选择精铣侧面工艺

（1）选择刀具

单击"刀具"图标，系统弹出"刀具及夹头"对话框，选择 D6 平底刀，如图 6-39 所示，单击"确认"图标，完成刀具的选择。

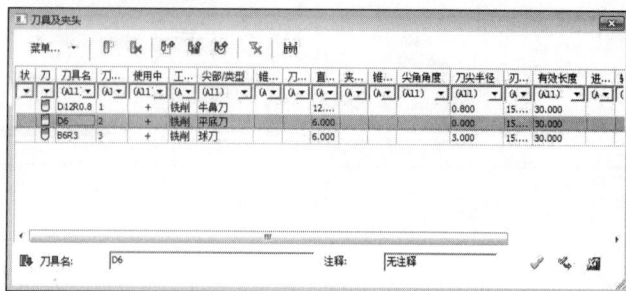

图 6-39　选择 D6 平底刀

（2）轮廓选择

单击轮廓后的"0"按钮，系统弹出"轮廓管理器"对话框，设置刀具位置为"轮廓外"，轮廓偏移为-1，保证侧面加工到位，如图6-40所示。在绘图区选择底部轮廓，单击中键确认，如图6-41所示，完成轮廓选择。

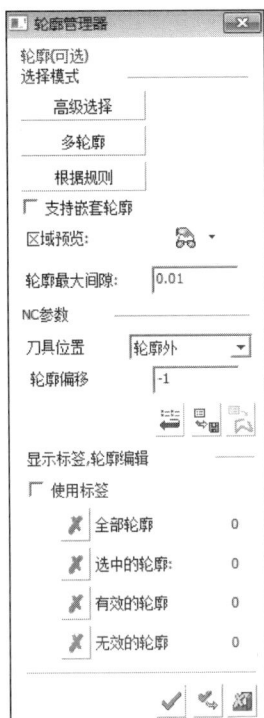

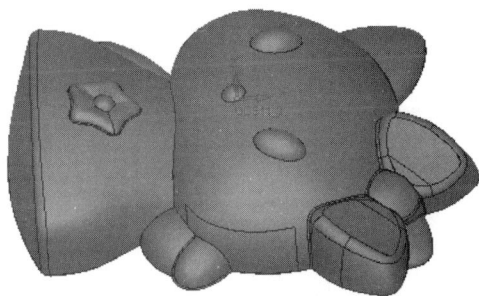

图6-40　轮廓参数设置

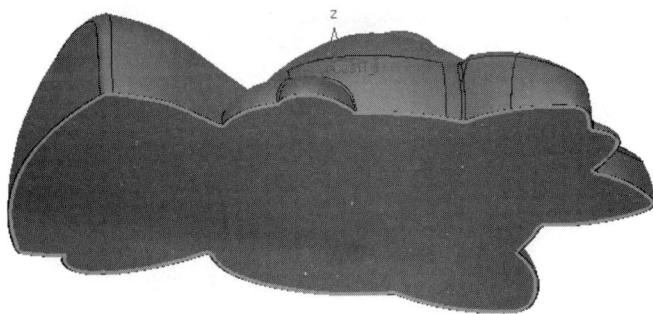

图6-41　底部轮廓的选择

（3）设置刀路参数

单击"刀路参数"图标，系统切换到刀路参数界面，进行刀路参数设置。考虑到是精加工，加工曲面余量设置为0，主要对刀路轨迹、Z值限制参数进行设置。安全平面和坐标系、进刀和退刀点、轮廓设置等参数设置为默认值。

步骤 1：刀路轨迹参数设置。

1）加工方式：设置为层。

2）陡峭区域切削方式：设置为顺铣。

3）陡峭区域步距：考虑到精加工，设置为 0.1。

步骤 2：Z 值限制参数设置。

考虑到只对侧面进行加工，应对加工区域进行限制，分别按图 6-42 所示进行设置。注意：设置高度值应大于残料高度 0.8。

图 6-42　Z 值限制参数设置

（4）设置机床参数

单击"机床参数"图标，系统切换到机床参数界面，设置机床的主轴转速为 4000、进给为 1500，其他保持默认值，如图 6-43 所示。

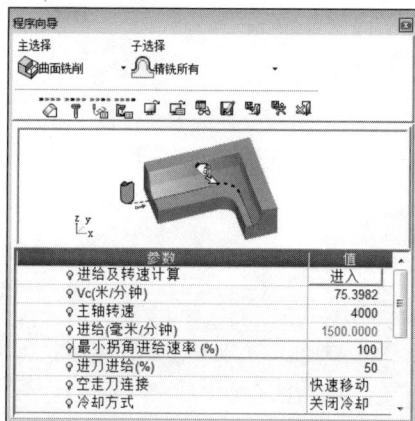

图 6-43　精铣侧面的机床参数设置

（5）程序生成

单击"保存并计算"图标，系统将根据前面设置的参数自动计算刀路轨迹，并在绘图区显示生成的刀路轨迹，如图 6-44 所示。

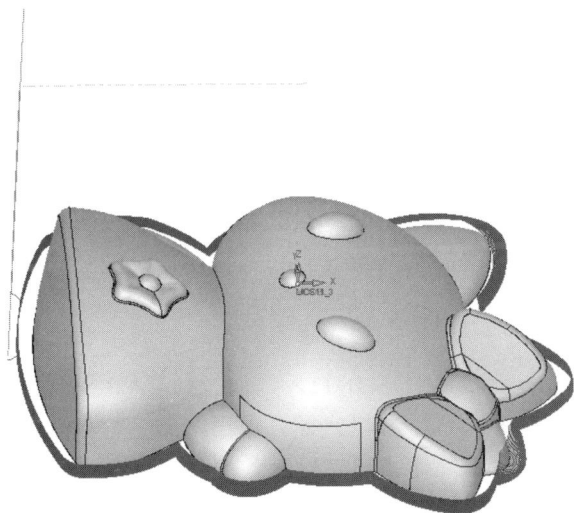

图 6-44　精铣侧面生成的刀路轨迹

3. 仿真模拟

单击"NC 向导"中的"机床仿真"图标，进入模拟检验功能，系统弹出"机床仿真"对话框，单击"确认"图标，系统打开"CimatronE-机床模拟"窗口，选择"控制"→"运行"命令，进行实体切削模拟。精铣侧面后的加工模拟仿真结果如图 6-45 所示。

图 6-45　精铣侧面后的加工模拟仿真结果

6.3.5 清根铣

1. 创建刀路轨迹

单击"NC 向导"中的"刀轨"图标，进入创建刀路轨迹功能，系统弹出"创建刀轨"对话框，修改名称为 05，类型为 3 轴，安全平面为 50，单击"确认"图标，创建 3 轴刀路轨迹。完成后，"NC 程序管理器"中会新增一个名为 05 的刀路轨迹。

2. 创建加工边界

单击"切换到 CAD 模式"图标 ，如图 6-46 所示，切换到 CAD 界面。在绘图区选择模型底面为草图绘制平面，绘制草图，如图 6-47 所示，退出草图绘制功能。注意：草图区域应包括所要进行的清根区域。再单击"切换到 CAM 模式"图标 ，切换到 CAM 模式，如图 6-48 所示。

"切换到CAD模式"图标 ——

图 6-46　"切换到 CAD 模式"图标

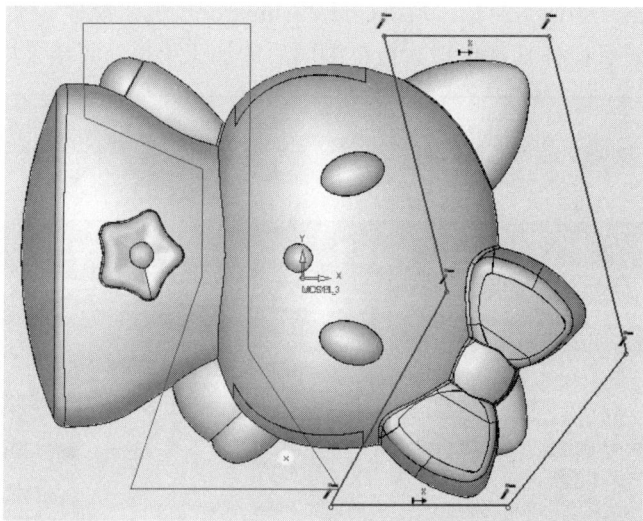

图 6-47　绘制草图

微课：加工边界创建

"切换到CAM模式"图标 ——

图 6-48　"切换到 CAM 模式"图标

3. 创建程序

单击"NC 向导"中的"程序"图标，系统弹出"程序向导"对话框，开始创建加工程序。"主选择"修改为"清角"。清角又称局部精细加工，沿着零件曲面的凹角和凹谷生成刀路轨迹，常用来作为使用了较大直径的刀具而在凹角处留下较多残料的补充加工。

清角加工有清根、笔式和传统策略 3 个子选择。其中，清根集成了局部精细加工中传统加工程序的大部分选项，通过刀路参数的相应设置可以区分加工区域范围和走刀方式，是常用的清角加工方式之一。笔式是沿着凹角与沟槽产生一条单一刀具路径，适用于在零件的凹角处生成一个光滑的圆角，一般应使用球刀或牛鼻刀进行加工。其刀路轨迹如图 6-49 所示。

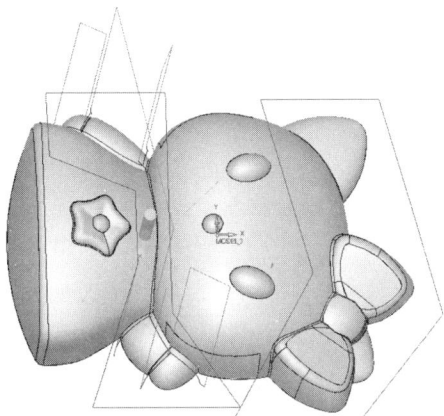

图 6-49　笔式铣加工的刀路轨迹

笔式刀路轨迹有平坦区域、斜率限制角度和陡峭区域 3 个参数，平坦区域有"顺铣"、"逆铣"和"混合铣" 3 个选项，一般选择混合铣；陡峭区域含"从不"、"两者"、"两者：向上"和"两者：向下" 4 个选项，一般选择两者，如图 6-50 所示。

图 6-50　笔式铣刀路轨迹参数

这里"子选择"修改为"清根"，如图 6-51 所示。

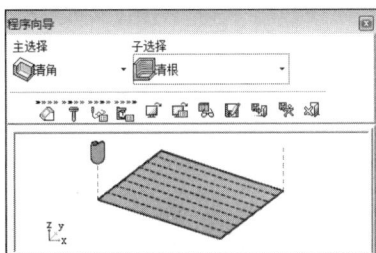

图 6-51　选择清根铣工艺

（1）选择刀具

创建清根加工程序时，对刀具是有要求的。选择刀具应符合以下条件：

1）可以使用牛鼻刀、平底刀和球刀，但不支持使用带有锥度的刀具。同时，前一把刀也不能使用带有锥度的刀具。

2）选择的当前刀具直径不能大于前一把刀具的直径。

3）使用的当前刀具与前一把刀具应有一致的端部平面长度。如前一把刀使用球刀，则当前刀具也应该使用球刀；而如果前一把刀使用牛鼻刀，则当前刀具可以使用直径为前一把刀具的刀具直径减去 2 倍角落半径的平底刀,或使用刀具半径减去 2 倍角落半径的牛鼻刀。

（2）创建刀具

单击"NC 向导"中的"刀具"图标，系统弹出"刀具及夹头"对话框，单击"新刀具"图标，按图 6-52 所示设置参数，单击"确认"图标，新建 B3R1.5 球刀。

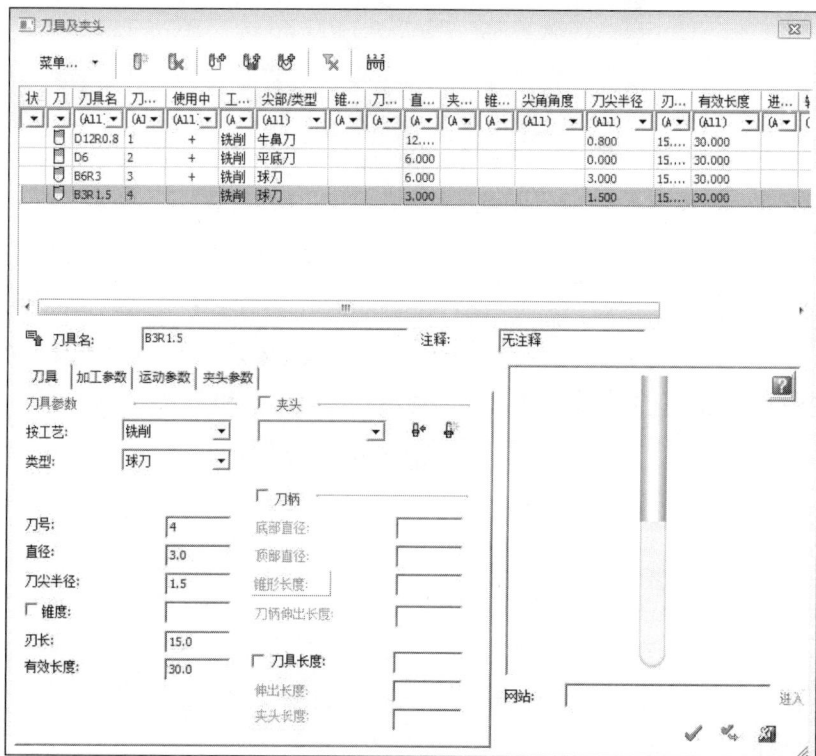

图 6-52　创建 B3R1.5 球刀

（3）零件曲面、边界选择

单击零件曲面后的"0"按钮，通过框选方法选择全部曲面，再单击中键确认退出，完成曲面零件选择。

单击轮廓后的"0"按钮，系统弹出"轮廓管理器"对话框，设置刀具位置为轮廓上，轮廓偏移为 0，在绘图区选择刚绘制的边界，如图 6-53 所示。单击中键确认退出，完成轮廓选择。

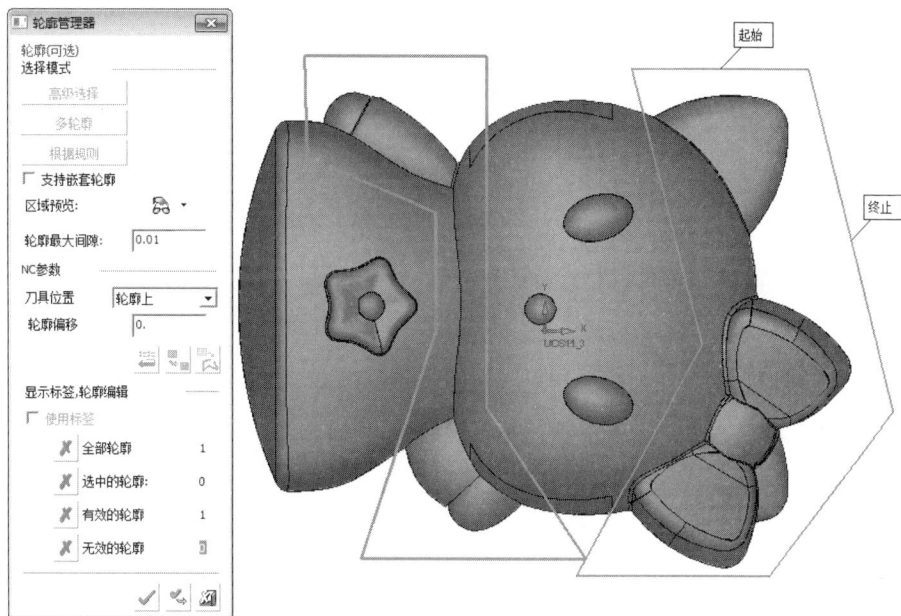

图 6-53　清根铣所需轮廓的选择

（4）设置刀路参数

单击"刀路参数"图标，系统切换到刀路参数界面，按以下步骤进行设置。清根大部分参数均与曲面铣的对应参数相同，只在刀路轨迹参数组有所差别。

步骤 1：安全平面和坐标系等参数设置。

安全平面和坐标系、进刀和退刀点、轮廓设置、公差及余量等参数按默认值设置。

步骤 2：刀路轨迹参数设置。

1）切削模式：可以设置为顺铣、逆铣或混合铣。这里设置为混合铣。

2）二粗：该复选框用于在进行清根加工之前先以体积铣的方式将残余的毛坯材料去除。选中"二粗"复选框，将激活"垂直步距（二次开粗）"、"侧向步距（二粗）"和"偏移（二粗）"3 个选项。相关参数的含义与体积铣的二次开粗中对应的选项相同。注意：如果参考上一毛坯设置为否，则不能使用二粗。这里不选中该复选框。

3）加工区域：用于设置加工区域类型，包括"分割平坦/陡峭"、"全部随形"、"仅平坦"、"仅陡峭"和"无"5 个选项。选择"分割平坦/陡峭"选项时，将激活斜率限制角度，对区分平坦和陡峭的斜率进行设定，并分别设置平坦区域步距和陡峭区域步距；选择"全部随形"选项时，仅需分别设置平坦区域步距和陡峭区域步距即可；选择"仅平坦"或"仅陡峭"选项时，只需设置平坦区域步距或陡峭区域步距。这里选择"全部随形"选项，平坦区域步距和陡峭区域步距都设置为 0.1。

4）参考刀具：指选择前面加工所使用的刀具，单击"刀具名称"按钮，将弹出"刀具及夹头"对话框，在刀具列表中选择加工所用的刀具，这里选择 B6R3 球刀。

其他参数可按图 6-54 所示进行设置。

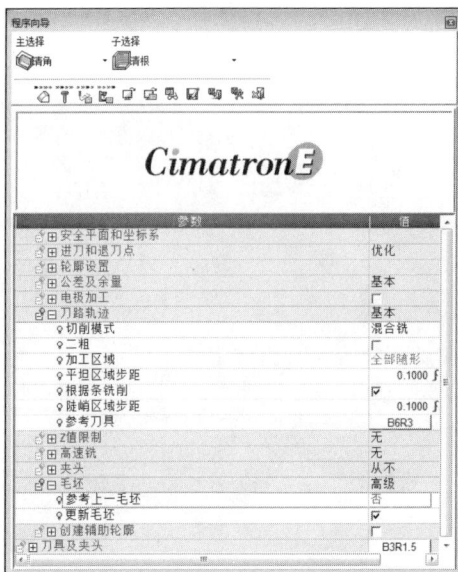

图 6-54　清根铣刀路参数设置

（5）设置机床参数

单击"机床参数"图标，系统切换到机床参数界面，设置机床的主轴转速为 4000、进给为 1500，其他选择默认值，如图 6-55 所示。

图 6-55　清根铣机床参数设置

（6）程序生成

单击"保存并计算"图标，系统将根据前面设置的参数自动计算刀路轨迹，并在绘图区显示生成的刀路轨迹，如图 6-56 所示。

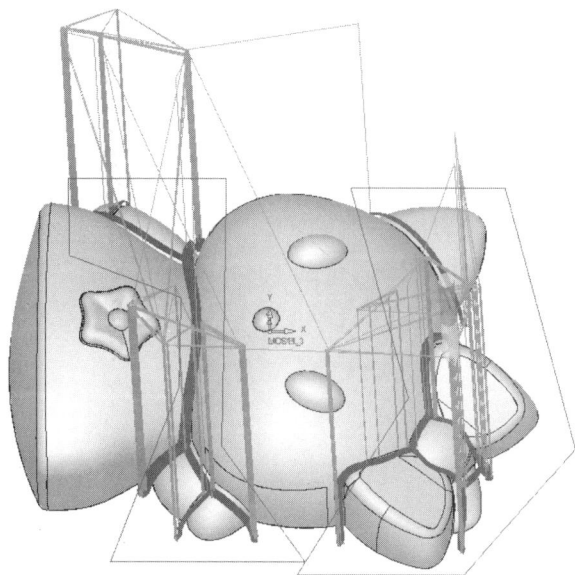

图 6-56 清根铣后生成的刀路轨迹

4. 仿真模拟

单击"NC 向导"中的"机床仿真"图标，进入模拟检验功能，系统弹出"机床仿真"对话框，单击"确认"图标，系统"CimatronE-机床模拟"窗口，选择"控制"→"运行"命令，进行实体切削模拟。清根铣后的加工模拟仿真结果如图 6-57 所示。

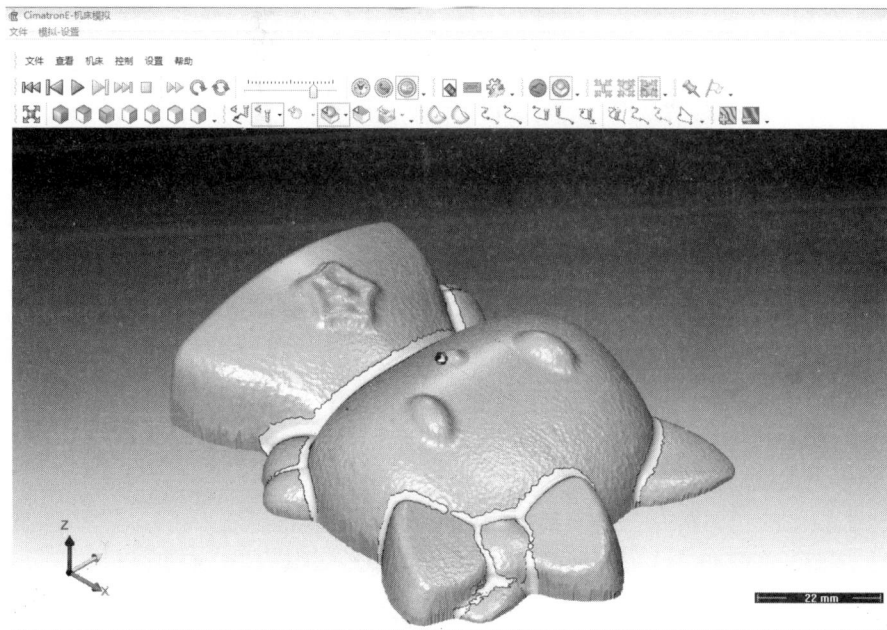

图 6-57 清根铣后的加工模拟仿真结果

6.3.6 局部精细加工

1. 创建刀路轨迹

单击"NC 向导"中的"刀轨"图标，进入创建刀路轨迹功能，系统弹出"创建刀轨"对话框，修改名称为 06，类型为 3 轴，安全平面为 50，单击"确认"图标，创建3 轴刀路轨迹。完成后，"NC 程序管理器"中会新增一个名为 06 的刀路轨迹，如图 6-58 所示。

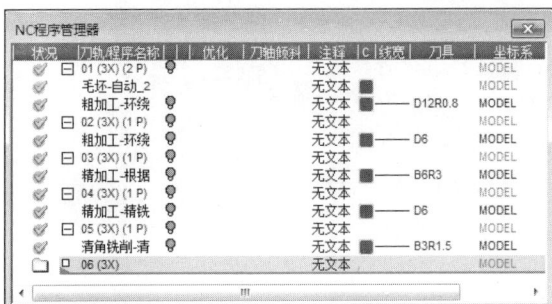

图 6-58 新增 06 刀路轨迹后的 NC 程序管理器

2. 创建程序

单击"NC 向导"中的"程序"图标，系统弹出"程序向导"对话框，开始创建加工程序。"主选择"修改为"曲面铣削"，"子选择"修改为"精铣所有"，如图 6-59 所示。

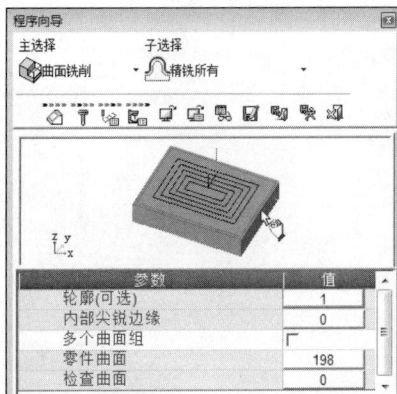

图 6-59 选择局部精细加工所需的工艺

（1）选择刀具

单击"刀具"图标，系统弹出"刀具及夹头"对话框，选择 B3R1.5 球刀，如图 6-60 所示，单击"确认"图标，完成刀具的选择。

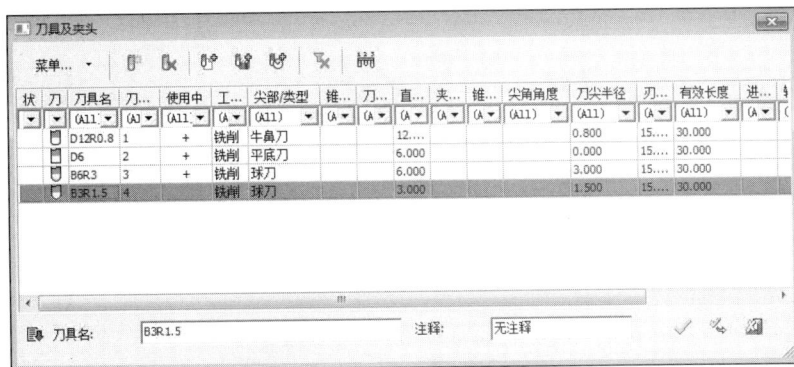

图 6-60　选择 B3R1.5 球刀

（2）轮廓选择

单击轮廓后的"1"按钮，系统弹出"轮廓管理器"对话框，在绘图区单击默认的轮廓线，单击右键，在弹出的快捷菜单中选择"重置所有"命令，取消默认的轮廓线选择。设置刀具位置为轮廓上，轮廓偏移为-2，使加工区域向外部拓展 2mm，保证加工到位。在绘图区选择花纹、眼睛、鼻子边界，单击中键确认，如图 6-61 所示，完成轮廓选择。

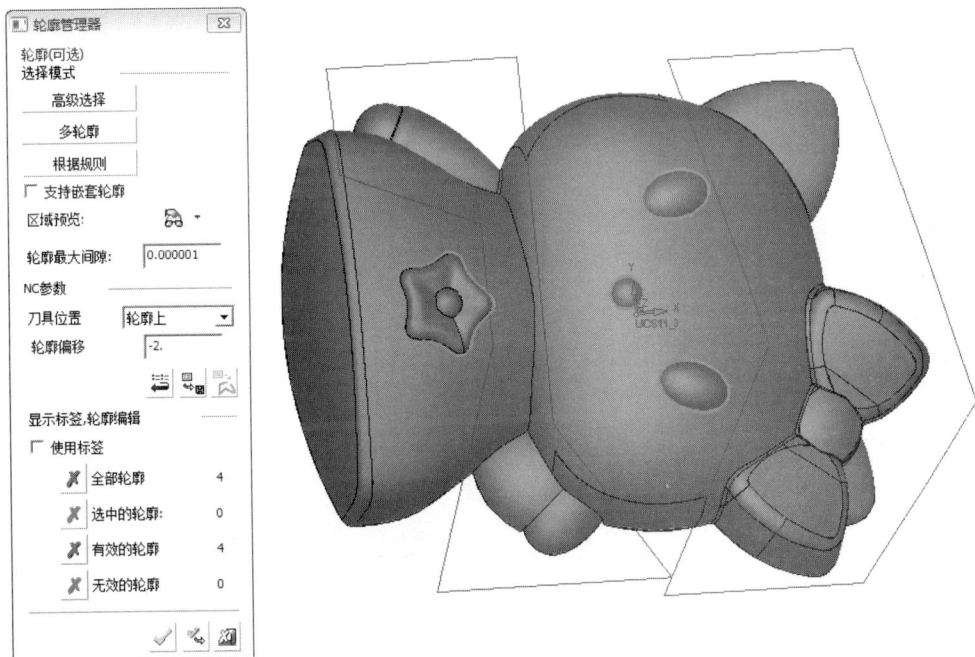

图 6-61　局部精细加工轮廓选择

（3）设置刀路参数

单击"刀路参数"图标，系统切换到刀路参数界面，按图 6-62 所示进行设置。

图 6-62　局部精细加工刀路参数设置

（4）程序生成

单击"保存并计算"图标，系统将根据前面设置的参数自动计算刀路轨迹，并在绘图区显示生成的刀路轨迹，如图 6-63 所示。

微课：KITTY 猫
上盖模型局部
精细加工编程

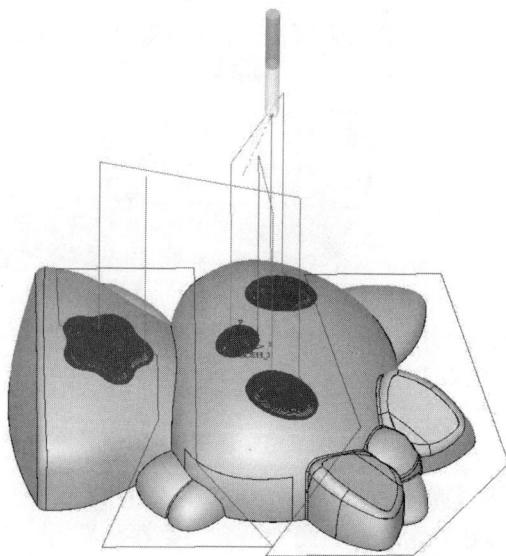

图 6-63　局部精细加工生成的刀路轨迹

3. 仿真模拟

单击"NC 向导"中的"机床仿真"图标，进入模拟检验功能，系统弹出"机床仿真"对话框，单击"确认"图标，系统打开"CimatronE-机床模拟"窗口，选择"控制"→"运行"命令，进行实体切削模拟。局部精细加工的加工模拟仿真结果如图 6-64 所示。

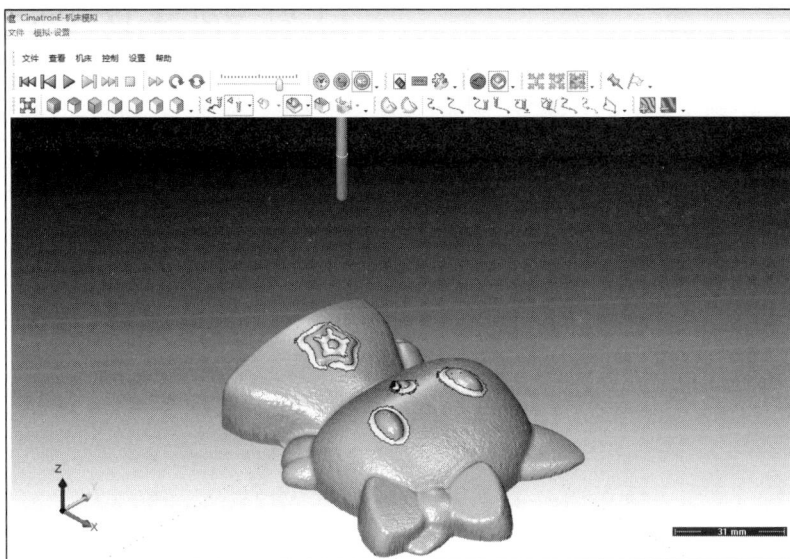

动画:KITTY 猫
上盖模型局部
精细加工

图 6-64   局部精细加工的加工模拟仿真结果

4. 后处理

单击"NC 向导"中的"后处理"图标 ，进入后处理功能，系统弹出"后处理"对话框。选择需要处理后输出程序的存放文件夹，选择文件类型为仅 G 代码文件，文件名命名为 KITTY07，选中"完成之后打开输出的文件"复选框，其他选择默认值。单击"确认"图标进行后处理。后处理完成后，系统将产生一个程序文件，如图 6-65 所示。

图 6-65   生成数控程序

6.4 填写加工程序单

填写表 6-2 所示加工程序单。

表 6-2　加工程序单

零件名称：KITTY 猫上盖　　　　　　　操作员：　　　　　　编程员：

计划时间	
实际时间	
上机时间	
下机时间	

描述：

四面分中

工作尺寸/mm	
X_c	
Y_c	
Z_c	

工作数量：1 件

程序名称	加工类型	刀具	背吃刀量/mm	加工余量/mm	上机时间	完成时间	备注
01	开粗	D12R0.8	0.25	0.2			
02	二次开粗	D6	0.3	0.2			
03	曲面精铣	B6R3	0.2	0			
04	精铣侧面	D6	0.1	0			
05	清根铣	B3R1.5	0.1	0			
06	局部精细加工	B3R1.5	0.1	0			

项 目 练 习

完成图 6-66 所示 KITTY 猫下盖数控程序的创建。

KITTY 猫下盖模型源文件见配套资源包（下载地址：www.abook.cn）。

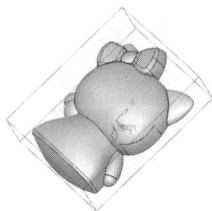

图 6-66　KITTY 猫下盖

7

项 目

过滤器瓶盖模板数控编程

>>>>>

◎ **项目导读**

过滤器瓶盖模板的加工内容包括平面、曲面及小槽等，编程时应注意合理地选取刀具及加工策略。

过滤器瓶盖模板源文件见配套资源包（下载地址：www.abook.cn）。

◎ **能力目标**

- 能创建工件坐标系，创建夹具，能正确导入刀具库。
- 掌握补面等基本技巧。
- 掌握 CimatronE 11 中的曲面铣削-开放轮廓加工的策略的应用。

◎ **思政目标**

- 树立正确的学习观、价值观，自觉践行行业道德规范。
- 牢固树立质量第一、信誉第一的强烈意识。
- 遵规守纪，安全生产，爱护设备，钻研技术。

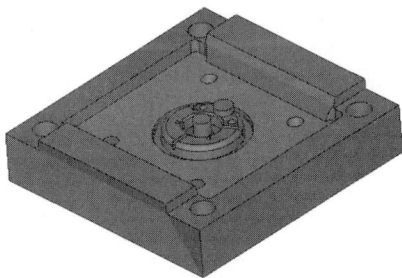

7.1

过滤器瓶盖模板模型分析

进入 CimatronE 11 的开始环境，在工具栏中单击"打开文件"图标，打开"CimatronE 浏览器"窗口，选择需要打开的文件，单击"打开"按钮，完成文件的打开。

选择"分析"→"测量"命令，也可选择"查看"→"动态截面"命令。通过两个对话框对模型进行分析，如图 7-1 所示。

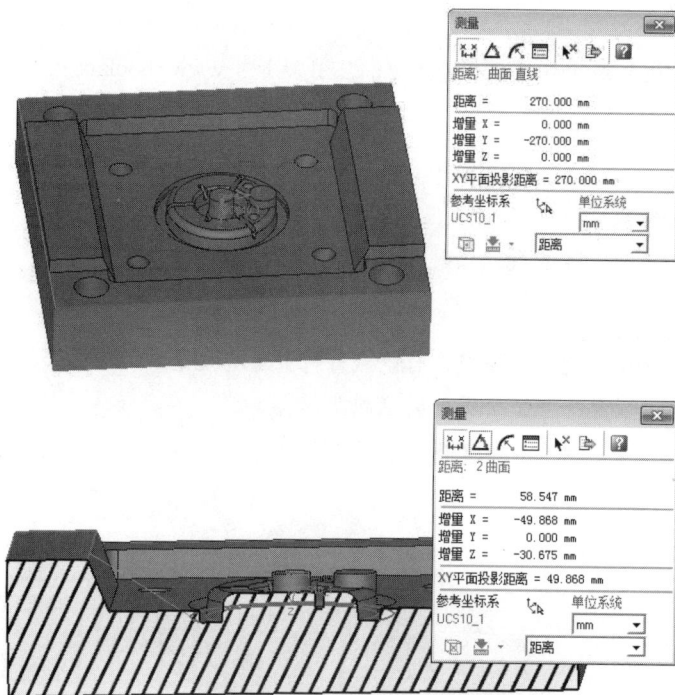

图 7-1 模型分析

选择"分析"→"曲率分析"命令，系统弹出"特征向导"的曲率分析界面，再单击"选择所有"图标，选择所有曲面，单击中键确认，系统自动计算得到最小曲率为 1.005，如图 7-2 所示，也可通过点选方式得到各点的曲率半径。

微课：过滤器瓶盖模板模型分析

模型长×宽×高：280mm×270mm×65mm。

型腔深度：36.675mm。

最小圆弧半径：1.005mm。

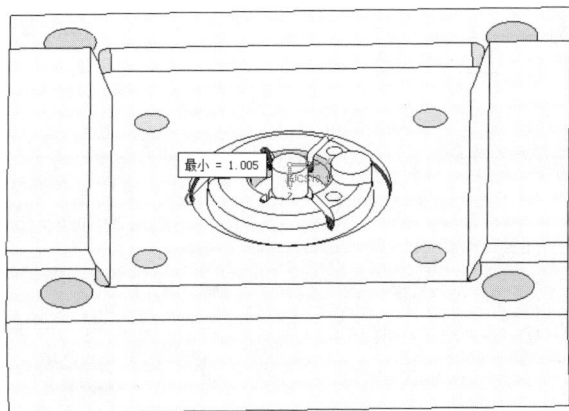

图 7-2　模型曲率分析

7.2

过滤器瓶盖模板加工工艺制定

过滤器瓶盖模板加工工艺，可按表 7-1 所示进行编制。

微课：过滤器瓶盖模板
加工工艺制定

表 7-1　过滤器瓶盖模板加工工艺流程

序号	加工内容	加工策略	图解	备注
01	开粗	体积铣-环绕切削-3D		根据型腔尺寸及深度确定使用 D30R5 牛鼻刀进行开粗
02	二次开粗	体积铣-环绕粗铣		根据型腔 R 角及深度确定使用 D12R0.8 牛鼻刀进行二次开粗加工
03	底部二次开粗	体积铣-环绕粗铣		根据型芯尺寸确定使用 F8 的平底刀再进行二次开粗加工
04	槽粗铣	曲面铣削-开放轮廓		根据槽的宽度及从加工效率出发确定使用 B3 球刀进行槽的粗加工
05	槽精铣	曲面铣削-精铣所有		考虑到槽的斜率变化较大，所以采用精铣所有中的 3D 步距加工策略，选用 B3 球刀进行精加工
06	平面精铣	曲面铣削-层切		根据型腔尺寸及加工后得到的工件表面粗糙度确定使用 D16R0.8 牛鼻刀来进行底平面的精加工
07	斜面精铣	2.5 轴-开放轮廓		使用上一程序的 D16R0.8 牛鼻刀进行斜面的精加工，减少换刀以提高效率

序号	加工内容	加工策略	图解	备注
08	侧壁精修	2.5 轴-开放轮廓		根据型腔 R 角及深度确定使用 F10 平底刀进行侧壁精加工
09	曲面精铣	曲面铣削-精铣所有		根据型腔尺寸及角落半径确定使用 D6R0.5 的牛鼻刀进行精加工
09	曲面精铣	曲面铣削-层切		使用上一程序的 D6R0.5 牛鼻刀进行底面的精加工，减少换刀以提高效率
10	曲面侧壁精修	2.5 轴-封闭轮廓		根据型腔尺寸确定使用 F6 平底刀进行侧壁及角落的精加工

7.3 过滤器瓶盖模板数控编程

7.3.1 开粗

1. 调入模型

启动 CimatronE 11，打开模板文件，再单击"加载"按钮，进入 CAD 工作窗口。由于坐标系不符合编程需要，应先创建工作坐标系。选择"基准"→"坐标系"→"几何中心"命令，系统弹出"特征向导"对话框，开始创建坐标系。该功能可在对象最大范围的中心点或指定点建立坐标系。

在绘图区分别选择两平面，单击中键确认退出，注意坐标系方向，如相反，单击原点进行反向，如图 7-3 所示。

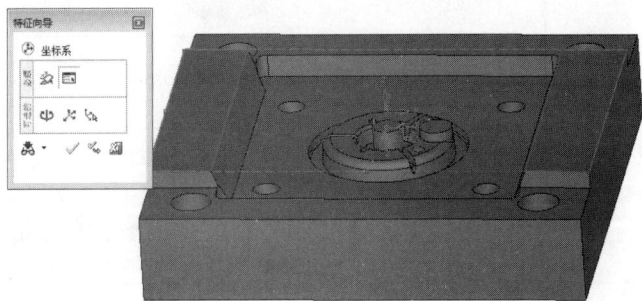

图 7-3 创建坐标系

选择"基准"→"坐标系"→"激活坐标系"命令，再选择刚创建的坐标系，激活坐标系，这时坐标系将以红色显示，如图 7-4 所示。

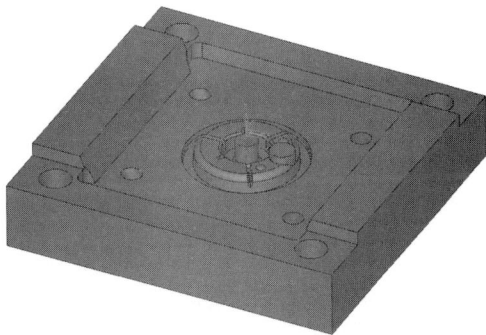

图 7-4　激活坐标系

为保证加工的刀路轨迹不与夹具进行干涉，可在编程时创建夹具。单击"绘制草图"图标，选择草图平面，开始创建草图，如图 7-5 和图 7-6 所示。

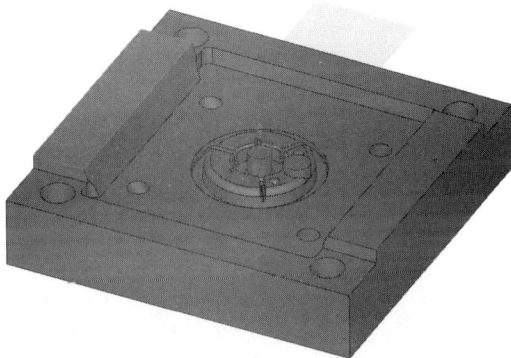

图 7-5　草图平面选择

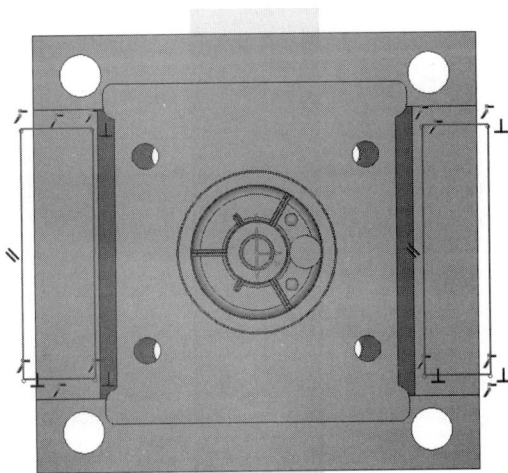

图 7-6　草图绘制

选择"实体"→"新建"→"拉伸"命令，新建拉伸实体，完成夹具实体创建，如

图 7-7 所示。

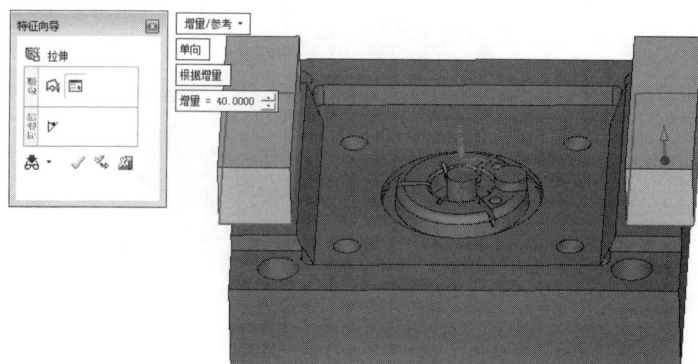

图 7-7　夹具创建

为防止在加工时，刀具进入一些不必要加工的孔或小槽内，有必要对这些区域进行补面。选择"曲面"→"边界曲面"命令，依次选择孔轮廓进行补面操作，如图 7-8 所示。

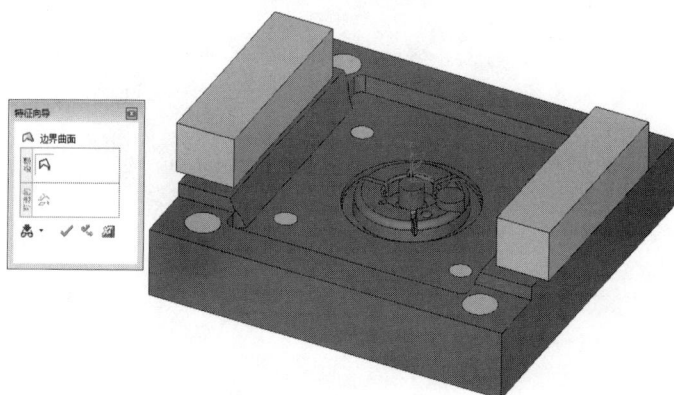

图 7-8　补面

为开放轮廓铣创建直线，选择"曲线"→"直线"命令，依次创建 5 条轮廓直线，如图 7-9 所示。

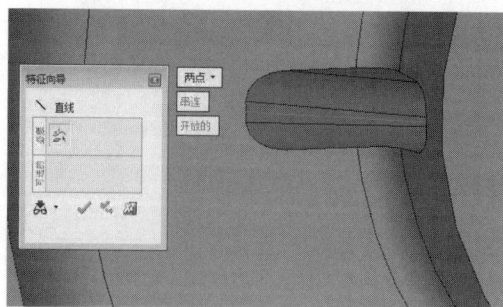

图 7-9　轮廓直线创建

选择"文件"→"输出至加工"命令，进入编程工作模式。选择"使用参考模型的其他坐标"选项，再选择坐标系，如图 7-10 所示，在"特征向导"栏中单击"确认"图标，将模型放置到当前坐标系的原点，同时不做旋转，完成模型的调入。

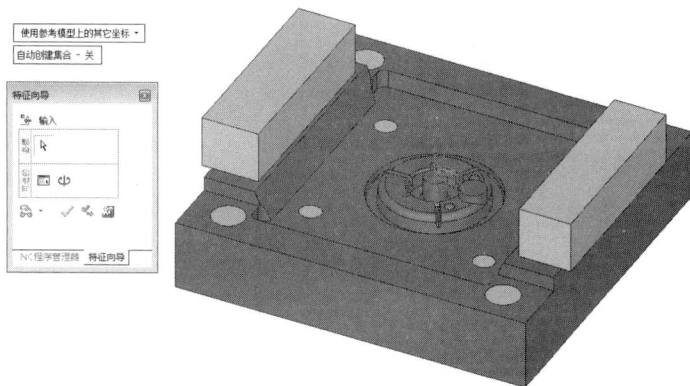

图 7-10　模型调入

2. 选择、创建刀具

单击"NC 向导"中的"刀具"图标，系统弹出"刀具及夹头"对话框，选择"菜单"→"从 CSV 或 XML 文件中输入刀具或夹头"命令，系统弹出"输入刀具"对话框，修改文件类型为 XML Files，选择刀具库文件，系统弹出"增加刀具"对话框。选择所要用到的第一把刀具，再单击"应用"图标 ，加载所选的刀具。按此方法依次选择所要用到的刀具，最后单击"确认"图标，完成刀具选择。单击"新刀具"图标创建 B3 球刀、D6R0.5 牛鼻刀，如图 7-11 所示，最后单击"确认"图标，完成刀具的选择和创建。

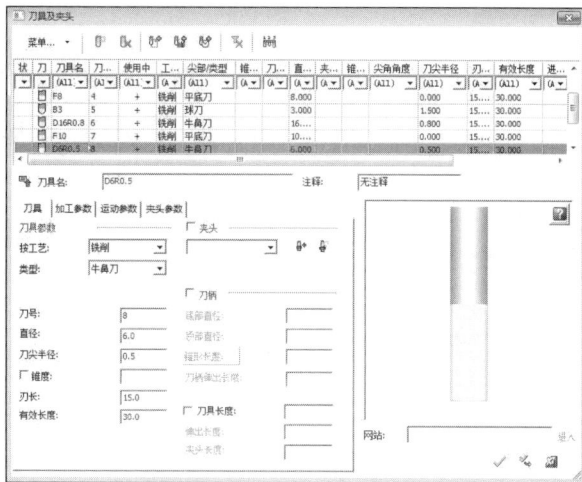

图 7-11　刀具选择

3. 创建刀路轨迹

单击"NC 向导"中的"刀轨"图标，进入创建刀具轨迹功能，系统弹出"创建刀轨"对话框，修改名称为 01，类型为 3 轴，安全平面为 50，如图 7-12 所示，创建刀路轨迹。

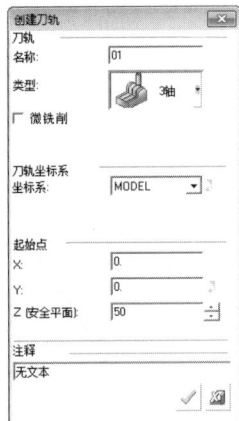

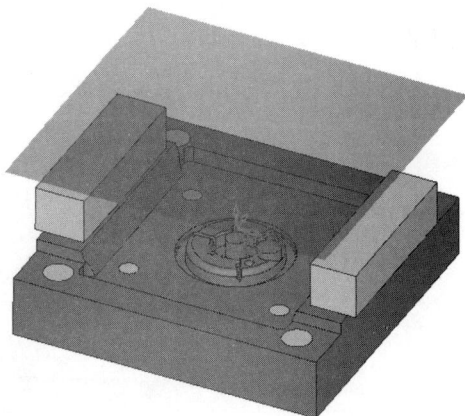

图 7-12　创建刀路轨迹

4. 创建毛坯

单击"NC 向导"中的"毛坯"图标，系统弹出"初始毛坯"对话框，将"毛坯类型"修改为"轮廓"。单击"选择轮廓"按钮，系统弹出"轮廓管理器"对话框，选择底部轮廓，单击中键确认。再将 Z 最高值设置为 0，Z 最低值设置为-65，单击"确认"图标，完成毛坯创建，如图 7-13 所示。

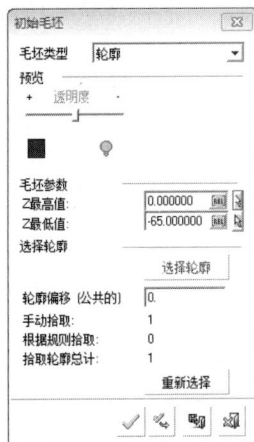

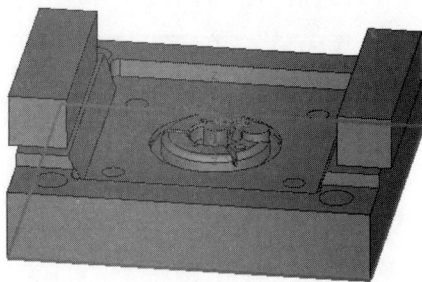

图 7-13　创建毛坯

5. 创建加工程序

单击"NC 向导"中的"程序"图标，系统弹出"程序向导"对话框，开始创建加工程序，修改"子选择"为"环绕切削-3D"，如图 7-14 所示。

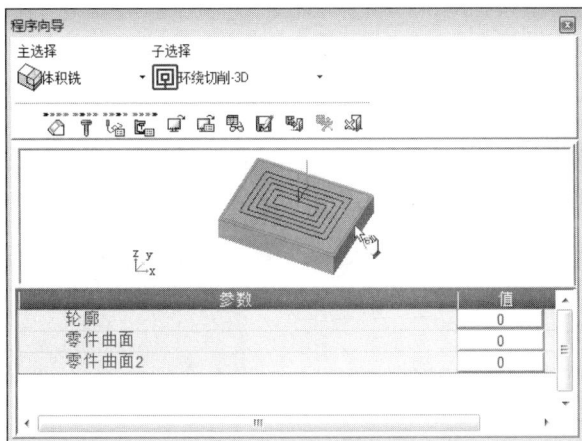

图7-14　选择开粗工艺

（1）选择轮廓、零件曲面

单击轮廓后的"0"按钮，系统弹出"轮廓管理器"对话框，进行轮廓设置，在绘图区选择底部轮廓，再单击中键确认退出，如图7-15所示，完成轮廓选择。

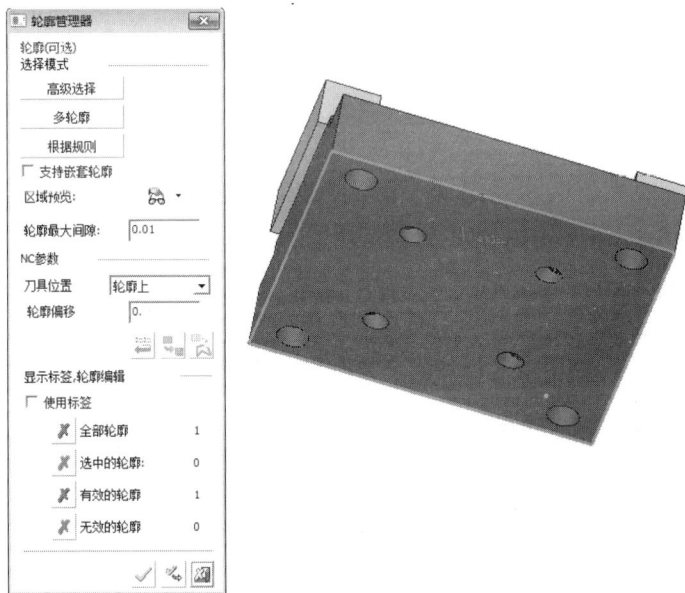

图7-15　轮廓选择

单击零件曲面后的"0"按钮，再单击"选择所有"图标，选择全部零件曲面，再单击中键退出，完成零件曲面选择，如图7-16所示。

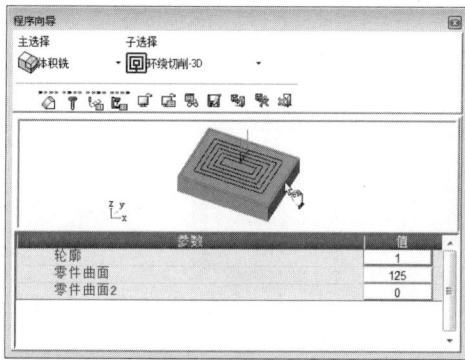

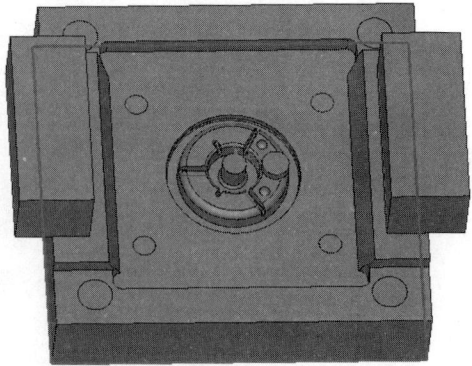

图 7-16　零件曲面选择

（2）设置刀路参数

单击"刀路参数"图标，系统切换到刀路参数界面，按图 7-17 所示进行各参数设置。注意：刀具选择为 D30R5 牛鼻刀。

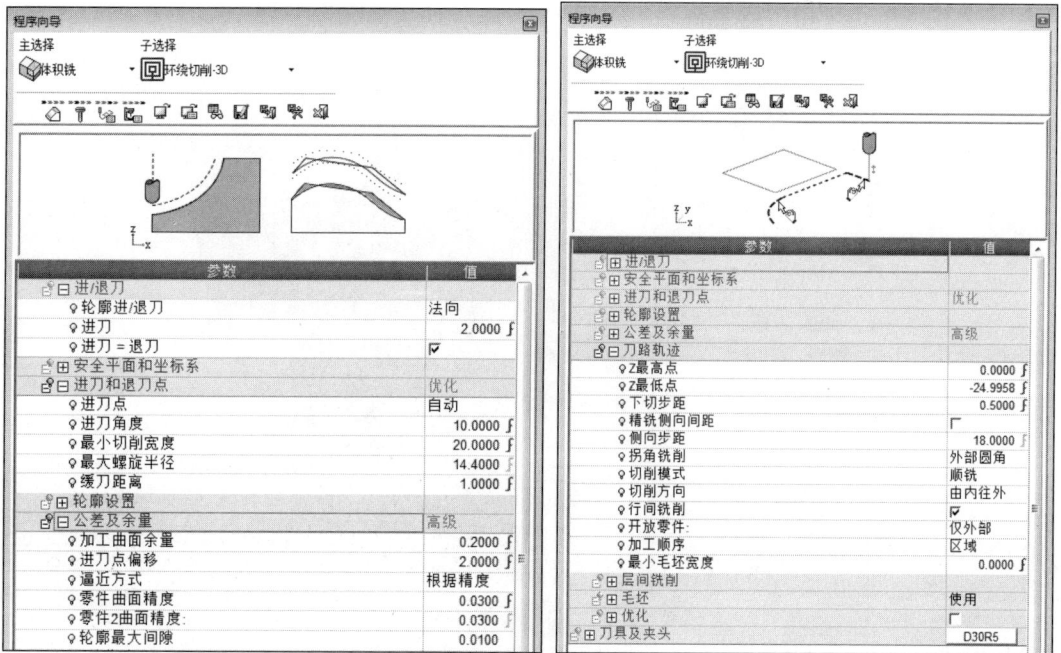

图 7-17　刀路参数设置

（3）设置机床参数

单击"机床参数"图标，系统切换到机床参数界面，设置机床的主轴转速为 1800、进给为 2000，其他选择默认值，如图 7-18 所示。

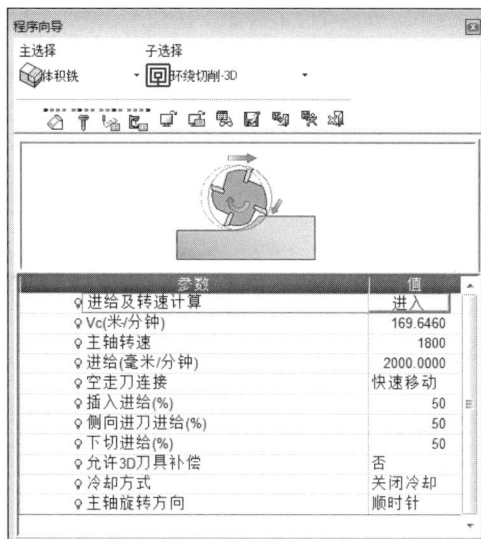

图 7-18 机床参数设置

（4）程序生成

单击"保存并计算"图标，系统将根据前面设置的参数自动计算刀路轨迹，并在绘图区显示生成刀路轨迹，如图 7-19 所示。利用"NC 程序管理器"中的"显示"或"隐藏"图标可显示或隐藏所建立的刀路轨迹。

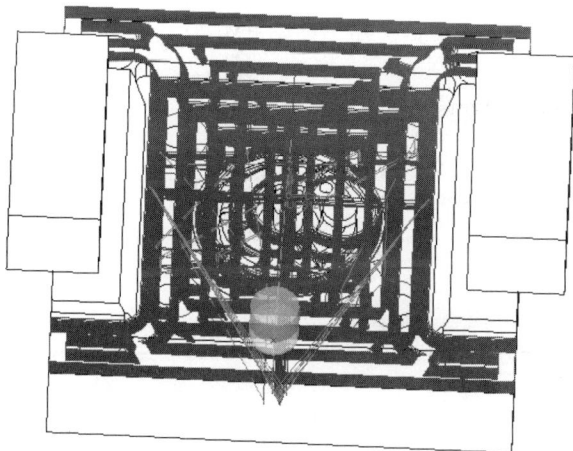

微课：过滤器
瓶盖模板开粗
编程

动画：过滤器
瓶盖模板开粗

图 7-19 开粗程序生成的刀路轨迹

7.3.2 二次开粗

1. 创建刀路轨迹

单击"NC 向导"中的"刀轨"图标，进入创建刀具轨迹功能，系统弹出"创建刀轨"对话框，修改名称为 02，类型为 3 轴，安全平面为 50，单击"确认"图标，创建 3 轴刀路轨迹。完成后，"NC 程序管理器"中会新增一个名为 02 的刀路轨迹。

2. 创建程序

单击"NC 向导"中的"程序"图标，系统弹出"程序向导"对话框，开始创建加工程序，修改"子选择"为"环绕粗铣"，如图 7-20 所示。

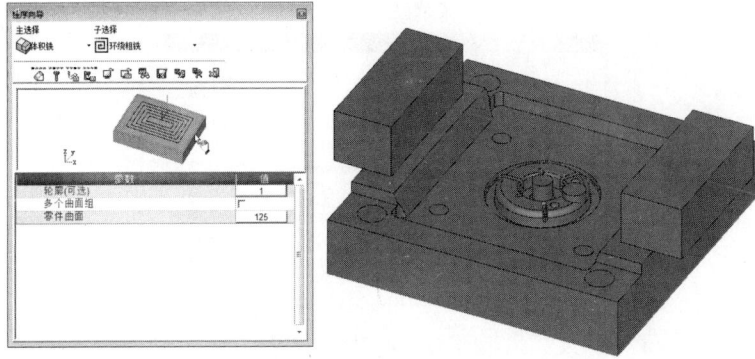

图 7-20　选择二次开粗工艺

（1）选择刀具

单击"刀具"图标，系统弹出"刀具及夹头"对话框，选择 D12R0.8 牛鼻刀，单击"确认"图标，完成刀具的选择。

（2）设置刀路参数

单击"刀路参数"图标，系统切换到刀路参数界面，按图 7-21 所示进行设置，其他参数可保持默认设置。

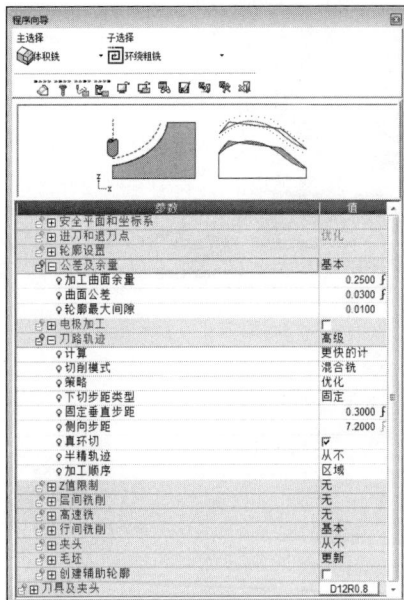

图 7-21　二次开粗刀路参数设置

（3）设置机床参数

单击"机床参数"图标，系统切换到机床参数界面，设置机床的主轴转速为 3000、进给为 2000，其他选择默认值，如图 7-22 所示。

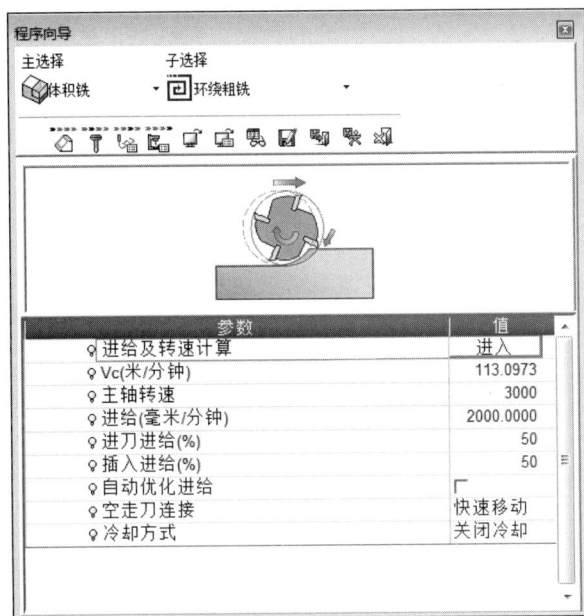

图 7-22　二次开粗机床参数设置

（4）程序生成

单击"保存并计算"图标，系统将根据前面设置的参数自动计算刀路轨迹，并在绘图区显示生成的刀路轨迹，如图 7-23 所示。

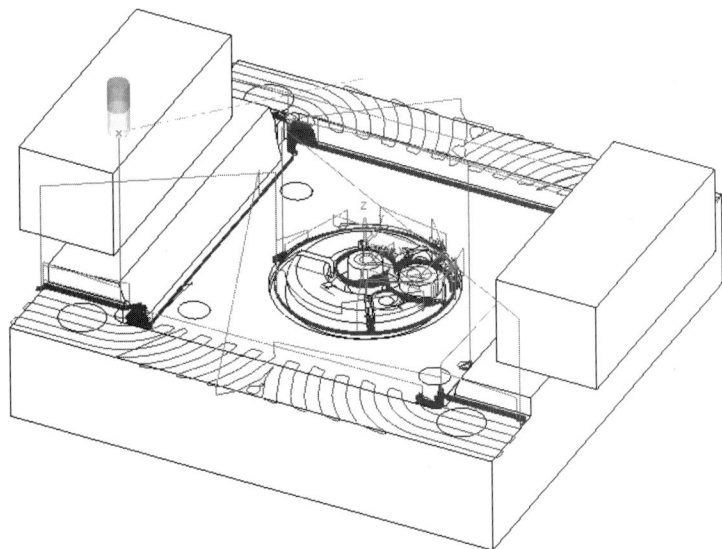

动画：过滤器瓶盖
模板二次开粗（一）

图 7-23　二次开粗生成刀路轨迹

3. 复制刀路轨迹

将光标移动到 02 刀路轨迹上，单击右键，在弹出的快捷菜单中选择"复制"命令，进行刀路轨迹的复制，再将光标移动到 02 刀路轨迹下的加工程序上，单击右键，在弹出的快捷菜单中选择"粘贴"命令，进行刀路轨迹的粘贴。完成后，在"NC 程序管理器"中生成刀路轨迹，修改刀轨名称为 03。

（1）选择刀具

单击"刀具"图标，系统弹出"刀具及夹头"对话框，选择 F8 平底刀，单击"确认"按钮，完成刀具的选择。

（2）设置刀路参数

单击"刀路参数"图标，系统切换到刀路参数界面，刀路参数可默认设置，如图 7-24 所示。

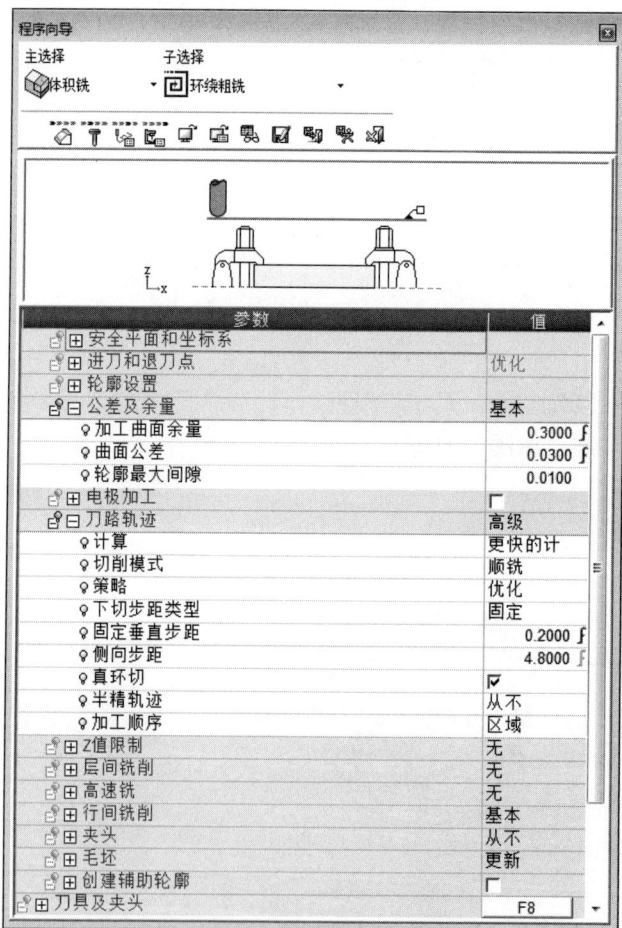

图 7-24　底部二次开粗刀路参数设置

（3）设置机床参数

单击"机床参数"图标，系统切换到机床参数界面，可选择默认值，此时机床的主轴转速为 3000、进给为 2000，如图 7-25 所示。

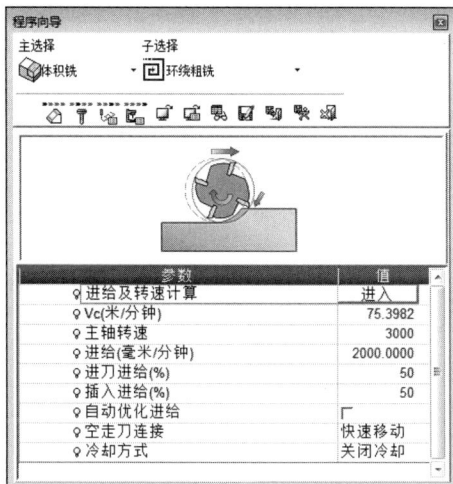

图 7-25 底部二次开粗机床参数设置

（4）程序生成

单击"保存并计算"图标，系统将根据前面设置的参数自动计算刀路轨迹，并在绘图区显示生成的刀路轨迹，如图 7-26 所示。

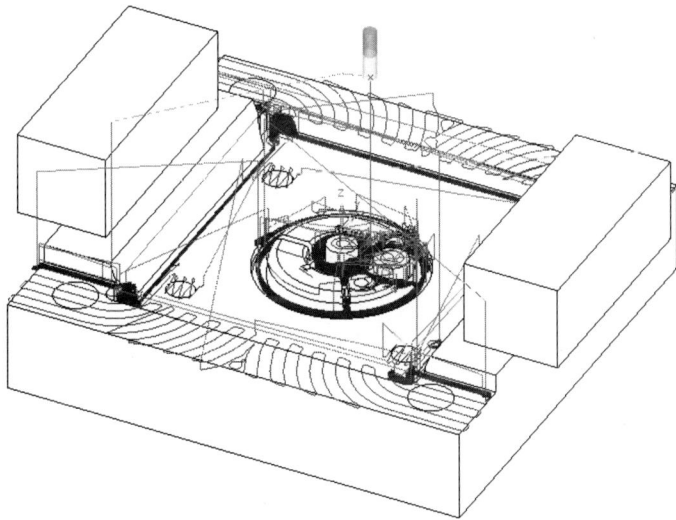

微课：过滤器 动画：过滤器
瓶盖模板二 瓶盖模板二
次开粗编程 次开粗（二）

图 7-26 底部二次开粗生成的刀路轨迹

7.3.3 槽粗铣

1. 创建刀路轨迹

单击"NC 向导"中的"刀轨"图标，进入创建刀路轨迹功能，系统弹出"创建刀轨"对话框，修改名称为 04，类型为 3 轴，安全平面为 50，单击"确认"图标，创建 3 轴刀路轨迹。完成后，"NC 程序管理器"中会新增一个名为 04 的刀路轨迹。

2. 创建小槽 1 程序

单击"NC 向导"中的"程序"图标，系统弹出"程序向导"对话框，开始创建加工程序，修改"主选择"为"曲面铣削"、"子选择"为"开放轮廓"，如图 7-27 所示。

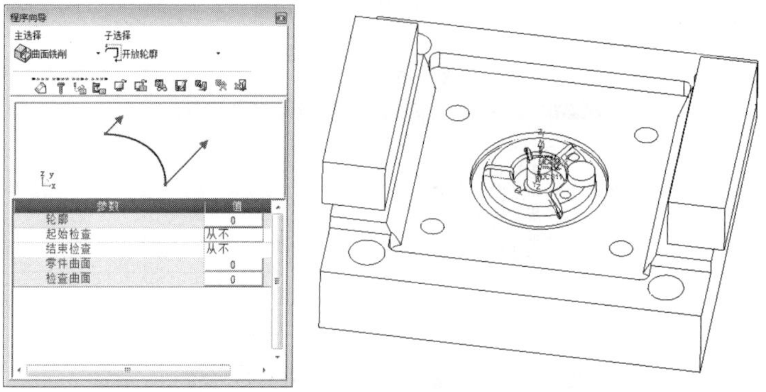

图 7-27　选择小槽 1 工艺

开放轮廓加工策略是将开放的轮廓投影到曲面，在曲面生成刀路轨迹的加工方法，由加工曲面和开放的轮廓线来限制。封闭轮廓加工策略是将封闭的轮廓线投影到曲面，在曲面上生成刀路轨迹的加工方法。这两种加工方法与 2.5 轴中的轮廓铣相似，不过在 2.5 轴中，加工刀路轨迹在同一水平面上，而这两种加工方法是将轮廓投影到曲面上生成刀路轨迹的。开放轮廓和封闭轮廓两种加工策略特别适用于在曲面上进行雕刻加工。

（1）选择刀具

单击"刀具"图标，系统弹出"刀具及夹头"对话框，选择 B3 球刀，单击"确认"图标，完成刀具的选择。

（2）选择轮廓

单击轮廓后的"0"按钮，系统弹出"轮廓管理器"对话框，默认各参数设置，在绘图区选择 3 段开放轮廓，再单击中键确认退出，如图 7-28 所示，完成轮廓选择。单击零件曲面后的"0"按钮，单击工具栏中的"选择所有"图标，选择全部零件曲面，再单击中键退出，完成零件曲面选择。

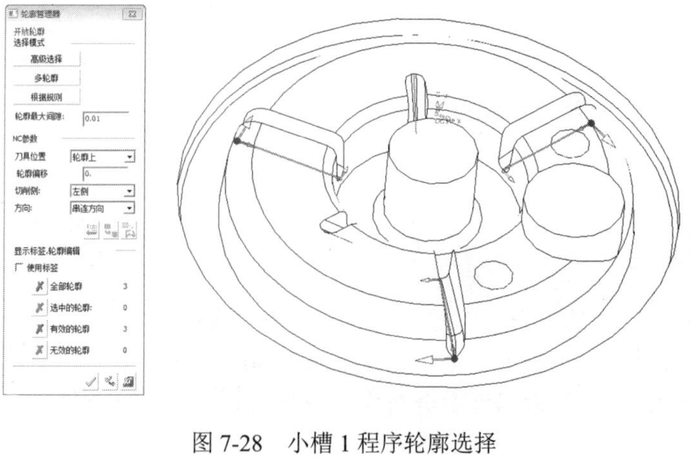

图 7-28　小槽 1 程序轮廓选择

（3）设置刀路参数

单击"刀路参数"图标，系统切换到"刀路参数"对话框，按如下步骤设置刀路参数。

步骤 1：进刀和退刀等参数设置。

进/退刀、安全平面和坐标系、进刀和退刀点、轮廓设置等参数可保持默认设置，公差及余量参数按图 7-29 所示修改。

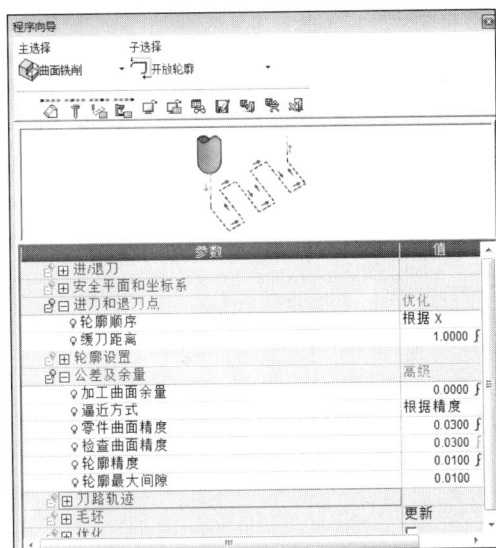

图 7-29　进/退刀等参数设置

步骤 2：刀路轨迹参数设置。

1）下切步距：设置为 0.15mm，该参数与后面的"向下方式"选择有关。

2）毛坯宽度：保持默认设置。

3）剪切环：设置为全局。

4）向下方式：考虑到一刀切削的刀具负荷较大，或形状要求，需要进行多刀加工，这时可以指定多层加工。注意：生成的刀路轨迹以最后的成型刀具路径位置向上或向下等距离偏移而成。该参数用于设置刀具路径在 Z 方向上加工时的方式，有"单个"、"Z 向增量"和"曲面偏距" 3 个选项，如图 7-30 所示。向下方式示例如图 7-31 所示。

图 7-30　向下方式选项

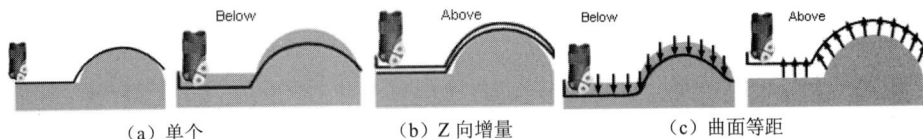

（a）单个　　　　　（b）Z 向增量　　　　　（c）曲面等距

图 7-31　向下方式示例

① 单个用于生成单层刀具路径，此时不需设置下切步距。

② Z 向增量用于指定刀具路径沿 Z 轴方向平移复制产生多层铣削，其每一层的刀路轨迹是一样的，应设置下切步距、曲面上偏移、曲面下偏移等参数。

③ 曲面偏距用于指定对曲面进行等距偏移，生成刀具路径，可进行多层加工，应设置下切步距、曲面上偏移、曲面下偏移等参数。

这里选择"曲面偏距"选项。

在设置曲面上偏移、曲面下偏移等参数前，应先测量槽的加工深度，如图 7-32 所示。再根据深度尺寸，分别设置曲面上偏移、曲面下偏移为 11 和 0。

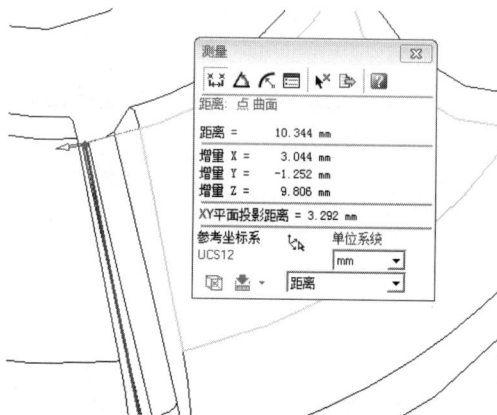

图 7-32　加工深度测量

5）拐角铣削：设置为圆角。

6）切削风格：考虑到粗加工，将该参数设置为双向，如图 7-33 所示。

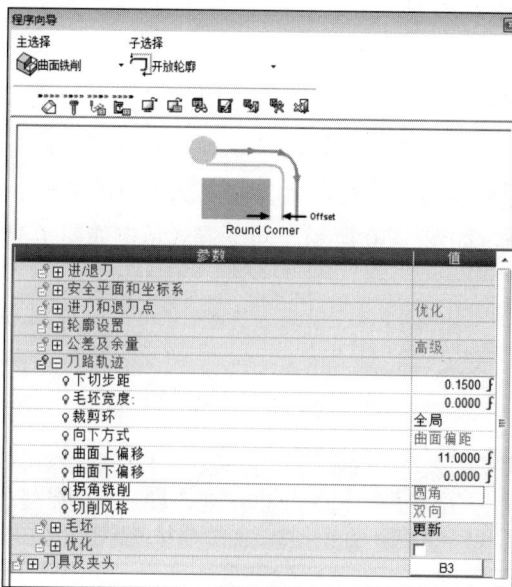

图 7-33　槽粗铣刀路参数设置

（4）设置机床参数

单击"机床参数"图标，系统切换到机床参数界面，设置机床的主轴转速为 5500、进给为 800，其他选择默认值，如图 7-34 所示。

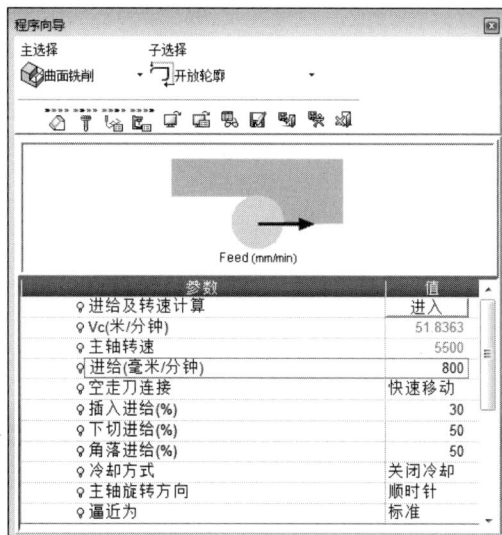

图 7-34　槽粗铣机床参数设置

（5）程序生成

单击"保存并计算"图标，系统将根据前面设置的参数自动计算刀路轨迹，并在绘图区显示生成的刀路轨迹，如图 7-35 所示。

动画：过滤器
瓶盖模板槽
粗铣（一）

图 7-35　槽粗铣生成的刀路轨迹

3. 创建小槽 2 程序

通过复制、粘贴方式创建小槽 2 加工程序，如图 7-36 所示。

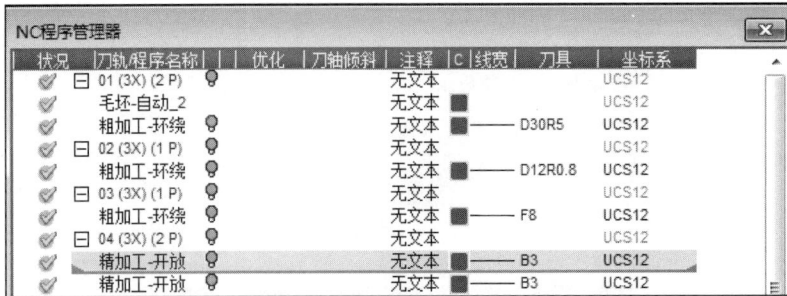

图 7-36　复制、粘贴加工程序

（1）修改轮廓

单击轮廓后的"3"按钮，系统弹出"轮廓管理器"对话框，各参数保持默认设置。在绘图区单击右键，在弹出的快捷菜单中选择"重置选择"命令，取消前面所选轮廓，再依次选择其他两段开放轮廓，单击中键确认退出，如图 7-37 所示，完成轮廓选择。注意：轮廓线要一条一条选择，同时注意切削方向的合理性。

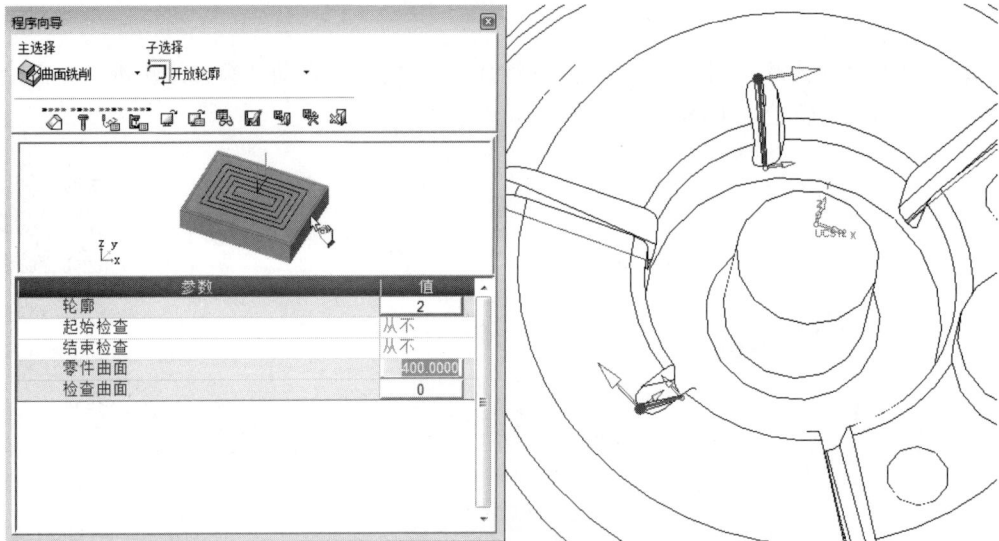

图 7-37　轮廓修改

（2）修改刀路参数

单击"刀路参数"图标，系统切换到刀路参数界面，设置刀路参数。这里大部分参数可按前一程序设置，只要修改"曲面上偏移"即可，通过测量（图 7-38），将该参数设置为 5，如图 7-39 所示。

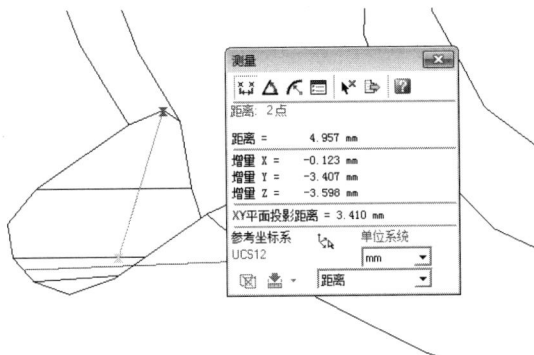

图 7-38　加工深度测量

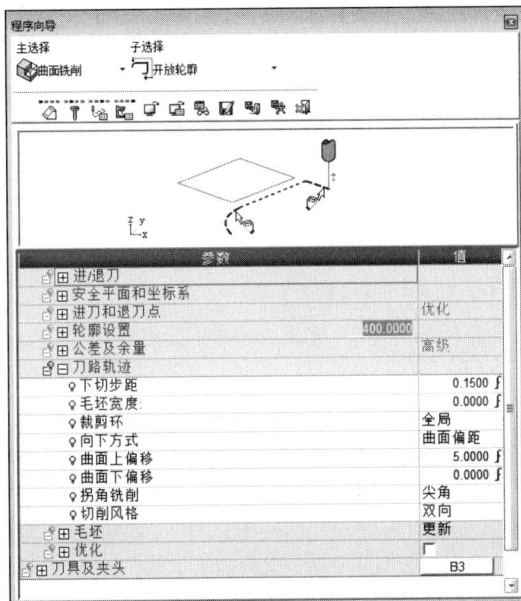

图 7-39　小槽 2 刀路参数设置

（3）程序生成

单击"保存并计算"图标，系统将根据前面设置的参数自动计算刀路轨迹，并在绘图区显示生成的刀路轨迹，如图 7-40 所示。

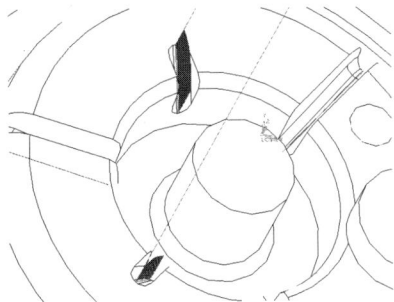

图 7-40　小槽 2 生成的刀路轨迹

微课：过滤器瓶盖模板开粗槽粗铣编程

动画：过滤器瓶盖模板槽粗铣（二）

7.3.4 槽精铣

1. 创建刀路轨迹

单击"NC 向导"中的"刀轨"图标，进入创建刀路轨迹功能，系统弹出"创建刀轨"对话框，修改名称为 05，类型为 3 轴，安全平面为 50，单击"确认"图标，创建 3 轴刀路轨迹。完成后，"NC 程序管理器"中会新增一个名为 05 的刀路轨迹。

2. 创建程序

单击"NC 向导"中的"程序"图标，系统弹出"程序向导"对话框，开始创建加工程序，修改"主选择"为"曲面铣削"、"子选择"为"精铣所有"。

（1）选择轮廓与零件曲面

单击轮廓后的"0"按钮，系统弹出"轮廓管理器"对话框，设置刀具位置为在轮廓上，在绘图区选择所要加工区域的 5 个轮廓边界，再单击中键确认退出，如图 7-41 所示，完成轮廓选择。零件曲面可继承上一选择。

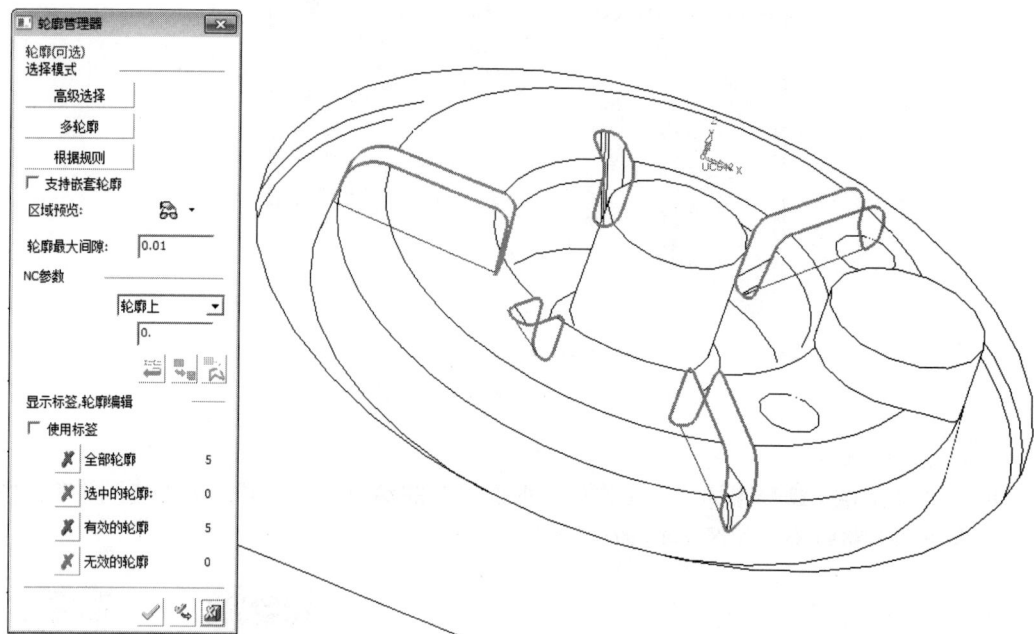

图 7-41　槽精铣轮廓选择

（2）设置刀路参数

单击"刀路参数"图标，系统切换到刀路参数界面，进行刀路参数设置，如图 7-42 所示。

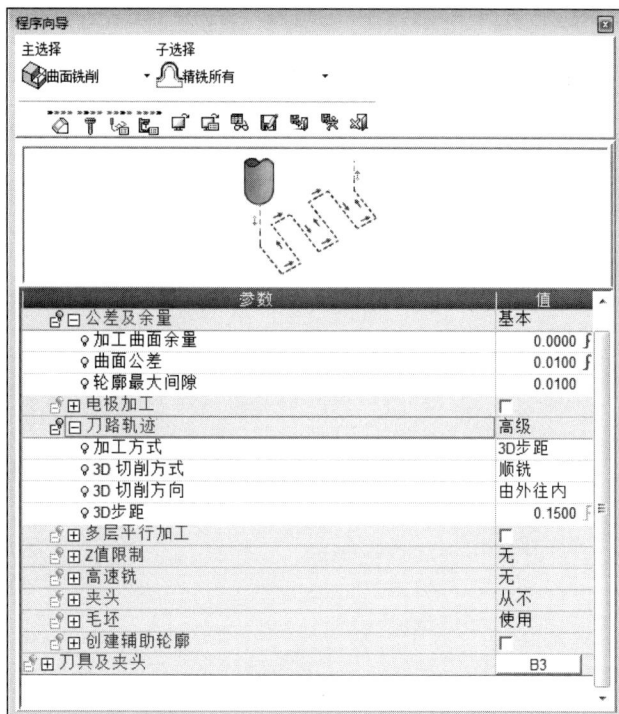

图 7-42　槽精铣刀路参数设置

（3）设置机床参数

单击"机床参数"图标，系统切换到机床参数界面，设置机床的主轴转速为 4000、进给为 1000，其他选择默认值，如图 7-43 所示。

图 7-43　槽精铣机床参数设置

（4）程序生成

单击"保存并计算"图标，系统将根据前面设置的参数自动计算刀路轨迹，并在绘图区显示生成的刀路轨迹，如图 7-44 所示。

微课：过滤器
瓶盖模板槽
精铣编程

动画：过滤器
瓶盖模板槽
精铣

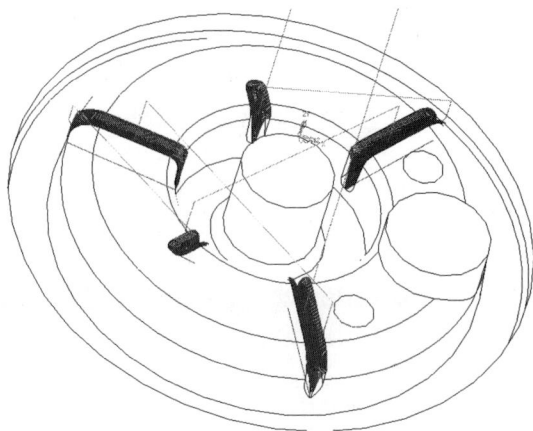

图 7-44　槽精铣生成的刀路轨迹

7.3.5　平面精铣

1. 创建刀路轨迹

单击"NC 向导"中的"刀轨"图标，进入创建刀路轨迹功能，系统弹出"创建刀轨"对话框，修改名称为 06，类型为 3 轴，安全平面为 50，单击"确认"图标，创建 3 轴刀路轨迹。完成后，"NC 程序管理器"中会新增一个名为 06 的刀路轨迹。

2. 创建程序

单击"NC 向导"中的"程序"图标，系统弹出"程序向导"对话框，开始创建加工程序，修改"主选择"为"曲面铣削"、"子选择"为"层切"。

（1）修改轮廓

单击轮廓后的"0"按钮，系统弹出"轮廓管理器"对话框，各参数保持默认设置，在绘图区选择模型底部轮廓，单击中键确认，如图 7-45 所示，完成轮廓选择。

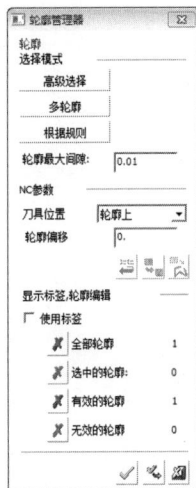

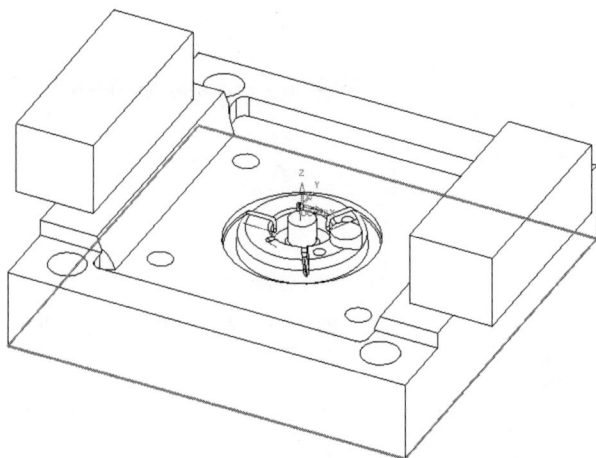

图 7-45　平面精铣轮廓选择

（2）选择刀具

单击"刀具"图标，系统弹出"刀具及夹头"对话框，选择 D16R0.8 牛鼻刀，单击"确认"图标，完成刀具的选择。

（3）设置刀路参数

单击"刀路参数"图标，系统切换到刀路参数界面，进行刀路参数设置。

步骤 1：刀路轨迹参数设置。

该参数组主要对 Z 最高点和 Z 最低点进行设置，可通过点选的方式选择这两个数值。其他参数如图 7-46 所示。

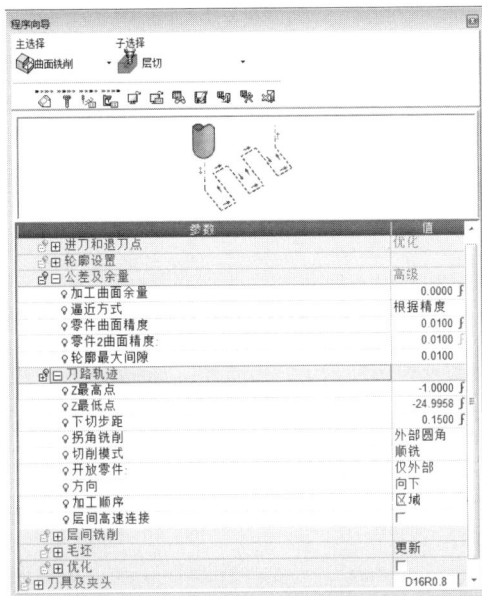

图 7-46　平面精铣刀路轨迹设置

步骤 2：层间铣削参数设置。

1）层间方式：选择水平加工方式。

2）子选择：该参数有"环绕切削"和"行切"两个选项，如图 7-47 所示，这里设置为环绕切削。

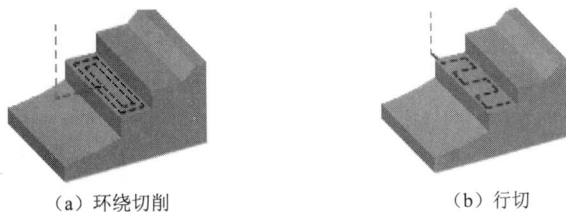

（a）环绕切削　　　　　　　　（b）行切

图 7-47　子选择选项示例

3）侧向步距：设置为刀具半径值。

4）斜率限制角度：设置为 0，只对水平面进行加工。

5）切削模式：设置为顺铣。

6）切削方向：设置为由外往内。

7）交迭由：有"长度"和"角度"两个选项，如图 7-48 所示，这里选择"长度"选项，交迭长度可保持默认设置。

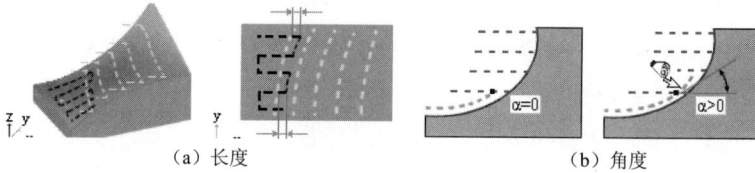

（a）长度　　　　　　　　　　　　　　（b）角度

图 7-48　交迭由

8）侧壁加工余量：考虑到还要进行侧壁加工，因此在侧壁留有 0.5mm 余量，将该参数设置为 0.5。

9）行间铣削：选中该复选框。

10）通用加工顺序：选择"仅平坦区"选项。

平面精铣最终刀路参数设置如图 7-49 所示。

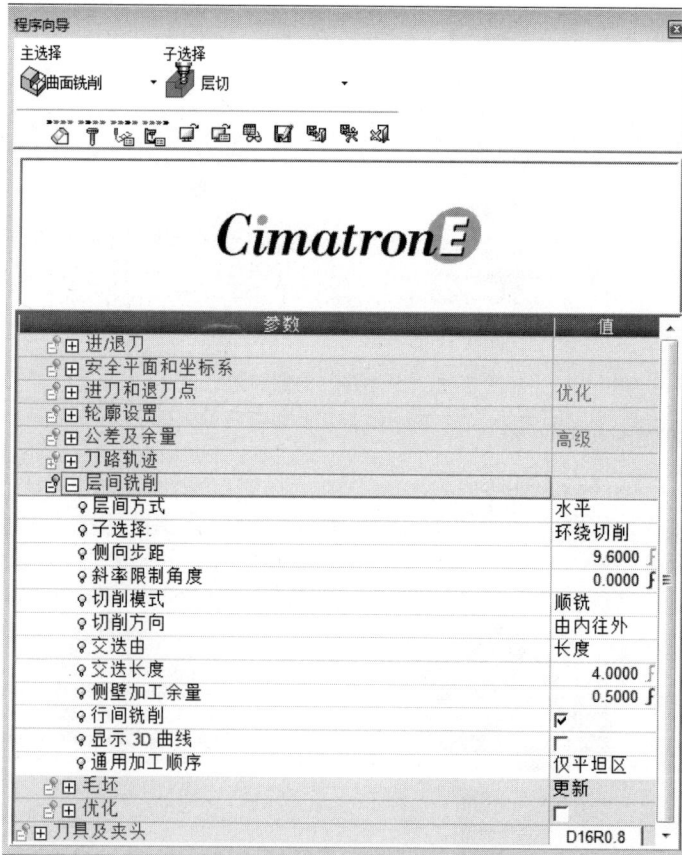

图 7-49　平面精铣最终刀路参数设置

（4）设置机床参数

单击"机床参数"图标，系统切换到机床参数界面，设置机床的主轴转速为 4000、进

给为 1000，其他选择默认值，如图 7-50 所示。

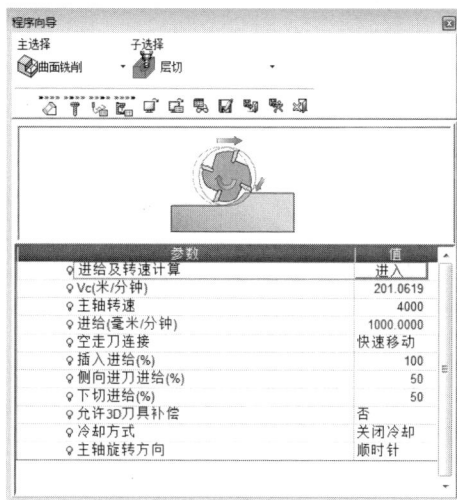

图 7-50　平面精铣机床参数设置

（5）程序生成

单击"保存并计算"图标，系统将根据前面设置的参数自动计算刀路轨迹，并在绘图区显示生成的刀路轨迹，如图 7-51 所示。

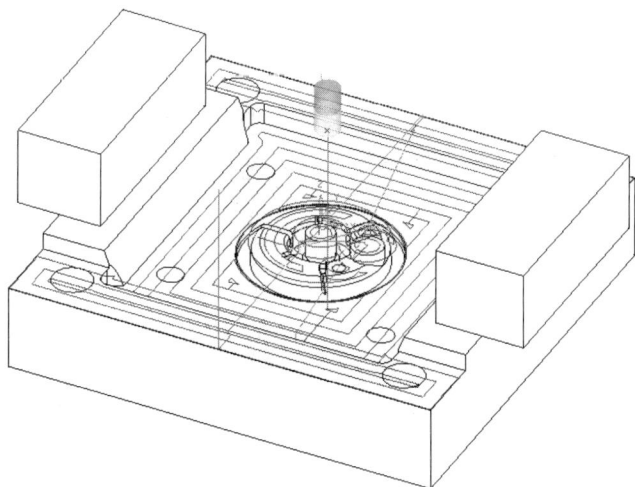

微课：过滤器
瓶盖模板平
面精铣编程

动画：过滤器
瓶盖模板平
面精铣

图 7-51　平面精铣生成的刀路轨迹

7.3.6　斜面精铣

1. 创建刀路轨迹

单击"NC 向导"中的"刀轨"图标，进入创建刀路轨迹功能，系统弹出"创建刀轨"对话框，修改名称为 07，类型为 2.5 轴，安全平面为 50，单击"确认"图标，创建 2.5 轴刀路轨迹。完成后，"NC 程序管理器"中会新增一个名为 07 的刀路轨迹。

2. 创建程序

单击"NC 向导"中的"程序"图标，系统弹出"程序向导"对话框，开始创建加工程序，修改"主选择"为"2.5 轴"、"子选择"为"开放轮廓"。

（1）选择轮廓

单击轮廓后的"0"按钮，系统弹出"轮廓管理器"对话框。修改刀具位置为切向。

考虑到是加工斜面，应先测量其角度，才能设置拔模角度。选择"查看"→"动态截面"命令，对模型进行动态剖切。选择"分析"→"测量"命令，切换为主视图，对斜面进行角度测量，如图 7-52 所示。根据测量结果，将拔模角度设置为 22°。修改切削侧为左侧。

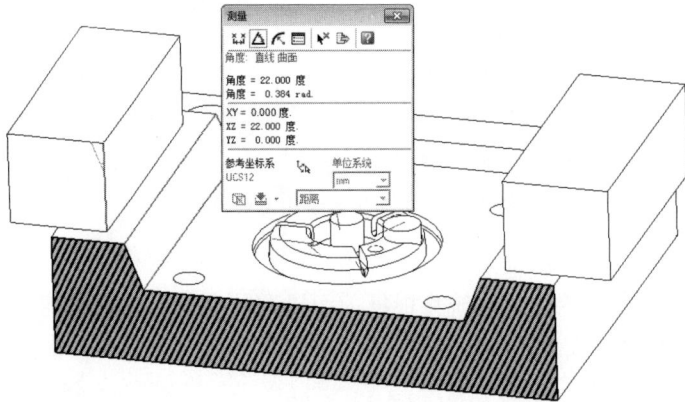

图 7-52　斜面角度测量

在绘图区选择轮廓线，注意箭头方向，如相反，则单击箭头使之反向，再单击中键确认，完成一条轮廓线选择。用相同的方法选择第二条轮廓线，如图 7-53 所示。完成后，单击中键确认退出。

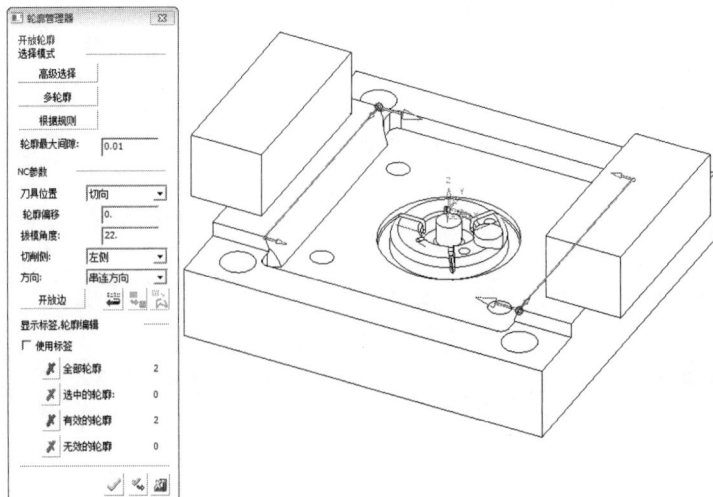

图 7-53　斜面精铣轮廓选择

（2）设置刀路参数

单击"刀路参数"图标，系统切换到刀路参数界面，进行刀路参数设置。这里主要对Z 最高点和 Z 最低点进行设置，可通过点选的方法进行设置，其他参数可参考图 7-54 所示进行设置。

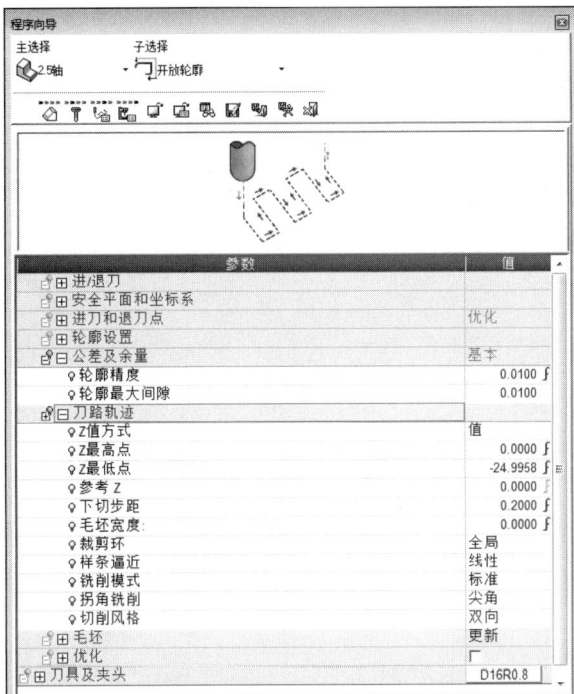

图 7-54　斜面精铣刀路参数设置

（3）设置机床参数

单击"机床参数"图标，系统切换到机床参数界面，设置机床的主轴转速为 4000、进给为 1500，其他选择默认值，如图 7-55 所示。

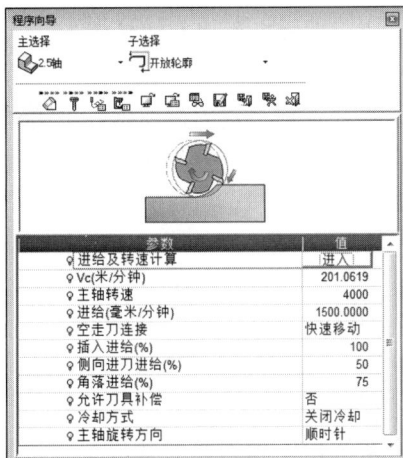

图 7-55　斜面精铣机床参数设置

（4）程序生成

单击"保存并计算"图标，系统将根据前面设置的参数自动计算刀路轨迹，并在绘图区显示生成的刀路轨迹，如图 7-56 所示。

微课：过滤器
瓶盖模板斜
面精铣编程

动画：过滤器
瓶盖模板斜
面精铣

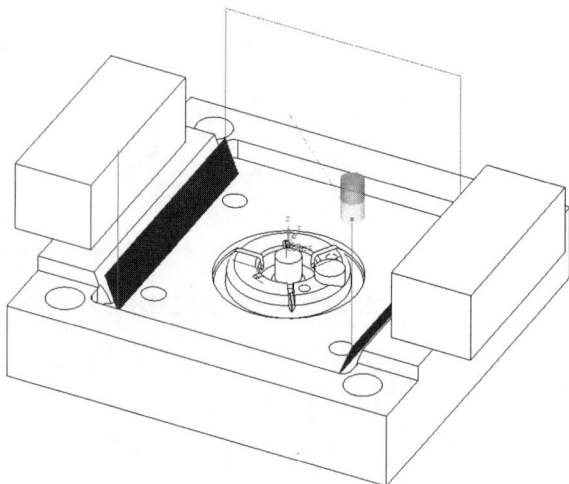

图 7-56　生成刀路轨迹

7.3.7　侧壁精修

1. 创建刀路轨迹

单击"NC 向导"中的"刀轨"图标，进入创建刀路轨迹功能，系统弹出"创建刀轨"对话框，修改名称为 08，类型为 2.5 轴，安全平面为 50，单击"确认"图标，创建 2.5 轴刀路轨迹。完成后，"NC 程序管理器"中会新增一个名为 08 的刀路轨迹。

2. 创建程序 1

单击"NC 向导"中的"程序"图标，系统弹出"程序向导"对话框，开始创建加工程序，修改"主选择"为 2.5 轴、"子选择"为"开放轮廓"。

（1）选择轮廓

单击轮廓后的"0"按钮，系统弹出"轮廓管理器"对话框，修改刀具位置为切向，选择切削侧为左侧。在绘图区选择轮廓线，注意箭头方向，如相反，则单击箭头使之反向，再单击中键确认，完成一条轮廓线选择。用相同方法，选择第 2~4 条轮廓线，如图 7-57 所示。完成后，单击中键确认退出。

（2）选择刀具

单击"刀具"图标，系统弹出"刀具及夹头"对话框，选择 F10 平底刀，单击"确认"图标，完成刀具的选择。

（3）设置刀路参数

单击"刀路参数"图标，系统切换到刀路参数界面，进行刀路参数设置，如图 7-58 所示。

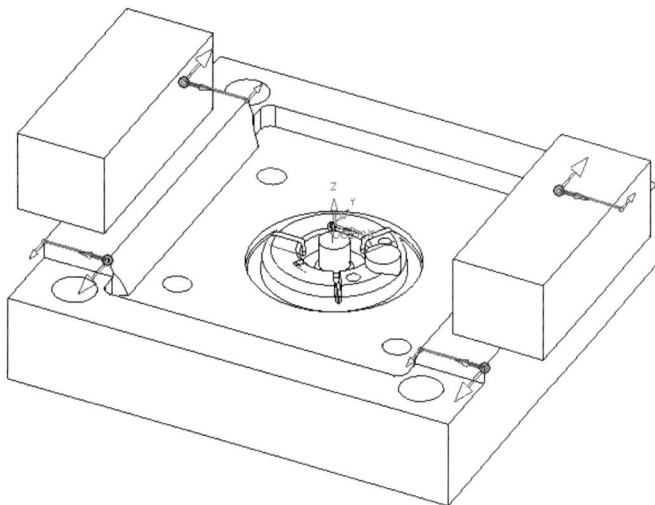

图 7-57   侧壁精修轮廓选择

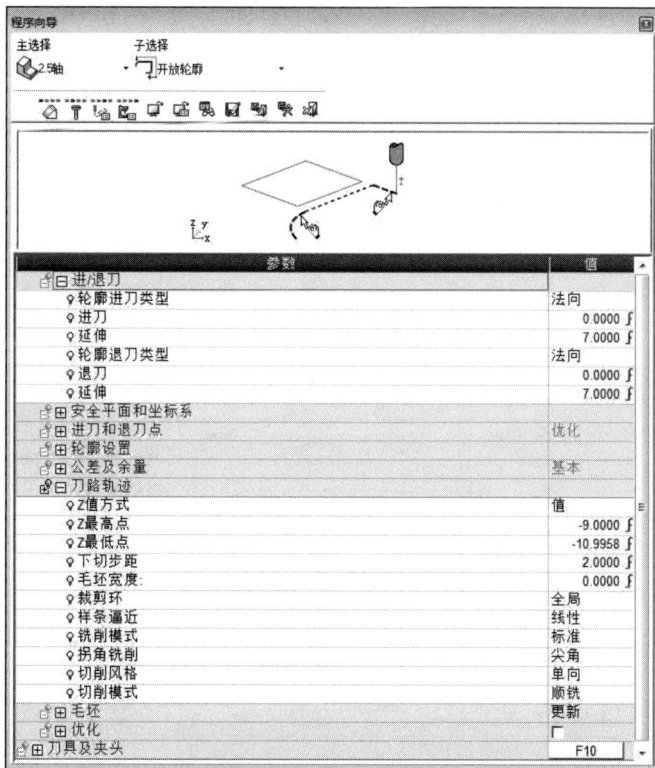

图 7-58   侧壁精修刀路参数设置

（4）设置机床参数

单击"机床参数"图标，系统切换到机床参数界面，设置机床的主轴转速为2300、进给为400，其他选择默认值，如图7-59所示。

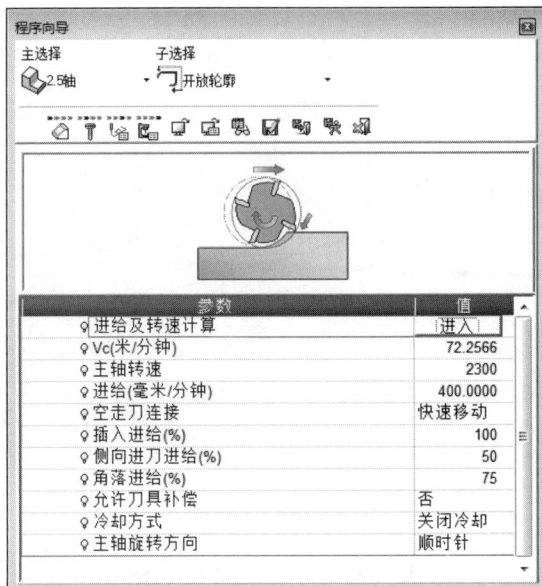

图 7-59　侧壁精修机床参数设置

（5）程序生成

单击"保存并计算"图标，系统将根据前面设置的参数自动计算刀路轨迹，并在绘图区显示生成的刀路轨迹，如图7-60所示。

动画：过滤器
瓶盖模板精
修侧壁（一）

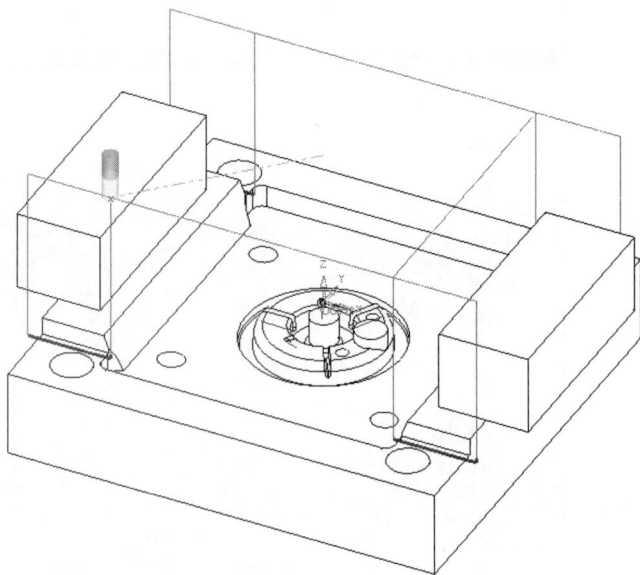

图 7-60　侧壁精修生成的刀路参数

3. 创建程序 2

通过复制、粘贴方式，创建"主选择"为"2.5 轴"、"子选择"为"开放轮廓的加工程序"。

（1）修改轮廓

单击轮廓后的"4"按钮，系统弹出"轮廓管理器"对话框，刀具位置、切削侧两个参数可默认，在绘图区单击右键，在弹出的快捷菜单中选择"重置选择"命令，取消前一程序的轮廓选择。再依次选择第一条轮廓的各曲线，完成后单击中键确认，完成第一条轮廓的选择。再按相同的方法，选择第二条轮廓，如图 7-61 所示，完成后单击中键退出。

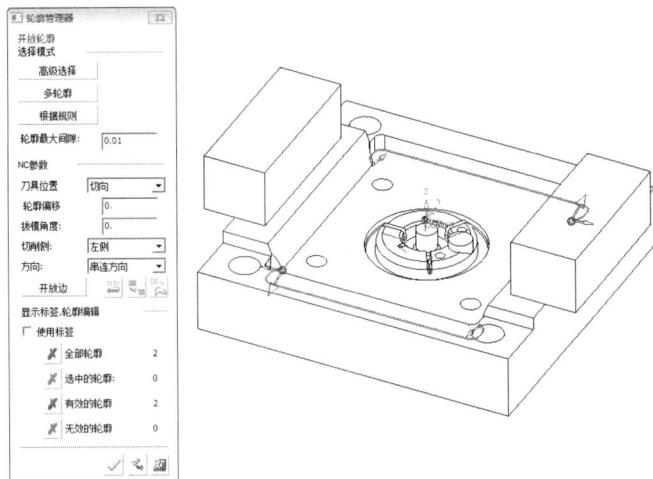

图 7-61　轮廓选择

（2）设置刀路参数

单击"刀路参数"图标，系统切换到刀路参数界面，进行刀路参数设置，如图 7-62 所示。

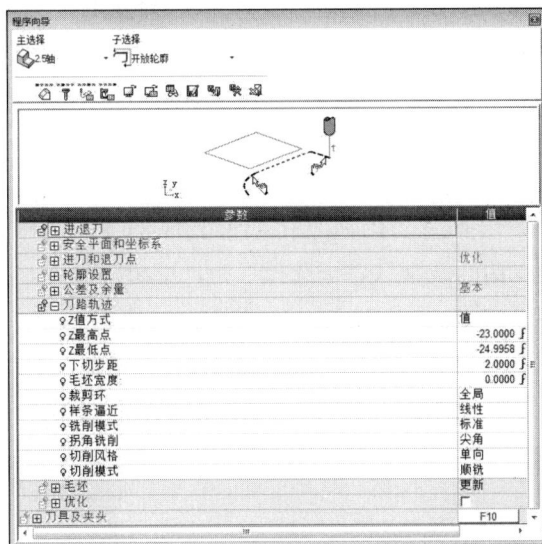

图 7-62　刀路参数设置

（3）程序生成

单击"保存并计算"图标，系统将根据前面设置的参数自动计算刀路轨迹，并在绘图区显示生成的刀路轨迹，如图 7-63 所示。

微课：过滤器
瓶盖模板精
修侧壁编程

动画：过滤器
瓶盖模板精
修侧壁（二）

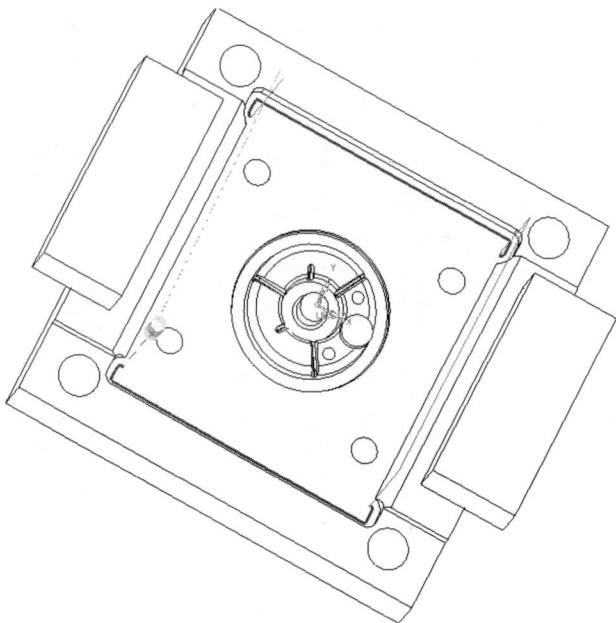

图 7-63　生成的刀路轨迹

7.3.8　曲面精铣

1. 创建刀路轨迹

单击"NC 向导"中的"刀轨"图标，进入创建刀路轨迹功能，系统弹出"创建刀轨"对话框，修改名称为 09，类型为 3 轴，安全平面为 50，单击"确认"图标，创建 3 轴刀路轨迹。完成后，"NC 程序管理器"中会新增一个名为 09 的刀路轨迹。

2. 创建底面加工程序

单击"NC 向导"中的"程序"图标，系统弹出"程序向导"对话框，开始创建加工程序，修改"主选择"为"曲面铣削"、"子选择"为"层切"。

（1）选择轮廓、零件曲面

单击轮廓后的"0"按钮，系统弹出"轮廓管理器"对话框，修改刀具位置为在轮廓上，轮廓偏移为 0，保证曲面加工到位，在绘图区选择轮廓线，如图 7-64 所示，再单击中键确认，完成边界选择。

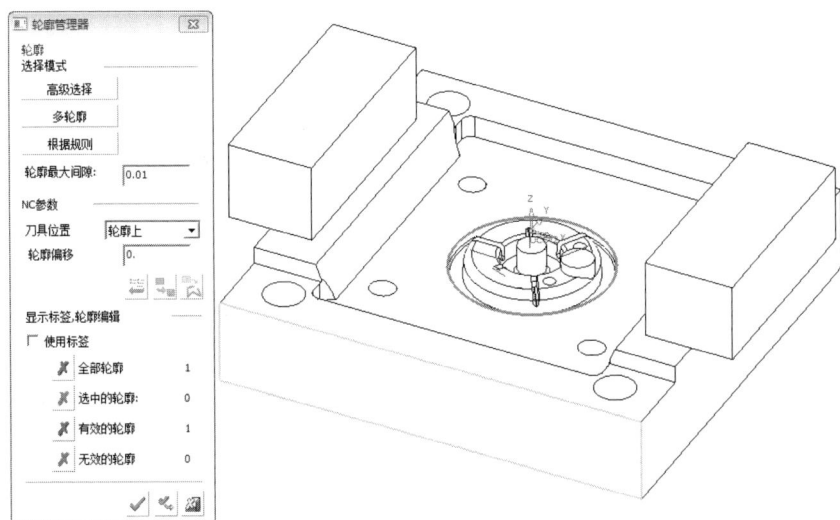

图 7-64　曲面精铣轮廓选择

单击零件曲面后的"0"按钮，选择边界内所有曲面，单击中键确认退出，完成零件曲面选择，如图 7-65 所示。

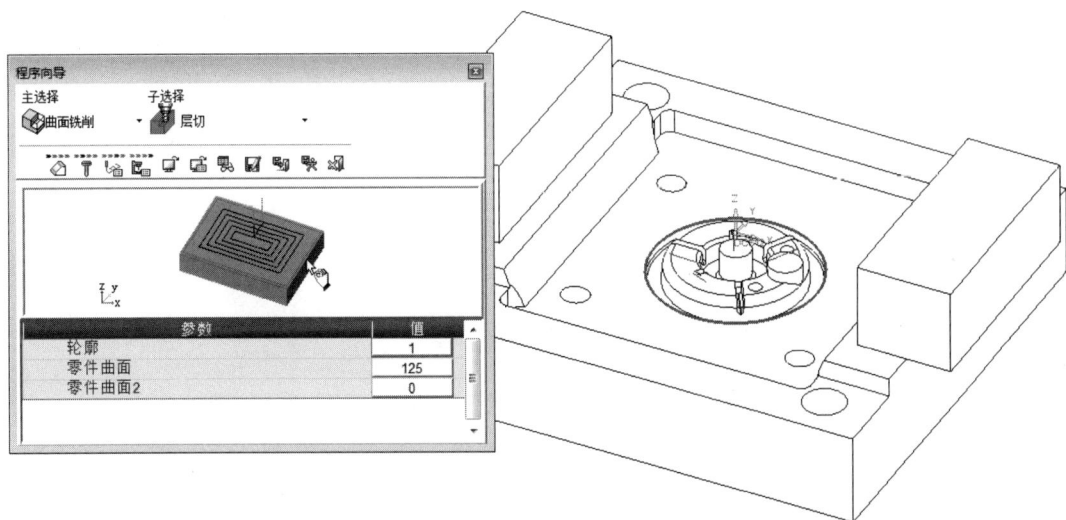

图 7-65　零件曲面选择

（2）选择刀具

单击"刀具"图标，系统弹出"刀具及夹头"对话框，选择 D6R0.5 牛鼻刀，单击"确认"图标，完成刀具的选择。

（3）设置刀路参数

单击"刀路参数"图标，系统切换到刀路参数界面，进行刀路参数设置，如图 7-66 和图 7-67 所示。

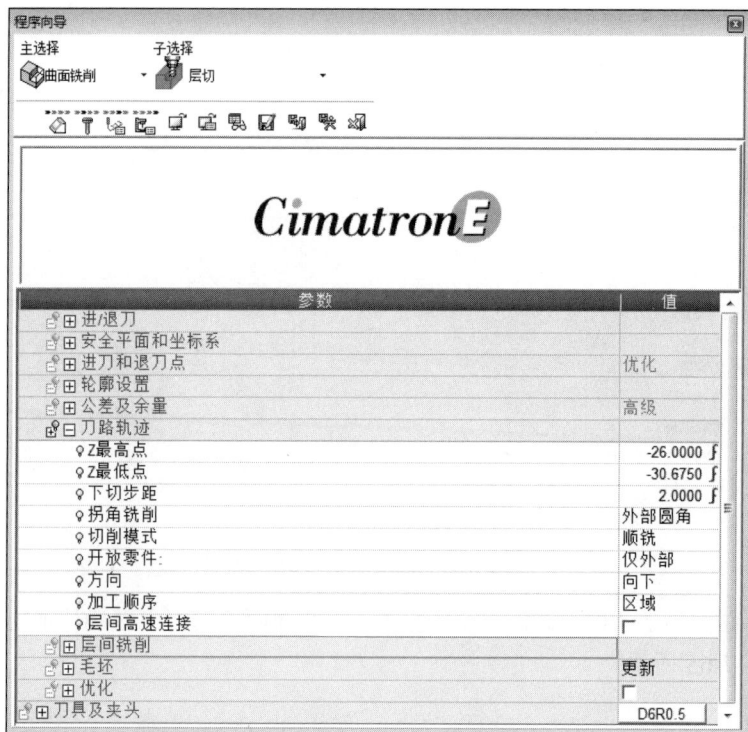

图 7-66　刀路轨迹参数设置

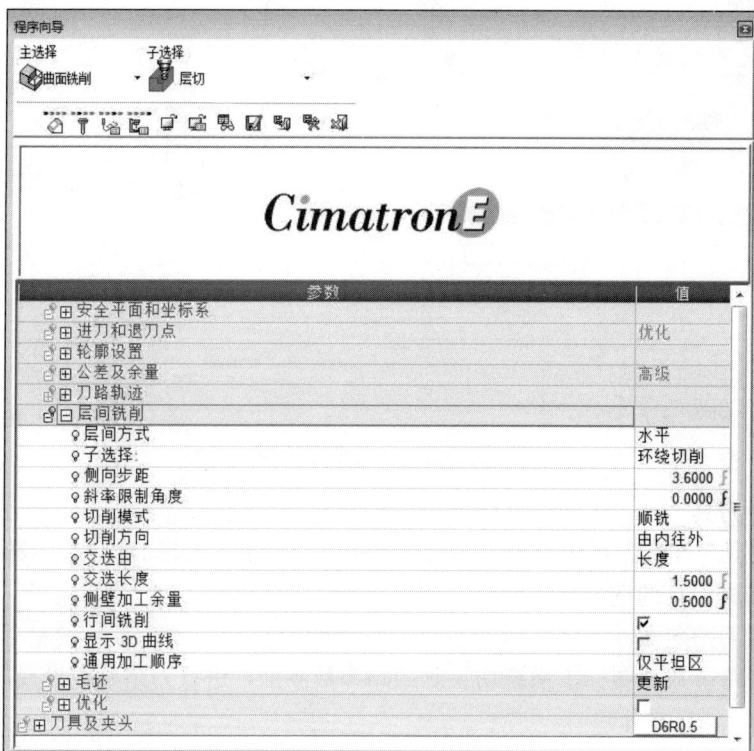

图 7-67　层间铣削参数设置

（4）设置机床参数

单击"机床参数"图标，系统切换到机床参数界面，设置机床的主轴转速为 4000、进给为 600，其他选择默认值，如图 7-68 所示。

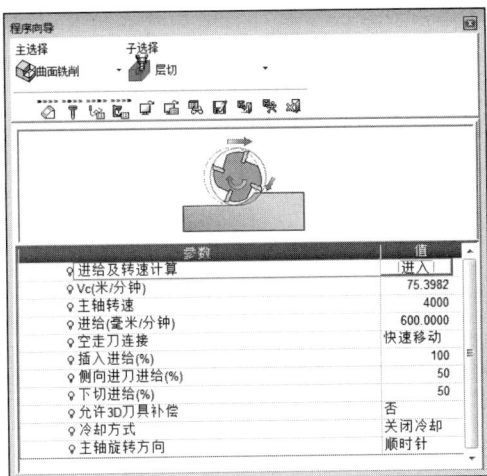

图 7-68　曲面精铣机床参数设置

（5）程序生成

单击"保存并计算"图标，系统将根据前面设置的参数自动计算刀路轨迹，并在绘图区显示生成的刀路轨迹，如图 7-69 所示。

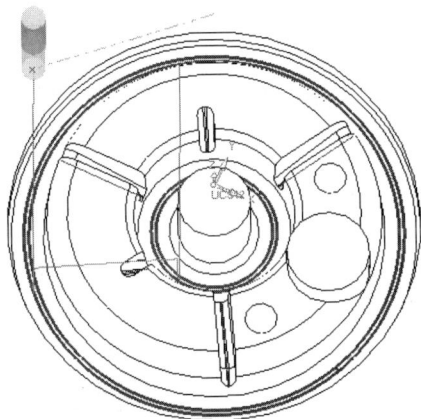

动画：过滤器
瓶盖模板底
面加工

图 7-69　曲面精铣生成刀路参数

3. 创建曲面加工程序

单击"NC 向导"中的"程序"图标，系统弹出"程序向导"对话框，开始创建加工程序，修改"主选择"为"曲面铣削"、"子选择"为"精铣所有"。

（1）设置刀路参数

单击"刀路参数"图标，系统切换到刀路参数界面，进行设置刀路参数，如图 7-70 所示。

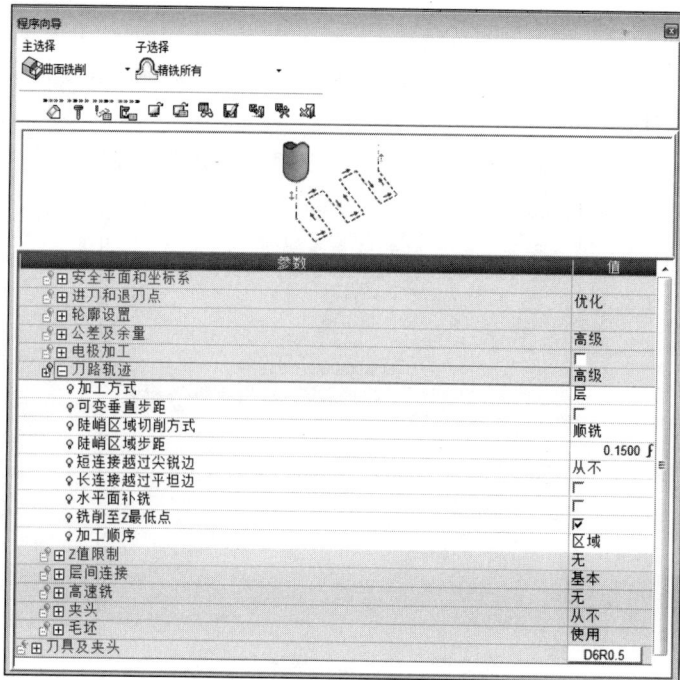

图 7-70　曲面加工刀路参数设置

（2）设置机床参数

单击"机床参数"图标，系统切换到机床参数界面，设置机床的主轴转速为 4000、进给为 1500，其他选择默认值。

（3）程序生成

单击"保存并计算"图标，系统将根据前面设置的参数自动计算刀路轨迹，并在绘图区显示生成的刀路轨迹，如图 7-71 所示。

微课：过滤器
瓶盖模板曲
面精铣编程

动画：过滤器
瓶盖模板曲
面精铣

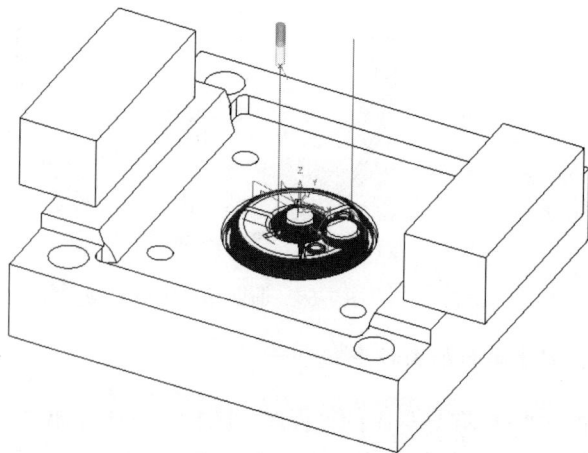

图 7-71　曲面加工生成的刀路轨迹

7.3.9　曲面侧壁精修

1. 创建刀路轨迹

单击"NC 向导"中的"刀轨"图标，进入创建刀路轨迹功能，系统弹出"创建刀轨"对话框，修改名称为 10，类型为 3 轴，安全平面为 50，单击"确认"按钮，创建 3 轴刀路轨迹。完成后，"NC 程序管理器"中会新增一个名为 10 的刀路轨迹。

2. 创建程序 1

单击"NC 向导"中的"程序"图标，系统弹出"程序向导"对话框，开始创建加工程序，修改"主选择"为"2.5 轴"、"子选择"为"封闭轮廓"。

（1）选择轮廓

单击轮廓后的"0"按钮，系统弹出"轮廓管理器"对话框，修改刀具位置为切向，轮廓偏移为 0，铣削侧为外侧，在绘图区选择轮廓线，再单击中键确认，完成轮廓选择，如图 7-72 所示。

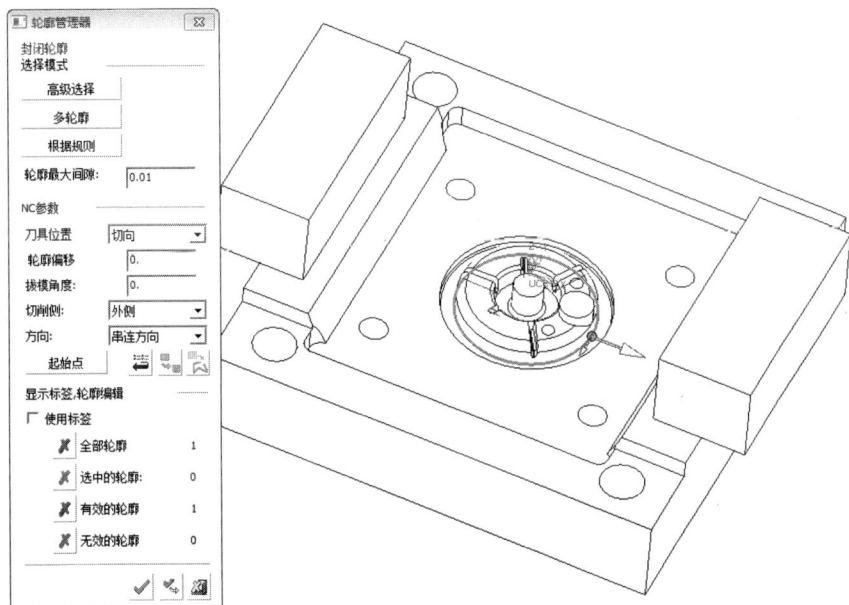

图 7-72　曲面侧壁精修轮廓选择

（2）选择刀具

单击"刀具"图标，系统弹出"刀具及夹头"对话框，选择 F6 平底刀，单击"确认"图标，完成刀具的选择。

（3）设置刀路参数

单击"刀路参数"图标，系统切换到刀路参数界面，进行刀路参数设置，如图 7-73 所示。

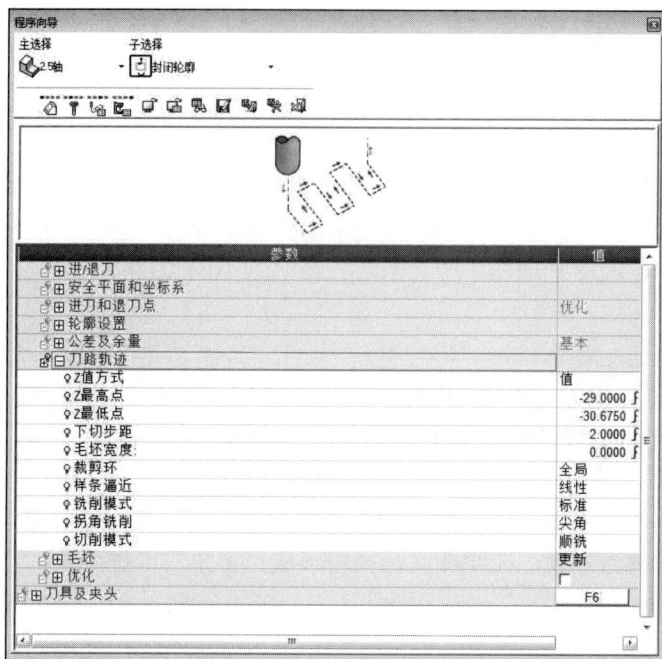

图 7-73　曲面侧壁精修刀路参数设置

（4）设置机床参数

单击"机床参数"图标，系统切换到机床参数界面，设置机床的主轴转速为 4000、进给为 300，其他选择默认值，如图 7-74 所示。

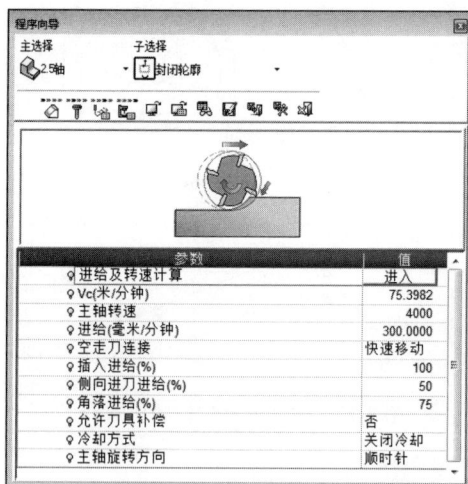

图 7-74　曲面侧壁精修机床参数设置

（5）程序生成

单击"保存并计算"图标，系统将根据前面设置的参数自动计算刀路轨迹，并在绘图区显示生成的刀路轨迹，如图 7-75 所示。

动画：过滤器瓶盖模板曲面侧壁精修（一）

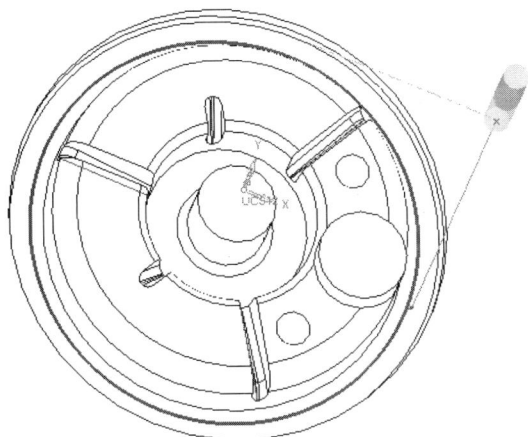

图 7-75　曲面侧壁精修生成的刀路参数

3. 创建程序 2

通过复制、粘贴方法，创建"主选择"为"2.5 轴"、"子选择"为"封闭轮廓的加工程序"。

（1）修改轮廓

单击轮廓后的"1"按钮，系统弹出"轮廓管理器"对话框，修改铣削位置为"内侧"，其他参数保持默认设置，在绘图区选择轮廓线，如图 7-76 所示，再单击中键确认，完成轮廓选择。

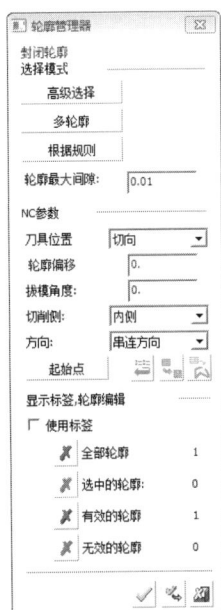

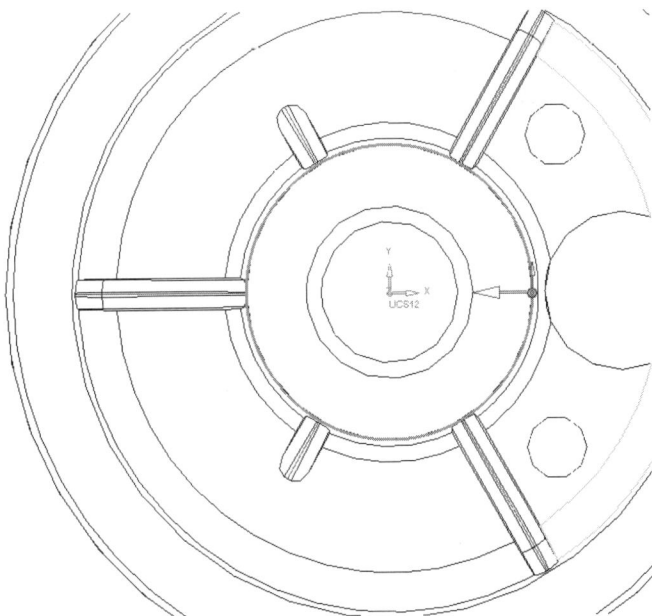

图 7-76　修改轮廓

（2）修改刀路参数

单击"刀路参数"图标，系统切换到刀路参数界面，进行刀路参数修改，如图 7-77 所示。

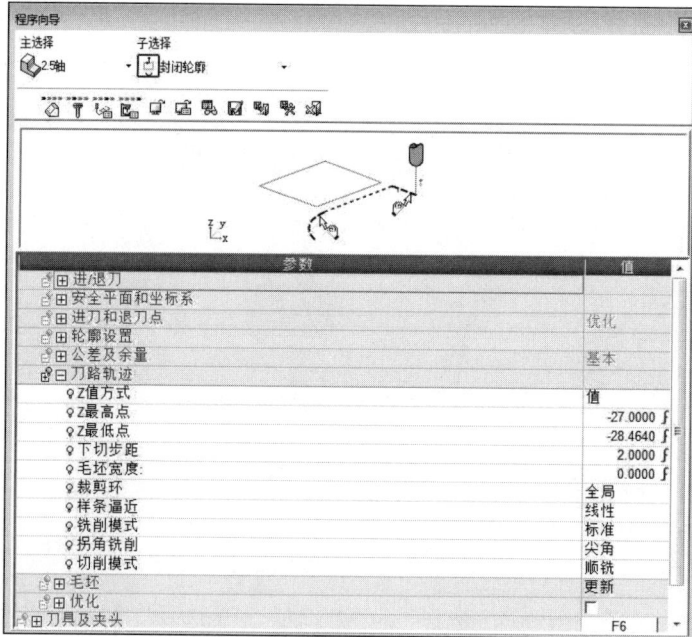

图 7-77　修改刀路参数设置

（3）程序生成

　　单击"保存并计算"图标，系统将根据前面设置的参数自动计算刀路轨迹，并在绘图区显示生成的刀路轨迹，如图 7-78 所示。

微课：过滤器
瓶盖模板曲
面侧壁精修
编程

动画:过滤器瓶
盖模板曲面侧
壁精修（二）

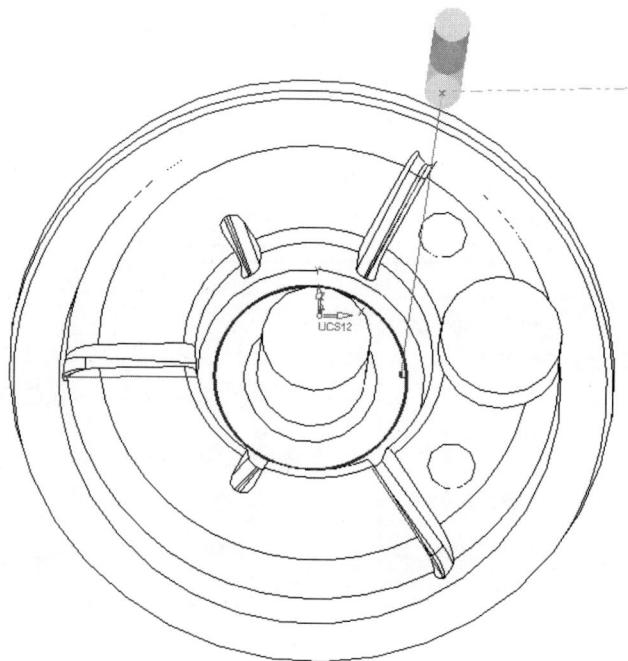

图 7-78　生成刀路参数

4. 仿真模拟

单击"NC向导"中的"机床仿真"图标，进入模拟检验功能，系统弹出"机床仿真"对话框。单击双绿色箭头，单击"确认"图标，系统将打开"CimatronE-机床模拟"窗口，单击菜单栏中的"运行"图标，进行实体切削模拟，加工模拟仿真结果如图7-79所示。

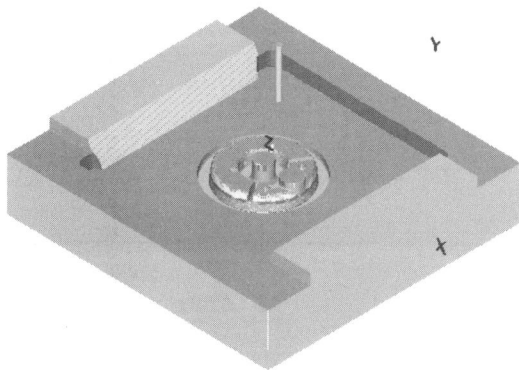

动画：过滤器瓶
盖模板机床仿
真加工

图7-79 加工模拟仿真结果

5. 后处理

单击"NC向导"中的"后处理"图标，进入后处理功能，系统弹出"后处理"对话框，再选择处理后输出程序的存放文件夹，选择重命名文件类型为仅G代码文件，文件名命名为glqpgnc，选中"完成后打开输出的文件"复选框，其他选择默认值。再单击"确认"图标，进行后处理。后处理完成后，系统将产生一个程序文件，如图7-80所示。

图7-80 生成数控程序

7.4

填写加工程序单

填写表 7-2 所示加工程序单。

表 7-2　加工程序单

零件名称：过滤器瓶盖模板　　　　　　　　　　　操作员：　　　　　　编程员：

描述：

四面分中

计划时间	
实际时间	
上机时间	
下机时间	

工作尺寸/mm

X_c	
Y_c	
Z_c	

工作数量：1 件

程序名称	加工类型	刀具	背吃刀量/mm	加工余量/mm	上机时间	完成时间	备注
01	开粗	D30R5	0.5	0.2			
02	二次开粗	D12R0.8	0.3	0.2			
03	底部二次开粗	F8	0.3	0.2			
04	槽粗铣	B3R1.5	0.15	0.15			
05	槽精铣	B3R1.5	0.1	0			
06	平面精铣	D16R0.8	0.3	0			
07	斜面精铣	D16R0.8	0.2	0			
08	侧壁精修	F10	0.2	0			
09	曲面精铣	D6R0.5	0.2	0			
10	曲面侧壁精修	F6	0.2	0			

项 目 练 习

完成图 7-81 所示过滤器瓶盖动模板数控程序的创建。

过滤器瓶盖模板练习源文件见配套资源包（下载地址：www.abook.cn）。

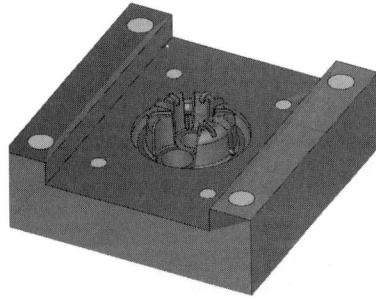

图 7-81　过滤器瓶盖模板

8

项 目

叶轮骨架数控编程

>>>>

◎ **项目导读**

　　叶轮骨架的毛坯是一个铸铝，其形状已基本成型，要求加工精度不高。该零件加工内容包括平面、曲面及孔等。

　　叶轮骨架源文件见配套资源包（下载地址：www.abook.cn）。

◎ **能力目标**

- 能根据实际铸件尺寸，创建毛坯、夹具。
- 能熟练合理地运用加工策略进行编程操作。

◎ **思政目标**

- 树立正确的学习观、价值观，自觉践行行业道德规范。
- 牢固树立质量第一、信誉第一的强烈意识。
- 遵规守纪，安全生产，爱护设备，钻研技术。

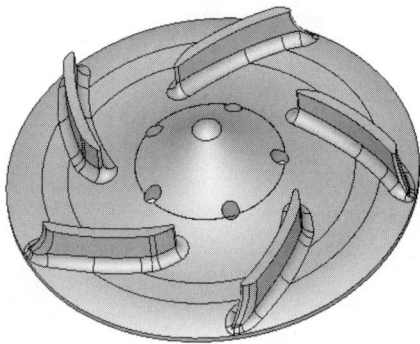

叶轮骨架模型分析

启动 CimatronE 11，在工具栏中单击"打开文件"图标，打开"CimatronE 浏览器"窗口，选择"叶轮骨架"文件，双击打开该文件，进入 CimatronE 11 软件零件设计界面。再选择"分析"→"测量"命令，系统弹出"测量"对话框。通过该对话框对模型进行分析，如图 8-1 所示。

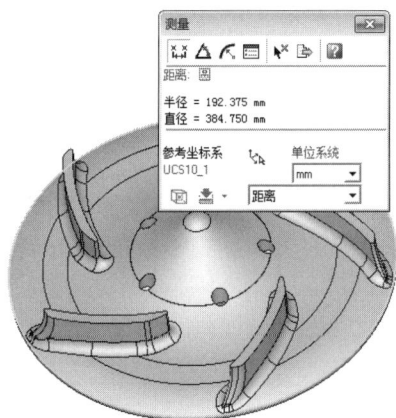

图 8-1　模型分析

选择"分析"→"曲率分析"命令，系统弹出"特征向导"的曲率分析界面，再单击"选择所有"图标，选择所有曲面，单击中键确认退出。也可以通过点选方式得到各点的曲率半径，可知叶片底部倒角值是 10，如图 8-2 所示。

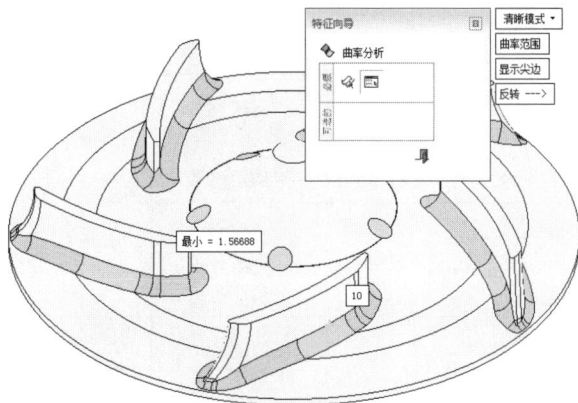

微课：叶轮骨架
模型分析

图 8-2　模型曲率分析

模型直径：384.75mm。

叶片高度：50mm。

8.2 叶轮骨架加工工艺制定

叶轮骨架加工工艺，可按表 8-1 所示进行编制。

微课：叶轮骨架加工工艺制定

表 8-1　叶轮骨架加工工艺流程

序号	加工内容	加工策略	图解	备注
01	开粗	体积铣-环绕粗铣		根据型腔尺寸及深度确定使用 F32R0.8 牛鼻刀进行开粗
02	叶片顶面加工	2.5 轴-型腔-环绕切削		从使用刀具情况出发确定使用 F32R0.8 牛鼻刀进行叶片顶面的加工
03	叶轮外轮廓加工	曲面铣削-根据角度精铣		根据零件的加工深度确定使用 F32R0.8 牛鼻刀进行叶轮骨架外轮廓的加工
04	曲面精铣	曲面铣削-根据角度精铣		从加工效率出发确定使用 B16R8 球刀进行曲面的精加工
05	压板部位粗加工	体积铣-环绕粗铣		
06	压板部位外轮廓加工	曲面铣削-精铣所有		
07	压板部位曲面精加工	曲面铣削-根据角度精铣		
08	孔加工	2.5 轴-封闭轮廓		考虑到在曲面上加工孔，确定使用螺旋下刀方式进行加工，采用 F10 平底刀

8.3

叶轮骨架毛坯及夹具创建

8.3.1　坐标系创建

选择直线指令，在浮动菜单上选择"根据方向"选项，在实体上选择底平面，系统默认选择圆心为直线起始点，并指定方向与长度，单击"确认"图标，完成第一条直线的创建，如图 8-3 所示。

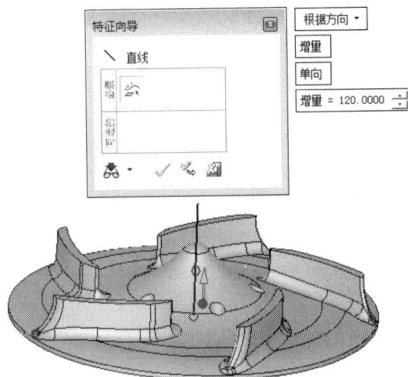

图 8-3　第一条直线创建

用相同的方法创建第二条直线，选择第一条直线的起始点作为第二条直线的起始点，再选择中间小箭头，单击左键，系统弹出直线方向选项，如图 8-4 所示。再选择"沿 Y 轴"选项，单击"确认"图标，完成第二条直线的创建。

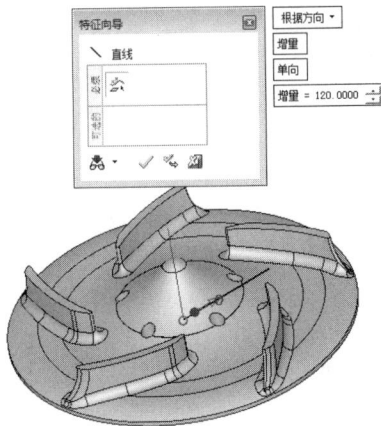

图 8-4　第二条直线创建

用与第二条直线创建相同的方法完成第三条直线的创建，如图 8-5 所示。

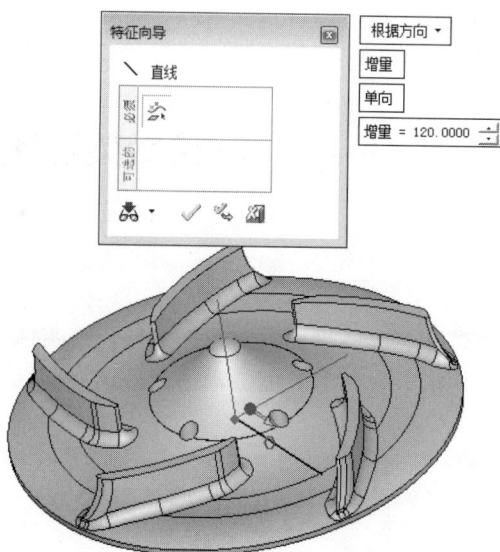

图 8-5　直线创建

在主菜单上选择"基准"→"坐标系"→"根据几何"命令，拾取坐标系原点，创建用户坐标系，如图 8-6 所示。再选择"基准"→"坐标系"→"激活坐标系"命令，选择刚创建的坐标系，进行激活。激活后，坐标系显示为红色。

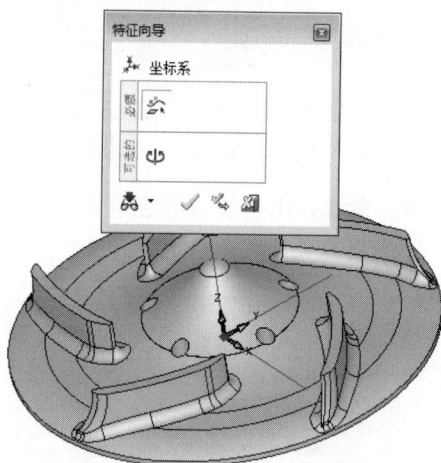

图 8-6　坐标系创建

8.3.2　圆台创建

选择绘制草图工具栏，再选择实体底平面，以该平面为草图平面绘制圆，圆直径与实际尺寸一致，如图 8-7 所示。

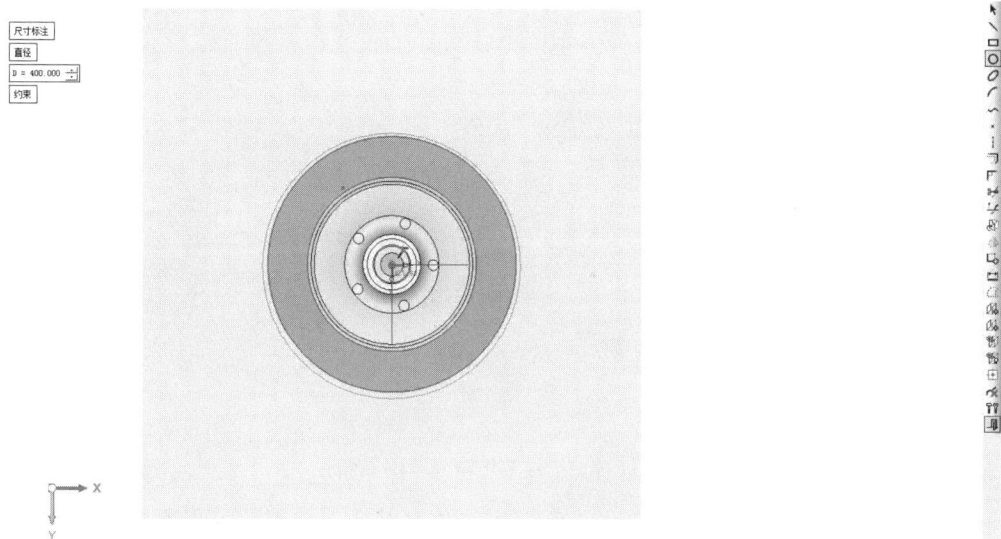

图 8-7　圆台草图创建

在主菜单中选择"实体"→"新建"→"拉伸"命令，新建一个拉伸实体，根据毛坯实际尺寸输入拉伸长度，如图 8-8 所示。

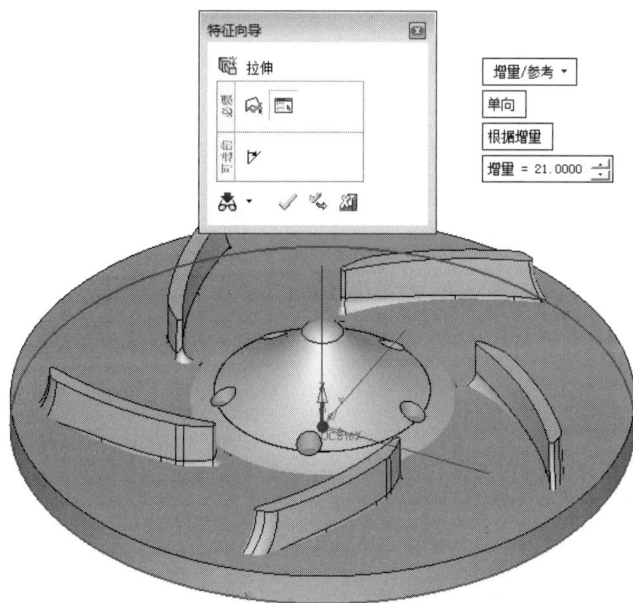

微课：叶轮坐标
系和圆台创建

图 8-8　圆台创建

8.3.3　叶片毛坯轮廓创建

以叶片上表面为草图平面创建草图，如图 8-9 所示。

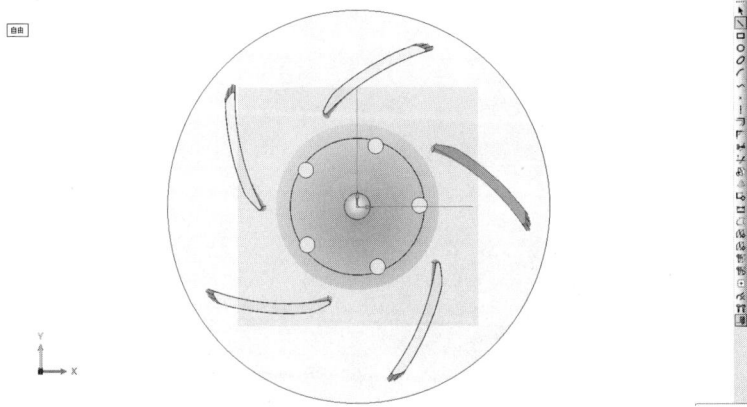

图 8-9　叶片毛坯轮廓草图界面

单击草图工具栏中的"增加参考"图标，选择叶片上表面边界为参考线，如图 8-10 所示。

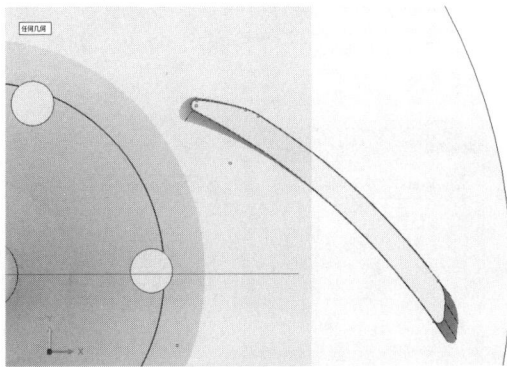

图 8-10　参考线选取

单击草图工具栏中的"圆"图标，绘制直径为 400 的圆，如图 8-11 所示。

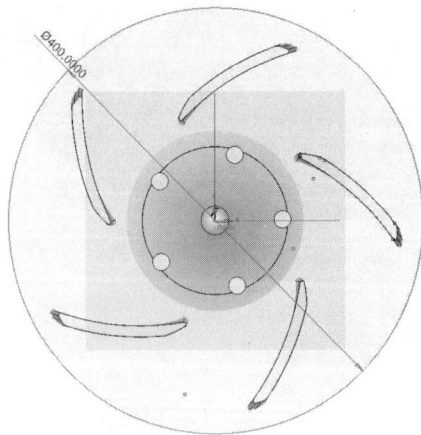

图 8-11　圆的绘制

单击草图工具栏中的"偏移"图标 ，修改偏移量为 8，先选取需要偏移的曲线，再单击偏移的方向，绘制结果如图 8-12 所示。

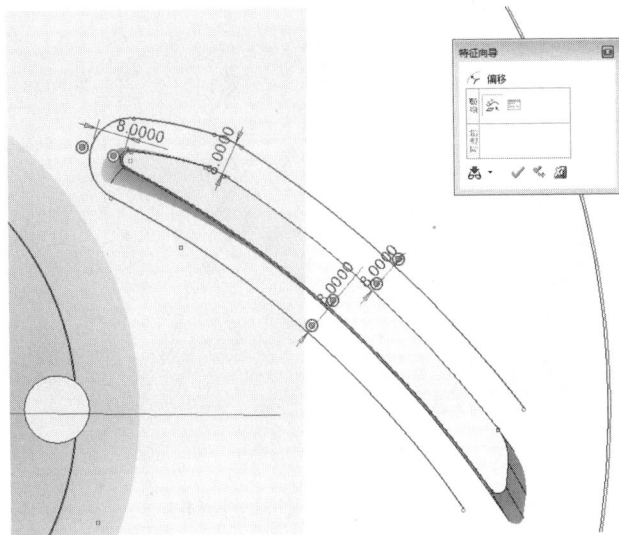

图 8-12　曲线偏移

单击草图工具栏中的"修剪/延伸"图标 ，选择需要延伸的两条曲线，单击中键退出，再选择需要延伸到的曲线，单击"确认"按钮，如图 8-13 所示。

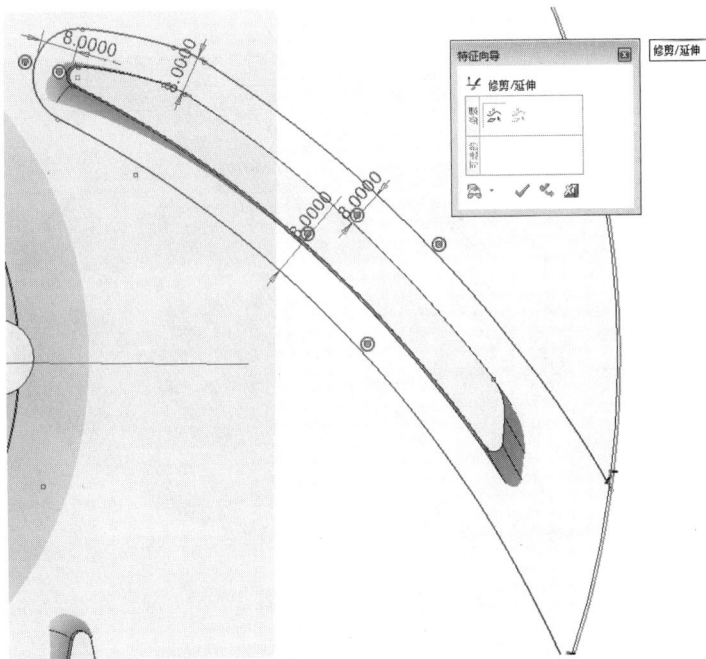

图 8-13　曲线延伸

单击草图工具栏中的"裁剪"图标 ，选择需要裁剪的曲线部分，完成曲线的裁剪，如图 8-14 所示。

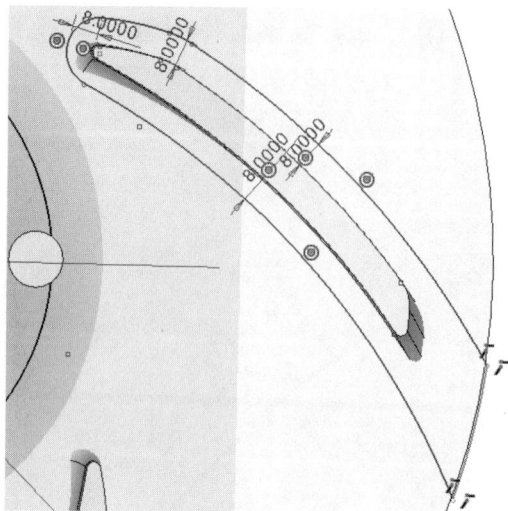

图 8-14　曲线裁剪

单击草图工具栏中的"退出草图"图标，退出草图界面。

选择主菜单中的"实体"→"新建"→"拉伸"命令，根据叶片实际尺寸，修改相关参数，如图 8-15 所示。再单击"确认"图标，完成拉伸实体的创建。

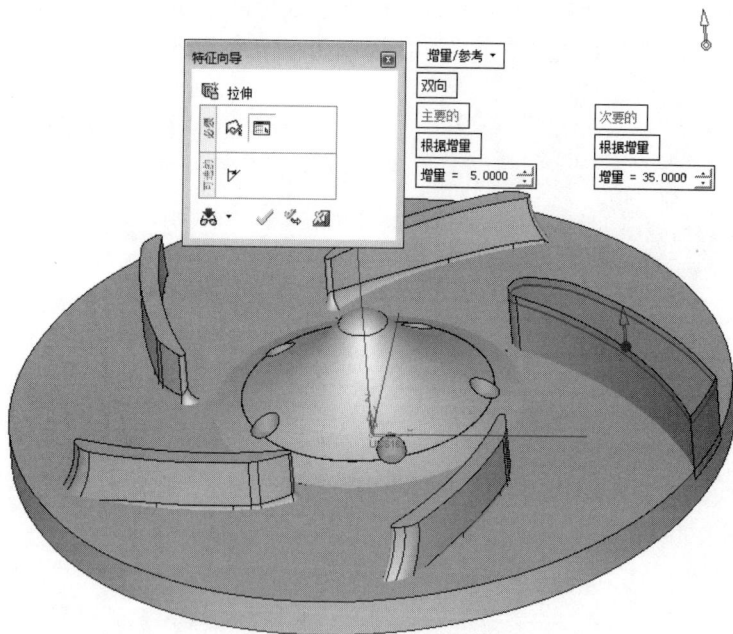

图 8-15　叶片实体拉伸

再选择主菜单中的"编辑"→"复制图素"→"旋转阵列"命令，拾取需要旋转阵列的实体，再选择旋转轴，修改相关参数，如图 8-16 所示。单击"确认"图标，完成叶片毛坯的创建。

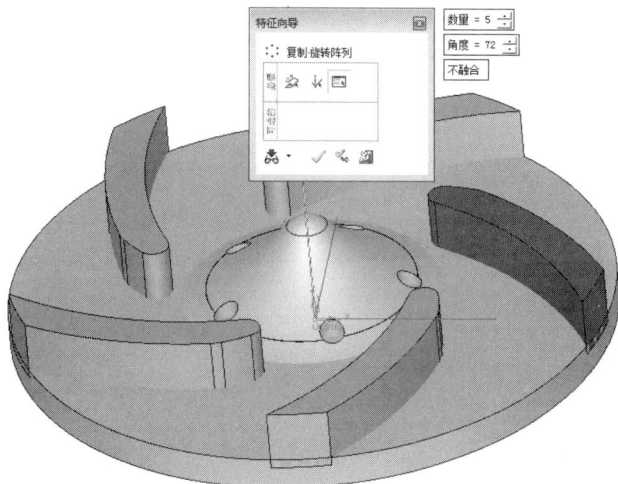

图 8-16　叶片旋转阵列

8.3.4　曲面毛坯创建

为了方便曲面毛坯的创建，可考虑将所创建的毛坯先进行隐藏，其工具栏如图 8-17 所示。

图 8-17　隐藏/显示工具栏

——隐藏：单击该图标，把所有显示的物体隐藏。

——显示：单击该图标，显示所有隐藏的物体。

——隐藏其他：单击该图标，隐藏非选取的物体。

——前一次：单击该图标，显示此次隐藏之前的窗口。

——下一次：单击该图标，显示此次隐藏之后的窗口。

——隐藏/显示：单击该图标，物体在显示与隐藏之间切换。

在绘图区选择实体叶轮骨架、坐标系和 3 条直线，如图 8-18 所示。

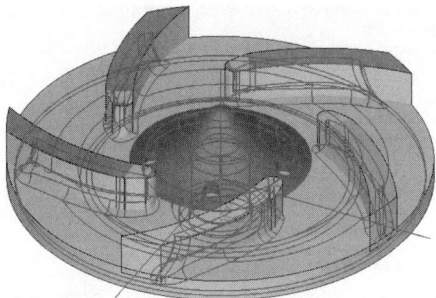

图 8-18　实体、轮廓、直线选取

再单击隐藏工具栏中的"隐藏其他"图标，隐藏其他图素，如图 8-19 所示。

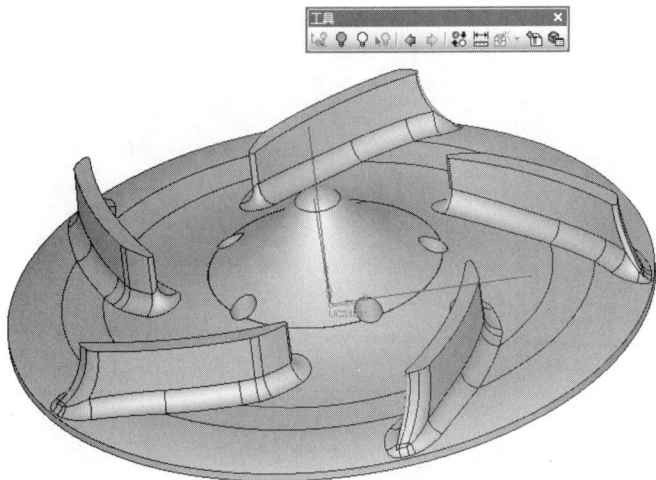

图 8-19　图素的隐藏

选择主菜单中的"曲线"→"投影"命令，系统弹出浮动对话框，选择 Y 方向直线为曲线，单击中键确定，再确定投影方向，拾取曲面为参考面，单击"确认"图标，完成曲线投影操作，如图 8-20 所示。

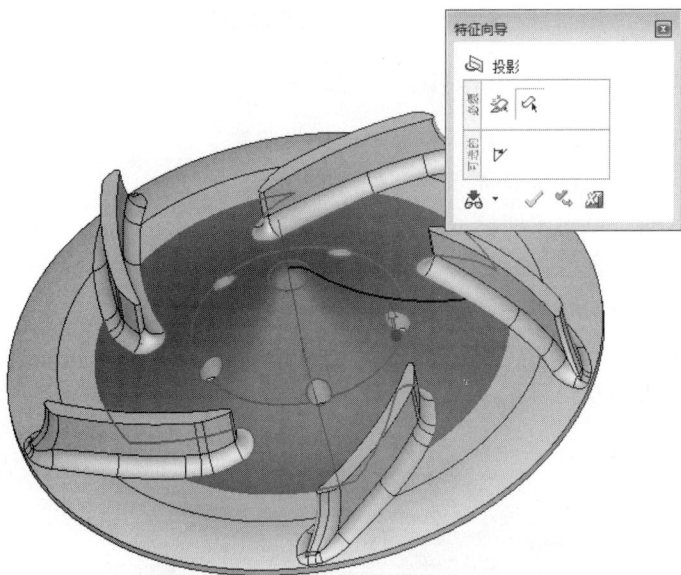

图 8-20　曲线的投影

在主菜单中选择"基准"→"基准面"→"主平面"选项，系统弹出浮动对话框，选择坐标系，系统自动生成主平面，如图 8-21 所示，单击"确认"图标，完成主平面的创建。

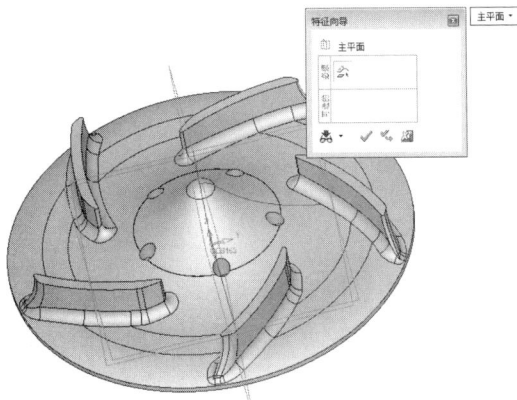

图 8-21　主平面的创建

单击工具栏中的"草图"按钮，选择曲线所在的平面作为草图平面，创建草图，方法同叶轮毛坯草图创建相似。最后单击"退出草图"按钮，完成草图的创建，如图 8-22 所示。

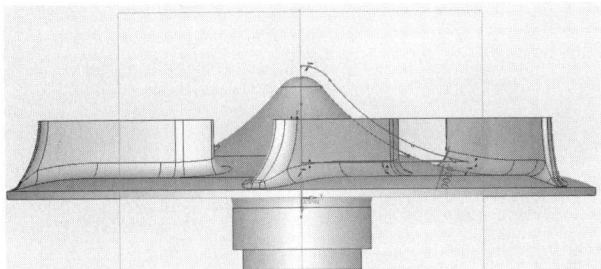

图 8-22　曲线草图创建

选择主菜单中的"实体"→"新建"→"旋转"命令，系统弹出浮动对话框，并默认刚创建的草图为旋转轮廓，再选择旋转轴，单击"确认"图标，完成毛坯曲面的创建，如图 8-23 所示。

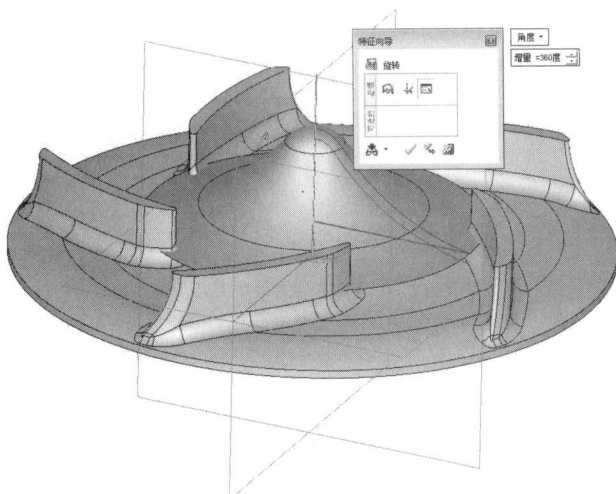

图 8-23　实体旋转

单击"隐藏"图标，隐藏刚创建的曲面毛坯。再单击"隐藏/显示"图标，显示整个叶轮骨架毛坯，如图 8-24 所示，同时可通过该图标在图素的显示和隐藏之间进行切换。

微课：叶轮叶片
毛坯轮廓和曲
面创建

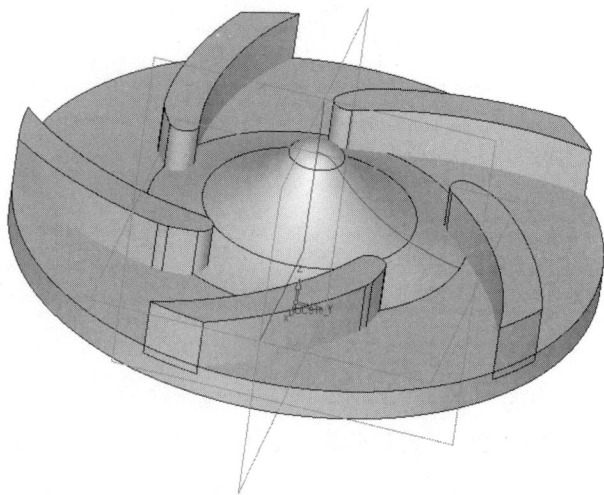

图 8-24　叶轮骨架毛坯

8.3.5　夹具创建

单击"隐藏/显示"图标，显示整个叶轮骨架。单击"绘制草图"图标，选择草图平面开始创建草图，如图 8-25 所示。

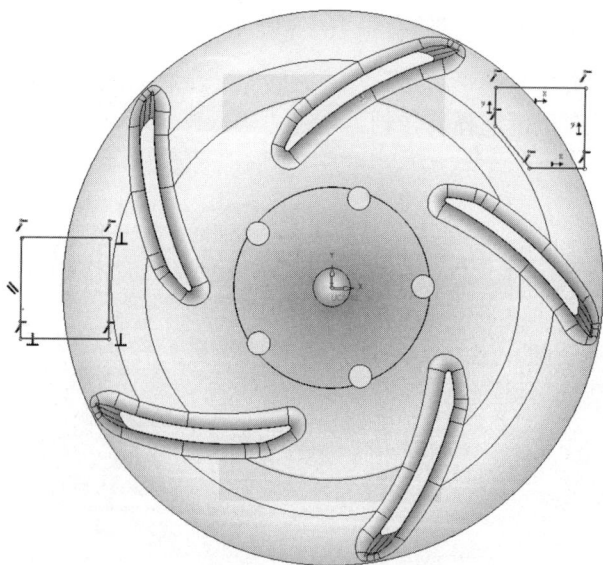

图 8-25　夹具草图创建

选择菜单栏中的"实体"→"新建"→"拉伸"命令，新建拉伸实体，完成夹具实体创建，如图 8-26 所示。

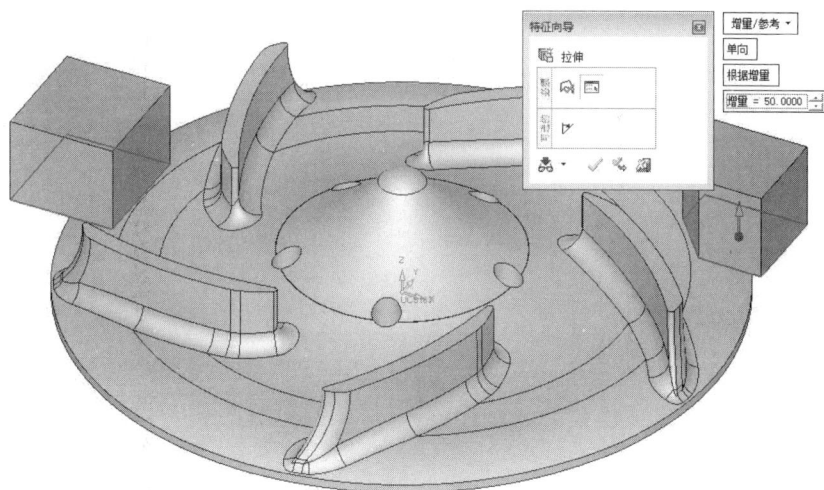

图 8-26　夹具创建

同时，为防止在加工时，刀具进入孔进行加工，有必要先对这些区域进行补面。选择菜单栏中的"曲面"→"混合"命令，依次选择孔轮廓进行补面操作，如图 8-27 所示。

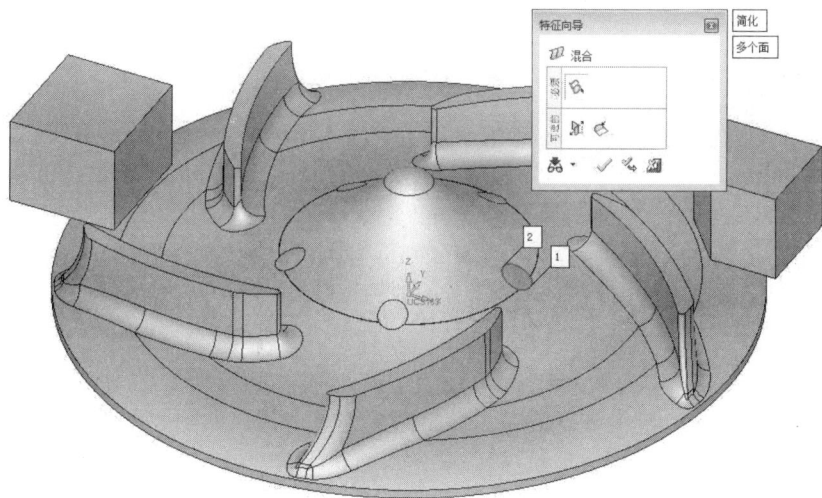

微课：叶轮骨架
夹具创建

图 8-27　补面操作

8.4

叶轮骨架编程操作

8.4.1　开粗

1. 模型调入

选择主菜单中的"文件"→"输出"→"至加工"命令，进入编程工作模式。选择坐标系，如图 8-28 所示，在"特征向导"栏中单击"确认"图标将模型放置到当前坐标系的原点，同时不做旋转，完成模型的调入。

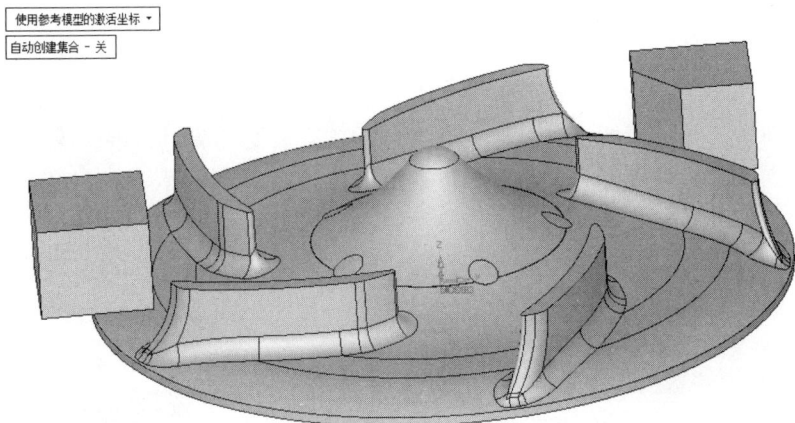

使用参考模型的激活坐标 ▾
自动创建集合 - 关

图 8-28　选择坐标系

2. 选择、创建刀具

单击"NC 向导"中的"刀具"图标，系统弹出"刀具及夹头"对话框，选择"从 CSV 或 XML 文件中输入刀具或夹头"选项，选择刀具库文件，再依次选择所要用到的 F32R0.8 和 F10 刀具，加载所选的刀具，单击"确认"图标，完成刀具选择，如图 8-29 所示。同时创建 B16R8 球刀。

3. 创建刀路轨迹

单击"NC 向导"中的"刀轨"图标，进入创建刀路轨迹功能，系统弹出"创建刀轨"对话框，修改名称为 01，类型为 3 轴，安全平面为 120，如图 8-30 所示，创建刀路轨迹。

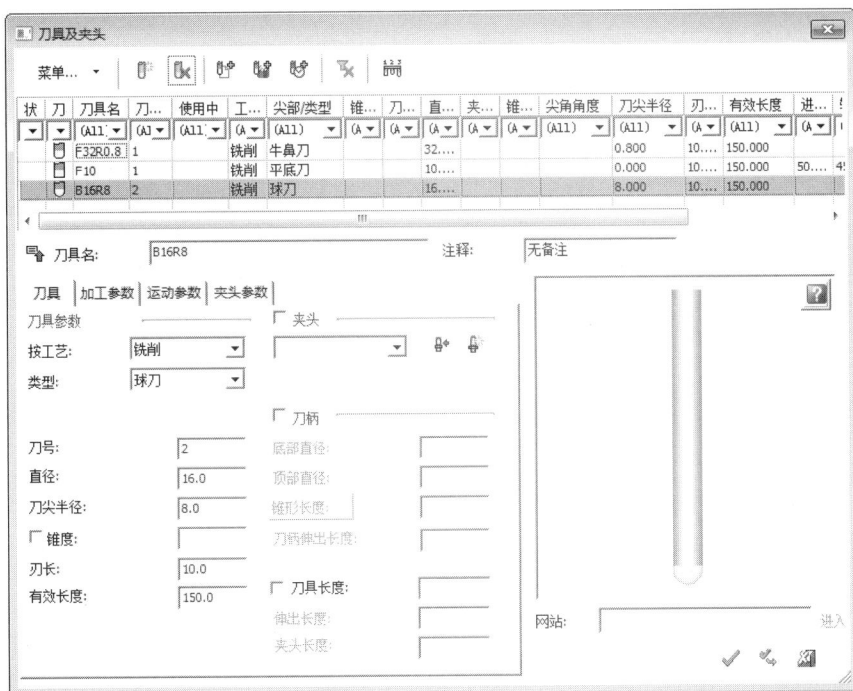

图 8-29　刀具选择和创建

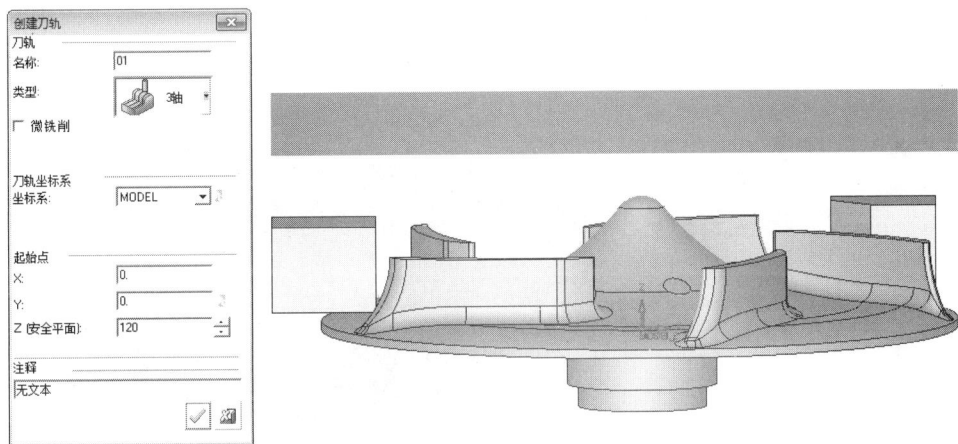

图 8-30　创建刀路轨迹 01

4. 创建毛坯

单击"NC 向导"中的"毛坯"图标，系统弹出"初始毛坯"对话框，单击"隐藏/显示"图标，显示叶轮骨架毛坯，将毛坯类型修改为曲面，再单击中键确认退出，完成毛坯的创建，如图 8-31 所示。

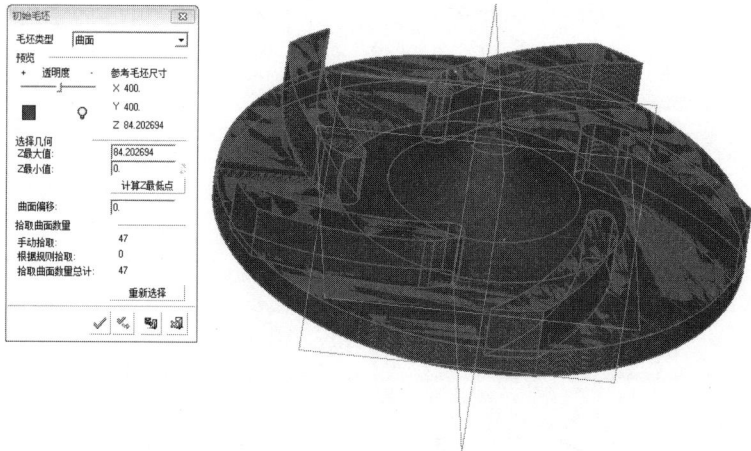

图 8-31　创建曲面毛坯

5. 创建加工程序

单击"显示/隐藏"图标，隐藏叶轮骨架毛坯，显示叶轮骨架和夹具体。单击"NC 向导"中的"程序"图标，系统弹出"程序向导"对话框，开始创建加工程序，修改"主选择"为"体积铣"、"子选择"为"环绕粗铣"。

（1）选择零件曲面

单击零件曲面后的"0"按钮，再单击工具栏中的"选择所有"图标，选择全部零件曲面，单击中键退出，完成零件曲面选择，如图 8-32 所示。

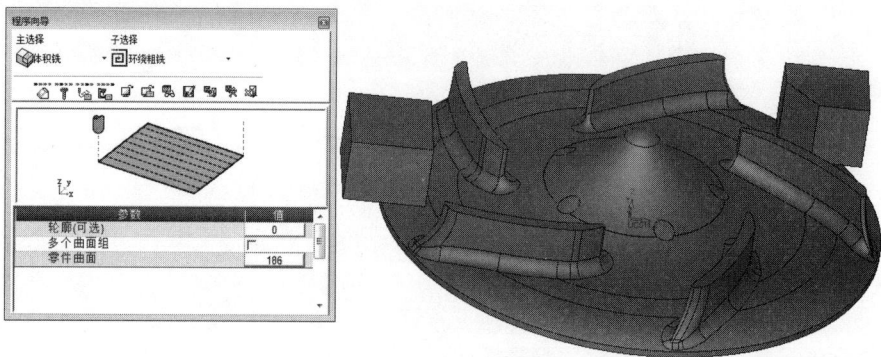

图 8-32　零件曲面选择

（2）设置刀路参数

单击"刀路参数"图标，系统切换到刀路参数界面，按图 8-33 所示进行各参数设置。注意：刀具选择为 F32R0.8 牛鼻刀。

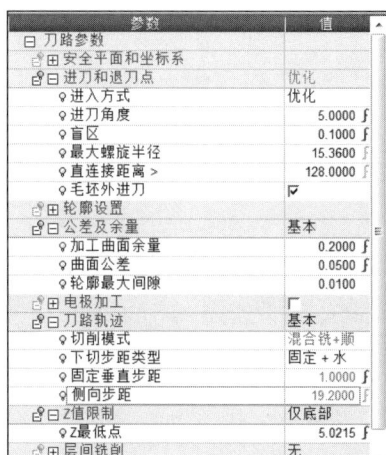

图 8-33　刀路参数设置

（3）设置机床参数

单击"机床参数"图标，系统切换到机床参数界面，设置机床的主轴转速为 4000、进给为 3000，其他选择默认值，如图 8-34 所示。

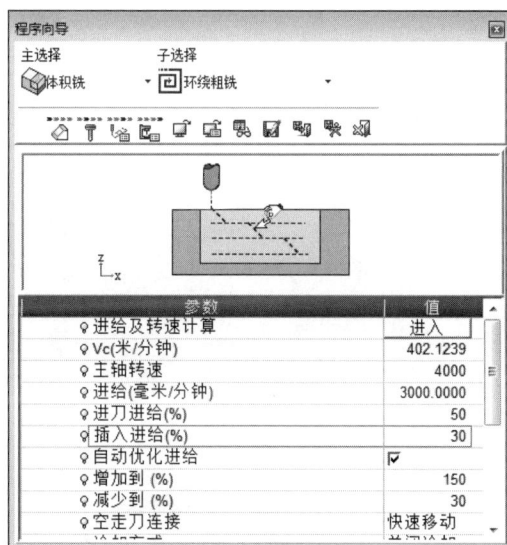

图 8-34　机床参数设置

（4）程序生成

单击"保存并计算"图标，系统将根据前面设置的参数自动计算刀路轨迹，并在绘图区显示生成的刀路轨迹，如图 8-35 所示。利用"NC 程序管理器"中的"显示"或"隐藏"图标可显示或隐藏所建立的刀路轨迹。

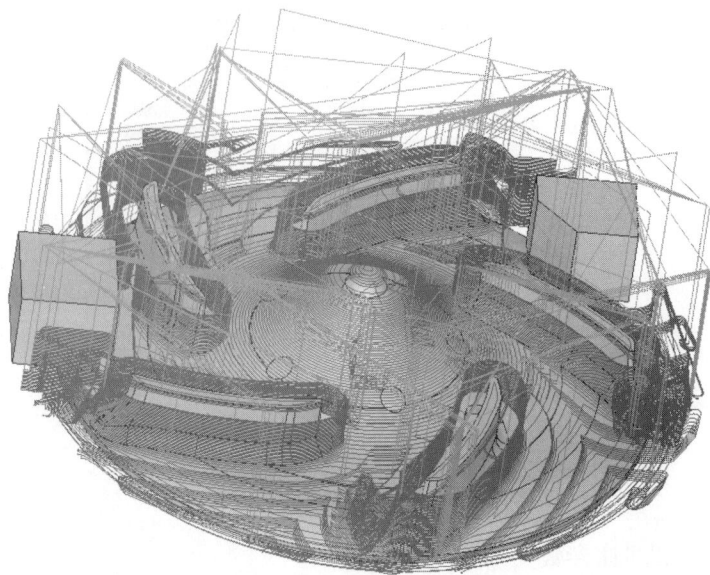

图 8-35　开粗后生成的刀路轨迹

6. 仿真模拟

单击"NC 向导"中的"机床仿真"图标，进入模拟检验功能，系统弹出"机床仿真"对话框，单击"确认"图标，系统打开"CimatronE-机床模拟"窗口，选择"控制"→"运行"命令，进行实体切削模拟，加工模拟仿真结果如图 8-36 所示。

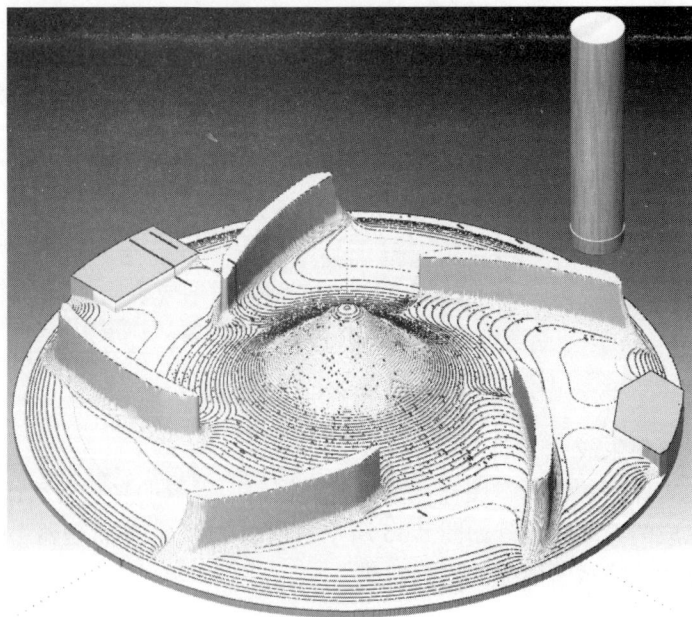

图 8-36　加工模拟仿真结果

8.4.2　叶片顶面加工

1. 创建刀路轨迹

单击"NC 向导"中的"刀轨"图标，进入创建刀路轨迹功能，系统弹出"创建刀轨"对话框，修改名称为 02，类型为 2.5 轴，安全平面为 120，如图 8-37 所示，创建刀路轨迹。

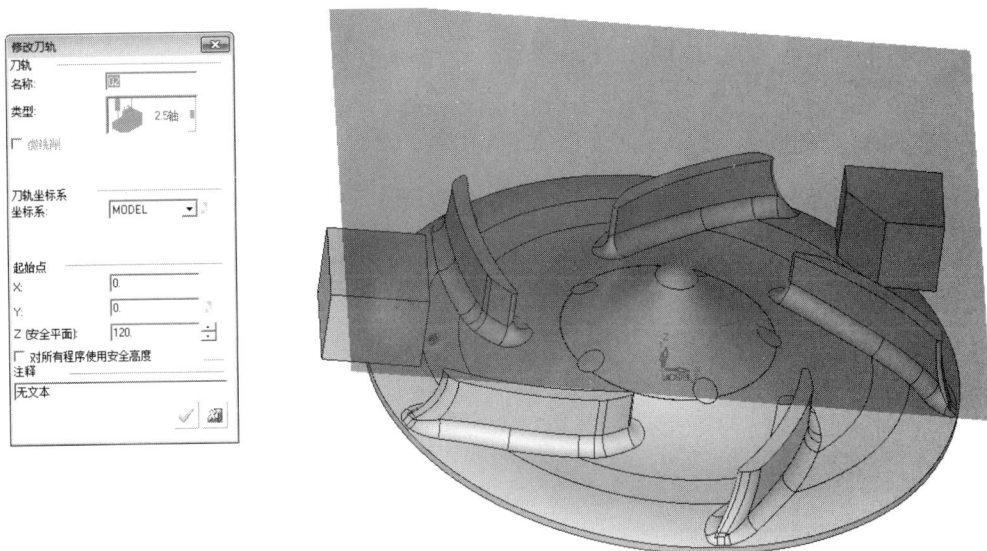

图 8-37　创建刀路轨迹 02

2. 创建加工程序

单击"NC 向导"中"程序"图标，系统弹出"程序向导"对话框，开始创建加工程序，修改"子选择"为"型腔-环绕切削"，如图 8-38 所示。

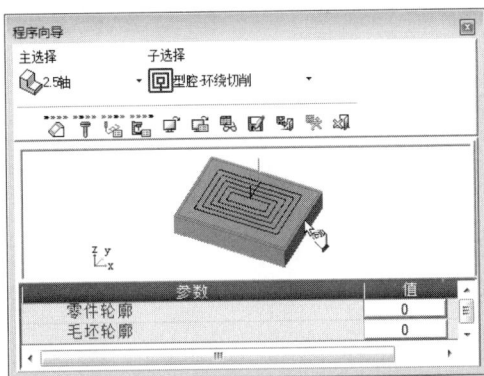

图 8-38　选择叶片顶面加工所需的工艺

（1）选择零件轮廓

单击零件轮廓后的"0"按钮，系统弹出"轮廓管理器"对话框，修改刀具位置为轮廓上，保证叶片顶面能加工到位。在绘图区选择第一条叶片边界，单击中键退出，完成第一条零件轮廓的选择。再按相同方法，完成其他 4 条叶片边界的选择，如图 8-39 所示，最后单击中键确认退出，完成零件轮廓的选择。

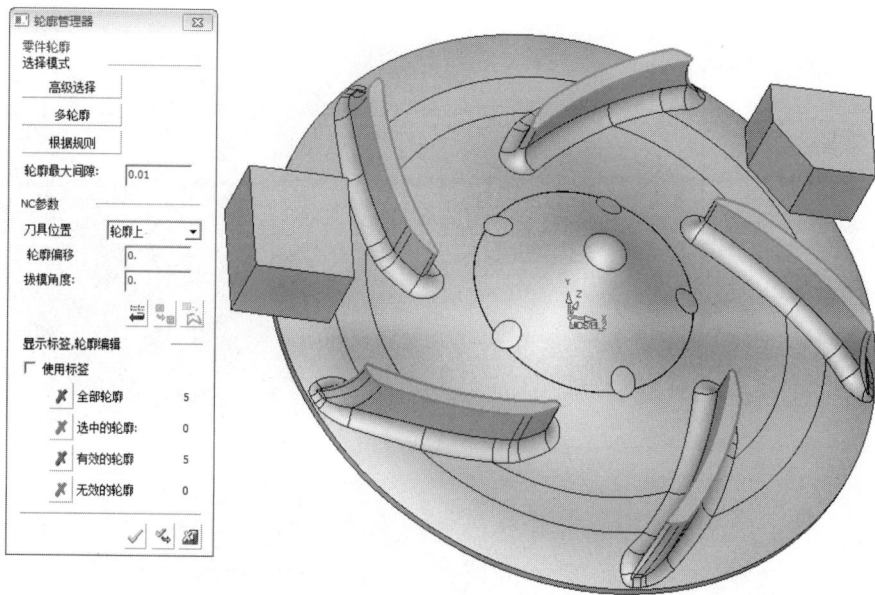

图 8-39　零件轮廓的选择

（2）设置刀路参数

单击"刀路参数"图标，系统切换到刀路参数界面，按图 8-40 所示进行各参数的设置。注意：刀具选择为 F32R0.8 牛鼻刀。

图 8-40　叶片顶面加工的刀路参数设置

（3）设置机床参数

单击"机床参数"图标，系统切换到机床参数界面，设置机床的主轴转速为3500、进给为1000，其他选择默认值。

（4）程序生成

单击"保存并计算"图标，系统将根据前面设置的参数自动计算刀路轨迹，并在绘图区显示生成的刀路轨迹，如图8-41所示。

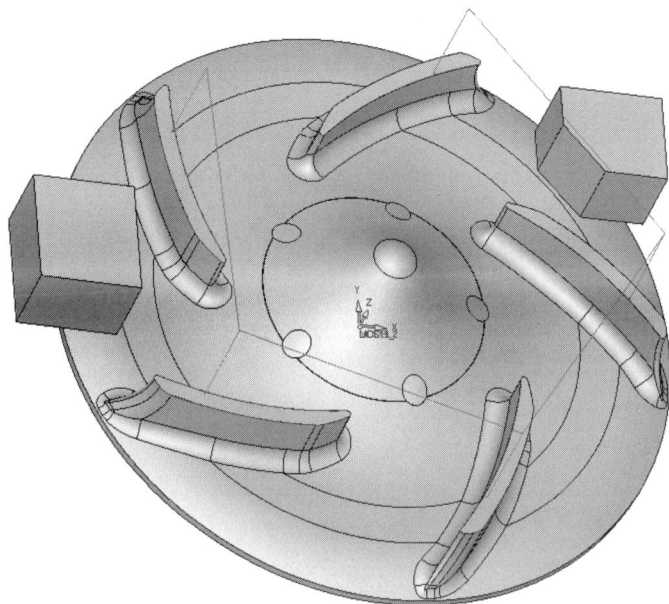

微课：叶轮骨架　　动画：叶轮骨架
叶片顶面加工　　叶片顶面加工
编程

图 8-41　叶片顶面加工生成的刀路轨迹

8.4.3　叶轮外轮廓加工

1. 创建刀路轨迹

单击"NC向导"中的"刀轨"图标，进入创建刀路轨迹功能，系统弹出"创建刀轨"对话框，修改名称为03，类型为2.5轴，安全平面为120，创建刀路轨迹。

2. 创建加工程序

单击"NC向导"中的"程序"图标，系统弹出"程序向导"对话框，开始创建加工程序，修改"主选择"为"曲面铣削"、"子选择"为"根据角度精铣"，如图8-42所示。注意：应取消轮廓选择。

（1）选择检查曲面、零件曲面

单击检查曲面后的"0"按钮，在绘图区依次选择夹具的各面，将之作为检查曲面，如图8-43所示，再单击中键退出，完成检查曲面的选择。

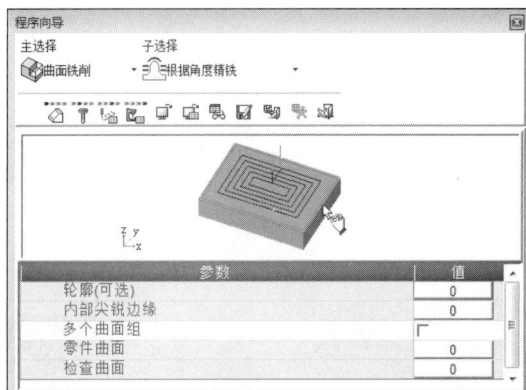

图 8-42　选择叶轮外轮廓加工所需的工艺

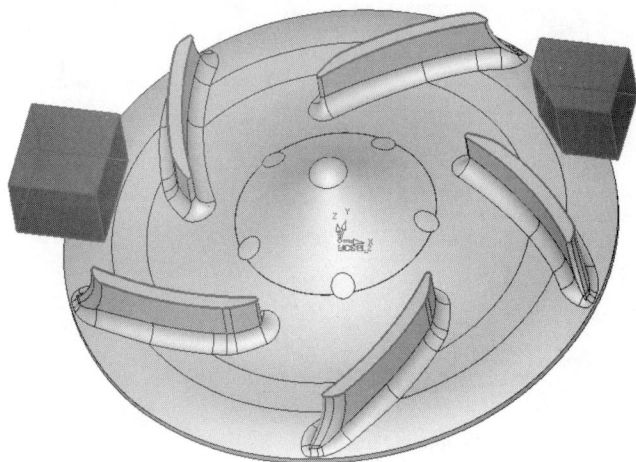

图 8-43　检查曲面选择

单击零件曲面后的"0"按钮，再单击工具栏中的"选择所有"图标，选择其余所有曲面，将之作为零件曲面，如图 8-44 所示，再单击中键退出，完成零件曲面的选择。

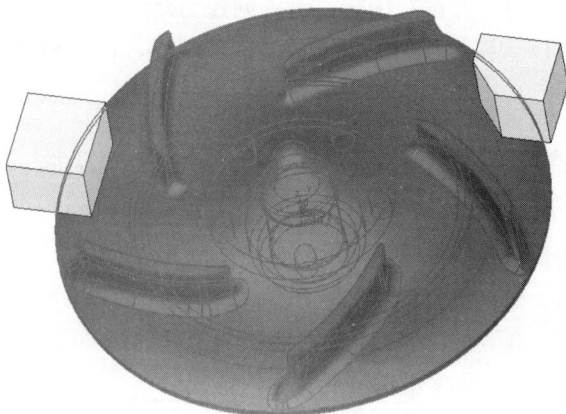

图 8-44　零件曲面选择

（2）设置刀路参数

单击"刀路参数"图标，系统切换到刀路参数界面，按图 8-45 所示进行各参数设置。注意：刀具选择为 F32R0.8 牛鼻刀。

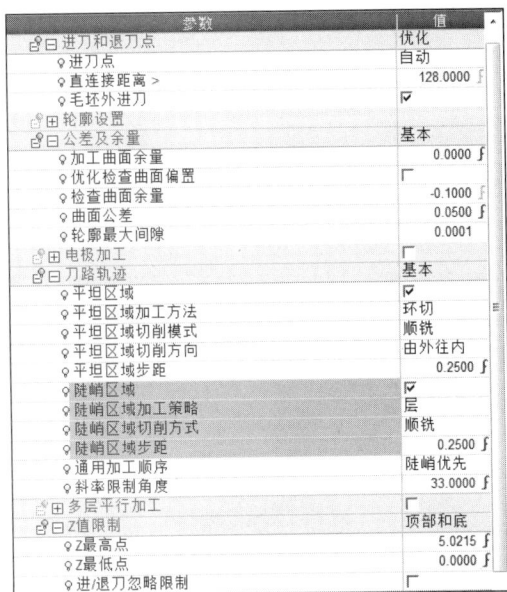

参数	值
进刀和退刀点	优化
进刀点	自动
直连接距离 >	128.0000
毛坯外进刀	☑
轮廓设置	
公差及余量	基本
加工曲面余量	0.0000
优化检查曲面偏置	☐
检查曲面余量	-0.1000
曲面公差	0.0500
轮廓最大间隙	0.0001
电极加工	☐
刀路轨迹	基本
平坦区域	☑
平坦区域加工方法	环切
平坦区域切削模式	顺铣
平坦区域切削方向	由外往内
平坦区域步距	0.2500
陡峭区域	☑
陡峭区域加工策略	层
陡峭区域切削方式	顺铣
陡峭区域步距	0.2500
通用加工顺序	陡峭优先
斜率限制角度	33.0000
多层平行加工	☐
Z值限制	顶部和底
Z最高点	5.0215
Z最低点	0.0000
进/退刀忽略限制	☐

图 8-45　叶轮外轮廓加工的刀路参数设置

（3）设置机床参数

单击"机床参数"图标，系统切换到机床参数界面，设置机床的主轴转速为 4000、进给为 2000，其他选择默认值。

（4）程序生成

单击"保存并计算"图标，系统将根据前面设置的参数自动计算刀路轨迹，并在绘图区显示生成的刀路轨迹，如图 8-46 所示。

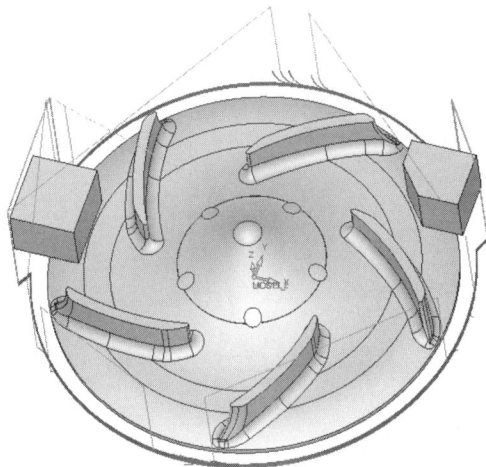

微课：叶轮骨架外　动画：叶轮骨架
轮廓加工编程　　外轮廓加工

图 8-46　叶轮外轮廓加工生成的刀路轨迹

8.4.4 曲面加工

1. 创建刀路轨迹

单击"NC 向导"中的"刀轨"图标，进入创建刀路轨迹功能，系统弹出"创建刀轨"对话框，修改名称为 04，类型为 2.5 轴，安全平面为 120，创建刀路轨迹。

2. 创建加工程序

单击"NC 向导"中的"程序"图标，系统弹出"程序向导"对话框，开始创建加工程序，修改"主选择"为"曲面铣削"、"子选择"为"根据角度精铣"，如图 8-47 所示。

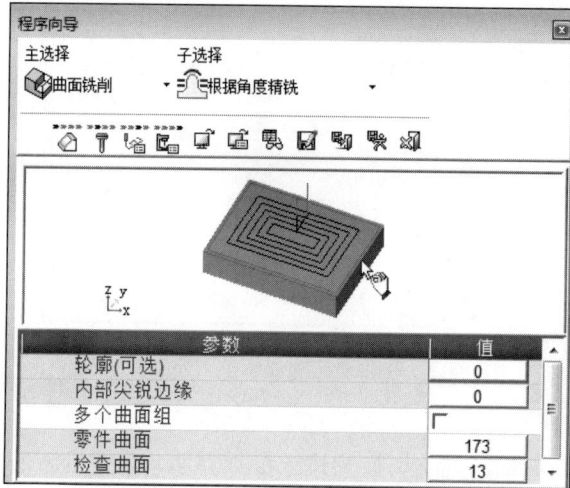

图 8-47 选择曲面加工的工艺

（1）选择检查曲面、零件曲面

单击零件曲面值，取消零件曲面选择。单击检查曲面后的"13"按钮，在绘图区依次选择 5 个叶片顶面，将之作为检查曲面，再单击中键退出，完成检查曲面选择，如图 8-48 所示。

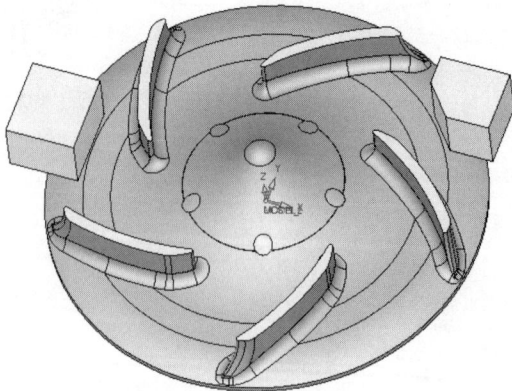

图 8-48 曲面加工时检查曲面的选择

单击零件曲面后的"0"按钮，再单击工具栏中的"选择所有"图标，选择其余所有曲面，将之作为零件曲面，如图 8-49 所示，单击中键退出，完成零件曲面选择。

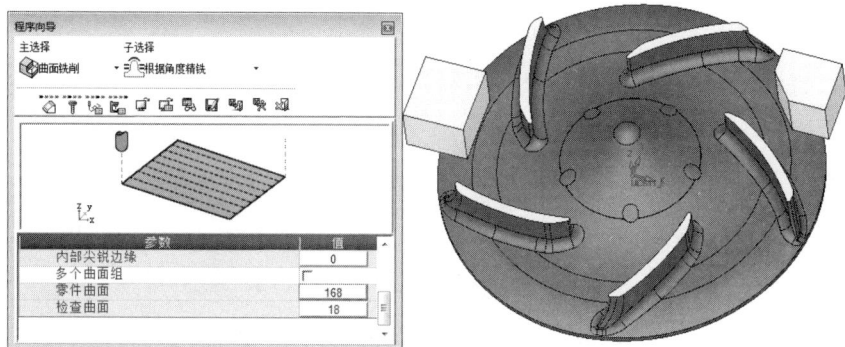

图 8-49　曲面加工时零件曲面的选择

（2）设置刀路参数

单击"刀路参数"图标，系统切换到刀路参数界面，按图 8-50 所示进行各参数设置。注意：刀具选择为 B16R8 球刀。

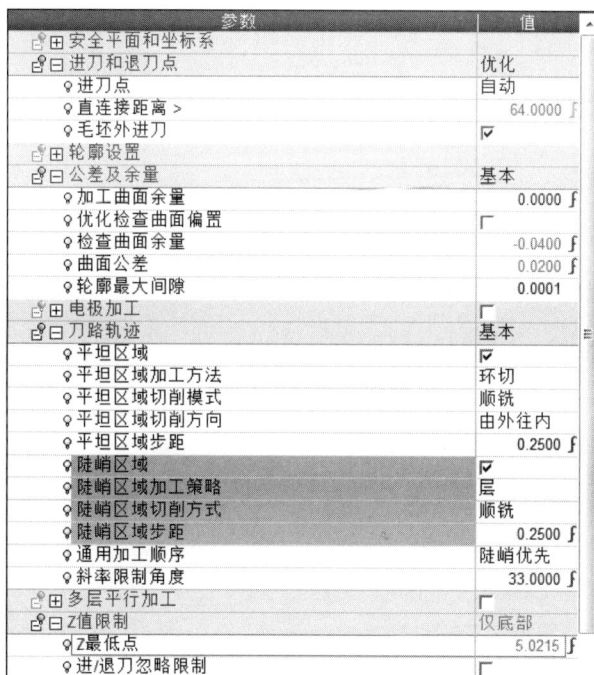

图 8-50　曲面加工的刀路参数设置

（3）设置机床参数

单击"机床参数"图标，系统切换到机床参数界面，设置机床的主轴转速为 4500、进给为 2500，其他选择默认值。

（4）程序生成

单击"保存并计算"图标，系统将根据前面设置的参数自动计算刀路轨迹，并在绘图区显示生成的刀路轨迹，如图 8-51 所示。

微课：叶轮骨架　　动画：叶轮骨架
曲面加工编程　　　曲面加工

图 8-51　曲面加工生成的刀路轨迹

8.4.5　压板部分粗加工

1. 创建刀路轨迹

单击"NC 向导"中的"刀轨"图标，进入创建刀路轨迹功能，系统弹出"创建刀轨"对话框，修改名称为 05，类型为 3 轴，安全平面为 120，创建刀路轨迹。

2. 创建加工程序

单击"NC 向导"中的"程序"图标，系统弹出"程序向导"对话框，开始创建加工程序，修改"主选择"为"体积铣"、"子选择"为"环绕粗铣"，如图 8-52 所示。单击"保存并关闭"图标 ，退出程序向导。

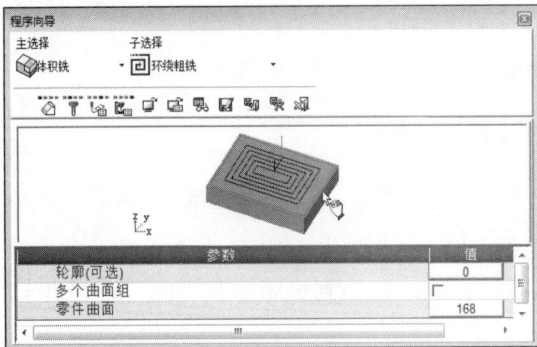

图 8-52　选择压板部分粗加工所需的工艺

（1）创建加工区域

单击"切换到CAD模式"图标 ，切换到CAD界面。以夹具上表面作为草图平面，并以夹具边界向外延伸一段距离作为加工区域绘制草图，如图8-53所示，保证加工到位。

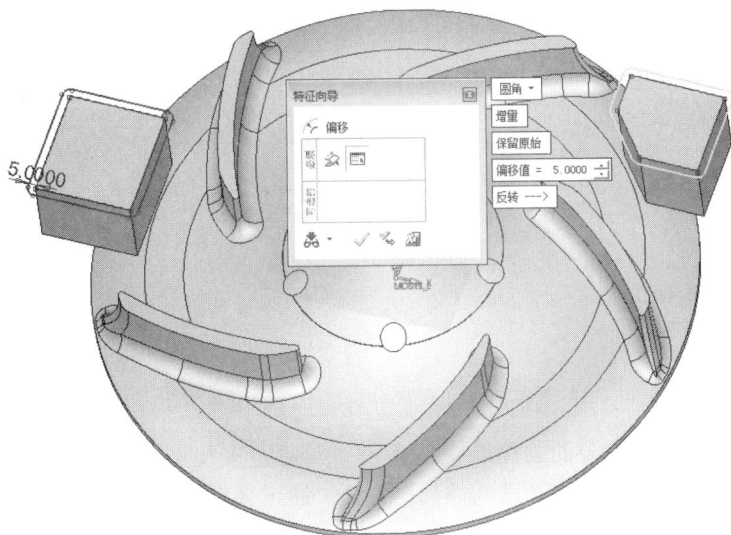

图8-53　绘制草图效果（CAD模式）

单击"切换到CAM模式"图标 ，切换到CAM模式，如图8-54所示。

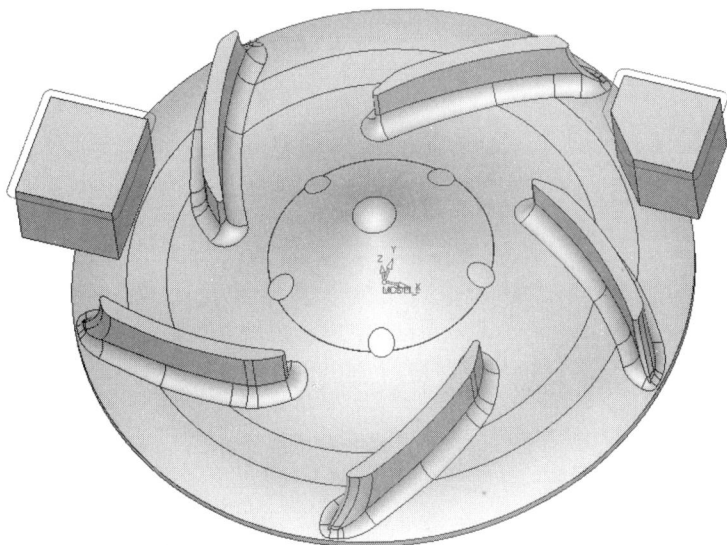

图8-54　CAM模式下的加工区域

（2）选择轮廓、零件曲面

单击轮廓后的"0"按钮，系统弹出"轮廓管理器"对话框，将刀具位置修改为轮廓上。在绘图区依次选择两个边界，如图8-55所示，单击中键退出，完成边界的选择。

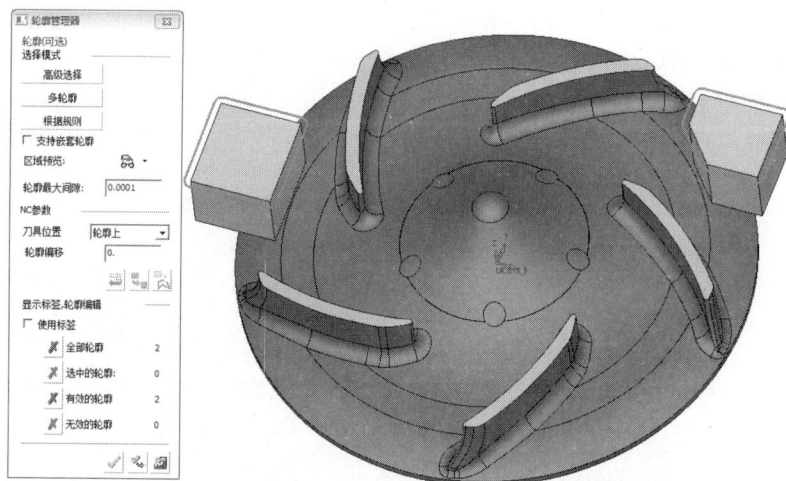

图 8-55　压板部分粗加工的轮廓选择

为了方便观察压板部分的刀路轨迹，单击"保存并关闭"图标，退出程序向导。单击过滤器工具栏（图 8-56）中的"过滤体"图标🐷。通过各过滤器可方便地进行图素的选择。

图 8-56　过滤器工具栏

再选择两夹具实体，单击隐藏/显示工具栏中的"隐藏"图标，将夹具实体隐藏，如图 8-57 所示。

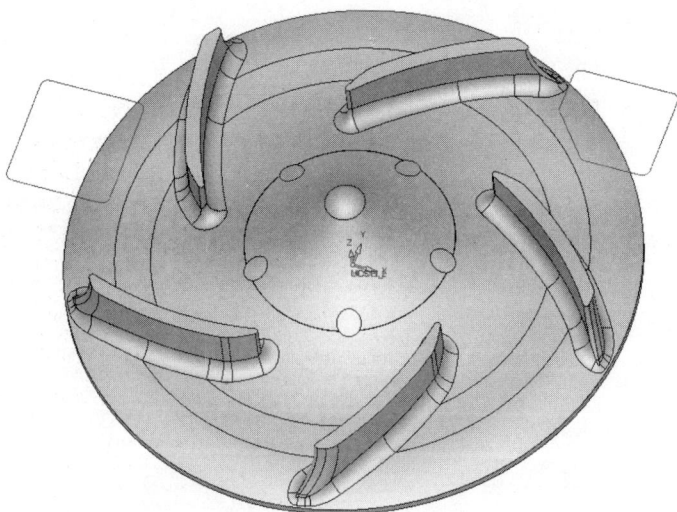

图 8-57　隐藏夹具实体

单击零件曲面后的"0"按钮，再单击工具栏中的"选择所有"图标，选择其余所有曲面，将之作为零件曲面，如图 8-58 所示，单击中键退出，完成零件曲面的选择。

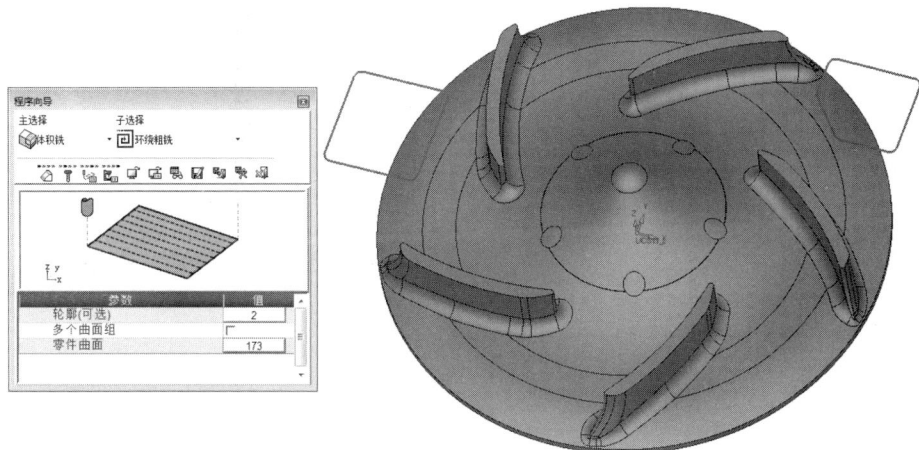

图 8-58　压板部分粗加工零件曲面的选择

（3）设置刀路参数

单击"刀路参数"图标，系统切换到刀路参数界面，按图 8-59 所示进行各参数设置。注意：刀具选择为 **F32R0.8** 牛鼻刀。

图 8-59　压板部分粗加工的刀路参数设置

（4）设置机床参数

单击"机床参数"图标，系统切换到机床参数界面，设置机床的主轴转速为 3500、进给为 2500，其他选择默认值。

（5）程序生成

单击"保存并计算"图标，系统将根据前面设置的参数自动计算刀路轨迹，并在绘图区显示生成的刀路轨迹，如图 8-60 所示。

微课：压板部分
开粗编程

动画：压板部分
开粗

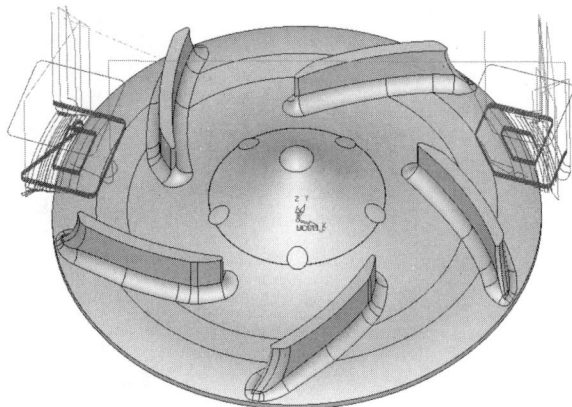

图 8-60　压板部分粗加工生成的刀路轨迹

8.4.6　压板部分外轮廓加工

1. 创建刀路轨迹

单击"NC 向导"中的"刀轨"图标，进入创建刀路轨迹功能，系统弹出"创建刀轨"对话框，修改名称为 06，类型为 3 轴，安全平面为 120，创建刀路轨迹。

2. 创建加工程序

单击"NC 向导"中的"程序"图标，系统弹出"程序向导"对话框，开始创建加工程序，修改"主选择"为"曲面铣削"、"子选择"为"精铣所有"。

（1）选择轮廓、零件曲面
轮廓、零件曲面可按默认值设置，如图 8-61 所示。

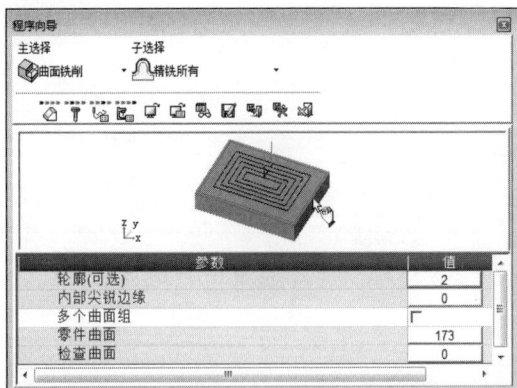

图 8-61　轮廓、零件曲面默认设置

（2）设置刀路参数

单击"刀路参数"图标，系统切换到刀路参数界面，按图 8-62 所示进行各参数设置。注意：对 Z 值进行限制，刀具选择为 F32R0.8 牛鼻刀。

图 8-62　压板部分外轮廓加工的刀路参数设置

（3）设置机床参数

单击"机床参数"图标，系统切换到机床参数界面，设置机床的主轴转速为 3500、进给为 2000，其他选择默认值。

（4）程序生成

单击"保存并计算"图标，系统将根据前面设置的参数自动计算刀路轨迹，并在绘图区显示生成的刀路轨迹，如图 8-63 所示。

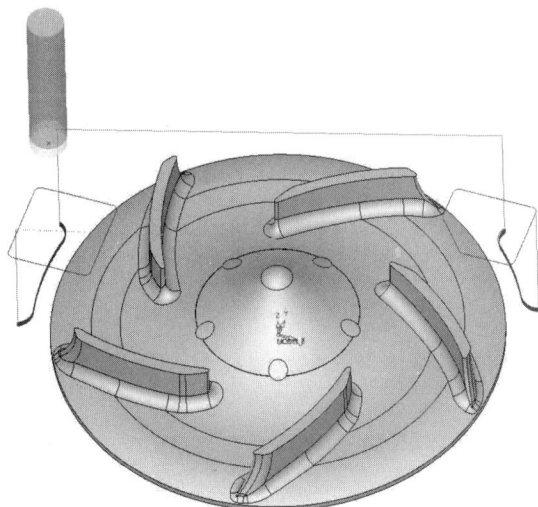

微课：压板部分　　动画：压板部分
外轮廓加工编程　　外轮廓加工

图 8-63　压板部分外轮廓加工生成的刀路轨迹

8.4.7　压板部分曲面精加工

1. 创建刀路轨迹

单击"NC 向导"中的"刀轨"图标，进入创建刀路轨迹功能，系统弹出"创建刀轨"对话框，修改名称为 07，类型为 3 轴，安全平面为 120，创建刀路轨迹。

2. 创建加工程序

单击"NC 向导"中"程序"图标，系统弹出"程序向导"对话框，开始创建加工程序，修改"主选择"为"曲面铣削"、"子选择"为"根据角度精铣"。

（1）选择轮廓、零件曲面

轮廓、零件曲面可按默认值设置，如图 8-64 所示。

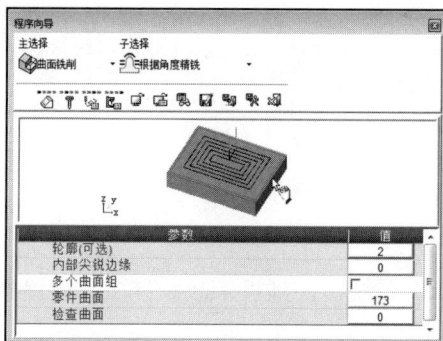

图 8-64　轮廓、零件曲面设置

（2）设置刀路参数

单击"刀路参数"图标，系统切换到刀路参数界面，按图 8-65 所示进行各参数设置。注意：对 Z 值进行限制，刀具选择为 B16R8 球刀。

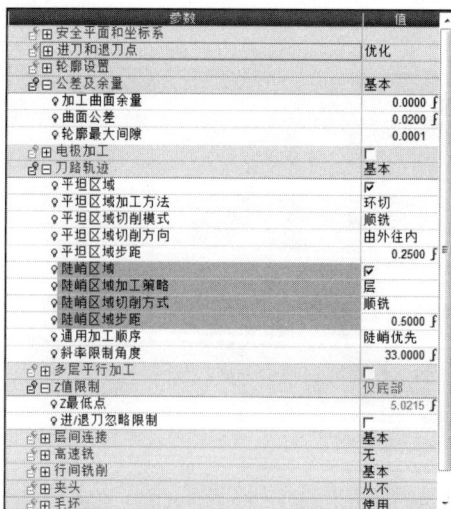

图 8-65　压板部分曲面精加工的刀路参数设置

（3）设置机床参数

单击"机床参数"图标，系统切换到机床参数界面，设置机床的主轴转速为 3000、进给为 2000，其他选择默认值。

（4）程序生成

单击"保存并计算"图标，系统将根据前面设置的参数自动计算刀路轨迹，并在绘图区显示生成的刀路轨迹，如图 8-66 所示。

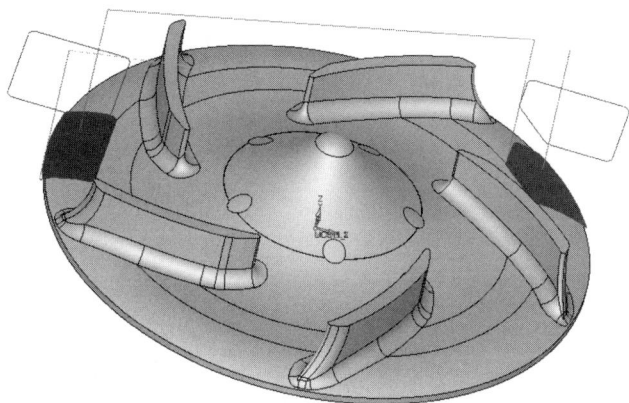

微课：压板部分　　　动画：压板部分
曲面精加工编程　　　曲面精加工

图 8-66　压板部分曲面精加工生成的刀路轨迹

8.4.8　孔加工

1. 创建刀路轨迹

单击"NC 向导"中的"刀轨"图标，进入创建刀路轨迹功能，系统弹出"创建刀轨"对话框，修改名称为 08，类型为 2.5 轴，安全平面为 120，创建刀路轨迹。

2. 创建加工程序

单击"NC 向导"中的"程序"图标，系统弹出"程序向导"对话框，开始创建加工程序，修改"主选择"为"2.5 轴"、"子选择"为"封闭轮廓"。

（1）选择零件轮廓

单击轮廓后的"0"按钮，系统弹出"轮廓管理器"对话框，修改刀具位置为切向，在绘图区依次选择孔边界，如图 8-67 所示。完成选择后，单击中键退出。

（2）设置刀路参数

单击"刀路参数"图标，系统切换到刀路参数界面，按图 8-68 所示进行各参数设置。注意：切削深度和侧向步长的设置，为了达到螺旋下刀，这里设置为最大值，同时刀具选择为 F10 平底刀。

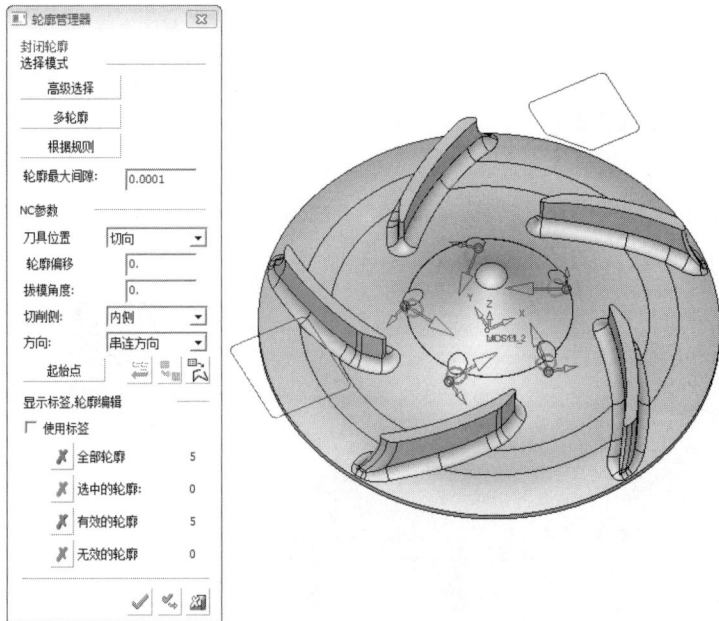

图 8-67　孔加工零件轮廓选择

图 8-68　孔加工的刀路参数设置

（3）设置机床参数

单击"机床参数"图标，系统切换到机床参数界面，设置机床的主轴转速为 3000、进给为 2000，其他选择默认值。

（4）程序生成

单击"保存并计算"图标，系统将根据前面设置的参数自动计算刀路轨迹，并在绘图区显示生成的刀路轨迹，如图 8-69 所示。

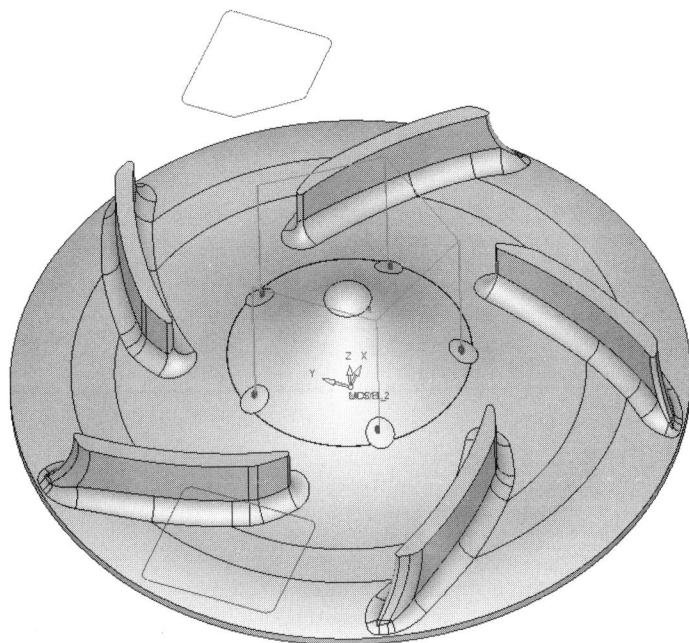

图 8-69　孔加工生成的刀路轨迹

8.5

填写加工程序单

填写表 8-2 所示加工程序单。

表 8-2　加工程序单

零件名称：叶轮骨架　　　　　　　操作员：　　　　　　编程员：

计划时间	
实际时间	
上机时间	
下机时间	
工作尺寸/mm	
X_c	
Y_c	
Z_c	
工作数量：1 件	

微课：叶轮骨架孔加工编程　动画：叶轮骨架孔加工

描述：

四面分中

程序名称	加工类型	刀具	背吃刀量/mm	加工余量/mm	上机时间	完成时间	备注
01	开粗	F32R0.8	1	0.2			
02	叶片顶面加工	F32R0.8	0.5	0			
03	叶轮外轮廓加工	F32R0.8	1	0			
04	曲面精铣	B16R8	0.25	0			
05	压板部位粗加工	F32R0.8	1	0.2			
06	压板部位外轮廓加工	F32R0.8	1	0			
07	压板部位精加工	B16R8	0.25	0			
08	孔加工	F10		0			

项 目 练 习

完成图 8-70 所示叶轮骨架数控程序的创建。

叶轮骨架练习源文件见配套资源包（下载地址：www.abook.cn）。

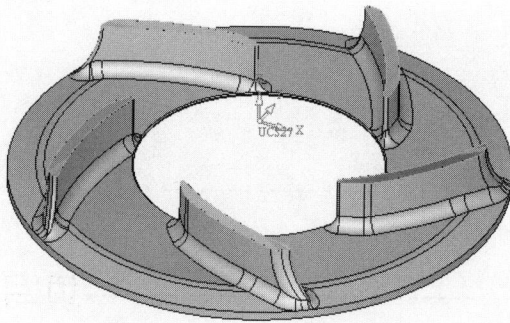

图 8-70　叶轮骨架

9 项目

手柄塑胶膜模板数控编程

>>>>>

◎ **项目导读**

手柄塑胶膜模板加工内容包括曲面、壁面、底平面等加工内容，同时存在局部细节要通过电极进行辅助加工。本项目的工作是完成电极加工前的数控加工操作。

手柄塑胶膜模板源文件见配套资源包（下载地址：www.abook.cn）。

◎ **能力目标**

- 熟悉 CimatronE 11 流线铣加工的类型及特点。
- 掌握 3 轴瞄准曲面、3 轴零件曲面、3 轴直纹曲面参数的设置。

◎ **思政目标**

- 树立正确的学习观、价值观，自觉践行行业道德规范。
- 牢固树立质量第一、信誉第一的强烈意识。
- 遵规守纪，安全生产，爱护设备，钻研技术。

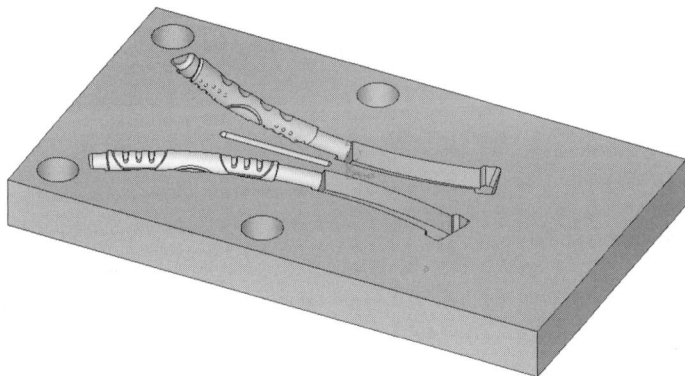

9.1

手柄塑胶膜模板模型分析

启动 CimatronE 11，单击"打开文件"图标，打开"CimatronE 浏览器"窗口，选择模板文件，再单击"打开"按钮，进入 CAD 工作窗口。选择"分析"→"测量"命令，系统弹出"测量"对话框。通过该对话框对模型大小进行分析，如图 9-1 所示。

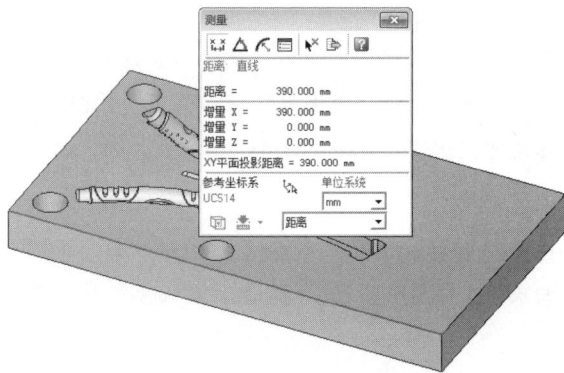

图 9-1　模型大小分析

单击工具栏中的"动态截面"图标 🔳，选择合适的断面。选择"分析"→"测量"命令，动态分析模型型腔的深度，如图 9-2 所示。

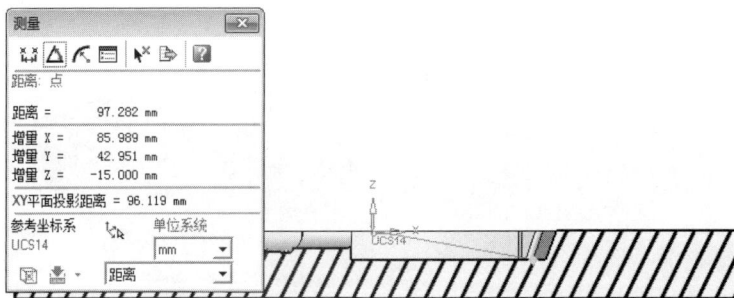

图 9-2　模型型腔深度分析

选择"分析"→"曲率分析"命令，系统切换到"特征向导"的曲率分析界面，选择所有曲面，系统自动计算得到最小曲率为 1.1176，如图 9-3 所示，也可通过点选方式得到各点的曲率半径。

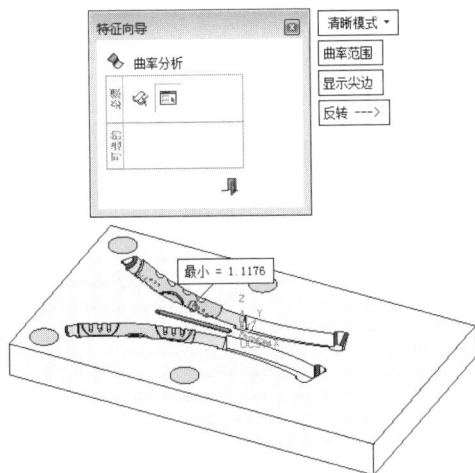

图 9-3　模型曲率分析

模型长×宽×高：390mm×220mm×35mm。

型腔深度：15mm。

最小圆弧半径：1.1176mm。

由模型分析可知，该模型存在一些刀具无法进入或无法加工的区域，需要使用电极进行加工，因此本例数控编程操作旨在为电极加工做好准备。同时，考虑到孔数目较少，完全可通过手工编程方式编制加工程序，本例中不再介绍相关内容。

9.2

手柄塑胶膜模板加工工艺制定

手柄塑胶膜模板加工工艺，可按表 9-1 所示进行编制。

表 9-1　手柄塑胶膜模板加工工艺流程

序号	加工内容	加工策略	图解	备注
01	开粗	体积铣-环绕粗铣		根据型腔尺寸及深度确定使用 F12R0.8 牛鼻刀进行开粗
02	二次开粗	体积铣-环绕粗铣		根据曲面形状及深度确定使用 B6R3 球刀进行二次开粗加工
03	清角	清角-清根		根据型芯尺寸确定使用 F6 平底刀再进行角落加工

续表

序号	加工内容	加工策略	图解	备注
04	曲面半精加工	曲面铣削-精铣所有		根据曲面形状及深度确定使用 B6R3 球刀进行曲面半精加工
05	流道加工	曲面铣削-开放轮廓		根据流道尺寸确定使用 B6R3 球刀进行流道加工
06	曲面流线铣	局部铣-零件曲面三轴		为了达到较好的流线型效果，确定采用 B6R3 球刀进行流线铣
07	曲面精铣	曲面铣削-精铣所有		使用 B6R3 球刀采用精铣所有方式进行曲面精加工
08	底平面加工	2.5 轴-型腔-环绕切削		根据底平面深度确定采用 F6 平底刀进行加工，并且在侧壁留有 0.3mm 余量
09	侧壁加工	2.5 轴-开放轮廓		采用 F6 平底刀进行侧壁加工，可减少刀具使用量
10	侧壁精修	曲面铣削-精铣所有		考虑到还存在局部的斜面，根据深度确定使用 D6R0.5 牛鼻刀进行曲面铣

9.3 手柄塑胶膜模板模型分析

9.3.1 开粗

1. 调入模型

启动 CimatronE 11，调入模型文件。因为坐标系不符合编程需要，所以在调入模型前，应先创建工作坐标系。

选择"基准"→"坐标系"→"几何中心"命令，系统弹出"特征向导"对话框，开始创建坐标系。在绘图区选择模板上表面，再单击中键确认，此时在上表面出现一个坐标系，检查坐标系 Z 轴方向是否正确，如与所需要的坐标系不符，可单击方向箭头进行反向，如图 9-4 所示。

选择"基准"→"坐标系"→"激活坐标系"命令，选择刚创建的坐标系进行激活，再单击"ISO 视图"图标，结果如图 9-5 所示。

为了防止在加工时，刀具进入孔中，要对孔进行补面。选择"曲面"→"边界曲面"命令，系统弹出"特征向导"对话框，选择第一个孔边界，再单击"应用"图标，完成第一个孔的补面。用同样的方法依次完成其他 3 个孔的补面，结果如图 9-6 所示。

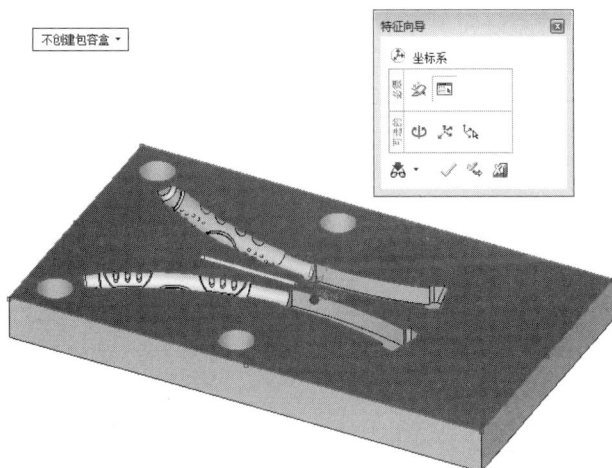

图 9-4　创建坐标系

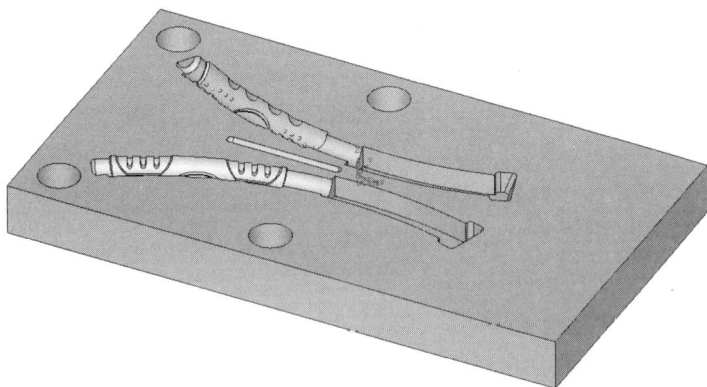

图 9-5　激活坐标系

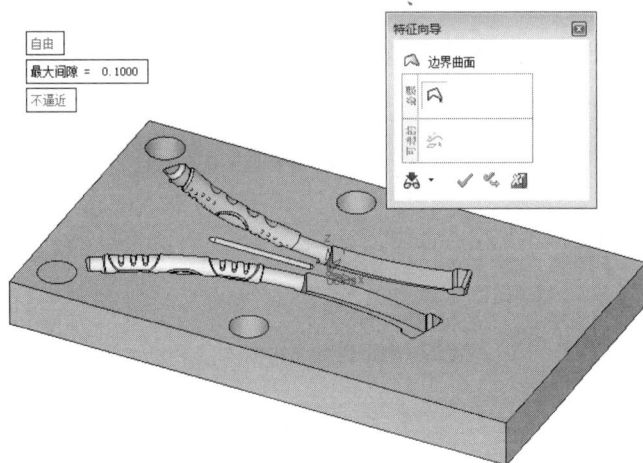

图 9-6　补面结果

选择"文件"→"输出"→"至加工"命令，将模型调入编程工作模式。修改"使用参考模型的 Model 坐标"选项为"使用参考模型的激活坐标"选项，如图 9-7 所示，再单击"确认"图标，完成坐标系的选择。

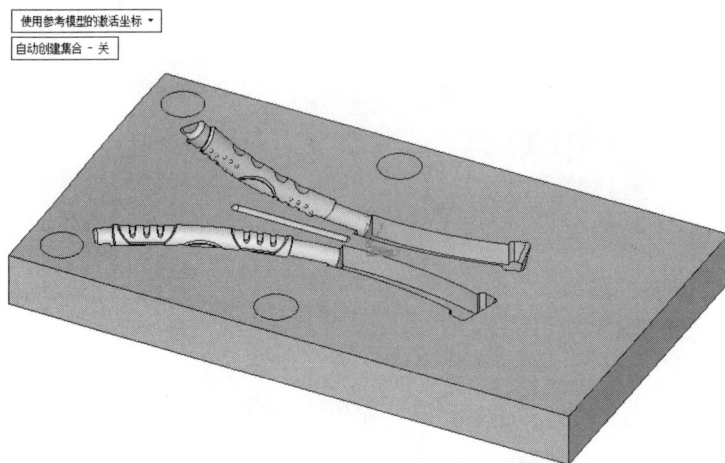

图 9-7　完成坐标系选择后的效果

2. 选择刀具

单击"NC 向导"中的"刀具"图标，系统弹出"刀具及夹头"对话框，选择"菜单"→"从 CSV 或 XML 文件中输入刀具或夹头"命令，选择刀具库文件，再依次选择所要用到的 F12R0.8 和 F6 刀具，加载所选的刀具。再新建球刀 B6R3、牛鼻刀 D6R0.5，单击"确认"图标，完成刀具选择，如图 9-8 所示。

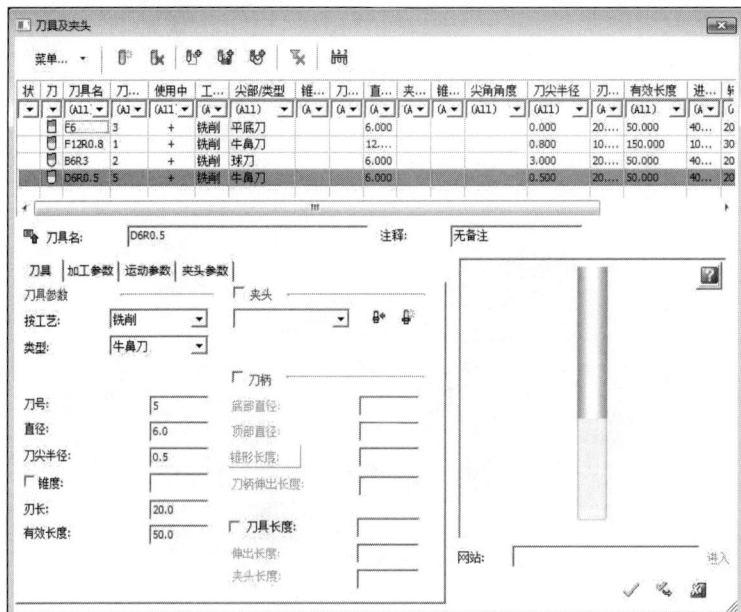

图 9-8　刀具创建与选择

3. 创建刀路轨迹

单击"NC 向导"中的"刀轨"图标，进入创建刀路轨迹功能，系统弹出"创建刀轨"对话框，修改名称为 01，类型为 3 轴，安全平面为 50，创建刀路轨迹，如图 9-9 所示。

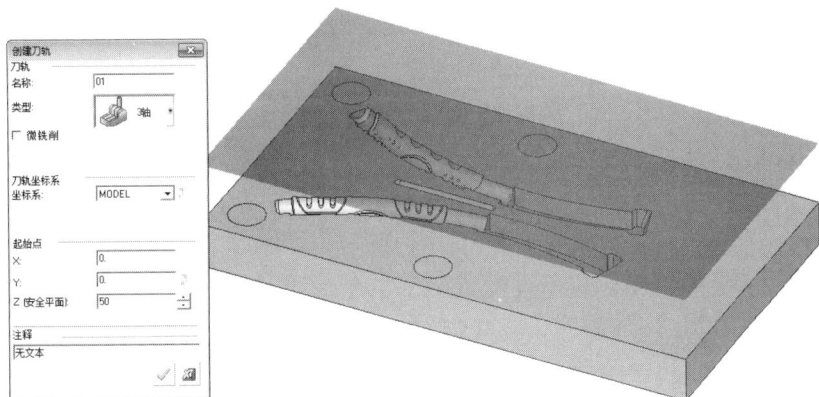

图 9-9　创建开粗所需的刀路轨迹

4. 创建毛坯

单击"NC 向导"中的"毛坯"图标，系统弹出"初始毛坯"对话框，默认毛坯类型为限制盒，如图 9-10 所示，单击"确认"图标退出，完成毛坯创建。

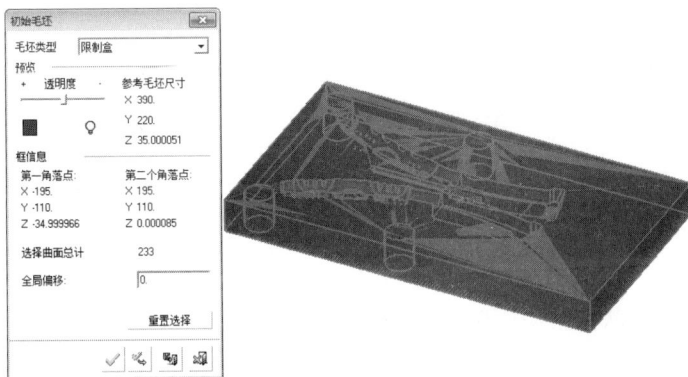

图 9-10　创建开粗所需的毛坯

5. 创建加工程序

单击"NC 向导"中"程序"图标，系统弹出"程序向导"对话框，开始创建加工程序，修改"主选择"为"体积铣"、"子选择"为"环绕粗铣"。

（1）选择零件曲面

单击零件曲面后的"0"按钮，再单击工具栏中的"选择所有"图标，选择全部零件曲面。单击中键退出，完成零件曲面选择，如图 9-11 所示。

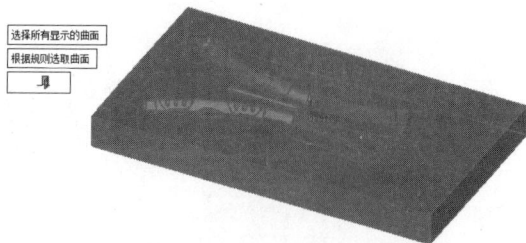

图 9-11　开粗的零件曲面选择

（2）设置刀路参数

单击"刀路参数"图标，系统切换到刀路参数界面。因刀具要进入槽中进行加工，为安全考虑，应对盲区进行设置，考虑到选用的刀具大小，这里设置为 10；考虑到是粗加工，加工曲面余量必须进行设置，这里设置为 0.2，其他参数可按图 9-12 所示进行设置。同时，注意刀具选择为 F12R0.8 牛鼻刀。

图 9-12　开粗的刀路参数设置

（3）设置机床参数

单击"机床参数"图标，系统切换到机床参数界面，设置机床的主轴转速为 3500、进给为 2500，其他选择默认值，如图 9-13 所示。

图 9-13　机床参数设置

（4）程序生成

单击"保存并计算"图标，系统将根据前面设置的参数自动计算刀路轨迹，并在绘图区显示生成的刀路轨迹，如图 9-14 所示。

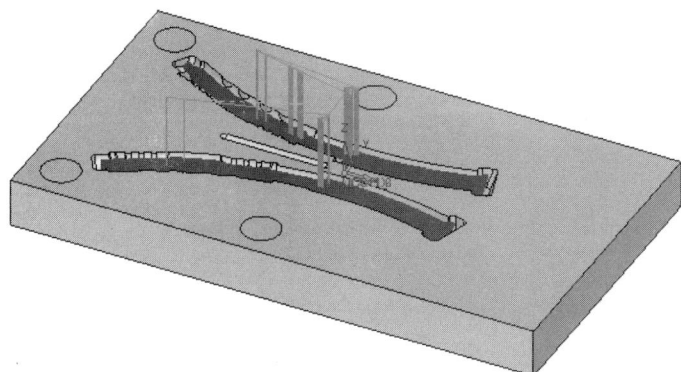

微课：手柄塑胶
膜模板开粗编程

动画：手柄塑胶
膜模板开粗

图 9-14   开粗加工后生成的刀路轨迹

9.3.2   二次开粗

1. 创建刀路轨迹

单击"NC 向导"中的"刀轨"图标，进入创建刀路轨迹功能，系统弹出"创建刀轨"对话框，修改名称为 02，类型为 3 轴，安全平面为 50，创建刀路轨迹，如图 9-15 所示，单击"确认"图标，创建 3 轴刀路轨迹。完成后，程序管理器中新增一个名为 02 的刀路轨迹。

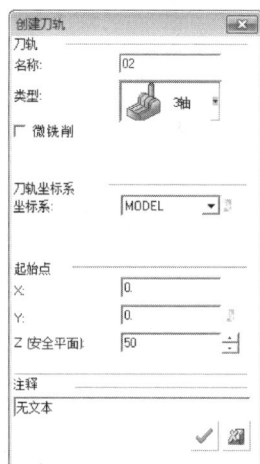

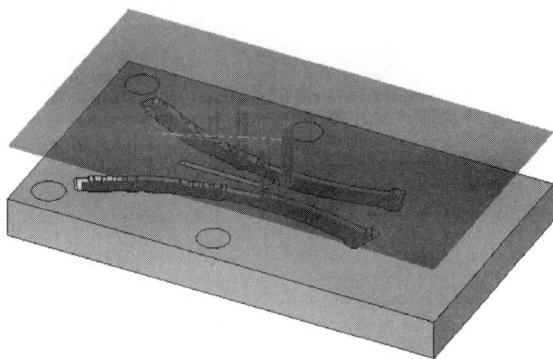

图 9-15   创建二次开粗所需的刀路轨迹

2. 创建程序

为了方便选择曲面加工区域，先来创建加工区域边界。单击"切换到 CAD 模式"

图标，切换到 CAD 界面。单击工具栏中的"绘制直线"图标，绘制两条直线，如图 9-16 和图 9-17 所示。

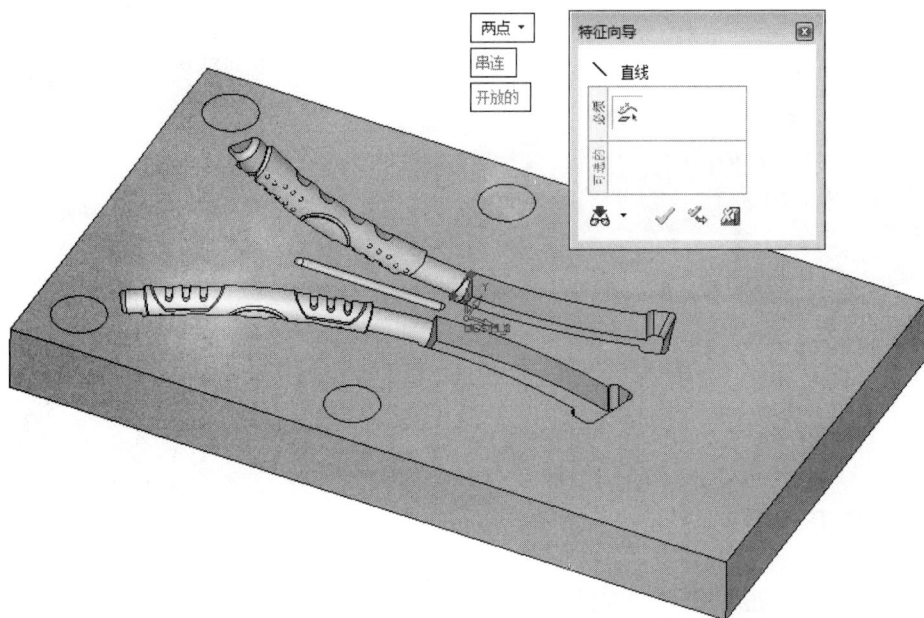

图 9-16　绘制直线 1

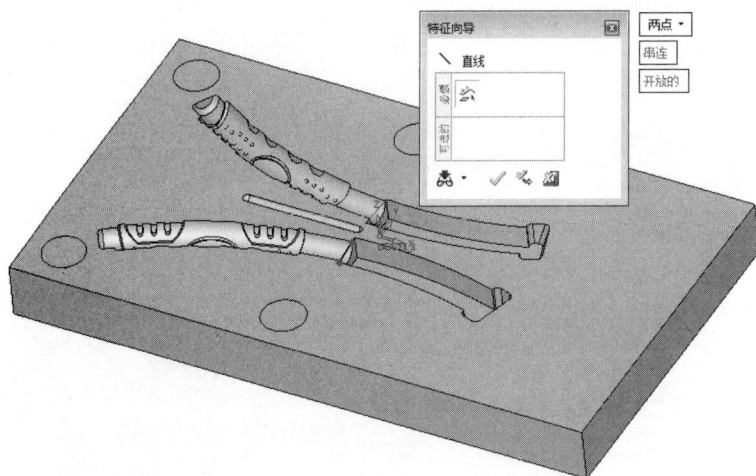

图 9-17　绘制直线 2

再单击工具栏中的"组合曲线"图标，绘制两段组合曲线，如图 9-18 和图 9-19 所示。完成两边界的创建后，单击切换到 CAM 模式图标，返回 CAM 模式，继续进行编程操作。

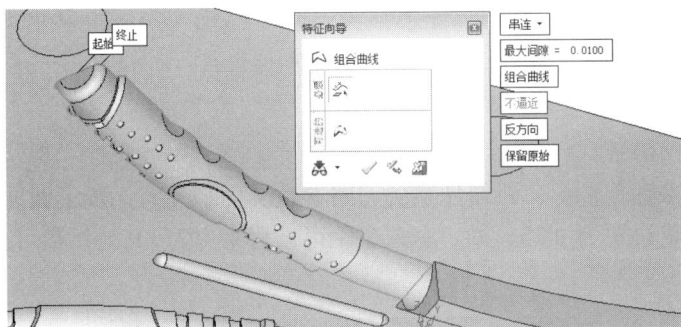

图 9-18   组合曲线 1

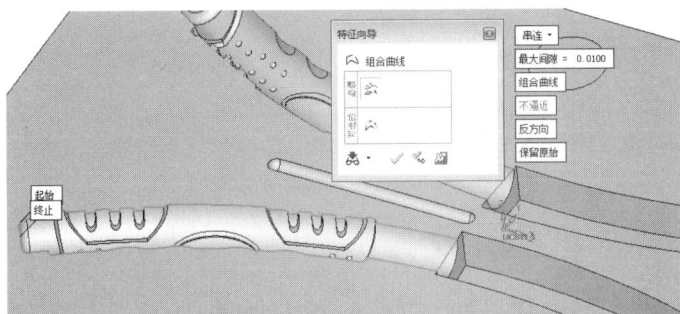

图 9-19   组合曲线 2

单击"NC 向导"中的"程序"图标，系统弹出"程序向导"对话框，开始创建加工程序，修改"主选择"为"体积铣"、"子选择"为"环绕粗铣"。

（1）选择轮廓

单击轮廓后的"0"按钮，再单击刚创建的第一条轮廓，单击中键确认；选择第二条轮廓，单击中键确认，再次单击中键退出，完成轮廓选择，如图 9-20 所示。零件曲面选择与开粗时选择相同，这里不再赘述。

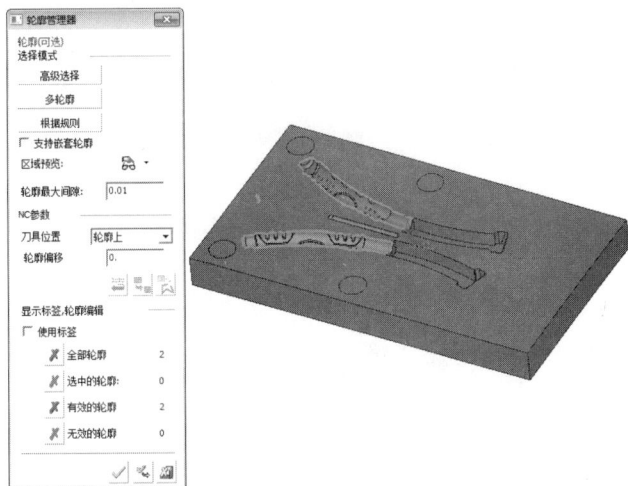

图 9-20   二次开粗轮廓选择

（2）选择刀具

单击"刀具"图标，系统弹出"刀具及夹头"对话框，选择 B6R3 球刀，单击"确认"图标，完成刀具的选择。

（3）设置刀路参数

单击"刀路参数"图标，系统切换到刀路参数界面。注意：加工曲面余量应设置为比开粗时稍大，这里设置为 0.25，固定垂直步距可设置为 0.2，其他参数可按图 9-21 所示进行设置。

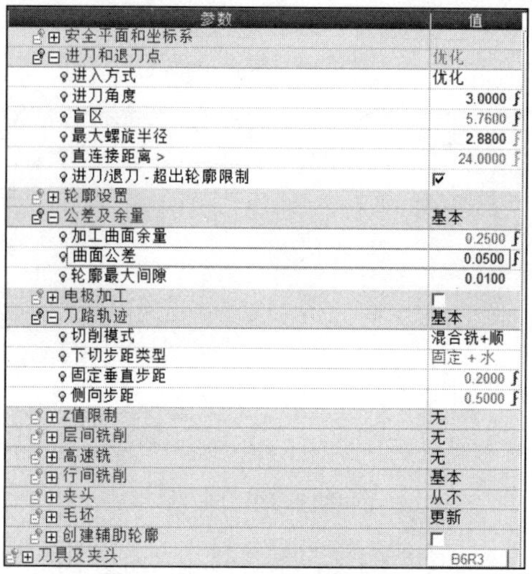

参数	值
安全平面和坐标系	
进刀和退刀点	优化
进入方式	优化
进刀角度	3.0000 ƒ
盲区	5.7600 ƒ
最大螺旋半径	2.8800 ƒ
直连接距离 >	24.0000 ƒ
进刀/退刀 - 超出轮廓限制	☑
轮廓设置	
公差及余量	基本
加工曲面余量	0.2500 ƒ
曲面公差	0.0500 ƒ
轮廓最大间隙	0.0100
电极加工	☐
刀路轨迹	基本
切削模式	混合铣+顺
下切步距类型	固定 + 水
固定垂直步距	0.2000 ƒ
侧向步距	0.5000 ƒ
Z值限制	无
层间铣削	无
高速铣	无
行间铣削	基本
夹头	从不
毛坯	更新
创建辅助轮廓	☐
刀具及夹头	B6R3

图 9-21　二次开粗的刀路参数设置

（4）设置机床参数

单击"机床参数"图标，系统切换到机床参数界面，设置机床的主轴转速为 3500、进给为 1500，其他选择默认值，如图 9-22 所示。

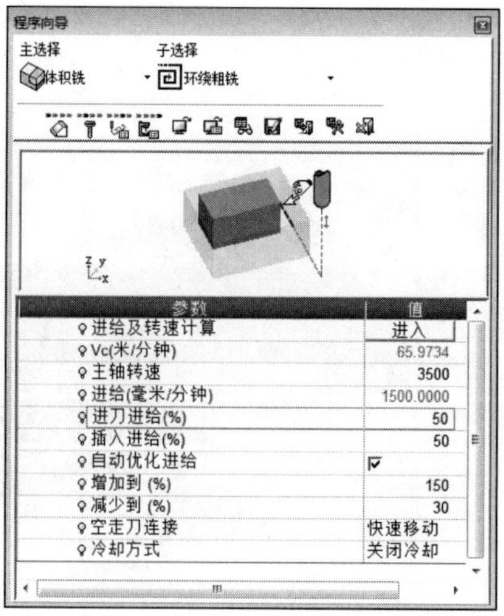

参数	值
进给及转速计算	进入
Vc(米/分钟)	65.9734
主轴转速	3500
进给(毫米/分钟)	1500.0000
进刀进给(%)	50
插入进给(%)	50
自动优化进给	☑
增加到 (%)	150
减少到 (%)	30
空走刀连接	快速移动
冷却方式	关闭冷却

图 9-22　二次开粗机床参数设置

（5）程序生成

单击"保存并计算"图标，系统将根据前面设置的参数自动计算刀路轨迹，并在绘图区显示生成的刀路轨迹，如图 9-23 所示。

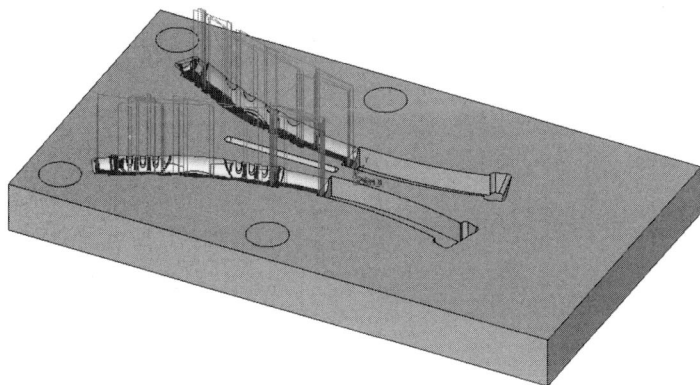

微课：手柄塑　　动画：手柄塑

胶膜模板二　　胶膜模板二

次开粗编程　　　次开粗

图 9-23　二次开粗生成的刀路轨迹

9.3.3　清角

1. 创建刀路轨迹

采用 F12R0.8 牛鼻刀进行开粗后，会在局部区域留下较大的残料，因此应采用较小的刀具进行清角。经分析，型腔存在几个半径约为 3 的角落，如图 9-24 所示，因此可采用 F6平底刀进行清角。

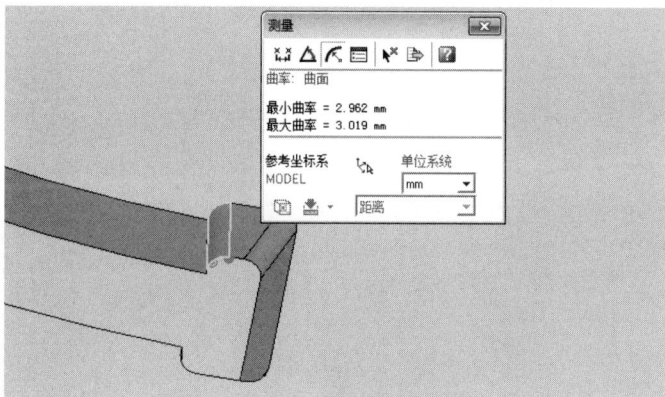

图 9-24　角落半径分析

单击"NC 向导"中的"刀轨"图标，进入创建刀路轨迹功能，系统弹出"创建刀轨"对话框，修改名称为 03，类型为 3 轴，安全平面为 50，单击"确认"图标，创建 3 轴刀路轨迹。完成后，"NC 程序管理器"中会新增一个名为 03 的刀路轨迹。

2. 创建程序

单击"NC 向导"中的"程序"图标，系统弹出"程序向导"对话框，开始创建加工程序，修改"主选择"为"清角"、"子选择"为"清根"，如图 9-25 所示。

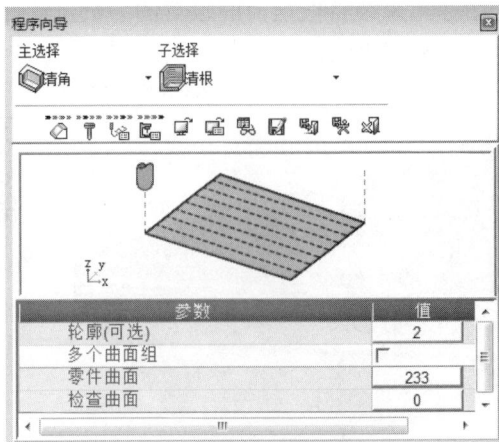

图 9-25 选择清角工艺

（1）选择轮廓

单击轮廓后的"2"按钮，系统弹出"轮廓管理器"对话框，先对默认的轮廓进行重置所有，再设置刀具位置为轮廓上，并修改轮廓偏移为-3，确保能加工到位。选择第一条轮廓，单击中键确认；再选择第二条轮廓，单击中键确认，如图 9-26 所示，单击"确认"图标，完成轮廓选择。由于零件曲面已继承上一程序选择，可选默认值。

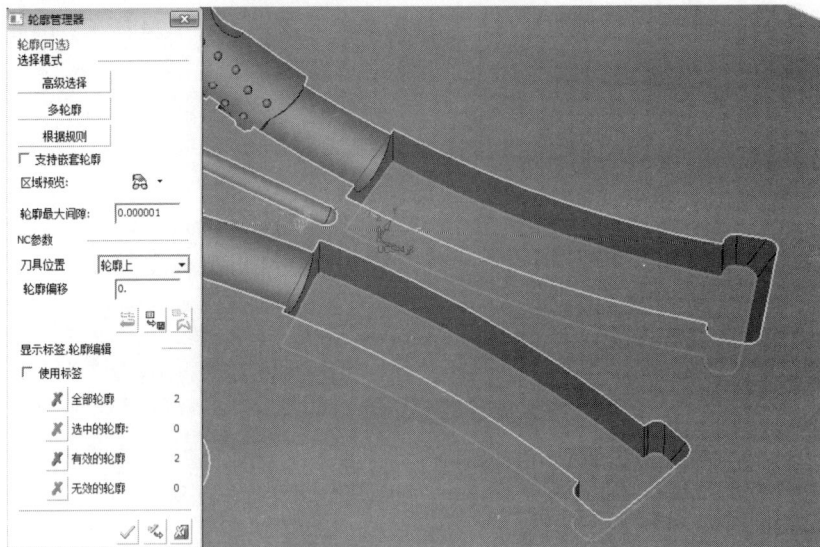

图 9-26 清角轮廓选择

（2）选择刀具

单击"刀具"图标，系统弹出"刀具及夹头"对话框，选择 F6 平底刀，单击"确认"图标，完成刀具的选择。

（3）设置刀路参数

单击"刀路参数"图标，系统切换到刀路参数界面。考虑到这里主要对角落进行加工，因此可设置只对垂直区域进行加工，其他参数可按图 9-27 所示进行设置。

参数	值
安全平面和坐标系	
进刀和退刀点	优化
轮廓设置	
公差及余量	基本
加工曲面余量	0.2500 ƒ
曲面公差	0.0500 ƒ
轮廓最大间隙	0.0000
电极加工	
刀路轨迹	基本
切削模式	混合铣
二粗	
加工区域	仅陡峭
斜率限制角度	45.0000 ƒ
陡峭区域步距	0.2500 ƒ
参考刀具	F12R0.8
Z 值限制	无
高速铣	无
夹头	从不
毛坯	使用
创建辅助轮廓	
刀具及夹头	F6

图 9-27　清角的刀路参数设置

（4）设置机床参数

单击"机床参数"图标，系统切换到机床参数界面，设置机床的主轴转速为 3500、进给为 1500，其他选择默认值，如图 9-28 所示。

参数	值
进给及转速计算	进入
Vc(米/分钟)	65.9734
主轴转速	3500
进给(毫米/分钟)	1500.0000
最小拐角进给速率 (%)	100
进刀进给(%)	50
空走刀连接	快速移动
冷却方式	关闭冷却

图 9-28　清角的机床参数设置

（5）程序生成

单击"保存并计算"图标，系统将根据前面设置的参数自动计算刀路轨迹，并在绘图区显示生成的刀路轨迹，如图 9-29 所示。

微课：手柄
塑胶膜模
板清角加
工编程

动画：手柄
塑胶膜模
板清角

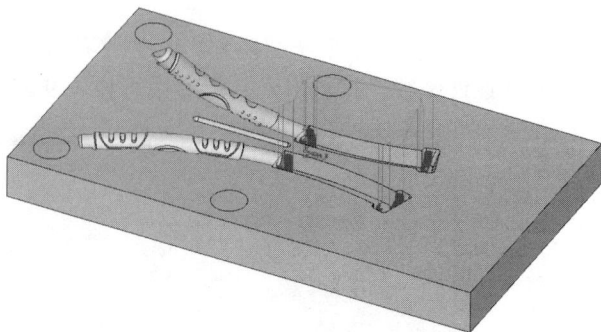

图 9-29　清角生成的刀路轨迹

9.3.4　曲面半精加工

1. 创建刀路轨迹

单击"NC 向导"中的"刀轨"图标，进入创建刀路轨迹功能，系统弹出"创建刀轨"对话框，修改名称为 04，类型为 3 轴，安全平面为 50，创建刀路轨迹，单击"确认"图标，创建 3 轴刀路轨迹。完成后，"NC 程序管理器"中会新增一个名为 04 的刀路轨迹。

2. 创建程序

单击"NC 向导"中的"程序"图标，系统弹出"程序向导"对话框，开始创建加工程序，修改"主选择"为"曲面精铣"、"子选择"为"精铣所有"。

（1）选择轮廓

单击轮廓后的"2"按钮，系统弹出"轮廓管理器"对话框，对前面已选择的两个轮廓进行重置所有操作。选择包含曲面的第一条轮廓，单击中键确认；选择第二条轮廓，单击中键确认，再单击"确认"图标，如图 9-30 所示，完成轮廓选择。零件曲面可保持默认选择，即与前一程序选择相同。

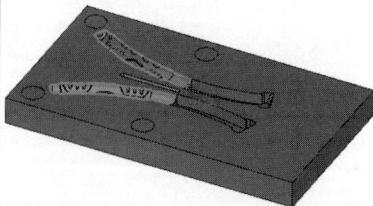

图 9-30　曲面半精加工轮廓选择

（2）选择刀具

单击"刀具"图标，系统弹出"刀具及夹头"对话框，选择 B6R3 球刀，单击"确认"图标，完成刀具的选择。

（3）设置刀路参数

单击"刀路参数"图标，系统切换到刀路参数界面。加工曲面余量设置为 0.1、加工方式设置为 3D 步距、3D 步距设置为 0.3，其他参数可按图 9-31 所示进行设置。

参数	值
安全平面和坐标系	
进刀和退刀点	优化
轮廓设置	
公差及余量	基本
加工曲面余量	0.1000 ∫
曲面公差	0.0300 ∫
轮廓最大间隙	0.0001
电极加工	☐
刀路轨迹	基本
加工方式	3D步距
3D 切削方式	顺铣
3D步距	0.3000 ∫
多层平行加工	☐
Z值限制	无
高速铣	无
夹头	从不
毛坯	使用
创建辅助轮廓	☐
刀具及夹头	B6R3

图 9-31　曲面半精加工刀路参数设置

（4）设置机床参数

单击"机床参数"图标，系统切换到机床参数界面，设置机床的主轴转速为 3500、进给为 1500，其他选择默认值，如图 9-32 所示。

图 9-32　曲面半精加工机床参数设置

（5）程序生成

单击"保存并计算"图标，系统将根据前面设置的参数自动计算刀路轨迹，并在绘图区显示生成的刀路轨迹，如图 9-33 所示。

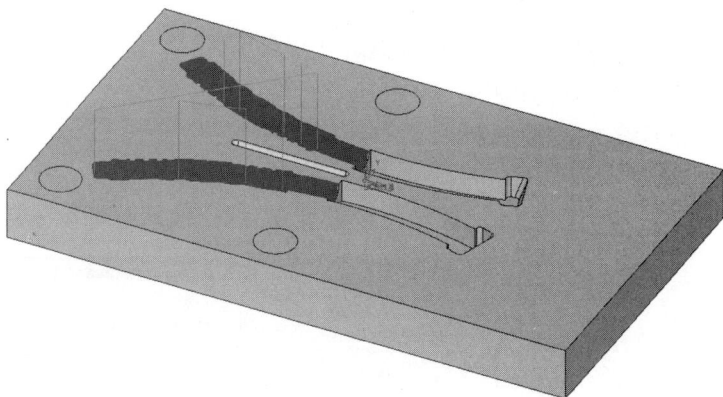

图 9-33　曲面半精加工生成的刀路轨迹

9.3.5　流道加工

1. 创建刀路轨迹

单击"NC 向导"中的"刀轨"图标，进入创建刀路轨迹功能，系统弹出"创建刀轨"对话框，修改名称为 05，类型为 3 轴，安全平面为 50，创建刀路轨迹，单击"确认"图标，创建 3 轴刀路轨迹。完成后，"NC 程序管理器"中会新增一个名为 05 的刀路轨迹。

2. 创建程序

单击"NC 向导"中的"程序"图标，系统弹出"程序向导"对话框，开始创建加工程序，修改"主选择"为"曲面精铣"、"子选择"为"开放轮廓"。

（1）选择轮廓

在选择轮廓前，要先创建一条直线作为加工轮廓。单击"切换到 CAD 模式"图标，切换到 CAD 界面。单击工具栏中的"绘制直线"图标，绘制一条直线，如图 9-34 所示。再单击"切换到 CAM 模式"图标，回到 CAM 界面。

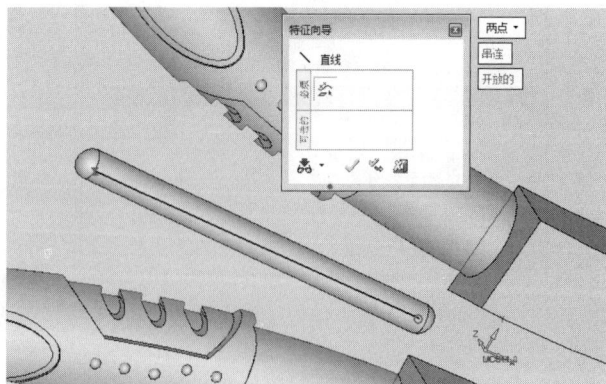

图 9-34　绘制一条直线

单击轮廓后的"2"按钮，系统弹出"轮廓管理器"对话框。采用重置所有的方法，取消默认的两条轮廓。选择刚创建的直线，单击中键确认，如图 9-35 所示，单击"确认"图标，完成轮廓选择。零件曲面选择按前面设置内容即可。

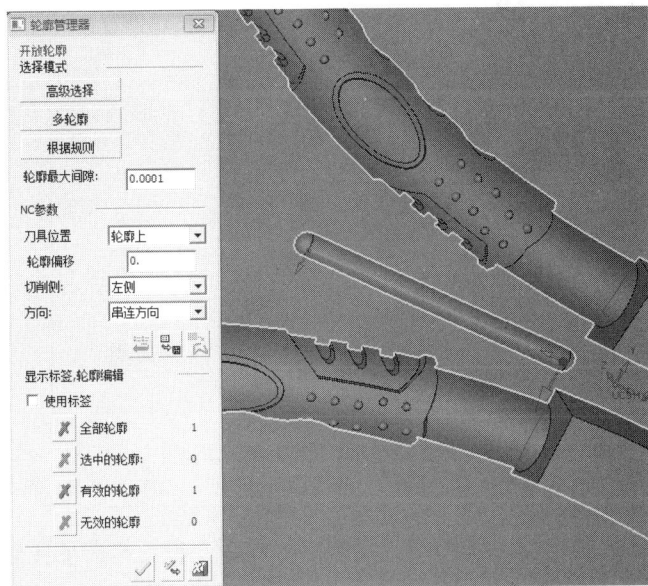

图 9-35　流道加工的轮廓选择

（2）选择刀具

单击"刀具"图标，系统弹出"刀具及夹头"对话框，选择 B6R3 球刀，单击"确认"图标，完成刀具的选择。

（3）设置刀路参数

单击"刀路参数"图标，系统切换到刀路参数界面。修改向下方式为 Z 向增量，曲面上偏移应通过分析曲面深度进行设置，如图 9-36 所示，其他参数可按图 9-37 所示进行设置。

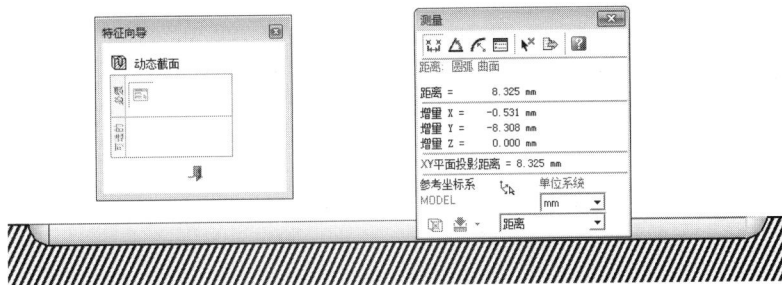

图 9-36　曲面深度测量

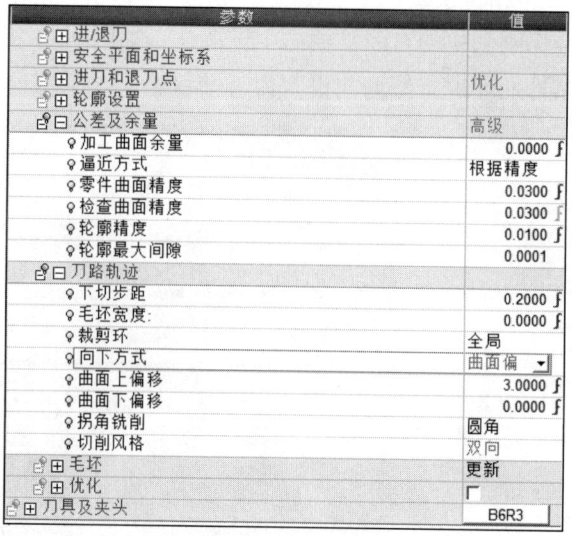

图 9-37　流道加工的刀路参数设置

（4）设置机床参数

单击"机床参数"图标，系统切换到机床参数界面，设置机床的主轴转速为 3500、进给为 1500，其他默认，如图 9-38 所示。

（5）程序生成

单击"保存并计算"图标，系统将根据前面设置的参数自动计算刀路轨迹，并在绘图区显示生成的刀路轨迹，如图 9-39 所示。

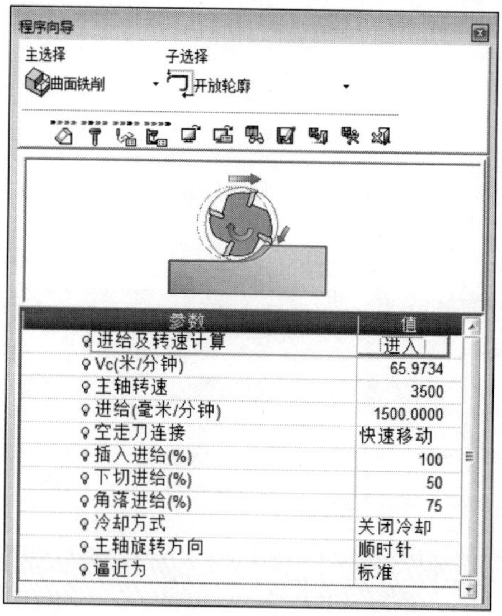

图 9-38　流道加工的机床参数设置

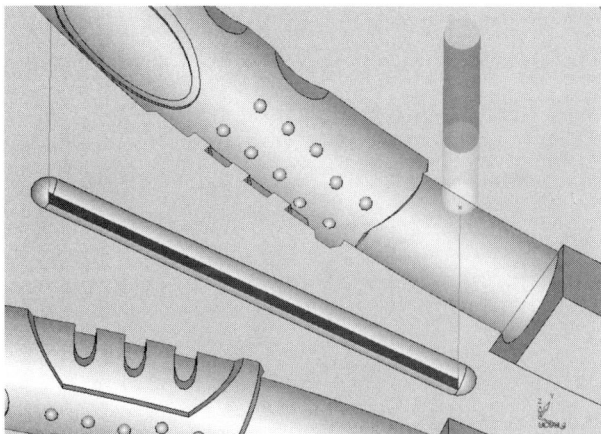

图 9-39　流道加工生成的刀路轨迹

9.3.6　曲面流线铣

1. 创建刀路轨迹

单击"NC 向导"中的"刀轨"图标，进入创建刀路轨迹功能，系统弹出"创建刀轨"对话框，修改名称为 06，类型为 3 轴，安全平面为 50，创建刀路轨迹，单击"确认"图标，创建 3 轴刀路轨迹。完成后，"NC 程序管理器"中会新增一个名为 06 的刀路轨迹。

2. 创建第一个曲面加工程序

单击"NC 向导"中的"程序"图标，系统弹出"程序向导"对话框，开始创建加工程序，修改"主选择"为"局部铣"。该加工方式包含"瞄准曲面 三轴"、"零件曲面 三轴"、"直纹曲面 三轴"及"局部 三轴"4 个子选项，如图 9-40 所示。

图 9-40　流线铣的子选项

瞄准曲面 三轴：使用该加工方式可在零件曲面上生成由瞄准曲面投影下来的刀具路

径。瞄准曲面可以是曲面，也可以是两轮廓线或轮廓线与点生成的虚拟直纹曲面，加工产生的刀路轨迹是按轮廓线对应的法线方向，保证各个区域的步距是相近的，残余量较一致，如图 9-41 所示。在实际应用中，常用于曲面环状区域的加工。

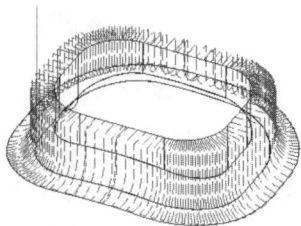

图 9-41　瞄准曲面 三轴示例

零件曲面 三轴：在零件曲面上生成按曲面流线方向的刀具路径，其特点是按曲面的流线方向切削一个或一组连续曲面，如图 9-42 所示。该加工方式主要用于单个面或相毗邻的几个曲面的加工，如波纹面等。

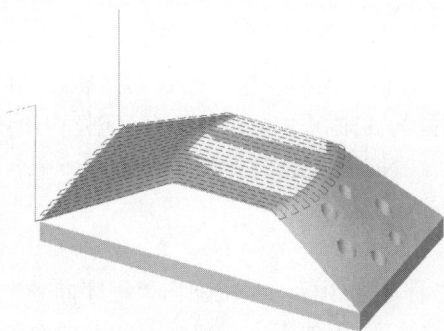

图 9-42　零件曲面 三轴示例

直纹曲面 三轴：在空间上生成由两轮廓线构成一个虚拟的直纹曲面上的刀具路径，如图 9-43 所示。

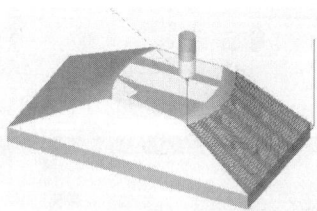

图 9-43　直纹曲面 三轴示例

局部三轴：可采用平行铣、沿曲面切削、两曲线之间仿形、曲线投影、平行于曲线、两曲面仿形和平行与曲面等方式控制走刀路线，如图 9-44 所示。

考虑到本例情况，采用"零件曲面 三轴"加工策略，即修改"子选择"为"零件曲面三轴"。单击"保存并关闭"图标，退出"程序向导"对话框。

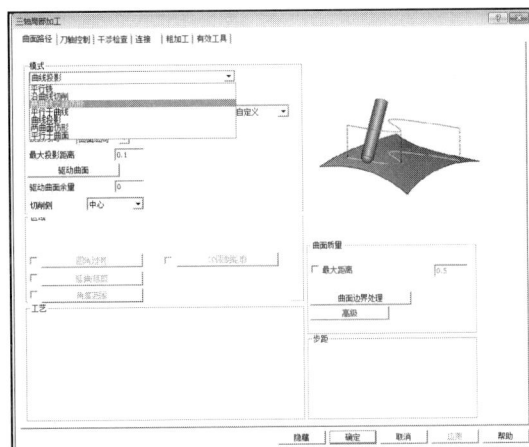

图 9-44   "三轴局部加工"对话框

（1）创建流线铣加工区域

为了确保曲面加工到位，应先进行流线铣加工区域的创建。单击"切换到 CAD 模式"图标，切换到 CAD 界面。再选择主菜单中的"曲面"→"修改"→"通过边界"命令，开始创建曲面边界。首先拾取所要创建边界的曲面，如图 9-45 所示，单击中键确认，再单击"确认"图标，完成边界创建，如图 9-46 所示。

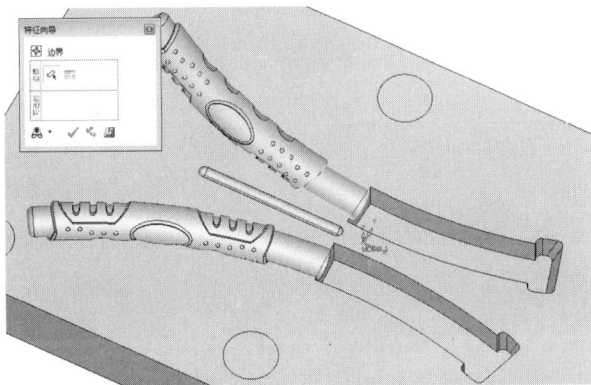

图 9-45   拾取面

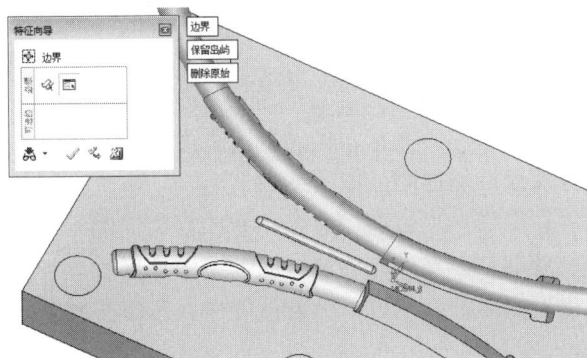

图 9-46   创建边界

以相同的方法创建另一曲面边界，如图 9-47 所示。

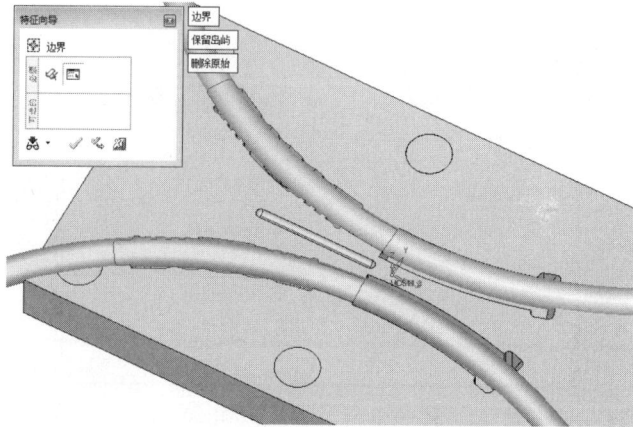

图 9-47　创建第二个边界

选择主菜单中的"曲面"→"修剪"命令，开始修剪曲面。先拾取要修剪的面，单击中键确认，再拾取修剪面，检查修剪方向是否正确，如发现指定修剪方向有误，可进行切换，如图 9-48 所示，最后单击"确认"图标，完成曲面修剪。

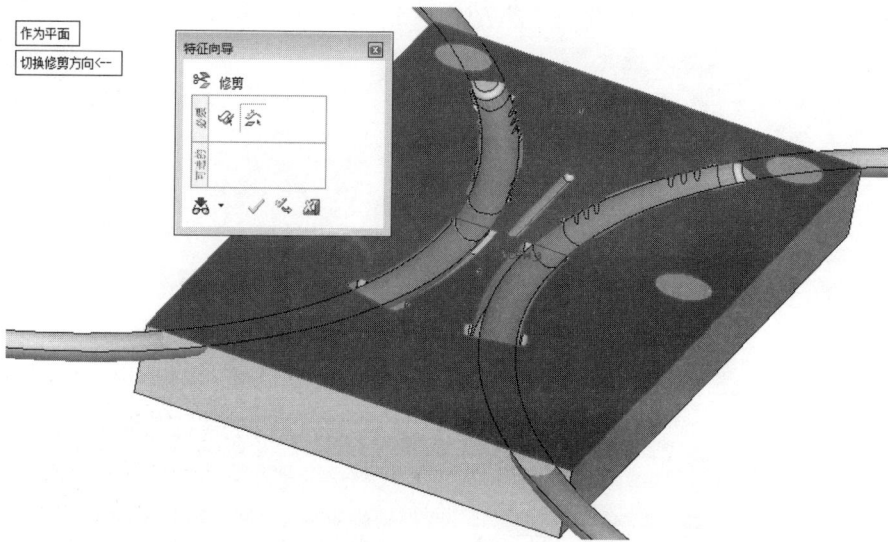

图 9-48　修剪曲面 1

单击工具栏中的"绘制草图"图标，再选择上表面作为草图平面，开始绘制草图。草图区域应包含将要进行流线铣的曲面，如图 9-49 所示。

选择主菜单中的"曲面"→"修剪"命令，开始修剪曲面。先拾取要修剪的面，单击中键确认，再拾取刚创建的草图轮廓作为修剪面，修改法向投影为方向投影，检查修剪方向是否正确，如发现指定修剪方向不对，可进行切换，如图 9-50 所示，最后单击"确认"图标，完成曲面修剪。

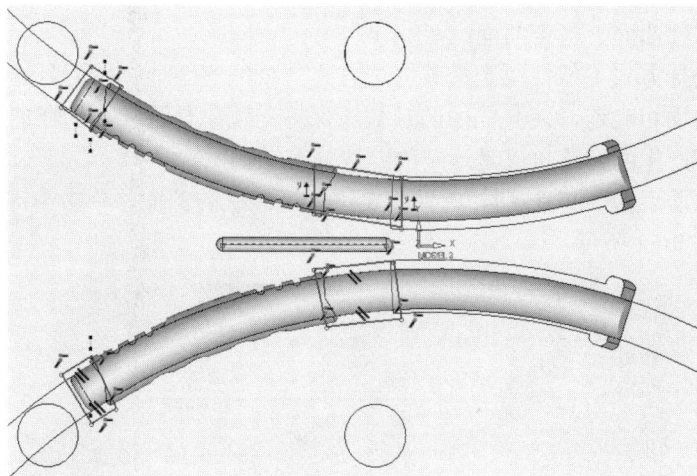

图 9-49　绘制草图

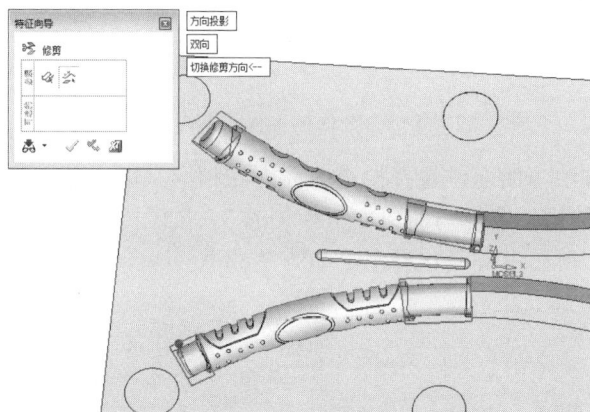

图 9-50　修剪曲面 2

为了方便查看，可隐藏草图轮廓。选择草图轮廓，单击右键，在弹出的快捷菜单中选择"隐藏"命令，隐藏草图轮廓，如图 9-51 所示。再单击"切换到 CAM 模式"图标，返回 CAM 界面。

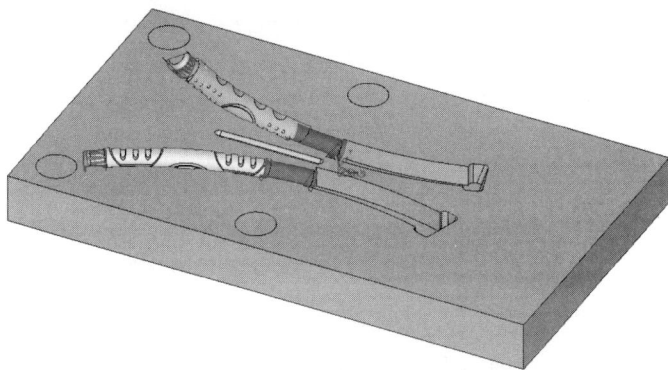

图 9-51　隐藏草图轮廓

（2）选择零件曲面、检查曲面

零件曲面选择方式不能使用全选或窗选方式，只能逐个选择，而且选择的后一个曲面应该与前一个曲面相毗连，使其曲面的参数线保持一致而且连续，即在曲面结合处是完全吻合的，以保证产生的刀路轨迹是连续的。选择方法如下。

单击零件曲面后的"0"按钮，选择所要进行流线铣的曲面，单击中键退出，完成零件曲面选择，如图 9-52 所示。

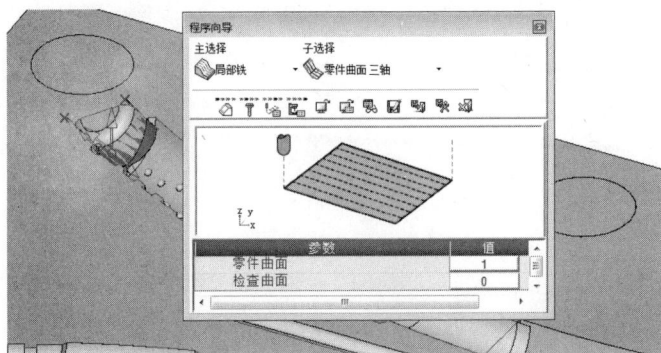

图 9-52　第一个曲面加工程序零件曲面的选择

检查曲面选择方法与曲面铣选择检查曲面方法相同，可以使用窗选或右键菜单。单击检查曲面后的"0"按钮，选择与曲面加工相关的 3 个曲面作为检查曲面，确保不会在这 3 个曲面上进行加工，单击中键确认退出，如图 9-53 所示。

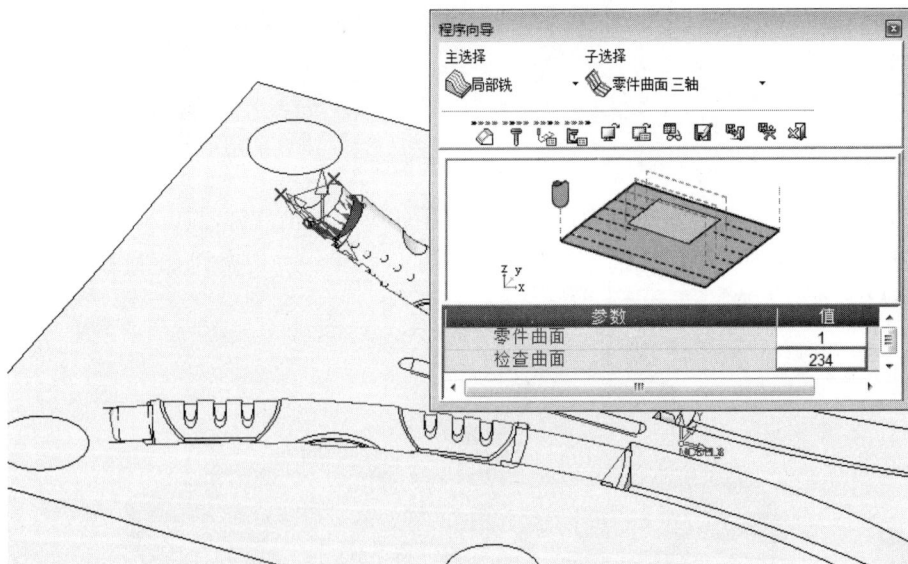

图 9-53　第一个曲面加工程序检查曲面的选择

（3）选择刀具

单击"刀具"图标，系统弹出"刀具及夹头"对话框，选择 B6R3 球刀，单击"确认"图标，完成刀具的选择。

（4）设置刀路参数

单击"刀路参数"图标，系统切换到"刀路参数"对话框。刀路参数可按如下步骤进行设置。

步骤 1：进/退刀参数设置。

该参数只有一个"曲面进刀"选项，包含 7 种进刀方式，即 Z 向、法向、相切、反向切向、水平、水平法向和水平相切，如图 9-54 和图 9-55 所示。这里选择 Z 向进刀。

图 9-54　"曲面进刀"选项

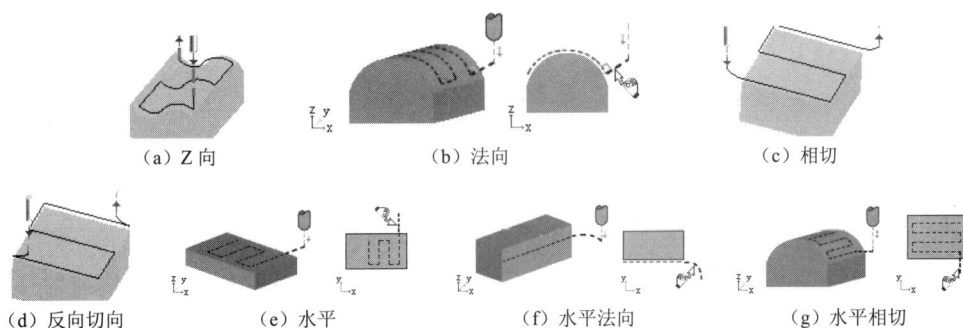

（a）Z 向　　　　　（b）法向　　　　　（c）相切

（d）反向切向　　　（e）水平　　　（f）水平法向　　　（g）水平相切

图 9-55　曲面进刀方式示例

步骤 2：公差及余量参数设置。

考虑到是曲面精加工，设置加工曲面余量为 0，检查曲面余量为-0.02，其他参数可保持默认设置，如图 9-56 所示。

图 9-56　精度和曲面偏移参数设置

步骤 3：刀路轨迹参数设置。

该参数组包含参数较多，如图 9-57 所示，下面将一一进行介绍。

参数	值
⊞ 进/退刀	
⊞ 安全平面和坐标系	
⊞ 进刀和退刀点	优化
⊞ 公差及余量	高级
⊟ 刀路轨迹	
最大 3D 侧向步距	0.1500 ƒ
切削风格	双向
方向	两者：向上
步进方式	根据最大 3
干涉检查	☑
铣削位置	反向
加工方向	反向
重新定义起始角	选择
临界铣削宽度	选择
临界铣削长度	选择
重置铣削宽度	重置
重置铣削长度	重置
⊞ 毛坯	更新
⊞ 优化	☐
⊞ 刀具及夹头	B6R3

图 9-57　曲面流线铣刀路轨迹参数设置

1）最大 3D 侧向步距：用于定义相邻刀路的 3D 距离，如图 9-58 所示。

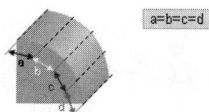

图 9-58　最大 3D 侧向步距

2）切削风格：该参数有两个选项，即"单向"和"双向"，如图 9-59 所示，为提高效率一般选用双向方式。

切削风格	双向
方向	双向
步进方式	单向

图 9-59　切削方向选项

3）方向：该参数用于定义刀具切削运动的方向，包括"两者：向上和向下"、"向上"和"向下" 3 个选项，如图 9-60 和图 9-61 所示，一般选择"两者：向上和向下"选项。该参数与切削方向参数是相关的，使用时要注意两者之间的关系。

方向	两者：向
步进方式	两者：向上和向
干涉检查	向上
铣削位置	向下

图 9-60　方向选项

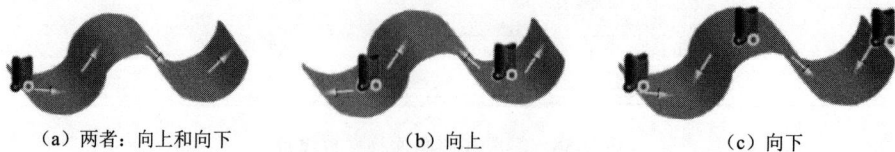

（a）两者：向上和向下　　　　（b）向上　　　　（c）向下

图 9-61　方向选项示意图

4）步进方式：该参数用于设置刀具步进方式，有 3 个选项，包括"根据残留高度"、"根据行数"和"根据最大 3D 侧向步距"，如图 9-62 所示。

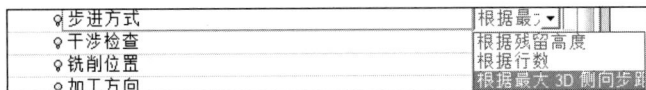

图 9-62　步进方式选项

① 根据残留高度：残留高度指加工后的残余部分材料离加工曲面的最大距离，如图 9-63 所示。步进方式将根据残留高度进行计算，使用该参数确定步进时，需要输入残留高度值和最小 3D 侧向步长。

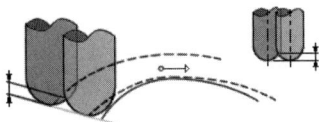

图 9-63　根据残留高度

② 根据行数：根据行数计算刀路。通过直接指定行数，在切削区域范围内进行平分，如图 9-64 所示。

③ 根据最大 3D 侧向步长：根据最大侧向步长计算刀路，如图 9-65 所示。

这里选择根据最大 3D 侧向步长，并设置为 0.15。

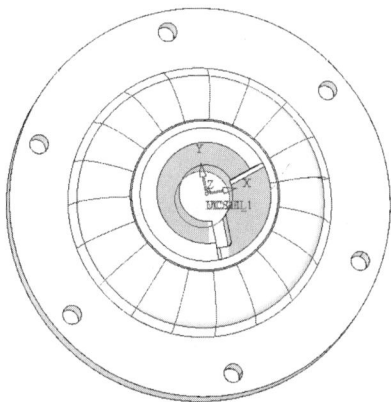

图 9-64　根据行数，行数 20 行

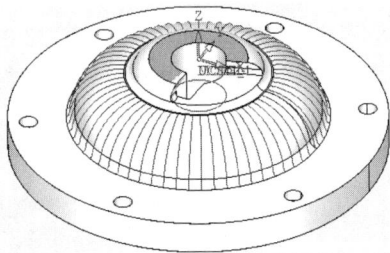

图 9-65　根据最大 3D 侧向步长，步长 5mm

5）干涉检查：检查加工时刀具是否与其他曲面相干涉，如图 9-66 所示。

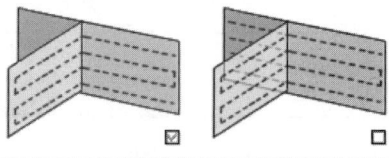

图 9-66　干涉检查

6）铣削位置：该参数用于设置铣削位置是在内侧还是外侧，可单击"反向"按钮进行切换，如图 9-67 所示。

图 9-67　铣削位置

7）加工方向：该参数用于设置加工方向是沿 X 方向还是 Y 方向，可单击"反向"按钮进行切换，如图 9-68 所示。

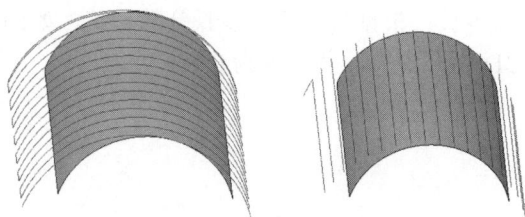

图 9-68　加工方向

8）重新定义起始角：该参数用于设置刀具起始位置，如图 9-69 所示。

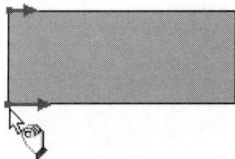

图 9-69　重新定义起始角

9）临界铣削宽度：该参数用于设置铣削宽度，如图 9-70 所示。可通过单击"选择"按钮，先拾取一张曲面，再拾取第一个宽度点和第二个宽度点，进行设置。

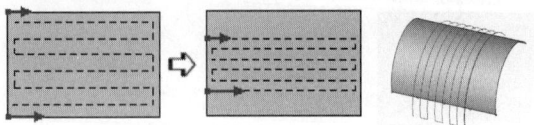

图 9-70　临界铣削宽度

10）临界铣削长度：该参数用于设置铣削长度，如图 9-71 所示。

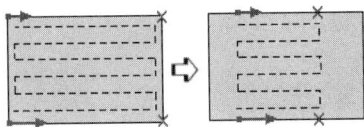

图 9-71　临界铣削长度

11）重置铣削宽度和重置铣削长度：对铣削宽度和铣削长度进行重置，取消前面选择。其他参数可选择默认。

（5）设置机床参数

单击"机床参数"图标，系统切换到机床参数界面，按图 9-72 所示设置机床参数。

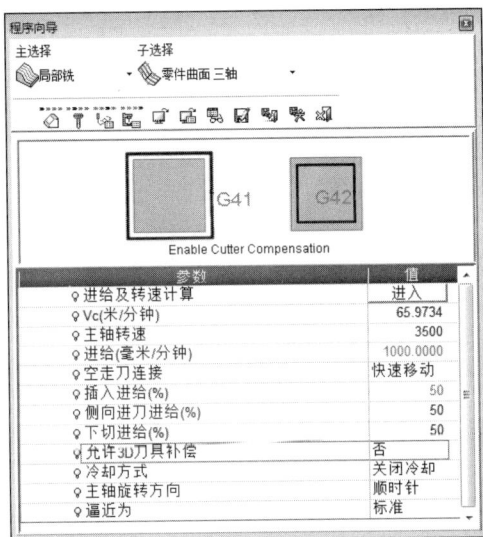

图 9-72　曲面流线铣机床参数设置

（6）程序生成

单击"保存并计算"图标，系统将根据前面设置的参数自动计算刀路轨迹，并在绘图区显示生成的刀路轨迹，如图 9-73 所示。

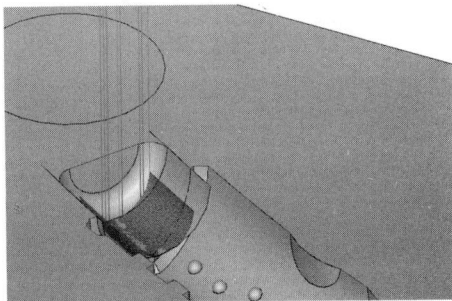

图 9-73　曲面流线铣生成的刀路轨迹

3. 创建第二个曲面加工程序

单击"NC 向导"中的"程序"图标，系统弹出"程序向导"对话框，开始创建加工程序，修改"主选择"为"局部铣"、"子选择"为"零件曲面三轴"，或采用复制、粘贴方式创建第二个曲面加工程序。

（1）选择零件曲面、检查曲面

单击零件曲面值和检查曲面值，进行重置所有，然后选择所要进行流线铣的曲面，单击中键退出，完成零件曲面选择，如图 9-74 所示。

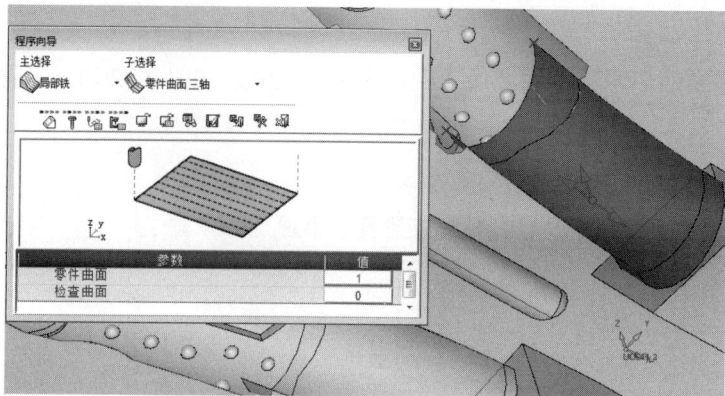

图 9-74　第二个曲面加工程序零件曲面的选择

再选择上表面作为检查曲面，确保不会在这个平面上进行加工，单击中键确认退出，如图 9-75 所示。

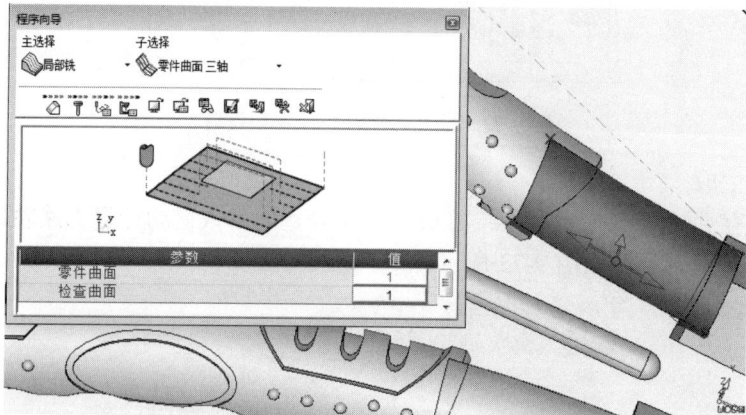

图 9-75　第二个曲面加工程序检查曲面的选择

（2）设置刀路参数

单击"刀路参数"图标，系统切换到刀路参数界面。刀路参数可按图 9-76 所示进行设置。

参数	值
进/退刀	
曲面进刀	Z向
安全平面和坐标系	
进刀和退刀点	优化
公差及余量	高级
加工曲面余量	0.0000 ʃ
检查曲面余量	-0.0200 ʃ
逼近方式	根据精度
零件曲面精度	0.0300 ʃ
检查曲面精度	0.0300 ʃ
刀路轨迹	
最大 3D 侧向步距	0.1500 ʃ
切削风格	双向
方向	两者:向上
步进方式	根据最大 3
干涉检查	☑
铣削位置	反向
加工方向	反向
重新定义起始角	选择
临界铣削宽度	选择
临界铣削长度	选择
重置铣削宽度	重置
重置铣削长度	重置
毛坯	更新
优化	☐
刀具及夹头	B6R3

图 9-76　第二个曲面加工程序刀路参数的设置

（3）程序生成

单击"保存并计算"图标，系统将根据前面设置的参数自动计算刀路轨迹，并在绘图区显示生成的刀路轨迹，如图 9-77 所示。

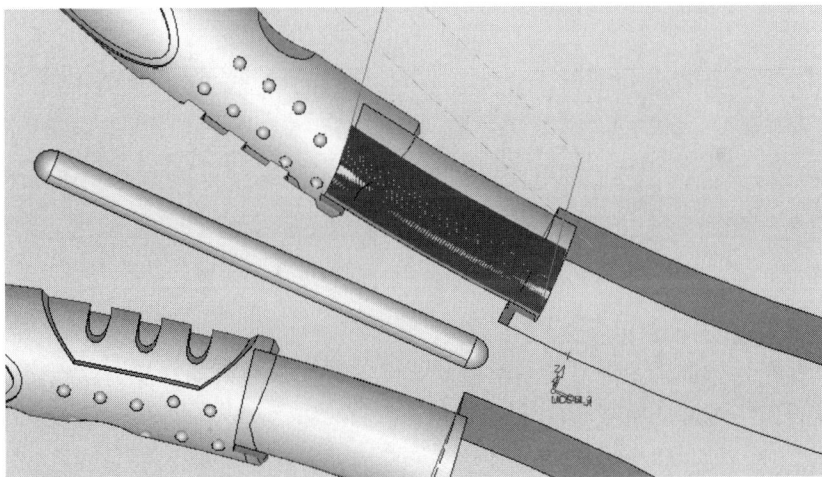

图 9-77　第二个曲面加工程序生成的刀路轨迹

4．创建第三个曲面加工程序

通过复制、粘贴方式创建第三个曲面加工程序。

（1）修改零件曲面、检查曲面

单击零件曲面后的"1"按钮，重置零件曲面，再选择所要进行流线铣的曲面，单击中键退出，完成零件曲面的选择，如图 9-78 所示。

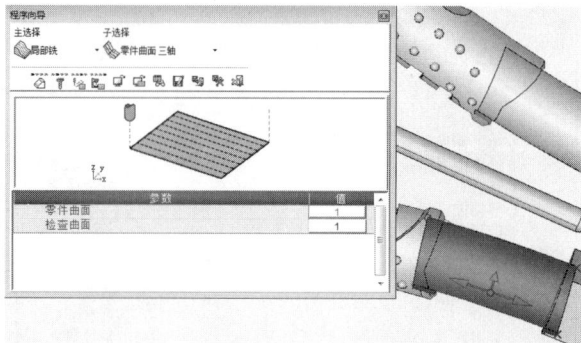

图 9-78　第三个曲面加工程序零件曲面的选择

（2）设置刀路参数

单击"刀路参数"图标，系统切换到刀路参数界面。刀路参数可按图 9-79 所示进行设置。

图 9-79　第三个曲面加工程序刀路参数设置

（3）程序生成

单击"保存并计算"图标，系统将根据前面设置的参数自动计算刀路轨迹，并在绘图区显示生成的刀路轨迹，如图 9-80 所示。

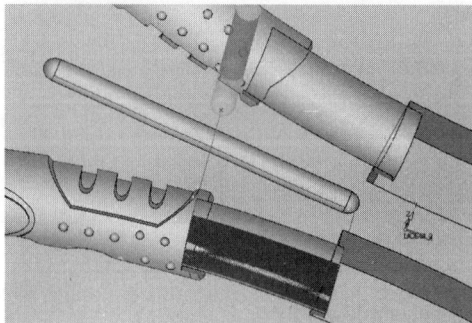

图 9-80　第三个曲面加工程序生成的刀路轨迹

5. 创建第四个曲面加工程序

按照前一曲面程序创建过程，创建第四个曲面加工程序。

（1）修改零件曲面、检查曲面

单击零件曲面后的"1"按钮，重置零件曲面，再选择所要进行流线铣的曲面，单击中键退出，完成零件曲面的选择，检查曲面可选择默认值，如图 9-81 所示。

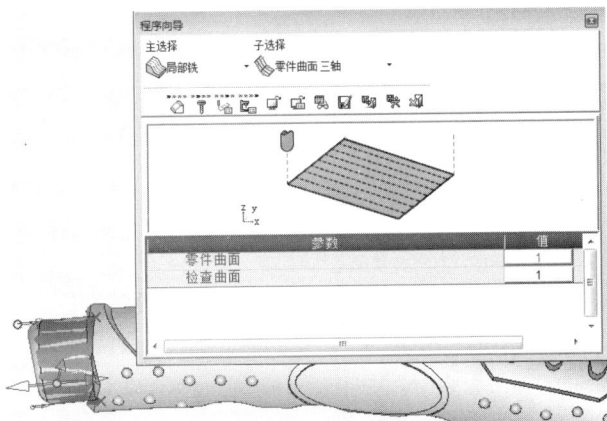

图 9-81　第四个曲面加工程序零件曲面的选择

（2）设置刀路参数

单击"刀路参数"图标，系统切换到刀路参数界面。刀路参数可按图 9-76 所示进行设置。

（3）程序生成

单击"保存并计算"图标，系统将根据前面设置的参数自动计算刀路轨迹，并在绘图区显示生成的刀路轨迹，如图 9-82 所示。

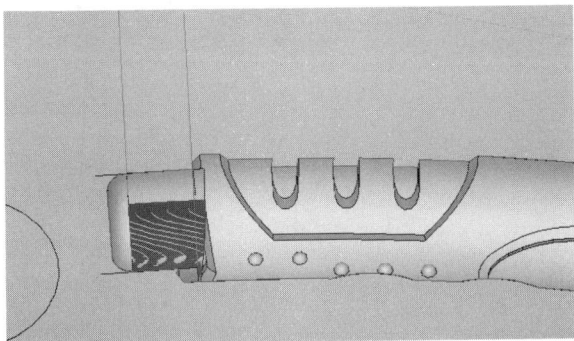

图 9-82　第四个曲面加工程序生成的刀路轨迹

微课：手柄塑胶模曲面流线铣编程

动画：手柄塑胶膜模板流线铣

9.3.7　曲面精铣

1. 创建刀路轨迹

单击"NC 向导"中的"刀轨"图标，进入创建刀路轨迹功能，系统弹出"创建刀轨"

对话框，修改名称为 07，类型为 3 轴，安全平面为 50，创建刀路轨迹，单击"确认"图标，创建 3 轴刀路轨迹。完成后，"NC 程序管理器"中会新增一个名为 07 的刀路轨迹。

2. 创建加工程序

单击"NC 向导"中的"程序"图标，系统弹出"程序向导"对话框，开始创建加工程序，修改"主选择"为"曲面铣削"、"子选择"为"精铣所有"，如图 9-83 所示。

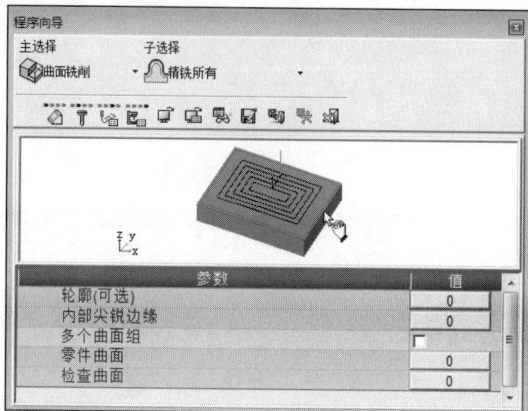

图 9-83　曲面精铣工艺的选择

（1）创建曲面精铣加工区域

单击工具栏中的"切换到 CAD 模式"图标，切换到 CAD 界面。选择"曲线"→"组合曲线"命令，系统弹出"特征向导"对话框，依次选择区域轮廓，完成后单击中键确认，如图 9-84 所示，再次单击确认退出，完成第一个曲面区域创建。为了方便曲线选取，可隐藏前已加工的流线曲面。

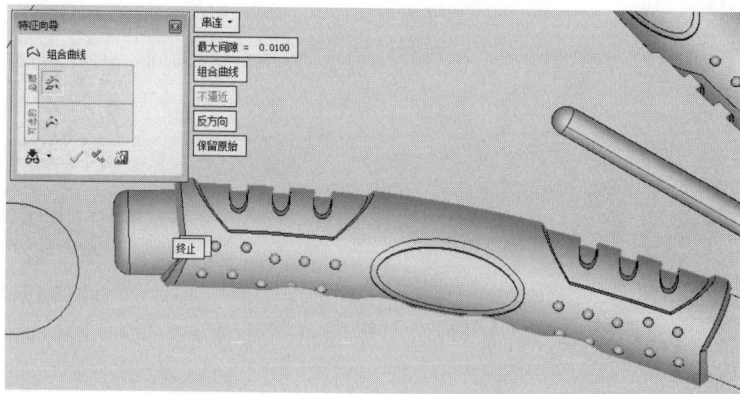

图 9-84　第一组合曲线创建

应用相同的方法，创建第二个曲面区域，如图 9-85 所示。完成后，单击工具栏中的"切换到 CAM 模式"图标，回到 CAM 界面，继续进行编程操作。

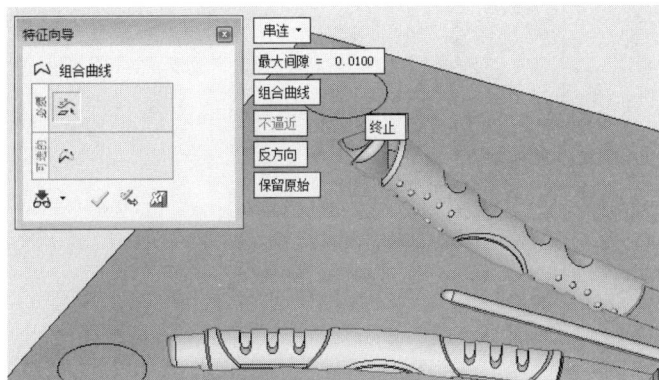

图 9-85　第二组合曲线创建

（2）选择轮廓、零件曲面

单击轮廓后的"0"按钮，系统弹出"轮廓管理器"对话框。单击刚创建的第一条轮廓，单击中键确认，再选择第二条轮廓，单击中键确认，再次单击中键退出，完成轮廓选择，如图 9-86 所示。利用相同的方法选择所有曲面作为零件曲面。

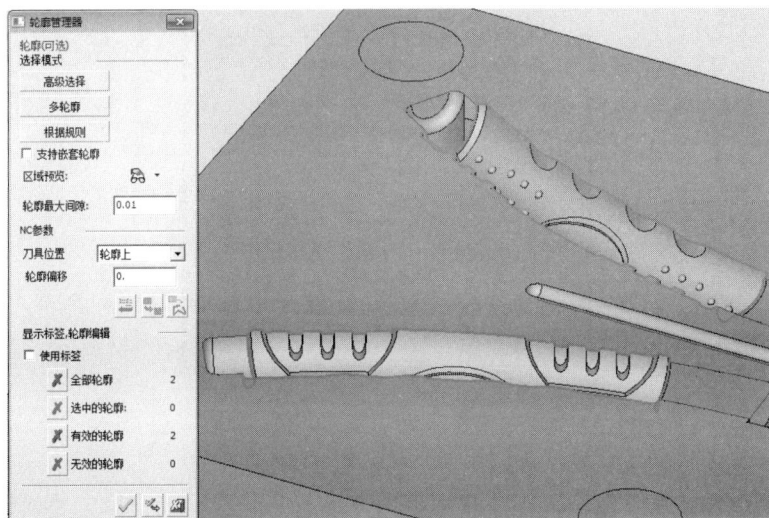

图 9-86　曲面精铣的轮廓选择

（3）选择刀具

单击"刀具"图标，系统弹出"刀具及夹头"对话框，选择 B6R3 球刀，单击"确认"图标，完成刀具的选择。

（4）设置刀路参数

单击"刀路参数"图标，系统切换到刀路参数界面。这里主要设置曲面公差、加工方式及 3D 步距等参数，其他参数可按图 9-87 所示进行设置。

图 9-87　曲面精铣的刀路参数设置

（5）设置机床参数

单击"机床参数"图标，系统切换到机床参数界面，设置机床的主轴转速为 3500、进给为 1500，其他选择默认值，如图 9-88 所示。

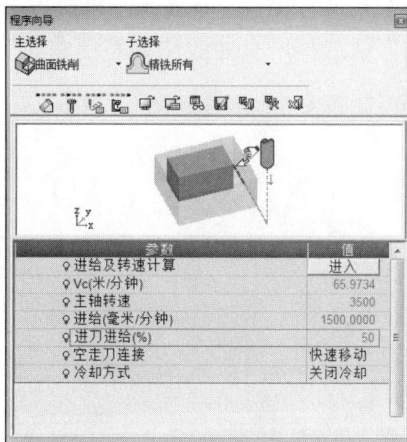

图 9-88　机床参数设置

（6）程序生成

单击"保存并计算"图标，系统将根据前面设置的参数自动计算刀路轨迹，并在绘图区显示生成的刀路轨迹，如图 9-89 所示。

微课：手柄塑
胶膜模板曲
面精铣编程

动画：手柄塑
胶膜模板曲
面精铣

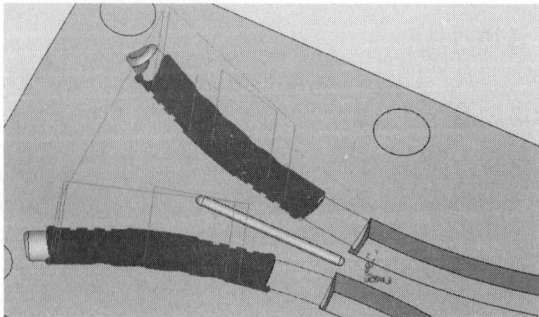

图 9-89　曲面精铣生成的刀路轨迹

9.3.8　底平面加工

1. 创建刀路轨迹

单击"NC 向导"中的"刀轨"图标，进入创建刀路轨迹功能，系统弹出"创建刀轨"对话框，修改名称为08，类型为2.5轴，安全平面为50，创建刀路轨迹，单击"确认"图标，创建2.5轴刀路轨迹。完成后，"NC 程序管理器"中会新增一个名为08的刀路轨迹。

2. 创建加工程序

单击"NC 向导"中的"程序"图标，系统弹出"程序向导"对话框，开始创建加工程序，修改"子选择"为"型腔-环绕切削"。

（1）选择零件轮廓

单击零件轮廓后的"2"按钮，系统弹出"轮廓管理器"对话框。先重置零件轮廓，再修改刀具位置为轮廓内，轮廓偏移为0.3，确保侧壁留有一定余量。选择底平面轮廓，单击中键确认，再选择第二底平面轮廓，单击中键确认，如图9-90所示。完成两条零件轮廓选择后，再单击中键退出，完成零件轮廓选择。

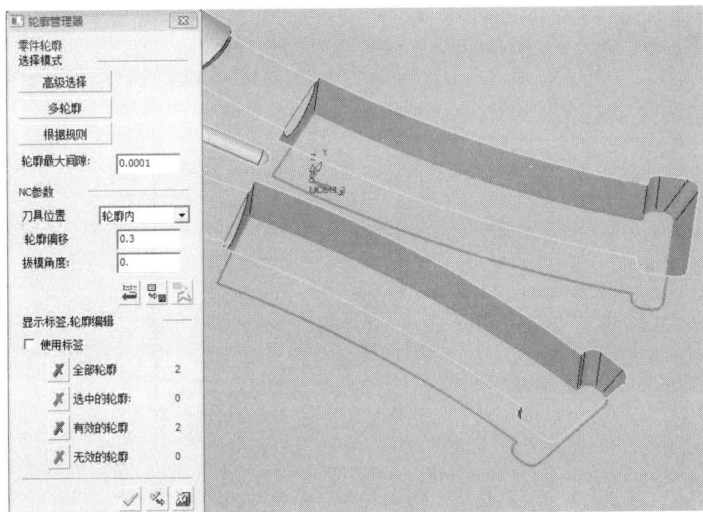

图 9-90　曲面精铣的零件轮廓选择

（2）选择刀具

单击"刀具"图标，系统弹出"刀具及夹头"对话框，选择 F6 平底刀，单击"确认"图标，完成刀具的选择。

（3）设置刀路参数

单击"刀路参数"图标，系统切换到刀路参数界面，可按图 9-91 所示进行相关参数设置。

参数	值
日 进/退刀	
轮廓进/退刀	相切
圆弧半径	2.0000 *f*
补偿延伸线	□
田 安全平面和坐标系	
日 进刀和退刀点	优化
进刀点	自动
切槽顺序	根据 X
进刀角度	3.0000 *f*
最小切削宽度	0.0000 *f*
最大螺旋半径	2.8800 *f*
缓刀距离	1.0000 *f*
田 轮廓设置	
日 公差及余量	基本
轮廓偏移(粗加工)	0.0000 *f*
轮廓精度	0.0100 *f*
轮廓最大间隙	0.0001
日 刀路轨迹	
Z值方式	值
Z最高点	-15.0000 *f*
Z最低点	-15.0000 *f*
下切步距	3.0000 *f*
精铣侧向间距	□
侧向步距	3.6000 *f*
拐角铣削	外部圆角
切削模式	顺铣
切削方向	由内往外
行间铣削	☑
田 毛坯	更新

图 9-91　曲面精铣的刀路参数设置

（4）设置机床参数

单击"机床参数"图标，系统切换到机床参数界面，设置机床的主轴转速为3500、进给为1500，其他选择默认值，如图9-92所示。

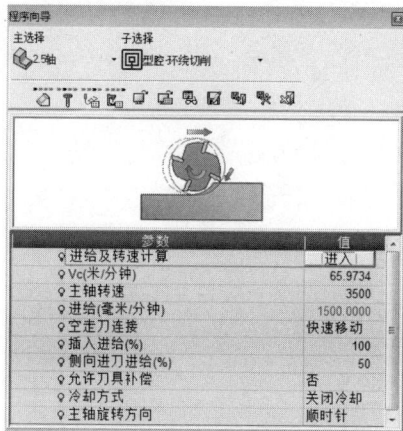

图 9-92　曲面精铣的机床参数设置

（5）程序生成

单击"保存并计算"图标，系统将根据前面设置的参数自动计算刀路轨迹，并在绘图区显示生成的刀路轨迹，如图9-93所示。

微课：手柄塑　动画：手柄塑
胶膜模板底平　胶膜模板底
面加工编程　　平面加工

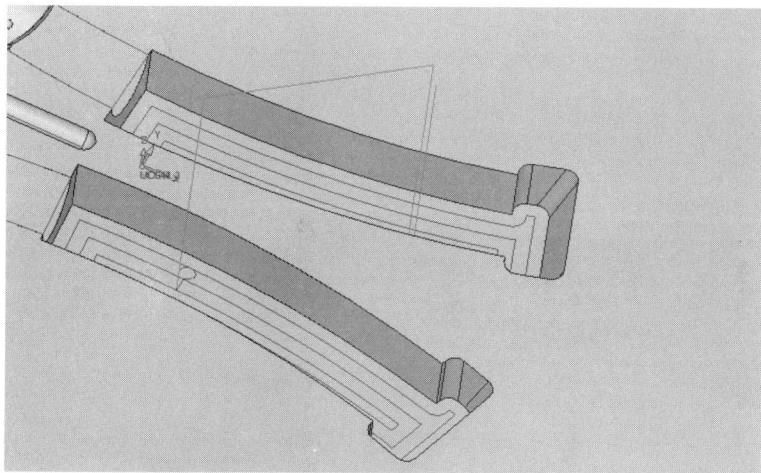

图 9-93　曲面精铣生成的刀路轨迹

9.3.9　侧壁加工

1. 创建刀路轨迹

单击"NC 向导"中的"刀轨"图标，进入创建刀路轨迹功能，系统弹出"创建刀轨"对话框，修改名称为 09，类型为 2.5 轴，安全平面为 50，创建刀路轨迹，单击"确认"图标，创建 2.5 轴刀路轨迹。完成后，"NC 程序管理器"中会新增一个名为 09 的刀路轨迹。

2. 创建加工程序

单击"NC 向导"中的"程序"图标，系统弹出"程序向导"对话框，开始创建加工程序，修改"子选择"为"开放轮廓"。

（1）选择轮廓

单击轮廓后的"2"按钮，系统弹出"轮廓管理器"对话框，先重置轮廓，再修改刀具位置为切向。依次选择底平面相应轮廓，单击中键确认；按前一轮廓选择方法，选择第二底平面轮廓，单击中键确认，如图 9-94 所示。完成两条轮廓选择后，单击中键退出，完成轮廓选择。

（2）设置刀路参数

单击"刀路参数"图标，系统切换到刀路参数界面，可按图 9-95 所示进行相关参数设置。

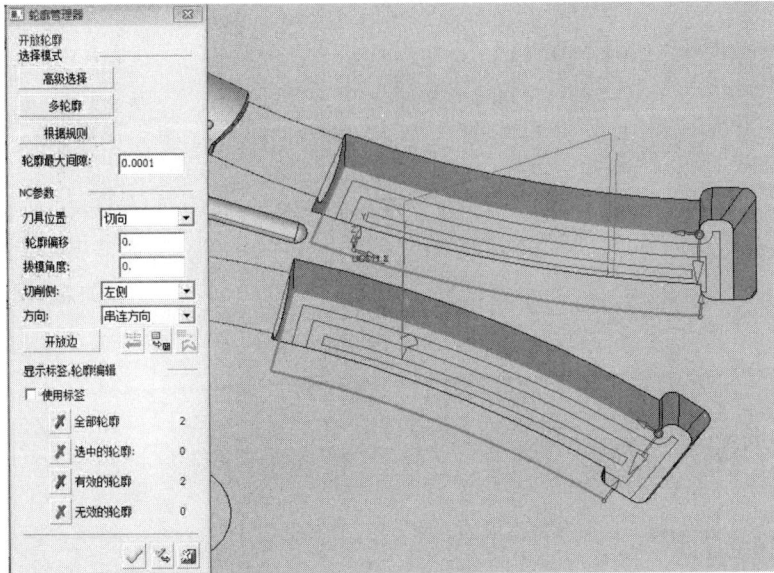

图 9-94　侧壁加工的轮廓选择

图 9-95　侧壁加工的刀路参数设置

（3）设置机床参数

单击"机床参数"图标，系统切换到机床参数界面，设置机床的主轴转速为 3500、进给为 500，其他选择默认值，如图 9-96 所示。

（4）程序生成

单击"保存并计算"图标，系统将根据前面设置的参数自动计算刀路轨迹，并在绘图区显示生成的刀路轨迹，如图 9-97 所示。

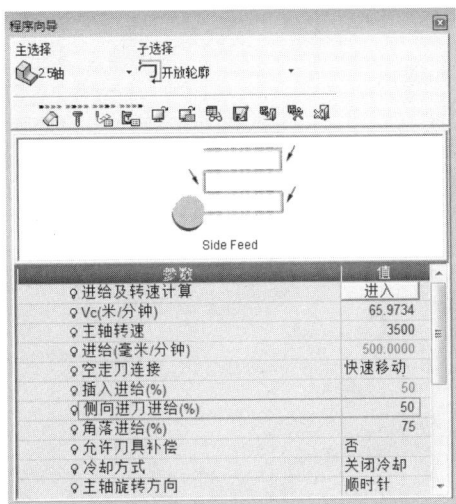

图 9-96　侧壁加工的机床参数设置

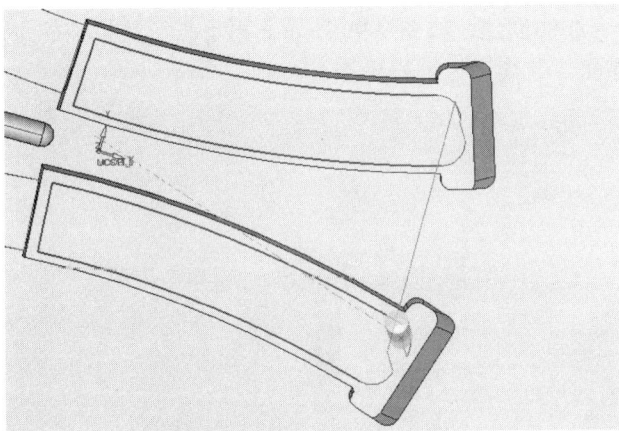

微课：手柄塑　动画：手柄塑
胶膜模板侧　胶膜模板侧
壁加工编程　壁加工

图 9-97　侧壁加工生成的刀路轨迹

9.3.10　侧壁精修

1. 创建刀路轨迹

单击"NC 向导"中的"刀轨"图标，进入创建刀路轨迹功能，系统弹出"创建刀轨"对话框，修改名称为 10，类型为 3 轴，安全平面为 50，创建刀路轨迹，单击"确认"图标，创建 3 轴刀路轨迹。完成后，"NC 程序管理器"中会新增一个名为 10 的刀路轨迹。

2. 创建加工程序

单击"NC 向导"中的"程序"图标，系统弹出"程序向导"对话框，开始创建加工程序，修改"主选择"为"曲面铣削"、"子选择"为"精铣所有"。

（1）选择边界、零件曲面

单击工具栏中的"切换到 CAD 模式"图标，切换到 CAD 界面。选择"曲线"→"直线"命令，系统弹出"特征向导"对话框，依次选择两点，完成后单击中键确认，如图9-98所示，再单击"确认"图标退出。

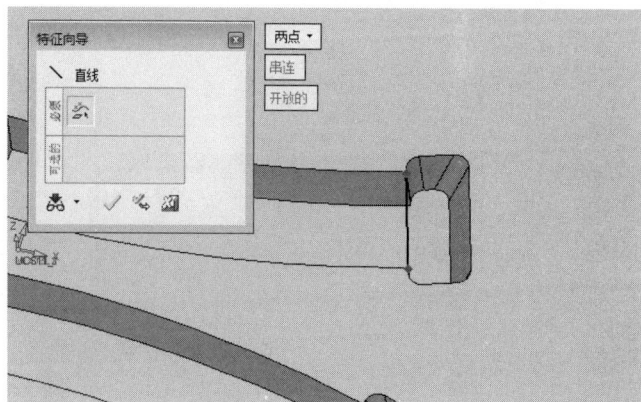

图 9-98　第一条直线创建

应用相同的方法，完成另一直线的创建，如图9-99所示。再单击工具栏中的"切换到CAM模式"图标，回到CAM界面，继续进行编程操作。

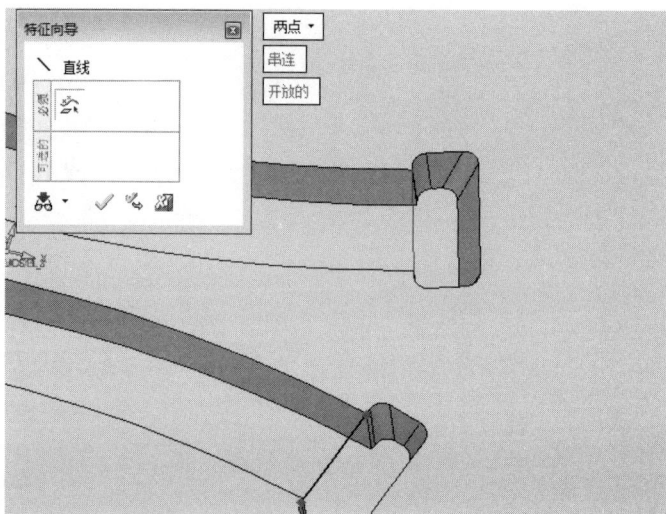

图 9-99　第二条直线创建

单击轮廓后的"0"按钮，系统弹出"轮廓管理器"对话框，修改刀具位置为轮廓上。选择轮廓，单击中键确认；按前一轮廓选择方法，选择第二条轮廓，单击中键确认，如图9-100所示。最后单击中键退出，完成轮廓选择。选择所有曲面作为零件曲面。

（2）选择刀具

单击"刀具"图标，系统弹出"刀具及夹头"对话框，选择D6R0.5牛鼻刀，单击"确认"图标，完成刀具的选择。

（3）设置刀路参数

单击"刀路参数"图标，系统切换到刀路参数界面，可按图9-101所示进行相关参数设置。

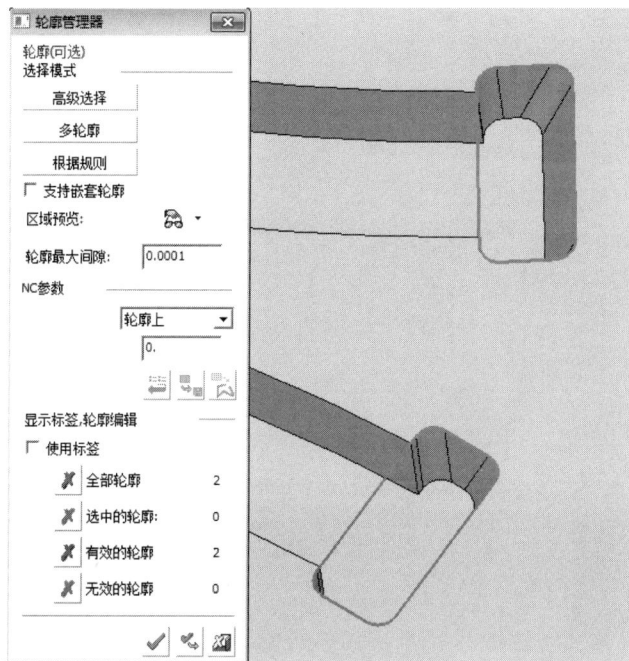

图 9-100　侧壁精修的轮廓选择

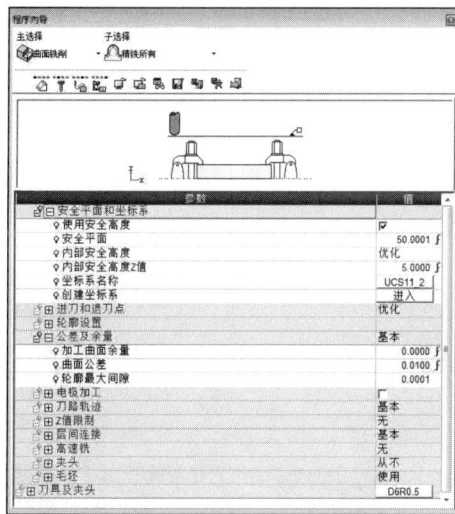

图 9-101　侧壁精修的刀路参数设置

（4）设置机床参数

单击"机床参数"图标，系统切换到机床参数界面，设置机床的主轴转速为 3500、进给为 1500，其他选择默认值，如图 9-102 所示。

（5）程序生成

单击"保存并计算"图标，系统将根据前面设置的参数自动计算刀路轨迹，并在绘图

区显示生成的刀路轨迹，如图 9-103 所示。

图 9-102　侧壁精修的机床参数设置

微课：手柄塑
胶膜模板侧
壁精修编程

动画：手柄塑
胶膜模板侧
壁精修

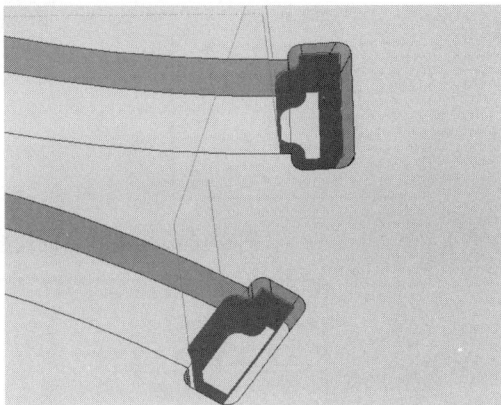

图 9-103　侧壁精修生成的刀路轨迹

3. 仿真模拟

单击"NC 向导"中的"机床仿真"图标，进入模板检验功能，系统弹出"机床仿真"对话框，单击绿色双箭头，选择全部程序，单击"确定"图标，系统打开"CimatronE-机床模拟"窗口，选择"控制"→"运行"命令，进行实体切削模拟，加工仿真模拟结果如图 9-104 所示。

动画：手柄塑
胶膜模板机
床仿真加工

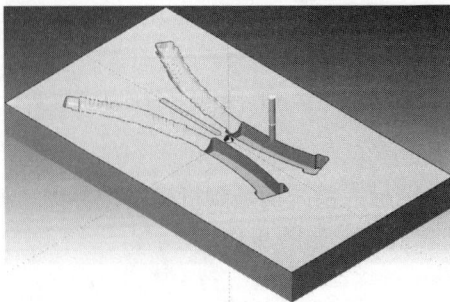

图 9-104　加工仿真模拟结果

4. 后处理

单击"NC 向导"中的"后处理"图标，进入后处理功能，系统将弹出"后处理"对话框。选择需要处理后输出程序的存放文件夹，选择文件类型为仅 G 代码文件，文件名命名为 xm01，选中"完成之后显示输出文件"复选框，其他选择默认值。单击"确认"图标进行后处理，完成后系统将产生一个程序文件，如图 9-105 所示。

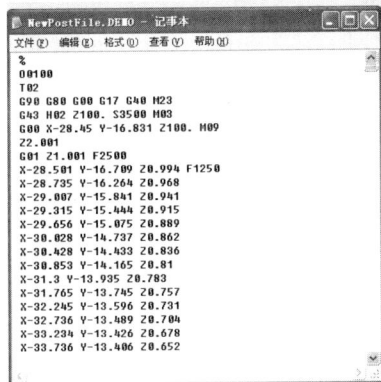

图 9-105　生成数控程序

9.4　填写加工程序单

填写表 9-2 所示加工程序单。

表 9-2　加工程序单

零件名称：手柄塑胶膜模板	操作员：	编程员：

计划时间	
实际时间	
上机时间	
下机时间	

描述：

四面分中

工作尺寸/mm	
X_c	
Y_c	
Z_c	

工作数量：1 件

程序名称	加工类型	刀具	背吃刀量/mm	加工余量/mm	上机时间	完成时间	备注
01	开粗	F12R0.8	0.35	0.2			
02	二次开粗	B6R3	0.2	0.25			
03	清角	F6	0.25	0.25			
04	曲面半精加工	B6R3	0.3	0.1			
05	流道加工	B6R3	0.2	0			
06	曲面流线铣	B6R3	0.15	0			
07	曲面精铣	B6R3	0.15	0			
08	底平面加工	F6	0.2	0			
09	侧壁加工	F6	0.2	0			
10	侧壁精修	D6R0.5	0.15	0			

项 目 练 习

完成图 9-106 所示手柄塑胶膜模板数控程序的创建。

手柄塑胶膜模板练习源文件见配套资源包（下载地址：www.abook.cn）。

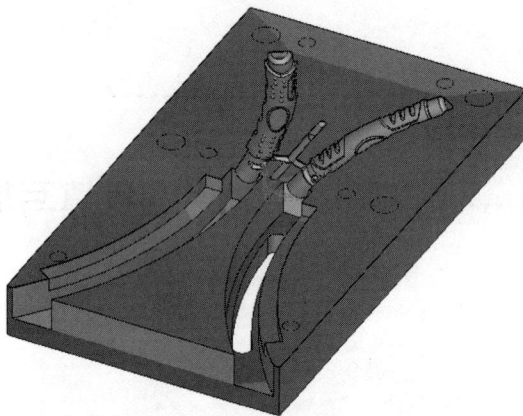

图 9-106   手柄塑胶膜模板

牵狗器电极数控编程

>>>>

◎ **项目导读**

牵狗器电极主要由曲面组成。为了提高加工效率，将两块电极装夹在一起进行加工。

牵狗器电极模型源文件见配套资源包（下载地址：www.abook.cn）。

◎ **能力目标**

- 掌握刀路轨迹的复制方法。
- 能进行刀路的后处理。
- 会将程序传输给数控机床。

◎ **思政目标**

- 树立正确的学习观、价值观，自觉践行行业道德规范。
- 牢固树立质量第一、信誉第一的强烈意识。
- 遵规守纪，安全生产，爱护设备，钻研技术。

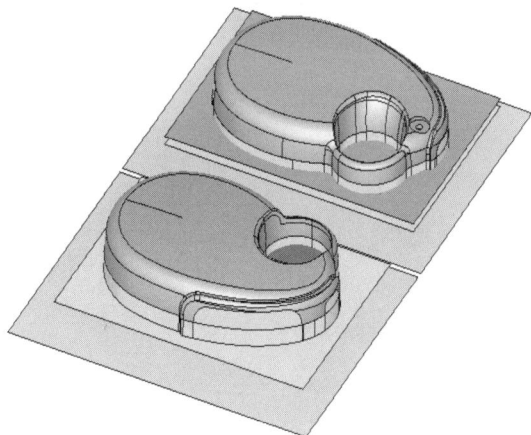

10.1

牵狗器电极模型分析

启动 CimatronE 11，选择"文件"→"打开文件"命令，打开"CimatronE 浏览器"窗口，选择牵狗器电极文件，再单击"打开"按钮，进入 CAD 工作窗口。因为坐标系不符合编程需要，所以应先创建工作坐标系。选择"基准"→"坐标系"→"几何中心"命令，系统弹出"特征向导"对话框，开始创建坐标系。在实体上选择曲面，如图 10-1 所示。

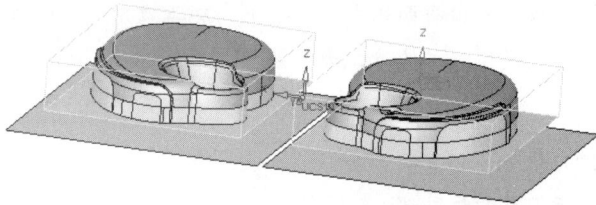

图 10-1 曲面选取

以窗选的方式选择全部曲面，单击中键完成选择，系统生成一个边界盒将所选曲面包容在内，并以该边界盒的中心作为坐标系原点建立坐标系，同时在边界盒的角落点、面的中心点和边界中心位置显示点，单击这些点就可以将其作为坐标原点。这里选择上表面中心点作为坐标系原点，建立图 10-2 所示坐标系。

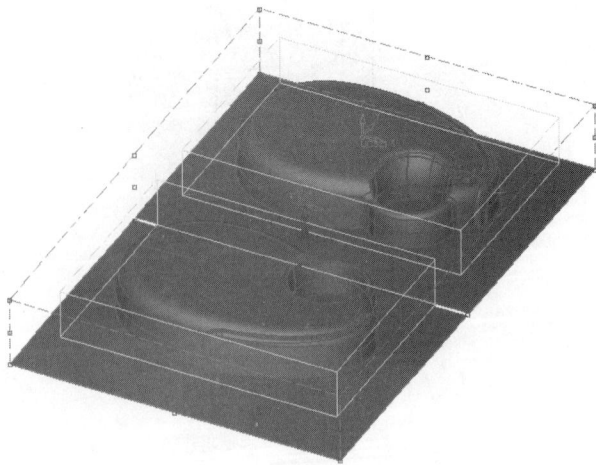

图 10-2 坐标系建立

以相同的方法创建电极坐标系，如图 10-3 所示。

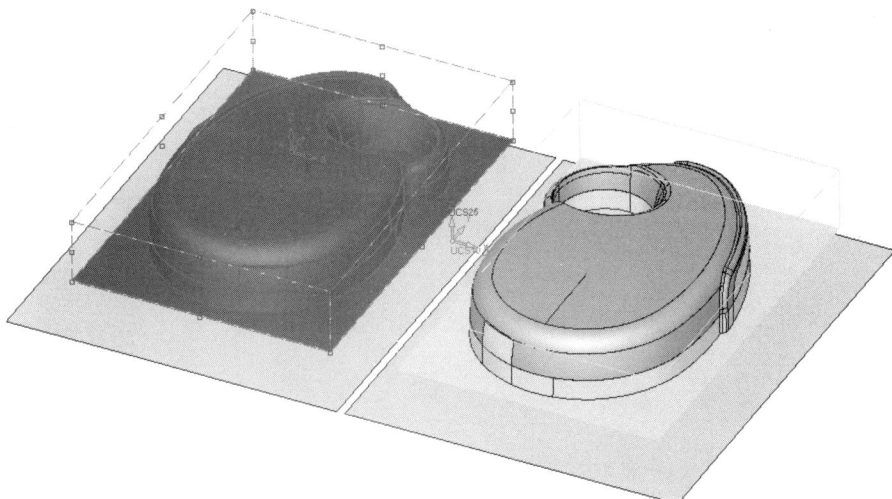

图 10-3　电极坐标系建立

　　选择"基准"→"坐标系"→"激活坐标系"命令，再选择刚创建的坐标系，激活坐标系，这时坐标系将以红色显示。

　　选择"分析"→"测量"命令，系统弹出"测量"对话框。通过该对话框，对模型进行分析，如图 10-4 所示。

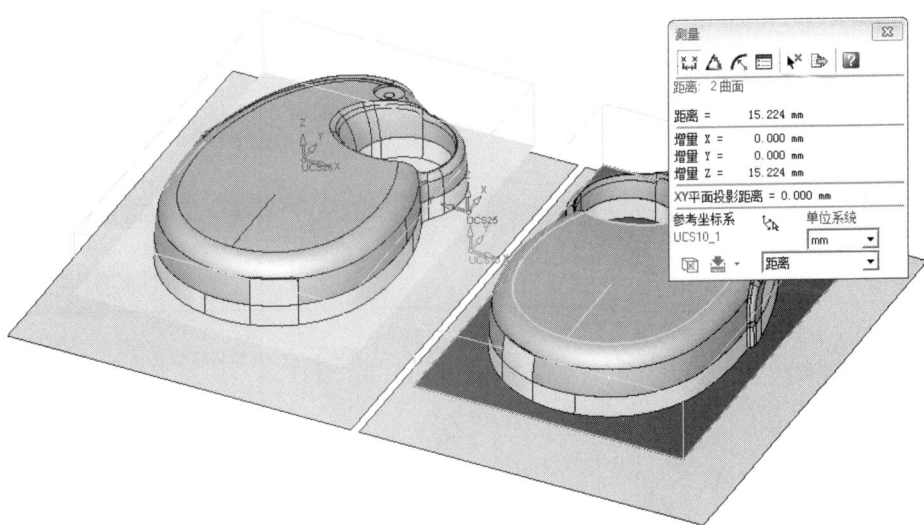

图 10-4　模型分析

单块电极长×宽×高：111.863mm×79.094mm×19.022mm。

最小曲率半径：0.993mm。

微课：牵狗器电极模型分析

10.2

牵狗器电极加工工艺制定

牵狗器电极加工工艺，可按表 10-1 所示进行编制。

表 10-1 牵狗器电极加工工艺流程

序号	加工内容	加工策略	图解	备注
01	开粗	体积铣-环绕粗铣		根据毛坯尺寸及零件中型腔尺寸确定使用 D12R0.8 牛鼻刀进行开粗
02	底面精加工	曲面铣削-层切		为了得到较低的表面粗糙度，所以选用 F10 平底刀来进行底平面的精加工
03	曲面半精加工、精加工	曲面铣削-根据角度精铣		半精加工与精加工均采用 B6 球刀，且程序一同后处理，以提高效率
04	侧壁清根	曲面铣削-精铣所有		B6 球刀精加工后在底部会留下一个 3mm 的 R 角，所以采用 D6R0.5 牛鼻刀来进行清角加工
05	曲面清根	清角-清根		根据模型 R 角来选用 F2R1 球刀来进行最后的清根
06	轨迹复制	转换-镜像复制		考虑到另一电极与已经编程的电极是对称的，因此可采用刀路轨迹的镜像复制功能生成另一电极的刀路轨迹
07	小平台加工	2.5 轴-型腔-环绕切削		此处要求精度不高，采用 F6 平底刀，使用螺纹下刀方式进行加工
08	小孔加工	2.5 轴-型腔-环绕切削		采用 F2 平底刀，使用螺纹下刀方式进行加工

10.3

牵狗器电极编程操作

10.3.1　开粗

1. 导入刀具

单击"NC 向导"中的"刀具"图标，系统弹出"刀具及夹头"对话框，选择"菜单"→ "从 CSV 或 XML 文件中输入刀具或夹头"命令，选择刀具库文件，再依次选择所要用到的刀具，加载所选的刀具，单击"确认"图标，完成刀具导入，或加载整个刀具库，如图 10-5 所示。

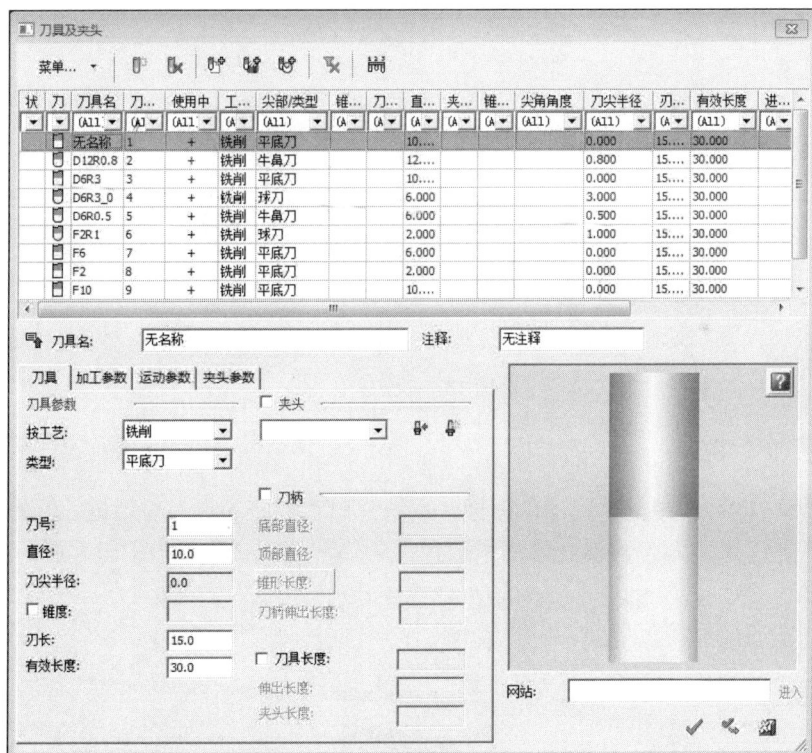

图 10-5　刀具导入

2. 创建刀路轨迹

单击"NC 向导"中的"刀轨"图标，进入创建刀路轨迹功能，系统弹出"创建刀轨"对话框，修改名称为 01，类型为 3 轴，安全平面为 50，如图 10-6 所示，创建刀路轨迹。

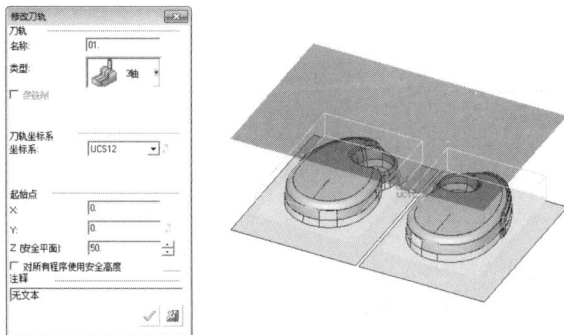

图 10-6　创建刀路轨迹

3. 创建毛坯

单击"NC 向导"中的"毛坯"图标，系统弹出"初始毛坯"对话框，将毛坯类型修改为限制盒，如图 10-7 所示，单击"确认"图标退出，完成毛坯创建。

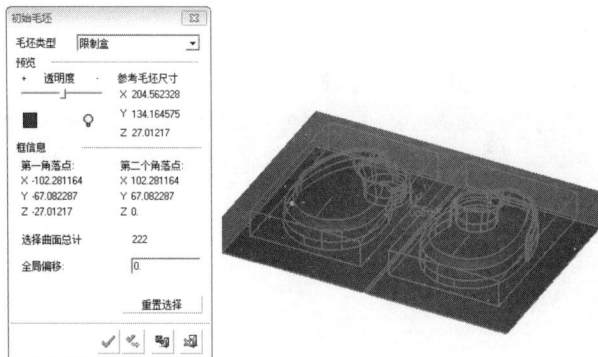

图 10-7　创建毛坯

4. 创建加工程序

单击"NC 向导"中的"程序"图标，系统弹出"程序向导"对话框，开始创建加工程序，修改"主选择"为"体积铣"、"子选择"为"环绕粗铣"，如图 10-8 所示。

图 10-8　选择开粗所需的工艺

（1）选择轮廓、零件曲面

单击轮廓值，系统弹出"轮廓管理器"对话框，选择刀具位置为轮廓上，轮廓偏移为 0，确保轮廓加工到位。在绘图区选择底部轮廓，再单击中键确认退出，如图 10-9 所示，完成轮廓选择。

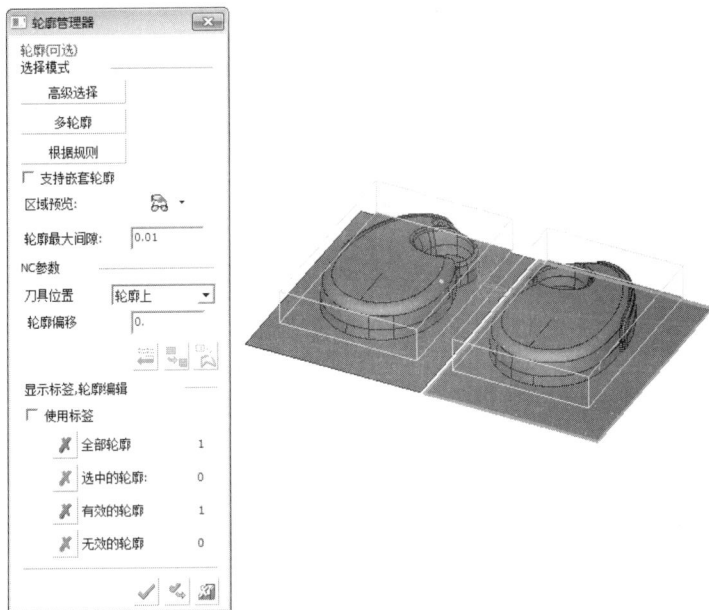

图 10-9　开粗程序的轮廓选择

单击零件曲面值，通过框选方式选择全部零件曲面，再单击中键退出，完成零件曲面选择，如图 10-10 所示。

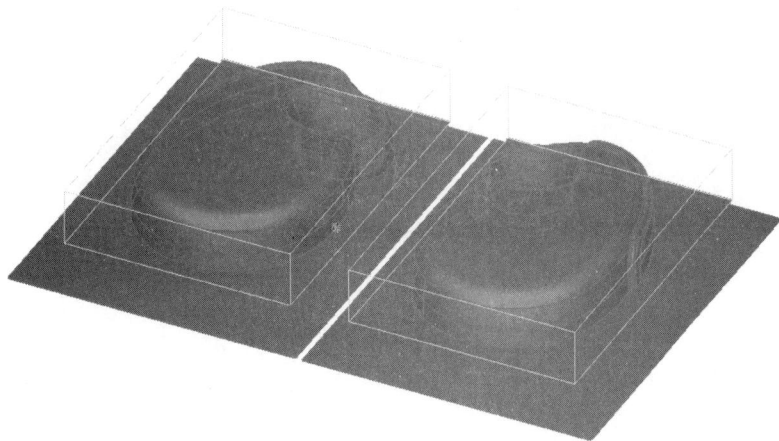

图 10-10　开粗程序的零件曲面选择

（2）设置刀路参数

单击"刀路参数"图标，系统切换到刀路参数界面，按图 10-11 所示进行各参数设置。注意：刀具选择为 D12R0.8 牛鼻刀。

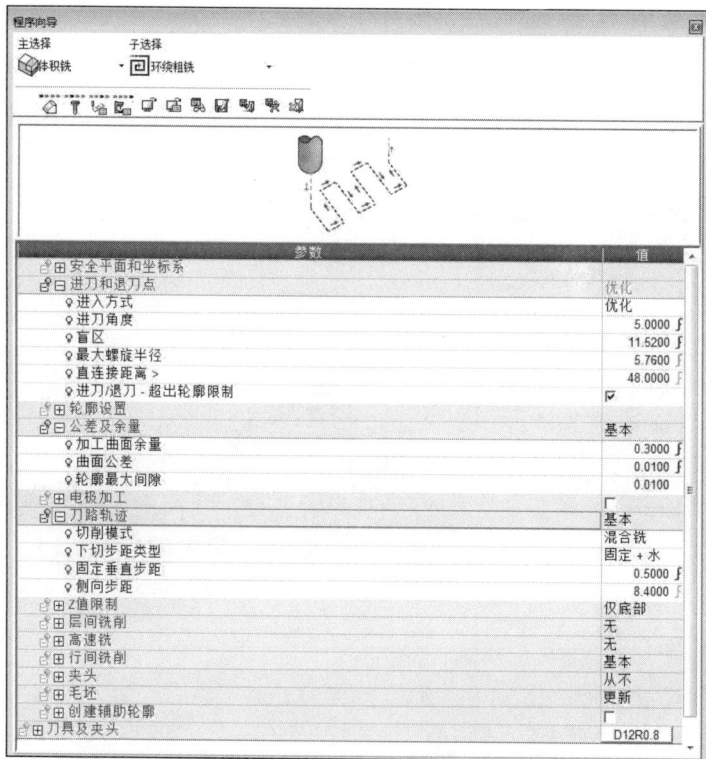

图 10-11　开粗程序的刀路参数设置

（3）设置机床参数

单击"机床参数"图标，系统切换到机床参数界面，设置机床的主轴转速为 4000、进给为 2500，其他参数按图 10-12 所示进行设置。

图 10-12　开粗程序的机床参数设置

（4）程序生成

单击"保存并计算"图标，系统将根据前面设置的参数自动计算刀路轨迹，并在绘图区显示生成的刀路轨迹，如图 10-13 所示。

微课：牵狗器电极开粗编程

动画：牵狗器电极开粗

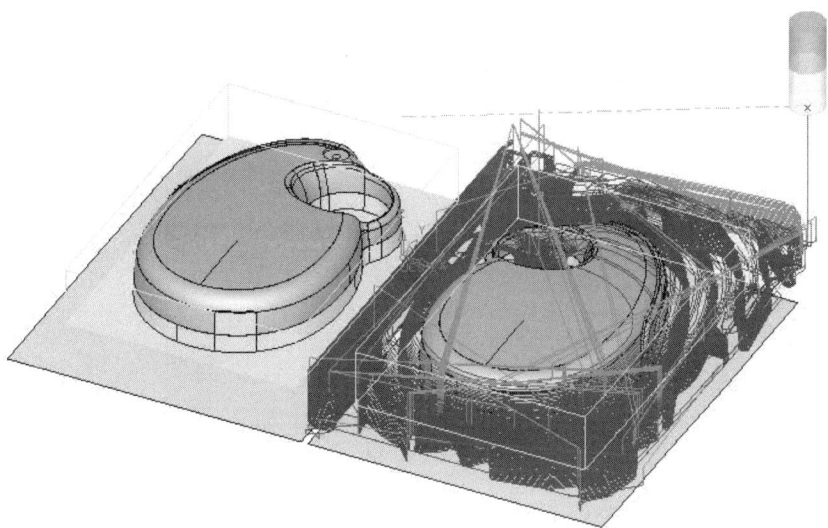

图 10-13　开粗后生成的刀路轨迹

10.3.2　底面精加工

1. 创建刀路轨迹

单击"NC 向导"中的"刀轨"图标，进入创建刀路轨迹功能，系统弹出"创建刀轨"对话框，修改名称为 02，类型为 3 轴，安全平面为 50，创建刀路轨迹。

2. 创建外部底面精加工程序

单击"NC 向导"中的"程序"图标，系统弹出"程序向导"对话框，开始创建加工程序，修改"主选择"为"曲面铣削"、"子选择"为"层切"。

（1）选择刀具

单击"刀具"图标，系统弹出"刀具及夹头"对话框，选择 F10 平底刀，单击"确认"图标，完成刀具选择。

（2）设置刀路参数

单击"刀路参数"图标，系统切换到刀路参数界面，按图 10-14 所示进行各参数设置。注意：因为只要对底面进行层加工，所以要限制 Z 向加工范围。同时，考虑到底面要加工到位，侧壁应留一定的余量，因此在层间铣削参数中将侧壁加工余量设置为 0.2。

（3）设置机床参数

单击"机床参数"图标，系统切换到机床参数界面，设置机床的主轴转速为 4000、进给为 800，其他参数按图 10-15 所示进行设置。

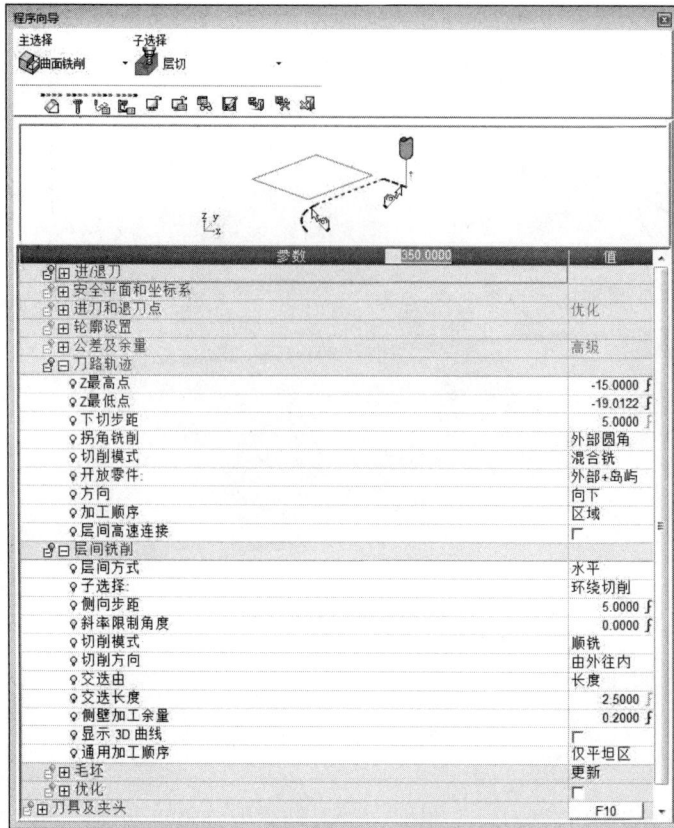

图 10-14　底面精加工的刀路参数设置

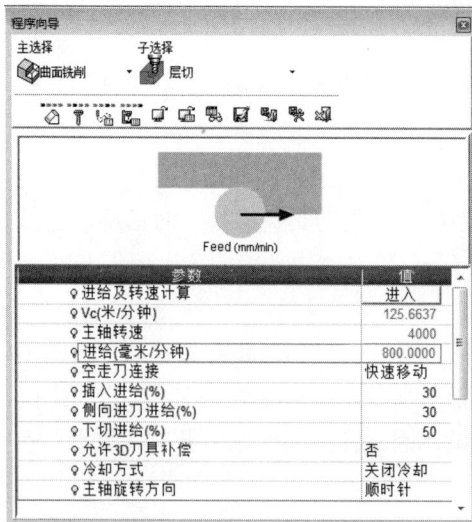

图 10-15　底面精加工的机床参数设置

（4）程序生成

单击"保存并计算"图标，系统将根据前面设置的参数自动计算刀路轨迹，并在绘图区显示生成的刀路轨迹，如图 10-16 所示。

微课：牵狗器电　　动画：牵狗器电
极底面精加工　　极底面精加工
　　　　　　　　编程

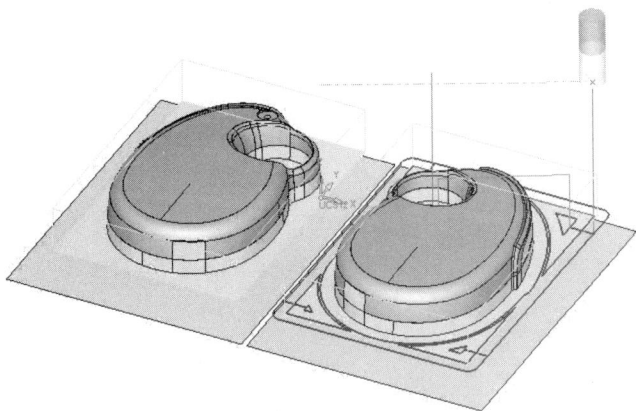

图 10-16 底面精加工生成的刀路轨迹

10.3.3 曲面半精、精加工

1. 创建刀路轨迹

单击"NC 向导"中的"刀轨"图标，进入创建刀路轨迹功能，系统弹出"创建刀轨"对话框，修改名称为 03，类型为 3 轴，安全平面为 50，创建刀路轨迹。

2. 创建曲面半精加工程序

单击"NC 向导"中的"程序"图标，系统弹出"程序向导"对话框，开始创建加工程序，修改"主选择"为"曲面铣削"、"子选择"为"根据角度精铣"。

（1）选择边界、零件曲面

单击轮廓值，系统弹出"轮廓管理器"对话框，选择刀具位置为轮廓上，轮廓偏移为 0。在绘图区选择底部轮廓，再单击中键确认退出，如图 10-17 所示，完成轮廓选择。

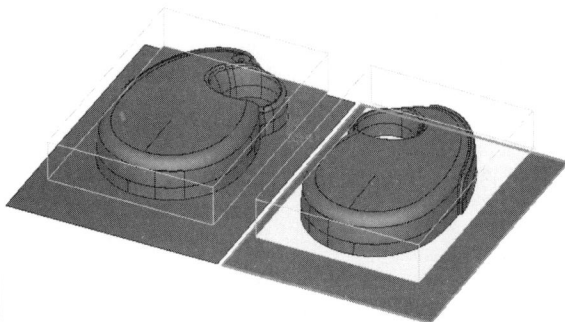

图 10-17 曲面半精加工的轮廓选择

单击零件曲面值，通过框选方式选择零件曲面，单击中键确认，再单击中键退出，完成零件曲面选择，如图 10-18 所示。

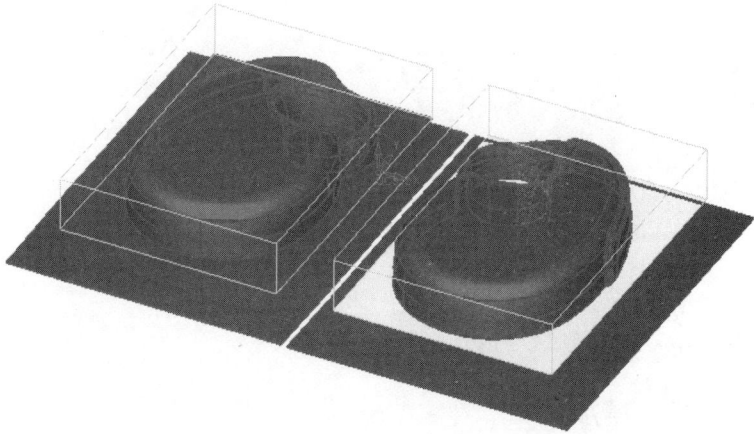

图 10-18　曲面半精加工的零件曲面选择

单击检查曲面后的"0"按钮，选择外部底面和孔底面作为检查曲面，单击中键确认，再单击中键退出，完成检查曲面选择，如图 10-19 所示。

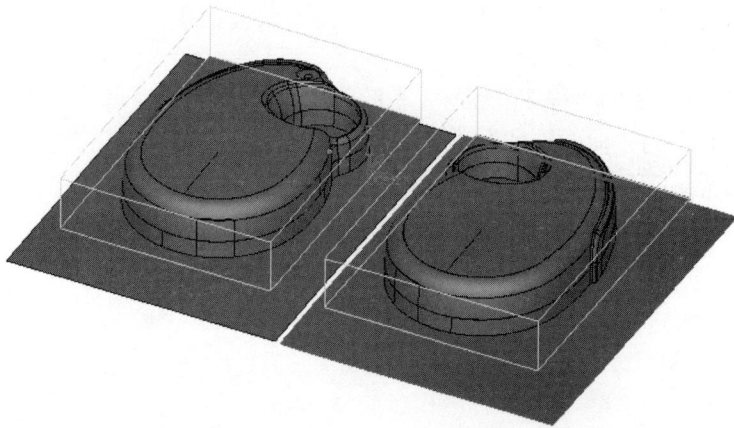

图 10-19　曲面半精加工的检查曲面选择

（2）选择刀具

单击"刀具"图标，系统弹出"刀具及夹头"对话框，选择 B6 球刀，单击"确认"图标，完成刀具选择。

（3）设置刀路参数

单击"刀路参数"图标，系统切换到刀路参数界面，按图 10-20 和图 10-21 所示进行各参数设置。注意：公差及余量中各参数的设置，考虑到电极的加工余量，将检查曲面余量和曲面公差设置分别设置为-0.1 和-0.14。

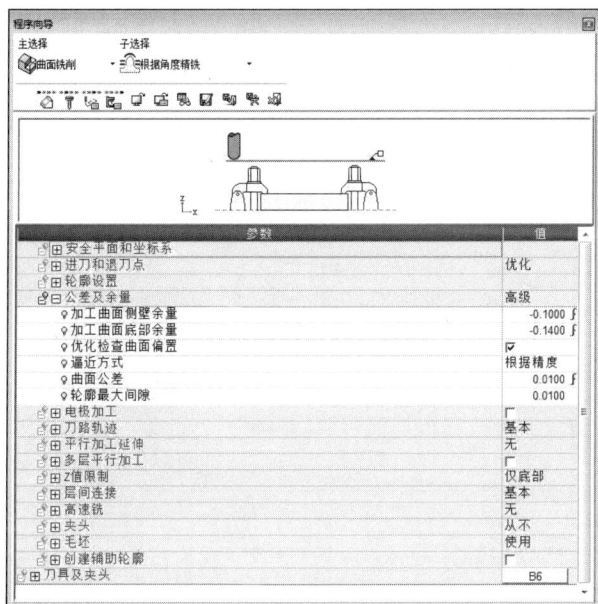

图 10-20　曲面半精加工的刀路参数设置 1

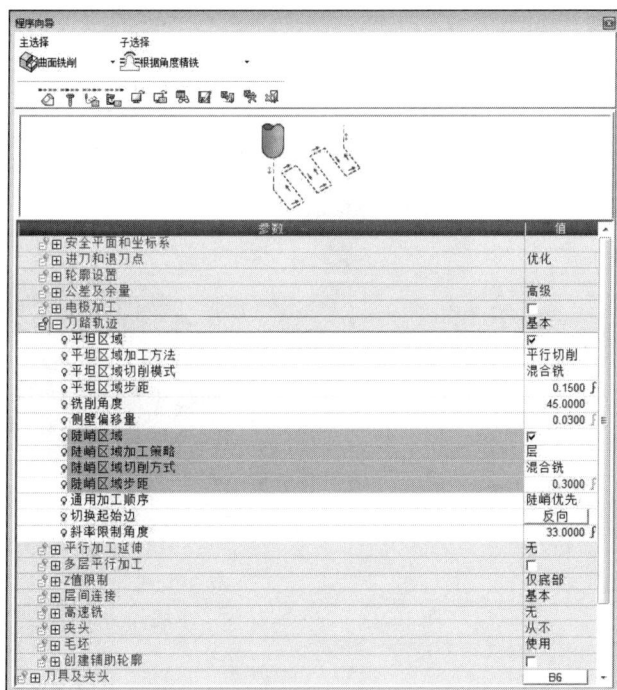

图 10-21　曲面半精加工的刀路参数设置 2

（4）设置机床参数

单击"机床参数"图标，系统切换到机床参数界面，设置机床的主轴转速为 4000、进给为 1500，其他参数按图 10-22 所示进行设置。

图 10-22　曲面半精加工的机床参数设置

（5）程序生成

单击"保存并计算"图标，系统将根据前面设置的参数自动计算刀路轨迹，并在绘图区显示生成的刀路轨迹，如图 10-23 所示。

动画：牵狗器
电极曲面半
精加工

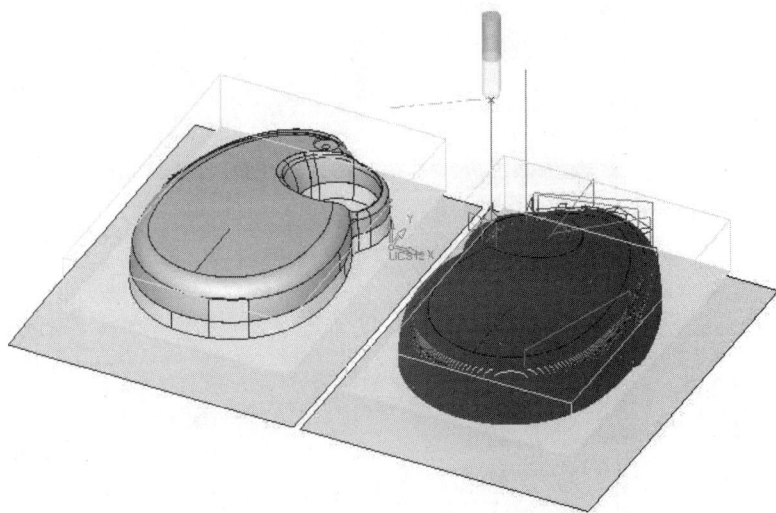

图 10-23　曲面半精加工生成的刀路轨迹

3. 创建曲面精加工程序

单击"NC 向导"中的"程序"图标，系统弹出"程序向导"对话框，开始创建加工程序，修改"主选择"为"曲面铣削"、"子选择"为"根据角度精铣"。注意：刀具、边界和零件曲面可默认前面设置。

（1）设置刀路参数

零件曲面、刀具选择可默认与前一程序相同。单击"刀路参数"图标，系统切换到刀路参数界面，按图 10-24 所示进行各参数设置。注意：对于公差及余量中的各参数，将加工曲面余量和检查曲面余量设置为-0.2 和-0.22，曲面公差设置为 0.01。这里是精加工，因此将刀路轨迹中的平坦区域步距和陡峭区域步距设置为 0.2，并考虑到工件的美观性，将铣削角度设置成 360-45=315。

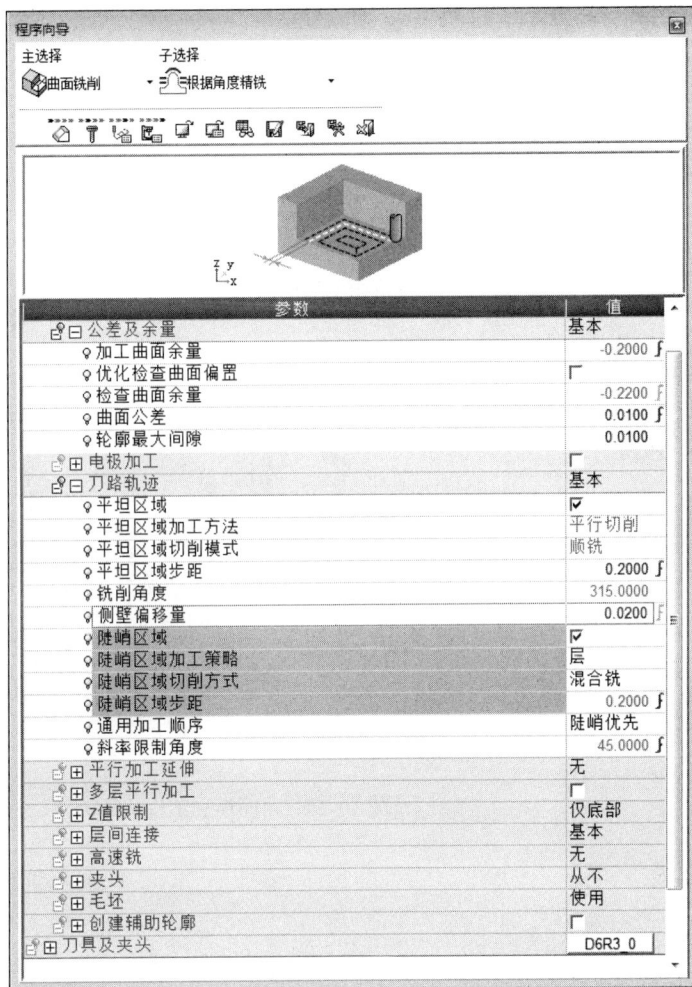

图 10-24　曲面精加工的刀路参数设置

（2）设置机床参数

单击"机床参数"图标，系统切换到机床参数界面，设置机床的主轴转速为 4000、进给为 1500，其他参数按图 10-25 所示进行设置。

（3）程序生成

单击"保存并计算"图标，系统将根据前面设置的参数自动计算刀路轨迹，并在绘图区显示生成的刀路轨迹，如图 10-26 所示。

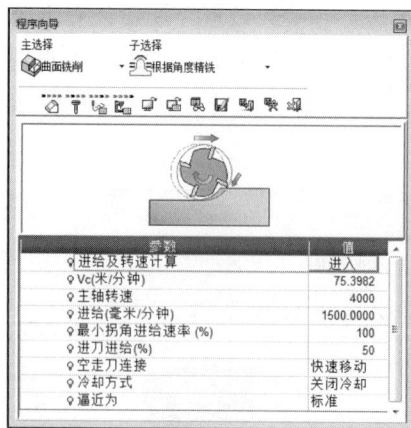

图 10-25　曲面精加工的机床参数设置

微课：牵狗器
电极半精、精
加工编程

动画：牵狗器
电极曲面精
加工

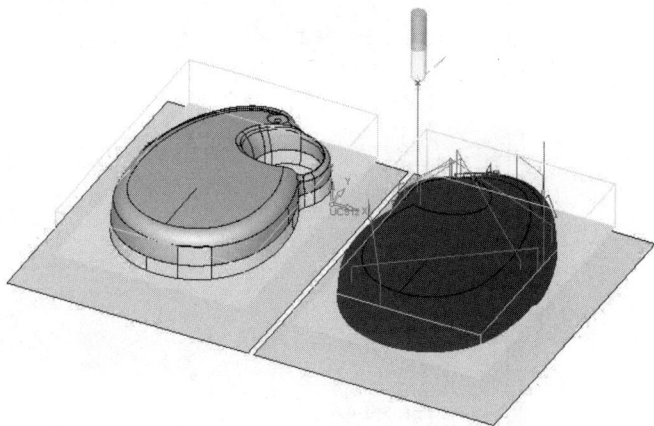

图 10-26　曲面精加工生成的刀路轨迹

10.3.4　侧壁清根

1. 创建刀路轨迹

单击"NC 向导"中的"刀轨"图标，进入创建刀路轨迹功能，系统弹出"创建刀轨"对话框，修改名称为 04，类型为 3 轴，安全平面为 50，创建刀路轨迹。

2. 创建侧壁清根加工程序

单击"NC 向导"中的"程序"图标，系统弹出"程序向导"对话框，开始创建加工程序，修改"主选择"为"曲面铣削"、"子选择"为"精铣所有"。

（1）选择轮廓、零件曲面

单击轮廓值，系统弹出"轮廓管理器"对话框，选择刀具位置为轮廓上，轮廓偏移为 0。零件曲面可默认与前一程序相同，如图 10-27 所示。

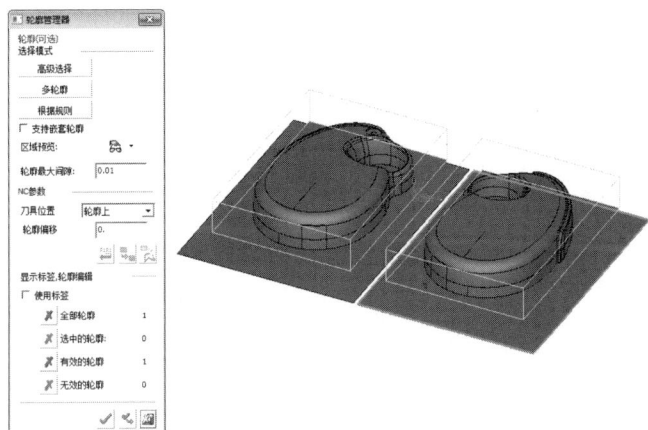

图 10-27　侧壁清根的轮廓选择

（2）选择刀具

单击"刀具"图标，系统弹出"刀具及夹头"对话框，选择 D6R0.5 牛鼻刀，单击"确认"图标，完成刀具选择。

（3）设置刀路参数

单击"刀路参数"图标，系统切换到刀路参数界面。注意：对于公差及余量中各参数的设置，应与曲面精加工基本一致，即将加工曲面余量设置为-0.18，将刀路轨迹中的加工方式设置为层。同时，考虑到只对侧壁进行清角加工，因此应对 Z 值进行限制，注意到前一刀具为 6mm 球刀，侧壁会留下 3mm 高的残料，因此使 Z 最高点和 Z 最低点之差大于或等于 3mm 即可，可参考图 10-28 所示进行设置。

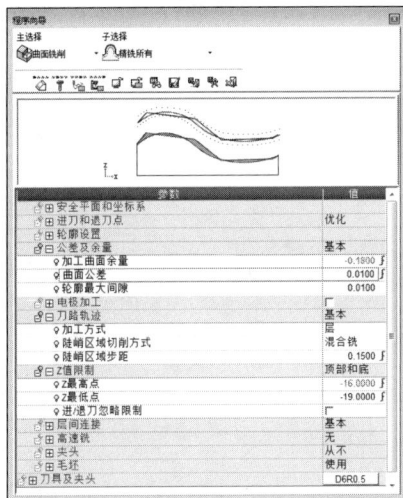

图 10-28　侧壁清根的刀路参数设置

（4）设置机床参数

单击"机床参数"图标，系统切换到机床参数界面，设置机床的主轴转速为 4000、进给为 2000，其他参数按图 10-29 所示进行设置。

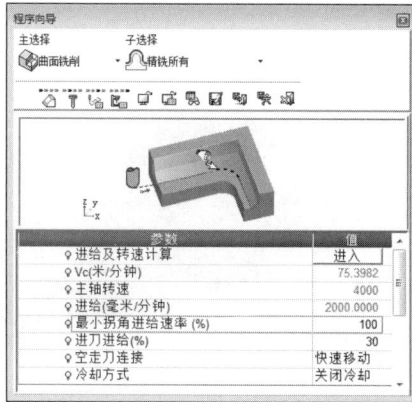

图 10-29　侧壁清根的机床参数设置

（5）程序生成

单击"保存并计算"图标，系统将根据前面设置的参数自动计算刀路轨迹，并在绘图区显示生成的刀路轨迹，如图 10-30 所示。

微课：牵狗器电极侧面清根编程

动画：牵狗器电极侧面清根

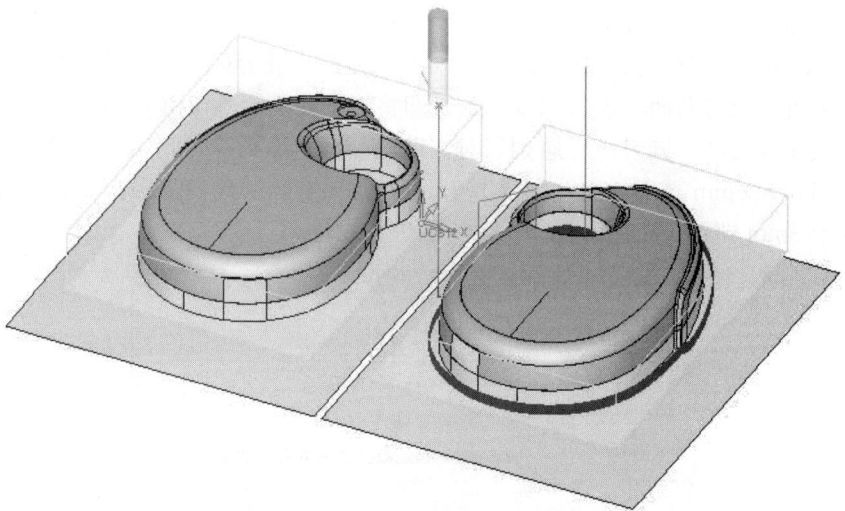

图 10-30　侧壁清根生成的刀路轨迹

10.3.5　曲面清根

1. 创建刀路轨迹

单击"NC 向导"中的"刀轨"图标，进入创建刀路轨迹功能，系统弹出"创建刀轨"对话框，修改名称为 05，类型为 3 轴，安全平面为 50，创建刀路轨迹。

2. 创建清根加工程序

单击"NC 向导"中的"程序"图标，系统弹出"程序向导"对话框，开始创建加工程序，修改"主选择"为"清角"、"子选择"为"清根"。

（1）选择轮廓、零件曲面

单击轮廓值，系统弹出"轮廓管理器"对话框，选择刀具位置为轮廓上，轮廓偏移为 0。在绘图区选择边界轮廓，再单击中键确认退出，如图 10-31 所示，完成轮廓的选择。零件曲面可默认与前一程序相同。

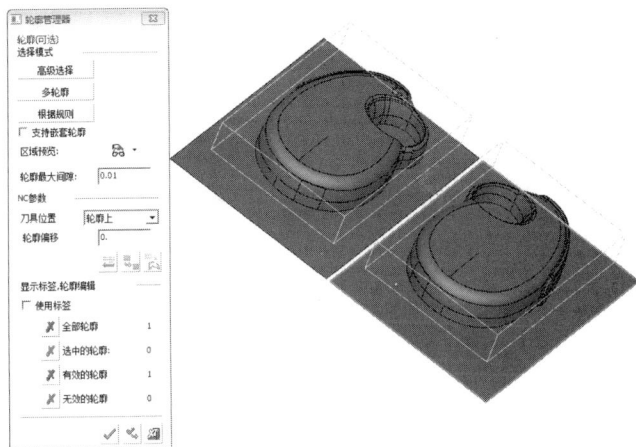

图 10-31　曲面清根的轮廓选择

（2）选择刀具

单击"刀具"图标，系统弹出"刀具及夹头"对话框，选择 F2R1 球刀，单击"确认"图标，完成刀具选择。

（3）设置刀路参数

单击"刀路参数"图标，系统切换到刀路参数界面，按图 10-32 所示进行各参数设置。注意：加工曲面余量中各参数的设置。

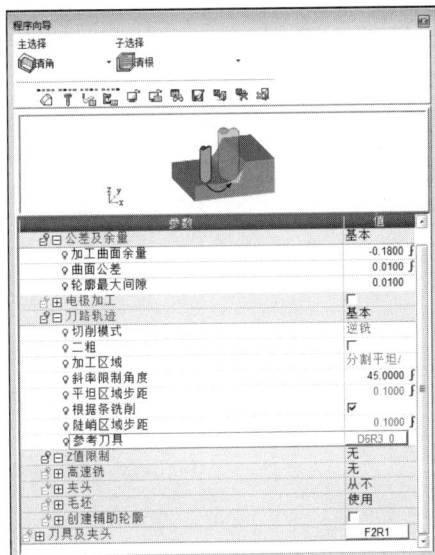

图 10-32　曲面清根的刀路参数设置

（4）设置机床参数

单击"机床参数"图标，系统切换到机床参数界面，设置机床的主轴转速为6000、进给为1000，其他参数按图10-33所示进行设置。

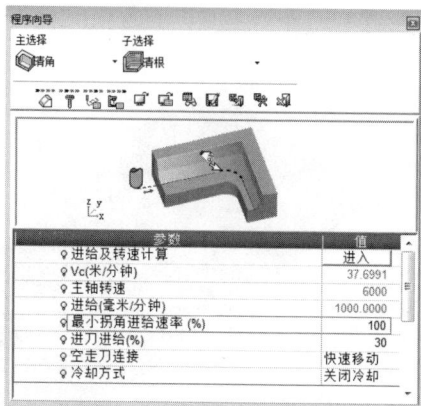

图10-33　曲面清根的机床参数设置

（5）程序生成

单击"保存并计算"图标，系统将根据前面设置的参数自动计算刀路轨迹，并在绘图区显示生成的刀路轨迹，如图10-34所示。

微课：牵狗器电
极曲面清根编程

动画：牵狗器电
极曲面清根

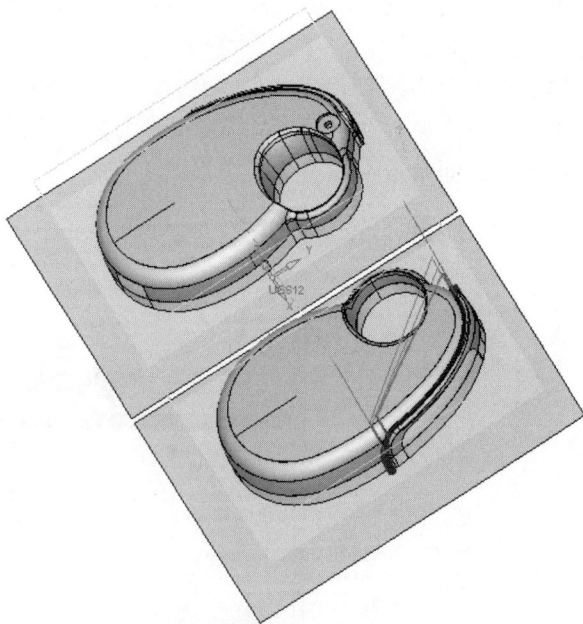

图10-34　曲面清根生成的刀路轨迹

3. 仿真模拟

单击"NC向导"中的"机床仿真"图标，进入机床仿真功能，系统弹出"机床模拟"对话框。单击绿色双箭头，单击"确认"图标，系统将打开"CimatronE-机床模拟"窗口，单击菜单栏中的"运行"图标，进行实体切削模拟，加工模拟仿真结果如图 10-35 所示。

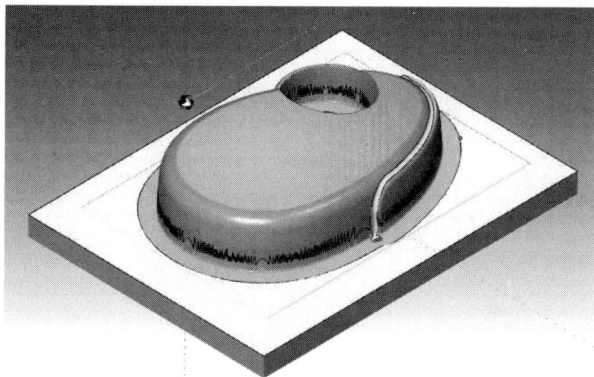

动画：牵狗器电
极右侧加工

图 10-35　加工模拟仿真结果

10.3.6　刀路轨迹复制

通过刀路轨迹的移动与复制功能可以将生成的刀路轨迹转移到另一位置进行加工应用，而无须重新进行各种参数的设置和计算执行。注意：移动与复制只能针对刀路轨迹，而不能只对某个加工程序进行移动和复制。注意到本例加工内容是左右对称的，因此可采用复制中的镜像功能。

1. 创建刀路轨迹

单击"NC 向导"中的"刀轨"图标，进入创建刀路轨迹功能，系统弹出"创建刀轨"对话框，修改名称为 06，类型为 3 轴，安全平面为 50，创建刀路轨迹。

2. 创建加工程序

单击"NC 向导"中的"程序"图标，系统弹出"程序向导"对话框，开始创建加工程序，修改"主选择"为"转换"，此时"子选择"有"复制"、"移动"、"复制阵列"、"镜像移动"和"镜像复制"5 个选项，如图 10-36 所示。

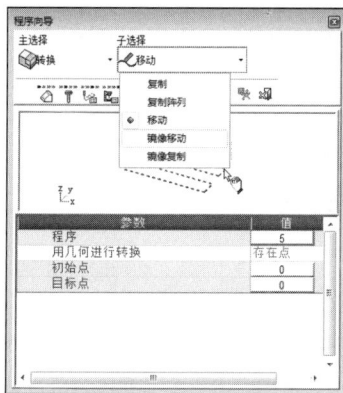

图 10-36　转换子选择

这里重点介绍"复制陈列"和"镜像复制"两个选项。

单击程序值，系统弹出"选择程序"对话框，选择所要陈列的刀路轨迹，如图 10-37 所示。

图 10-37　"选择程序"对话框

单击"刀路参数"图标，系统切换到刀路参数界面。陈列类型有"矩形"和"旋转阵列"两个选项，选择陈列类型为矩形，修改 X 方向数量为 2、X 增量为 100，其他选择默认值，如图 10-38 所示。

单击"保存并计算"图标，系统将根据前面设置的参数自动计算刀路轨迹，并在绘图区显示生成的刀路轨迹，如图 10-39 所示。

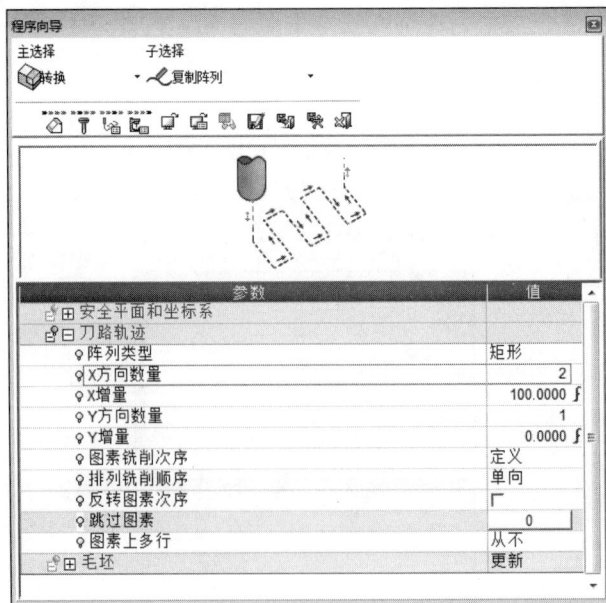

图 10-38　矩形阵列刀路参数设置

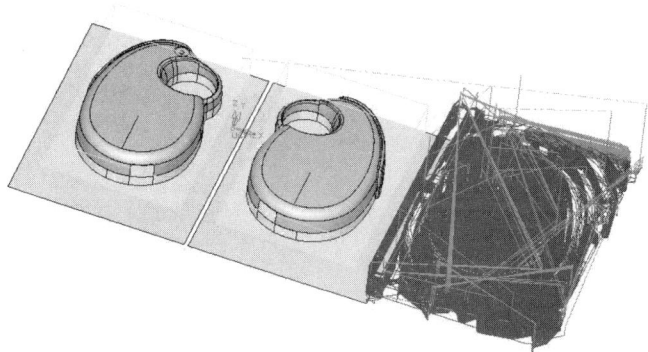

图 10-39　矩形陈列生成的刀路轨迹

若要进行旋转陈列，则选择陈列类型为旋转阵列，此时再单击"零件"图标 ◇ ，回到零件选择界面，如图 10-40 所示。单击当前点值，选择中心点，单击中键确认。修改次数为 2、角度为 90°，其他选择默认值，如图 10-41 所示。单击"保存并计算"图标，系统将根据前面设置的参数自动计算刀路轨迹，并在绘图区显示生成的刀路轨迹，如图 10-42 所示。

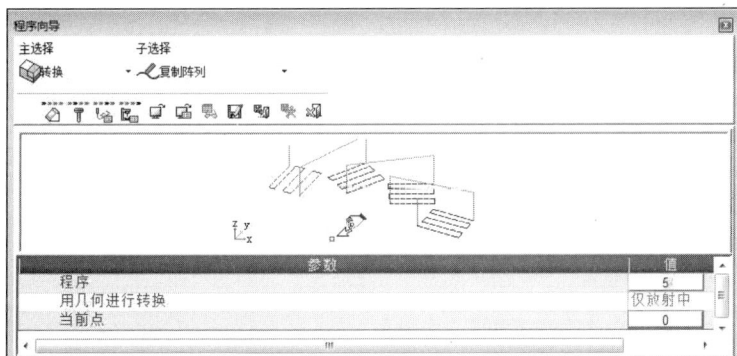

图 10-40　旋转陈列零件选择

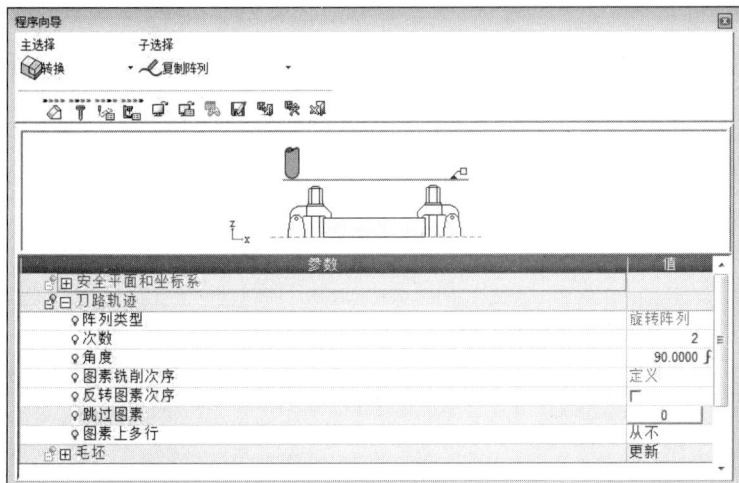

图 10-41　旋转陈列刀路参数设置

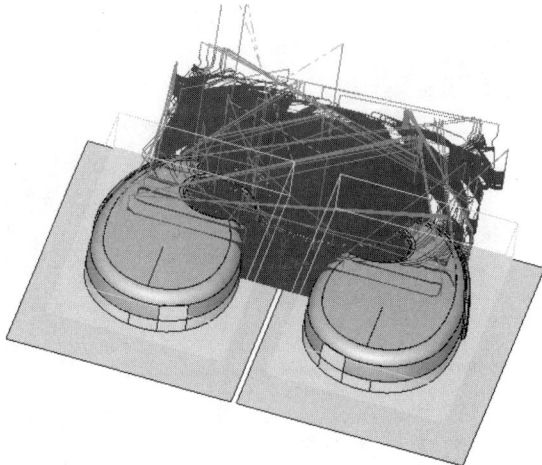

图 10-42　旋转陈列生成的刀路轨迹

本例复制刀路轨迹方法如下。

修改"子选择"为"镜像复制"，如图 10-43 所示。单击程序值，系统弹出"选择程序"对话框，选择所要陈列的刀路轨迹。再修改"用几何进行转换"为坐标系，选择主平面为 ZY 平面。刀路参数可选择默认值，如图 10-44 所示。

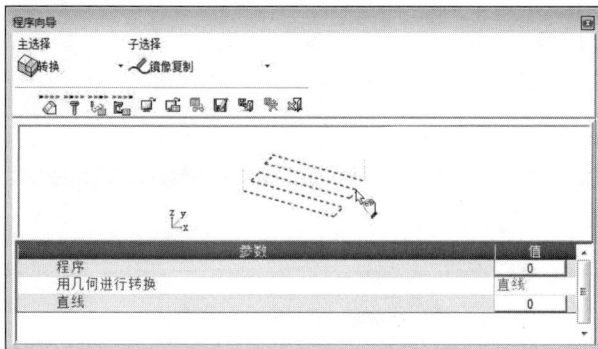

图 10-43　刀路轨迹选择

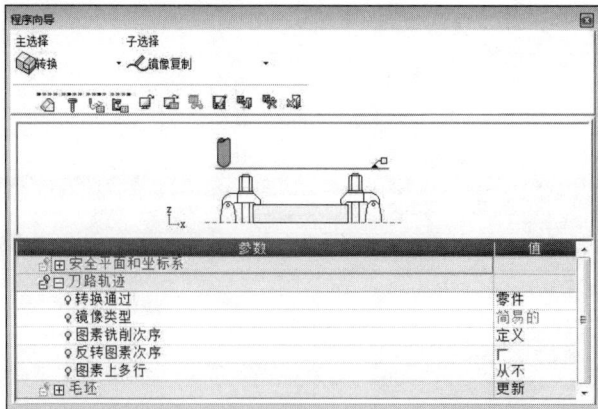

图 10-44　镜像复制刀路参数设置

　　单击"保存并计算"图标，系统将根据前面设置的参数自动计算刀路轨迹，并在绘图区显示生成的刀路轨迹，如图 10-45 所示。

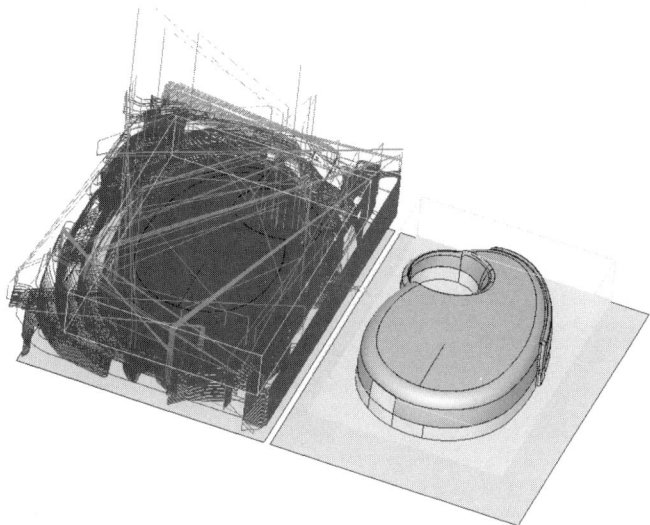

图 10-45　镜像复制生成的刀路轨迹

10.3.7　小平台加工

1. 创建刀路轨迹

　　单击"NC 向导"中的"刀轨"图标，进入创建刀路轨迹功能，系统弹出"创建刀轨"对话框，修改名称为 07，类型为 3 轴，安全平面为 50，创建刀路轨迹。

2. 创建小平台加工程序

　　单击"NC 向导"中的"程序"图标，系统弹出"程序向导"对话框，开始创建加工程序，修改"主选择"为"2.5 轴"、"子选择"为"型腔-环绕切削"。

（1）选择零件轮廓

　　单击零件轮廓值，系统弹出"轮廓管理器"对话框，选择刀具位置为轮廓内，轮廓偏移为 0。在绘图区选择边界轮廓，再单击中键确认退出，如图 10-46 所示，完成轮廓的选择。

（2）选择刀具

　　单击"刀具"图标，系统弹出"刀具及夹头"对话框，选择 F6 平底刀，单击"确认"图标，完成刀具选择。

（3）设置刀路参数

　　单击"刀路参数"图标，系统切换到刀路参数界面。进/退刀、安全平面和坐标系可保持默认设置；考虑到是平底刀，不能垂直下刀，因此应将进刀和退刀点中的进刀角度设置为较小值，这里设置为 5，其他可默认，同时将刀路轨迹中的 Z 最高点和 Z 最低点设置为孔最高位置和最低位置，下切步距和侧向步距分别设置为最大值 0.15 和 9999，以实现螺旋走刀进行加工。其他参数可按图 10-47 所示进行设置。

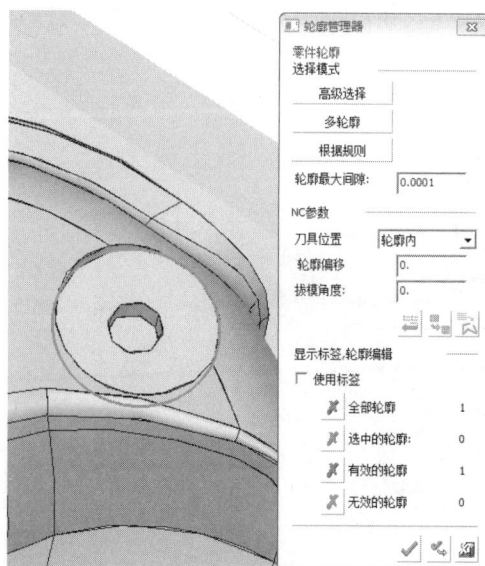

图 10-46　小平台加工的零件轮廓选择

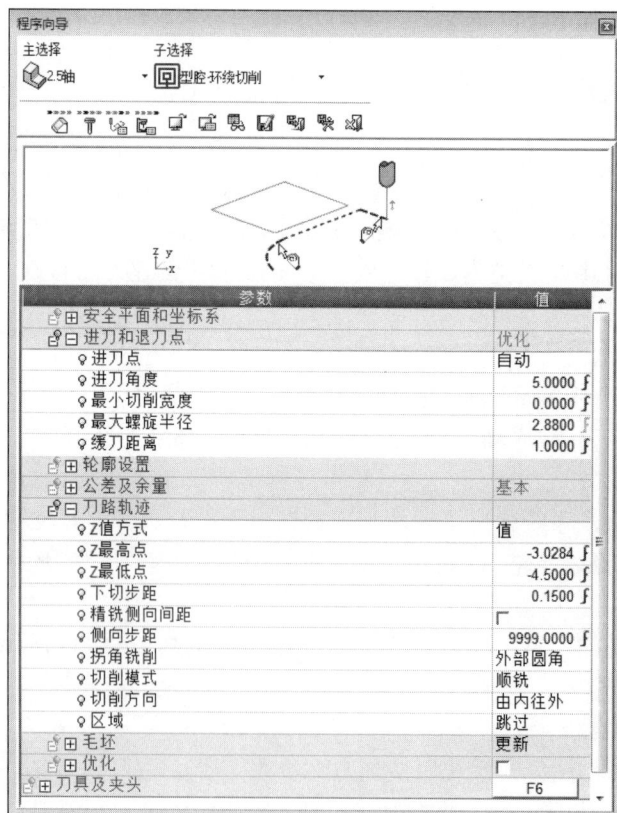

图 10-47　小平台加工的刀路参数设置

（4）设置机床参数

单击"机床参数"图标，系统切换到机床参数界面，设置机床的主轴转速为 3000、进给为 1000，其他参数按图 10-48 所示进行设置。

图 10-48　小平台加工的机床参数设置

（5）程序生成

单击"保存并计算"图标，系统将根据前面设置的参数自动计算刀路轨迹，并在绘图区显示生成的刀路轨迹，如图 10-49 所示。

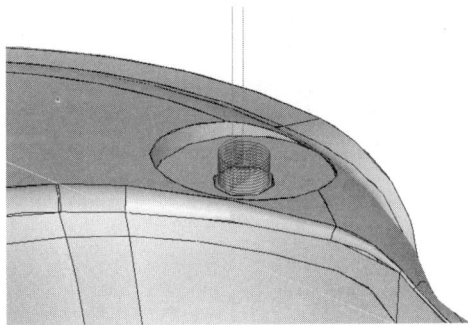

微课：牵狗器电

极小平台加工

图 10-49　小平台加工生成的刀路轨迹

10.3.8　小孔加工

1. 创建刀路轨迹

单击"NC 向导"中的"刀轨"图标，进入创建刀路轨迹功能，系统弹出"创建刀轨"对话框，修改名称为 08，类型为 3 轴，安全平面为 50，创建刀路轨迹。也可通过复制、粘贴方式，创建刀路轨迹。

2. 创建小孔加工程序

单击"NC 向导"中的"程序"图标，系统弹出"程序向导"对话框，开始创建加工程序，修改"主选择"为"2.5 轴"、"子选择"为"型腔-环绕切削"。

（1）选择零件轮廓

单击轮廓后的"1"按钮，系统弹出"轮廓管理器"对话框，选择刀具位置为轮廓内，轮廓偏移为 0。在绘图区单击右键，在弹出的快捷菜单中选择"重置所有"命令，取消前一条轮廓选择，再选择小孔边界轮廓，单击中键确认退出，如图 10-50 所示，完成轮廓的选择。

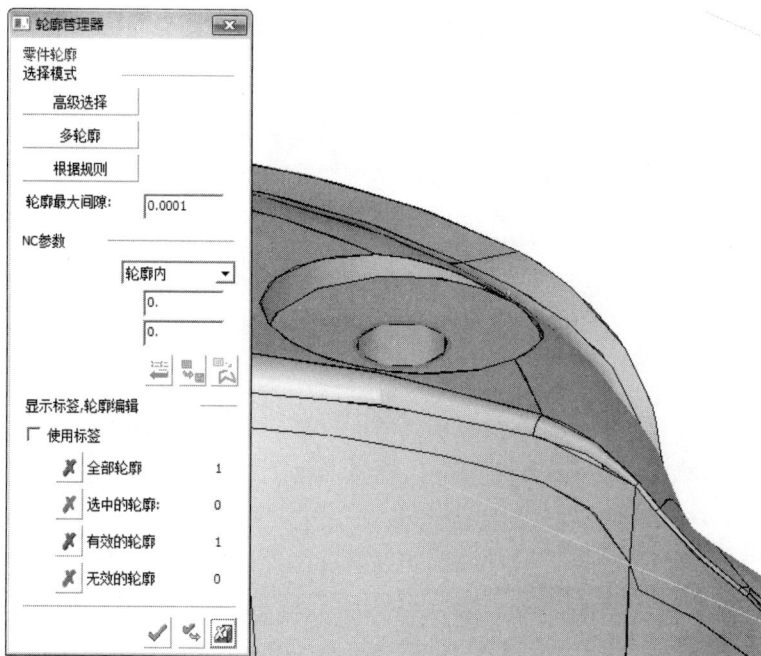

图 10-50　小孔加工的轮廓选择

（2）选择刀具

单击"刀具"图标，系统弹出"刀具及夹头"对话框，选择 F2 平底刀，单击"确认"图标，完成刀具选择。

（3）设置刀路参数

单击"刀路参数"图标，系统切换到刀路参数界面。参照小平台加工刀路参数设置，小孔同样采用螺旋走刀方式进行加工，相关参数可按图 10-51 所示进行设置。

（4）设置机床参数

单击"机床参数"图标，系统切换到机床参数界面，设置机床的主轴转速为 6000、进给为 800，其他参数按图 10-52 所示进行设置。

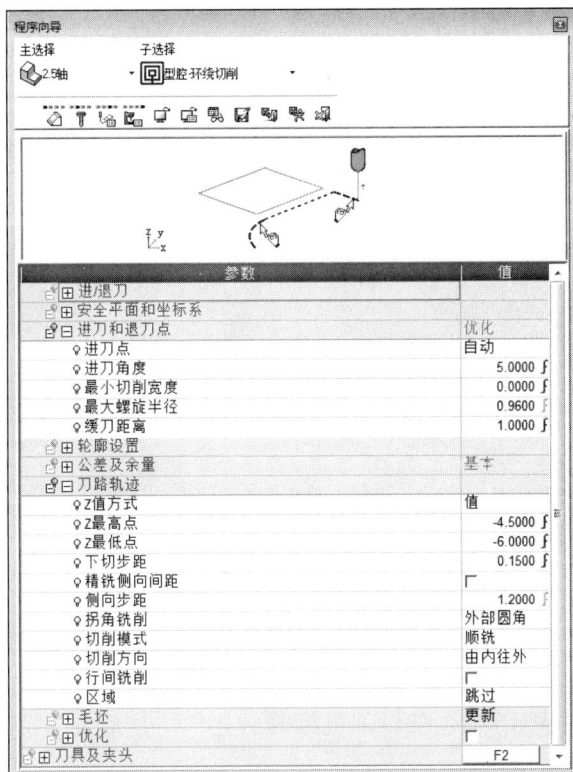

图 10-51　小孔加工的刀路参数设置

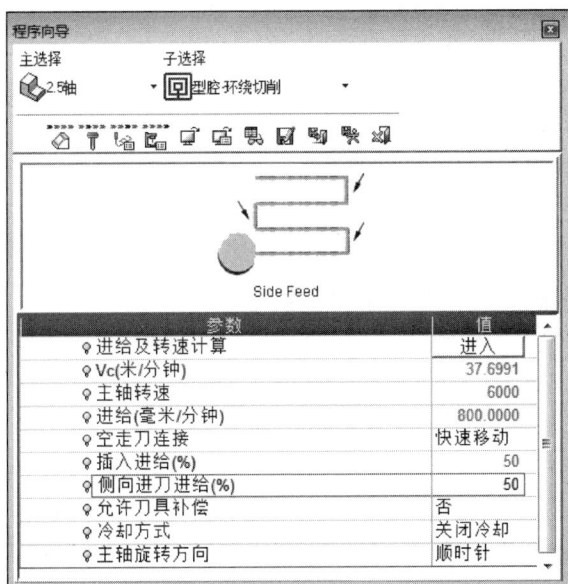

图 10-52　小孔加工的机床参数设置

（5）程序生成

单击"保存并计算"图标，系统将根据前面设置的参数自动计算刀路轨迹，并在绘图

区显示生成的刀路轨迹，如图 10-53 所示。

微课：牵狗器
电极小孔加工
编程

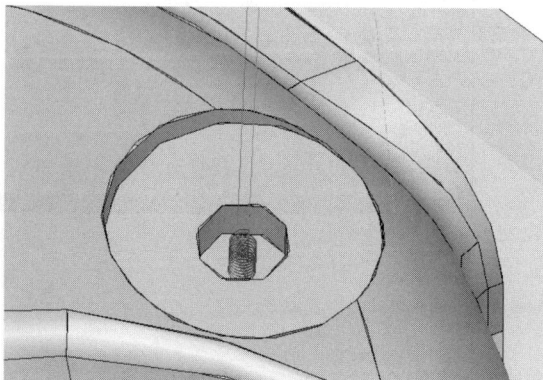

图 10-53 小孔加工生成的刀路轨迹

10.3.9 后处理

Cimatron 的后处理器可通过外部工具进行定制。通过对 demo.def、demo.exf 模板后处理文件做适当的修改，可以生成符合用户需要的后处理文件，主要优点是修改完成后使用方便。该方法目前主要用在 3 轴以下机床的后处理。该后处理器的编辑过程简要介绍如下。

（1）GPP 后处理器配置文件

GPP 在后处理中起主要作用的文件扩展名为*.def、*.dex 和*.exf，如 demo.def、demo.dex 和 demo.exf。这些文件存放在系统文件夹中，如"···\Program\IT\var\post"。*.exf 文件实际类似高级语言程序，可用记事本打开进行编辑、修改，然后在 CimatronE 控制面板下进行编译，生成文件名相同但扩展名为.dex 的文件。

（2）.exf 文件的修改、编辑

事实上，GPP 后处理器中起作用的是文件名称相同、扩展名分别为.def 和.dex 的两个文件，真正需要修改的是扩展名为.exf 的文件。当该文件按需要的数控指令编辑修改完成后，再通过 NC 控制板编译生成相应的.dex 文件。

复制定制后处理器中的 M64.def 和 M64.exf 文件，同样存放在系统的"···\Program\IT\var\post"文件夹目录下。

（3）编译生成 m64.dex 文件

m64.exf 文件不能直接用于后处理产生数控程序，而需要通过 CimatronE 11 控制面板进行编辑处理，生成 Fanuc.dex 文件后才能用于后处理。选择"开始"→"所有程序"→"CimatronE 11.0 Control Panel"→"NC"命令，打开"CimatronE 11.0 控制面板"窗口，如图 10-54 所示。

单击"GPP 编译*.exf 文件"图标，打开编译窗口，如图 10-55 所示。输入扩展名为.exf 的文件名 M64。按 Enter 键确认，编译生成 M64.dex 文件，如图 10-56 所示，再按 Enter 键确认，退出当前操作。

图 10-54　"CimatronE 11.0 控制面板"窗口

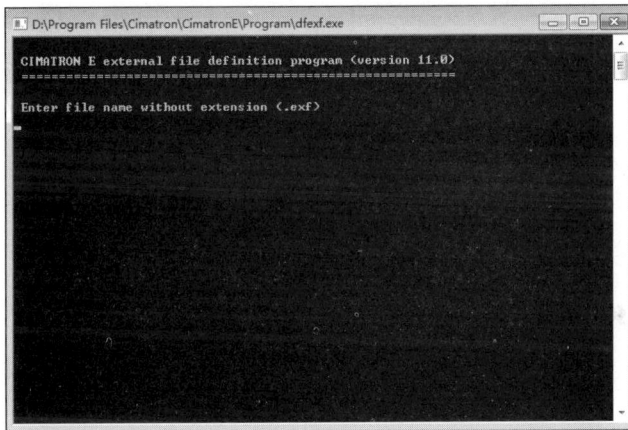

图 10-55　编译窗口

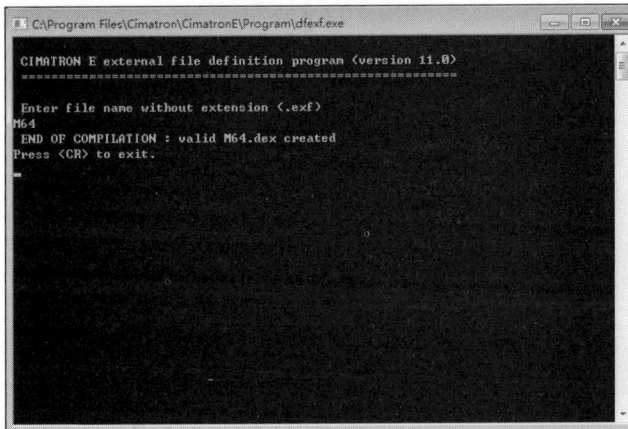

图 10-56　编译生成 M64.dex 文件

（4）修改 M64.def 文件

该文件主要用于数控系统的相关定义，如主轴开启、停止、冷却液开关等对应的控制指令等，可用"CimatronE 11.0 控制面板"窗口中的"后处理定义 后处理程序定义"图标 打开进行修改，如图 10-57 所示，内容比较易懂，修改也不多，修改成满足机床系统要求即可。

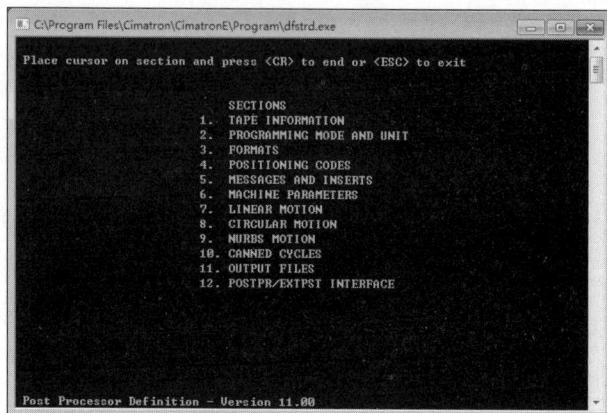

图 10-57　M64.def 文件修改

单击"NC 向导"中的"后处理"图标，进入后处理功能，系统将弹出"后处理"对话框。选择定制的 M64 处理器，再选择需要处理后输出程序的存放文件夹，选择文件类型为仅 G 代码文件，文件名命名为 qgqdjnc1，选中"完成后打开输出的文件"复选框，其他选择默认值，如图 10-58 所示。

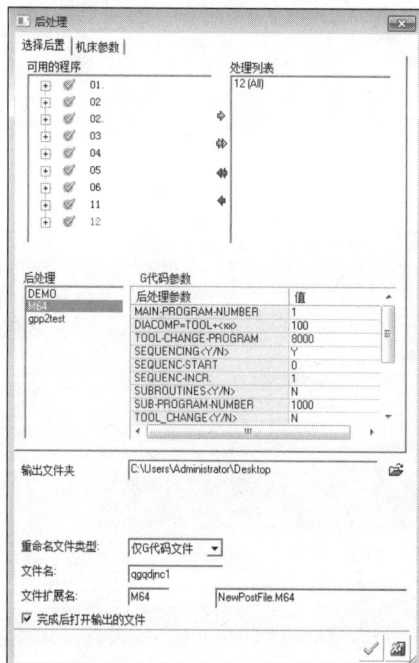

图 10-58　"后处理"对话框

单击“确认”图标进行后处理。后处理完成后，系统将产生一个程序文件，如图 10-59 所示。

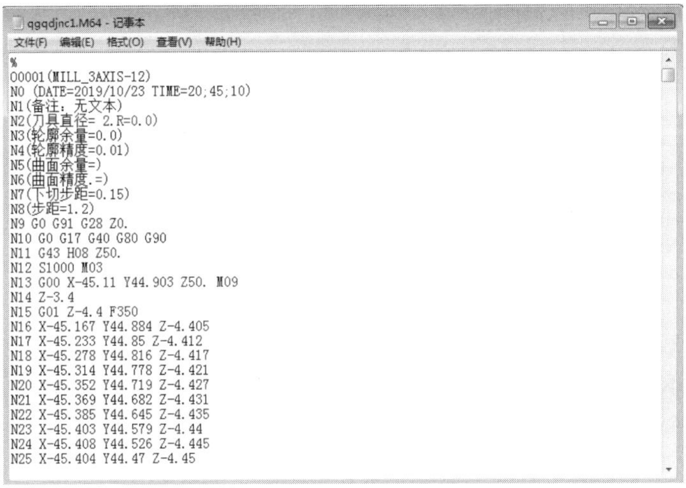
qgqdjnc1.M64 - 记事本
文件(F) 编辑(E) 格式(O) 查看(V) 帮助(H)

```
%
O0001(MILL_3AXIS-12)
N0 (DATE=2019/10/23 TIME=20;45;10)
N1(备注：无文本)
N2(刀具直径= 2.R=0.0)
N3(轮廓余量=0.0)
N4(轮廓精度=0.01)
N5(曲面余量=)
N6(曲面精度.=)
N7(下切步距=0.15)
N8(步距=1.2)
N9 G0 G91 G28 Z0.
N10 G0 G17 G40 G80 G90
N11 G43 H08 Z50.
N12 S1000 M03
N13 G00 X-45.11 Y44.903 Z50. M09
N14 Z-3.4
N15 G01 Z-4.4 F350
N16 X-45.167 Y44.884 Z-4.405
N17 X-45.233 Y44.85 Z-4.412
N18 X-45.278 Y44.816 Z-4.417
N19 X-45.314 Y44.778 Z-4.421
N20 X-45.352 Y44.719 Z-4.427
N21 X-45.369 Y44.682 Z-4.431
N22 X-45.385 Y44.645 Z-4.435
N23 X-45.403 Y44.579 Z-4.44
N24 X-45.408 Y44.526 Z-4.445
N25 X-45.404 Y44.47 Z-4.45
```

图 10-59　后处理完成后产生的程序文件

10.3.10　程序的输入

自动编程产生的程序冗长，手工输入机床工作量大而且容易出错，因此需要借助通信技术实现程序在计算机与机床间的传输。目前，传输程序可以通过存储卡传输、DNC 传输、USB 传输、无线网络传输等。下面以 FUNAC Series Oi-MC 数控系统为例，主要介绍存储卡传输和 DNC 传输。

1．*存储卡传输*

通过存储卡传输具有方便、可靠等特点，已越来越成为数控编程人员的首选。编程人员只要将后处理好的程序复制到存储卡即可。注意：文件名不要以中文出现，最好与程序名相同。

将存储卡插入转换器，再将转换卡插入数控机床插口，如图 10-60 所示。按操作面板上的“OFFSET”键，再按“设定”软键，出现设定界面，先将模式改为 MDI，再设定“I/O 频道”参数值为 4，如图 10-61 所示。

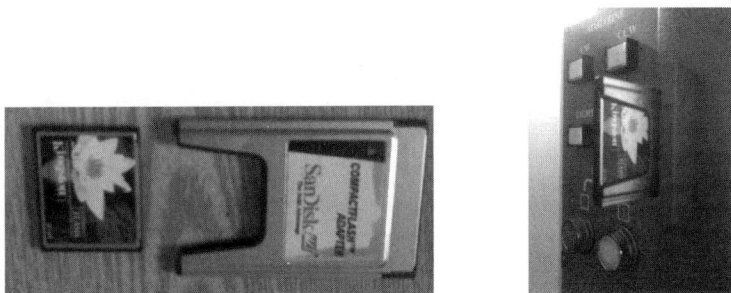

图 10-60　存储卡与转换器

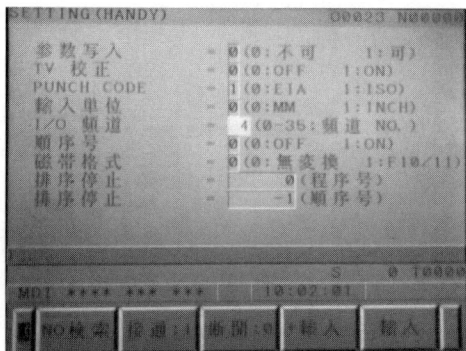

图 10-61　设定界面

选择操作面板上的"PROGM"键，再按向右的软键，直到出现"DNC-CD"软键，按该键，出现 DNC 操作界面，左边显示程序号，右边显示存储卡上的程序文件名，如图 10-62 所示。如要选择加工程序，只要在操作面板上输入程序号，再按"DNC-ST"软键即可。

微课：程序传输
之插卡法

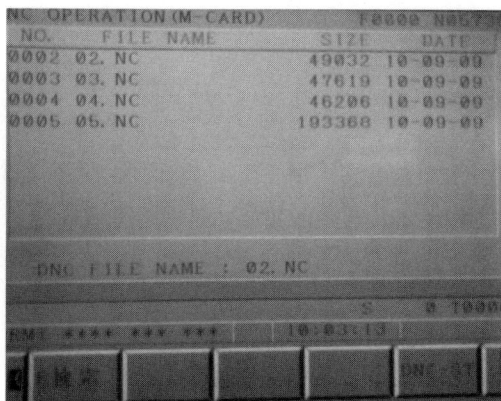

图 10-62　DNC 操作界面

2．DNC 传输

目前，用于程序传输的软件有 CIMCO、V24、WINDNC、WIN PCIN 等，各种软件的操作方法和传输原理基本相同。现以 CIMCO 为例说明程序的传输过程。

CIMCO 软件由丹麦的 CIMCO 公司开发，是一套包括机床联网通信、数控程序编辑、刀路检查、程序管理系统等诸多模块的数控传输软件，如图 10-63 所示。

DNC 传输步骤如下。

（1）数据线连接

用专用数据通信电缆将数控系统串口与计算机串口相连接，RS-232 接口如图 10-64 所示。

（2）程序导入

单击 CIMCO 软件界面中的"文件打开"图标 ，选择所要传输的数控程序，如图 10-65 所示，单击"打开"按钮，完成数控程序文件导入。

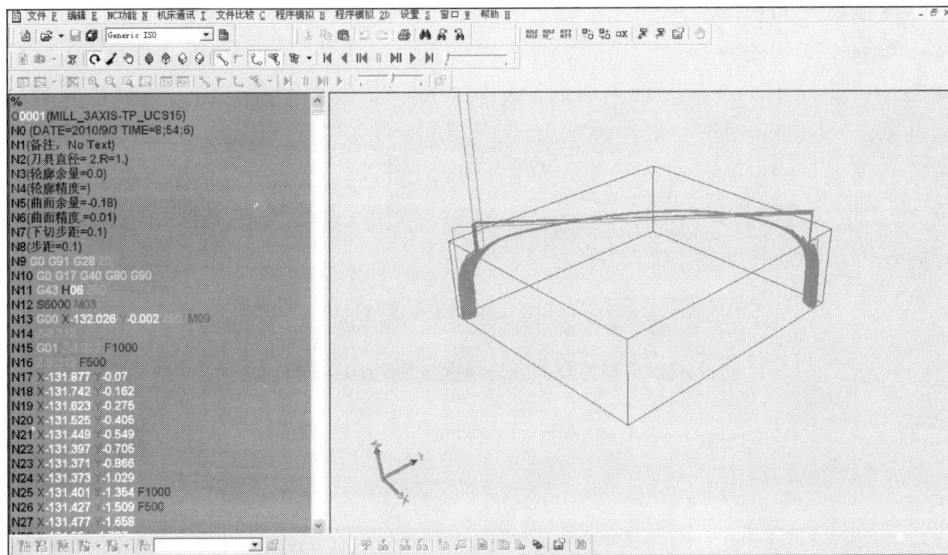

图 10-63　CIMCO 软件界面

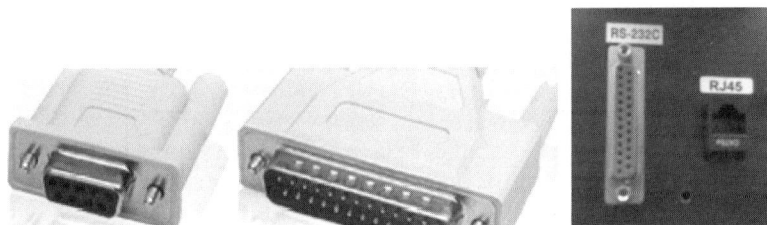

图 10-64　RS-232 接口

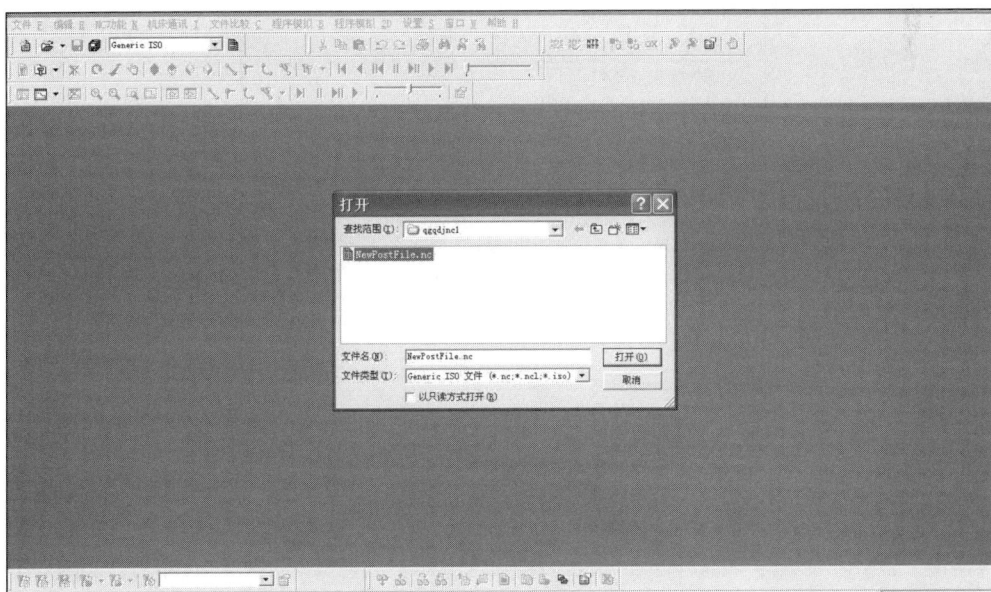

图 10-65　程序导入

（3）传输软件的设定

传输参数设定功能为选择"机床通信"→"DNC 设置"命令，弹出"DNC 设置"对话框如图 10-66 所示。选择标准串口通信协议，端口信息保持默认值，选择机床类型。同时可通过单击"增加新机床"按钮添加机床，这里我们添加了"FANUC"机床。再单击"设置"按钮，出现传输参数设定对话框，如图 10-67 所示。通过该对话框对端口、波特率、数据位、停止位和校验位进行设置。它们的可选参数如下，端口为 COM1；波特率为 9600b/s；数据位为 8 位；停止位为 1 位；校验为偶校验。

图 10-66　"DNC 设置"对话框

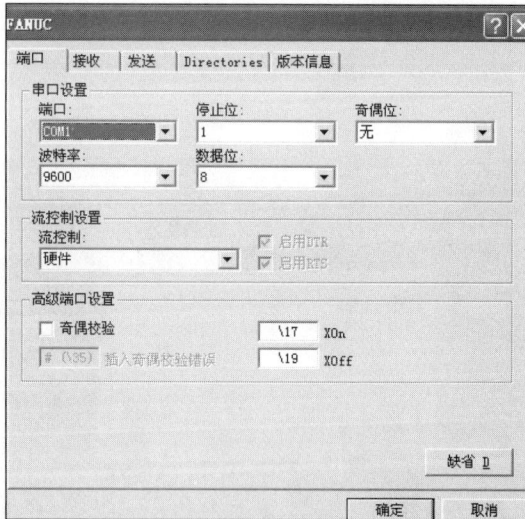

图 10-67　传输参数设定对话框

单击"发送"按钮，进行发送设置，这里选中"等待 XOn"复选框即可，如图 10-68 所示。

图 10-68　发送界面

（4）机床参数的设定

查阅 FANUC 系统各参数的使用说明，对系统的相关参数进行设置，设置内容应与上述软件参数设置相同。

先按操作面板上的"OFFSET"键，再按"设定"软键，出现设定界面，先将模式改为 MDI，再设定"I/O 频道"参数值为 0。

再按操作面板上的"SYSTEM"键，输入 113，再按"NO 检索"软键，出现 RS-232 界面，如图 10-69 所示，修改 113 号参数为 11。

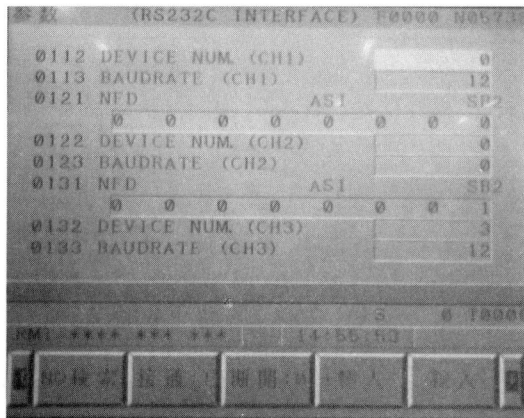

图 10-69　RS-232 界面

（5）程序传输

选择"机床通信"→"发送"命令，如图 10-70 所示。系统弹出"选取机床"对话框，如图 10-71 所示，选取"FANUC"机床，此时出现"发送状态"对话框，如图 10-72 所示。

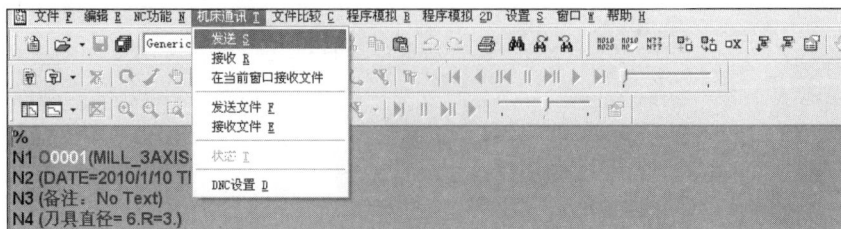

图 10-70 发送选择

图 10-71 "选取机床"对话框

微课：软件传输
及试切加工

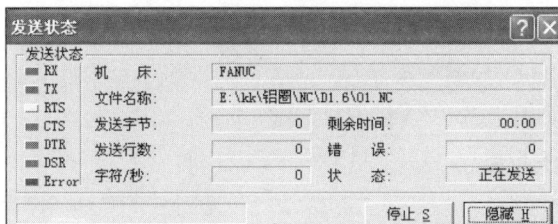

图 10-72 "发送状态"对话框

此时，将机床操作模式切换到 DNC 模式，按"循环启动"按键即可执行加工程序。

10.4

填写加工程序单

填写表 10-2 所示加工程序单。

表 10-2 加工程序单

零件名称：牵狗器电极　　　　　　　　　　　操作员：　　　　　　编程员：

计划时间	
实际时间	
上机时间	
下机时间	

描述：

工作尺寸/mm	
X_c	
Y_c	
Z_c	

工作数量：1 件　　　　　　　　　　　　　　　四面分中

程序名称	加工类型	刀具	背吃刀量/mm	加工余量/mm	上机时间	完成时间	备注
01	开粗	D12R0.8	0.5	0.1			
02	底面精加工	F10		0			
03	曲面半精加工	B6	0.3	−0.1			
	精加工	B6	0.2	−0.2			
04	侧壁清根	D6R0.5	0.15	−0.18			
05	曲面清根	F2R1	0.1	−0.18			
06	开粗	D12R0.8	0.5	0.1			
07	底面精加工	F10		0			
08	曲面半精加工	B6	0.3	−0.1			
	精加工	B6	0.2	−0.2			
09	侧壁清根	D6R0.5	0.15	−0.18			
10	曲面清根	F2R1	0.1	−0.18			
11	小平台加工	F6		0			
12	小孔加工	F2		0			

项 目 练 习

完成图 10-73 所示电极数控程序的创建。

电极模型源文件见配套资源包（下载地址：www.abook.cn）。

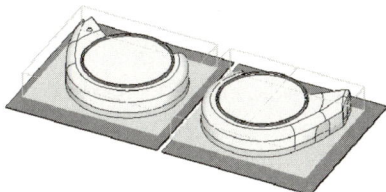

图 10-73 电极模型

参 考 文 献

韩思明，2013．CimatronE 10.0 三维设计与数控编程基本功特训[M]．北京：电子工业出版社．

胡志林，2018．Cimatron 13 三轴数控加工实用教程[M]．北京：机械工业出版社．

寇文化，2014．工厂数控编程技术实例特训：CimatronE 10[M]．北京：清华大学出版社．

孟爱英，2015．Cimatron 产品设计与加工基础[M]．北京：电子工业出版社．

王卫兵，2014．CimatronE 10 中文版三维造型与数控编程入门教程[M]．北京：清华大学出版社．